● 무비 스님 ●

법화경 강의

상

불광출판사

무비 스님

법화경 강의

◉

상권

머리말

인류 역사상 위대한 성인들은 많습니다. 사람들은 수많은 성인들이 남긴 훌륭한 가르침을 의지하여 인생을 보람 있고 의미 있게 살아갑니다. 그러나 시간이 흐르고 세상이 변천함에 따라 삶의 가치관도 늘 바뀌고 변합니다. 그래서 소신이 없는 사람들은 오늘날과 같은 혼돈의 시대에는 인생의 방향감각을 상실한 채 이리 저리 눈에 보이고 귀에 들리는 것만을 쫓아 표류합니다.

이러한 때에 성인 중의 성인이시며 부처님 중의 부처님이신 석가세존의 무수한 가르침 중에서 가장 위대한 가르침으로 널리 알려져 있는 '연꽃처럼 아름답고 미묘한 진리의 가르침'인 『묘법연화경』을 그 대안으로 삼아 만천하에 드러내어 사람 사람들의 지극히 고귀한 가치를 되찾고자 합니다.

『묘법연화경』은 모든 경전 중에서 왕의 자리를 차지할 뿐만 아니라 부처님 교설의 완성입니다. 즉 팔만장경의 최 궁극입니다. 그러므로 사람 사람들의 지극히 고귀한 가치를 되찾는 데 완벽한 가르침이며, 그 가르침을 통하여 인생의 가치에 눈을 뜨게 되면 매일 매일이 개개인의 생애에 있어서 최고가는 축제의 날이 될 것입니다. 날마다 좋은 날, 일일시호일(日日是好日)입니다.

한 생애를 송두리째 바쳐 옆도 뒤도 돌아보지 않고 오직 이 길에만 정진하였으나 인생 궁극의 경지를 터득하신 세존의 가르침은 너무나 높고 너무나 깊어 그 끝을 알 길이 없었습니다. 최선의 방법은 오로지 정

진하고 또 정진하는 것뿐입니다. 정진하는 사람에게는 간경이나 참선이
나 모두가 정진이요, 심지어 지독한 병고마저 불법에 눈을 뜨게 하는 훌
륭한 정진이라는 사실을 체험하였습니다.

세상과 인생의 참되고 바른 이치를 깨닫기 위한 정진으로 이 『묘법
연화경』을 수차례 강의하다 보니, 사찰의 한 귀퉁이 방에 앉아 인터넷
방송이라는 매우 편리한 첨단 기술을 활용하여 전 세계에 있는 인연 있
는 불자들을 대상으로 강의를 하기에까지 이르렀습니다.

저의 강의가 삶에 도움이 되었다 하여 많은 도반들과 법우님들이
앞 다투어 녹취를 해서 다시 읽게 하는 불사를 하였습니다. 고맙고 감사
하여 그 보답으로 그것을 다시 다듬고 정리하여 책으로 출판하기에 이
르렀습니다. 이 책이 불교를 이해하고 인생의 지고한 가치를 되찾아 매
일 매일이 축제와 같은 환희로운 삶을 사는 데 비장의 열쇠가 되기를 간
절히 바랍니다.

인터넷 방송을 청취해 주신 법우님들과 녹취를 하신 도반님들과 특
히 애써주신 불광출판사 관계자 여러분들과 물심양면으로 알게 모르게
많은 도움을 주신 주변의 여러 불자님들에게 마음 깊이 감사의 말씀을
올립니다. 이 뜻 깊은 인연으로 길이길이 지혜롭고 복된 삶이 되시기를
빕니다.

2008년 11월 7일
금정산 범어사 한주 如天 無比 삼가 씀

무비 스님

법화경 강의

◉

상권

1
서품

(序品)

서품은 서론에 해당되는 내용입니다. 법화경은 영축산이라고 하는 유명한 왕사성 기사굴 산중에서 법회가 이루어진 것인데, 우선 법회가 이루어지려면, 첫째 청중이 있어야 됩니다. 그래서 먼저 청중을 소개합니다.

오늘날에도 행사 때 내빈 소개를 하고 있습니다만, 어떤 의식에서든지 제대로 하려면 행사를 하기 전에 내빈 소개부터 먼저 해야 합니다. 어떤 대중이 와 있는지를 소개하고 식을 진행해야 참석한 사람들이 내빈 소개만 듣고도 법회나 의식의 격을 알 수 있습니다. 이와 같이 경전에는 내빈 소개가 제일 먼저 나옵니다. 맨 처음에 법회 청중부터 소개하면 청중이 누구냐 하는 것만 봐도 그 경전의 격이 어떻고, 어떤 내용으로 무엇을 중심으로 이야기하겠구나 하는 것을 짐작할 수 있습니다.

법화경 서품에서도 법회 청중이 가장 처음에 나옵니다. 그 가운데 성문(聲聞)은 부처님 법문 소리를 직접 듣는 대중들이라는 말입니다. 부처님의 제자로서 부처님을 늘 따라다니면서 부처님의 시중을 들고 부처님의 가르침을 직접 듣는 역사적인 인물들이기도 합니다.

1. 법회의 청중

[1] 성문대중(聲聞大衆)

【 경문 】

如是我聞하사오니 一時에 佛이 住王舍城耆闍崛山中하사

저는 이와 같은 사실들을 보고 들었습니다.
어느 날 부처님께서 왕사성 기사굴 산중에 계셨습니다.

❁　법화경이 설해진 무대는 왕사성 기사굴산(耆闍崛山)입니다. 우리 불자들이 인도 성지순례 때 꼭 들리는 곳으로 영축산(靈鷲山)이라고도 합니다. 이 영축산의 이름을 빌어서 통도사 뒷산을 영축산이라고 합니

다. 당시 부처님께서 직접 법화경을 설했든지 아니면 몇 백 년 뒤에 깨달으신 또 다른 부처님이 편찬을 했든지 간에, 무대는 왕사성 기사굴산이라고 이해하면 됩니다.

【 경문 】

與大比丘衆萬二千人으로 俱러시니 皆是阿羅漢이라 諸漏已盡하야 無復煩惱하며 逮得己利하야 盡諸有結하고 心得自在러시니 其名曰阿若憍陳如와 摩訶迦葉과 優樓頻螺迦葉과 伽耶迦葉과 那提迦葉과 舍利弗과 大目犍連과 摩訶迦旃延과 阿㝹樓馱와 劫賓那와 憍梵波提와 離婆多와 畢陵伽婆蹉와 薄拘羅와 摩訶拘絺羅와 難陀와 孫陀羅難陀와 富樓那彌多羅尼子와 須菩提와 阿難과 羅睺羅와 如是衆所知識인 大阿羅漢等이며 復有學無學二千人하며

큰스님(大比丘)들 일만 이천 명과 함께 하셨는데, 그들은 모두 아라한의 경지에 오른 이들로서 모든 누(漏)가 이미 다 하고 더 이상은 번뇌가 없었습니다. 자신의 진정한 이익을 얻어서 존재의 속박이 다 없어진 상태라 그 마음은 아주 자유로웠습니다.

그분들의 이름은 아야교진여·마하가섭·우루빈나가섭·가야가섭·나제가섭·사리불·대목건련·마하가전연·아누루타·겁빈나·교범바제·이바다·필릉가바차·박구라·마하구치라·난타·손타라난타·부루나미다라니자·수보리·아난·라후라 등등 세상에 널리 알려진 참으로 큰스님들이었습니다. 또 한창 공부를 하고 있는 이들(學)과 공부를 다 마친 이들(無學) 이천여 명도 함께 있었습니다.

✤ 1만 2천 명의 큰스님의 덕을 찬탄하는 내용입니다. 모든 스님들이 아라한의 경지에 올랐다고 찬탄하고 있습니다. 당시에 도가 높은 큰스님, 수양이 많이 된 출가수행자를 아라한이라고 했습니다. 오늘날 우리는 큰스님들을 도인(道人), 선지식(善知識), 화상(和尙), 또는 아사리(阿闍梨)라고도 합니다.

부처님 당시에는 아라한이라는 말을 주로 썼습니다. 아라한(阿羅漢)은 다른 말로 응공(應供)이라고 하는데 다른 사람들로부터 공양 받을 만한 자격이 있다는 뜻입니다. 누(漏)가 이미 다 하고 더 이상은 번뇌가 없는 분들, 자신이 닦은 공덕과 자신이 지은 복이 더 이상 새는 일이 없는 분들을 아라한이라고 합니다. 누(漏)는 샌다는 말인데, 육근에서 저절로 흘러나오는 온갖 욕망을 말합니다. 귀로는 항상 좋은 소리만 들으려 하고, 나쁜 소리는 들으려 하지 않지요. 또 눈으로는 아름다운 것만 보려고 하고 몸으로는 부드러운 것만 감촉하려 하고 코로는 좋은 향기만 맡으려고 하지요. 여섯 가지 욕망이 육근을 통해서 자꾸 흘러나오기 때문에 누(漏)라고 합니다. 아라한은 모든 욕망이 다 했기 때문에 더 이상 흘러나오는 것이 없지요. 그래서 모든 누(漏)가 다했다고 합니다. 또한 아라한은 번뇌도 없습니다. 탐진치 삼독의 번뇌도 없는 분들입니다.

그리고 '자신의 진정한 이익을 얻었다.'고 했습니다. 우리는 자기에게 이로운 일을 하기 위해서 별별 노력을 많이 합니다. 모두 나름대로 자기의 지식과 경험과 지혜를 총동원해서 아주 유리하게 살고, 현명하게 살고 자신에게 이익이 되게 산다고 합니다. 그런데 정말로 자신에게 이익이 되는 일이 무엇인지 알고 있습니까? 앞으로 법화경을 공부하면서 이 점도 같이 한번 생각해 봅시다.

그리고 또 한 가지는 '존재의 속박이 다 없어진 상태'라고 했습니다. 우리는 모든 것이 있다고 하는 것에서 속박을 받고 있습니다. 가족이든 재산이든 명예든 무엇이든지 있다고 하면, 그 있는 것에 얼마나 많이 속박을 받겠습니까?

옛날 카메라가 귀했던 시절에 어떤 스님이 비싼 돈을 들여서 카메라를 하나 샀는데, 마음이 늘 카메라에 가 있었지요. 행여 없어지지는 않았나 하고 수시로 걸망을 열어 확인했다는 겁니다. 그 물건을 늘 걸망에 넣고 짊어지고 다니지 못하니, 밥 먹다가도 자다가도 화장실 가서도 등산을 가서도 그 생각뿐이었습니다. 몇 날 며칠을 카메라에 속박이 되어서 그렇게 끙끙대다가 결국은 카메라를 강물에 던져 버렸습니다.

이것이 존재의 속박, 있음으로부터 오는 속박입니다. 있어도 속박 받지 않는 경우도 얼마든지 있지요. 사실 그래야 됩니다. 없어서 속박 받지 않는 것은 쉽습니다. 하지만, 있으면서도 속박 받지 않아야 가장 바람직하다고 할 수 있습니다. 물론 갖지 못했어도 못 가졌다는 데 마음이 끄달리지 않는다면 좋은 일입니다. 그러나 가지고도 끄달리지 않는 것! 이것이 훨씬 수승하고 훌륭한 일입니다. 부처님과 함께 유행하던 일만 이천 명의 큰스님[大比丘]들은 존재의 속박이 다 없어진 상태였습니다. 그래서 '그 마음은 아주 자유로웠습니다.'라며 찬탄하고 있습니다.

그러면서 그 스님들의 이름을 자세히 소개하고 있습니다. 그분들 가운데 우루빈나가섭, 가야가섭, 나제가섭은 삼(三) 가섭이라고 하여 부처님 당시 '불을 섬기는 이교도[事火外道]'였는데 부처님께 귀의를 했던 분들입니다.

【 경문 】

摩訶波闍波提比丘尼는 與眷屬六千人으로 俱하며 羅睺羅母耶輸陀羅 比丘尼는 亦與眷屬으로 俱하며

그리고 마하파사파제 비구니(比丘尼)는 그들의 권속들 육천여 명과 함께 있었으며, 라후라의 어머니인 야수다라 비구니도 역시 그들의 권속들 과 함께 있었습니다.

❁   앞 구절에서는 사리불, 목건련, 수보리 등 우리 귀에 익숙한 성 문 대중들을 소개하였고, 여기서는 법회 청중으로서 빼놓을 수 없는 대표적인 비구니 두 분을 소개했습니다. 이 두 분은 아주 각별한 분들 이지요.

알다시피 마하파사파제 비구니는 석가모니 부처님의 이모입니다. 어떤 학설에 의하면, 부처님께서는 여러 가지 상황을 감안해서 여인 의 출가를 허락하지 않으려 하셨습니다. 마하파사파제가 처음으로 출 가하고 싶어서 부처님께 여러 번 사정을 했어도 들어주시지 않으셨습 니다. 그러자 마하파사파제가 아난 존자에게 부탁하여 간신히 그의 힘 을 빌어서 출가를 허락받고, 비구니 제도를 만들도록 했다고 합니다.

부처님의 생모인 마야 부인이 싯달타 태자를 낳은 지 일주일 만에 돌아가시자 당시의 나라 법에 따라 이모인 마하파사파제가 싯달타 태

자의 양모가 되어 젖을 먹여 부처님을 길렀습니다. 마하파사파제는 아난 존자의 도움으로 부처님께 출가를 간청할 때, "젖을 먹여서 키운 은인이 아닙니까? 수행생활을 하려는데 왜 들어주지 않습니까?"라고 했습니다. 이렇게 해서 비로소 비구니 제도가 성립되었고, 마하파사파제는 당당하게 수행자의 반열에 오르게 되었습니다. 나중에 마하파사파제 비구니는 부처님이 되리라는 수기를 받습니다. 법화경 제13 권지품에 보면 부처님께서 "일체중생희견(一切衆生喜見)이라는 이름을 가진 부처가 되리라." 하고 수기하고 계십니다.

한편 야수다라 비구니에 대한 이야기도 있습니다. 야수다라는 부처님의 태자 시절의 부인입니다. 그렇지만, 아들인 '라훌라의 어머니인 야수다라'라고 우회적으로 표현하고 있습니다. 태자 시절의 부인도 비구니가 되어서 함께 동참하고 있다는 것, 별의별 청중들이 다 동참했다는 의미입니다. 부처님께서 열반하시고 나서 대략 사오백 년 동안의 교단은 말하자면 초기불교, 소승불교, 원시불교라고 하는 시기입니다.

그런데 이때 승가(僧伽)가 권위의식에 사로잡히고, 제도에 몰두한 까닭에 부처님의 본래 뜻이 많이 퇴색되었습니다. 그래서 원래의 부처님 사상으로 돌아가자는 운동이 일어났는데 그것이 대승불교 운동입니다. 그 대승불교 운동의 선언서와 같은 역할을 하는 것이 법화경과 유마경입니다. 유마경과 법화경은 분명히 하나의 운동서이며, 사상서의 색채를 많이 띠고 있습니다. 다른 경전들처럼 어떤 하나의 이치를 드러내고자 하는 것이 아니라서 이렇게 표현하는 것입니다.

[2] 보살대중(菩薩大衆)

【 경문 】

菩薩摩訶薩 八萬人이 皆於阿耨多羅三藐三菩提에 不退轉하야 皆得陀
羅尼와 樂說辯才하사 轉不退轉法輪하시며 供養無量百千諸佛하사와 於
諸佛所에 植衆德本하야 常爲諸佛之所稱歎하며 以慈修身하야 善入佛慧
하며 通達大智하야 到於彼岸하며 名稱이 普聞無量世界하사 能度無數百
千衆生하시니

또 보살 마하살 팔만여 명이 있었는데 모두들 최상의 깨달음[아뇩다라삼
먁삼보리]에서 더 이상 물러서지 않는 이들이었습니다. 다라니와 말을
잘하는 변재(辯才)를 얻어서 불퇴전(不退轉)의 법륜(法輪)을 굴리어 무량
백천만 억 부처님들께 공양(供養) 올렸습니다. 그 모든 부처님들의 처소
에서 갖가지 덕의 씨앗을 심어서 늘 부처님들의 칭찬을 들었습니다. 자
비를 실천하여 심신을 닦고 부처님이 깨달으신 그 지혜를 몸소 체험하
였습니다. 또 큰 지혜를 통달하여 피안에 올랐기 때문에 그들의 명성은
한량없는 세계에 두루 알려져서 무수한 백 천 만 억 중생들을 제도(濟
度)하십니다.

❀   보살 대중은 사성(四聖: 성문, 연각, 보살, 불) 육범(六凡: 지옥, 아귀, 축
생, 수라, 인간, 천상)을 말할 때, 네 가지 성인 부류 가운데 부처님 다음
가는 성인으로 칩니다. 이들의 덕을 찬탄하면서 첫째로 최상의 깨달
음[아뇩다라삼먁삼보리]에서 더 이상 물러서지 않는 이들이라고 했습니

다. 보통 사람들은 부처님 법이 좋아서 공부를 하다가도 싫증을 느끼거나 흥미를 잃거나 해서 그만 물러서는 경우가 많습니다. 반대로 공부를 하면 할수록 더욱더 신심이 일어나고, 더 깊이 공부하는 분들도 많습니다. 이런 분들은 최상의 깨달음의 길을 향해서 더 이상 물러나지 않는 보살들이라 할 수 있습니다.

둘째 '다라니와 말을 잘하는 변재를 얻었다'고 찬탄했습니다. 다라니(陀羅尼, dhāranī)는 다른 말로 '총지(總持)'라고 하는데, 기억력이 매우 좋아 들은 것은 하나도 잊어버리지 않는다는 뜻입니다. 이는 부처님 법을 전하는 데 아주 중요합니다. 책을 보거나 법문을 듣거나 혹은 수행을 해서 깨달음이 왔다든지 할 때 그것을 잊어버리는 수가 많지요. 그런데 다 지니고 있다가 필요할 때 적절하게 꺼내 쓰는 능력이 법을 전하는 사람에게는 필수적으로 있어야 하지 않겠습니까?

셋째, 불퇴전(不退轉)의 법륜(法輪), 물러서지 않는 법륜을 굴린다고 찬탄했습니다. 부처님의 깨달음의 법은 참으로 태양과 같은 것이며, 사람이 사람답게 살도록 이끌어주는 소중한 가르침인 것입니다. 부처님 법을 공부하는 것은 해도 그만, 안 해도 그만인 것이 절대 아닙니다. 사람으로 무량한 진리의 빛을 받으면서 당당하고 밝게 살아갈 수 있게 해 주는 가르침인 것입니다.

넷째로, 무량 백천만 억 부처님들께 공양(供養) 올렸습니다. 여기서 말하는 부처님은 깨달은 분이라는 뜻입니다. 부처님이라고 하면 보통 우리는 역사적으로 실존했던 부처님, 석가모니 부처님을 먼저 떠올리게 됩니다. 하지만 모든 깨달은 분들은 다 부처님인 것입니다. 더 깊이 살펴보면, 모든 사람이 다 부처님이라고 해야 바른 이해입니다. '무량 백천만 억 부처님들께 공양(供養) 올렸다'는 대목도 이렇게 이해해야 합니다. 모든 생명, 모든 존재를 다 받들어 섬기고 공양했다는 뜻이지요.

이렇게 갖가지 덕(德)의 씨앗을 심어서 늘 부처님들의 칭찬을 들었다는 것입니다. 보살의 삶이란 이런 것입니다. 좋은 일 하고, 훌륭한 사람 섬기고, 공양 올리고, 모셔서 배우고 익히는 것이 보살의 삶입니다. 이렇게 살아가니 깨달은 사람들에게서 칭찬을 들었다는 것입니다.

또한 자비를 실천하는 것은 말할 나위도 없고, 부처님이 깨달으신 지혜를 몸소 체험을 하고, 큰 지혜를 통달하여 피안(彼岸)에 올랐기 때문에 이 보살들의 명성이 한량없는 세계에 두루 알려져서 무수한 백천만 억 중생들을 제도(濟度)하는 것입니다. 그리고 이분들은 널리 알려져서 그 이름만 들어도 숙연해지는 아주 훌륭한 보살들입니다.

【 경문 】

其名曰文殊師利菩薩과 觀世音菩薩과 得大勢菩薩과 常精進菩薩과 不休息菩薩과 寶藏菩薩과 藥王菩薩과 勇施菩薩과 寶月菩薩과 月光菩薩과 滿月菩薩과 大力菩薩과 無量力菩薩과 越三界菩薩과 跋陀婆羅菩薩과 彌勒菩薩과 寶積菩薩과 導師菩薩과 如是等菩薩摩訶薩八萬人으로 俱하며

그들의 이름은 문수사리보살·관세음보살·득대세보살·상정진보살·불휴식보살·보장보살·약왕보살·용시보살·보월보살·월광보살·만월보살·대력보살·무량력보살·월삼계보살·발타바라보살·미륵보

살·보적보살·도사보살들입니다. 이와 같은 보살마하살 팔만여 명이 함께 하셨습니다.

✽ 이렇게 보살님들을 소개하면서 무수한 백 천 만 억 중생들을 제도(濟度)하고 한량없는 세계에 두루 알려졌다고 했습니다. 문수보살, 관세음보살, 미륵보살 등 모르는 분이 없을 겁니다. 지금까지는 성문 대중과 보살 대중을 소개하였고, 이어서 그 외에 모인 다른 대중들도 소개하려고 합니다.

앞서 말씀드린 대로 법화경은 대승불교 운동을 선언하는 경전입니다. 그래서 부처님이 교화하는 대상에 어느 한 중생이라도 빠뜨리는 일은 있을 수 없습니다. 그래서 어떤 생명도, 어떤 사람도, 어떤 무리도 모두 제도되어야 하며 대승불교 운동에 동참하는 대중이 된다는 의미입니다.

[3] 그 외의 대중

【 경문 】

爾時에 釋提桓因이 與其眷屬二萬天子俱하며 復有明月天子와 普香天子와 寶光天子와 四大天王이 與其眷屬萬天子俱하며 自在天子와 大自在天子가 與其眷屬三萬天子俱하며 娑婆世界主梵天王尸棄大梵과 光明大梵等이 與其眷屬萬二千天子俱하니라

그때 석제환인도 그의 권속 이만 천자(天子)들과 함께 하였으며, 또 명

월천자와 보향천자와 보광천자와 사대천왕들이 역시 그들의 권속 일만 천자들과 함께 하였습니다. 또 자재천자와 대자재천자가 그들의 권속 삼만 천자들과 함께 하였으며, 사바세계의 주인인 범천왕과 시기대범천왕과 광명대범천왕이 또한 그들의 권속 일만 이천 천자들과 함께 하였습니다.

🌺 여기에 있는 여러 천신(天神)들은 모두 하늘을 다스리는 신입니다. 우리에게 익숙한 석제환인에 대해서 한 말씀 드리겠습니다. 석제환인은 『삼국유사』에 나와 있는 우리나라 개국 설화에 등장하는 분이기도 합니다. 흔히들 제석천(帝釋天)이라고 부릅니다.

예부터 어른스님들이 공부하는 스님들에게 "제천(帝天)이 여의식(與衣食)이다."라는 말씀을 곧잘 하셨어요. 제석천이 필요한 것을 다 주니까 먹을 것, 입을 것 걱정은 하지 말고 공부에만 전념하라는 말씀입니다. 참된 마음으로 열심히 수행하는 사람이 굶거나 헐벗는 일은 없으니, 먹고 입을 걱정에 수행을 게을리 해서는 안 된다는 뜻입니다. 이 말씀은 옛날부터 전해내려 오는데, 이에 관련된 옛 이야기가 하나 있습니다.

옛날에 아주 순박한 젊은 스님이 있었는데 '제천(帝天)이 여의식(與衣食)'이라는 어른스님의 말씀을 듣고 그대로 믿었습니다. 그는 토굴에 들어가서 열심히 공부만 하리라 마음 먹고, 큰 절에서 멀리 떨어진 외지고 깊은 산에 들어가서 바위굴에 자리를 잡고 공부를 시작했습니다. '제석천이 의식(衣食)을 제공한다는데 내가 무얼 걱정하겠는가?' 이렇게 생각하고는 자리 잡고 앉아 열심히 공부만 했습니다.

그런데 하루가 지나고 이틀이 지나도 밥을 가져다 주는 사람이 아무도 없었어요. 바위 귀퉁이에서 똑똑 떨어지는 물이나 겨우 받아먹으며 한 대엿새를 버텼는데 배가 너무 고파서 도저히 견딜 수 없었습니다. 그래서 이제는 제석천을 불러서 밥을 가져오라는 수밖에 없다고 생각했지요. 바위굴에서 엉금엉금 겨우 나와서는 '제석아! 제석아!' 하고 불렀답니다.

제석천을 큰 소리로 부르고 나서는 힘이 떨어져서 한참 쉬었다가 또 '제석아!' 하고 부르고, 이왕 부른 김에 두세 번 더 불렀지요. 그런데 저 아래 골짜기에서 '예' 하고 대답하는 소리가 희미하게 들리더랍니다. 그래서 또 한 번 큰소리로 부르니까 이번에는 더 가까이에서 대답하는 소리가 들렸습니다. 그때는 확실하게 다가오면서 대답을 하는 사람이 있었습니다. 가만히 살펴보니, 아랫마을에 사는 젊은 나무꾼이더랍니다. 그 나무꾼은 그날따라 깊은 골짜기로 들어가면 좋은 나무가 있을 거라는 생각이 들어 처음으로 그곳까지 왔다는 겁니다. 그런데 마침 자기를 부르는 소리가 들려서 대답을 하고 스님이 있는 곳까지 오게 되었다고 합니다. 그 나무꾼 이름이 제석이었던 겁니다.

스님은 제석천이 밥 주고 옷 준다고 해서 공부만 하고 있었는데, 어떻게 해서 이런 일이 벌어졌는지 모르겠다며 그나저나 배가 고파서 죽을 지경이니 가지고 온 음식이 있으면 좀 내놓으라고 했습니다. 나무꾼이 때마침 점심으로 싸왔던 것이 있어서 며칠 만에 밥을 아주 맛있게 먹었습니다. 나무꾼이 스님을 찬찬히 살펴보니, 순박하고 진지한 수행자라는 생각이 들었습니다. 어른들의 말씀을 그대로 믿고 바위굴에 와서 공부하고 있다는 것만으로도 보통 사람이 아니라는 생각이 들었지요.

　그래서 마을에 내려가서는 동네 사람들을 모아놓고 이 스님의 이야기를 했답니다. 그러자 마을 사람들 가운데 불교를 아는 이나 신심 있는 이들이 음식이며 옷이며 덮을 것이며 이것저것 마련해서 하루에 한 번씩 교대로 올라왔습니다. 덕분에 그 젊은 스님은 아무 지장 없이 공부를 잘 할 수 있었다는 이야기입니다. 그래서 어떤 인연, 어떤 방법이 동원되든지 간에, 무조건 제석천이 의식을 제공할 것이니 염려하지 말고 공부에만 열중하라고 어른스님들께서 말씀하셨습니다. 여러분도 이 말을 믿고 공부하면 모두 다 성취할 것입니다.

【 경문 】

有八龍王하니　難陀龍王과　跋難陀龍王과　娑伽羅龍王과　和修吉龍王과
德叉迦龍王과　阿那婆達多龍王과　摩那斯龍王과　優鉢羅龍王等이　各與
若干百千眷屬俱하니라　有四緊那羅王하니　法緊那羅王과　妙法緊那羅王
과　大法緊那羅王과　持法緊那羅王이　各與若干百千眷屬俱하니라　有四
乾闥婆王하니　樂乾闥婆王과　樂音乾闥婆王과　美乾闥婆王과　美音乾闥
婆王이　各與若干百千眷屬俱하니라

또 여덟 용왕이 있으니·난타용왕·발난타용왕·사가라용왕·화수길용왕·덕차가용왕·아나바달다용왕·마나사용왕·우발라용왕 등이 각기 백 천의 권속들과 함께 하였습니다.
또 네 긴나라왕이 있으니, 법긴나라왕·묘법긴나라왕·대법긴나라왕·지법긴나라왕 등이 각기 백 천의 권속들과 함께 하였습니다.

또 네 건달바왕이 있으니, 악건달바왕·악음건달바왕·미건달바왕·미음건달바왕이 각기 백 천의 권속들과 함께 하였습니다.

🏵 용왕, 긴나라, 건달바, 아수라, 가루라 등 천룡팔부의 대중들을 소개하고 있습니다. 이 대중들이 실제로 사람처럼 현신해서 나타났는 지는 알 수 없습니다. 용을 믿는 종족이나 용을 믿는 사람들, 긴나라를 믿고 건달바를 믿는 이교도들도 모여들어 부처님의 법석에 동참했다는 말입니다. 왜냐하면 아수라, 가루라, 건달바왕, 긴나라왕 등 경전에 자주 등장하여 불자들에게는 아주 친숙하지만 과학적으로 인정하기 어려운 용까지도 실재했던 대중이라고 보기에는 좀 납득이 가지 않지요. 그래서 여러 해석이 구구합니다. 그러나 상징적으로 이교도들은 물론 생명을 가진 모든 이들이 다 동참했다는 것이 중요한 것입니다. 부처님의 드넓은 자비심 특히 대승불교의 대중성을 나타내는 것입니다. 본래 부처님의 넓고 넓은 자비심은 이와 같이 모든 근기, 각양각색 온갖 성향의 사람들을 다 수용하고 받아들인다는 것이 이 구절의 진정한 의미라고 생각됩니다.

【 경문 】

有四阿修羅王하니 婆稚阿修羅王과 佉羅騫馱阿修羅王과 毘摩質多羅阿修羅王과 羅睺阿修羅王이 各與若干百千眷屬俱하니라 有四迦樓羅王하니 大威德迦樓羅王과 大身迦樓羅王과 大滿迦樓羅王과 如意迦樓羅王이 各與若干百千眷屬俱하니라

또 네 아수라왕이 있으니, 바치아수라왕·거라건타아수라왕·비마질다라아수라왕·나후아수라왕이 각기 백 천의 권속들과 함께 하였습니다. 또 네 가루라왕이 있으니, 대위덕가루라왕·대신가루라왕·대만가루라왕·여의가루라왕이 각기 백 천의 권속들과 함께 하였습니다.

❀   아수라왕, 가루라왕 등등의 많은 대중들이 법화회상에 모두 동참을 했습니다. 이 구절은 부처님의 넓은 자비심을 표현한 것입니다. 부처님 법 안에서는 어떤 종류의 생명이라도 다 용납하고 받아들이고 또 제도해야 할 대상이며 같은 동참 대중이라는 의미입니다. 또 이런 대중이 있습니다.

【 경문 】
韋提希子阿闍世王이 與若干百千眷屬俱하야 各禮佛足하고 退坐一面하니라

또 위제희(韋提希)의 아들 아사세왕도 백 천의 권속들과 함께 각각 부처님의 발에 예배를 올리고 물러 나와 한쪽에 가서 앉았습니다.

❀   위제희 부인의 아들 아사세 왕이 그 권속들과 함께 했습니다. 위제희는 마가다국의 빔비사라 왕의 부인입니다. 빔비사라 왕은 아들 아사세를 낳을 때 우여곡절을 많이 겪었던 왕으로 부처님의 법을 외호해서 경전에 많이 등장합니다.
　　이 아사세 왕 이야기를 좀 더 자세히 살펴보겠습니다. 아사세(阿闍

世)의 뜻을 옮겨보면 미생원(未生怨)입니다. 미생원이라는 말은 태어나기 전부터 원한을 품은 사람이라는 뜻입니다. 빔비사라 왕이 늦도록 대를 이을 아들이 없었습니다. 그래서 아들을 얻으려고 여러 가지 방법을 찾다가 어떤 선인에게 그 방법을 알게 되었지요. 비구리 산에서 수행하고 있는 어떤 선인(仙人)이 3년 뒤에 죽어서 왕의 아들로 태어나게 된다고 했습니다. 왕은 3년을 기다리지 못하고 급한 마음에 그만 선인을 죽였습니다. 그 선인이 죽으면서 원한을 품고 왕의 아들로 태어났지요.

왕자가 태어난 후 관상가를 불러서 점을 쳐 보았더니 '이 아이는 원한을 품고 태어났다. 장성하면 왕을 죽일 것이다'라는 점괘가 나왔습니다. 두려운 마음에 왕은 왕자를 죽이려고 했습니다. 높은 누각에서 떨어뜨렸지만 왕자는 손가락 하나만 부러졌을 뿐 무사했습니다. 그래서 결국 빔비사라 왕은 아사세 왕자를 죽이지 않고 키우게 되었지요. 그러나 장성한 왕자는 새로운 교단을 조직하려는 야심을 가진 제바달다의 꾀임에 빠져 그만 부왕을 죽이게 됩니다. 어머니인 위제희 부인도 가두어 버리지요. 그러나 뒤에 뉘우치고 부처님께 귀의해서 교단의 든든한 외호자가 되었고, 부처님의 경전을 결집할 때 결집이 가능하도록 도와주었지요. 아사세 왕은 부처님이 열반하신 뒤에 24년이나 더 살다가 세상을 떠났습니다.

아사세 왕의 어머니 위제희 부인의 이야기가 『관무량수불경』에 나옵니다. 위제희 부인은 남편인 빔비사라 왕이 옥에 갇혀서 고통스러워할 때, 이 고통으로 가득 찬 세상을 살면서 어떻게 하면 평안을 얻을 수 있는지 그 방법을 부처님께 여쭈었습니다. 부처님께서는 서

방을 향해 '나무 아미타불'을 염송하라고 일러 주셨습니다. 그래서 위제희 부인은 평정을 얻게 되었고 이런 연유로 서방정토 극락세계에 왕생하는 아미타 신앙이 발생하게 된 것입니다.

이런 분들까지 다 동참해서 법회의 청중이 되었다는 말씀입니다.

2. 법회의 상서

법화경이 설해지기 위해서 그 동안 미처 보지 못했던 여러 가지 훌륭한 상서가 많이 나타나는 장면을 그리고 있습니다. 부처님께서 이 땅에 오신 일도 참으로 큰 상서로운 일 중에 상서로운 일이고, 부처님께서 큰 깨달음을 이루시고 중생들에게 그야말로 감로의 법을 설하셔서 우리들을 부처의 인격으로 승화시켜 주신, 그런 큰 법문은 더할 나위 없이 위대한 일이라고 하겠습니다. 그래서 부처님의 깨달음은 인류사에 있어서 가장 큰 사건이고, 그 깨달은 내용을 설하신 경전은 인류가 남긴 최대의 걸작이라고까지 표현합니다.

여기서 법회의 상서라고 하는 것은 법화경이 설해지기 위한 여러 가지 상서로운 징조들이 나타난 것을 말하지만, 조금 확대해서 생각하면 부처님이 이 땅에 오심이 상서로운 일이요, 깨달음이 상서로운 일이요, 그 법이 널리 설해짐이 상서로운 일입니다. 또 우리들에게는 그러한 법을 만날 수 있음이 상서로운 일이고 이 순간에 우리가 함께 부처님의 그 위대한 진리의 가르침을 함께 생각하고 의논하고 또 이 것을 우리의 생활에 잘 적용해서 살아가는 일이 또한 매우 상서로운 일입니다.

[1] 이 국토의 상서

【경문】

爾時世尊을 四衆圍繞하야 供養恭敬尊重讚歎이러라 爲諸菩薩하사 說大
乘經하시니 名無量義라 敎菩薩法이며 佛所護念이니라. 佛說此經已에
結跏趺坐하시고 入於無量義處三昧하사 身心不動이러라 是時天雨曼陀
羅華와 摩訶曼陀羅華와 曼殊沙華와 摩訶曼殊沙華하야 而散佛上과 及
諸大衆하며 普佛世界가 六種震動이러라

그때 세존(世尊)께서는 사부대중에게 둘러싸여 온갖 공양과 공경과 존
중과 찬탄을 받으셨습니다. 그 여러 보살들을 위하여 대승경전을 설하
시니 이름은 무량의경(無量義經)이었습니다. 그것은 오직 보살들을 가르
치는 법이며, 부처님께서 매우 아끼고 보호하시며 늘 마음에 두고 계신
것입니다. 부처님께서는 이 경전을 다 설하시고 나서 가부좌를 맺고 앉
으시어 무량의처라는 삼매에 들어가시어 몸도 마음도 조용히 움직이지
않으시었습니다.
그때에 하늘에서는 만다라꽃과 큰 만다라꽃과 만수사꽃과 큰 만수사꽃
을 비 오듯 내리어 부처님과 여러 대중들에게 뿌렸습니다. 그러자 온
세계가 여섯 가지로 진동하였습니다.

❀   사부대중(四部大衆)이라고 하면 비구와 비구니, 우바새와 우바이

를 말합니다. 사부대중들이 부처님을 기리고 세존을 받들어 섬기는데 네 가지 요소가 있습니다. 공양과 공경과 존중과 찬탄이 그것입니다. 존경심이 저절로 우러나는 그런 분이라면, 당연히 공양을 올려야 하고, 공경해야 하고, 존중해야 하며 또 어디서나 찬탄해야 합니다. 바로 앞에서 찬탄하기보다는 기회 있을 때마다 얼마나 훌륭한 지 찬탄해야 합니다.

그런데 부처님께서 법화경을 설하시기 전에 무량의경을 설하셨다는 구절이 나옵니다. 대개 어떤 경전을 설하실 때 무슨 경을 설했다 하는 말은 잘 나오지 않습니다. 그런데 유독 이 법화경에서만은 무량의경을 설하셨다고 합니다. 그래서 무량의경(無量義經)은 법화경을 설하기 전의 서경(序經)이고, 법화경이 본경(本經)이며, 결론적으로 설한 관보현보살행법경(觀普賢菩薩行法經) 또는 줄여서 관보현경(觀普賢經)을 결경(結經)이라고 하여 법화삼부경(法華三部經)이라고 합니다. 한 권에 이 세 가지 경을 다 실어서 출판하는 경우도 있습니다.

무량의경은 보살들을 가르치는 법이며, 부처님께서 매우 아끼고 소중하게 여기는 경전입니다. 이 무량의경을 다 설하신 뒤에는 무량의처 삼매에 드셨습니다. 사실 경전을 설하기 전에 삼매에 드는 것보다도 경전을 설하고 난 뒤에 삼매에 드는 것이 더 중요한 일입니다. 법문을 하기 전에 드는 삼매보다도 법문을 마친 뒤에 드는 삼매나 입정이 훨씬 더 중요합니다. 우리는 보통 법회에 참석해서 법문을 다 듣고 난 뒤에는 법회가 끝났다고 얼른 일어서버립니다. 이렇게 하면 마음을 기울여 들었던 것이 다 쏟아져버릴 우려가 있습니다. 그래서 법문을 듣고 나서는 3~5분 정도 입정에 드는 것이 좋습니다. 들었던 내용을 되뇌고 확인하고 중요한 것을 기억해낸 다음 법석에서 조용히 일어나는 것이 바람직합니다.

부처님께서 무량의경을 설하시고 나서 조용히 삼매에 드시니, 하늘이 감동을 하여서 꽃비가 내리고 온 세계가 여섯 가지로 진동하였습니다. 그 여섯 가지는 흔들려서 불안한 동(動), 아래로부터 위로 올라가는 기(起), 솟아오르고 꺼져 내려가는 용(涌), 은은히 소리가 들리는 진(震), 꽝꽝 소리 내며 부르짖는 후(吼), 사물을 깨닫게 하는 각(覺)입니다. 앞의 세 가지는 모양이 변하는 것이고, 뒤의 세 가지는 소리가 변하는 것입니다. 그러나 이것은 실제로 일어난 일이 아닐 수 있습니다. 부처님의 45년 설법 중에 마지막으로 총정리해서 법화경을 설하시는 자리이기 때문에 그 상서로움을 이렇게 표현한 것이라고 봅니다. 저는 이런 무게 있는 의미심장한 가르침을 펼치려는 순간이기 때문에 육근(六根)으로 된 우리 몸과 마음이 전율로 떨리고 벅찬 감동으로 여섯 가지로 진동했다고 해석합니다. 참으로 희유한 법을 들어서 희열(喜悅)에 젖고 감동(感動)하여 안(眼)·이(耳)·비(鼻)·설(舌)·신(身)·의(意)의 모든 육근에 전율이 일어나는 것입니다. 그리고 또 어떤 경우는 육종(六種) 십팔상(十八相)으로 진동한다고 합니다.

【 경문 】

爾時會中에 比丘比丘尼와 優婆塞優婆夷와 天龍夜叉와 乾闥婆와 阿修羅와 迦樓羅와 緊那羅와 摩睺羅伽와 人非人과 及諸小王과 轉輪聖王과 是諸大衆이 得未曾有하사 歡喜合掌하고 一心觀佛하더라

그때에 법회(法會)에 함께 있던 비구·비구니·우바새·우바이·천·용·
야차·건달바·아수라·가루라·긴나라·마후라가·사람인 것·사람 아닌
것과 여러 소왕(小王), 전륜성왕 등 모든 대중들이 일찍이 없었던 일이
라 환희하여 합장하고 일심으로 부처님을 우러러 뵈옵고 있었습니다.

❀ 부처님께서 이러한 상서로운 모습을 보이는데, 도대체 어떤 희
유한 일이 있으려고 이러는가? 하는 기대감과 깊은 신심에서 우러나
오는 법희선열(法喜禪悅)의 마음으로 모든 대중들이 환희하여 합장하고
일심으로 부처님을 우러러 뵈옵고 있었습니다.

【경문】
爾時佛이 放眉間白毫相光하사 照東方萬八千世界하야 靡不周遍하니라

그때에 부처님께서는 미간(眉間)의 백호상에서 광명을 놓아 동방으로
일만 팔천 세계를 골고루 빠짐없이 비추었습니다.

❀ 석가모니 부처님은 삼십이상(三十二相)과 팔십종호(八十種好)를 갖
추었습니다. 이 모습은 보통 인간은 갖출 수 없는 아주 훌륭한 상호입
니다. 관상학적으로 가장 좋은 상호를 모두 갖추었는데 그 가운데 하
나가 미간백호입니다. 이것은 미간에 흰 털이 길게 나서 동그랗게 오
른쪽으로 휘감아 돈 것입니다. 그것을 죽 잡아당기면 한 발이나 되는
데, 당겼다가 놓아버리면 또르르 말려서 제자리에 가서 안착을 하는
데, 마치 미간에다 다이아몬드를 박아 놓은 것과 같이 그렇게 희고 빛

나는 모습입니다. 이것은 중도(中道)의 깨달음을 상징화해서 그렇게 나타낸 것이라고 해석합니다.

그 백호상에서 '광명을 놓아 동방으로 일만 팔천 세계를 두루 빠짐없이 비추었다.'고 합니다. 이때 '광명'은 무엇이고 왜 '동방'을 향하며, 또 일만 팔천이라는 숫자는 무슨 뜻인가? 이러한 상징을 명확하게 밝혀 놓은 해석은 아직 없습니다. 제 나름대로 광명은 지혜를 뜻한다고 생각합니다. 부처님의 깨달음을 그리고 그 깨달음에 의한 가르침을 한마디로 표현하면 경전에서는 보통 광명으로 말하고 있습니다. 그리고 동쪽은 해가 뜨는 곳입니다. 광명과 딱 어울리는 곳이지요. 그래서 동방이라고 했을 것입니다. 일만 팔천 세계는 인간의 모든 삶의 세계를 말합니다.

우리 인간이 인간으로서 살아가는 데 필요한 세계는 육근과 육근의 상대인 육진 그리고 육근과 육진의 관계에서 작용하고 있는 육식으로 이루어져 있습니다. 육근(六根), 육진(六塵), 육식(六識)을 십팔계(十八界)라고 합니다. 십팔계는 인간 세계의 모든 것입니다. 정신세계든 물질세계든 간에 인간이 수용하고 인식하고 느끼고 활동하고 살아가는, 인간 삶의 모든 것이 십팔계에서 다 이루어지는 것입니다. 일만 팔천이라고 하는 것은 십팔계를 좀더 확장시켜서 표현한 것입니다.

불교에서는 광명을 아주 중요하게 여깁니다. 그런 까닭에 전깃불이 발달한 요즘 시대에도 촛불을 밝힙니다. 광명이 부처님을 상징하고, 깨달음을 상징하고, 깨달음에 의한 지혜의 가르침을 상징하기 때문에 촛불을 밝힙니다. 인등도 초파일등도 마찬가지입니다. 우리가 인등을 켜든 법당에 가서 촛불을 켜든 초파일날 등불을 밝히든 간에 꼭 빛을 발하고 싶은, 그 본래의 의미를 잘 알고 켜야 됩니다. 우리 보통 사람이 살아가는데 부처님의 지혜 등불이 필요하다는 뜻을 알고 등불을 밝히는 것이라면 천 개 만 개를 켜도 오히려 적지만 그 의미를 모르고 켜면 하나도 많다는 것을 새겨두시기 바랍니다.

광명이 법화경의 서두에 이렇게 나오는 것은 깨달음의 눈으로 세상을 비추고, 인생을 비추고, 더 나아가 모든 존재의 실상을 비춰서 우리에게 존재의 실상을 여실히 일깨워 주고자 하는 의미가 강하게 담겨있기 때문입니다.

(2) 다른 국토의 상서

【 경문 】

下至阿鼻地獄하고 上至阿迦膩吒天하며 於此世界에 盡見彼土六趣衆生하며 又見彼土에 現在諸佛하고 及聞諸佛所說經法하며 并見彼諸比丘比丘尼와 優婆塞優婆夷의 諸修行得道者하며 復見諸菩薩摩訶薩이 種種因緣과 種種信解와 種種相貌로 行菩薩道하며 復見諸佛이 般涅槃者하며 復見諸佛이 般涅槃後에 以佛舍利로 起七寶塔이러라

그 빛이 아래로는 아비지옥까지 비치고 위로는 아가니타천까지 비치었습니다. 그리고 이 세계에서 모든 세계의 육도(六道) 중생들을 모두 볼 수 있었습니다. 또 그 세계에 부처님이 계시는 것을 볼 수 있고, 부처님이 설하시는 경전의 말씀도 다 들을 수 있었습니다. 뿐만 아니라 그 곳의 여러 비구·비구니와 우바새·우바이들이 수행하고 도(道)를 얻는 일

까지 볼 수 있었습니다. 그리고 여러 보살 마하살들이 갖가지 인연과 갖가지 믿고 이해하는 일과 갖가지 모습으로 보살도를 행하는 것도 볼 수 있었습니다. 또 여러 부처님께서 열반에 들고, 열반에 드신 후에 부처님의 사리로써 칠보탑(七寶塔)을 세우는 것도 볼 수 있었습니다.

❀　이천 오백년 전에 깨달은 분의 안목으로 본 우주를 짐작할 수 있겠지요? 불교는 아주 미세한 물질의 최소단위를 이야기하는가 하면, 또 아주 어마어마하게 먼 세계도 이야기합니다. 흔히 크게 범위를 잡았을 때는 백억 일월(日月)이라고 합니다. 백억의 태양계라는 뜻입니다. 이 세상에서 가장 작은 물질을 말할 때는 인허진(隣虛塵)이라고 합니다. 텅 빈 것과 유사한, 없는 것과 유사한, 없는 것을 이웃한 먼지와 같다는 뜻입니다. 더 이상 나눌 수 없는 물질의 최소단위라고 할 수 있지요.

현대물리학에서는 물질의 최소단위를 쿼크(quark)라고 합니다. 그런데 여기서 주목해야 할 점이 있습니다. 쿼크라는 물질도 다른 어떤 물질과 결합되어 있다는 사실입니다. 관계라는 것이지요. 독립된 존재가 아니고, 다른 물질과 관계를 맺어야만 하는 쿼크라는 최소단위가 있습니다. 불교에서도 연기설(緣起說) 또는 화합설(和合說) 등을 말합니다. 결국 모든 존재는 궁극적으로 공(空)하다, 텅 비어 없다, 오직 이것과 저것의 관계 속에서 존재하는 것이다, 물질의 최소단위인 쿼크까지도 이것과 저것의 관계 속에서 존재하는 것이듯 독립된 실체는 아무것도 없다는 것이 불교의 근본 입장입니다.

부처님께서 미간의 백호상에서 광명을 놓으셨을 때 그 광명의 빛이 어디까지 비추겠습니까? 아래로는 아비지옥, 위로는 아가니타천까지 비추었다고 했습니다. 그 빛은 부처님의 깨달음의 빛이며, 우리들이 모두 가지고 있는 불성의 빛이며, 영원한 생명의 빛으로 어느 곳이나 고루 빠짐없이 밝게 이해한다는 뜻입니다.

비구·비구니·우바새·우바이를 사부대중(四部大衆)이라고 합니다. 사실 승가(僧伽, saṃgha)라고 할 때 출가한 승려만 일컫는 것이 아닙니다. 승가는 부처님의 가르침을 따르는 집단 또는 단체를 뜻합니다. 그렇기 때문에 승가를 광의(廣意)로 해석하면 사부대중을 함께 일컫는 것이라고 이해해도 좋을 것입니다. 그리고 여러 보살 마하살이 갖가지 인연과 모습으로 보살도를 행하는 것도 본다고 했습니다. 화엄경에서 보살행은 간단히 말해서 불교의 결론이라고 말합니다. 본래 우리가 부처이니 더 이상 달리 견성성불할 일이 없으니, 부처로서의 삶을 펼치면 되는 것입니다. 그러한 부처의 삶을 우리는 일반적으로 보살행이라고 합니다. 우리 모두가 보살행을 행하며 살면 더 이상 필요한 일이 없지요. 그래서 보살행이 불교의 결론인 것입니다.

화엄경에서 선재 동자가 53분의 선지식을 친견하러 다닐 때 오직 한 가지를 묻고 있습니다. 어떻게 하면 보살도를 행하겠습니까? 무엇이 보살도입니까? 어떻게 하면 보살도를 배울 수 있습니까? 선재 동자는 무엇이 불교입니까? 하고 묻지도 않았고 또 어떻게 해야 견성성불할 수 있습니까? 하고 묻지도 않았습니다. 선재 동자는 시종일관 보살도에 대해 물었습니다.

이와 같은 보살도를 여러 보살 마하살이 갖가지 인연과 모양으로 행하는 것도 보였습니다. 그리고 여러 부처님께서 열반에 드시고, 그 사리로 칠보탑을 세우고 공양하는 모양까지도 다 보이는 것이 미간 백호에서 발한 광명에 나타난 상서입니다.

3. 미륵보살이 묻다

【 경문 】

爾時彌勒菩薩이 作是念하되 今者世尊이 現神變相하시니 以何因緣으로 而有此瑞하며 今佛世尊이 入于三昧하시니 是不可思議며 現希有事라 當 以問誰며 誰能答者오 復作此念하대 是文殊師利法王之子는 已曾親近 供養過去無量諸佛일새 必應見此希有之相하리니 我今當問하리라 爾時 比丘比丘尼와 優婆塞優婆夷와 及諸天龍鬼神等이 咸作此念하대 是佛 光明神通之相을 今當問誰오하니라

그때에 미륵보살이 이러한 생각을 하였습니다.

'지금 세존께서 신통 변화의 모습을 보이시는데 무슨 인연으로 이러한 상서로움이 있는가? 지금 부처님은 삼매에 드시었는데 이것은 불가사 의하며 희유(稀有)한 일이다. 누구에게 물어야 할까? 누가 답을 할까?' 또 다시 이러한 생각도 하였습니다. '문수사리보살은 법왕의 아들이 다. 그는 일찍이 과거에 한량없는 부처님을 친근하고 공양을 올렸던 이 다. 그분은 반드시 이러한 희유한 일을 보았을 것이다. 나는 그분에게 마땅히 물어야 하리라.'

그때에 마침 비구·비구니·우바새·우바이와 천·용·귀신들도 다 같

이 이러한 생각을 하였습니다. '부처님의 이러한 광명과 신통한 일을 지금 누구에게 물어야 할까?'

【경문】

爾時彌勒菩薩이 欲自決疑하며 又觀四衆인 比丘比丘尼와 優婆塞優婆夷와 及諸天龍鬼神等衆會之心하사 而問文殊師利言하사대 以何因緣으로 而有此瑞神通之相하시며 放大光明하사 照于東方萬八千土하시며 悉見彼佛國界莊嚴이닛고

그때에 미륵보살이 자기의 의문을 풀고, 또 비구·비구니·우바새·우바이와 천·용·귀신들과 법회 대중들의 의문을 풀기 위하여 문수사리보살에게 물었습니다.

"무슨 인연으로 이러한 상서롭고 신통한 일이 있습니까? 그리고 큰 광명을 놓아 동방으로 일만 팔천 국토를 비추어서 그 세계의 장엄(莊嚴)을 모두 보게 하십니까?"

✿ 그때에 미륵보살이 이런 생각을 합니다. '무슨 인연으로 이러한 상서가 있는가?' 궁금해 합니다. '왜?'라는 문제의식을 가지는 것은 참 중요한 일입니다. '왜 저렇게 되었을까?', '이건 왜 그럴까?' 하는 문제의식을 가진 사람은 발전합니다. 요즘 아이들은 참 궁금한 것도 많고 묻기도 잘 묻지요? 그래서 옛날 아이들보다 똑똑한 겁니다. 눈에 보이는 궁금함을 누르지 않고 풀려고 합니다. 그래서 질문을 하지요.

다음으로 누구에게 물어야 하는지 찾아야 합니다. 참으로 많은 대중 가운데 문수사리법왕자 즉 문수보살을 떠올렸습니다. 문수보살은 반야 지혜의 권화(權化)입니다. 그래서 반야경을 편찬했습니다. 게다가 문수보살은 과거에 무량한 부처님에게 공양하고 친근해서 경험이 많은 분이기도 합니다. 일을 많이 겪으면 지혜가 절로 생긴다는 말이 있듯이 문수보살은 경험이 많을 뿐만 아니라 일천 부처의 스승이라고도 일컬어집니다. 반야 지혜가 있어야 부처를 이룰 수 있기 때문입니다. 이와 같이 경험과 지혜를 갖춘 문수보살이라면 능히 대답할 수 있다고 생각합니다.

문수보살은 지혜를 상징하고 미륵보살은 자비를 상징합니다. 미륵보살을 다른 말로 자씨(慈氏), 자비로운 분이라고 부릅니다. 이 대목에서도 보살의 자비심이 엿보입니다. 보살은 자기 자신의 궁금증만 풀려고 하는 게 아니라 다른 대중들의 궁금함도 함께 풀어주려고 합니다. 똑같이 궁금해도 다른 대중까지 생각해서 내가 대신 묻는 것, 이것이 참 자비심입니다. 다른 대중이 묻는 것이 어려울 것을 알고, 그럼 내가 대신 묻겠다고 대표로 나서는 것입니다. 나 혼자만의 문제가 아니라 다른 사람의 문제까지도 해결하는 것입니다. 이렇게 미륵보살이 먼저 묻는 것은 자비심의 발로입니다.

이렇게 해서 산문 부분이 일단락되었습니다. 법화경의 형식적 특징은 먼저 산문으로 내용을 설명하고 나서 그 내용을 다시 운문인 게송으로 정리, 부연하거나 요약해서 다시 말하는 것입니다. 이것을 중송(重頌)이라고 합니다. 경전의 게송에는 고기송(孤起頌)과 중송(重頌)이 있습니다. 산문 형식의 내용이 없이 게송만 있는 것을 고기송이라고 하는데 이를테면 법구경이 여기에 해당합니다. 대승경전에도 그런 것들이 있지요. 법화경의 게송은 뜻을 거듭 밝히는 중송입니다. 게송은 그러면서 앞의 산문보다 훨씬 더 미세하고 자상하게 산문에서 못 다한 이야기를 자세히 설명하고 있습니다.

4. 게송(偈頌)으로 다시 묻다

[1] 국토의 상서

【 경문 】

於是彌勒菩薩이 欲重宣此義하사 以偈問曰하오니라

文殊師利여 導師何故로

眉間白毫에 大光普照하시며

雨曼陀羅와 曼殊沙華하시며

栴檀香風이 悅可衆心하니

以是因緣으로 地皆嚴淨하며

而此世界가 六種震動하니

時四部衆이 咸皆歡喜하사

身意快然하야 得未曾有닛고

미륵보살은 이 뜻을 거듭 말씀드리고자 게송으로 물었습니다.

"문수사리시여, 부처님[導師]께서는 무슨 인연으로

미간 백호에서 큰 광명을 놓아 널리 비추십니까?

만다라꽃과 만수사꽃을 비 오듯 내리시며

전단향기 바람이 불어 중생들의 마음을 기쁘게 하시니,

이러한 인연으로 땅을 아름답게 장엄하였고

이 세계가 여섯 가지로 진동합니까?

지금 사부대중들은 모두들 환희하여

몸과 마음은 상쾌하기 이를 데 없고

생전 처음 보는 일을 보게 되었습니까?

【 경문 】

眉間光明이 照於東方하야

萬八千土하사 皆如金色하시며

從阿鼻獄하야 上至有頂히

諸世界中에 六道衆生의

生死所趣와 善惡業緣과

受報好醜를 於此悉見하며

미간 백호에서 놓으신 광명은

동방으로 일만 팔천 국토를 비추시어

모두 금빛으로 빛나고 있습니다.

아래로는 아비지옥까지 비치고

위로는 유정천(有頂天)까지 비치어

그 모든 세계에 있는 육도 중생들이

태어나고 죽는 곳과 선악의 업을 짓는 인연과
좋고 나쁜 과보(果報)를 받는 것까지
이 곳에서 빠짐없이 봅니다.

⑵ 부처님 설법의 상서

【 경문 】
又觀諸佛 聖主師子가
演說經典이 微妙第一하며
其聲淸淨하야 出柔軟音하야
敎諸菩薩 無數億萬하며
梵音深妙하야 令人樂聞하며
各於世界에 講說正法하며
種種因緣과 以無量喩로
照明佛法하야 開悟衆生하며

또 보니, 성인 중의 성인이시며
사람 중의 으뜸[聖主獅子]이신 여러 부처님들이
경전을 설하시는 데 미묘하기가 제일입니다.
그 음성 아름답고 부드러워
무수한 억만 보살들을 가르치는데,
신비한 소리는 깊고도 미묘하여
사람들이 더욱 더 듣고 싶어 합니다.

부처님들은 각자의 세계에서 바른 진리를 강설하는데,
갖가지 인연과 한량없는 비유로써
깨달으신 법을 밝게 비치시어
중생들을 깨닫게 하십니다.

【 경문 】

若人遭苦하야 厭老病死어든
爲說涅槃하야 盡諸苦際하며
若人有福하야 曾供養佛하고
志求勝法하면 爲說緣覺하며
若有佛子가 修種種行하야
求無上慧하면 爲說淨道하시니
文殊師利여 我住於此하야
見聞若斯하며 及千億事가
如是衆多하니 今當略說하리다

만약 어떤 사람이 늙고 병들고 죽는 고통을 싫어하면
열반의 도리를 설하여 모든 고통을 없애주며
만약 어떤 사람이 복이 있어서 부처님께 공양하고
훌륭한 법을 구하면 연각(緣覺)의 도리를 일러줍니다.
만약 어떤 불자가 갖가지 방법으로 수행하여
최상의 지혜를 구하면 청정한 도(道)를 설하십니다.
문수사리보살이여, 내가 여기 있으면서

보고 듣는 일이 이와 같으며 이 밖에도 천만 가지 사실들이
이처럼 많은 것을 지금 대강 말씀드리리다.

🌸 　이제 미륵보살이 게송으로 자세하게 질문을 합니다. 보살 자신
의 궁금함을 푸는 것뿐만 아니라 법회에 참석한 다른 대중들의 궁금
함도 함께 풀어주기 위해서 지혜롭고 경험 많은 문수보살에게 질문합
니다.

　부처님께서 미간 백호에서 큰 광명을 놓는 상서(祥瑞)를 보이신 연
유를 먼저 물었습니다. 온갖 하늘 꽃이 비 오듯 내리며 땅이 여섯 가
지로 진동할 때 부처님께서 큰 광명을 나투어서 온 사바세계의 모든
중생이 살아가는 낱낱의 모습을 비추시는 까닭을 묻습니다. 하늘에서
지옥까지 모든 세계의 중생이 육도윤회의 고통을 겪는 것을 비치시
고, 청정하고 미묘한 범음(梵音)으로 중생을 교화하십니다.

　그런데 부처님께서 교화하는 방법으로 음성이 매우 중요합니다.
경전에는 음성에 대한 이야기가 자주 나옵니다. 여기서는 범음심묘(梵
音深妙)하여 영인락문(令人樂聞)이라 했습니다. 그 청정한 음성이 깊고
미묘해서 사람으로 하여금 즐겨 듣게 한다는 말입니다. 듣고 또 듣고,
자꾸 듣고 싶은 음성이라는 것이지요. 또 사바세계는 음성(音聲)이 교
체(敎體)라는 말도 있습니다. 음성이 교화의 주체가 된다, 음성으로 부
처님 가르침을 전파한다는 말입니다.

　이렇게 부처님께서는 사람들이 더욱더 듣고 싶어 하는 미묘한 음
성으로 중생을 교화하십니다. 먼저 부처님께서 중생을 살펴보시고 그
중생이 고통을 싫어하면 열반을 설해서 구제하셨습니다. 초기불교에

서는 삶을 긍정적으로 보기보다는 부정적으로 보는 입장이 훨씬 강했습니다. 그래서 열반의 경지가 사람들에게 정말 필요한 것이었다는 생각이 듭니다.

고통도 번뇌도 일체의 어려움도 사라지고, 또 살아가면서 겪는 온갖 문제들까지도 다 사라져버리고 끝내는 이 몸마저도 사라져버린 상태를 무여열반(無餘涅槃)이라고 합니다. 유여열반(有餘涅槃)은 육신은 가지고 있지만 모든 고통과 번뇌망상이 다 사라진 상태를 말합니다. 유여(有餘), 아직 남겨져 있다, 아직 몸이 남아있다는 뜻입니다. 후에 대승불교에 와서는 유여열반이나 무여열반의 의미보다 한 차원 높은 구경열반(究竟涅槃)을 말합니다. 구경열반은 모든 것이 다 완전히 구비된 부처의 경지를 말하지요.

그리고 또 어떤 중생이 복을 지어서 부처님께 공양하고 법을 구하면 연각(緣覺)의 도리를 설하십니다. 연각의 도리란 인연의 이치를 사유해서 스스로 깨닫는 것을 말합니다. 이것은 우리 불교의 인과의 이치, 선인선과(善因善果) 악인악과(惡因惡果)의 이치와 맞물려 있습니다. 또 어떤 중생이 최상의 지혜를 구하면 청정한 도를 설하십니다. 여기서 최상의 지혜가 중요합니다.

우리가 절에 오게 된 인연은 참으로 다양합니다. 공기가 좋고 약수가 좋아서 절에 오다 보니 자연스레 신자가 되기도 하고, 친구의 부모가 돌아가셔서 사십구재에 동참하기 위해서 절에 왔다가 귀의하는 등 각양각색으로 인연이 되어서 불교에 입문하는 예들이 적지 않습니다. 약수를 길러 왔든지 공기가 좋아서 왔든지 경치가 좋아서 왔든지 간에 궁극적으로는 한 곳에 모여야 합니다. 그 곳이 바로 최상의 지혜를 구

하는 곳입니다. 궁극에 가서는 부처님의 지혜, 깨달음의 지혜를 구하
고 거기에 안착하는 것으로 인연의 결실이 맺어져야 합니다.

〔3〕보살행의 상서 1

【경문】

我見彼土에 恒沙菩薩이
種種因緣으로 而求佛道하니
或有行施하대 金銀珊瑚와
眞珠摩尼와 硨磲瑪瑙와
金剛諸珍과 奴婢車乘과
寶飾輦輿로 歡喜布施하야
廻向佛道하고 願得是乘의
三界第一인 諸佛所歎이며

내가 보니, 항하강의 모래처럼 많은 저 세계의 보살들이
갖가지 인연으로 부처님의 도를 구합니다.
어떤 이는 보시(布施)를 행하는데 금과 은과 산호와
진주와 마니보배와 자거와 마노와
금강 같은 온갖 보배와 또 노비와 수레들과
보배로 꾸민 연(輦)을 기쁘게 보시하여 불도에 회향하고,
삼계에서 제일가는 일불승(一佛乘)을 얻어
부처님의 칭찬 받기를 원합니다.

❀　부처님의 미간백호에서 나툰 광명으로 갖가지 보살행의 모습이 비치고 있습니다. 또 달리 보면 이렇게도 해석할 수 있습니다. 불교적 신앙과 불교적 안목으로 세상을 보면 세상 사람들이 선행하는 모습이 잘 보입니다. 그 모습을 보고 또 감동합니다.

갖가지 보살도를 실천하는 모습을 비추는 부처님의 광명은 곧 깨달음의 눈이요, 선한 마음이며, 진리를 향한 뜨거운 열정이고, 지극히 깊은 신심입니다. 이러한 것들이 있을 때 다른 사람이 선행을 하고 보시하고 보살도를 닦는 모습이 눈에 보이며 그로 인해 감동을 받고 또 따라서 배우게 되는 것입니다.

어떤 보살은 보시를 행하는데, 금·은·산호와 같은 귀한 칠보를 보시하고, 노비와 수레와 보배로 꾸민 연을 보시합니다. 그것도 아주 환희하는 마음으로 기쁘게 보시하여서 불도에 회향하고 있습니다. 이 것을 희사(喜捨)라고 합니다. 기쁜 마음으로 아무 미련 없이 그렇게 보시하는 것을 말합니다.

이렇게 기쁘게 보시하여, 삼계에서 제일가는 일불승을 얻는다고 했습니다. 일불승(一佛乘)이라는 말이 비로소 나오기 시작합니다. 법화경의 대의를 말할 때 회삼귀일(會三歸一), 즉 세 가지를 모아서 하나로 돌아간다고 합니다. 세 가지는 성문승, 연각승, 보살승을 말하는 것이고, 하나는 일불승을 말하는 것입니다. 성문승, 연각승, 보살승이 꼭 글자 그대로 성문, 연각, 보살로 정해진 것은 아닙니다. 우리들의 삶의 갖가지 형태를 그렇게 표현한 것입니다. 이 셋을 모아 하나로 돌아가는 것, 그것은 다종다양한 삶들이 결국은 부처님의 삶으로 돌아갈 수밖에 없다는 말입니다. 그래서 일불승이란 부처님의 삶으로 이해해야 하고, 또 다종다양한 삶의 모습이 궁극에 가서는 부처님의 삶이 된다는 뜻입니다. 사람이 곧 부처님이고, 부처님의 삶이 곧 사람의 삶이라고 생각합니다. 이렇게 해서 하나의 길로 돌아간다고 하는 것이 바로 회삼귀일의 일불승으로 돌아간다는 뜻입니다.

【 경문 】

或有菩薩은 駟馬寶車와

欄楯華蓋와 軒飾布施하며

復見菩薩은 身肉手足과

及妻子施하야 求無上道하며

又見菩薩은 頭目身體로

欣樂施與하야 求佛智慧니다

혹은 어떤 보살들은 난간이 있고 일산 받쳐 들고
잘 꾸민 네 마리 말을 메운 보배 수레를 보시합니다.
또 보니, 어떤 보살들은 몸의 살과 손발과
처자까지 보시하여 최상의 도를 구합니다.
또 어떤 이는 머리와 눈과 신체를
흔쾌히 내어주고 부처님의 지혜를 구합니다.

🌸　옛날에 말 한 마리가 끄는 수레만 하더라도 상당한데, 네 마리 말이 끄는 수레라고 하면 아주 대단한 수레입니다. 손, 발, 눈 등의 신체, 심지어 처자까지 보시해서 최상의 도를 구한다, 깨달음의 길을

구한다 하는 것을 요즘 말로 하면 장기기증, 시신기증, 신체기증이 되겠지요?

【 경문 】

文殊師利여 我見諸王이
往詣佛所하야 問無上道하고는
便捨樂土와 宮殿臣妾하고
剃除鬚髮하야 而被法服하며
或見菩薩은 而作比丘하야
獨處閑靜하야 樂誦經典하며

문수사리보살이여, 내가 보니 여러 임금들이
부처님께 나아가서 최상의 도를 물을 때
좋은 국토와 궁전과 신하들과 후비(後妃)들을 다 버리고
머리와 수염 다 깎고 법복을 입습니다.
혹은 또 어떤 보살들은 비구(比丘)의 모습을 하고는
고요한 데 홀로 앉아 경전 읽기를 좋아합니다.

❀ 이것은 바로 싯다르타 태자가 행한 일입니다. 싯다르타 태자는 고귀한 지위를 헌신짝 버리듯 버리고 출가하여 그야말로 6년 고행 끝에 마침내 큰 깨달음을 이루셔서 중생 제도에 평생을 바치셨습니다. 법화경 또한 이러한 석가모니 부처님의 일생을 모델로 해서 편찬되었다고 볼 수 있습니다. 기나긴 불교의 역사에는 왕이나 태자로 살다가

그 지위를 다 버리고 출가, 수행한 사례들이 많습니다. 그 가운데 순치 황제의 출가시는 워낙 유명해서 많이 알고 있으리라 생각합니다. 중국 청나라의 3대 임금인 세조(世祖) 순치(順治) 황제는 어지러운 세상에서 중국 천하를 통일하고 나서 이 한 편의 시를 남기고 출가했습니다. 순치 황제의 출가시는 스님들도 애독할 정도로 심금을 울리는 내용입니다.

순치(順治) 황제(皇帝) 출가시(出家詩)

천하총림반사산(天下叢林飯似山)이니
발우도처임군찬(鉢盂到處任君餐)이로다
황금백벽비위귀(黃金白璧非爲貴)라
유유가사피최난(惟有袈裟被最難)이로다

곳곳이 총림이요, 쌓인 것이 밥이거늘
대장부 어디 간들 밥 세 그릇 걱정하랴.
황금과 백옥만 귀한 줄로 알지 마소.
가사 옷 얻어 입기 무엇보다 어려워라.

짐내대지산하주(朕乃大地山河主)로대
우국우민사전번(憂國憂民事轉煩)이로다
백년삼만육천일(百年三萬六千日)이
불급승가반일한(不及僧家半日閑)이로다

이내 몸 중원 천하 임금 노릇하건마는
나라와 백성 걱정 마음 편할 날 없어라.
사람의 백년살이 삼만 육천 날이
풍진(風塵) 떠난 명산대찰 한나절에 미칠손가.

회한당초일념차(悔恨當初一念差)하여
황포환각자가사(黃袍換却紫袈裟)로다
아본서방일납자(我本西方一衲子)로
연하류락제왕가(緣何流落帝王家)런고

당초에 부질없는 한 생각 잘못으로
가사장삼 벗어놓고 곤룡포를 감게 됐네.
이내 몸 알고 보면 서천축 스님인데
무엇을 인연하여 제왕가에 떨어졌나.

미생지전수시아(未生之前誰是我)며
아생지후아시수(我生之後我是誰)오.
장대성인재시아(長大成人纔是我)러니
합안몽롱우시수(合眼朦朧又是誰)오.

이내 몸이 나기 전에 그 무엇이 내 몸이며
세상에 태어난 뒤 내가 과연 누구런가.
자라나 사람 노릇 잠깐 동안 내라더니

눈 한 번 감은 뒤에 내가 또한 누구런가.

백년세사삼경몽(百年世事三更夢)이요
만리강산일국기(萬里江山一局碁)로다
우소구주탕벌걸(禹疏九州湯伐桀)하며
진탄육국한등기(秦呑六國漢登基)로다

백년의 세상일은 하룻밤 꿈속이요,
만리의 이 강산은 한 판 노름 바둑이라.
우 임금은 구주(九州) 긋고 탕 임금은 걸(桀)을 치며
진시황이 육국(六國) 먹자 한태조가 새 터 닦았네.

아손자유아손복(兒孫自有兒孫福)하니
불위아손작마우(不爲兒孫作馬牛)어다
고래다소영웅한(古來多少英雄漢)이여
남북동서와토니(南北東西臥土泥)로다

자손들은 제 스스로 제 살 복을 타고나니
자손들 위한다고 마소 노릇 그만 하소.
수천 년 역사 위에 많고 적은 영웅들이
동서남북 사방에 한줌 흙으로 누워 있네.

내시환희거시비(來時歡喜去時悲)하니

공재인간주일회(空在人間走一回)로다
불여불래역불거(不如不來亦不去)하니
야무환희야무비(也無歡喜也無悲)로다

올 적에는 기뻐하고 갈 적에는 슬퍼하네.
속절없이 인간세상 와서 한 바퀴를 돈단 말인가.
애당초 오지 않았으면 갈 일조차 없으리니
기쁨이 없었으면 슬픔인들 있을 손가.

매일청한자기지(每日淸閑自己知)라
홍진세계고상리(紅塵世界苦相離)로다
구중흘적청화미(口中吃的淸和味)요
신상원피백납의(身上願被白衲衣)로다

나날이 한가로움 내 스스로 알 것이라
이 풍진 세상 속에 온갖 고통 여읠세라.
입으로 맛들임은 시원한 선열미(禪悅味)요
몸 위에 입는 것은 누더기 한 벌이로다.

사해오호위상객(四海五湖爲上客)하여
소요불전임군서(逍遙佛殿任君棲)어다
막도출가용이득(莫道出家容易得)하라
석년루대중근기(昔年累代重根基)로다

사해(四海)와 오호(五湖)에서 자유로운 손님 되어
부처님 도량 안에 마음대로 노닐세라.
세속을 떠나는 일 하기 쉽다 말을 마소.
숙세에 쌓은 선근(善根) 없이 아니 되네.

십팔년래 부자유(十八年來不自由)하니
산하대전기시 휴(山河大戰幾時休)오.
아금살수귀산거(我今撤手歸山去)하니
나관천 수여 만수(那管千愁與萬愁)아.

18년 지나간 일 자유라곤 없었도다.
강산을 뺏으려고 몇 번이나 싸웠더냐.
내 이제 손을 털고 산 속으로 돌아가니
천만 가지 근심 걱정 아랑곳할 것 없네.

순치 황제는 전생에 서천축 그러니까 인도의 출가 수행자였습니다. 어느 날 걸망을 지고 산 어귀를 돌고나서 언덕에 앉아 쉬고 있는데 저 아래로 임금의 행차가 지나가는 것을 보게 되었지요. 풍악을 울리고 깃발을 나부끼면서 수많은 말 탄 장수들이 주위를 호위하는 모습이 정말 으리으리하고 근사했습니다. 그래서 수행자의 입장이면서도, '아, 왕 노릇도 한 번 해 볼 만하겠구나!' 하는 생각을 냈습니다. 이 한 생각이 인연이 되어서 그만 제왕의 집에 태어나 왕 노릇을 하게 되었 지요.

어떻게 이런 일이 가능할까요? 왕이 되는 것이 결코 쉬운 일이 아닌데, 어떻게 한 생각 떠올린 것으로 왕이 될 수 있었을까요? 수행을 열심히 그리고 아주 잘 해서 정진력이 매우 뛰어난 사람이 한 생각을 마음에 깊이 새겼을 때 그 힘은 대단한 것입니다. 하얀 백지에 커다란 먹물 방울이 툭 떨어졌을 때 그것이 얼마나 뚜렷하게 보이겠습니까? 아무런 욕심도 망상도 없는 출가수행자가 '아, 왕 노릇도 한 번 해 볼 만하겠구나!' 하고 생각하는 순간 그 생각은 수행자의 아뢰야식에 선명하게 자리를 잡았던 것입니다. 게다가 수행을 열심히 한 공덕으로 왕 노릇을 할 만큼의 복도 충분히 쌓았기 때문에 제왕의 집에 태어나 18년간이나 황제가 되어 천하를 호령했던 것입니다.

티벳 경전에 이런 이야기가 있습니다. 어떤 사람이 자기 머리 크기의 두 배나 되는 크고 둥근 돌을 썩썩 갈고 있었습니다. 네모난 돌을 만들려고 열심히 갈았지요. 그걸 보고 어떤 사람이 물었습니다. "도대체 그 둥근 돌을 네모나게 갈아서 어디에 쓰려고 하시오?" 그 사람 대답이 간단했습니다. "버리려고 갈지요." 버리기 위해 돌을 갈고 있다는 말입니다. 간단하지만 참으로 의미심장한 뜻이 있습니다.

순치 황제도 18년 동안 왕 노릇하면서 천하를 통일했지만 결국은 어떻게 했습니까? 버리기 위해 천하를 통일한 것입니다. 우리가 하는 거의 대부분의 일은 어쩌면 다 버리기 위한 일입니다. 버리기 위해 돌을 가는 일, 이것이 사람들의 삶의 모양입니다. 실상이 그런 줄 안다면 그토록 집착하면서 행하지 않을 것입니다.

【 경문 】

又見菩薩은 勇猛精進하야

入於深山하야 思惟佛道하며

又見離欲한이는 常處空閑하야

深修禪定하야 得五神通하며

又見菩薩은 安禪合掌하야

以千萬偈로 讚諸法王하며

復見菩薩은 智深志固하야

能問諸佛하고는 聞悉受持하며

又見佛子는 定慧具足하야

以無量喻로 爲衆講法하고

欣樂說法하야 化諸菩薩하며

破魔兵衆하고 而擊法鼓하며

또 보니 어떤 보살들은 용맹 정진하며

깊은 산에 들어가서 불도(佛道)를 사유하고,

또 어떤 욕심을 떠난 이는 늘 한적한 곳에 있으면서

선정을 깊이 닦아서 다섯 가지 신통을 얻습니다.

또 보니 어떤 보살들은 선정(禪定)에 들어가서 합장하고

천만 가지 게송으로 모든 부처님을 찬탄합니다.

또 어떤 보살들은 지혜는 깊고 뜻은 견고하여

부처님께 법을 물어 모두 다 듣고 기억하며,

또 보니 어떤 불자는 선정(禪定)과 지혜가 구족하여

한량없는 비유로써 대중들을 위하여 법을 강설하며,
기쁜 마음으로 설법하여 많은 보살들을 교화하며
마군의 무리들을 물리치고 법의 북을 울립니다.

🏵 여러 보살들이 갖가지 방법으로 수행하는 모습을 나열하고 있습니다. 언젠가 범어사 조실스님께 질문을 한 적이 있습니다.

"여러 가지 수행법이 있는데, 스님은 어떤 수행법이 제일 낫다고 생각하십니까?" "무엇을 하든 어떻게 하느냐가 중요하지 무엇을 하느냐는 중요하지 않다."

무엇을 하든 어떻게 하느냐가 중요하다, 우리 불자들이 참으로 깊이 새겨야 할 말씀입니다. 어떤 사람은 진언이나 다라니를 열심히 외웁니다. 큰 영험이 있으리라 믿기 때문입니다. 또 어떤 사람은 지장기도를 열심히 합니다. 관음기도보다 지장기도의 가피력이 훨씬 세다는 말이 떠돌더니 생긴 일입니다. 만약에 지장보살님의 기도 가피가 훨씬 세다면 영험이 훨씬 많은 것이니 다른 기도보다 약하게 해도 될 텐데, 사람들은 그러지 않습니다. 다른 기도보다 더 세게 열심히 합니다. 이것이 중생의 마음입니다. 그래서 어리석은 중생들에게는 방편의 힘이 통하는 것이지요. 반면에 다 꿰뚫어서 '더 좋거나 더 나쁠 것이 없는' 사람들에게는 이런 방편이 크게 먹히지 않습니다.

그래서 조실스님도 그렇게 말씀하신 것이지요. 무엇을 하느냐가 중요한 것이 아니고, 어떻게 하느냐가 중요하니, 무엇을 하든 골똘히, 밤잠이 안 올 정도로 진지한 자세로 하라고 하셨습니다. 무엇을 할지는 자기 마음이 가는 것으로 하면 됩니다. 참선에 마음이 가면 참선을 하고, 경전 공부에 마음이 끌리면 경전을 공부하고, 관세음보살 부르는 것이 재미있고 소득이 있겠다 싶으면 그렇게 하면 되는 것입니다. 어떤 수행법을 선택하든 밤잠이 다 달아날 정도로 골똘히 하면 성취됩니다.

[4] 보살행의 상서 2

【 경문 】

又見菩薩은 寂然宴默하야

天龍恭敬을 不以爲喜하며

又見菩薩은 處林放光으로

濟地獄苦하야 令入佛道하며

又見佛子는 未嘗睡眠하고

經行林中하야 勤求佛道하며

又見具戒한이는 威儀無缺하대

淨如寶珠하야 以求佛道하며

又見佛子는 住忍辱力하야

增上慢人이 惡罵捶打라도

皆悉能忍하야 以求佛道하며

또 보니 어떤 보살은 고요히 명상하여

천신들과 용들이 공경하여도 기뻐하지 않으며,

또 어떤 보살들은 숲 속에 있으면서 광명을 놓아

지옥의 고통에서 벗어나게 하여 불도에 들어가게 하며,

또 어떤 불자는 잠자지 않고

숲 속에서 경행(經行)하며 부지런히 불도를 구합니다.

또 어떤 이는 계행(戒行)을 잘 지켜 행동이 뛰어난 것이

마치 보배 구슬과 같이하여 불도를 구하며,

또 어떤 불자는 인욕의 힘이 훌륭하여

잘난 체하는 이가 나쁜 말로 꾸짖고 몽둥이로 때릴지라도

그것을 다 견디어 불도를 구합니다.

※ 또 어떤 보살은 최상의 깨달음을 구해서 용맹정진할 때, '천신들과 용들이 공경하여도 기뻐하지 않는다'고 합니다. 이것은 수행자가 갖추어야 할 자세입니다. 정말로 진리를 깨닫고자 노력하는 사람은 세상 사람들이 공경하고 떠받드는 데 마음이 흔들리지 않습니다. 『무문관(無門關)』에 팔풍취부동(八風吹不動)이라는 말이 있습니다. 수행자의 마음을 동요시키는 여덟 가지 장해를 만나더라도 마음을 올곧게 하여 수행에 진력하라는 말입니다. 팔풍(八風), 여덟 가지 바람으로 흔들어 보면 수행자의 됨됨이를 알 수 있다고 합니다.

첫 번째 바람은 이(利)로, 이익이 되는 것을 말합니다. 이익이 많이 생기는 경우나 뜻밖의 횡재를 했을 때이지요. 두 번째 바람 쇠(衰)는 반대로 손해를 많이 입었을 때를 말합니다. 훼(毀)와 예(譽)는 비방하고 칭찬하는 것을 말합니다. 천신과 용들이 공경하는 것이 여기에 포함됩니다. 칭(稱)과 기(譏)는 아주 멀리서 풍문(風聞)으로 칭찬을 듣고, 풍문으로 비방을 듣는 것을 말합니다. 고(苦)와 낙(樂)은 괴로움과 즐거움

을 만났을 때입니다. 어떤 바람을 만나든 그것이 순풍이든 역풍이든 마음에 동요가 없어야 한다는 것입니다. 동요가 있으면 제대로 된 수행자라 할 수 없지요.

또 어떤 보살은 잠을 자지 않고 숲 속에서 경행(經行)하며 불도를 구합니다. 경행은 절의 경내나 동산, 법당 주변 등을 천천히 걷는 것을 말합니다. 묵묵히 명상하면서 걷는 것입니다. 보통 포행(布行)이라는 말을 쓰기도 합니다. 기도를 하든 좌선을 하든 간에 잠이 많이 오거나 부질없는 망상이 복잡하게 일어날 때는 조용히 밖으로 나와서 혼자 마당을 거닐거나 법당 주변이나 탑 주위를 돌면서 경행을 하는 것이 아주 효과적입니다.

『선요(禪要)』의 주인공인 고봉(高峰) 스님께서는 3년 동안 한 번도 자리에 앉은 적이 없다고 합니다. 고봉 스님의 법문을 모아놓은 『선요』는 간화선의 지침서로 손꼽히는 책입니다. 고봉 스님이 화두를 들고 앉았는데 망상과 혼침이 심하게 몰려왔습니다. 그래서 3년 동안 경행을 하면서 견뎠는데 공양할 때와 화장실 갈 때만 자리에 앉았다는 기록이 있습니다. 경행은 수행에 참 좋습니다. 천천히 걸으면 화(火)가 밑으로 내려갑니다. 그래서 머리가 아주 시원해지고 망상이 가라앉습니다. 그리고는 이어서 육바라밀을 하나씩 부연해서 설명하고 있습니다. 육바라밀은 보시, 지계, 인욕, 정진, 선정, 지혜 등 불제자가 수행, 실천해야 하는 여섯 가지 덕목을 말합니다.

【 경문 】

又見菩薩은 離諸戲笑와

及癡眷屬하고 親近智者하야
一心除亂하고 攝念山林을
億千萬歲하야 以求佛道하며
或見菩薩은 肴饍飮食과
百種湯藥으로 施佛及僧하며
名衣上服이 價直千萬과
或無價衣로 施佛及僧하며
千萬億種인 栴檀寶舍와
衆妙臥具로 施佛及僧하며
清淨園林에 華果茂盛하면
流泉浴池로 施佛及僧하대
如是等施가 種種微妙를
歡喜無厭하야 求無上道하며
或有菩薩은 說寂滅法하야
種種敎詔로 無數衆生하며

또 보니 어떤 보살은 온갖 희롱과 농담과
어리석은 무리들을 멀리 떠나서 지혜로운 이들을 친근하여
일심으로 산란(散亂)함을 제거하고 억천 만 년을
산림에서 생각을 집중하여 불도(佛道)를 구합니다.
또 어떤 보살은 맛있는 반찬과 좋은 음식과
백 가지 탕약으로 부처님과 스님들에게 보시하며,
그 값이 천만 금 나가는 옷이나

값을 매길 수도 없는 훌륭한 옷을
부처님과 스님들에게 보시합니다.
또 천 만 억 가지의 전단향나무로 만든 값진 집과
아름다운 이부자리를 부처님과 스님들에게 보시하며,
또 아름다운 동산에 꽃과 과일이 풍성한 숲과
흐르는 샘물과 목욕할 연못들을
부처님과 스님들에게 보시합니다.
이와 같은 갖가지 좋은 보시를
기쁜 마음으로 행하여 싫어할 줄 모르면서
최상의 도를 구합니다.
혹 어떤 보살들은 적멸(寂滅)한 법을 설하여
갖가지 가르침으로 무수한 중생들을 교화합니다.

❀ "생아자(生我者)는 부모(父母)요, 성아자(成我者)는 붕우(朋友)라."는
말이 있습니다. 나를 낳은 사람은 부모님이지만 나를 이루게 한 사람
은 벗이라는 말입니다. 다른 말로, 오늘의 나를 만든 것은 환경이라는
뜻입니다. 만약 놀기 좋아하는 친구를 만나면 놀기 싫어도 놀아야 합
니다. 수행자는 그런 친구를 만나면 가차없이 떠나야 합니다. 그리고
수행에 도움이 되는 이들을 가까이 합니다.
　　스님들이 출가해서 맨 처음 배우는 초발심자경문에 "수원리악우
(須遠離惡友)하고 친근현선(親近賢善)하라."는 구절이 있습니다. 불도에
입문한 초심자는 좋지 않은 벗으로부터는 멀리 떠나고 선지식을 가까
이 모시라는 말입니다. 좋지 않은 벗은 나쁜 사람을 말하기보다는 수

행에 도움되지 않는, 공부에 도움되지 않는 사람을 말합니다. '근묵자흑(近墨者黑)'이라는 말처럼 검은 것을 가까이 하면 자연히 검게 물듭니다. 그렇듯이 정말 자신을 잘 다스리려면 무엇보다도 좋은 벗을 가까이 하는 것이 우선입니다.

육바라밀의 여섯 가지 덕목을 소개하면서 특히 보시행을 많이 강조하고 있습니다. 금강경에서도 무주상보시(無住相布施)를 말하고 있습니다. 이것은 어떤 입장으로든 베푸는 삶을 뜻하기 때문입니다. 힘닿는 대로, 베풀 수 있는 대로 다 베푸는 것, 그것이 불자의 삶이고 보살의 삶입니다. 세상에서 가정을 꾸리고 사는 사람들이 경제적인 면을 고려하지 않고 재물을 그냥 다 퍼줄 수는 없습니다. 사실 돈이나 재물로 하는 재보시(財布施) 외에도 부처님의 가르침을 전하는 법보시(法布施)도 있고 상대방의 마음을 편안하게 해 주고 용기를 심어주는 무외시(無畏施)도 있습니다. 버스나 지하철에서 자리를 양보한다든지 길 안내를 해 준다든지 조금만 마음을 쓰면 아주 좋은 보시를 할 수 있는 방법이 참 많습니다. 이러한 갖가지 보시를 기쁜 마음으로 행하는 연유는 오직 한 가지입니다. 무상도(無上道) 즉, 위 없는 깨달음을 구하는 것, 그것은 가치 있는 삶이고, 부처님과 같은 최고의 삶을 구하는 것이기 때문입니다.

【 경문 】

或見菩薩은 觀諸法性이
無有二相이 猶如虛空하며
又見佛子는 心無所着하야

以此妙慧로 求無上道하니라

혹 어떤 보살은 모든 법(法)의 본성이
두 가지 모습이 없는 것이 마치 허공과 같은 줄로 보며,
또 어떤 불자는 마음에 아무런 집착이 없어서
이 미묘한 지혜로써 최상의 도를 구합니다.

✿ 모든 법의 본성이 무엇입니까? 공성(空性)입니다. 불성(佛性)이라
고 말해도 좋지요. 공(空)하므로 두 가지 모습, 서로 다른 모습이 없이
평등한 한 가지인 것입니다. 이 공성을 깨달아 일상생활에서 차별을
뛰어넘는 삶을 살아야 합니다. 차별을 뛰어넘으면 다른 사람과 나를
비교할 까닭도 없고, 비교하지 않으니 마음이 평화롭고 넉넉해지며
사람으로 사는 맛을 그때서야 제대로 느낄 수 있는 것입니다.

　　제법(諸法)의 공한 본성을 보게 되면 마음에 아무런 집착이 없습니
다. 집착이 없으니 훨씬 더 당당하고 활발하고 멋있고 행복하게 살 수
있는 길이 열립니다. 그 길이 위 없는 길이며, 최고의 삶입니다.

[5] **부처님의 열반**

【 경문 】
文殊師利여　又有菩薩은
佛滅度後에　供養舍利하며
又見佛子는　造諸塔廟

無數恒沙하야 嚴飾國界하대
寶塔高妙하야 五千由旬이며
縱廣正等히 二千由旬이라
一一塔廟에 各千幢幡이며
珠交露幔에 寶鈴和鳴하면
諸天龍神과 人及非人이
香華伎樂으로 常以供養하며
文殊師利여 諸佛子等이
爲供舍利하야 嚴飾塔廟하면
國界自然히 殊特妙好하대
如天樹王이 其華開敷하니라

문수사리보살이여, 어떤 보살들은
부처님이 열반하신 뒤에 사리에 공양하기도 하고,
또 어떤 불자들은 수없이 많은 탑을 쌓아서 국토를 장엄하는데,
높고 아름다운 보배 탑이 높이는 오천 유순이고
세로와 가로가 똑같이 이천 유순이며,
그 많은 탑마다 천 개의 깃대와 깃발이 휘날리고,
이슬처럼 반짝이는 구슬 휘장과 보배 풍경이 어울려서 울립니다.
천신(天神)들과 용과 신들과 사람과 사람 아닌 이들이
향과 꽃과 온갖 풍류로써 항상 공양합니다.
문수사리보살이여, 모든 불자들이
사리에 공양하느라고 훌륭하게 탑을 꾸미니

국토는 저절로 빼어나고 아름답고 미묘해서
마치 천상의 나무에 화사하게 꽃이 핀 듯합니다.

✿　부처님이 열반하신 뒤에는 다비를 하고 나서 수습한 사리를 공경·공양합니다. 우리는 부처님을 위대한 스승으로, 마음의 의지처로, 우리 삶을 밝히는 태양과 같은 분으로 모시고 공경·공양하고 존경·찬탄하기 때문에 부처님의 사리도 마찬가지로 대합니다. 탑을 쌓아서 사리를 그 안에 모시고 부처님처럼 존중하고 받들며, 생시에 부처님을 대하듯이 공양하는 것입니다. 탑에는 보통 부처님의 사리를 모시는데, 사리가 없을 경우에는 그 대신 경전을 모십니다. 그래서 탑 속에 경전이 들어있는 경우도 상당히 많습니다. 그리고 후대에 이르러서 불상을 모시고 불상에 예배를 올리는 방식으로 발달하게 되었습니다.

　　부처님의 사리를 모신 보배 탑의 높이가 5천 유순이고, 가로세로 길이가 2천 유순이라고 합니다. 1유순이 대략 14.4km인데 5천 유순이라면 얼마나 높겠습니까? 상상할 수 없는 높이인데 이런 탑을 한 두 개가 아니라 수없이 세운다고 했습니다.

　　대승불교가 발전하면서, 부처님에 대한 신앙심이 좀 달라집니다. 초기불교는 부처님을 역사적인 인물로서 위대한 스승으로서 살다가신 어른으로 받들어 섬겼고, 신심이 돈독해지고 확장되면서, 또 부처님의 가르침에 대한 은혜와 감동이 커지면서 부처님을 신격화하는 경향이 나타납니다. 그러다가 선불교쪽으로 와서는 신처럼 받들던 부처님이 석가모니에 그치지 않고, 깨달은 사람들은 모두 다 부처님이라고 이해하고 되었고, 또 그렇게 신앙하게 되었지요. 그래서 결국 누구나 다 깨달으면 부처님이다 하는 방향으로 자리를 잡은 상태라고 할 수 있습니다.

5. 답(答)을 청하다

【 경문 】

佛放一光하시니 我及衆會가
見此國界의 種種殊妙하니
諸佛神力과 智慧希有라
放一淨光하사 照無量國하시니
我等見此하고 得未曾有니다
佛子文殊여 願決衆疑하소서

부처님께서 광명을 놓으시니 저와 대중들은
이 세계의 여러 가지 훌륭하고 아름다운 모양을 잘 봅니다.
부처님의 신통과 지혜가 희유하여
청정한 광명을 놓으시어 한량없는 세계를 비추시니
저희들은 그것을 보고 전에 없던 일이라 생각합니다.
문수보살이시여, 저희들의 의심을 풀어 주소서.

【 경문 】

四衆欣仰하사 瞻仁及我니다

世尊何故로 放斯光明이닛고

佛子時答하사 決疑令喜하소서

何所饒益으로 演斯光明이닛고

佛坐道場하사 所得妙法을

爲欲說此닛가 爲當授記닛가

示諸佛土에 衆寶嚴淨하며

及見諸佛하니 此非小緣이니다

文殊當知하소서 四衆龍神이

瞻察仁者하나니 爲說何等이닛고

여기 이 사부대중들이 문수보살님과 저를 우러러봅니다.

세존께서는 무슨 일로 이러한 광명을 놓으십니까?

보살께서 대답하여 저희들의 의문을 풀어주고 기쁘게 하소서.

장차 무슨 이익이 있다고 이러한 광명을 놓으십니까?

부처님께서 보리도량에서 얻은 미묘한 법을

설하시려는 것입니까?

저희들을 위하여 수기(授記)를 주시려는 것입니까?

모든 부처님의 세계가 온갖 보배로 장엄함을 보며

여러 부처님을 뵈옵게 되오니 작은 인연이 아닌가 합니다.

문수사리보살이시여, 사부대중과 용과 신들이

모두 보살님을 우러러 뵈오니 무슨 뜻인지 말씀하여 주소서.”

✿ 석가모니 부처님께서 하늘에서 꽃비를 내리고 대지가 여섯 가지

로 진동하며 미간백호에서 광명을 나투시어 우리 중생들이 살아가는 모든 모습을 비추는 상서를 보인 연유를 두 가지로 묻고 있습니다. 부처님께서 보리도량에서 얻은 미묘한 법을 설하시려는 것인지 아니면 우리들에게 수기(授記)를 주시려는 것인지를 질문합니다.

보리도량에서 얻은 미묘한 법은 석가모니 부처님께서 6년 고행의 말미에 보리수 아래 앉아서 마라의 항복을 받은 뒤 샛별을 보고 얻은 깨달음을 말합니다. 이 깨달음의 내용을 연기(緣起)의 도리를 깨달았다고 말합니다. 그런데 부처님께서 깨달음을 이루기 위해 고행하셨나요? 진리를 체득하기 위해 고행하셨나요? 아니면 모든 존재의 실상이 공이라는 것을 알기 위해 고행하셨나요? 그것도 아니면, 연기의 이치를 알기 위해 출가 수행하셨나요? 아닙니다. 부처님께서는 인간의 피할 수 없는 고통, 생로병사의 고통을 보시고 그 고통을 해결하기 위해 출가 수행하셨습니다. 그래서 마침내 보리수 아래에서 참된 사유를 거친 뒤에 비로소 깨달음을 이루셨습니다.

그런데 그 깨달음의 내용이 과연 무엇이었을까요? 흔히 '마음을 깨달았다'고 하고, 다음으로 '연기의 이치를 깨달았다'고 합니다. 연기의 도리를 깨달았다는 말은 지극히 교학적이고 초기불교적인 표현입니다. 반면에 대승불교나 선불교에서는 흔히 '마음을 깨달았다'고 하는데, 이것도 아주 중요한 말입니다. 우리나라 불자들에게 부처님은 무엇을 깨달으셨느냐고 물어보면 대개가 마음을 깨달았다고 대답합니다. 그렇습니다. 불교는 마음을 깨닫는 공부이고, 또 마음 닦는 공부입니다. 이런 대답을 열이면 일곱 여덟 명이 합니다. 옳은 말인데, 그 연원은 이렇습니다.

지금으로부터 천오백 년 전 달마 스님께서 중국에 도착해 보니 이미 많은 경전이 전해져 있었습니다. 그런데 가만히 살펴보니 중국 사람들이 이런 저런 경전을 공부하느라 불교의 핵심을 제대로 공부하지 못하는 것을 알았습니다. 그래서 달마 스님이 "관심일법(觀心一法)이 총섭제행(總攝諸行)이다."라고 하면서 선법(禪法)을 전했습니다. 마음을 관하는 이 한 가지 수행이 모든 수행법을 다 포섭하고 있다는 말입니다. 육바라밀 수행이나 간경, 염불, 주력 등 모든 수행을 다 포섭하고 있는 것이 관심법(觀心法)이라고 했습니다. 그래서 그 후로 마음 깨치는 공부를 최상승법으로 삼았습니다.

　　'직지인심(直指人心) 견성성불(見性成佛)'의 영향도 아주 큽니다. 이 말은 불립문자(不立文字)라 하여 문자를 세우지 않고, 곧바로 사람의 마음을 가리켜서 부처가 되게 합니다. 팔만대장경에 가득한 부처님의 가르침을 한 마디로 표현하면 마음 심(心)이 됩니다. 그래서 일체유심조(一切唯心造)라고도 하는 것입니다. 또 고려시대 보조 지눌 스님의 『진심직설(眞心直說)』은 우리의 참 마음이 무엇인지를 바로 이해하도록 가르쳐 주는 명저입니다. 거기에 보면 일체의 경전과 선어록의 낱말은 전부 마음의 다른 표현이라고 말씀하십니다. 진심이명(眞心異名)인 것입니다.

　　그리하여 보살계경에서는 마음바탕(心地)이라 하는데 온갖 선(善)을 내기 때문이고, 반야경에서는 보리(菩提)라 하는데 부처님의 본체가 되기 때문이고, 화엄경에서는 법계(法界)라 하는데 서로 사무치고 융통하여 포함하기 때문이요, 금강경에서는 여래(如來)라 하는데 온 곳이 없기 때문이며, 금강명경에서는 여여(如如)라 하는데 진실하고 항상하여 변하지 않기 때문이며, 정명경에서는 법신(法身)이라 하는데 보신(報身)과 화신(化身)이 의지하는 것이기 때문입니다. 또 『기신론』에서는 진여(眞如)라 하는데 생명이 없기 때문이고, 열반경에서는 불성(佛性)이라 하는데 삼신(三身)의 본체이기 때문이고, 원각경에서는 총지(總持)라 하는데 공덕을 흘려내기 때문이고, 승만경에서는 여래장(如來藏)이라 하는데 숨겨 덮고 포용하기 때문이고, 요의경에서는 원각(圓覺)이라 하는데 어둠을 부수고 홀로 비추기 때문입니다. 그러나 이 모든 가르침들은 전부 마음 하나입니다. 수(壽) 선사가 『유심결(唯心訣)』에서 "하나의 법에 천 가지 이름이 있는 것은 인연을 따라 이름을 지었기 때문이다."라고 한 말씀이 이것입니다.

또 어록에 있는 조사스님들의 말씀도 때에 따라 다릅니다. 때로는 바른 안목[正眼]이라 하는데 유위의 모습을 비추어 밝히기 때문이고, 때로는 묘심(妙心)이라 하는데 비고 신령스럽고 고요히 비추기 때문이고, 때로는 주인옹(主人翁)이라 하는데 원래부터 짐을 졌기 때문입니다. 또 때로는 밑이 없는 바릿대(無底鉢)라 하는데 밑이 없는 발우처럼 무한히 담을 수 있기 때문이고, 때로는 다함이 없는 등불(無盡燈)이라 하는데 밝은 빛으로 미혹한 유정을 비추어 꿰뚫기 때문입니다. 또 때로는 뿌리 없는 나무(無根水)라 합니다. 뿌리가 있는 나무는 뿌리를 잘라버리면 죽고 맙니다. 하지만 마음은 영원하여 처음부터 뿌리가 없으니 잘라버릴 수 없기 때문입니다. 대승경전과 조사어록의 모든 표현들을 한 마디로 말하면 '마음 밝히는 가르침'이라고 말씀드릴 수 있습니다. 석가모니 부처님께서 보리도량에서 얻은 미묘한 법도 결국은 마음이기에 이런 이야기를 하는 것입니다.

또한 아함경과 반야부 경전 그리고 대승불교의 이면에 깔려 있는 가장 중요한 것이 '연기의 이치'입니다. 법화경에서도 공성에 대한 이야기가 자주 나옵니다만, 연기의 이치 또한 바로 알아야 하는 것입니다. 우리가 불교를 이해한다면 마음의 중요함 못지 않게 연기의 도리를 잘 체득해야 합니다. 연기의 이치는 바로 존재의 법칙입니다. 모든 존재에는 존재의 법칙이 있고 존재의 원리가 있습니다. 그래서 연기의 이치와 마음의 문제 가운데 어느 것이 더 중요하거나 덜 중요하지 않습니다. 둘 다 똑같이 중요한 것이고 또 서로 상관관계를 맺고 있습니다. 마음도 연기의 법칙에 따라 존재하는 것이고, 연기의 법칙은 결국 우리 마음의 본질을 밝히기 위해 꼭 알아야 하는 법칙인 것입니다. 결론적으로 말하자면, 보리도량에서 부처님께서 얻으신 미묘한 법은 바로 연기의 이치와 한 마음이라고 말씀드릴 수 있습니다.

다음으로, 또 한 가지 중요한 질문이 '저희들에게 수기를 주시려는 것입니까?' 하고 묻는 것입니다. 수기는 다른 경전에서도 중요하지만 특히 법화경에서는 제일 중요하게 생각합니다. 법화경은 부처님께서 열반을 앞두고 최후로 유언처럼 말씀하신 경전입니다. 제자들에게 당신이 하고 싶은 최후의 한 말씀을 이야기한다면 그것은 곧 수기입니다. 수기는 '모든 사람이 그대로 부처님이다(人佛思想)'라는 것을 보증하는 일입니다. 이것이 제가 늘 강조하던 바로 인불사상(人佛思想)입니다. 그 내용은 '미래에 그대는 이런 저런 과정을 거쳐서 부처가 될 것이다'라고 하는 것이니, 그대는 그대로가 하나도 부족함이 없는 부처님이라는 말입니다.

6. 문수(文殊)보살이 답하다

[1] 과거의 사례

【 경문 】

爾時文殊師利가 語彌勒菩薩摩訶薩과 及諸大士하사대 善男子等아 如
我惟忖컨대 今佛世尊이 欲說大法하사 雨大法雨하며 吹大法螺하며 擊大
法鼓하며 演大法義시니라

이때에 문수사리보살이 미륵보살마하살과 여러 보살들에게 말씀하였
습니다.
"선남자들이여, 내 생각으로는 아마 부처님께서 큰 법문을 말씀하시
며, 큰 법의 비를 내리시며, 큰 법의 소라를 부시며, 큰 법의 북을 치시
며, 큰 법의 뜻을 연설하시리라 여겨집니다.

🪷　미륵보살의 질문에 반야 지혜의 완성을 상징하는 문수보살이 대
답을 합니다. 그 표현이 참 아름답습니다. 부처님께서 깨달은 진리의
가르침을 법의 비로 한껏 맞아서, 마음속에 있는 온갖 지혜와 복덕,
자비의 싹을 한껏 틔우고 꽃을 피우고 열매 맺어 보다 더 많은 사람들
에게 이익을 주는 대열에 서야 합니다. 부처님이 바라시는 바가 이것
이고, 모든 깨달은 분들이 바라는 것도 마찬가지입니다.

【 경문 】

諸善男子야 我於過去諸佛에 曾見此瑞하니 放斯光已에 卽說大法일새
是故當知하라 今佛現光도 亦復如是하야 欲令衆生으로 咸得聞知一切世
間難信之法일새 故現斯瑞니라

여러 선남자들이여, 내가 과거에 여러 부처님 계신 곳에서 이런 상서를
본 적이 있습니다. 그때도 이러한 광명을 놓으시고는 큰 법문을 말씀하
셨습니다. 그러므로 마땅히 알아들으십시오. 오늘 부처님께서 광명을
놓으심도 그와 같아서 모든 중생들로 하여금 세상 사람들이 믿기 어려
운 법문을 듣고 알게 하시려고 이러한 상서(祥瑞)를 나타내신 것입니다.

❀　　이제부터 석가모니 부처님께서 큰 법문을, 믿기 어려운 법문을
하실 것이라고 합니다. 우리가 아침저녁으로 늘 외우는 반야심경도
참으로 믿기 어려운 법문입니다. 반야심경에 안이비설신의가 없다,
색성향미촉법도 없다고 합니다. 우리는 분명히 눈, 귀, 코, 입이 다 달
려있는데 그 눈, 귀, 코, 입이 없다고 하니 모순도 이만저만한 모순이
아니지 않습니까? 이런 것이 믿기 어려운 것입니다. 이렇게 버젓이 보
고 듣고 말하고 싸울 줄 알고 좋아할 줄 알며 온갖 감각을 다 소유하
고 있고 이것을 통해서 삶을 영위합니다. 그런데 이런 감각이 없다고
하다니, 경전이 거짓은 아닐 텐데 도대체 이해가 안 되고, 참 믿기 어
렵습니다.
　　반야심경 이야기가 나왔으니 한 말씀 드리고 싶습니다. 저는 반야
심경 기도를 상당히 좋아해서 열심히 합니다. 올 때나 갈 때나 늘 열

심히 독송합니다. 그러다 보니 어느 날 반야심경이 우리말 넉 자로 간단히 옮겨지더군요. '나는 없다!' 경 이름까지 합쳐서 270자인 반야심경이 '나는 없다!' 네 글자로 간단히 요약되었습니다. 그때부터 '나는 없다. 나는 없다.' 이렇게 부르니까 가슴이 그냥 텅 빈 것같이 서늘하고, 모든 게 가벼워지는 것이 아주 절실하게 느껴졌습니다. 참 묘한 일입니다. 모든 존재는 공하다. 안이비설신의도 없고 색성향미촉법도 없다. 여실히 눈 앞에 있는데도 불구하고 없다! 참 믿기 어려운 이 말씀이 마침내 믿어지게 됩니다.

또 한 가지 정말 믿기 어려운 것이 있는데, 바로 '사람이 부처님이다' 라는 것입니다. 일반적으로 사람들은 불제자든 아니든 간에, 부처님이라고 하면 위대한 지혜와 자비, 온갖 능력과 신통변화를 가지신 모습을 떠올립니다. 그런데 온갖 번뇌와 망상, 못생기고 무식하고 질투심과 모함, 시기심 등 갖가지 추한 모습들을 다 가지고 있는 불완전한 사람이 그대로 부처님이라니, 이 또한 믿기 어려운 것입니다.

이 두 가지는 참으로 믿기 어려운 것이지만, 언젠가는 이해해야 할 일이고, 느껴야 할 과제이며 믿어야 될 일입니다. 셀 수도 없이 경전을 읽고 기도하고 참선하고 또 사유하는 몸부림과 씨름의 과정을 거치다보면 믿기 어려운 이런 것들이 조금씩 이해되고, 느껴져서 우리 가슴에 다가오지 않겠습니까? 또한 마침내 그런 때가 오리라는 기대가 있기에 공부를 하는 것입니다. 그래서 문수보살이 말합니다. "세상 사람들이 믿기 어려운 법문을 듣고 알게 하시려고 이러한 상서를 나타내신 것입니다."라고 말입니다. 그러면서 과거에 계셨던 일월등명 부처님의 이야기를 시작합니다.

〔2〕 일월등명불(日月燈明佛)

【 경문 】

諸善男子야 如過去無量無邊不可思議阿僧祇劫에 爾時有佛하시니 號日月燈明如來應供正遍知明行足善逝世間解無上士調御丈夫天人師佛世尊이라 演說正法하사대 初善中善後善이라 其義深遠하며 其語巧妙하야 純一無雜하며 具足淸白梵行之相이라 爲求聲聞者하야 說應四諦法하야 度生老病死하고 究竟涅槃하며 爲求辟支佛者하야 說應十二因緣法하며 爲諸菩薩하야 說應六波羅蜜하야 令得阿耨多羅三藐三菩提하야 成一切種智니라

여러 선남자들이여, 과거에 한량없고 그지없고 불가사의한 아승지겁 전에 부처님이 계셨습니다. 이름은 일월등명(日月燈明) 여래·응공·정변지·명행족·선서·세간해·무상사·조어장부·천인사·불·세존이셨습니다.

정법을 연설하시니 처음도 훌륭하고 중간도 훌륭하고 끝도 훌륭하셨습니다. 이치는 심원하고, 말씀은 능숙하고 미묘하며, 순수하고 복잡하지 않았으며, 맑고 깨끗한 범행을 갖추셨습니다. 성문(聲聞)을 구하는 이에게는 네 가지 진리[四諦法]를 알맞게 말씀하시어 나고 늙고 병들고 죽음을 벗어나서 궁극에는 열반을 이루게 하셨습니다. 벽지불(辟支佛)을 구하는 이에게는 열두 가지 인연을 알맞게 말씀하셨고, 여러 보살들을 위해서는 여섯 가지 바라밀다를 알맞게 말씀하여 최상의 깨달음을 얻어 일체의 지혜[一切種智]를 이루게 하시었습니다.

🌸 일월등명 부처님은 명호가 특이합니다. 이 부처님이 모든 부처님의 부처님이 된 뜻이 이 특이한 명호 속에 담겨 있습니다. 일월등명불(日月燈明佛), 태양을 말하는 일(日), 달 월(月), 등불 등(燈) 그리고 밝을 명(明), 부처님 불(佛). 낮에는 태양이 있어서 온 세상을 환하게 비추고 또 밤에는 달이 있어서 환하게 밝힙니다. 만약 달이 없다면 등불이라도 밝혀서 이 세상을 환하게 밝힌다는 뜻입니다. 이렇게까지 중중무진으로 거듭거듭 밝은 빛을 강조하는 명호입니다. 우리들의 어리석음으로 캄캄해진 마음을 밝히는 것, 그것이 부처님의 부처님이 된 임무입니다. 또한 불교의 참 모습이 바로 지혜의 태양이며, 지혜의 달이고, 지혜의 등불입니다. 우리 마음에 밝은 지혜가 생겨나는 것이 불교가 해야 할 일이고, 불교가 존재하는 까닭입니다.

그러니 부처님의 참 뜻은 일월등명을 의미합니다. 한량없는 빛 또한 지혜의 빛을 말합니다. 무명(無明)과 온갖 업과 번뇌로 컴컴해진 우리의 마음, 중중첩첩 큰 돌로 짓누르고 그 위에 시멘트를 몇 십 미터 두껍게 바르고 다시 철판을 깔고 또 무거운 돌로 눌러도 마음을 누르는 업과 번뇌보다 가벼울 것입니다. 그런 어리석음의 어둠을 지혜의 광명으로 밝히는 것이 부처님의 본 마음이고, 불교의 본 마음인 것입니다.

그리고 극락세계를 무량광이라고 하지 않습니까? 무량광(無量光)은 한량없는 빛이라는 뜻입니다. 지혜의 빛이 있는 곳이 바로 극락인 것입니다. 반대로 지장경에서 지옥을 이야기할 때는 햇빛도 달빛도 비치지 않는 어두운 곳을 말합니다. 그 땅에 해가 없고 달이 없어서 어둡겠습니까? 어둡다는 것은 부처님의 지혜가 없음을 상징하는 말입니다.

이제 부처님의 부처님이며, 참 지혜의 부처님인 일월등명 부처님이 정법을 설하십니다. 처음도 좋고 마지막도 좋으며, 그 뜻이 깊고 미묘합니다. 맑고 깨끗한 범행도 갖추었습니다. 또한 이 부처님께서는 사람들의 근기에 맞추어서 법을 설하십니다. 이것을 대기설법(對機說法) 혹은 수기설법(隨機說法)이라고 합니다.

경전에 이르기를, 구인천복보자(求人天福報者)는 수행십선(修行十善)이라고 했습니다. 죽어서 다시 사람으로 태어나고, 또 사람으로 태어나서 잘 사는 것이 인천복보입니다. 여기서 천(天)이라는 것은 죽어서 천상에 태어난다는 의미도 있겠지만 사람으로 태어났을 때 사대육신에 모자람이 없고 여러 가지 복과 지혜를 갖추는 상태를 천(天)이라고 할 수 있습니다. 이러한 복을 구하는 이는 십선(十善), 즉 살생하지 않고, 도둑질하지 않고, 사음하지 않고, 거짓말하지 않고, 교묘하게 꾸며서 도리에 어긋나는 말을 하지 않고, 이간질시키는 말을 하지 않고, 남을 험담하는 말을 하지 않고, 탐욕심을 부리지 않고, 분노하지 않고, 어리석고 삿된 삶을 살지 않는 것입니다. 열 가지 선을 행하면 죽어서나 살아서나 복을 받습니다.

그리고 성문(聲聞)을 구하는 이에게는 고집멸도 사성제를 가르쳐 열반에 이르게 하시고, 벽지불(辟支佛)을 구하는 이에게는 십이인연(十二因緣)을 가르쳐 주셨습니다. 벽지불을 연각(緣覺)이라고 하는데, 연각은 인연의 도리를 통해서 깨닫는다는 뜻입니다. 세상의 모든 것이 다 인연으로 되어 있습니다. 나뭇잎 하나 돋아나는 것도 인연이고, 우리가 이 땅에 온 것도 인연이고, 이 자리에서 법화경을 공부하는 것도 모두 과거생부터 쌓아온 인연 때문입니다. 많고 많은 인연의 도리 가운데 가장 기본이 '나'입니다. '나'가 있기에 다른 모든 인연들이 펼쳐지기 때문에 '내 육신과 정신의 총체'를 열 두 인연으로 이야기하는 것입니다.

그리고 마지막으로 보살들을 위해서는 육바라밀을 설하셔서 최상의 깨달음을 얻어 일체 지혜를 이루게 하셨습니다. 보시(布施)·지계(持戒)·인욕(忍辱)·정진(精進)·선정(禪定)·지혜(智慧) 육바라밀의 중요성은 실천에 있습니다. 보살은 가르침을 듣고 이해하는 것으로 끝나지 않고, 그저 조금이라도 남을 돕지 않으면 몸살 나서 못 배기는 사람인 것입니다. '내가 가서 지옥 중생들을 제도해야지, 지옥 가는 것이 문제이겠느냐?'고 생각하는 보살에게는 천상에 태어나거나 사람으로 태어나거나 호강하거나 고생하는 것은 전혀 문제가 되지 않습니다.

이렇게 여섯 가지 바라밀을 실천하는 보살이 궁극으로 구하는 것은 불도(佛道)입니다. 그래서 보살은 모든 수행을 불도에 회향합니다. 이것이 부처가 되는 길입니다. 법화경에는 부처가 되는 특별한 방법이 따로 있지 않습니다. 무엇을 행하든, 부처님께 절을 한 번 하든, 부처님 도량에 앉았다가 가든, 탑이 좋다고 한 번 쓰다듬든, 어떤 사소하고 작은 행동이라도 결국은 부처가 되는 길로 나아갑니다.

그리고 '팔정도를 행하고, 십이인연을 관하고, 보시를 하고, 십선을 행하는 것은 부처가 되기 위한 것이지 하늘의 복을 받거나 벽지불이 되거나 보살이 되기 위해서가 아니다. 나의 모든 행은 성불을 위한 하나의 방편'이라고 생각하는 사람은 무엇을 해도 전부 성불의 길로 나아갑니다. 모든 수행을 불도 회향하는 것이 중요합니다. 이것이 법화경식 해석입니다. 그래서 회삼귀일(會三歸一)이라고 합니다. 성문, 연각, 보살의 길이 다 일불승의 길, 부처님의 길로 돌아가는 것입니다. 밥을 먹어도 불도를 구하는 것이고, 잠을 자도 불도를 구하는 것이고, 노래 부르고 춤을 춰도 불도를 구하는 것이라고 마음이 모아지면 그대로가 다 불도를 구하는 일이 됩니다. 그러한 이치를 법화경 공부를 하면서 계속 배워봅시다.

【 경문 】
次復有佛하시니 亦名日月燈明이며 次復有佛하시니 亦名日月燈明이라 如是二萬佛이 皆同一字시니 號日月燈明이며 又同一姓이시니 姓頗羅墮니라 彌勒當知하라 初佛後佛이 皆同一字시니 名日月燈明이며 十號具足하시고 所可說法은 初中後善이니라

다음에 또 부처님이 계시었으니 역시 이름이 일월등명이시고, 그 다음에 또 부처님이 계시었으니 역시 이름이 일월등명이셨습니다. 이와 같이 이만 부처님이 계시었는데 다같이 이름이 일월등명이셨고, 성도 똑같이 파라타(頗羅墮)이셨습니다. 미륵보살이여, 첫 부처님이나 나중 부처님의 이름이 다 같아서 일월등명이시고 열 가지 명호가 구족하셨고, 말씀하시는 법문도 처음과 중간과 끝이 모두 훌륭하셨습니다.

❀   이만이나 되는 부처님이 계셨는데, 처음 부처님이나 나중 부처님이나 모두 그 이름이 한 가지였다는 대목에 주목해야 합니다. 그 이름이 일월등명(日月燈明)이라는 것은 우리들의 마음 속에 지혜의 등불을 밝히는 것을 부처님이라고 한다는 뜻입니다. 지혜의 빛을 밝히는

데, 낮에는 태양으로 밤에는 달빛으로 그마저도 없을 때는 등불로 밝힌다고 하시니 이 얼마나 뚜렷하고 분명한 말씀입니까?

"처음 부처님이나 나중 부처님이나 모두 지혜의 빛이다."라는 말입니다. 그러니 우리 마음이 밝으면 우리 자신이 그대로 부처님인 것입니다. 달리 먼 곳에서 부처님을 찾을 필요 없습니다. 부처님을 찾았다한들 내가 부처님을 알아보는 안목이 없으면 몰라봅니다. 그러나 내 마음에 지혜의 빛이 밝혀지면 지금 여기 앉은 자리 그대로가 부처님 세계가 됩니다. 부처로 살 수 있는 것입니다. 그래서 처음 부처님이나 나중 부처님이나, 현재 부처님이나 앞으로 오실 부처님이나 모두 지혜의 빛인 것입니다.

【 경문 】

其最後佛이 未出家時에 有八王子하니 一名有意요 二名善意요 三名無量意요 四名寶意요 五名增意요 六名除疑意요 七名響意요 八名法意라 是八王子가 威德自在하야 各領四天下러니 是諸王子聞父出家하야 得阿耨多羅三藐三菩提하고 悉捨王位하고 亦隨出家하야 發大乘意하며 常修梵行하야 皆爲法師하대 已於千萬佛所에 植諸善本하니라

그 최후의 부처님이 출가하기 전에 여덟 왕자가 있었으니, 맏이는 유의(有意)·둘째는 선의(善意)·셋째는 무량의(無量意)·넷째는 보의(寶意)·다섯째는 증의(增意)·여섯째는 제의의(除疑意)·일곱째는 향의(響意)·여덟째는 법의(法意)였습니다. 이 여덟 왕자는 위엄과 덕이 자유자재하여 각각 사천하를 거느렸는데, 이 왕자들이 부왕이 출가하여 최상의 깨달음

을 얻으신 줄을 알고는 모두 왕위를 버리고 부왕을 따라 출가하여 대승심(大乘心)을 내었습니다. 그리고 항상 범행을 닦아 모두 법사(法師)가 되었으며, 천만 억 부처님이 계신 데서 여러 가지 선한 근본을 심었습니다.

✿　밀행제일이라 일컬어지는 라훌라 존자는 아버지인 석가모니 부처님께서 출가 수행하여 큰 깨달음을 이루어 교화를 펴신다는 말씀을 듣고 출가했습니다. 라훌라의 어머니인 야수다라도 출가하여 비구니가 되었고, 싯다르타 태자를 키웠던 이모이자 양모인 마하파자파티도 출가하였습니다. 그 외에 아난 존자, 난다, 데바닷타 등 사촌과 오촌, 육촌 할 것 없이 석가모니 부처님의 수많은 권속들이 출가했습니다. 여기서도 그와 같은 모습을 보여주고 있는 것입니다.

　최후의 부처님의 여덟 왕자가 출가하여 천만 억 부처님께 가서 여러 가지 선근을 심었습니다. 대승경전에는 무수한 수의 부처님이 등장합니다. 천만 억은 상상하기도 어려운 큰 수입니다. 이렇게 많은 부처님이 계신다는 말은 사바세계의 모든 사람이 다 부처님이라고 하는 사상에 바탕을 둔 것입니다. 이때 부처님은 석가모니 부처님도 아니고, 깨달은 사람이 부처님이라는 차원도 뛰어넘은 것입니다. 깨닫거나 못 깨닫거나 관계없이 이미 그대로 부처님이라는 말입니다. 모든 사람이 불성을 가진 본래 부처라는 말이지요. 그래서 대승경전에는 천만 억 부처님, 불가사의한 수의 부처님, 미진수의 부처님과 같은 표현들이 나오는 것입니다. 모든 사람이 그대로 부처님입니다. 나아가 모든 생명이 다 부처님이고, 더 나아가 일체 삼라만상이 그대로 다 부처님입니다.

【 경문 】

是時日月燈明佛이 說大乘經하시니 名無量義라 敎菩薩法이며 佛所護念
이니라 說是經已하시고 卽於大衆中에 結跏趺坐하사 入於無量義處三昧
하사 身心不動이러라 是時에 天雨曼陀羅華와 摩訶曼陀羅華와 曼殊沙
華와 摩訶曼殊沙華하야 而散佛上과 及諸大衆하고 普佛世界가 六種震
動이러라

이때에 일월등명불이 대승경전을 설하셨으니 이름이 무량의경(無量義
經)이었습니다. 보살들을 가르치는 법이며 부처님께서 마음에 간직하
시고 아끼시는 바입니다. 이 경을 말씀하시고는 대중들 가운데서 결가
부좌하시고 무량의처라는 삼매에 들어가시어 몸도 마음도 동요하지 아
니하였습니다. 그때에 하늘에서 만다라꽃, 큰 만다라꽃, 만수사꽃, 큰
만수사꽃을 비 오듯 내리어서 부처님 위와 대중들에게 흩뿌렸습니다.
그러자 여러 세계가 여섯 가지로 진동하였습니다.

【 경문 】

爾時會中에 比丘比丘尼와 優婆塞優婆夷와 天龍夜叉와 乾闥婆阿修羅
와 迦樓羅緊那羅와 摩睺羅伽人非人과 及諸小王과 轉輪聖王等是諸大
衆이 得未曾有하야 歡喜合掌하고 一心觀佛이러라 爾時如來가 放眉間白
毫相光하사 照東方萬八千佛土하야 靡不周遍하대 如今所見是諸佛土러
라 彌勒當知하라 爾時會中에 有二十億菩薩이 樂欲聽法이러니 是諸菩薩
이 見此光明의 普照佛土하고 得未曾有하야 欲知此光의 所爲因緣이러라

그때 법회에 모여 있던 비구·비구니·우바새·우바이·천신·용·야
차·건달바·아수라·가루라·긴나라·마후라가·사람과 사람 아닌 이와
여러 소왕(小王)과 전륜성왕(轉輪聖王) 등 여러 대중들이 전에 없던 일을
만나 환희하여 합장하고 일심으로 부처님을 바라보고 있었습니다. 이
때 부처님께서 미간의 백호상에서 광명을 놓아 동방의 일만 팔천 세계
를 비추시어 두루하지 않은 데가 없는 것이 마치 지금 보는 저 세계들
의 일과 같았습니다.

미륵보살이시여, 그때 모인 가운데 이십 억 보살들이 있어서 법문을 듣
기를 즐겨하였는데 그 보살들이 이 광명이 여러 세계에 비침을 보고 전
에 없던 일을 얻고는 이 광명의 인연을 알고자 하였습니다.

❀　일월등명 부처님이 석가모니 부처님보다 앞서 무량의경을 설하
시고 무량의처 삼매에 들어서 광명을 놓아 여러 가지 상서를 보인 것
이 지금과 똑 같다는 말씀입니다. 그리고 이어서 문수보살과 미륵보
살의 과거세를 이야기합니다.

[3] **문수보살과 미륵보살의 과거**

【 경문 】

時有菩薩하니 名曰妙光이라 有八百弟子러니 是時日月燈明佛이 從三昧
起하사 因妙光菩薩하야 說大乘經하시니 名妙法蓮華라 敎菩薩法이며 佛
所護念이니라 六十小劫을 不起于座하며 時會聽者도 亦坐一處하야 六十
小劫을 身心不動하고 聽佛所說을 謂如食頃하대 是時衆中에 無有一人

도 若身若心에 而生懈倦일러라 日月等明佛이 於六十小劫에 說是經已
하시고 卽於梵魔와 沙門婆羅門과 及天人阿修羅衆中에 而宣此言하사대
如來於今日中夜에 當入無餘涅槃하리라하시니라

그때 보살이 있었는데 이름이 묘광(妙光)이었습니다. 팔백 제자를 데리
고 있었는데 일월등명불이 삼매에서 일어나 묘광보살로 인하여 대승경
전을 말씀하셨으니 이름이 묘법연화경이었습니다. 이 경은 보살들을
가르치는 법이며 부처님께서 마음에 간직하시고 아끼시는 바입니다.
육십 소겁 동안을 자리에서 일어나지 않으시었고 그때 듣는 이들도 한
곳에 앉아서 육십 소겁 동안 몸과 마음을 동요하지 않고 부처님의 말씀
을 들었는데 마치 밥 한 끼 먹는 시간과 같은 느낌이었습니다. 그때 대
중 가운데 한 사람도 몸이나 마음에 권태로운 생각을 내는 이가 없었습
니다.
일월등명불이 육십 소겁 동안 이 경전을 말씀하시고는 곧 범천과 마군
과 사문과 바라문과 천신과 사람과 아수라들 가운데서 이렇게 말씀하
셨습니다. '여래는 오늘 밤중에 무여열반(無餘涅槃)에 들리라.'고 하셨습
니다.

❋ 그때 800 제자를 거느린 묘광보살이 있었는데, 그 묘광보살을
통해서 비로소 묘법연화경을 설하셨습니다. 이 경전도 역시 무량의경
과 마찬가지로 보살을 가르치는 법이고 부처님께서 마음에 간직하고
아끼시는 것입니다.
　　부처님께서 더 아끼거나 덜 아끼는 경전이 있겠습니까. 다만 경전

을 듣는 상대에 따라서 더 소중한 것이 있고 더 아끼는 것이 있을 뿐입니다. 그러나 법화경은 부처님께서 당신의 열반을 앞두고 마치 유언처럼 남기신 경전이고 그 동안 말씀하신 팔만대장경의 내용을 종합하여 정리한 경전이기 때문에 그 의미가 크고 중요한 것입니다. 그래서 육십 소겁이라는 긴 시간 동안 법화경을 들었는데 대중들의 몸과 마음이 전혀 동요하지 않았고 마치 밥 한 끼 먹는 것처럼 짧게 느껴졌다는 말입니다.

【 경문 】

時有菩薩하니 名曰德藏이라 日月等明佛이 卽授其記하사 告諸比丘하사대 是德藏菩薩이 次當作佛하리니 號曰淨身多陀阿伽度阿羅訶三藐三佛陀리라 佛授記已하시고 便於中夜에 入無餘涅槃하시니라 佛滅度後에 妙光菩薩이 持妙法蓮華經하대 滿八十小劫을 爲人演說이러니 日月燈明佛八子가 皆師妙光하니 妙光敎化하야 令其堅固阿耨多羅三藐三菩提하시니 是諸王子가 供養無量百千萬億佛已에 皆成佛道하고 其最後成佛者는 名曰然燈이라

그때 보살이 있었는데 이름이 덕장(德藏)이었습니다. 일월등명불께서 그에게 수기를 주시면서 비구들에게 이렇게 말씀하셨습니다.
'이 덕장보살이 이 다음에 성불하여 이름을 정신(淨身) 다타아가토 · 아라하 · 삼먁삼불타라 하리라.'
수기를 주어 마치시고 그날 밤중에 무여열반에 드시었습니다. 그 부처님께서 열반하신 뒤에 묘광보살이 묘법연화경을 가지고 팔십 소겁 동

안 사람들에게 설하였는데, 일월등명불의 여덟 왕자가 모두 묘광보살을 스승으로 삼았습니다. 묘광보살은 그들을 교화하여 최상의 깨달음을 견고하게 하였습니다. 그 왕자들이 한량없는 백천만 억 부처님께 공양하고 나서 모두 불도를 이루었는데, 맨 나중에 성불한 분의 이름이 연등불(然燈佛)이었습니다.

🏵 그때 일월등명 부처님이 덕장보살에게 장차 부처가 될 것이라고 수기(授記)를 하셨습니다. 그 부처님의 이름을 정신(淨身) 다타아가토·아라하·삼먁삼불타 곧 청정한 몸 여래·응공·정변지라고 합니다. 이렇게 일월등명 부처님이 열반에 들기 전에 최후로 장차 부처가 될 것이라고 수기를 합니다. 법화경에는 이 곳 외에도 수기하는 장면이 아주 많습니다. 이것은 부처님께서 마지막으로 남기신 보증이고 또한 당부입니다. "너희들은 이제 부처님이니 부처의 삶을 살도록 하여라." 하고 당부하신 것입니다.

일월등명 부처님이 열반에 드신 뒤에 여덟 왕자들은 한량없는 백천만 억 부처님께 공양을 올리고 불도를 이루었다고 했습니다. 글자 그대로 여덟 왕자가 백천만 억의 부처님께 공양 올렸다고 하면 해석이 불가능합니다. 이 말은 여덟 왕자가 만나는 사람마다 모두 부처님으로 받들어 섬겼다는 뜻입니다. 마치 상불경보살이 만나는 사람마다 예배를 드리면서 "당신은 부처님이십니다. 당신은 부처님이십니다. 나는 당신을 존경합니다."라고 말하며 공경한 것과 같습니다. 상불경보살처럼 우리가 모든 사람을 부처님으로 받들어 섬겨야 하고, 그래야만 진정한 행복과 평화가 온다는 뜻입니다.

그리고 여덟 왕자 가운데 마지막으로 성불한 분이 연등 부처님이라고 합니다. 연등 부처님은 석가모니 부처님의 과거 전생의 스승이고 수기를 해 주신 부처님입니다. 금강경에 뚜렷하게 나오지 않습니까? 연등 부처님께 출가해서 "그대는 앞으로 석가모니라고 하는 부처가 될 것이다."라는 수기를 받고 석가모니 부처님이 부처가 되었습니다. 연등(燃燈)이라는 이름을 한 번 보십시오. 연등은 등불을 밝힌다는 말입니다. 다시 말해서, 마음에 지혜의 등불을 밝히라는 뜻입니다.

【 경문 】

八百弟子中에 有一人하니 號曰求名이라 貪着利養하야 雖復讀誦衆經이나 而不通利하고 多所忘失일새 故號求名이라 是人이 亦以種諸善根因緣故로 得値無量百千萬億諸佛하야 供養恭敬하고 尊重讚歎일러니라 彌勒當知하라 爾時妙光菩薩이 豈異人乎아 我身是也며 求名菩薩은 汝身是也니라

묘광보살의 팔백 제자 중에 한 사람의 이름이 구명(求名)이니, 이양(利養)을 탐하고, 여러 경전을 읽기는 하였지만 뜻을 분명하게 알지 못하고 많이 잊어버리므로 구명이라 이름하였습니다. 이 사람도 선근(善根)을 심은 인연으로 한량없는 백천만 억의 수많은 부처님을 만나서 공양하고 공경하며, 존중하고 찬탄하였습니다.

미륵보살이여, 그때의 묘광보살은 딴 사람이 아니라 곧 나 문수며, 구명보살은 그대였습니다.

❀　　그때 묘광보살의 제자 가운데 구명(求名)이라는 사람이 있었습니다. 구명이라는 말은 '이름 내기 좋아한다.', '상 내기 좋아한다.'는 뜻입니다. 이 이름 내기 좋아하는 제자는 공부도 잘 하지 못하면서 이익만 탐하는데 그 모습이 우리들과 똑같습니다. 안 그런 척하면서 이양을 탐하고, 다른 사람을 따라서 천수경, 반야심경, 화엄경 등등 이것 저것 공부하지만 그 뜻을 제대로 알지 못합니다. 들으면 잊어버리고 또 들으면 잊어버리는 모양새가 영락없이 우리들을 닮았습니다. 우리들의 대표로 구명보살이 등장한 것이지요. 그렇지만 구명보살은 여러 가지 좋은 인연을 쌓았기 때문에 백천만 억의 부처님을 공경, 공양할 수 있었습니다. 이런 모습도 우리들과 정말 닮았습니다. 비록 우리가 법문을 듣고 돌아서면 잊어버리더라도, 부처님의 가르침을 좋아하고 선지식을 공경하고 큰스님을 공양하고 복 짓기를 즐깁니다. 그러면서 이름 내기 좋아하고, 배워도 잘 잊어버립니다.

　　구명보살처럼 경전을 읽기는 했지만 뜻을 분명하게 알지 못하고 자꾸 잊어버린다고 하소연하는 사람들을 많이 만납니다. 그러면 저는 콩나물 키우는 것을 생각해 보라고 합니다. 콩나물을 키울 때 계속 물을 퍼붓습니다. 물을 붓고 또 부어도 그 물은 고이지 않고 모두 흘러내려 버립니다. 그렇게 계속 물이 흘러버려도 콩나물은 잘 자랍니다. 법문을 듣고 경전을 읽어도 돌아서면 금세 잊어버린다 하여도 콩나물이 자라듯 우리도 성장합니다. 자신도 모르는 사이에 우리들의 심성도 굳건해지고 불교에 대한 소견도 넓어지고 지혜도 자라게 됩니다. 우리들의 모습을 꼭 닮은 구명보살이 바로 미륵보살인 것입니다. 어떻게 생각하면 보여주기 싫은 부끄러운 과거입니다. 그렇지만 미륵보살이 장차 부처님이 되어 이 세상을 교화한다는 것은 우리들 한 사람 한 사람의 마음 속에 담아야 할 꿈이요, 희망이요, 기대입니다. 미륵보살처럼 우리도 장차 부처님이 되어 이 세상을 교화하게 된다는 수기와 같은 것입니다.

[4] 분명한 답을 하다

【 경문 】

今見此瑞하니 與本無異라 是故惟忖컨댄 今日如來가 當說大乘經하시리니 名妙法蓮華라 敎菩薩法이며 佛所護念이니라

이제 이 상서를 보니 예전과 다르지 아니합니다. 그러므로 오늘 여래께서 마땅히 대승경전을 설하시리니 이름은 묘법연화경이며 보살들을 가르치는 법이며 부처님이 마음에 간직하시고 아끼시는 바라 생각합니다."

🪷 산문으로 된 문수보살의 대답이 여기까지입니다. 일월등명 부처님의 일을 살펴보니 이와 똑같이 석가모니 부처님도 상서를 보이시고 묘법연화경을 설하실 것이라고 대답합니다. 그리고 이어서 게송으로 한 번 더 요약하면서, 산문에서 빠뜨린 내용을 좀더 자세하게 설명합니다. 법화경의 이와 같은 형식은 경전으로서 매우 아름다우면서 문학적으로도 빼어난 작품이라는 평을 듣습니다.

7. 게송으로 답하다

(1) 일월등명불

【 경문 】

爾時文殊師利가 於大衆中에 欲重宣此義하사 而說偈言하니라

我念過去世 無量無數劫에

有佛人中尊하사 號日月燈明이시라

世尊演說法하사 度無量衆生과

無數億菩薩하사 令入佛智慧하니라

그때에 문수사리보살이 대중 가운데에서 이 뜻을 거듭 펴려고 게송으로 설하였습니다.

"내가 생각하니 지나간 세상 한량없고 수 없는 겁 전에

세존이 계셨으니 이름은 일월등명불이었습니다.

세존께서 법을 말씀하여 한량없는 중생들과

수없는 보살들을 제도하여

부처님의 지혜에 들게 하였습니다.

❀　　지난 세상 한량 없는 겁 전에 한 부처님이 계셨는데 그 명호가 일월등명(日月燈明)이라 하였습니다. 이 명호의 뜻은 우리들 마음속에 지혜의 등불을 밝힌다는 것입니다. 한낮의 태양처럼, 어둔 밤의 달빛처럼 지혜의 광명으로 무명의 어둠을 단박에 깨뜨려버리는 것입니다.

그래서 일월등명불은 무량 중생과 보살을 제도하여 부처의 지혜에 들어가게 하는 분입니다.

【 경문 】

佛未出家時에 所生八王子가
見大聖出家하고 亦隨修梵行하며

그 부처님께서 출가하시기 전에 여덟 왕자를 두었는데
부왕이 출가함을 보고 그들도 따라서 범행을 닦았습니다.

【 경문 】

時佛說大乘하시니 經名無量義라
於諸大衆中에 而爲廣分別하시니라
佛說此經已하시고 卽於法座上에
跏趺坐三昧하시니 名無量義處라
天雨曼陀華하고 天鼓自然鳴하며
諸天龍鬼神이 供養人中尊하며
一切諸佛土가 卽時大震動이라
佛放眉間光하사 現諸希有事하시며
此光照東方 萬八千佛土
示一切衆生의 生死業報處하사대

그때에 부처님이 대승경전을 설하시니

그 이름은 무량의경이었고,

여러 대중 가운데서 널리 분별하여 해석하셨습니다.

그 경전을 말씀하시고 나서 곧 그 법상 위에서

결가부좌를 하시고 삼매에 드시니

그 이름이 무량의처 삼매였습니다.

하늘에는 만다라 꽃비가 내리고

하늘의 북은 저절로 울리며,

천신과 용과 신들도 세존께 공양하였습니다.

모든 세계들은 그때에 크게 진동하고

부처님은 미간에서 광명을 놓아 희유한 상서를 나타내시니,

그 광명은 동방으로 일만 팔천 세계를 비추어

모든 중생들이 지은 업으로 나고 죽는 곳을 보이었습니다.

【 경문 】

有見諸佛土는 以衆寶莊嚴하대

琉璃頗梨色이라 斯由佛光照시며

及見諸天人과 龍神夜叉衆과

乾闥緊那羅가 各供養其佛하며

又見諸如來는 自然成佛道하사

身色如金山하사 端嚴甚微妙하대

如淨琉璃中에 內現眞金相하며

世尊在大衆하사 敷演深法義하시니

一一諸佛土에 聲聞衆無數어든

因佛光所照하야 悉見彼大衆하며

또 보니 어떤 세계는 온갖 보배로 장엄하였는데
유리(琉璃) 빛, 파리(頗梨) 빛들을
부처님의 광명으로 환히 비치며,
또 보니 천신과 사람과 용과 신과 야차와
건달바와 긴나라들이 모두 부처님께 공양합니다.
또 보니 많은 여래께서 자연히 불도를 이루시니
몸빛은 황금산과 같아 단정하고 장엄하고 매우 아름다우시어
깨끗한 유리병 속에 진금(眞金)의 모습을 나투신 듯이
세존께서 대중들에게 깊은 법과 이치를 연설하십니다.
여러 부처님 국토들마다 무수한 성문 대중들이
부처님의 광명이 비치어 저 대중을 보게 됩니다.

【 경문 】

或有諸比丘는 在於山林中하야
精進持淨戒하대 猶如護明珠하며
又見諸菩薩은 行施忍辱等하대
其數如恒沙는 斯由佛光照며
又見諸菩薩은 深入諸禪定하대
身心寂不動하야 以求無上道하며
又見諸菩薩은 知法寂滅相하야
各於其國土에 說法求佛道하며

爾時四部衆은 見日月燈佛의
現大神通力하고 其心皆歡喜하야
各各自相問하대 是事何因緣인가하니라

혹 어떤 비구들은 산림 속에 있으면서
정진하고 계행(戒行) 지키기를 맑은 구슬 보호하듯이 합니다.
또 보니 여러 보살들은 보시하고 인욕하는 이들이
그 수효가 항하강의 모래 수와 같음을
부처님의 광명으로 모두 봅니다.
또 보니 여러 보살들은 선정에 깊이 들어가
몸과 마음을 동요하지 않고 최상의 도를 구합니다.
또 어떤 보살들은 법의 적멸한 모습을 알고
제각기 그 국토에서 법을 설하여 불도를 구합니다.
그때 사부대중들은 일월등명불께서
큰 신통 나투심을 보고 그 마음이 매우 기뻐서
제각기 서로 묻기를, '무슨 인연으로 이런 일이 있는가.'
하였습니다.

[2] 문수보살과 미륵보살의 과거

【 경문 】
天人所奉尊이 適從三昧起하야
讚妙光菩薩하사대 汝爲世間眼하야

一切所歸信이라 能奉持法藏하대

如我所說法은 唯汝能證知니라

世尊旣讚歎하사 令妙光歡喜케하시고

說是法華經을 滿六十小劫토록

不起於此座하시고 所說上妙法을

是妙光法師가 悉皆能受持하니라

佛說是法華하사 令衆歡喜已하시고

尋卽於是日에 告於天人衆하사대

諸法實相義를 已爲汝等說일새

我今於中夜에 當入於涅槃하리라

汝一心精進하야 當離於放逸이니

諸佛甚難値라 億劫時一遇니라

천신과 인간들이 받드는 세존께서

마침 삼매에서 일어나서 묘광보살을 찬탄하시되

'그대는 세상의 눈이요, 모든 사람들이 귀의하고 믿으리니

부처님의 법장(法藏)을 받들어 지니라.

내가 말한 법문은 오직 그대만이 아느니라.' 라고

세존께서는 묘광보살을 찬탄하여 기쁘게 하였습니다.

세존께서 법화경을 말씀하실 때

육십 소겁 동안 그 자리에서 일어나지 않고

말씀하신 최상의 묘한 법을

묘광법사가 모두 다 받아 지니었으니,

이 법화경을 설하여 대중들을 기쁘게 하고

그 날 즉시 천신과 인간 대중들에게 말하기를

'모든 법의 실상(實相)의 도리를

이미 너희들에게 다 말하였으니

나는 오늘 밤중에 열반에 들리라.

그대들은 일심으로 정진해서 방일(放逸)하지 말라.

부처님은 매우 만나기 어려워서

억겁에 겨우 한번 만나느니라.' 하였습니다.

🪷 현세의 문수보살이 과거의 묘광보살입니다. 이 묘광보살에게 일월등명불께서 "부처님의 법장(法藏)을 받들어 지니라."고 법을 부촉하십니다. 부처님의 법장은 부처님께서 일생 동안 중생을 교화하신 설법 내용입니다. 법장(法藏)은 법보장(法寶藏)이라고도 하는데, 법의 보배가 갈무리되어 있는 곳이라는 뜻입니다. 초기에는 패엽경(貝葉經, Pattra)이라고 하여 야자나무 잎사귀에 경을 새겨서 간수했습니다. 지금도 남방에 가면 이 패엽경을 볼 수 있는데, 경을 새긴 나뭇잎의 양쪽에 구멍을 내어 끈으로 묶어서 큰 대바구니에 내용별로 나누어 담아서 보관했습니다. 그래서 니까야(nikāya)는 바구니라는 뜻도 있고, 창고 또는 갈무리하는 곳이라는 뜻도 있습니다. 그래서 감출 장(藏)자를 씁니다.

일월등명불께서는 법화경을 다 설해 마치시고는 "모든 법의 실상(實相)의 도리를 이미 너희들에게 다 말하였다."고 하셨습니다. 부처님께서 이룬 깨달음의 내용을 다른 말로 하면 '모든 법의 실상 도리'라고 할 수 있습니다. 부처님께서는 모든 존재의 실상을 꿰뚫어 보셨고,

모든 법의 실상을 깨닫고 보니 노병사(老病死)까지도 한꺼번에 해결이 다 되었다는 것입니다. 부처님은 본래 늙고 병들어 죽는 고통에서 벗어나기 위해 출가하고 수행을 하셨습니다. 그러나 일시적인 처방으로는 이 늙고 병들어 죽는 고통을 참으로 해결할 수 없습니다. 일시적이 아닌 영구적인 방법, 영원히 행복할 수 있는, 철저히 끝까지 행복할 수 있는 완전한 해결책을 구하신 것입니다. 그래서 유한하고 일시적인 세간의 행복을 버리고 출세간의 길을 선택하신 것입니다.

그러나 우리가 모든 법의 실상, 존재의 실상을 꿰뚫기는 참으로 어려운 일입니다. 이 어려운 일을 능히 성취하려면 한 가지 방법뿐입니다. 그것은 방일(放逸)하지 않는 것입니다. 방일한다는 말은 게으름을 피운다는 뜻입니다. 방일하지 말라, 해태하지 말라, 게으름 피우지 말라는 말씀은 석가모니 부처님께서 열반에 드실 때 우리에게 최후로 당부하신 말씀이기도 합니다. 일월등명 부처님도 마찬가지 유훈을 남기셨습니다. 유교에서도 부지런함에 대해서 많이 이야기합니다. 주자가 쓴 유명한 시 가운데 "일근천하무난사(一勤天下無難事) 백인당중유태화(百忍堂中有泰和) 한결같이 부지런한 사람은 천하에 어려운 일이 없고 백 번 참는 집에는 화평만 있을지어다."라는 구절이 있습니다.

또한 화엄경의 보살문명품(菩薩問明品)에도 방일하지 말라 하면서 게으른 사람은 어려움을 만나게 된다고 다음과 같이 비유를 설해 놓았습니다.

그때 근수보살이 게송으로 답하였다
불자여 들으소서!

내 이제 사실대로 답하리니
어떤 이는 빨리 해탈하고 어떤 이는 벗어나기 어려움이니라.

만약 한량없는 모든 허물을
소멸하고자 하거든
마땅히 부처님의 법 가운데서
항상 용맹하게 정진할지니라.

비유하건대 조그마한 불에
땔감이 젖어 있으면 빨리 꺼지듯이
부처님의 교법 가운데서
게으른 이도 또한 그러하니라.

또 나무를 비벼서 불을 구할 때
불이 나기도 전에 자주 쉬면
불기운이 따라서 소멸하듯이
게으른 사람도 또한 그러하니라.

마치 사람이 화경(火鏡)을 가졌으나
솜털로 햇빛을 받지 아니하면
마침내 불을 얻을 수 없듯이
게으른 사람도 또한 그러하니라.

비유하건대 밝은 햇빛 아래서
어린아이가 그 눈을 가리고서
왜 보이지 않느냐고 말하듯이
게으른 사람도 또한 그러하니라.

어떤 사람이 손발도 없으면서
억새풀로 만든 화살을 쏘아
대지를 깨뜨리려 하듯이
게으른 사람도 또한 그러하니라.

또 한 터럭 끝으로
큰 바다의 물을 떠내서
모두 다 말리려 하듯이
게으른 사람도 또한 그러하니라.

또 겁화(劫火)가 일어날 때에
적은 물로 끄고자 하듯이
부처님의 교법 가운데
게으른 사람도 또한 그러하니라.

어떤 이가 허공을 보고
단정히 앉아서 움직이지 않고
말로만 허공에 올랐다고 하듯이

게으른 사람도 또한 그러하니라.

　참으로 이보다 더 뛰어난 비유가 없을 것입니다. 어린아이가 제 손으로 두 눈을 가리고는 '왜 이렇게 어두운가?'라고 합니다. 해 보지도 않고 안 된다고 하는 사람들을 가리킨 말입니다. 열심히 하면 이룰 수 있는데 하지도 않으면서 '아이고, 나는 소질이 없어.' '나는 못해. 내가 어떻게 해?'라고 합니다. 이런 소리를 들으면 제가 숨이 턱 막힙니다. 언제 해 보았느냐고 물어보면, 안 해 봤다고 합니다. 간혹 해 봤다는 사람이 있어서 얼마나 해보았느냐고 물어보면 '한 3일 해 봤습니다.'라고 합니다. 세상에 3일 동안 해서 이루어지는 일이 무엇이 있겠습니까? 3년을 해도 될까 말까 한데 말입니다. 부지런히 열심히 하면 안 되는 일이 없는데, 하지도 않고 게으름만 피우는 것을 이렇게 비유합니다.

【경문】

世尊諸子等이 聞佛入涅槃하고
各各懷悲惱하대 佛滅一何速가하니라
聖主法之王이 安慰無量衆하대
我若滅度時에 汝等勿憂怖니라
是德藏菩薩이 於無漏實相에
心已得通達하야 其次當作佛하리니
號曰爲淨身이라 亦度無量衆하리라하시고
佛此夜滅度하사대 如薪盡火滅이어늘

分布諸舍利하사 而起無量塔하며
比丘比丘尼가 其數如恒沙라
倍復加精進하야 以求無上道니라

여러 불자들은 부처님께서
열반에 드신다는 말씀을 듣고 제각기 슬퍼하며
'부처님의 열반이 이렇게 빠르신가' 하였습니다.
거룩하신 법왕께서 대중들을 위로하시기를,
'내가 열반에 드는 것을 너희들은 걱정하지 말라.
이 덕장보살이 무루실상(無漏實相)에
모두 다 통달하였고 이 다음에 성불하여
정신여래(淨身如來)라 하여
무량한 중생들을 제도하리라.' 하셨습니다.
이날 밤 부처님께서 열반에 드시니
나무가 다 타고 불이 꺼지듯 하였습니다.
사리를 나누어 가지고 가서 수없는 탑을 세웠고
항하 강의 모래 수와 같이 많은 비구와 비구니들은
몇 갑절 더 정진하여 최상의 도를 구하였습니다.

❀ 이제 일월등명 부처님께서 법화경을 설해 마치고 나서 열반에 드셨습니다. 부처님이 열반에 드신 모습이 마치 나무가 다 타고 불이 꺼지듯 하였다고 표현했습니다. 본래 열반은 불이 꺼지고 재까지 다 싸늘하게 식은 모습을 말합니다. 그 뜻을 법화경에서 아주 정확하게

표현하고 있는 것입니다.

是妙光法師가 奉持佛法藏하사

八十小劫中에 廣宣法華經이어늘

是諸八王子는 妙光所開化로

堅固無上道하야 當見無數佛하고

供養諸佛已하고 隨順行大道하야

相繼得成佛하사 轉次而授記하시며

最後天中天은 號曰然燈佛이라

諸仙之導師로 度脫無量衆하시니라

이 묘광 법사가 부처님의 법장(法藏)을 받들어

팔십 소겁 동안 법화경을 선포하였으니

여덟 왕자들은 묘광 법사의 교화를 받고

최상의 도를 굳게 지니어 무수한 부처님을 뵈었습니다.

여러 부처님께 공양하고 가르침을 따라 큰 도를 행하여

서로 잇달아 성불하고 차례차례로 수기하시니

최후의 부처님 그 이름이 연등불로

여러 신선들의 도사(導師)로서

한량없는 중생들을 제도하였습니다.

【 경문 】

是妙光法師가 時有一弟子하니

心常懷懈怠하야 貪着於名利하며

求名利無厭하야 多遊族姓家하며

棄捨所習誦하야 廢忘不通利일새

以是因緣故하야 號之爲求名하니라

亦行衆善業하야 得見無數佛하고

供養於諸佛하야 隨順行大道하며

具六波羅蜜일새 今見釋師子하고

其後當作佛하리니 號名曰彌勒이라

廣度諸衆生하대 其數無有量하리라

彼佛滅度後에 懈怠者汝是요

妙光法師者는 今則我身是니라

그때 묘광 법사에게 한 제자가 있었는데

마음은 항상 게으르고 명예와 이익을 탐하여

명리(名利) 구하기를 싫어할 줄 모르고

귀족들의 집에만 드나들었습니다.

경전을 익히고 외우던 것은 모두 버리고

아무 것도 알지 못하여

이 인연으로 이름을 구명(求名)이라 하였습니다.

그래도 여러 가지 착한 업을 지어

무수한 부처님을 만나 뵈옵고

부처님께 공양하며 가르침 따라 큰 도를 행하고

여섯 가지 바라밀도 갖추어서

지금 석가모니 부처님을 친견하였습니다.

'이 다음에 마땅히 성불하여

그 이름을 미륵 부처님이라 하리라.

수많은 중생들을 제도하여 그 수효는 한량없으리라.'

는 수기를 받았습니다.

연등불이 열반하신 뒤에 게으르게 살던 사람은

바로 그대 미륵이요, 묘광 법사는 지금의 나 문수입니다.

❀   앞의 장항(長行)에도 나왔지만, 구명(求名)은 미륵보살의 전신입니다. 경전을 들어도 잘 잊어버리고 명예를 좇고 이양을 좋아하는 그런 사람이었습니다. 우리와 똑같이 게으르고, 이름 내기를 좋아하고, 상 내는 것도 좋아하고 벼슬 있는 사람도 좋아합니다. 그렇지만 한편으로 착한 업도 많이 지었습니다. 부처님께 나아가 불법 듣기를 즐겨하고, 갖가지로 공양 올리고, 여섯 가지 바라밀도 닦고 다른 중생을 위해서 좋은 일도 하였습니다. 이런 모습까지도 우리와 꼭 닮았지요. 이 미륵보살이 56억 7천만 년 뒤에 미륵 부처님이 됩니다. 우리들의 모습을 대변하는 구명보살이 결국 우리의 이상이고 희망이며 미래인 미륵 부처님이 됩니다. 이것은 우리가 장차 모두 부처님이 된다는 말과 같습니다. 참으로 큰 희망을 주는 이야기이고, 큰 용기를 주는 이야기입니다. 지금 현재의 내 모습이 모자라고 부족하더라도 용기를 가져야 합니다. 불법을 늘 가까이 하고 복덕을 쌓으면서 게으르지 않

고 부지런히 정진하면 저 구명보살이 미륵 부처님이 되듯 그렇게 우리도 부처님이 될 수 있습니다.

(3) 분명한 답을 하다

【 경문 】

我見燈明佛의 本光瑞如此일새
以是知今佛이 欲說法華經이니라
今相如本瑞는 是諸佛方便이시라
今佛放光明하사 助發實相義하시니
諸人今當知하고 合掌一心待어다
佛當雨法雨하사 充足求道者시니
諸求三乘人이 若有疑悔者면
佛當爲除斷하야 令盡無有餘하리라

내가 일월등명불의 이러한 광명을 놓은 상서를 보았으므로
이제 석가모니 부처님께서도 법화경을 말씀하실 줄 압니다.
오늘의 이 상서가 옛 상서와 같으니
이것은 모든 부처님들의 방편입니다.
이제 부처님께서 광명을 놓아
제법실상의 도리를 드러내시니
여러분들은 그런 줄 알고 합장하고
일심으로 기다리십시오.

부처님께서 법의 비를 내리시어
도를 구하는 사람들을 만족케 하며,
삼승(三乘)을 구하는 이들에게는 어떤 의심도
부처님께서 모두 다 풀어서 제거해 주실 것입니다.

🌸 오늘 우리가 본 상서가 아득한 과거 겁에 일월등명불이 보인 상서와 똑같은 것은 부처님의 방편이라고 문수보살이 결론적으로 말합니다. 이 말은 무량한 과거 겁의 진리든 현재의 진리든 무량한 미래의 진리든 간에 진리는 차별이 없고 똑같다는 뜻입니다. 일월등명불이든 석가모니불이 깨달은 것이든 장차 우리가 깨달을 것이든 간에 깨닫고 나면 진리는 모두 같다는 것을 나타내고 있습니다.

이제 마침내 석가모니 부처님께서 광명을 놓아서 제법실상의 도리를 드러내시니 합장하고 일심으로 기다리라고 합니다. 부처님의 미간 백호에서 발한 광명 속에 나타난 기이한 현상들을 마치 눈 앞에서 보듯 그렇게 설명했습니다. 광명 속에 나타난 모습을 우리가 직접 보고 겪고 부딪히는 것처럼 그리고 있습니다. 그러나 이것은 광명 속의 모습일 뿐입니다. 이 점을 잊지 말고 그 뜻을 새겨보아야 합니다. 깨달은 분의 시각, 부처님의 시각이라는 것은 모든 있음을 그렇게 봅니다. 스님들이 축원할 때 수월도량(水月道場)이라는 표현을 씁니다. 물에 비친 달과 같은 도량이라는 말입니다. 그 도량이 금정산 도량이 되었든 가야산 도량이 되었든 아니면 금강산 도량이 되었든 간에 그것은 물에 비친 달과 같이 존재하기는 하지만 텅 빈 것이다, 텅 빈 그대로 실재하는 것이라는 말입니다. 제법실상의 이치를 한 마디로 보여주는 말입니다. 있다고 해도 꼭 그렇게 우리가 믿듯이 있는 것이 아니고, 없다고 하여도 꼭 그렇게 우리가 생각하듯이 없는 것도 아니라는 사실입니다. 그래서 이와 같은 존재의 실상을 우리가 제대로 느끼고 이해하고 깨달아야 합니다. 그 이치가 내 살림살이가 되었을 때 어떤 상황에서도 당당하게 살 수 있고, 어떤 어려움도 결코 어렵지 않게 다가옵니다. 그래서 매일매일 행복한 날이 됩니다. 수처작주(隨處作主) 입처개진(立處皆眞), 어떤 상황을 만나더라도 당당하게 주인공으로서의 삶을 잃지 않는 길이 있습니다. 그 길을 이제부터 부처님께서 설하실 것입니다.

경전을 많이 듣고 많이 읽으면서 깊이 사유하다 보면 엇비슷하게 깨달은 분들의 시각과 같아져 갑니다. 그러다가 어느 날 확철대오할 수 있습니다. 또 순간의 확철대오를 하지 못하면 마치 서서히 연꽃이 피듯 그렇게 소리 없이 어느새 안목이 열리고 내 살림살이가 됩니다. 그런 까닭에 경전을 가까이 하고 사유하는 것이 바른 정진이라고 말씀드릴 수 있습니다. 경전을 교재 삼아 교리가 나오면 교리를 배우고, 이치가 나오면 이치를 배우고 비유가 나오면 비유를 풀이하면서 익어가는 것이 전통 불교 교육이고 정통 불교 교육이라는 것이 저의 소신입니다.

석가모니 부처님께서는 광명만 놓았을 뿐 아직 한 말씀도 하지 않았습니다. 그러나 과거 무량겁 전에 일월등명불의 예를 보면 부처님께서 광명을 놓아서 보인 여러 가지 상서가 제법실상의 이치인 법화경을 설하고자 하심이 틀림없다고 결론을 내리고 있습니다.

◉

2
방편품

(方便品)

법화경은 전체가 28개 품으로 이루어져 있는데 그 내용에 따라 크게 전반부와 후반부로 나뉩니다. 법화경의 전반부에서는 이 방편품이 요품이라고 알려져 있습니다. 요품은 중요한 품이라는 뜻이지요. 전반부와는 그 내용이 다른 후반부는 여래수량품이 요품입니다. 그래서 법화경을 전체적으로 이해하는 데 있어 제일 중요한 것이 방편품과 여래수량품입니다.

전반부에서 중요한 제2 방편품에 대한 말씀을 드리겠습니다. 방편은 불교에서 매우 자주 사용하는 말 가운데 하나입니다. 방편이라는 말을 자주 사용하면서 그 뜻을 바르게 쓸 때도 있지만, 왜곡해서 쓸 때도 많습니다. 일반적으로 방편을 방법이라고 간단하게 생각하고 쉽게 사용하는데 이 말은 그리 쉬운 말이 아닙니다. 지금 방편품을 배울 때 방편에 대해 확실하게 알아서 바로 사용하도록 합시다.

방편(方便)의 방(方)자는 정사각형, 바른 것을 뜻합니다. 똑 바르고, 바른 것이어서 정사각형이 되는 것입니다. 방편의 편(便)자는 수단이라는 뜻입니다. 그래서 방편이라 하면 바른 수단이라 하는 것이 제일 정확한 의미입니다. 후대에 이르러, '거짓도 방편이다'와 같은 말로 인해서 와전되어 쓰이는 경우도 있습니다. 그러나 원래 의미는 '그 사람과 상황에 알맞은 교화의 수단'을 뜻합니다. 교화(敎化)란 중생을 가르치고 제도한다는 말입니다. 사람마다 다르고 상황에 따라 다르게 적용해서 교화해야 합니다. 아무 때나 써서는 안 되는 것이고, 모든 경우에 공통적으로 다 통용되는 것도 아닙니다. 방편은 꼭 그 사람에게 그리고 그 상황에 바른 수단이라는 표현으로, 어찌 보면 약의 처방과 같은 것입니다. 그 사람의 체질과 사는 풍토, 평소의 식습관과 생활습관을 잘 살펴서 그 병에 맞추어 내린 처방인 것입니다.

모든 사람에게 일률적으로 적용할 수 있는 교화 방편은 없습니다. 어떤 사람에게 사용했던 방편이라도 다른 상황에 처하면 다른 방편을 사용해야 합니다. 작년에 이 사람의 이러한 문제에 이와 같은 설법을 했는데, 금년에 그 사람에게 이러한 문제가 또 생겼을 때는 작년에 사용한 방편으로는 교화되지 않습니다. 일 년이라고 하는 세월과 그 동안 이 사람이 쌓아온 경험과 지식이 더해져서 상황이 달라졌을 테니까요. 그러므로 같은 사람의 같은 문제라 하더라도 작년과 금년이라는 시간의 차이를 두고 일어난 것이라면 사용하는 방편도 달라져야 할 것입니다. 이와 같이 방편이라 하는 것은 사실을 잘 살펴서 면밀하게 사용해야 하는 것입니다.

지금 석가모니 부처님께서 열반을 앞에 두시고 최고의 가르침을 법화경에서 다 드러내고 말씀하시려고 합니다. 그런데 부처님의 가르침이 아무리 좋고 뛰어난 가르침이라 하더라도 우리 중생의 수준에, 마음에 와 닿지 않으면 아무 소용이 없습니다. 그래서 부처님께서 중생의 근기를 살펴보시고 그 사람이 받아들일 수 있는 만큼, 소화할 수 있는 만큼만 말씀하시는 것이 '방편'입니다.

그럼 '방편'을 사용해서 부처님은 무슨 말씀을 하시려는 것일까요? 불교의 최종 목적이 무엇일까요? 그것은 일불승(一佛乘)입니다. 성문법, 연각법, 보살법은 모두 방편입니다. 수많은 불교적 방편이 다 일불승으로 가기 위한 방편입니다. 존재하는 모든 것은 하나의 부처의 경지라는 말입니다. 부처님이 깨달은 지혜에 우리가 나아가고자 하는 것은 우리 모두의 가슴 속에 가지고 있는 것이므로 이것을 찾아내서 쓰는 데 최종 목적이 있습니다.

존재하는 것은 오직 일불승뿐입니다. 우리가 가진 여러 속성 가운데 부처의 속성, 부처의 능력을 꺼내서 쓰는 것, 이것이 불교의 최종 목적입니다. 그 외에는 부처님의 깨달음으로 가기 위한 수단인 것이지요. 여러분이 법문을 들으러 법당에 오는 모양을 생각해 봅시다. 앞문도 있고 옆문도 있고 뒷문도 있지요. 네 방향에 모두 문이 있습니다. 어느 문이든지 모두 방으로 들어오는 수단일 뿐입니다. 문은 문일 뿐 아직 방은 아닙니다. 그 문은 참선도 될 수 있고, 기도나 방생 혹은 초파일에 등불 하나 켜는 것도 될 수 있습니다. 이것은 모두 우리 가슴 속에 있는 부처님의 깨달음을 내 것으로 이끌어내는 수단입니다. 부처님이라는 큰 방으로 들어가기 위한 문(門)에 불과합니다. 그래서 흔한 말로 팔만 사천 경전을 팔만사천 방편문(方便門)이라고 합니다. 이렇게 방편에 문(門) 자를 붙여놓으니 이해가 더 잘 됩니다.

법화경에서 말하고자 하는 것을 살펴보면 이렇습니다. 성문이나 연각이 보살행을 행하고자 하는 마음을 일으키면 그 순간부터 부처님의 참된 제자가 된다는 말입니다. 방생을 하든 등을 하나 밝히든 불공을 하든 제사를 지내든 이미 부처님의 제자가 된 것입니다. 성문도 연각도 진정한 불지견(佛知見)을 얻도록 하기 위해 이와 같이 말씀하셨습니다. 그 증거로 "사리불이여! 여래는 오직 일불승(一佛乘) 때문에 중생을 위하여 법을 설하시는 것입니다."라고 하였습니다. 일불승이란 바로 우리들 가슴 속에 있는 부처자리, 깨달음의 경지입니다. 사실 법에 이승(二乘)이나 삼승(三乘)은 없습니다. 오직 일승뿐입니다.

어느 문을 통해서라도 문을 열고 들어가면 방 안에 가서 닿습니다. 이런 점이 불교의 장점입니다. 무엇 하나도 배제하거나 물리치지 않습니다. 우리 식구가 아니라며 내버리지 않습니다. 그래서 '불사문중(佛事門中)에는 불사일법(不捨一法)'이라는 말이 있습니다. 불사를 하는 문중에서는 한 가지도 버리지 않는다는 말입니다. 한 가지도 버리지 않고 다 에워싸는 것이 부처님의 자비입니다. 그래서 근기에 따라서 취미나 성향에 따라서 어떤 문으로라도 방 안으로 들어갈 수 있습니다. 방 안으로 들어가라. 한 마음을 깨달아 모든 존재가 부처라는 것을 알라는 것이 방편품의 요지입니다.

1. 부처님의 지혜를 찬탄하다

【 경문 】

爾時 世尊이 從三昧安詳而起하사 告舍利弗하사대 諸佛智慧는 甚深無量
이시고 其智慧門은 難解難入이라 一切聲聞辟支佛의 所不能知니라 所以
者何오 佛曾親近百千萬億無數諸佛하사 盡行諸佛無量道法하야 勇猛精
進하야 名稱普聞하며 成就甚深未曾有法하야 隨宜所說이 意趣難解니라

그때 세존이 삼매(三昧)에서 조용히 일어나시어 사리불에게 말씀하시었
습니다.
"모든 부처님의 지혜는 매우 깊고 한량이 없으며, 그 지혜의 문은 이해
하기도 어렵고 들어가기도 어려워서 일체 성문들이나 벽지불(辟支佛)들
은 알 수가 없느니라. 무슨 까닭인가 하면, 부처님은 일찍이 백 천 만
억의 무수한 부처님을 친근(親近)하여 모든 부처님의 한량없는 도법(道
法)을 모두 수행하고 용맹 정진하였으므로 그 명성이 널리 퍼졌으며, 깊
고 깊은 미증유(未曾有)한 법을 성취하여 알맞게 말씀하신 것이므로 그
뜻을 알기 어려우니라.

❀ "그때에 세존께서 삼매에서 조용히 일어나시어 사리불에게 말
씀하셨다."라고 하였습니다. 이 구절에서 '조용히 일어나시어'라고
옮겨버리기에 아까운 낱말이 한문본에 있습니다. '안상이기(安詳而
起)'가 그것입니다. 편안할 안(安), 자세할 상(詳)을 써서 안상(安詳)하게
일어났다, 편안하고 자세한 모습으로 일어났다고 했습니다. 부처님께

서 삼매에 들었다가 깨어나는 모습을 안상(安詳)하다고 표현하였습니다. 이 모습은 갑자기 벌컥 일어나는 것도 아니고 또 모양새 없이 일어나는 것도 아닙니다. 마치 꽃이 피듯이, 따뜻한 햇살이 들면 꽃이 사악 열리듯 그렇게 아주 조용하게 삼매에서 깨어나는 모양입니다. 옆 사람이 전혀 느끼지 못할 정도로 그렇게 깨어나는 모양입니다.

이 안상(安詳)이라는 말은 스님들의 일상생활에서 자주 쓰이는 말입니다. 예를 들어 발우 공양을 할 때 '안상'하게 행동하라고 합니다. 초발심자경문(初發心自警文)에 보면 "재식시(齋食時)에 음철(飮啜)을 부득작성(不得作聲)하며 집방(執放)에 요수안상(要須安詳)하야"라는 구절이 있습니다. 공양할 때 먹고 마시는 소리를 내지 말며, 잡고 놓는 일을 안상(安詳)하게 하라는 말입니다.

집방(執放) 즉 잡고 놓는 일이란 숟가락을 잡고 숟가락을 놓고, 젓가락을 잡고 젓가락을 놓고, 밥 바룻대를 잡았다가 놓고, 국 바룻대를 잡았다가 놓고, 반찬 바룻대를 잡았다가 놓고 하는 것을 말합니다. 스님들은 공양할 때 바룻대를 잡고 공양을 합니다. 수저로 음식을 옮길 때 흘리지 않고, 음식을 입에 넣고 씹는 모양이 남의 눈에 띄지 않게 합니다. 그래서 국이나 반찬, 밥을 담은 바룻대를 들고 공양을 합니다.

아주 편안한 자세로 상세하고 섬세하게 지나치지도 모자라지도 않으며, 정확하게 0.1mm도 틀리지 않게 놓을 자리에 놓고 잡을 곳을 잡는 것이 상(詳)의 모양입니다. 그러면서 그 모양새가 흐트러지거나 속도가 너무 느리거나 빠르지 않은 상태가 안(安)의 모양입니다. 집방에 안상하라는 말은 부처님께서 삼매에서 깨어나는 듯한 자세로 발우 공양에 임하라는 것입니다. 공양하는 일도 수행의 하나이기 때문입니다.

발우 공양하는 모양만 안상(安詳)이 아니고, 다도(茶道)도 마찬가지입니다. 다도의 요체를 한마디로 하면 바로 안상입니다. 팔을 어느 정도 높이로 들어라 낮춰라 하고 일률적으로 할 수 없습니다. 사람마다 형상이 다르기 때문입니다. 그런데 '안상하게 하라'고 하면 다 됩니다. 다관에 물을 따르고 차를 넣고 하는 모든 행위를 안상하게 하면 됩니다. 또한 대중들이 모여서 법공양을 할 때도 이러한 분위기로 하라는 전래의 가르침이 있습니다. 법화경의 '안상이기'하는 모습, 그와 같이 삼매에서 깨어나는 모습에 준하는 것입니다.

부처님께서 삼매에서 안상하게 일어나신 뒤 첫 말씀을 하십니다. 모든 부처님의 지혜는 한량없이 깊고 깊어서 일체 성문이나 벽지불은 알 수 없노라고 하셨습니다. 이 법화경은 보살들을 가르치기 위한 설법이라는 말씀입니다. 쉽게 말하면, 성문(聲聞)은 학습주의요, 벽지불(辟支佛)은 체험주의라고 할 수 있습니다. 경전을 보거나 설법이나 강의를 듣거나 하는 것은 모두 학습주의로 성문에 해당합니다. 벽지불은 이보다 한 단계 높은 체험주의입니다. 직접 경험을 통해서 깨우치는 것입니다. 경전을 펴놓고 아무리 열심히 공부해도 실제 생활에서 좌충우돌하며 깨우친 사람들의 소견을 따라가지 못합니다. 생활전선에서 이리 부딪히고 저리 부딪히면서 속기도 하고 속이기도 하고 싸워 이기기도 하고 지기도 하면서 인생의 진실을 조금이라도 생각하는 사람은 소견이 넓습니다. 스스로 깨우친 것이 많기 때문입니다.

하지만 반면에 보살은 행동주의입니다. 보살도 부처님의 가르침을 공부하고, 실제 체험을 통해서 배우기도 하지만 직접적인 실천 수행을 그 중심에 놓고 있습니다. 그래서 보살행 즉 보살(菩薩)의 행(行)을 한다고 합니다. 행(行)으로, 실천(實踐)으로 부처님이 깨달으신 자리에 들어가고자 하는 이가 보살입니다. 부처님께서 최후로 설하신 법화경은 이와 같은 보살이어야 이해하고 믿을 수 있는 설법입니다. 그래서 성문이나 벽지불은 믿기 어렵고 이해하기 어렵다고 한 것입니다.

부처님의 깨달음의 경지는 참으로 난신난해, 믿기 어렵고 이해하기 어려운 것입니다. 일체제법의 실상이 믿기 어렵고, 이 못난 중생들이 그대로가 부처님이라는 것이 믿기 어려운 것입니다. 이것이 우리가 공부해야 할 일입니다. 수행을 하거나 경전 강독을 하거나 참선이나 기도, 염불을 하거나 간에 모든 불교적 행위는 바로 이것을 알기 위한 것입니다.

【 경문 】

舍利弗아 吾從成佛已來로 種種因緣과 種種譬喩로 廣演言敎無數方便하야 引導衆生하야 令離諸著하노니 所以者何오 如來는 方便知見波羅蜜을 皆已具足이니라 舍利弗아 如來知見은 廣大深遠하사 無量無礙와 力無所畏와 禪定解脫三昧에 深入無際하사 成就一切未曾有法하니라

사리불이여, 내가 성불한 뒤로 갖가지 인연과 갖가지 비유로써 여러 가지 교법(敎法)을 널리 말하며 수없는 방편으로 중생들을 인도하여 온갖 집착을 떠나게 하였으니, 왜냐하면 여래는 방편 바라밀과 지견(知見) 바라밀을 모두 구족(具足)하였기 때문이니라. 사리불이여, 여래의 지견은 넓고 크고 심원하여 한량없는 마음과 걸림 없는 변재와 힘과 두려움 없

음과 선정과 해탈과 삼매에 끝없는 데까지 깊이 들어가 일체 미증유한 법을 성취하였느니라.

❀ 불교는 '이고득락(離苦得樂)'을 목적으로 한다고 흔히들 말합니다. 이고득락이란 괴로움을 떠나서 즐거움을 얻는다는 뜻인데, 평안하게 살자는 것이지요. 일시적인 평안이나 일시적인 행복을 위한 것이 아니라 정말 진정으로 평안하게, 참답게 행복하게 사는 길을 가자는 것이 불교의 목적입니다. 우리들을 괴롭게 하는 원인은 집착에서 옵니다. 그래서 부처님께서 "중생을 인도하여 온갖 집착을 떠나게 하였다."고 하신 것입니다. 그렇다면, 집착에서 떠나는 길은 무엇일까요? 자신이 애착하는 대상의 실상을 제대로 파악하면 집착에서 떠날 수 있습니다.

예를 들어보겠습니다. 부자가 되려고 엄청나게 노력한 사람이 있습니다. 목을 매다시피 해서 마침내 부자가 되었는데 어느 날 갑자기 빈털터리가 될 수도 있습니다. IMF 같은 경제난을 만났을 때 우리 사회에서 그런 일이 많이 생겼지요. 평생 근검절약하고 노력해서 부자가 되었는데 하루아침에 부도가 나서 길거리에 나앉은 사람들이 참 많았습니다. 돈뿐만이 아닙니다. 명예도 그렇고, 사람도 그렇고, 자기가 쌓은 업적도 그렇고 세상사 일체가 다 그렇습니다. 이렇게 무상한 줄을 우리가 일찍이 알고 있었다면, 그래서 집착에서 떠나있었다면, 부를 쌓든 부가 떠나든, 명예가 돌아오든 명예가 떠나든 관계없이 언제나 평안한 마음으로 대할 수 있습니다.

"사리불이여, 여래의 지견은 넓고 크고 심원하여 한량없는 마음과 걸림 없는 변재와 힘과 두려움 없음과 선정과 해탈과 삼매에 끝없는 데까지 깊이 들어가 일체 미증유한 법을 성취하였느니라."고 하였습니다. 여기서 한량없는 마음은 사무량심(四無量心)이고, 걸림 없는 변재는 사무애변(四無礙辯)이고, 힘은 십력(十力), 두려움 없음은 사무외(四無畏), 삼매는 삼삼매(三三昧), 해탈은 팔해탈(八解脫)을 말합니다.

먼저 사무량심은 네 가지 한량없는 마음인데, 자비희사(慈悲喜捨)의 마음입니다. 자무량심(慈無量心)은 자신의 인생으로 다른 이의 인생을 행복하게 할 수 있도록 염원하는 마음입니다. 어떻게 해서라도 저 사람을 도와주고 편안하게 해 주고, 무언가 보탬이 되고 싶은 마음이 저 깊은 곳에서 계속 우러나는 것입니다. 비무량심(悲無量心)은 자신의 행동으로 다른 이의 괴로움을 덜어줄 수 있도록 염원하는 마음입니다. 자(慈)는 행복하게 해 주고 평안하게 해 주는 것이고, 비(悲)는 다른 이의 괴로움을 제거해 주는 것입니다. 그래서 자(慈)는 어머니의 마음이라 하고, 비(悲)는 아버지의 마음이라고 합니다.

희무량심(喜無量心)은 다른 이의 행복을 함께 기뻐하는 마음입니다. 참 중요한 것이지요. 보통 사람들은 다른 사람이 잘 되는 것을 보면 배 아파하는 마음이 있습니다. 우리 속담에도 "사촌이 땅을 사면 배가 아프다."는 말이 있습니다. 그래서 간혹 배가 아프다고 하면, "혹시 사촌이 땅을 샀느냐?"고 묻기도 합니다. 다른 사람이 잘 되는 것을 함께 기뻐하는 마음은 참으로 어려운 마음입니다. 내 형제가, 내 가족이 잘 될 때는 모두 기뻐합니다. 하지만 내 경쟁자가 혹은 내가 좋아하지 않는 사람이 잘 될 때 함께 기뻐하기가 쉽지 않습니다. 그래서 그가 누구든 다른 이의 행복을 함께 기뻐하는 마음이 참으로 어렵고도 중요한 것입니다. 다음으로 사무량심(捨無量心)은 다른 이로부터 받은 해악을 잊어버리는 마음입니다. '저 사람이 나를 해쳤다.'는 것을 잊어버리고 보복하려는 마음을 버리는 것입니다. 그리고 내가 선행을 하더라도 보답을 원하는 마음을 버리는 것입니다. 이 두 가지를 버린다고 하여서 버릴 사(捨) 자, 사무량심(捨無量心)입니다.

사무애변(四無礙辯)은 사무애지(四無礙智) 혹은 사무애해(四無礙解)라고도 하는데, 법무애, 의무애, 사무애, 요설무애 네 가지가 있습니다. 마음의 방면으로는 지(智) 또는 해(解)이고, 입의 방면으로는 변(辯) 즉 변재(辯才)를 말합니다. 법무애(法無礙)는 온갖 교법에 통달하여 걸림없이 잘 아는 것이고, 의무애(義無礙)는 부처님이 설한 온갖 교법의 이치를 걸림없이 아는 것입니다. 사무애(辭無礙)는 여러 가지 말을 잘 알아 통달한 것을 말하고, 요설무애(樂說無礙)는 온갖 교법을 잘 알아서 여러 근기의 모든 중생들이 듣기 좋아하는 말을 자재로이 하는 것입니다. 즉 말하기를 좋아하고 또 상대의 근기에 맞추어 말을 잘 하는 것입니다.

십력은 부처님의 열 가지 지혜를 말합니다. 세상의 모든 사물의 진정한 모습을 꿰뚫는 지혜를 불지견이라고도 하고 십력이라고도 합니다. 간단히 말하면, 옳고 그른 것을 아는 지혜의 힘, 중생들의 업인과 과보를 아는 것, 사선과 팔해탈·삼삼매·팔등지 등의 선정을 아는 것, 중생의 근기의 높고 낮음을 아는 것, 중생의 여러 가지 지해(知解)를 아는 것, 중생의 경계를 아는 것, 중생이 업에 따라 가는 곳을 아는 것, 중생의 전생을 모두 아는 것, 중생이 죽어 태어난 곳을 아는 것, 온갖 번뇌의 습기를 영원히 끊는 지혜의 힘까지 모두 열 가지 지혜의 힘입니다.

사무외(四無畏)는 네 가지 두려움 없는 것인데, 부처님에게도 네 가지 두려움 없는 것이 있고, 보살에게도 네 가지 두려움 없는 것이 있습니다. 부처님의 사무외에는 '나는 일체지를 가진 사람'이라 하여 여러 두려움이 없는 것, '나는 온갖 번뇌를 끊었노라.' 하는 두려움이 없는 것, 불도를 장애함을 법을 말하여 두려움이 없는 것, 고통을 없애는 도를 말하여 두려움이 없는 것이 있습니다. 보살의 사무외에는 경법(經法)과 뜻을 기억하고 법문을 말하여 두려움이 없고, 법약(法藥)과 중생의 성품을 알고 말하여 두려움이 없고, 서로 문답을 잘 하면서 법문을 말하여 두려움이 없고, 중생의 의혹을 잘 끊어 주면서 법문을 말하여 두려움이 없는 것이 있습니다.

그리고 선정(禪定)은 마음이 언제나 평온하여 동요하는 일이 없는 것입니다. 기도든 참선이든 사경이든 무엇을 하든 언제나 평온하여 동요하지 않는 것으로 꼭 갖추어야 할 마음입니다. 또한 해탈은 모든 속박과 미혹에서 벗어나는 것입니다. 여기에서는 해탈을 세밀하게 여덟 가지로 나눈 팔해탈(八解脫)을 말합니다. 팔해탈은 오욕의 경계를 등지고 탐하는 마음을 버려서 삼계의 번뇌를 끊어 아라한과를 증득하는 것입니다.

삼매는 삼삼매(三三昧)를 말합니다. 삼삼매는 공(空) 삼매, 무상(無相) 삼매, 무원(無願) 삼매의 세 가지 삼매입니다. 이것은 자기 자신과 이 세상을 꿰뚫어보는 안목이 제대로 생겼을 때 그 안목을 이렇게 표현할 수 있습니다. 무상은 상(相)이 떨어져 나가는 것이고, 무원은 중생을 구제하려는 원은 있지만 세속적인 원(願)은 없는 것을 말합니다.

舍利弗아 如來가 能種種分別하사 巧說諸法하시니 言辭柔軟하야 悅可衆
心이니라 舍利弗아 取要言之컨댄 無量無邊未曾有法을 佛悉成就니라

사리불이여, 여래는 가지가지로 분별하여 모든 법을 능숙하게 설하므
로 말씨가 부드러워 대중의 마음을 기쁘게 하느니라. 사리불이여, 요점
만 들어 말하자면 한량없고 그지없는 미증유한 법을 부처님이 모두 성
취하였느니라.

止하라 舍利弗아 不須復說이니 所以者何오 佛所成就第一希有難解之
法은 唯佛與佛이라사 乃能究盡諸法實相하나니라 所謂諸法에 如是相이
며 如是性이며 如是體며 如是力이며 如是作이며 如是因이며 如是緣이며
如是果며 如是報며 如是本末究竟等이니라

그만 두어라. 사리불이여, 굳이 다시 말할 것이 없느니라. 왜냐하면, 부
처님이 성취한 제일이며 희유하고 알기 어려운 법은 오직 부처님과 부
처님만이 모든 법의 실상(實相)을 철저히 깨달았기 때문이니라. 이른바
모든 법의 이러한 모양(如是相), 이러한 성품(性), 이러한 본체(體), 이러한
힘(力), 이러한 작용(作), 이러한 원인(因), 이러한 연유(緣), 이러한 결과
(果), 이러한 보응(報), 이러한 시작과 끝(本末)과 구경(究竟) 등이니라."

❀ "그만 두어라. 사리불이여"라고 했습니다. 이 대목이 일지(一止)

입니다. 부처님이 세 번을 거절하시고 사리불이 세 번을 청하는 삼지삼청(三止三請)의 첫 번째입니다. 부처님이 깨달은 경지는 참으로 희유하고 알기 어려운 도리이며, 오직 깨달은 사람만이 법의 실상을 알 수 있기 때문이라고 했습니다. 부처님이 깨달은 진리 즉 제법(諸法)의 실상(實相)은 모든 사물의 진정한 모습을 꿰뚫어보는 힘입니다. 그렇게 꿰뚫어본 모든 사물의 진정한 모습이 이것입니다. 즉 그 사물이 현상으로서 외부에 나타나는 때의 모습이나 성질, 특성은 어떠한지, 또 그 사물이 지닌 힘이나 작용은 어떠한지, 그 사물의 성질과 힘이 서로 작용하면서 변화해가는 경우는 어떤 조건, 어떤 결과를 낳는지, 그 이면에는 어떤 힘이 나오는지 하는 것입니다. 이것을 십여시(十如是)라고 합니다.

"이른바 모든 법의 이러한 모양(如是相), 이러한 성품(性), 이러한 본체(體), 이러한 힘(力), 이러한 작용(作), 이러한 원인(因), 이러한 연유(緣), 이러한 결과(果), 이러한 보응(報), 이러한 시작과 끝(本末)과 구경(究竟) 등이니라."고 한 것이 바로 십여시(十如是)입니다.

하나씩 설명을 드리자면, 여시상(如是相)은 사물의 모습, 형태를 말하고 여시성(如是性)은 사물의 성질을 말하는 것입니다. 사람이나 동물이나 한 송이 꽃조차도 형태가 있고 고유한 성질이 있습니다. 여시체(如是體)는 모든 상(相)과 성(性)의 의지처가 되는 본질이고, 여시력(如是力)은 모든 잠재적인 능력입니다. 여시작(如是作)은 사물의 작용, 효능입니다. 여시인(如是因)은 인연과보 가운데 생기고 변화하는 직접적인 원인을 인이라 하고, 여시연(如是緣)은 모든 사물의 조행연(助行緣)으로, 원인을 돕는 간접적인 연(緣)이라 합니다. 여시과(如是果)는 모든 사물의 인과 연으로 생긴 결과이고, 여시보(如是報)는 모든 사물의 결과가 나타나서 남아서 이어지는 것입니다. 여시본말구경(如是本末究竟)은 제일 처음의 상(相)부터 나중의 보(報)까지의 전부가 3제(諦)의 묘한 이치를 포함하는 것이며, 궁극적으로 모두가 한결같이 공성(空性)으로 평등한 통일된 하나라는 뜻입니다. 남자도 여자도 꽃도 동물도 부처도 중생도 전부 구경(究竟)에는 하나로 통일된 공성으로 돌아가는 것입니다. 공성이 바탕이 되어서 평등한 것입니다. 이와 같이 평등하지만 인연과보가 모두 다르기 때문에 다른 모습으로 나타날 뿐입니다. 이것을 좀더 자세히 설명하면 그 안에 '일념삼천(一念三千)'이 됩니다. 이것은 부처님을 위시해서 모든 중생의 한 순간의 삶 속에 3,000가지 속성이 내포되어 있다는 말입니다.

법화경을 공부할 때 이 '십여시(十如是)'하면 '일념삼천(一念三千)'이고, '일념삼천'하면 '십여시'를 이야기하지 않을 수 없습니다. 부처님을 위시해서 모든 중생이 한 순간에 3,000가지 요소를 지니고 있습니다. 지금 이 자리에 있는 여러분도 바로 이 순간의 삶 속에 3,000가지 속성을 가지고 있습니다. 여러분 안에는 부처님과 같은 상태도 있지만 아수라도 있고 지옥도 있습니다. 누가 옆에서 한마디만 해도 금방 기분이 상해서 화가 나면 바로 지옥도에 떨어지지요. 이런 가능성을 3,000가지 가지고 있는데 어떻게 3,000이라는 수가 나오는지 알아봅시다.

이 세상은 십계(十界) 즉 열 가지 세계로 이루어져 있습니다. 깨달음의 세계인 불계(佛界), 보살계(菩薩界), 연각계(緣覺界), 성문계(聲聞界)와 미혹의 세계인 천상계(天上界), 인간계(人間界), 아수라계(阿修羅界),

축생계(畜生界), 아귀계(餓鬼界), 지옥계(地獄界)의 열 가지 세계가 있습니다. 이 십계가 각각 십계를 포함하고 있습니다. 이 말은 부처님에게도 보살의 속성이 있고, 연각·성문·천상·인간·아수라·축생·아귀·지옥의 속성이 다 있다는 말입니다. 그리고 우리 인간들도 한 순간의 삶에서 지옥과 아수라뿐만 아니라 성문·연각·보살의 입장까지 올라갈 수 있습니다. 그래서 열 가지에 각각 열 가지를 더해서 100가지가 됩니다.

사람의 마음이란 참으로 신묘한 것입니다. 당장에 노여우면 지옥이고, 탐심이 들면 아귀요, 본능대로 움직이면 축생이고, 이기심에 서로 으르렁거리며 다툰다면 아수라이고, 평온한 마음일 때는 사람이라고 할 수 있습니다. 경전을 듣고 배워서 환희심에 젖어있을 때는 천상이라 할 수 있고, 다른 사람을 위해 봉사하고 싶은 마음이 가득 차 있으면 보살이라 할 수 있습니다. 또 정말 마음이 맑고 고요해서 모든 사물의 실상을 꿰뚫어보는 지혜가 있으면 부처인 것입니다. 이런 열 가지 속성이 누구에게든지 다 있습니다. 아무리 못난 사람일지라도 어느 한 순간은 부처일 수 있고, 어느 순간은 보살일 수 있습니다. 아무리 천하에 나쁜 흉악범일지라도 어느 한 순간은 부처일 수 있고 때로는 보살도 될 수 있습니다.

십계가 각각 십계를 포함하고 또 거기에 십여시(十如是) 즉 사물의 열 가지 실상의 모습을 각각 더하면 1,000가지가 됩니다. 이 1,000가지의 낱낱에 삼종세간을 배치하면 3,000가지 속성이 됩니다. 삼종세간(三種世間)은 중생세간(衆生世間), 국토세간(國土世間), 오온세간(五蘊世間)입니다. 중생세간은 부처님의 정보(正報)로 일체 중생, 우리와 같은 사람, 꽃과 동물이 중생세간입니다. 국토세간은 부처님의 의보(依報)로 중생이 살고 의지하는 환경인 국토를 말합니다. 꽃이면 꽃이 의지하여 사는 환경이 있고, 사람은 사람이 의지하여 사는 환경이 있고, 동물도 의지하여 사는 환경이 있습니다. 그리고 각각의 중생마다 색(色)·수(受)·상(相)·행(行)·식(識) 즉 오온의 차이가 있습니다.

이렇게 해서 우리의 한 순간의 삶 속에 3,000가지의 속성이 포함되어 있습니다. 그런데 그 3,000가지 가운데 어떤 것의 세력이 가장 강하느냐가 중요합니다. 지금처럼 이렇게 법화경을 공부하고 있을 때는 부처님의 힘이 강한 것입니다. 아귀, 축생이 다 물러가고 부처님이 나와 있는 것이니, 지금 이 순간은 다 부처님입니다. 이 순간이 길어져서 하루 24시간 가운데 20시간 동안 이어진다면 거의 부처님이 됩니다. 우리가 수행하고 공부하는 것은 부처님이 나와 있는 시간을 10분에서 1시간으로 늘이고, 그 1시간이 4시간, 5시간으로 이어져 마침내 온 종일 부처님으로 살아가기 위해서라고 할 수 있습니다.

2. 게송으로 찬탄하다

[1] 부처님의 지혜를 아는 사람

【 경문 】

爾時世尊이 欲重宣此義하사 而說偈言하니라

世雄不可量이라 諸天及世人과

一切衆生類는 無能知佛者니라
佛力無所畏와 解脫諸三昧와
及佛諸餘法을 無能測量者니라
本從無數佛로 具足行諸道이신
甚深微妙法은 難見難可了니라
於無量億劫에 行此諸道已하시고
道場得成果를 我已悉知見호라

이때에 세존께서 이 뜻을 거듭 펴시려고 게송으로 말씀하셨습니다.
"세상의 영웅이신 부처님은 헤아릴 길 없어
천신(天神)이나 이 세상 여러 사람과
여러 가지 종류의 모든 중생들은 부처님을 알 사람 아무도 없네.
부처님의 힘이나 두려움이 없음과 해탈과 여러 가지 삼매들이며
그 밖의 부처님의 모든 법들을 누구도 측량하지 못하느니라.
본래부터 무수한 부처님을 따라
구족하게 모든 도를 행하였으므로
매우 깊고 미묘한 그 법은 보기도 어렵고 알기도 어려우니라.
한량없는 억겁의 오랜 세월에 이와 같은 모든 도를 닦아 행하시고
보리도량에서 이루신 그 결과를 나는 이미 다 알고 다 보노라.

🌸 부처님은 높은 덕과 지혜, 자비와 온갖 해탈의 경지, 두려움 없음, 십사, 무외력 등등 우리들이 상상할 수 없는 위대한 능력을 갖추고 계신 분입니다. 하지만 따지고 보면 우리들도 다 갖추고 있는 것인

데, 다만 부처님은 그 능력을 꺼내서 사용할 수 있는 것입니다. 이렇게 측량할 수 없는 온갖 법력을 어떤 인연으로 부처님이 얻으셨을까? 여기에 간단하게 '무수한 부처님을 따라'라고 했습니다. 무수한 부처님, 깨달은 분들을 뒤따라다니면서 여러 가지 필요한 도를 행하여 얻었다는 말씀입니다.

선재 동자의 구도기인 입법계품(入法界品)이 유명한 화엄경의 마지막 품은 '입부사의 해탈경계(入不思議 解脫境界) 보현행원품(普賢行願品)'입니다. 선재 동자라고 하는 평범한 청년 수행자가 53분의 선지식을 친견하면서 쌓은 공부의 힘으로 보살행이 전개된다는 이야기입니다. 선재 동자의 구법행각이 바로 우리가 본받을 모델입니다. 53분의 선지식도 어떤 의미에서 보면 무수한 부처님, 깨달은 분을 친견한 것과 진배없습니다. 이렇게 우리가 만나는 사람마다 나에게 무언가 가르침을 줄 분으로, 또 하나의 새로운 깨달음을 줄 분으로 여기는 마음의 자세를 지녀야 한다고 이해해도 좋을 것입니다.

【 경문 】

如是大果報인 種種性相義는
我及十方佛이 乃能知是事니라
是法不可示라 言辭相寂滅이니라

이와 같이 크나큰 과보인
갖가지 성품과 모양과 뜻을
오직 나와 시방세계의 부처님만이

이 일을 능히 아느니라.
이 법은 누구에게도 보일 수 없고
말로도 형용할 수 없느니라.

🌸 "이 법은 누구에게도 보일 수 없고 말로도 형용할 수 없느니라."
라고 하였습니다. 일찍이 부처님께서 스스로 이렇게 표현했습니다.
조사스님들은 개구즉착(開口卽錯) 곧, "입만 떼면 이미 그르친다."고
했습니다. 한술 더 떠서 미개구즉착(未開口卽錯), "입을 떼기 전에 이미
그르쳤다."라고도 했습니다. 그리고 본래 이 도리는 말로 표현할 수도
없고 행동으로 보일 수도 없고 그림으로 그릴 수도 없으며 무엇으로
도 표현할 수 없습니다. 조사스님들의 어록이나 조실스님의 법문을
통해서 자주 접하는 내용입니다.

『임제록』에도 첫 말씀이 그렇습니다. "사실 이 일은 이렇게 말로
표현할 수 있는 것은 아닌데, 부득이해서 여러 사람들이 청하니까, 이
런 이야기를 하노라." 하고 시작합니다. 사실 말이나 행위를 빌어서
보여준다는 것이 마치 장님이 코끼리 다리만 만지고는 코끼리는 기둥
같다고 하는 것과 같으니, 어찌 제대로 표현했다고 할 수 있겠습니까?
그래서 "이 법은 누구에게도 보일 수 없고 말로써 형용할 수 없느니
라."라고 말합니다. 조사스님들은 그저 이 구절을 바꾸어서 말했을 뿐
이지요.

[2] 부처님의 지혜를 모르는 사람

【 경문 】

諸餘衆生類는 無有能得解요

除諸菩薩衆의 信力堅固者하고

諸佛弟子衆이 曾供養諸佛하고

一切漏已盡하야 住是最後身인

如是諸人等은 其力所不堪이니라

假使滿世間이 皆如舍利弗하야

盡思共度量이라도 不能測佛智하며

正使滿十方이 皆如舍利弗하며

及餘諸弟子가 亦滿十方刹하야

盡思共度量이라도 亦復不能知하며

辟支佛利智인 無漏最後身이

亦滿十方界하야 其數如竹林하니

斯等共一心으로 於億無量劫에

欲思佛實智라도 莫能知少分하며

新發意菩薩이 供養無數佛하야

了達諸義趣하며 又能善說法하는이가

如稻麻竹葦하야 充滿十方刹하야

一心以妙智로 於恒河沙劫에

咸皆共思量하야도 不能知佛智하며

不退諸菩薩이 其數如恒沙하야

一心共思求라도 亦復不能知니라

그래서 다른 여러 종류의 중생들로는 이해할 수가 없고
믿는 힘이 남달리 견고한 보살들만 아느니라.
그 외에 부처님의 여러 제자들이 일찍이 많은 부처님께 공양도 하고
여러 가지 번뇌가 모두 다하여 중생의 몸을 최후로 받아 태어난
이러한 사람들의 힘으로써도 능히 감당할 수가 없느니라.
가령 이 세상에 가득 찬 수없는 사람들이
사리불의 지혜와 모두 같아서
온갖 생각을 다하여 헤아린다 하더라도
부처님의 지혜는 측량하지 못하느니라.
시방의 모든 세계에 가득 찬 이들이 모두 다 사리불의 지혜와 같고,
그밖에 다른 모든 제자들도 시방세계에 가득하여
온갖 생각을 다해가며 헤아려도
또한 부처님의 지혜는 알지 못하리라.
벽지불의 영특한 지혜를 가지고
무루의 최후신에 있는 사람이
시방세계에 가득히 차서 그 수효가 대숲과 같다 하여도
이런 이들이 한 마음이 되어 한량없는 억만 겁 동안
부처님의 실다운 지혜를 생각하려 하더라도
아주 적은 부분도 알지 못하리라.
처음으로 발심(發心)한 보살들이 수없이 많은 부처님께 공양하고,
모든 법의 이치를 분명히 알며 설법도 훌륭하게 잘하는 이가,

벼와 삼과 갈대처럼 그렇게 많은 이들이
시방의 여러 세계에 가득히 차서,
한결같은 마음과 묘한 지혜로 항하의 모래처럼 많은 겁 동안,
생각을 함께 하여 헤아린다 하여도
부처님의 지혜는 알지 못하리라.
불퇴전의 지위에 오른 보살로서 항하 강의 모래처럼 많은 이들이
일심으로 생각하여 함께 찾아도
그래도 부처님의 지혜는 알 수 없느니라.

🏵 　부처님께서 깨달은 모든 법의 실상(實相)은 희유하며 참으로 알기 어려운 법이라서 부처님이 아닌 다른 중생들은 능히 이해할 수 없습니다. 어떤 성문, 연각이나 초지의 보살, 불퇴전지의 보살도 이해할 수 없습니다. 다만 믿는 힘이 남달리 견고한 보살은 제외한다고 했습니다. 즉 관세음보살이나 문수보살, 보현보살, 지장보살과 같이 신력이 남달리 견고한 보살들만 능히 이해할 수 있다는 말입니다.

　중생의 몸을 최후로 받아 태어났다는 것은 이번 생을 마지막으로 다시는 중생으로 태어나지 않을 정도로 경지가 높다는 말입니다. 번뇌가 다한 아라한이나 등각보살은 다시는 사람 몸을 받지 않지요. 이런 분들도 제법실상을 능히 알 수 없다는 것입니다.

　부처님의 성문 제자 가운데 지혜가 가장 뛰어난 분이 사리불 존자입니다. 그 당시에 부처님 다음으로 지혜로운 분이었습니다. 그래서 수닷타 장자가 기증한 기원정사를 지을 때 설계에서부터 자재 수급, 공사 감독부터 감리까지 처음부터 끝까지 일체를 책임지고 맡은 분이

사리불 존자입니다. 그 정도로 지혜롭고 믿음직하고 재주가 뛰어나서 경전 곳곳에 사리불 존자의 이야기가 나옵니다. 뿐만 아니라 공(空)의 깊은 도리를 설하는 반야심경에 등장하는 사리자(舍利子)가 바로 사리불 존자이고, 여기 법화경에서도 부처님께 첫 번째로 수기를 받는 분이 사리불 존자입니다.

사리불 존자는 목건련 존자와 함께 부처님께 귀의했습니다. 두 존자는 본래 다른 종교를 신앙하던 분이었고, 각각 오백 명의 제자가 있었습니다. 어느 날 두 존자가 길을 가다가 한 스님을 만났어요. 분소의를 입고 걸어오는 모습이 멀리서 보아도 너무나도 훌륭해 보이고 높은 인격과 고상한 인품이 돋보였습니다. 사리불 존자와 목건련 존자는 그분을 바라보고 있다가 가까이 다가오시자 정신을 차리고 "당신은 도대체 누구십니까? 어떤 수행을 하십니까? 당신의 스승은 누구시며, 어떤 사상을 공부하십니까?" 하고 물었습니다.

그 스님은 마승(馬勝, Assaji) 비구였는데, "싯달타 태자가 출가를 하셔서 깨달으신 석가모니 부처님의 제자입니다."라고 대답했습니다. 사리불 존자는 그런 이야기를 처음 들어서 "부처님은 무엇을 가르치십니까?" 하고 물었습니다. 그러자 마승 비구가 "저는 입문한 지 그리 오래되지 않아서 아는 바가 없습니다. 그러나 부처님께 자주 들은 이야기 한마디는 전해드릴 수 있습니다. '제법종연생(諸法從緣生) 제법종연멸(諸法從緣滅) 아불대사문(我佛大沙門) 상작여시설(常作如是說)'입니다. [이 세상 모든 것은 전부 인연으로부터 생기고, 또 모든 것은 인연으로부터 소멸한다. 우리 부처님 대 사문께서는 항상 이러한 말씀을 하신다]." 이 말을 듣자마자 사리불 존자와 목건련 존자는 자신의 오백 제자들을 이끌고 부처님께 귀의합니다.

마승 비구의 이야기를 빌리지 않더라도 부처님께서 가장 많이 설법하신 것이 일심(一心)의 문제보다도 연기설이나 중도, 공에 대한 이야기임을 알 수 있습니다. 당시 인도에는 육사외도라고 하여 여섯 가지 대표적인 사상가들 외에, 96종의 외도라고 하여 무수한 사상이 많았으니, 존재의 근원을 나름대로 이해하고 설명한 주장들이 얼마나 많았겠습니까? 그런데 사리불 존자는 그런 내용을 많이 알고 있던 분이었기에 존재의 근원에 대한 아주 짧은 한마디 말을 듣고도 깨닫게 된 것입니다. '모든 존재의 근원은 인연이다. 연기(緣起)다. 또 그 소멸도 연기에 의한 것이다. 물질만 그러한 것이 아니라 정신도 마찬가지다. 이 연기에 의해서 생기고 소멸하지 않는 것은 어떤 것도 없다.' 이렇게 깨달은 것이지요.

사리불 존자는 그처럼 지혜가 뛰어난 분인데, "많은 사람들이 사리불의 지혜와 같이 뛰어나서 온갖 생각을 다하여 헤아린다 하더라도 부처님의 지혜는 측량하지 못하느니라."고 하니 부처님의 깨달음의 경지가 얼마나 대단합니까? 지혜가 2급인 사람은 백 명이 모여도 여전히 2급입니다. 얕은 지혜는 아무리 많이 모여도 한계를 뛰어넘기 힘들지요. 그래서 이런 표현이 가능한 것입니다. 사리불과 같은 사람이 수억 명이 모여서 수십 년을 연구한다고 하더라도 그것은 역시 사리불 한 사람의 연구와 크게 다를 바 없습니다. 깨달음의 경지도 그런 것입니다. 확실하게 깨닫지 못한 사람은 아무리 많이 있어도 그 한계를 벗어나지 못한다는 뜻으로 이해하면 됩니다.

【 경문 】

又告舍利弗하노니 無漏不思議인
甚深微妙法을 我今已具得하니
唯我知是相하고 十方佛亦然이니라

또 다시 사리불에게 말하노니 무루의 불가사의한
매우 깊고 미묘한 법문을 내가 이제 구족하게 얻었으므로
오직 나만이 이 모습을 자세히 알고
시방의 부처님도 또한 그러하니라.

✿ 이것은 깨달은 이의 긍지라고 보아야 합니다. 오직 나만이 알고
또 깨달은 이들끼리만 아는 것이라는 말입니다. 그래서 "동도(同道)라
사 가지(加持)라." 도가 같아야만 가히 알 수 있다는 표현을 선가에서
흔히 사용합니다.

[3] 삼승법(三乘法)을 설하는 이유

【 경문 】

舍利弗當知하라 諸佛語無異니
於佛所說法에 當生大信力이라
世尊法久後에 要當說眞實이니라
告諸聲聞衆과 及求緣覺乘에
我令脫苦縛하야 逮得涅槃者하노니

● 136 ●

佛以方便力으로 示以三乘敎는
衆生處處著일새 引之令得出하노라

사리불이여, 그대는 마땅히 알라.
부처님의 말씀은 다르지 않나니
부처님이 말씀하신 법문에 큰 믿음의 힘을 내어라.
세존은 오랫동안 설법한 뒤에
진실한 참된 법문을 말하느니라.
성문법을 구하는 여러 대중과
연각을 구하는 이들에게 분명히 말하노라.
그 동안 괴로움의 속박을 벗고
열반을 얻도록 가르친 것은
부처님은 편의한 방법을 쓰는 능력으로
삼승의 교법을 가르친 것이니
중생들이 가는 데마다 집착하므로
그들을 이끌어서 나오게 한 것이니라.

❁ "오랫동안 설법한 뒤에 진실한 참된 법문을 말하느니라."고 하셨습니다. 부처님께서 법화경을 설하기 전까지는 전부 방편설이다, 우는 아이를 달래기 위해서 어쩔 수 없이 오지도 않은 호랑이가 밖에 왔다고 하는 것과 하나도 다를 바 없다는 것입니다. 어린아이가 성장해서 어른이 되었을 때 부모님이 그랬던 것처럼 자기 아이가 울면 밖에 호랑이가 왔다고 합니다. 그러면서 어느새 그 이치를 알게 되지요.

그렇다고 부모에게 왜 거짓말을 했느냐고 따지지 않습니다. 왜 그랬는지 알게 됩니다. 그것은 거짓말이 아니고 방편이라는 사실, 부모님이 왜 그랬는지 스스로 알게 됩니다. 그와 같이 이 구절에서 말하는 진실한 참된 법문은 모든 공부가 성숙한 뒤에야 비로소 받아들일 수 있는 법문입니다. 그래서 이 법화경을 부처님께서 열반을 앞두고서야 설하신 것입니다. 편의를 위해 강구한 방법입니다.

그런 연유로 "삼승의 교법을 가르친" 것입니다. 삼승은 성문과 연각, 보살을 말합니다. 성문은 학습주의 수행자이고 연각은 체험주의 수행자이며 보살은 실천주의 수행자라고 앞에서 말했습니다. 성문은 공부하고 책 읽고 법문을 듣는 단계의 사람이고, 연각은 자신의 경험을 통해서 깨달음을 얻는 사람이고, 보살은 보살행을 몸소 실천하며 살아가는 사람이라고 표현할 수 있습니다. 그래서 이 삼승이라는 말 속에 다종다양한 사람들이 살아가는 모양이 다 포함되어 있습니다.

부처님께서 갖가지 방편법문으로 삼승의 교법을 가르친 것은 집착하는 사람들을 이끌어서 불타는 집에서 나오게 하기 위해 방편법으로 사용한 것입니다. 그 사람들 각자의 수준에 맞추어 양이 끄는 수레, 사슴이 끄는 수레, 소가 끄는 수레로 유인하였습니다. 이 수레가 삼승의 가르침이고 부처님의 지견으로 들어가는 방편문인 것입니다. 그런데 중생들은 한 가지 방편을 베풀어 놓으면 그만 거기에 집착합니다. '아, 이것이 진짜 부처님 가르침인가 보다. 이것이 부처님 마음인가 보다.' 하면서 목을 매는 겁니다. 그러나 그것은 단지 방에 들어가는 문(門)에 불과한 것입니다. 방편에 목을 매는 것은 문고리만 잡고 있으면서 방 안으로는 들어가지 않는 것입니다. 그래서는 안 됩니다.

문을 열고 방 안으로 들어가야 합니다.

이 대목에서 개삼현일(開三顯一)이라는 말을 합니다. 열 개(開) 자, 석 삼(三) 자, 나타날 현(顯) 자, 한 일(一) 자. 이것은 방편문을 열고 들어가면 실법(實法)이 나타난다, 진리가 나타난다는 말입니다. 이 구절에서는 성문, 연각, 보살의 세 가지 문을 말하고 있지만, 사실 우리 불교에는 천 가지, 만 가지의 방편문이 있습니다. 팔만 사천 법문이 모두 하나씩 방편문인 것입니다. 이 문을 열고 들어가서 결국 우리 마음을 깨닫는 것, 이것 하나를 나타내고자 천 가지 만 가지 방편을 설했다고 알면 됩니다.

가는 곳곳마다 집착하는 중생을 벗어나게 하려고 방편을 가르쳤을 뿐이니, 이제는 삼승의 방편에서도 벗어나서 모두 부처가 되어야 한다고 말씀하십니다. "부처로 살아라! 부처로 살아라! 왜 부처의 삶을 두고 어름한 중생의 삶을 살고 성문의 삶을 살고 연각의 삶을 사느냐." 하고 부처님께서 최후의 설법을 하시려는 겁니다.

이것은 그리 어렵지 않습니다. 부처님이 설한 법에 다만 큰 믿음의 힘(大信力)을 내어 한 생각 돌이키면 됩니다. 부처의 삶을 살아라! 이왕이면 부처의 삶을 살지, 왜 그렇게 급수가 낮은 성문이나 연각의 삶을 사느냐는 겁니다.

3. 사리불이 법을 청(請)하다

【 경문 】

爾時大衆中에 有諸聲聞漏盡阿羅漢인 阿若憍陳如等千二百人과 及發聲聞辟支佛心인 比丘比丘尼와 優婆塞優婆夷가 各作是念하대 今者世尊이 何故慇懃稱歎方便하시고 而作是言하사대 佛所得法은 甚深難解하야 有所言說을 意趣難知라 一切聲聞辟支佛의 所不能及이라하시는가 佛說一解脫義하시면 我等亦得此法하야 到於涅槃이어늘 而今不知是義所趣로다하니라

그때 대중 가운데에 성문으로서 번뇌가 없어진 아라한인 아야교진여 등 일천 이백 명과 처음으로 성문, 벽지불의 마음을 낸 비구, 비구니, 우바새, 우바이가 있다가 모두 이렇게 생각하였습니다.
'지금 세존께서 무슨 까닭으로 은근하게 방편을 찬탄하시며 말씀하시기를 부처님의 얻은 법은 매우 깊어서 이해하기 어려우며, 말씀하시는 취지도 알기 어려워서 모든 성문이나 벽지불로서는 따를 수 없다고 하시는가? 부처님이 말씀하신 해탈(解脫)의 이치는 우리들도 그 법을 얻어서 열반에 이르는데, 이제 그 말씀하신 진정한 뜻을 알 수 없구나.'

❁   아라한은 번뇌를 없앤 분으로 성문이 오를 수 있는 최고의 경지를 말합니다. 아라한의 대표로 아야교진여라는 이름이 나왔습니다. 아야교진여는 부처님이 성도한 뒤 처음으로 부처님께 귀의한 다섯 비구 가운데 첫 번째로 아라한이 된 분입니다. 그래서 그 이름이 아야교

진여(阿若憍陳如, Aññāta-koṇḍañña) 즉 '깨달은 교진여'라고 불리며 늘 다섯 비구의 대표로 이름이 오르는 분입니다. 아라한이 되기 위한 첫 번째 자격이 번뇌가 없는 것입니다.

탐(貪)·진(瞋)·치(癡) 삼독을 번뇌라고 합니다. 탐진치가 가장 중요한 근본 번뇌입니다. 탐욕과 성냄, 어리석음 그리고 여기에 교만한 마음(慢)과 의심(疑)을 더하면 오둔사(五鈍使)가 됩니다. 교만한 마음은 누구든지 다 가지고 있습니다. 나이든 사람은 나이 들었다고 교만하고 젊은 사람은 나이든 사람을 우습게 봅니다. 그것은 젊은이의 교만이지요. 생각해 보면 다들 각자 장기가 있고 장점이 있어서 교만심이 있습니다. 또 의심하는 것도 대단한 번뇌입니다. 정말 어이없는 일인데도 불구하고 사소한 것까지도 의심을 많이 합니다. 그래서 가장 무거운 다섯 가지 번뇌에 의심이 들어갑니다.

여기에 악견(惡見)을 더해서 이야기할 때가 있습니다. 악견은 좋지 않은 견해라는 뜻입니다. 악견도 다섯 가지로 나뉘는데 오리사(五利使) 즉 다섯 가지 아주 날카로운 번뇌라고 합니다. 교리적인 용어로는 신견(身見), 변견(邊見), 사견(邪見), 견취견(見取見), 계금취견(戒禁取見)이라고 합니다. 신견은 몸 신(身) 자에 견해 견(見) 자를 써서, 자기 자신과 자기 소유물에 대한 악견을 말합니다. 즉 자기 자신과 자기의 소유물은 영원하다고 생각하는 것이 신견입니다.

그 다음으로 변견은 극단적인 사고를 말합니다. 분명히 있다거나 분명히 없다고 극단적으로 보는 것을 변견이라고 합니다. 사견은 삿된 견해지요. 불교를 믿고 불교를 공부한다고 하면서 삿된 견해에 빠지는 예가 참 많습니다. 정말 경계하고 잘 살펴야 합니다. 언제나 겸

허하게 자기 자신이 가지고 있는 견해를 비우면서 늘 새롭게 이해하려는 노력이 필요합니다. 견취견은 나쁜 견해를 옳다고 생각하는 것입니다. 바르지 않은 견해인데도 불구하고 바르지 않음을 인정하지 않고 옳다고 억지 주장을 펴는 것을 견취견이라 합니다.

계금취견은 외도들의 계율입니다. 전혀 얼토당토 않는 것을 불교의 계율처럼 여기는 예가 있습니다. 아주 재미있는 이야기가 따라다닙니다. 탑에 어린아이가 똥을 쌌는데 개가 와서 그 똥을 먹었습니다. 그런데 그 개는 항상 탑을 깨끗이 청소한 공덕으로 천상에 태어났습니다. 그 후로 외도들이 어린아이들이 탑에 싸놓은 똥을 먹는다고 합니다. 개가 똥을 먹고 천상에 태어났다는 부분만 단편적으로 취한 것입니다. 이러한 것을 올바른 소견이라고 생각하는 것을 계금취견이라고 합니다. 탐·진·치·만·의의 오둔사와 신견·변견·사견·견취견·계금취견의 오리사를 합해서 열 가지 큰 번뇌, 열 가지 근본 번뇌라고 합니다. 근본 번뇌가 있으면 이것을 따라다니는 번뇌가 또 있기마련이지요. 이렇게 따라서 일어나는 번뇌를 수번뇌(隨煩惱) 혹은 지말번뇌(枝末煩惱)라고 부릅니다.

수번뇌는 모두 열아홉 가지가 있는데 하나씩 살펴봅시다. 방일(放逸)은 부지런하지 않고 노는 것, 해태(懈怠)는 게으른 것, 불신(不信)은 믿지 않는 것이고 혼침(惛沈)은 잠을 많이 자는 것입니다. 잠이 많은 것도 번뇌에 들지요. 도거(掉擧)는 이런 저런 잡생각이 많이 일어나는 것, 생각이 산란한 것을 말합니다. 현재의 잘못이나 과거의 잘못을 뉘우칠 줄 모르는 것을 무참(無慚)과 무괴(無愧)의 번뇌라고 합니다. 분(忿)은 분노하는 것이고 부(覆)는 자신의 잘못을 덮어버리고 남에게 절대 보이지 않으려고 하는 마음입니다.

간(慳)은 너무 인색한 것이고, 질(嫉)은 질투하는 것, 뇌(惱)는 생각이 너무 복잡한 것을 말합니다. 해(害)는 다른 사람들에게 해코지하고 피해를 주려는 마음입니다. 그리고 한(恨)이 많은 것도 큰 번뇌입니다. 우리 민족을 한의 민족이라고 하는 말을 많이 하는데, 불교적으로 보면 한이라는 것은 좋지 않은 번뇌에 속합니다. 광(誑)은 거짓이고, 첨(諂)은 아첨하는 것, 교(憍)는 자신의 작은 성공에 우쭐하여 교만하며 자아도취가 심한 상태입니다. 수면(睡眠)은 정상적으로 밤잠을 자는 것 외에 자꾸 조는 것을 뜻합니다. 회(悔)는 자신이 한 행동을 후회하는 것인데, 잘못을 뉘우치는 것은 좋지만 한(恨)과 비슷한 마음을 가지고 있습니다. 이 열아홉 가지의 수번뇌를 유식이나 구사에서는 아주 자세하게 분석하고 있습니다.

이러한 근본번뇌와 지말번뇌가 모두 다한 사람들이라야 부처님을 시봉할 자격이 있고, 부처님의 천 이백 대중 가운데 들 자격이 있는 사람입니다. 아야교진여 비구가 이러한 자격을 갖춘, 번뇌가 없는 아라한입니다. 부처님께서 말씀하신 해탈, 그것은 번뇌가 다 사라져서 열반의 경지에 이르렀다는 것입니다. 그런데 '이 이상 무엇이 더 있다고 부처님께서 난데없이 이런 말씀을 하시는가? 깊고 깊어서 이해하기 어렵고 믿기 어렵다. 부처님께서는 왜 번뇌가 다한 아라한인 그대들에게 이야기해 봐야 소용없을 것 같아 말하지 않겠다고 말씀하시는가? 일생을 바쳐 부처님을 따르며 공부를 했는데, 지금 와서 태산준령과 같은 경지가 또 남아있다고 하시다니…?'라고 생각하는 것처럼 참으로 놀랍고 또 놀라우면 의혹심이 일어나지 않을 수 없는 것입니다.

【 경문 】

爾時舍利弗이 知四衆心疑하며 自亦未了하야 而白佛言하사대 世尊하 何
因何緣으로 慇懃稱歎諸佛第一方便이 甚深微妙하야 難解之法하시닛고
我自昔來로 未曾從佛聞如是說이니다 今者四衆이 咸皆有疑하오니 惟願
世尊은 敷演斯事하소서 世尊何故로 慇懃稱歎甚深微妙難解之法하시닛고

이때 사리불이 사부대중들의 의심을 알아차리고, 자기 자신도 분명히
알지 못하여 부처님께 말씀드렸습니다.

"세존이시여, 무슨 인연으로 '모든 부처님의 제일 방편이신 매우 깊고
미묘하여 이해하기 어려운 법'이라고 은근하게 찬탄하십니까? 제가 예
전부터 지금까지 한 번도 부처님께서 이렇게 말씀하시는 것을 듣지 못
하였으며, 지금 사부 대중들이 모두 다 궁금해 하고 있으니 바라옵건대
세존께서 이 일에 대해 말씀하여 주십시오. 세존께서는 무슨 일로 '매
우 깊고 미묘하여 이해하기 어려운 법'이라고 은근히 찬탄하십니까?"

🪷   부처님께서 너무나 깊고 미묘한 법이라 설하실 수 없다고 하시
자 사리불 존자가 나서서 설법을 청하는 대목입니다. 역시 사리불 존
자는 지혜가 커서 사부대중들이 의심하는 것을 알고 청을 드립니다.
사실 사리불 존자 자신도 알지 못하기 때문에 보통 걱정이 아닌 것입
니다. 그래서 부처님께 다시 부연설명해 주십시오! 하고 청을 드립니
다. 다시 말해서 부처님이 깨달은 내용, 제법실상 곧 부처님의 지혜가
무엇인지 설명해 달라고 게송으로 간절하게 다시 청원합니다.

4. 게송으로 청하다

爾時舍利弗이 欲重宣此義하야 而說偈言하니라

慧日大聖尊이 久乃說是法이로다

自說得如是 力無畏三昧와

禪定解脫等 不可思議法이라하시며

道場所得法을 無能發問者하며

我意難可測하야 亦無能問者라하시며

無問而自說하사 稱歎所行道하사대

智慧甚微妙하야 諸佛之所得이라하시니

無漏諸羅漢과 及求涅槃者는

今皆墮疑網이어늘 佛何故說是닛고

其求緣覺者인 比丘比丘尼와

諸天龍鬼神과 及乾闥婆衆이

相視懷猶豫하야 瞻仰兩足尊하노이다

是事爲云何닛고 願佛爲解說하소서

그때 사리불이 이 뜻을 거듭 펴려고 게송으로 말하였습니다.
"지혜의 태양이신 위대하고 거룩하신 세존이
오랜만에 이 법을 말씀하십니다.
이와 같은 힘과 두려움 없음과 여러 가지 삼매와
선정과 해탈인 불가사의한 법을 얻었노라고
스스로 말씀하십니다.

보리도량(菩提道場)에서 얻으신 이러한 법을

아무도 물어보는 사람이 없고

내 뜻은 측량하기 어렵건마는

아무도 이런 일을 묻는 이 없습니다.

그러나 묻는 이 없는 데도 말씀하시며

수행하던 바른 길을 찬탄하시기를

'매우 깊고 미묘한 이런 지혜는

부처님들만 얻으신 바'라 하셨습니다.

무루법을 얻은 아라한들과

열반을 구하려는 여러 사람들은

지금 모두 의심의 그물에 걸리었으니

부처님께서는 무슨 까닭에 이런 말씀을 하십니까?

연각의 법을 구하는 여러 사람과 출가한 비구와 비구니와

온갖 천신들과 용과 귀신들과 건달바와

그 밖의 여러 대중들이 머뭇거리고 망설이며

서로를 쳐다보면서

양족존(兩足尊)인 부처님을 우러러 보고 있습니다.

이 사연이 어떠한 까닭인지

원컨대 부처님께서는 설명하여 주십시오.

✿ "지혜의 태양이신 위대하고 거룩하신 세존이 오랜만에 이 법을 말씀하십니다." 첫 대목이 아주 좋습니다. 사리불 존자가 부처님을 지혜의 태양이라고 표현했습니다. 불법이야말로 태양이고, 어둔 밤의

둥근 달입니다. 우리들의 의지처요, 고해(苦海)를 건네주는 배입니다. 2,500년 전 부처님께서 직접 경을 설하셨을 때는 부처님이 곧 법이고 법이 곧 부처님이었습니다. 그래서 경전에 보면 부처님을 높이는 표현들이 상당히 많습니다.

그러나 지금은 그렇지 않습니다. 지혜의 태양이고, 위대하고, 거룩하다고 표현되었던 석가모니 부처님의 역할을 가르침이 대신하고 있습니다. 석가모니 부처님은 열반에 드셨고, 부처님의 가르침만 남아 있습니다. 이제 부처님의 가르침이 우리들의 태양이며 어둔 밤의 둥근 달이며, 우리들이 의지해야 할 등불이며, 고해를 건네주는 배라고 할 수 있습니다.

부처님께서 일생을 통해서 가장 많이 말씀하신 법문이 "자귀의 법귀의(自歸依 法歸依) 자등명 법등명(自燈明 法燈明) 자주 법주(自州 法州), 자기 자신에게 귀의하고 진리에 귀의하라. 자기 자신을 의지처로 삼고 진리를 의지처로 삼아라. 자기 자신을 등불로 삼고 진리를 등불로 삼아라. 자기 자신을 안식처로 삼고 진리를 안식처로 삼아라."라고 저는 생각합니다.

【 경문 】

於諸聲聞衆에 佛說我第一이나
我今自於智에 疑惑不能了니다
爲是究竟法이닛고 爲是所行道닛가
佛口所生子로 合掌瞻仰待하니
願出微妙音하사 時爲如實說하소서

諸天龍神衆이 其數如恒沙하며
求佛諸菩薩은 大數有八萬이며
又諸萬億國에 轉輪聖王至하야
合掌以敬心으로 欲聞具足道하노이다

부처님께서 여러 성문 대중 가운데서
저를 제일이라고 말씀하셨지만
오늘날 제가 얻은 지혜로써도
의문이 많아서 분명히 모르겠습니다.
이것은 궁극의 법입니까?
이것이 저희가 닦아 행할 길입니까?
부처님의 설법 듣고 발심(發心)한 제자들은
합장하고 우러러 기다리고 있습니다.
바라옵건대 아름다운 음성으로써
지금 바로 사실대로 말씀해 주십시오.
모든 천신과 용과 신의 대중들이
그 수효가 항하 강의 모래와 같이 많고
부처님이 되기를 원하는 모든 보살들도
거의 팔만여 명입니다.
또 여러 천만 억의 세계에서 이 자리에 찾아 온
전륜성왕들이 합장하고 공경하는 마음으로
훌륭한 그 도리를 듣고 싶어 합니다.

❁ "부처님께서 저를 (지혜) 제일이라고 말씀하셨습니다."라고 사리불 존자가 스스로 당당하게 말합니다. 부처님께서 평소 사리불의 지혜가 가장 뛰어나다고 칭찬을 아끼지 않았던 모양입니다. 사리불이 부처님께 "이것은 궁극의 법입니까? 이것이 저희가 닦아 행할 길입니까? 바라옵건대 지금 바로 사실대로 말씀해 주십시오."라며 아주 야무지게 법을 청합니다. 항하의 모래와 같이 많은 천신과 용, 팔만 명의 보살 등 수많은 대중이 마음을 다하여 그 법을 듣고자 한다며 법을 청하는데 그 가운데는 이 시대의 우리들도 다 포함되어 있습니다. 금강경을 읽든지 화엄경을 읽든지 간에 경전을 설하는 그 자리에 나도 동참한 대중이라고 생각하며 경을 공부하는 것이 가장 바람직한 자세입니다. 비록 지금의 우리들과는 시간적으로 많이 떨어져 있으나 진리의 가르침은 시공간을 초월한 것입니다. 그런 까닭에 스스로 '아! 부처님께서 설법하는 장소에 직접 동참하고 있다. 저 큰 모임 어느 곳에 내가 앉아서 귀를 기울이고 있다.'는 마음 자세로 불경을 읽고 불교를 공부하는 것이 바람직합니다.

5. 부처님의 거절로 다시 청하다

【 경문 】

爾時에 佛告舍利弗하사대 止止하라 不須復說이니 若說是事하면 一切世間에 諸天及人이 皆當驚疑하리라

이때 부처님께서 사리불에게 말씀하셨습니다.

"그만두자, 그만두자, 더 이상 말할 것이 아니니라. 만약 이 일을 말한다면 모든 세간과 천신들과 사람들이 모두 놀라고 의심하리라."

🌸　삼지삼청에서 두 번째 거절과 청법입니다. 다른 경전에서는 이런 형식을 찾아볼 수 없습니다. 이 대목을 읽자니, 내가 아주 오래 전 향곡 큰스님이 계시던 회상에서 한 철 났을 때 일이 생각납니다.

그때 향곡 스님은 당시에 손꼽히는 선지식이었고 큰 도인이셨습니다. 우리들도 스님의 최상승 법문이 어려워서 알아 듣기가 쉽지 않았습니다. 그런데 불교를 전혀 모르고 신심(信心)만 있는 한 청년이 향곡 스님께 인사드리러 왔습니다. 그때가 여름이었는데 인사를 드리고는 불교에 대해 질문을 했습니다. 때마침 저희들이 옆에 있었지요. 큰스님께서 어떤 말씀을 하시려는가? 저 왕초보 불자에게 어떤 가르침을 내리시려는가? 하고 숨죽이며 지켜보고 있습니다. 향곡 스님께서는 가만히 생각을 하시는 겁니다. 아마도 저 사람에게 참선 이야기를 해도 될지 아니면 무엇을 이야기해야 할지 좀 암담했던 것 같습니다. 무슨 일구(一句) 법문이라든지 격외선(格外禪)의 소식 같은 것은 전혀 통할 사람이 아니었지요. 스님께서 한참을 조용히 계시다가 "『사자(死者)와의 대화』를 읽어보아라." 하고 말씀하셨습니다.

그 무렵 『사자와의 대화』라는 책이 우리말로 번역되었는데 불교계에 상당한 화젯거리가 되었었지요. 그 내용은 최면술로 연령퇴행을 해서 전생을 추적하는 것이었습니다. 최면술로 말하는 내용을 기자들이 일일이 가서 조사를 하고, 그것이 참으로 존재했던 것이라는 기록을 죽 모아서 정리한 책입니다. 말하자면 전생을 실질적으로 증명하는 책이었습니다. 성철 스님도 일찍이 그런 문제에 남다른 관심을 가지고 계셨는데, 아마도 성철 스님의 영향으로 그 책을 알고 계셨던 것 같습니다. 이 책을 읽어 보면 사람은 죽은 뒤에 틀림없이 다시 태어난다는 것을 이해하게 됩니다.

"사람은 죽는다고 없어지는 것이 아니고 전생(前生)이 있고 금생(今生)이 있고 또 내생(來生)이 있다. 그러므로 우리가 수행을 열심히 하든지 선행을 많이 하든지 혹은 복을 많이 짓거나 지혜를 갈고 닦든지 하면, 금생은 말할 것도 없고 다음 생에도 바람직한 모습으로 태어날 수 있다."는 내용만 이해하더라도 기본적인 불교 공부가 될 것이라고 생각하시고 청년에게 "『사자와의 대화』를 읽어보아라."라고 딱 한마디를 하셨습니다. 평소의 향곡 스님께서는 최상승 도리, 격외선 도리를 말씀하시던 분이셨습니다. 그런데 아주 초보 불자를 만나시자 불교 교리에 대해 장황하게 설명하지 않으시고, 그 사람의 근기에 맞는 책 한 권을 가볍게 소개하는 것으로 답을 하셨습니다. 참 현명한 가르침이었습니다.

【 경문 】

舍利弗이 重白佛言하사대 世尊하 惟願說之하시며 惟願說之하소서 所以者何오 是會無數百千萬億阿僧祇衆生이 曾見諸佛하야 諸根猛利하며 智慧明了하야 聞佛所說하면 則能敬信하리다 爾時舍利弗이 欲重宣此義하사 而說偈言하니라

法王無上尊이시여 惟說願勿慮하소서

是會無量衆이 有能敬信者리다

사리불이 다시 부처님께 말씀드렸습니다.
"세존이시여, 원컨대 말씀하여 주십시오. 원컨대 말씀하여주십시오. 왜냐하면 이 회상(會上)에 있는 무수한 백천만 억 아승지 중생들은 일찍이 여러 부처님을 친견하여 모두 근(根)이 영리하고 지혜가 명철하여 부처님의 말씀을 들으면 능히 공경하고 믿을 것입니다."
이때 사리불이 이 뜻을 거듭 펴려고 게송으로 말하였습니다.
"최상의 법왕(法王)이신 세존이시여,
원컨대 염려치 마시고 말씀하여 주십시오.
여기 모인 한량없는 여러 대중들은
능히 공경하고 믿을 사람들입니다."

✿　부처님께서 두 번째로 '그만 두자, 그만 두자.' 하시니 사리불 존자도 계속 간청하는 것입니다. 여기 모인 많은 대중들은 근기가 전부 용맹하고 영리하고 지혜가 명료해서 부처님께서 설법을 하시면 능히 공경하고 믿을 것입니다. 알아듣지 못할까 염려하지 마시고 법을 설해달라고 말씀드립니다. 사실 알아듣지 못하는 사람에게 이야기하면 어떻게 되겠습니까? 말만 잃어버리지요. 그런데 알아들을 수 있는 사람에게 이야기하지 않으면 어떻게 되겠습니까? 사람을 잃어버립니다. 유교에서나 불교에서 예부터 전해오는 말입니다. 그러니 원컨대 부처님께서는 아무 염려마시고 법을 설해 달라며 사리불이 두 번째로 청법하였습니다.

6. 세 번째 다시 청하다

【 경문 】

佛復止하사대 舍利弗아 若說是事면 一切世間天人阿脩羅가 皆當驚疑하

며 增上慢比丘는 將墜於大坑하리라 爾時世尊이 重說偈言하사대

止止不須說이니 我法妙難思라

諸增上慢者는 聞必不敬信하리라

부처님께서 또 사리불에게 '그만두어라' 하시면서 말씀하셨습니다.

"만약 이 일을 말한다면 모든 세간의 천신과 인간 사람과 아수라들이

모두 놀라고 의심하며 매우 교만한 비구들이 큰 구렁텅이에 떨어지리

라."

이때 부처님께서 다시 게송으로 말씀하셨습니다.

"그만두어라, 그만두어라. 더 이상 말하지 말자.

나의 법은 미묘하고 불가사의하여

뛰어난 체하여 너무 교만한 사람들이 들으면

반드시 공경하지도 않고 믿지도 않으리라."

🪷 사실 이 정도가 되면 설법하지 않는 것이 좋습니다. 그런데 향

곡 스님께서는 그런 법을 쓰지 않고 그 사람의 근기에 맞춰서 중생이

윤회 전생하는 것을 믿고 이해할 만한 책을 권하더라는 말씀을 앞에

서 드렸습니다. 만약 향곡 스님이 그 청년에게 격외선의 도리를 이야

기했거나 일구 법문을 했다면 어떠했을까요? 그 청년이 알아듣지 못

하는 이야기를 한 것이니 그 상황이 어떻게 되었겠습니까? 무슨 큰스님이 저런가? 하고 이상하게 생각할 것이고, 급기야 비난할 수도 있을 것입니다. 그래서 이제 부처님은 설법을 들을 만한 사람만 딱 남기고 나머지는 걸러내려는 것입니다. 오천 명이 자리를 뜨는 상황을 거친 뒤에야 비로소 말씀을 하신다는 이야기입니다.

【 경문 】

爾時舍利弗이 重白佛言하사대 世尊하 惟願說之하시며 惟願說之하소서
今此會中에 如我等比百千萬億은 世世已曾從佛受化호니 如此人等은
必能敬信하고 長夜安隱하야 多所饒益하리다 爾時舍利弗이 欲重宣此義
하사 而說偈言하니라
無上兩足尊이시여 願說第一法하소서
我爲佛長子호니 惟垂分別說하소서
是會無量衆이 能敬信此法하리다
佛已曾世世에 敎化如是等일새
皆一心合掌하야 欲聽受佛語하노이다
我等千二百과 及餘求佛者는
願爲此衆故로 惟垂分別說하소서
是等聞此法하면 則生大歡喜리다

이때 사리불이 다시 부처님께 말씀드렸습니다.
"세존이시여, 원컨대 말씀하여 주십시오. 원컨대 말씀하여 주십시오. 지금 이 모임에 있는 저와 같은 백천만 억 대중들은 세세생생 부처님의

교화를 받았습니다. 이 사람들은 반드시 공경하고 믿을 것입니다. 부처님의 설법을 들으면 생사의 긴긴 밤에 편안하고 이익이 많을 것입니다."

이때 사리불이 이 뜻을 거듭 펴려고 게송으로 말하였습니다.

"최상의 양족존 부처님이시여,
제일 가는 그 법을 말씀하여 주소서.
저는 부처님의 장자(長子)입니다.
원컨대 분별하여 말씀하여 주소서.
여기 모인 수없는 여러 대중들은
이 법을 공경하고 믿을 것입니다.
부처님이 지나간 여러 세상에서
이러한 이들을 교화(敎化)하였습니다.
모두 다 일심으로 합장하고서
부처님의 말씀을 듣고자 합니다.
우리들 일천 이백 여러 대중과
그밖에도 부처님의 도를 구하는 많은 사람들이
여기 모인 대중들을 위하여
분별하여 말씀해 주시기를 원합니다.
이들은 이 법을 듣기만 하면
모두 다 크고 큰 환희심을 낼 것입니다."

❁ "생사의 긴긴 밤에 편안하고 이익이 많을 것입니다."
　　우리가 열심히 경전을 공부하고 또 절에 다니며 기도하는데 어떤 소득이 있습니까? 불교를 신앙하면 험한 세상살이를 하면서도 희망과 꿈을 가질 수 있습니다. 온갖 어려움을 극복하는 희망찬 삶을 살게 된다면 불교에 귀의해서 이보다 더 좋은 일이 어디 있겠습니까? 물론 그 외에도 우리가 불교에서 얻는 소득이 아주 많습니다.

설법하는 곳마다 많이 다니고 많이 듣다보면 은연중에 올바른 삶에 대해 정리가 되고 저절로 소신이 생기게 됩니다. 이밖에도 영가를 천도하는 일이라든지 성인의 가르침이 어떤 것인지, 존재의 실상은 어떠한지 저절로 알게 됩니다. 또 존재의 실상을 제대로 알게 됐을 때 사람이 어떻게 변화되는지도 알게 되고, 뜻밖의 불행을 만나더라도 어떻게 수용하고 소화하는 지에 대한 것까지 유익한 일들이 참으로 많습니다. 그 중에서도 저는 꿈과 희망을 지니는 것이 가장 유익하다고 생각합니다. 나이가 아무리 많더라도 늘 꿈과 희망을 지니고 언제나 젊고 활기차게 생활하는 것, 항상 자기 자신의 발전과 꿈의 실현을 위해 부단히 노력하는 열정을 품고 사는 것이 불교에 귀의해서 얻은 제일 큰 소득이 아닐까 생각합니다.

그래서 저는 법회에 나갈 때면 "불교 공부를 할 때 중요한 것은 얼마나 많이 아느냐가 아니다. 나이가 몇이든 상관없이 자기 발전을 위해서 글자 하나라도 더 익히겠다는 자세, 내 꿈을 키우고 나를 발전시켜서 생기 넘치는 삶을 펼치는 것이 값진 일이다."라고 늘 강조합니다. 이렇게 사는 불자가 가족 가운데 한 명만 있어도 온 가족이 모두다 덩달아서 생기 넘치고 힘차게 살지 않겠습니까? 꿈을 향해서 신나게 살아가는 분위기는 전염이 빨리 됩니다. 신이 나서 뭔가를 하는 사람이 옆에 있으면, 그 사람이 왜 신이 나는지 몰라도 그냥 쳐다보기만 해도 저절로 신이 납니다.

불교에는 서원(誓願)이나 축원(祝願), 원력(願力)이라는 말이 많습니다. 우리가 늘 독송하는 천수경을 보면 내용의 3분의 1이 원(願)에 대한 이야기입니다. 여래십대발원(如來十大發願)이 있고 발사홍서원(發四弘誓願)이 있고 또 관세음보살의 명호와 원을 한 번씩 부르는 것 등 원(願)에 대한 내용이 상당히 많습니다. 우리가 불공을 올릴 때 중요한 것은 경전을 읽고 외우는 것이 아닙니다. 축원을 잘 하는 것이 좋은 불공입니다. 축원이 빠진다면 아무리 법화경을 처음부터 끝까지 다 읽어도 그것은 온전한 불공이 아니라고 생각합니다. 왜 그럴까요? 사람들은 모두 기대하는 마음이 있습니다. 기대하는 것, 바라는 것이 곧 발원이고 축원입니다. 그 마음에 불을 지피는 것이지요. 부처님 앞에서 축원을 읊는 것은 원을 발하는 것입니다. 우리들 마음의 저 밑에 있는 꿈, 모든 사람들이 다 가지고 있는 본능적인 꿈을 펼쳐서 부처님 앞에 드러내는 것입니다. 그래서 축원이 중요한 것입니다.

"최상의 양족존 부처님이시여, 제일 가는 그 법을 말씀하여 주소서. … 원컨대 분별하여 말씀하여 주소서. 여기 모인 수없는 여러 대중들은 이 법을 공경하고 믿을 것입니다. … 모두 다 일심으로 합장하고서 부처님의 말씀을 듣고자 합니다. 이들은 이 법을 듣기만 하면 모두 다 크고 큰 환희심을 낼 것입니다."

부처님께서 세 번이나 그만두라고 하셨는데 그때마다 사리불 존자가 끈질기게 법을 청합니다. 이렇게까지 열심히 청하면 정말 없는 것도 내어줄 입장이 될 것입니다. 모름지기 이렇게 정중하게 법을 청하면 그에 걸맞은 법이 나오게 됩니다.

예전에 어느 절에서 사찰 순례를 가는데 제가 동참해서 버스를 함께 타고 갔습니다. 한참 염불하며 가던 대중들이 이제 염불하는 것도 흥미가 없어졌나 봅니다. 문득 신도 한 분이 일어나더니 "스님, 심심한데 법문이나 좀 해주시지요." 하며 법문을 청했습니다. 법문을 심심풀이로 할 수도 있겠지요. 그렇다면 모든 인생을 부처님 법에 다 던져서 살아가고 있는 우리는 어떻게 됩니까? 이토록 소중한 부처님 법을 심심할 때 듣는 것이라고 생각할 수 있습니까? 이 말을 그냥 가볍게 들으면 가볍게 듣고 말 일입니다. 그러나 가만히 새겨 보니 갑자기 숨이 막혀서 무어라 대답할 길이 없었던 경험이 있었습니다.

무엇이든 자기의 온 마음을 담아서 정중하게 청하면 그만큼의 응답이 있습니다. 지성이면 감천이라는 말이 있듯이, 정성이 지극하면 하늘도 감동하는데 어찌 사람이 감동하지 않겠습니까? 여기서 사리불 존자가 법을 청하는 모습을 본받을 필요가 있습니다. 물론 부처님께서도 당신 스스로 깨달음의 경지를 한껏 높였습니다. 그러나 법을 듣고자 하는 제자의 간절한 자세를 보면서 이렇게 간곡하게 청법하는 마음 자세를 지닌 사람에게 부처님의 일거수 일투족 가운데 무엇인들 법이 아니겠는가 하는 생각이 듭니다.

7. 오천 명(五千名)이 퇴석(退席)하다

【 경문 】

爾時世尊이 告舍利弗하사대 汝已慇懃三請하니 豈得不說이리오 汝今諦

聽하야 善思念之하라 吾當爲汝하야 分別解說하리라 說此語時에 會中에
有比丘比丘尼와 優婆塞優婆夷五千人等이 卽從座起하야 禮佛而退하니
所以者何오 此輩罪根深重하고 及增上慢일새 未得謂得하고 未證謂證하
야 有如此失이라 是以不住어늘 世尊默然하사 而不制止하시니라

이때 세존께서 사리불에게 말씀하셨습니다.
"그대가 이제 은근하게 세 번이나 청하였으니 어찌 말하지 않을 수 있
겠는가? 그대는 자세히 듣고 잘 생각하라. 내 이제 그대들을 위해서 분
별하여 해설하리라."
이 말씀을 하실 때에 법회 중에 있던 비구, 비구니와 우바새, 우바이들
오천(五千) 명이 자리에서 일어나 부처님께 예배하고 물러갔습니다. 왜
냐하면, 이 사람들은 죄의 뿌리가 깊고 무거우며 매우 교만해서 얻지
못하고도 얻었노라 하고 깨닫지 못하고도 깨달았노라 하는 이들이었습
니다. 이러한 허물이 있으므로 법회에 머물러 있지 아니하였습니다. 그
리고 세존께서도 묵묵히 계시면서 그들을 말리지 아니하였습니다.

🏵 삼지삼청(三止三請). 부처님이 세 번이나 "그만 두자, 더 이상 이
야기할 것이 없다."라고 하셨을 때마다 사리불 존자가 아주 끈질기게
부처님께 청했습니다. 세 번까지 청하자 마침내 부처님께서 이제 설
법하시려고 당부의 말씀을 하는 중에 오천 명이나 되는 대중이 법석
을 떠났습니다. 오천퇴석(五千退席)!
　불교적 입장에서는 세속적으로 죄를 많이 짓고 나쁜 일을 많이 한
것보다 더 큰 죄가 있습니다. 정법(正法)을 믿지 않는 것, 진리를 거부

하고 왜곡하는 사상과 주의주장이 바로 그것입니다. 지금 법석을 떠난 오천의 대중이 사회적으로 지탄을 받을 나쁜 일은 하지 않았습니다. 일반 사회에서 보자면 아주 모범적인 시민이고 선량한 사람입니다. 그럼에도 불구하고 이 사람들을 "죄의 뿌리가 깊고 무거우며"라고 했습니다. 이 말은 부처님께 귀의하여 수십 년 동안 수행하고 공부했지만 진리에 대한 이해가 부족하고, 궁극적인 진리에는 눈을 뜨지 못하였다는 말입니다. 궁극의 진리를 얻지 못했는데 얻었다고 하는 것, 깨닫지 못했는데 깨달았다고 하는 것은 대망어(大妄語)입니다. 또 오계(五戒)는 물론 십계(十戒)도 망어를 금하고 있고, 보살계(菩薩戒)도 망어를 금하고 있습니다. 불교에서는 법에 대해서 얻지 못하고 얻었노라고 하거나, 제대로 깨닫지도 못하고 깨달았노라고 하는 것을 가장 큰 망어(大妄語)요, 가장 큰 죄라고 생각합니다. 이것은 진리를 등진 것이기 때문입니다.

『수호지』라는 소설을 알지요? 『수호지』에 108명의 영웅호걸이 나오는데, 이들은 108번뇌를 상징합니다. 그 가운데 노지심이라는 희대의 걸승(乞僧)이 등장합니다. 소설대로라면 아마도 수천 명의 사람을 죽였을 겁니다. 나름대로 뜻한 바가 있었겠습니다만 그럼에도 불구하고 어느 날 바닷물이 때를 맞춰 들고 나는 소리를 듣고 한 생각 깨닫게 된다는 내용이 있습니다. 그와 같이 어떤 세속적인 기준으로 악행을 저지르는 것을 문제 삼는 것이 아니라, 깨달음이나 진리에 대한 바르지 못한 안목을 크게 두려워하는 입장이라 하겠지요. 그래서 이들이 물러갔는데도 불구하고 세존께서는 묵묵히 계시면서 그들을 말리지 아니하였다고 했습니다.

부처님의 설법을 앞두고 법석을 차고 나간 오천 명의 대중은 죄의 뿌리가 깊을 뿐만 아니라 교만하기까지 했습니다. 증상만인(增上慢人)인 것이지요. 자기 공부가 어지간히 되었다, 불교를 잘 안다, 큰스님을 많이 친견했다 하는 아만심, 자만심이 마음자리에 있는 것을 말합니다. 쉽게 말해서 잘난 체하는 마음입니다.

　　제가 젊었을 적에 큰 절에서 수행하고 있을 때 자주 본 일인데, 신도들이 우리 같은 젊은 스님들에게는 인사도 안 했습니다. 왜 인사를 하지 않는지 궁금해서 알아봤지요. 그랬더니 경봉(鏡峰) 스님께 인사드린다고 자주 드나드는 신도들이었습니다. 경봉 스님을 자주 뵈니까 자신도 한 절반쯤 경봉 스님과 같다고 생각했나 봅니다. '아, 나는 경봉 스님하고 친한데…' 하는 생각에 떨어져 있더군요. 이게 증상만인입니다. 대개 보통 사람들은 자신도 모르게 그런 생각에 빠지게 됩니다. '나는 법화경 공부하는데…', '나는 기도를 잘 한다.', '나는 참선을 잘 한다.' 하며 자신이 조금 할 줄 아는 것에 떨어지기 쉽습니다. 이런 사람들이 자만심에 빠진 사람, 잘난 체하는 사람입니다.

【 경문 】

爾時佛告舍利弗하사대 我今此衆은 無復枝葉이고 純有貞實하니 舍利弗아 如是增上慢人은 退亦佳矣라 汝今善聽하라 當爲汝說호리라 舍利弗言하사대 唯然世尊하 願樂欲聞하노이다

이때 부처님께서 사리불에게 말씀하셨습니다.
"이제 여기 있는 대중은 더 이상 잎과 가지는 없고 오로지 열매들만 있

구나. 사리불이여, 저와 같이 교만한 사람들은 물러가도 또한 좋다. 그
대들은 자세히 들어라. 그대들을 위하여 말하리라."

사리불이 말하였습니다.

"예, 세존이시여, 원컨대 듣고자 합니다."

🏵 이제야 비로소 부처님 가슴에 깊이 깊이 담겨 있던 최상의 가르
침! 가장 수승한 사람들에게만 가르치는 불법을 설하려고 합니다. 지
금은 증상만인, 즉 교만한 자들은 모두 물러가고, 잎과 가지는 떨어지
고 오로지 열매만 남았습니다.

　　초발심자경문(初發心自警文)에 공복고심여아호(空腹高心如餓虎)라는
구절이 있습니다. 배는 비고 마음만 높은 것이 마치 굶주린 호랑이와
같다며 교만한 사람을 비유하고 있습니다. 굶주린 호랑이는 막 달려
들듯 속이 빈 사람은 자기를 무시하는 소리, 자만심을 건드리는 소리
를 들으면 참지 못 합니다. 그런데 불교 공부를 많이 해서 자기 나름
의 지혜가 있는 사람은 무시하는 소리를 들어도 그렇게 확 기분이 나
쁘거나 하지 않습니다. 나쁜 말을 듣더라도 속으로 새겨듣고 이해하
고 삼킵니다. 공복고심여아호라, 주린 호랑이 같다는 옛 어른들의 말
씀이 참으로 적절합니다.

　　스스로 자신이 아라한이다, 최후신이다, 최고의 열반을 얻었다고
하며 더 이상의 깨달음을 구하지 않는 비구, 비구니와 우바새, 우바이
오천 명이 바로 이와 같은 사람입니다. 죄의 뿌리가 깊고 교만한 자들
은 모두 물러갔으니 이제 부처님께서 최상의 가르침을 펼치려 하십
니다.

8. 일대사인연(一大事因緣)으로 오시다

【 경문 】

佛告舍利弗하사대 如是妙法을 諸佛如來가 時乃說之하시니 如優曇鉢華
時一現耳니라 舍利弗아 汝等當信佛之所說이니 言不虛妄이니라 舍利弗
아 諸佛隨宜說法은 意趣難解니라 所以者何오 我以無數方便과 種種因
緣과 譬喻言辭로 演說諸法호니 是法은 非思量分別之所能解요 唯有諸
佛이라사 乃能知之니라

부처님께서 사리불에게 말씀하셨습니다.

"이렇게 미묘한 법은 모든 부처님 여래가 항상 때가 되어야 말씀하느
니라. 마치 우담바라 꽃이때가 되어야 한 번 피는 것과 같으니라. 사리
불이여, 그대들은 마땅히 부처님이 설한 법을 믿어라. 말이 결코 허망
하지 아니하니라. 사리불이여, 모든 부처님들이 마땅한 대로 법을 말하
는 그 뜻을 이해하기 어려우니라. 왜냐하면 내가 무수한 방편과 갖가지
인연과 비유와 말로써 법을 설하느니라. 이 법은 생각하고 분별하는 것
으로는 이해할 수 없느니라. 오직 부처님들만 능히 아시느니라."

❀ 이제 때가 되어서 말씀하신다는 것입니다. 그렇습니다. 설법뿐
만 아니라 무엇이든 그렇습니다. 모든 것은 때가 되어야 합니다. 농부
들이 농사짓는 일도 그렇고 우리가 하나씩 익히며 불교 공부하는 것
도 그렇고 심지어 밥 짓는 일도 그렇습니다. 모든 일에는 때가 있습니
다. 그래서 마치 "우담바라 꽃이 때가 되어야 한 번 피는 것과 같다."

고 했습니다. 경전에 의하면 우담바라는 3,000년에 한 번 꽃을 피울 뿐 평소에는 꽃이 피지 않는다고 합니다. 그런데 왜 3,000년 만에 꽃을 피울까요? 그것은 성인이 3,000년 만에 한 번씩 세상에 나오기 때문입니다. 이렇게 때가 되어야 일어나는 일입니다.

모든 부처님들이 마땅함을 따라서 설법하는 것(隨宜說法)의 취지를 알기 어려울 것입니다. 예를 들어 공(空)의 도리를 설한다면 그 속에 무슨 의도를 지니고 지금 공을 이야기하는가? 연기(緣起)의 도리를 이야기한다면 도대체 무슨 생각으로 연기를 이야기하는가? 또 사성제(四聖諦)를 설명할 때는 저것이 사성제의 전부인지 아니면 다른 의도가 있는가? 하는 것을 우리가 알 길이 없다는 말입니다. 수의설(隨宜說) 즉 마땅함을 따라서 설법하는 것은 듣는 사람의 근기에 맞춰서 이야기한다는 것입니다. 근기에 맞춘 방편설이기 때문에 그 참뜻을 알기 어렵다(意趣難解)는 말입니다.

"내가 무수한 방편과 갖가지 인연과 비유와 말로써 법을 설하느니라."고 했습니다. 부처님께서 그동안 별의별 설법을 다 해놓았습니다. 지금 우리나라의 불교에도 온갖 방편이 다 있습니다. 그 방편에 푹 빠져있는 사람은 그 속에 무엇이 있는지는 모르고 그냥 그것만 깨쳤을 뿐입니다. 마치 부모가 '호랑이가 왔다!'고 하니 어린아이는 호랑이가 온 줄 아는 것과 똑같습니다.

또한 "이 법은 생각하고 분별하는 것으로는 이해할 수 없느니라."고 했습니다. 우리 선가에서는 "언어도단(言語道斷)하고 심행처멸(心行處滅)이라"는 말을 자주 합니다. 말의 길이 끊어지고 마음으로 지어서 헤아리고 사량분별(思量分別)하고 사변으로 이해하려는 것은 여기에 해당하지 않는다는 것입니다. 그래서 "오직 부처님들만 능히 아시느니라."고 했습니다. 깨달은 사람만이 능히 통할 수 있다는 말씀입니다. 대승경전인 법화경을 이렇게까지 이야기를 하는 것은 곧 선가(禪家)에서 깨달음을 중요하게 여기는 입장과 하나도 다르지 않다고 볼 수 있습니다.

【 경문 】

所以者何오 諸佛世尊이 唯以一大事因緣故로 出現於世하시니라 舍利弗아 云何名諸佛世尊이 唯以一大事因緣故로 出現於世오 諸佛世尊이 欲令衆生으로 開佛知見하사 使得淸淨故로 出現於世하시며 欲示衆生의 佛之知見故로 出現於世하시며 欲令衆生으로 悟佛知見故로 出現於世하시며 欲令衆生으로 入佛知見道故로 出現於世하시니라 舍利弗아 是爲諸佛이 唯以一大事因緣故로 出現於世하시니라

왜냐하면 부처님 세존은 오직 하나의 큰 일 인연(一大事因緣)으로 세상에 출현하느니라. 사리불이여, 무엇을 '부처님 세존은 오직 하나의 큰 일 인연으로 세상에 출현한다.' 하는가. 부처님 세존은 중생들로 하여금 부처님의 지견(知見)을 열어서(開) 청정하게 하기 위하여 세상에 출현하며, 중생에게 부처님의 지견을 보여주기(示) 위하여 세상에 출현하며, 중생으로 하여금 부처님의 지견을 깨닫게(悟) 하기 위하여 세상에 출현하며, 중생으로 하여금 부처님의 지견의 길에 들어가게(入) 하기 위하여 세상에 출현하느니라. 사리불이여, 이것을 모든 부처님이 하나의 큰 일 인연을 위하여서 세상에 출현한 것이라 하느니라."

✿   해마다 사월 초파일 부처님 오신 날이 되면 으레 일대사인연에 대해 법문합니다. 왜냐하면, 출현어세(出現於世), 부처님이 이 세상에 오신 날이니까 부처님이 오신 뜻이 무엇인지를 당연히 이야기해야 하기 때문입니다. 그래서 초파일 법문에는 으레 법화경의 이 구절을 인용합니다. 부처님께서 이 세상에 오신 뜻은 무엇인가를 다른 말로 바꾸면, 부처님의 삶의 보람과 목적은 무엇인가와 같습니다. 부처님은 당신 삶의 목적과 보람을 위해 이 세상에 나셨으니, 그것은 부처님의 일일뿐 우리 일은 아니라고 생각해서는 안 됩니다. 부처님의 삶의 목적과 보람을 우리들의 삶의 목적과 보람으로 연결시켜야 합니다. 경전에 나온 구절 하나하나를 모두 내 자신에게 돌이켜 보아야 합니다. 그것이 경전을 바로 읽는 것이고 올바른 수행입니다. 경전을 읽으면서 부처님이 세상에 오신 뜻과 함께 우리가 살아가는 목적과 보람에 대해 성찰해야 합니다.

그리고 부처님이 세상에 오신 뜻은 석가모니 부처님만의 독특한 뜻인지 아니면 과거의 깨달으신 분, 현재의 깨달으신 분, 앞으로 오실 분 등 모든 부처님에게 다 적용되는 의미인지도 생각해 보아야 합니다. 만약 석가모니 부처님께만 해당한다면 그 뜻은 보편성이 없는 것입니다. 무릇 진리란 보편타당해야 합니다. 부처님이 세상에 오신 뜻도 보편성이 있고 타당성이 있어야 합니다. 그래서 장차 오불장(五佛章)에서 그와 같은 이야기를 하게 됩니다. 과거 · 현재 · 미래의 모든 부처님, 시방세계의 여러 부처님과 석가모니 부처님이 다 같이 한 뜻을 펼치신다 하고 말씀하십니다.

예전에 경봉 스님이 이런 말씀을 잘 하셨습니다. "이 세상에 한 번

온 이상 멋들어지게 살다 가라!"고 말입니다. "멋들어지게 살다 가라!" 참 멋들어진 말씀입니다. 그럼 어떻게 살아야 멋들어지게 사는 것일까요? 간단합니다. '목숨을 다해서 도 닦는 일에 온 힘을 쏟다가 간다. 의미 있는 일에 인연을 다 불태우고 간다.' 이런 뜻에서 "멋들어지게 살다 가라!"는 말씀을 하셨습니다.

우리가 경전을 읽든 참선을 하든 법문을 듣든 '인생의 진정한 의미가 무엇인가를 한번 꿰뚫어 보자!' 하는 것입니다. '삶을 살아가는 본질, 그 근본 뜻은 어디에 있는가?'를 아는 것이 무엇보다 시급한 일입니다. 그런데 너무나 크고 근본적인 문제라서 한 곁에 제쳐놓고 다른 쉬운 문제, 지엽적인 문제부터 찾았습니다. 그러나 인간으로 태어난 이상 이보다 더 시급히 해결해야 할 문제는 없습니다.

부처님이 세상에 오신 뜻이 무엇이냐? 하면 개시오입(開示悟入) 불지지견(佛之知見)입니다. 일대사인연(一大事因緣)을 위해서 왔다고 하여도 맞습니다. 이 일대사인연을 좀더 부연설명하면 개시오입 불지지견인 것입니다. 이 말을 현대적인 표현을 빌어서 이야기하면, '사람이 살아가는 데 있어 유일무이(唯一無二)한 가장 큰 목적'인 '모든 사람의 진정한 모습과 인생의 진정한 의미를 꿰뚫어 보는 지혜'를 깨우치기 위해 왔다는 말입니다. 이 지혜를 중생들에게 열어주고(開), 보여주고(示), 깨닫게 하고(悟), 그 속에 들어가게 하는(入) 일, 바로 이 일 때문에 부처님이 세상에 오셨고, 뒤를 이어서 우리도 해야 하는 큰 일입니다.

불지견(佛知見)을 더 쉬운 말로 바꾸면 '성불(成佛)하기 위해 왔다'고 할 수 있습니다. 무엇 때문에 태어났느냐고 물으면, 성불하려고 태어났다고 하면 됩니다. 그렇다면 성불(成佛)은 무엇일까요? 성불은 인생의 진정한 의미, 그리고 모든 사물의 진정한 모습을 꿰뚫어보는 지견을 얻는 것입니다. 이것이 내 마음에 드느냐, 안 드느냐는 그 다음 문제입니다. 우리가 참으로 진정한 불자라면 "이 세상에 태어난 보람과 목적이 뭐냐?"라고 했을 때 "성불하는 거지." 하고 대답이 나와야 합니다. "성불하는 것이 세상 사는 재미다, 성불하는 것이 목적이고 보람이다." 하고 척 대답해야 합니다.

성불한다는 것은 말로는 쉽게 할 수 있지만 참 대단한 일입니다. 이 말을 다른 종교의 표현으로 바꾸면 "우리가 사는 보람과 목적은 하나님이 되는 것이다."라는 말입니다. 불교에서는 쉽게 할 수 있고, 당연히 해야 하는 말이지만 다른 종교에서는 상상도 할 수 없는 말입니다. "하나님이 되려고 한다. 모든 사람들의 내면에는 다 하나님이 있다. 그 하나님을 꽃 피우는 일만 남아 있다."고 얘기하면 당장 파문당할 일입니다. 하나님은 오직 하나뿐인 유일신입니다. 그리고 하나님은 이 세상을 지배하는 지배자이고 인간은 그 아래의 종입니다. 이렇게 인간을 비하하는 것은 큰 잘못입니다. 왜 이렇게 가르치게 되었을까요? 깨닫지 못하고 가르치기 때문에 그렇습니다. 사람은 절대 종이 아닙니다. 사람은 본래 주인으로 태어났습니다. 그러니 본래 생긴 모습 대로 가르쳐야 합니다.

우리 불자들은 이런 이야기를 늘상 들어서 별 감흥도 없고 충격은 아예 없지만 사실 이것은 참으로 충격적인 이야기입니다. "누구든지 불성이 있어서 전부 다 부처가 된다." "누구든지 다 부처의 지견이 있다."는 말을 요즘은 아무나 하고 쉽게 들을 수 있습니다. 그러나 경전이 만들어진 순서대로 살펴보면, 법화경에서 처음으로 한 말씀입니다. 그래서 부처님께서 이렇게 뜸을 들이는 것입니다. 삼지삼청(三止三請)하고 오천퇴석(五千退席)한 이유가 거기에 있습니다. 만약 이 말을 처음으로 듣는다면 엄청난 일이기 때문입니다.

하지만 이와 같은 부처님 법은 특별히 따로 있지 않습니다. 사제와 팔정도 그리고 방생, 천도재 등 불교의 모든 방편의 목표가 불지견을 개시오입(開示悟入)하는 데 있습니다. 우리가 행하는 것이 다 방편인데 그 방편은 목표가 무엇인가? 법화경에서 이것 하나는 분명하게 배워야 합니다. 방편은 그대로 쓰되, 그 방편이 무엇을 위한 것인가? 다시 말해서 왜 문고리를 잡고 있는가? 문을 열고 방안에 들어가는 데 그 뜻이 있다는 것을 분명히 알아야 합니다. 이렇게 알고 있으면 어느 문으로 들어가도 상관없습니다. 참선이든 독경이든 아니면 방생이나 천도재든 등을 켜는 일이든 불교 안의 모든 방편은 하나도 버릴 게 없습니다. 그 방편문을 통해서 열고 들어가기만 하면 불지견을 볼 수 있습니다. 문제는 '열고 들어갈 줄 모르고 항상 그 문에 매달려 있는' 우리 자신이 문제인 것입니다.

그래서 법화경 전체에서 가장 중요한 품이 방편품입니다. 이 방편품에서 부처님께서는 그동안 하고 싶었던 말씀을 다 쏟아내셨습니다. 부처님께서 무수한 방편과 종종인연과 비유와 언사로써 여러 가지 법을 설한 속뜻은 일대사인연 즉 불지견을 깨닫게 하는 데 있었다는 말씀을 하셨습니다.

【 경문 】

佛告舍利弗하사대 諸佛如來가 但教化菩薩하사 諸有所作이 常爲一事시

● 169 ●

니 唯以佛之知見으로 示悟衆生이니라 舍利弗아 如來但以一佛乘故로
爲衆生說法이요 無有餘乘이 若二若三이니라 舍利弗아 一切十方諸佛도
法亦如是니라

부처님께서 사리불에게 말씀하셨습니다.
"모든 여래는 다만 보살들만을 교화하시기 때문에 모든 하시는 일이
항상 한 가지 일을 위함이니, 오직 부처님의 지견을 중생들에게 보여주
고 깨닫게 함이니라. 사리불이여, 여래는 다만 일불승(一佛乘)으로서 중
생들에게 법을 말씀하시는 것이요, 이승(二乘)이나 삼승(三乘)의 다른 법
이 없느니라. 사리불이여, 모든 시방세계의 여러 부처님들의 법도 또한
그러하느니라.

❀ 결국 이승도 삼승도 없고 오직 일불승뿐이라는 말씀입니다. 이
승(二乘)은 성문승과 연각승이고, 삼승(三乘)은 여기에 보살승을 더합니
다. 성문이니 연각이니 보살이니 하는 것은 모두 과정이고 방편으로
서 사실, 일불승에 도달하기 위한 중간 과정으로 시설(施設)한 것입니
다. 즉 일불승이 부처님의 본래 목적이고 다른 것은 방편입니다. 그래
서 오천 명이나 되는 사람들, 가지나 잎에 해당하는 사람들은 다 떠나
버린 것입니다. 이것은 경지가 높은 법화경을 제대로 이해하기가 어
렵기도 하거니와 법화경을 배우는 것에 엄격한 제한이 있다는 뜻도
됩니다. 아무나 법화경을 공부하는 것이 아니라는 것이지요.
   일불승은 또한 교보살법(敎菩薩法) 즉 보살들만을 가르치는 법이라
고 말씀하십니다. 여기서 말하는 보살은 공부를 많이 해서 최고의 경

지에 있는 사람을 말하는 것이 아닙니다. 그 심성이 부처님의 가르침에 궁극적으로 부합하는 사람을 말합니다. 선천적이든 후천적이든 간에 부처님이 세상에 오신 뜻에 부합하는 마음자세가 되어 있느냐에 따라서 보살인지 아닌지가 결정됩니다. 그리고 부처님께서 남긴 최후의 가르침, 궁극의 가르침인 부처님의 지견[佛知見]에 대해 관심 없는 사람들은 아무리 지식이 많거나 연륜이 오래 되었어도 제외된다는 말씀입니다. 우리의 현재 상태가 어떻든지 간에 불지견을 알고자 하는 사람, '부처님은 과연 무엇을 깨달았을까? 부처님께서 안락한 태자의 지위를 버리고 6년간 고행하여 궁극의 깨달음을 얻었는데 그 의미가 무엇일까?' 하는 사람이 불교에 진정 관심 있는 사람입니다.

부처님께서 분명히 이승이나 삼승과 같은 다른 법은 없다고 말씀하셨습니다. 십신(十信)·십주(十住)·십행(十行)·십회향(十廻向)·십지(十地)·등각(等覺)·묘각(妙覺)이니 하는 52위의 점차도 없고, 큰스님이니 작은 스님이니 하는 것도 없고, 큰 신도 작은 신도도 없고, 큰 보살 작은 보살도 없으며 동서고금 남녀노소의 차별도 있을 수 없습니다. 오로지 사람, 오로지 부처님이 있을 뿐입니다.

사람이 부처님이고 부처님이 곧 사람입니다. 이것 하나뿐입니다. 옛날 수많은 고승들이 성문입니까? 연각입니까? 보살입니까? 부처님입니까? 오직 사람일 뿐입니다. 그것을 다른 표현으로 하면 오직 부처님이 있을 뿐이고 성문이나 연각이나 보살도 없다고 하는 것입니다.

법화경의 종지가 무엇입니까? 회삼귀일(會三歸一)입니다. 삼승(三乘)을 모두 모아서 하나인 일불승(一佛乘)으로 돌아가는 것입니다. 그 삼(三)이 삼승뿐이겠습니까? 항하사같이 무수한 사람 사람마다 수많은 삶의 길이 있습니다. 그 모든 길을 다 모아서 하나인 부처님의 삶으로 돌아가게 하는 가르침이 법화경의 가르침입니다. 그래서 회삼귀일이라고 표현합니다.

법화경과 같은 최상승 경전을 공부할 때는 이런 뜻을 분명히 밝히고 넘어가야 합니다. 이것이 내 마음에 맞느냐 안 맞느냐 하는 것은 별개의 문제입니다. 열심히 불교 공부하고 나서 십신·십주·십행·십회향·십지니 성문·연각·보살이니 하는 등 지위 점차를 하도 버젓이 늘어놓으니까 당연히 있는 것으로 의식화되었습니다. 있지도 않은 신(神)을 있다고 자꾸만 의식에 심어 놓으면 당연히 신이 있는 것처럼 생각하는 것과 같습니다. 공부를 많이 한 불자일수록 아주 집요하게 의식하며 당연히 있는 것으로 착각하고 있습니다. 그러니 없는 것을 있다고 다른 종교에서 의식화한 것을 흉보고 나무랄 일이 아닙니다. 우리 불교 내부에서도 이와 같이 있지도 않은 것을 많이 들여와서 당연히 있는 것처럼 의식화시킨 것이 많습니다. 이런 고정관념을 두드려 깨뜨리고 무너뜨려야 참 불교가 이해됩니다.

9. 오직 일불승(一佛乘)뿐이다

【 경문 】

舍利弗아 過去諸佛이 以無量無數方便과 種種因緣과 譬喻言辭로 而爲衆生하야 演說諸法하시니 是法皆爲一佛乘故라 是諸衆生이 從諸佛聞法하고 究竟皆得一切種智하니라

사리불이여, 과거의 여러 부처님들이 한량없고 수없는 방편과 갖가지 인연과 비유와 말로써 중생들을 위하여 온갖 법을 연설하시는데 이 법은 모두 일불승을 위한 것이니라. 이 모든 중생들이 부처님께 법을 듣고는 필경에는 모두 일체 지혜를 얻었느니라.

❀ 부처님께서 세상에 오신 것은 하나의 큰 일 인연을 위해 오셨습니다. 그것은 부처님께서 얻은 지혜를 우리 중생들도 알고 깨달아서 부처님처럼 되도록 하는 것입니다. 이것은 석가모니 부처님만 당신의 외고집으로 하시는 말씀이 아닙니다. 알고 보면 시방세계의 여러 부처님들도 똑같은 생각을 가지고 계십니다. 과거 부처님, 미래 부처님, 현재 부처님 등 모든 부처님들의 생각도 그러하다는 것은 참 중요한 사실입니다. 그래서 이것을 오불장(五佛章)이라 하는데, 부처님이 세상에 오신 뜻을 다섯 부처님께서 한결같이 밝히신 것입니다.

1. 제불장(諸佛章) – 여러 부처님도 그렇고
2. 과거불장(過去佛章) – 과거 부처님도 그랬고
3. 미래불장(未來佛章) – 미래에 오실 부처님도 그럴 것이고
4. 현재불장(現在佛章) – 현재 부처님도 그렇고
5. 석가불장(釋迦佛章) – 석가모니 부처님도 역시 그러하였다.

무엇이 그러한가? 부처님께서 세상에 오신 것은 일대사인연을 위해서 즉 오직 일승법을 펼치기 위해서라고 오불장(五佛章)에서 증명합니다. 틀림없는 말씀, 조그마한 오차도 없는 말씀이라는 것을 증명합

니다. 그래서 법화경의 오불장이 유명한 것입니다.

　석가모니 부처님 혼자라면 '석가모니 부처님만 그렇지, 아미타불은 안 그럴 것 아니냐?' 하고 생각할 수가 있습니다. 또 '과거 부처님만 그렇지 시대가 달라져서 미래에 오시는 부처님은 안 그럴 것 아니냐?' 하고 생각할 수도 있습니다. 장소가 달라지든 시대가 달라지든 석가모니 부처님이든 아미타 부처님이든 간에 모든 부처님은 하나의 큰 일 인연을 위해서 세상에 오셨다는 것입니다. 이 사실을 앞의 구절에서는 여러 부처님을 들어서 증명하고[諸佛章] 이 구절에서는 과거 부처님을 들어서 증명하고 있습니다[過去佛章].

【 경문 】

舍利弗아 未來諸佛이 當出於世하야 亦以無量無數方便과 種種因緣과 譬喩言辭로 而爲衆生하야 演說諸法하시니라 是法皆爲一佛乘故라 是諸衆生이 從佛聞法하고 究竟皆得一切種智하리라

사리불이여, 미래의 모든 부처님들도 세상에 출현하시면 또한 한량없고 수없는 방편과 갖가지 인연과 비유와 말로써 중생들을 위하여 온갖 법을 연설하시는데 이 법은 모두 일불승을 위한 것이니라. 이 모든 중생들이 부처님께 법을 듣고는 필경에 일체 지혜를 얻으리라.

　❀　오불장의 세 번째 미래불장(未來佛章)입니다. 여러 부처님과 과거 부처님뿐만 아니라 미래에 깨달을 분들도 모두 일불승을 위한 것입니다. 성문이니 연각이니 보살이니 하는 중간 과정은 원래 없는 것인데

방편으로 있는 것처럼 시설한 것입니다. 그러니 출발부터가 잘못되었다고 할 수 있습니다. 출발할 필요가 없는 자리입니다. 출발해 봐야 다른 데서 허둥거릴 뿐입니다. 차라리 출발하지 않고 제자리에 있는 것이 낫지요. 불교는 알고 보면 그런 것입니다. 그렇지만 그냥 가만히 있어서는 이해가 되지 않습니다. 그래서 무엇인가 배우면서 움직이고 노력하는 것이지요. 그렇게 노력하면서 움직이다 보니 엉뚱한 길로 접어드는 것입니다. 이미 엉뚱한 길로 접어든 사람을 다시 되돌아오게 하려면 별별 방편을 다 늘어놓을 수밖에 없습니다. 그래서 부처님께서 온갖 방편과 비유와 설법을 하신 것입니다. "내가 그대들을 제도하기 위해 있는 소리 없는 소리를 다 했다. 그런데 나보고 거짓말했다고 하겠느냐?"고 부처님께서 말씀하시자, 제자들이 펄쩍 뜁니다. "아닙니다. 부처님, 그 말씀은 거짓말이 아니고 방편입니다." 법화경을 계속 읽으면 뒤쪽에 이런 내용이 나옵니다.

【 경문 】

舍利弗아 現在十方無量百千萬億佛土中에 諸佛世尊이 多所饒益하야 安樂衆生하나니 是諸佛도 亦以無量無數方便과 種種因緣과 譬喩言辭로 而爲衆生하야 演說諸法하시나니 是法皆爲一佛乘故라 是諸衆生이 從佛 聞法하고 究竟皆得一切種智하니라 舍利弗아 是諸佛이 但敎化菩薩하사 欲以佛之知見으로 示衆生故며 欲以佛之知見으로 悟衆生故며 欲令衆 生으로 入佛之知見故니라

사리불이여, 현재 시방세계의 한량없는 백천만 억 국토에 계시는 여러

부처님 세존께서 중생들의 이익과 행복을 위하시니라. 이 여러 부처님들도 한량없고 수없는 방편과 갖가지 인연과 비유와 말로써 중생들을 위하여 온갖 법을 연설하시는데 이 법은 모두 일불승을 위한 것이니라. 이 모든 중생들이 부처님께 법을 듣고는 필경에는 일체 지혜를 얻느니라.

사리불이여, 이 모든 부처님은 오직 보살들만을 위하여 부처님의 지견(知見)을 중생들에게 보여주려는 연고(然故)며, 부처의 지견을 중생들이 깨닫게 하려는 연고며, 중생들로 하여금 부처님의 지견에 들어가게 하려는 연고니라.

✽ 네 번째 현재불장(現在佛章)입니다. 이 일불승의 가르침은 교화보살(教化菩薩) 즉 보살을 위한 것이라고 하였습니다. 여기서 보살은 그 사람의 심성이 부처님의 깨달음에 얼마나 관심이 있고, 얼마나 조예가 있느냐에 따라 결정됩니다. 큰 절에 가서 보시 많이 하고 좋은 일 많이 했다고 보살이 되지는 않습니다. 사실 불지견이니 깨달음의 경지니 하며 말로 표현하는 것도 맞지 않는 일입니다. 그 실체는 언어도단(言語道斷)하고 심행처멸(心行處滅)하기 때문입니다. 우리가 이런 저런 이야기를 하는 것은 실체는 두고 주변만 빙빙 도는 격입니다. 이것이 우리가 할 수 있는 노력이기 때문입니다. 그러다보면 언젠가 그 실체를 만나게 된다고 기대합니다.

【 경문 】

舍利弗아 我今亦復如是하야 知諸衆生의 有種種欲과 深心所著일새 隨

其本性하야 以種種因緣과 譬喻言辭와 方便力으로 而爲說法하노니 舍利弗아 如此皆爲得一佛乘과 一切種智故니라 舍利弗아 十方世界中에 尙無二乘이어늘 何況有三가 舍利弗아 諸佛이 出於五濁惡世하나니 所謂劫濁煩惱濁衆生濁見濁命濁이라 如是舍利弗아 劫濁亂時에 衆生垢重하야 慳貪嫉妬하며 成就諸不善根故로 諸佛以方便力으로 於一佛乘에 分別說三이니라

사리불이여, 지금 나도 또한 그와 같아서 여러 중생들이 갖가지 욕망에 깊이 집착함을 알고 그 본 성품을 따라서 갖가지 인연과 비유와 말과 방편으로써 법을 설하노라. 사리불이여, 이렇게 하는 것은 모두 일불승과 일체 지혜를 얻게 하려는 연고니라. 사리불이여, 시방세계에는 이승도 없는데 하물며 삼승이 있겠는가.

사리불이여, 부처님이 다섯 가지 흐리고 나쁜 세상(五濁惡世)에 출현하였으니, 이른바 겁의 흐림, 번뇌의 흐림, 중생의 흐림, 견해의 흐림, 수명의 흐림이니라.

이와 같이 사리불이여, 겁이 흐리고 어지러운 시대에는 중생들의 번뇌가 많아 아끼고 탐하고 시기 질투하여 나쁜 근성을 이루고 있으므로 부처님들이 방편력으로써 일불승에서 쪼개고 나누어 삼승을 설하느니라.

❀ 그저 사람이 있을 뿐입니다. 그냥 사람으로 끝나는 것이 아니라, 불격(佛格), 즉 부처님의 자격으로 존재하는 사람이 있을 뿐이라는 말입니다.

부처님께서 오탁악세의 세상에 출현하셨습니다. 오탁(五濁) 즉 다

섯 가지 흐림은 이런 것입니다. 먼저 겁의 흐림(劫濁)은 세월이 아주 혼탁해졌다는 말이고, 번뇌의 흐림(煩惱濁)은 옛 사람보다 번뇌가 훨씬 무겁고 많다는 것입니다. 요즘은 정보화 시대인지라 불필요한 정보도 물밀 듯이 밀려옵니다. 좋든 싫든 우리가 알아야 하는 것들이 많아져서 번뇌가 많아집니다. 중생의 흐림(衆生濁)은 중생 그 자체가 혼탁하다는 말입니다. 마음씀씀이와 행동에 윤리와 도덕을 지키지 않는 것이 많다는 말입니다. 또 견해의 흐림(見濁)은 견해가 혼탁하여 별별 생각을 다하고 별별 주의주장과 사상이 많다는 말입니다. 수명의 흐림(命濁)은 옛날보다 수명이 많이 줄었다는 것입니다.

"쪼개고 나누어서 삼승을 설한다."고 하였습니다. 쪼개고 나눈 것이 어디 삼승뿐이겠습니까? 얼마나 다종다양합니까? 사람들이 다 다릅니다. 그때 그때 또 다르지요. 사람마다 독립된 개체로서 자기 소견이 있고 주의주장이 있고 안목이 있고 시각이 있습니다. 이것을 인정해 주어야 됩니다. 모두 인정하는 사람이 조금은 철이 든 사람입니다.

"이 세상에는 종교가 더 많아야 한다."고 달라이 라마가 말했습니다. 역설적인 표현이지요. 지구상에는 수많은 종교가 있습니다. 그러나 모든 사람이 다 만족하지는 못합니다. 각기 다른 사람들이 다 만족하기 위해서는 그 사람들의 숫자만큼 종교가 있어야 할 것이라는 말입니다. 일불승에서 쪼개고 나누어서 삼승을 설하였다는 말씀이 이런 뜻입니다. 그것이 각양각색의 다른 종교의 모습이라고 표현할 수 있습니다.

【 경문 】

舍利弗아 若我弟子가 自謂阿羅漢辟支佛者가 不聞不知諸佛如來가 但

敎化菩薩事면 此非佛弟子며 非阿羅漢이며 非辟支佛이니라 又舍利弗아 是諸比丘比丘尼가 自謂已得阿羅漢이라 是最後身究竟涅槃이라하야 便 不復志求阿耨多羅三藐三菩提라하면 當知此輩는 皆是增上慢人이니 所 以者何오 若有比丘가 實得阿羅漢하고 若不信此法이 無有是處니라 除 佛滅度後現前無佛이니 所以者何오 佛滅度後에 如是等經을 受持讀誦 解義者는 是人難得이니 若遇餘佛이면 於此法中에 便得決了니라 舍利 弗아 汝等當一心信解하야 受持佛語니 諸佛如來가 言無虛妄이라 無有 餘乘이요 唯一佛乘이니라

사리불이여, 만일 나의 제자로서 스스로 아라한이나 벽지불의 경지를 얻었노라고 하는 이들이 부처님 여래가 보살들만을 교화하는 줄을 듣 지 못하고 알지 못한다면 이 사람은 부처님의 제자도 아니며 아라한도 아니고 벽지불도 아니니라. 또 사리불이여, 이 비구·비구니들이 스스 로 말하기를 '이미 아라한의 경지를 얻어 최후의 몸이 되었으니, 마침 내 열반에 이르리라.' 하고, 더 이상 최상의 깨달음을 구하지 않는다면 이런 사람들은 모두 교만심이 높은 사람인 줄을 알아야 하느니라. 왜냐 하면 만일 비구로서 참으로 아라한의 경지를 얻고도 이 법을 믿지 않는 다면 그것은 옳지 않느니라.

다만 부처님이 열반한 뒤에 부처님이 없을 때는 제외하느니라. 왜냐하 면 부처님이 열반한 뒤에는 이런 경전을 받아 지니고 읽고 외우고 뜻을 해석하는 사람을 만나기가 어려우니라. 이 사람이 만일 다른 부처님을 만난다면 이 법문 가운데서 곧 확연히 통달하게 되리라.

사리불이여, 그대들은 마땅히 일심으로 부처님의 말씀을 믿고 이해하

고 받아 가지라. 여래의 말씀은 허망하지 않느니라. 다른 법은 없고 오직 일불승뿐이니라."

🌺　일불승을 쪼개고 나누어서 이승과 삼승을 설하였다고 했습니다. 사실 이승이나 삼승은 그런 대로 괜찮습니다. '인천인과교(人天因果教)'라는 것이 있습니다. 소승교도 아니고 대승교도 아니고 이름하여 인천인과교입니다. 선행을 해서 사람으로 태어나고 천상에 태어나는 정도의 좋은 과보를 받는 것이 인천인과교입니다.

　인과(因果)의 도리를 우리는 상당히 강조합니다. 그러나 인과의 가르침에만 머무르고 이것이 불교의 전부라고 이해하면 안 됩니다. 그것은 소승의 가르침도 못 되고, 성문이나 연각의 경지는 더더욱 아닙니다. 인과의 도리가 전부라고 생각한다면 부처님께서 참 섭섭해 하실 일입니다.

　부처님께서는 "내가 깨달은 바를 그대로 일러주고 싶은 것이 내 본의다."고 하셨습니다. "오직 일불승뿐이니라."고 하셨습니다. 일불승(一佛乘)! 사람이 부처님이라는 말입니다. 오로지 사람이 부처님이고 부처님으로서의 삶이 있을 뿐이라는 것입니다. 우리가 어떻게 부처님이 된다는 말인가? 의구심을 가질 수도 있습니다. 부처님에 대한 이해가 부족하기 때문에 그런 생각이 들 것입니다. 승속을 막론하고 불교에 귀의하고 공부한다면, 부처님은 진정 무슨 말씀을 하셨는가를 정확하게 아는 것이 무엇보다 우선이라는 말씀을 드리고 싶습니다.

10. 게송으로 거듭 밝히다

(1) 오직 일불승

【 경문 】

爾時世尊이 欲重宣此義하사 而說偈言하니라
比丘比丘尼有懷增上慢과
優婆塞我慢과 優婆夷不信과
如是四衆等이 其數有五千이라
不自見其過하고 於戒有缺漏어든
護惜其瑕疵하나니 是小智已出이라
衆中之糟糠이니 佛威德故去니라
斯人鮮福德하야 不堪受是法이니라
此衆無枝葉하고 唯有諸貞實이니라

이때 세존께서 이 뜻을 거듭 펴려고 게송으로 말씀하셨습니다.
"비구나 비구니로서 높은 교만심을 가졌거나
우바새로서 아만이 있거나 우바이로서 믿지 않는
이와 같은 사부대중들이 그 수효가 오천 명이라.
자신의 허물은 스스로 보지 못하고
계행(戒行)에도 잘못됨이 있느니라.
자기의 허물을 감추려는
작은 지혜를 가진 이들은 다 나가버렸으니

대중 가운데 술지게미나 쌀겨 같은 이들은

부처님의 위엄과 덕에 질려 나갔느니라.

이 사람들은 복덕이 적어서 이 법을 들을 수 없느니라.

여기 이 대중들은 이제 지엽은 없고 오직 열매뿐이니라.

【 경문 】

舍利弗善聽하라 諸佛所得法은

無量方便力으로 而爲衆生說하대

衆生心所念과 種種所行道와

若干諸欲性은 先世善惡業이어늘

佛悉知是已하시고 以諸緣譬喩와

言辭方便力으로 令一切歡喜케하니라

或說修多羅와 伽陀及本事와

本生未曾有하시며 亦說於因緣과

譬喩幷祇夜와 優婆提舍經하노라

鈍根樂小法하며 貪著於生死하야

於諸無量佛에 不行深妙道하고

衆苦所惱亂일새 爲是說涅槃하니라

사리불이여, 잘 들어라. 모든 부처님들이 얻은 법은

한량없는 방편의 힘으로 중생들을 위해서 말씀하느니라.

중생들의 마음에 생각하는 일과 갖가지로 행하는 도와

그러한 욕망과 성품과

전생에 지은 착하고 나쁜 업을 부처님은 이미 다 알고

여러 가지 인연과 비유와 말과 방편으로

그 모두들을 기쁘게 하려 하느니라.

혹은 수다라를 말하고 가타와 본사도 말하고

본생과 미증유와 인연과 비유와 기야와

우바제사경(優婆提舍經)을 말하느니라.

둔한 근기들은 소승법(小乘法)을 좋아하고

나고 죽는 일을 탐하고 집착하여

한량없는 부처님을 만나도 깊고 묘한 도는 행하지 않고

온갖 고통에 시달리기에 그들에게 열반의 도리를 말하느니라.

❀   이렇게 부처님께서는 한량없는 방편으로 중생들을 위해서 가르침을 주셨습니다. 중생이 복잡하니 사용하는 방편도 복잡한 것입니다. 부처님께서는 온갖 인연과 비유를 들면서 언사와 방편의 힘으로 일체 중생을 모두 기쁘게 하셨습니다. 언사(言辭)는 말이라는 뜻입니다. 인도의 산스크리트어는 귀족들이, 팔리어는 평민들이 쓰는 말이었습니다. 그래서 경전도 이 두 가지 언어로 쓰여져 있는데, 남방불교 경전은 거의 팔리어로 되어 있고, 북방불교 경전은 거의 산스크리트어로 되어 있습니다. 현재 인도 정부에서 공식적으로 인정하는 말이 12가지입니다. 공문서에 공식적으로 사용하는 언어가 12가지이니, 이 외에 사투리까지 세어보면 얼마나 많겠습니까? 대략 600가지 정도 된다고 합니다. 인도는 그렇게 복잡한 나라입니다. 언사와 방편의 힘으로 일체 중생을 기쁘게 하셨다는 말은 어떤 언어를 사용하든지 간에

부처님께서 중생들이 알아듣게 하시고 비유나 인연도 그에 맞추어 제도하신다는 뜻입니다.

이러한 부처님의 설법을 아홉 가지로 나눌 수 있는데 구부경(九部經)이라고 합니다. 수다라(修多羅)는 계경(偈經)이라고도 하고, 산문으로 된 경전을 말합니다. "여시아문(如是我聞)하오니 일시(一時)에 불(佛)이 … 신수봉행(信受奉行)하니"와 같은 형식으로 되어있습니다.

가타(伽陀)는 풍송(諷頌)이라고도 하고 고기송(孤起頌)이라고도 합니다. 산문과는 관계없이 독립적인 시 형식으로 설한 것입니다. 예를 들면 게송만 담긴 법구경은 가타입니다.

본사(本事)는 제자들의 과거생 인연을 설하는 내용입니다. "사리불존자가 전생에 남의 집 머슴살이를 할 때가 있었는데…"라면서 전생의 일을 통해 불법을 설하는 것입니다.

본생(本生)이라는 것은 부처님의 전생담을 말합니다. 미증유(未曾有)는 불가사의하고 아주 희유한 일을 말합니다. 그야말로 일찍이 있지 않았던 일입니다. 법화경의 서품을 보면 부처님께서 미간에 광명을 놓으시고 여러 가지 상서가 보인 것을 미증유라고 표현합니다. 그 다음에 인연(因緣)은 갖가지 인연을 설한 부분이고, 비유(譬喩)는 어떤 법을 비유를 들어서 다시 밝히는 것을 말합니다. 법화경은 비유가 유명합니다. 법화칠유(法華七喩) 혹은 법화구유(法華九喩)라고 하지요.

기야(祇夜)는 중송(重頌)이라고도 하는데, 산문으로 설해진 내용을 다시 게송으로 거듭 이야기하는 것입니다. 법화경은 먼저 산문으로 설하고 그것을 다시 중송으로 즉 기야로 반복해서 이야기하는 형식입니다. 우바제사경(優婆提舍經)은 교리를 문답식으로 논의하여 이치를 드러내는 것입니다. 문답형식으로 된 경전에는 능엄경(楞嚴經)과 나선비구경(那先比丘經)이 유명합니다. 능엄경은 아난 존자와 부처님께서 마음의 실체에 대해 문답하고, 『밀린다팡하(Milindapañha)』라고도 하는 나선비구경은 나가세나 존자와 밀린다 왕이 대화하는 형식으로 되어 있습니다. 여기에 방광(方廣), 자설(自說), 수기(授記)의 세 가지를 더하면 십이부경(十二部經)이 됩니다. 방광(方廣)은 대승경전에만 있습니다. 모 방(方) 자에 넓을 광(廣) 자를 사용하는데, 모(方)는 반듯하다는 뜻입니다. 진리가 매우 정확하다, 바른 말이라는 뜻입니다. 광(廣)은 그 뜻이 원만하게 구비되었고 깊고 넓다는 뜻입니다. 법화경도 방광에 들어갑니다.

자설(自說)은 법을 묻는 이가 없는데 부처님께서 스스로 설법하는 것을 말합니다. 대승경전에서 흔히 볼 수 있고, 아함부 경전에는 자설이 거의 없습니다. 마지막으로 수기(授記)는 수기(授記)를 주는 것입니다. "그대는 언제 부처가 될 것이다. 그때는 이름이 무엇인 부처가 될 것이다." 하는 것을 수기라고 합니다. 수기가 제일 많이 나오는 경전이 바로 법화경입니다. 수기품이 따로 있고, 유학무학인기품에도 수기가 있고, 그 외에도 많은 수기가 있습니다.

부처님께서는 이렇게 여러 가지 방법을 동원해서 중생들에게 이치를 깨우쳐 주고 진리를 가르치십니다. 왜냐하면 중생들의 근기와 욕망과 성품, 생각하는 것, 행동하는 것 등 그 업이 각양각색이기 때문에 그에 맞추어 이렇게도 꾀어보고 저렇게도 달래보고 꾸짖기도 하고 겁을 주기도 하며 별별 방법을 다 사용하시는 것입니다.

【 경문 】

我設是方便하야 令得入佛慧하고
未曾說汝等이 當得成佛道호니
所以未曾說은 說時未至故니라
今正是其時일새 決定說大乘하노라
我此九部法은 隨順衆生說하야
入大乘爲本일새 以故說是經하노라

내가 이러한 방편을 마련한 것은
중생들을 부처님의 지혜에 들어가게 한 것이지만
그대들에게는 일찍이 성불하리라고 말하지 않았느니라.
내가 그런 말을 하지 않은 것은
그런 말을 할 때가 되지 않았기 때문이니라.
지금 바로 그때가 되었으므로
결정코 대승법을 말하는 것이니라.
나의 이 구부(九部) 경법(經法)은
중생들의 근기를 수순하여 설한 것이니라.
모두 이 대승법에 들어가게 하는 기본을 삼으려고
이 구부경법을 설하였느니라.

❀ 참으로 중요한 말씀입니다. "이제 때가 되었기 때문에 설법한
다. 여태까지는 중생들을 부처님의 지혜에 들어가게 하였지만, 성불
하라고까지는 일찍이 말하지 않았다. 모든 사람이 부처님이다. 모든

사람이 성불한다는 성불 일반론에 대해서는 평소에 말씀하지 않으셨다."는 것입니다. 대승불교가 전해지지 않은 나라에서는 부처님이 열반하신 지 삼천 년이 지난 오늘날까지도 모든 사람들이 부처님이 될 수 있다는 가르침이 펼쳐지지 않는 곳이 많습니다. 미얀마나 태국, 스리랑카 등 남방불교의 대다수가 그렇습니다.

"모든 중생이 부처가 된다는 이 엄청난 말을 이제 비로소 때가 되었기 때문에 말한다. 결정코 대승법을 말하는 것"이라고 하였습니다. 대승법은 모든 사람이 본래 부처님이라는 것입니다. 인간 생명의 실상이 영원무궁한 것이며 무한한 능력을 지녔다고 하는 사실들입니다. 모두 이와 같은 대승법에 들어가는 기본을 삼으려고, 다시 말해서 첫 발판을 만들기 위해서 이렇게 구부경법으로 나누어 설했다는 내용입니다.

【 경문 】

有佛子心淨하야 柔軟亦利根하며

無量諸佛所에 而行深妙道라

爲此諸佛子하야 說是大乘經호니

我記如是人은 來世成佛道하리라

以深心念佛하고 修持淨戒故로

此等聞得佛하고 大喜充徧身하리니

佛知彼心行일새 故爲說大乘이시니라

聲聞若菩薩이 聞我所說法하대

乃至於一偈하면 皆成佛無疑리라

불자의 마음은 청정하고 부드럽고 영리하여
한량없는 부처님이 계신 곳에서
깊고도 묘한 도를 행하였으니,
이와 같은 여러 불자들에게는 대승경을 설해 주고
또 나는 이런 사람에게는 오는 세상에
불도를 이루리라고 수기하느니라.
깊고 깊은 마음으로 염불하고 깨끗한 계행을 닦은 까닭에
이러한 사람들이 나의 이 말을 듣고
큰 기쁨이 몸에 가득하리라.
부처님은 저 사람들의 마음을 알기 때문에
대승경전을 설하는 것이며,
성문이나 보살들까지도 내가 설하는 법문을 듣고
한 게송만 기억하여도 성불에 의심이 없느니라.

🪷 "오는 세상에 불도를 이루리라고 수기하느니라." 이렇게 은근하게 말씀합니다. 상당히 조심스러운 표현이지요. 그러나 머지않아서 "이미 불도를 이루었다."고 하십니다. 이미 성불하였다는 말씀과 앞으로 성불할 것이라는 말씀을 번갈아 하고 있지만 사실 내용에 있어서는 차이가 없는 것입니다.

　그러면 염불하고 계행 닦는 것이 또 하나의 조건으로 필요할까요? 이런 것은 성불하는 조건이 전혀 아니라는 것입니다. 편의상 조건을 말할 뿐이지 사실 조건은 없습니다. 본래는 부처님입니다. 본래 볼 줄 알고, 들을 줄 아는 능력이 있습니다. 우리가 면밀히 관찰하고 깊

이 사유하면 알게 됩니다. 본래 가지고 있는 그 능력 그대로가 부처의
경지지 달리 다른 것은 없다는 결론에 도달하게 됩니다.

【 경문 】

十方佛土中에 唯有一乘法이요

無二亦無三이니 除佛方便說이니라

但以假名字로 引導於衆生하나니

說佛智慧故니라

시방세계에는 오직 일승법만 있고

이승도 없고 또한 삼승도 없느니라.

그러나 오직 부처님이 방편으로 설하신 것은 예외이니라.

다만 삼승이라는 이름을 빌려서

중생들을 인도하는 것이니

부처님의 지혜를 말씀하기 위한 까닭이니라.

🌸　 부처님께서 방편으로 별별 말씀을 다 하셨지요. 십신 · 십주 ·
십행 · 십지 · 등각 · 묘각 등의 52단계를 말씀하시고, 또 성문이니 연
각이니 보살이니 혹은 수다원이니 사다함이니 아라한이니 하는 계단
도 있습니다. 이런 것들은 다 하나의 방편으로 가설해 놓은 이야기일
뿐입니다. 그야말로 순수한 말에 불과한 것이지 의미는 없습니다. 결
국 부처님의 지혜를 말씀하기 위해 그런 방편을 쓸 수밖에 없었다는
이야기입니다.

【 경문 】

說佛智慧故니라 諸佛出於世에

唯此一事實이요 餘二則非眞이니

終不以小乘으로 濟度於衆生이니라

佛自住大乘하시고 如其所得法하야

定慧力莊嚴으로 以此度衆生이니

自證無上道 大乘平等法하고

若以小乘化하야 乃至於一人이면

我則墮慳貪이라 此事爲不可니라

부처님의 지혜를 설하기 위하여

모든 부처님들은 이 세상에 출현하였느라.

오직 이 한 가지 사실만 진실이요,

그 외의 다른 것들은 진실이 아니니라.

마침내 소승법으로써는 중생들을 제도하지 않느니라.

부처님은 스스로 대승법에 머물러 있고

그 얻은 법과도 같으니라.

선정과 지혜의 힘으로 장엄하여

이로써 중생들을 제도하는데

스스로는 최상의 도인 대승의 평등한 법을 얻고서

만일 한 사람이라도 소승법으로써 교화한다면

나는 곧 간탐죄(慳貪罪)에 떨어지리니

그것은 옳지 못한 일이니라.

✿ "부처님의 지혜를 설하기 위하여 모든 부처님들은 이 세상에 출현하였느니라. 오직 이 한 가지 사실만 진실이요, 그 외의 다른 것들은 진실이 아니니라."고 하셨습니다. 이것은 우리가 꼭 기억해야 하는 말씀입니다. 부처의 경지만 있지 그 외에 아무것도 없다는 것입니다. 부처의 경지가 무엇입니까? 사람이 가지고 있는 볼 줄 아는 능력, 들을 줄 아는 능력, 느낄 줄 아는 능력, 알 줄 아는 능력 등 마음에 있는 온갖 무궁무진하며 불가사의한 능력을 뜻합니다. '그 외의 다른 것들은 진실이 아니니라.'고 하셨습니다. 진실이 아니라는 말씀은 거짓이라기보다 방편이라고 해야 합니다.

'소승법으로써는 중생들을 제도하지 않느니라.' 라고 아주 명확하게 밝히셨습니다. 상식적으로 생각하더라도 그렇습니다. 부처님께서는 최상의 도인 대승의 평등한 법을 가지고 있는데, 그것을 아껴두고 소승법으로써 중생들에게 나누어 주시겠습니까? 더없이 좋은 가르침을 두고, 중생들의 하잘것 없는 욕심을 충족시키는 이야기만 가르친다면 큰 문제가 됩니다. 죄 가운데에서도 제일 큰 죄가 법을 아끼는 죄라고 했습니다. 앞에서도 말씀드렸지만, 인천인과교(人天因果敎) 즉 인과 이야기를 하면서 복을 지으면 좋은 곳에 태어난다, 부자가 된다고 하는 것은 불교 신행의 궁극적인 목표가 아닙니다.

[2] 부처님이 세운 서원(誓願)

【 경문 】

若人信歸佛하면 如來不欺誑하며

亦無貪嫉意라 斷諸法中惡일새

故佛於十方에 而獨無所畏니라

我以相嚴身하며 光明照世間하야

無量衆所尊일새 爲說實相印이니라

만약 어떤 사람이 부처님께 귀의하면

여래는 그를 속이지 않으며

탐욕과 미워하는 생각도 없느니라.

그것은 모든 나쁜 일을 다 끊었기 때문이니라.

그래서 부처님은 시방세계에서 홀로 두려움이 없고

잘생긴 상호로써 몸을 장엄하며

광명으로 온 세간을 비추느니라.

한량없는 대중들의 존경을 받고

제법실상(諸法實相)의 진실을 설해 주느니라.

【 경문 】

舍利弗當知하라 我本立誓願은

欲令一切衆으로 如我等無異라

如我昔所願을 今者已滿足하니

化一切衆生하야 皆令入佛道니라

사리불이여, 마땅히 알아라.

내가 본래 세운 서원은 모든 중생으로 하여금

나와 똑같게 하려고 한 것이니라.
내가 세운 옛날의 서원처럼 오늘날 이미 만족하여
모든 중생들을 교화하여 부처님의 도에 들게 하노라.

🌼　모든 사람들이 부처님께서 깨달은 지혜, 부처의 경지에 들게 하는 것이 부처님의 서원이고 부처님의 진실이고 부처님의 마음입니다. 무엇을 만들어 주는 것이 아니라 사람들이 본래 그대로 완전무결한 부처님이라고 하는 사실을 깨우쳐 주는 것이 바로 여기서 부처님의 도에 들게 하는 것입니다.

[3] 소승(小乘)을 설한 이유

【 경문 】

若我遇衆生하야 盡敎以佛道언마는
無智者錯亂하야 迷惑不受敎니라
我知此衆生이 未曾修善本일새
堅著於五欲하야 癡愛故生惱하며
以諸欲因緣으로 墜墮三惡道하며
輪廻六趣中하야 備受諸苦毒하며
受胎之微形으로 世世常增長하야
薄德少福人이라 衆苦所逼迫하며
入邪見稠林 若有若無等일새
依止此諸見하야 具足六十二하며

深著虛妄法하야 堅受不可捨하며
我慢自矜高하야 諂曲心不實하며
於千萬億劫에 不聞佛名字하고
亦不聞正法하나니 如是人難度니라

내가 만약 중생들을 만나면
모두 부처님의 도로써 가르치건만
지혜가 없는 사람들은 잘못 알고
미혹하여 그 가르침을 받아들이지 않네.
이러한 중생들은 일찍이 선행의 근본을
심지 못한 줄을 나는 아노라.
그들은 다섯 가지 욕락(欲樂)에 집착하며
어리석음과 애착으로 번민하며
온갖 애욕의 인연으로 세 가지 나쁜 길에 떨어지고
여섯 갈래로 윤회하면서 온갖 고통을 다 받느니라.
어머니의 태중에서 미미한 형상으로 시작하여
세세생생 항상 더불어 나서 박덕(薄德)하고 복이 없어
온갖 괴로움에 시달리느니라.
나쁜 소견의 빽빽한 숲인 있음과 없음의 편견에 들어가서
이러한 온갖 견해에 의지하여
육십이(六十二) 소견을 골고루 갖췄느니라.
허망한 법에 깊이 집착하여 굳게 믿고 버리지 못하며
아만과 자긍심이 너무 높아서

굽고 뒤틀린 마음은 진실성이 전혀 없네.
그들은 천만 억 겁을 지내도록
부처님의 이름도 듣지 못하고 정법도 또한 듣지 못하나니
이러한 사람들은 제도하기 어려우니라.

🏵 　나쁜 소견의 빽빽한 숲(稠林)에 들어있다고 했습니다. 이 말은 덕도 없고 복도 적어서 고통 받는 것도 괴로운데 소견조차 아주 편협하다는 뜻입니다. 조림(稠林)은 빽빽한 숲을 말합니다. 나무가 빽빽하면 사람이 숲을 뚫고 지나갈 수 없습니다. 그와 같이 삿된 소견은 두 사람을 용납하지 못합니다. 다른 사람의 생각이나 말은 손톱만큼도 용납하지 못합니다. 소견머리가 너무 빽빽하기 때문입니다. 그래서 한 사람도 지나갈 수 없는 정도의 소견, 그 자리에서 겨우 자기 혼자 지탱할 수 있는 정도의 소견을 말합니다. 살아가면서 다른 사람의 의견이나 생각, 견해를 이해하면서 그들의 입장에서 수용하는 마음가짐이 참 중요합니다.

　똑똑한 사람들을 주로 세지변총(世智辯聰)이라고 합니다. 세간의 지혜가 아주 뛰어나지만 올바른 이치에는 순응하지 못하는 사람을 말합니다. 영리하고 많이 배운 사람일수록 자기 소견만 믿고 더 이상의 견해를 받아들이지 않기 때문에 이런 잘못을 범하는 것입니다. 나쁜 소견에 빠져서 결국은 있음과 없음의 편견에 들어갑니다. 있는 것도 아니고 없는 것도 아니라는 것이 불교의 기본 입장입니다. 그런데 세속적인 소견은 대개 있다 아니면 없다, 혹 아니면 백과 같은 방식으로 양변에 치우치고 양변에 떨어집니다. 이와 같이 있음과 없음의 편견

에 들어서 온갖 소견들이 펼쳐집니다.

비록 덕이 부족하고 복이 조금 적더라도 소견은 제대로 되어있어야 합니다. 무엇보다 중요한 것이 소견입니다. 제가 불교는 중도정견(中道正見) 즉 중도의 바른 견해를 가지고 살도록 가르친 것이라는 이야기를 자주 하는 것도 이때문입니다.

【경문】

是故舍利弗아 我爲設方便하야
說諸盡苦道하야 示之以涅槃호니
我雖說涅槃이나 是亦非眞滅이어니와
諸法從本來로 常自寂滅相이니
佛子行道已하면 來世得作佛이니라

그러므로 사리불이여, 내가 편리하고 알맞은 방법으로
온갖 괴로움이 없어짐을 설하여
열반의 길을 보였으니 내가 비록 열반을 말했으나
이것은 진실한 열반은 아니니라.
모든 법은 본래부터 언제나 저절로 적멸한 모습이니
불자들이 이러한 도를 행하면 오는 세상에 부처님이 되리라.

❁ 아함경에는 열반에 대한 이야기가 참 많습니다. 사법인하면 제행무상, 일체개고, 제법무아, 열반적정을 말합니다. 아함경은 이와 관련된 이야기가 아주 많습니다. 여기서도 표현했듯이 그야말로 온갖

괴로움이 없어짐을 설하여 열반의 길을 보였다고 했습니다. 그러나 그것은 진실한 열반이 아님을 부처님께서는 분명하게 말씀하십니다. "모든 법은 본래부터 언제나 저절로 적멸한 모습이니 불자들이 이러한 도를 행하면 오는 세상에 부처님이 되리라(諸法從本來 常者寂滅相 佛子行道已 來世得作佛)."는 법화경의 유명한 사구게(四句偈)입니다. 망자를 천도하는 천도문에는 화엄경의 사구게도 있고, 금강경의 사구게도 있고, 법화경의 사구게도 들어있습니다. 일반적으로 사구게는 그 경전을 대표하는 구절로서 그 경전의 오묘한 뜻을 집약한 표현이라 하여 상당히 높이 받듭니다.

천도에 대해 잠깐 말씀드리겠습니다. 마음의 눈을 뜨지 못하면 천도되는 것이 아닙니다. 복은 남은 가족이 대신 지어줄 수 있습니다. 돌아가신 분의 이름으로 법보시를 한다든지 다른 좋은 일을 한다든지 하여 망자가 짓지 못한 복을 대신 지어줄 수는 있습니다. 그러나 진정한 천도는 마음의 눈을 열어주는 것입니다. 마음의 눈이 무엇이겠습니까? 존재의 실상을 깨닫게 해 주는 것입니다. 모든 존재는 어떤 원리에 의해서 존재하는가? 이것을 이해시키려고 천도재의 염불은 온갖 경전의 주옥 같은 가르침들만 모아서 구성한 것입니다. 그래서 금강경, 화엄경, 법화경 등 팔만대장경의 요긴한 말씀을 모두 염불로 편찬해서 망자에게 들려주는 것이 천도재입니다.

그런데 내세(來世) 즉 오는 세상이라는 것은 다음 생을 가리키는 것이 아닙니다. 다시 태어나서 부처가 된다는 말이 아닙니다. 오는 세상은 한 호흡의 다음 호흡이 오는 세상, 내세입니다. 그것을 초(秒)로 따지면 바로 다음 초가 내세고, 분(分)으로 따지면 바로 다음 분이 내세고, 시간으로 따지면 이 시간 다음 시간이 내세라는 것이지요. 현재 이 순간의 다음 순간이 내세입니다. 그러니 내일이나 내년이나 아니면 다음 시간에 바로 부처가 될 것이라는 말씀입니다.

"불자들이 이러한 도를 행하면 오는 세상에 부처님이 되리라."고 했는데 바로 그러한 이치를 아는 순간이 부처님이라는 것입니다. 제법이 본래부터 적멸한 모습이 모든 존재의 참 모습임을 분명히 알면 그대로 부처가 된다는 것입니다.

【 경문 】

我有方便力하야 開示三乘法호니
一切諸世尊이 皆說一乘道니라
今此諸大衆은 皆應除疑惑이니
諸佛語無異라 唯一無二乘이니라

나에게 방편의 힘이 있어서 삼승법을 열어 보였으나
일체 모든 세존들은 일승법만을 설하느니라.
이제 여기 모인 대중들은 모두 다 의혹을 풀도록 하라.
모든 부처님의 말씀은 다르지 않아서
오직 일승뿐이고 이승은 없느니라.

❀ 법화경은 부처님께서 열반에 드시기 전에 설한 경으로, 그동안의 많은 가르침을 최종적으로 정리하고 있습니다. 그래서 수많은 불교의 가르침을 총정리해서 한 권의 진리서(眞理書)로 남겨놓으려는 뜻

이 역력히 보이는 내용입니다. 부처님께서는 법화경에서 오직 일불승 뿐이고 이승이나 삼승은 없다고 누차 말씀하십니다. 우리에게 이 깊은 뜻을 알려주려는 간절한 마음에서 이렇게 반복하는 것입니다. 그런데 이렇게 여러 번 말씀을 하셨어도 중생들은 그 습이 두텁기 때문에 쉽게 떨쳐버리지를 못합니다. 우리가 방편에 오랫동안 길들여져서 방편설을 진실로 잘못 알고 있는 것입니다. 부처님도 이런 사실을 알기 때문에 계속 반복, 반복해서 말씀을 하십니다.

[4] 과거 부처님의 방편(方便)과 진실

【 경문 】

過去無數劫에 無量滅度佛이
百千萬億種이라 其數不可量이니
如是諸世尊이 種種緣譬喻와
無數方便力으로 演說諸法相하시나

지나간 세상 수없는 겁에 열반하신 무량한 부처님이
백천만 억인지라 그 수효 헤아릴 수 없네.
이러한 여러 세존들이 갖가지 인연과 비유와
무수한 방편의 힘으로 온갖 법을 연설하시느니라.

❀   깨달은 분들의 수가 한량없다고 했습니다. 한량없는 백천만 억인지라 그 수효를 헤아릴 수 없다고 하였습니다. 이 말씀도 또한 석가

모니 부처님은 부처님의 대표이고, 모든 깨달은 분들도 다 부처님이라는 원칙, 우리 모두가 부처님이라는 말씀입니다.

'아이고 내가 이렇게 부족한데…' '아이고 나는 이렇게 못났는데…' '아이고 당장 마음도 병 투성이고 몸도 온갖 병 투성이인데 이런 환자가 어떻게 부처님인가?' 하고 의구심을 가집니다. 그러나 본래 그대로 부처님입니다. 부족한 부처님, 못난 부처님, 병 투성이 부처님, 모순 투성이 부처님입니다. 제발 이와 같이 알아야 합니다.

법화경을 잘 살펴보십시오. 끝없이 그런 이야기 아닙니까? "모든 세존들이 다 일승법을 설하여 한량없는 중생을 교화해서 전부 불도에 머물게 한다." 우리 마음 속에 부처가 앉아있지 않으면 절대로 이렇게 말할 수 없습니다. 말하자면, 껍질만 벗겨버리면 알맹이는 그대로 부처라는 뜻입니다. 보자기가 어떤 것이든 간에 안에 싸놓은 내용물이 중요합니다. 부처로 싸놓았든, 중생으로 싸놓았든, 아귀로 싸놓았든 축생으로 싸놓았든 간에 그 보자기가 어떤 것이든 간에 안에 무엇이 있느냐가 중요합니다. 그래서 그 보자기 안을 본 사람들은 자신이 본 것을 말하지 않고는 배길 수 없습니다.

【 경문 】

是諸世尊等이 皆說一乘法하사
化無量衆生하야 令入於佛道니라
又諸大聖主가 知一切世間
天人群生類의 深心之所欲하사
更以異方便으로 助顯第一義니라

若有衆生類가 値諸過去佛하야

若聞法布施하며 或持戒忍辱과

精進禪智等하야 種種修福慧하면

如是諸人等은 皆已成佛道니라

諸佛滅度後에 若人善軟心한 이는

如是諸衆生은 皆已成佛道니라

이러한 여러 세존들이 모두 다 일승법을 설해서
한량없는 중생들을 교화하여 부처님의 도에 들게 하시니라.
또 여러 거룩하신 성인(聖人)들께서 일체 세간의
천신과 인간, 여러 중생들의 마음속의 욕망을 아시고,
또 다른 방편으로 제일가는 도리를 드러내시니라.
만약 어떤 중생들이 지난 세상에서 부처님을 만나 뵈옵고
법문 듣고 보시를 행하며, 계행을 갖고 인욕을 행하며
정진도 하고 선정과 지혜를 행하여
갖가지 복과 지혜를 닦았으면 이러한 사람들은
모두 이미 성불(成佛)하였느니라.
부처님께서 열반하신 후에 만약 어떤 사람들이
마음이 착하고 부드러우면
이와 같은 여러 중생들은 모두 이미 성불하였느니라.

✺ "부처님의 도에 들게 하시니라."라고 하셨습니다. 이것은 우리
들이 어떤 모습으로 살더라도 부처님의 도(道)에 따라 살고, 부처님의

삶을 살고 있다는 뜻입니다. 이것이 일불승의 사상이고 법화경의 종지인 회삼귀일이라고 할 수 있습니다. 너무 어이없게 들릴 수도 있고, 힘 빠지는 말처럼 들릴지 모릅니다. 그러나 지금 이 자리에서 사람들이 사는 모습 이외에 다른 어떤 것이 있다는 생각은 처음부터 환상이고 착각입니다.

옛날에 깊은 산속에 외딴 집이 한 채 있었습니다. 어느 추운 겨울에 눈이 하도 많이 내려서 산 아랫마을로 잠시 피해 있기로 했습니다. 가족들은 모두 꾸릴 수 있는 만큼 짐을 꾸려서 한밤중에 아랫마을로 출발했습니다. 밤이었지만 눈에 비친 달빛이 밝아 그런 대로 갈 수 있었습니다. 대충 길을 잡고 한참 가다보니 사람이 지나간 흔적이 보였지요. 그래서 '다른 집에 사는 사람들도 아랫마을로 내려갔나 보다'하고 생각하고는 그 발자국을 따라갔습니다. 그런데 어떻게 된 일인지 아무리 가도 마을이 보이지 않았습니다.

어느덧 날이 밝아서 주변을 살펴볼 수 있게 되었지요. 온 가족들은 자신들이 살던 집 주변을 원을 그리면서 빙글빙글 돌고 있었습니다. 다른 사람들 발자국은 사실 자기 가족들의 발자국이었고 또 자기 자신이 밟은 발자국이었던 것입니다. 그렇다면, 참선하고 염불하고 간경하고 주력하는 것은 무엇일까요? 생활입니다. 그대로 참선 생활이고 염불 생활이고 간경 생활입니다. 아무리 사람이 본래 부처라고 하더라도 나름대로 그 사람의 삶은 있습니다. 그 사람의 생활은 있기 마련입니다. 무엇을 하든 생활이 있는 것입니다.

예를 들어서 우리에게 몸뚱이가 있으니 몸짓이 있습니다. 누워 있는 것도 몸짓이고, 앉아 있는 것도 몸짓이고, 걸어가는 것도 몸짓입니다. 몸이 있는 한 어떤 것이든 행위가 있게 마련입니다. 그와 마찬가지로 우리가 삶을 영위하는 데 있어 어떤 모습이든 삶의 모습이 있게 마련입니다. 법화경에서 오직 일불승임을 계속 주장하는 이유가 이것입니다. 거창한 다른 목표를 세울 것이 아니라, 지금 현재의 이 모습 그대로가 훌륭한 삶이라는 것을 깨달으라는 것입니다. 부처냐 아니냐 하는 것은 더 이상 대승불교나 선불교에서는 이야기할 거리가 아닙니다.

그렇다면 이제 염불하는 사람으로서의 생활은 어떠냐? 그 모습과 정신과 아름다움은 어떠해야 염불하는 사람이겠는가? 무엇이 참선의 정신이고 참선의 맛이고 향기고 몸짓이냐 하는 것도 앞으로 우리가 심도 있게 다시 이야기해야 합니다.

개이성불도(皆已成佛道) 즉 이미 성불하였다고 했습니다. 아주 조심스럽게 그러면서도 확고하게 말하고 있습니다. 사람은 본래 부처의 삶을 살고 있다는 참으로 심오한 뜻을 말하고 있습니다. 그리고 또 계행과 인욕과 보리, 정진, 선정, 지혜 등을 말했습니다. 사실 육바라밀을 닦는다고 하면서 닦는 사람보다도 세속의 삶을 열심히 사는 것이 모두 육바라밀의 삶입니다. 인욕 없이 어떻게 세상을 살 수 있나요? 이런저런 희생 없이 어떻게 세상이 살아집니까? 나름대로 지켜야 할 도리를 지키며 사는 것, 그것이 계행입니다. 또 자신이 하는 일을 새벽부터 밤늦게까지 꾸준히 끊임없이 하지 않습니까? 평생 동안 말입니다. 정작 수행한다고 간판 걸고 하는 사람보다 훨씬 더 진지하고 대단합니다. 이런 모든 삶이 그대로 부처의 삶입니다.

【 경문 】

諸佛滅度已에 供養舍利者가
起萬億種塔하대 金銀及玻瓈와
硨磲與瑪瑙와 玫瑰琉璃珠로
淸淨廣嚴飾하야 莊校於諸塔하며
或有起石廟하대 栴檀及沈水와
木櫁幷餘材와 甎瓦泥土等하며
若於曠野中에 積土成佛廟하대
乃至童子戱로 聚沙爲佛塔한이는
如是諸人等이 皆已成佛道니라

여러 부처님이 열반에 드신 후 사리에 공양하는 사람이
천만 억의 탑을 세울 때 금과 은과 파리와
자거와 마노와 매괴와 유리와 진주 등으로 만들고
아름답고 훌륭한 장엄거리로써 찬란하게 탑을 꾸미며,
또는 석굴을 파서 불당을 짓기도 하고,
전단향과 침수향으로 짓기도 하고,
목밀(木櫁) 나무나 다른 재목이나
벽돌이나 진흙으로 짓기도 하고,
넓은 벌판에 흙을 쌓아서 불당을 짓거나,
또는 아이들이 장난으로 모래를 쌓아 불탑을 만든다면
이런 사람들은 모두 이미 성불하였느니라.

여기 열거한 내용들이 무슨 성불의 조건이 되겠습니까? 나무로 탑을 만들고, 훌륭한 장엄거리로 찬란하게 탑을 꾸미고, 석굴을 파고 불당을 짓는 행동들이 성불하는 조건이 된다는 뜻이 아닙니다. 그리고 또 아이들이 모래를 대충 뭉쳐놓고 "이것이 탑이다." 하는 것이 무슨 성불의 조건이 되겠습니까? 사실 성불의 조건은 없다는 말씀입니다.

육바라밀 수행이나 참선, 간경을 통해서 성불하는 차원도 아닙니다. 이런 것으로 성불했다면 나중에 무너질 수도 있고 없어질 수도 있는 그런 성불입니다. 성불의 뜻을 우리는 법화경을 공부하면서 정확하게 이해해야 합니다. 계속 해서 이야기가 이어집니다.

【 경문 】

若人爲佛故로 建立諸形像하며
刻雕成衆相한 이는 皆已成佛道니라
或以七寶成하며 鍮鉐赤白銅과
白鑞及鉛錫과 鐵木及與泥하며
或以膠漆布로 嚴飾作佛像하면
如是諸人等은 皆已成佛道니라
彩畵作佛像하야 百福莊嚴相하대
自作若使人하면 皆已成佛道니라
乃至童子戱로 若草木及筆이나
或以指爪甲으로 而畵作佛像하면
如是諸人等이 漸漸積功德하야
具足大悲心일새 皆已成佛道니

但化諸菩薩하야 度脫無量衆이니라

만약 어떤 사람이 부처님을 위해서
부처님의 형상을 조성하거나
불상의 여러 가지 모양들을 조각한 이들도
모두 이미 성불하였느니라.
칠보로 부처님의 형상을 조성하거나
황동이나 백동이나 함석이나 납이나 주석이나
철·나무·진흙으로 만들거나 아교나 옻칠과 천으로
불상을 조성한 이들도 이러한 여러 사람들은
모두 이미 성불하였느니라.
채색으로 불상을 그려서
일백 가지 복이 원만하게 장엄한 탱화를 만들 때
제가 스스로 하거나 남을 시켜 하더라도
이러한 이들 모두 이미 성불하였느니라.
어린아이들이 소꿉장난으로 나무 꼬챙이나 붓이나
또는 손가락이나 손톱 따위로 불상을 그린다 해도
이와 같은 이들이 점점 공덕을 쌓으며
큰 자비심을 갖추어서 모두 이미 성불하였느니라.
다만 여러 보살이 되어 한량없는 중생들을
제도하여 해탈케 하였느니라.

🌸 사람이 불교와 인연 맺을 수 있는 여러 경우를 다 말하고 있습니

다. 그러나 이것은 성불하는 조건이 따로 없다는 뜻입니다. 이렇게 이해해야 바르게 이해하는 것입니다. 본래 부처의 도리를 여지없이 명명백백하게 드러냈습니다. 법화경이 경중의 왕이다, 최고의 경전이라며 높이 추앙 받는 이유가 거기에 있습니다.

【 경문 】

若人於塔廟와 寶像及畵像에
以華香幡蓋로 敬心而供養커나
若使人作樂하대 擊鼓吹角貝하며
簫笛琴箜篌와 琵琶鐃銅鈸과
如是衆妙音으로 盡持以供養하며
或以歡喜心으로 歌唄頌佛德하대
乃至一小音이라도 皆已成佛道니라

만약 어떤 사람이 탑이나 등상불(等像佛)이나 탱화에
꽃과 향과 깃발과 일산으로써 공경 공양하였거나,
또는 남을 시켜 풍악 울리고 북 치고 소라 불고
퉁소와 저와 거문고와 공후와 비파와 징과 요령 등
이러한 여러 가지 아름다운 음악으로 불상에 공양하였거나,
또는 환희한 마음으로 부처님의 공덕을 노래하거나,
내지 아주 작은 음성으로 공양하더라도
이러한 이들 모두 이미 성불하였느니라.

❀ 　부처님 앞에서 찬불가 한번 부르는 것으로 이미 성불했다고 합니다. 부처되기가 이렇게 쉬운 것입니다. 세수하다 코 만지기보다 더 쉽습니다. 코를 만지려면 손이 있어야 되는데 손 없는 사람은 코도 못 만지지요. 그런데 성불은 손이 없는 사람도 가능합니다. 그러니까 세수하다 코 만지기보다 더 쉽다고 할 수 있지요.

　사람은 본래 부처로서 위대한 존재라는 사실을 스스로 알아야 합니다. 이 사실을 알고 또 믿어야 합니다. 그리고 그렇게 살아야 합니다. 나만 그런 것이 아니고 모든 사람이, 모든 생명이 다 부처임을 알아야 합니다. 그래서 모든 사람을 부처님으로 받들어 섬기고 존중하고 공양하고 찬탄하며 위해 줄 때, 그때 나도 행복하고 그 사람도 행복해집니다. 행복의 열쇠는 바로 여기에 있습니다. 그래서 '사람이 부처님'이라는 인불사상(人佛思想)만 제대로 이해하고 실천한다면 세계평화뿐만 아니라 모든 사람의 행복이 바로 이루어집니다. 왜냐하면 모든 사람들을 부처님이라고 생각하고, 부처님으로 받들어 섬기는 곳에 무슨 시기나 질투, 모함이 있고 억울함이 있겠습니까? 영토를 넓히기 위해서, 자기 세력을 넓히기 위해서 침략하고, 사람 목숨을 파리 목숨같이 취급하는 일이 있을 수 없는 것입니다.

【 경문 】

若人散亂心으로 乃至以一華를
供養於畵像하면 漸見無數佛하며
或有人禮拜커나 或復但合掌커나
乃至擧一手하며 或復小低頭하야

以此供養像하면 漸見無量佛하야

自成無上道하고 廣度無數衆하야

入無餘涅槃하대 如薪盡火滅이니라

若人散亂心으로 入於塔廟中하야

一稱南無佛하면 皆已成佛道니라

於諸過去佛의 在世或滅後에

若有聞是法하면 皆已成佛道니라

만약 어떤 사람이 산란한 마음으로라도

꽃 한 송이를 불상에 공양하면

점점 무수한 부처님을 친견하느니라.

혹 어떤 사람이 절을 한 번 하거나, 합장만 한 번 하거나,

손만 한 번 들거나, 머리만 조금 숙이어도,

이러한 일로 불상에 공양하면

점점 한량없는 부처님을 친견하고

스스로 최상의 도를 이루고는

무수한 중생들을 널리 제도하여

무여열반(無餘涅槃)에 들게 하기를

마치 나무가 다 타고 불이 꺼지듯 하느니라.

만약 또 어떤 사람이 산란한 마음으로 탑에 들어가서

'나무불(南無佛)'하고 염불 한 번 하더라도

모두 다 이미 성불하였느니라.

지나간 세상의 부처님들이

혹 생존해 계실 때나 열반에 드신 뒤에
이러한 법문을 들은 이들은 모두 다 이미 성불하였느니라.

🌸 꽃 한 송이를 샀는데 이 꽃 한 송이만 부처님께 바쳐도 될까? 공연히 꽃을 샀나? 산란한 마음은 별별 망상을 다 부립니다. 부처님에 대한 공경심은 고사하고 엉뚱한 생각을 할 수도 있습니다. 산란한 마음에 중생들의 그러한 모습이 잘 나타나 있습니다. 이런 인연이라도 이미 모두 성불하였다고 하였습니다.

절을 한 번 하거나 합장만 한 번 하거나 아니면 절도 합장도 귀찮아서 손만 한 번 들어도 이미 불도를 이룬다고 하였습니다. 얼마나 쉽습니까? 공짜라고 할 수 있습니다. 성불하는 것은 공짜입니다. 또 탑에 들어가서 "나무 불" 하고 한 번만 염불해도 이미 성불했다고 하였습니다. 사실은 그렇게 하기도 전에 이미 성불했습니다. 절에 오겠다는 한 생각을 일으켰을 때 이미 성불한 것입니다.

이보다 더 훌륭한 가르침은 없습니다. 염불을 많이 하라고 합니까? 절을 많이 하라고 합니까? 능엄주를 외우라고 합니까? 외우기 힘들고 발음도 힘든 진언이나 주문을 외우라고 합니까? 다 아닙니다. 그런 것들은 공덕의 조건도 아니고 견성의 조건도 아니고 성불의 조건은 더더욱 아닙니다. 그저 좋아서 하는 것일 뿐입니다. 참선이 좋아서 그저 참선할 뿐이고, 경이 좋아서 경을 읽을 뿐이고, 주력이 좋아서 그저 주력을 할 뿐이지 그로 인해서 성불하겠다는 생각은 아예 버려야 합니다. 그런 이치는 절대로 없습니다. 좋아서 하는 것은 고생이 아닙니다. 고생도 자기 마음에 들어서 하고 자기 마음이 내켜서 하면 그 사람의 생활입니다. 그렇게 우리가 이해해야 합니다.

이와 같이 쉬운 것이 불교입니다. 너무 쉬워서 어려운 것인지도 모르지요. 코 만지기가 너무 쉬워서 매일매일 수없이 만지고도 만진 것을 의식하지 못하듯이 성불의 경지도 알고 보면 '진묵겁전(盡墨劫前) 조성불(造成佛)'입니다. 이 지구를 갈아서 만든 먹으로 먹물을 만들어 동방으로 몇 만 리 가다가 한 방울씩 떨어뜨려서 그 먹물이 다할 때까지 합니다. 그 땅을 먼지로 만들었을 때 그 먼지 한 개를 1겁으로 치는 것을 묵겁(墨劫)이라고 합니다. 그토록 많고 많은 먼지의 겁 세월 이전에 이미 우리는 성불했다는 말입니다.

구래부동명위불(舊來不動名爲佛)이라는 말이 있습니다. 신라의 의상 스님께서 화엄경을 집약해서 법성게(法性偈)라는 짧은 계송으로 표현했습니다. 그 마지막 구절이 구래부동명위불인데, '옛부터 오면서 그대로 변함없는 부처님이다.' 라는 뜻입니다.

[5] 미래 부처님의 방편과 진실

【 경문 】

未來諸世尊이 其數無有量이라
是諸如來等이 亦方便說法하리니
一切諸如來가 以無量方便으로
度脫諸衆生하야 入佛無漏智케하나니
若有聞法者는 無一不成佛하리라
諸佛本誓願은 我所行佛道를

普欲令衆生으로 亦同得此道니라

未來世諸佛이 雖說百千億

無數諸法門이나 其實爲一乘이니라

諸佛兩足尊이 知法常無性이언만은

佛種從緣起일새 是故說一乘하시나니

是法住法位하며 世間相常住하니

於道場知已하고 導師方便說이니라

오는 세상의 여러 세존들 그 수효 한량이 없어

이 모든 여래들도 또한 방편으로 설법하시고,

일체 모든 여래께서도 한량없는 방편으로 설법하여

모든 중생들을 제도하여

부처님의 무루(無漏) 지혜에 들어가게 하느니라.

만약 이러한 법을 들은 이들은

누구도 성불하지 못할 이가 없느니라.

모든 부처님들의 근본 서원은 내가 행하는 부처님의 도(道)를

똑 같이 여러 중생들에게 이 도를 얻게 하는 것이니라.

오는 세상의 모든 부처님들이

비록 백천 억의 무수한 법문을 설하더라도

그 진실은 오직 일불승(一佛乘)을 위한 것뿐이니라.

부처님 양족존(兩足尊)께서

법은 항상 일정한 성품이 없음을 알지만

부처님의 종자는 인연으로부터 생기므로

일불승을 설하느니라.
이 법이 법의 자리에 머물러서 세간의 모양이 항상 있음을
보리도량에서 이미 알았지마는
도사께서 방편으로 설할 뿐이니라.

✿ 앞 게송에서 손 한 번 들고 합장 한 번 하고 "나무불" 염불 한 마
디 해도 이미 다 성불했다고 하지만, 사실 그렇게 하기 전에 이미 성
불한 상태라고 했습니다. 이것을 우리가 반드시 이해해야 됩니다. 이
진리에 눈을 떠야 합니다. 이것을 이해하지 못하면 영원히 밖을 향해
서 진리를 찾게 됩니다. 불교는 밖을 향해서 찾는 것을 가장 금기시하
고 있습니다. 자기 자신 안에 이미 모든 것을 갖추고 있기 때문에 내
면을 보라고 합니다. 회광반조(迴光返照) 즉 밖을 향하는 마음의 빛을
돌이켜서 내 자신을 살펴보라고 합니다. 자기 자신 안에 모든 것을 갖
추고 있으니까요. "만약 이러한 법을 들은 이들은 누구도 성불하지
못할 이가 없느니라."고 하였습니다. 바로 이러한 가르침을 들은 이는
누구든지 이미 다 성불했다는 말입니다.
    "오는 세상의 모든 부처님들이 비록 백천 억의 무수한 법문을 설
하더라도 그 진실은 오직 일불승(一佛乘)을 위한 것뿐이니라."고 하였
습니다. 불교를 알든 모르든 다른 종교를 믿든 말든 관계없이 사람이
본래 그대로 부처님이라는 사실 하나뿐이라는 뜻입니다.
    사실 석가모니 부처님의 설법도 얼마나 많습니까? 아마 부처님
스스로도 참으로 많다고 생각하셨던지, 어느 날 이런 일이 있었습니
다. 부처님께서 제자들을 데리고 숲으로 가셨습니다. 나뭇가지를 잡

아서 한 웅큼 나뭇잎을 훑어내었습니다. 그리고는 "내 손에 있는 나뭇잎이 얼마나 되느냐?"고 물으시자 "얼마 정도 됩니다." 하고 제자들이 대답했습니다. 그러자 다시 "저 숲에 달려있는 나뭇잎은 또 얼마나 되며, 그 숲에 있는 나뭇잎과 내 손에 있는 나뭇잎을 비교할 수 있는가?"하고 물었습니다. 제자가 대답하기를 "부처님이시여, 그것을 어떻게 비교할 수 있겠습니까? 기껏해야 부처님의 손에는 몇 개의 나뭇잎이 있을 뿐이고, 저 숲에 달려있는 나뭇잎은 이루 헤아릴 수 없이 많습니다."라고 했습니다.

"그대들은 나의 설법이 지나치게 많다고 생각하는가? 사실 내가 설법한 것은 내 손에 있는 나뭇잎과 같고, 아직 설법하지 못한 것은 저 숲에 있는 나뭇잎과 같으니라."라고 말씀하셨습니다.

사실 부처님께서 진실을 이야기하려고 하지만 말로 설명할 때는 오해의 소지가 너무 많습니다. 어찌 보면 전부 거짓말이고, 또 어찌 보면 전부 겉도는 이야기일 뿐, 정곡을 찌르지는 못하는 것입니다. 왜냐하면 언어 이전의 자리이기 때문입니다. 우리가 말을 빌어서 표현하고 있지만 사실 언어 이전의 자리입니다. 그래서 "언어도단하고 심행처멸이다."라고 합니다. 말로써 표현될 수 없고, 사량분별로도 들어갈 수 없는 경지입니다. 그래서 임제 스님도 호랑이를 그리려다가 개를 그리고 마는 꼴이 되더라도 하는 수 없이 부득이 말할 수밖에 없다고 했습니다. 사실 제가 설명하는 것도 그렇고 임제 스님이 설명하는 것도 그렇고 부처님이 설명하시는 것도 그렇습니다. 어떤 불조(佛祖)가 어떤 말씀을 하셔도 그것은 전부 호랑이를 그리려다가 개를 그리는 꼴입니다. 그렇지만 개처럼 그려진 것을 가지고 호랑이를 그리고 있다, 호랑이를 그리고 있다고 하면서 그리다 보면 어느 날 호랑이를 보고 또 알게 될 기회도 만날 것입니다.

"부처님 양족존(兩足尊)께서 법은 항상 일정한 성품이 없음을 알지만"이라 했습니다. 일정한 성품이 없다는 말은 고정된 어떤 것이 없다는 뜻입니다. 여기서 '법'은 모든 존재를 말합니다. 즉 모든 존재는 고정된 성품이 없다는 말입니다. 이것을 부처님은 다 알고 있습니다. 그렇지만 "부처님의 종자는 인연으로부터 생기므로 일불승을 설하느니라."고 하였습니다. 하나의 인연으로 씨앗 역할을 한다는 말입니다. 우리가 법화경과 인연을 맺고 공부하다가 어떤 인연 맞는 대목이나 구절을 만나서 눈이 딱 열릴 수도 있습니다. 그래서 하신 말씀입니다.

"이 법이 법의 자리에 머물러서 세간의 모양이 항상 있음을 보리도량에서 이미 알았지마는 도사께서 방편으로 설할 뿐이니라."고 하였는데, 이것은 법화경에서 매우 중요한 구절입니다. "제법종본래(諸法從本來) 상자적멸상(常者寂滅相) 불자행도이(佛子行道已) 내세득작불(來世得作佛)"이라는 법화경의 사구게 못지 않게 중요한 구절입니다.

반야심경에서는 "불생불멸(不生不滅) 불구부정(不垢不淨) 부증불감(不增不減)이라" 즉 나지도 않고 멸하지도 않으며, 더럽지도 않고 깨끗하지도 않으며, 늘지도 않고 줄지도 않는다고 하였습니다. 화엄경 수미정상게찬품(須彌頂上偈讚品)에서는 "일체법불생(一切法不生)이며 일체법불멸(一切法不滅)이니 약능여시해(若能如是解)하면 제불상현전(諸佛常現前)이로다." 즉 "일체법이 생겨남이 없으며, 일체법이 멸함이 없다. 만약 능히 이와 같이 이해한다면 모든 부처님이 항상 앞에 나타나 있으리라."고 하였습니다. 『중론』에서는 "불생역불멸(不生亦不滅) 불상역

부단(不常亦不斷) 불일역불이(不一亦不異) 불래역불거(不來亦不去) 능설시인연(能說是因緣) 선멸제희론(善滅諸戲論) 아계수예불(我稽首禮佛) 제설중제일(諸說中第一)" 즉 "나지도 않고 멸하지도 않으며, 항상하지도 않고 단멸하지도 않으며, 동일하지도 않고 다르지도 않으며, 오지도 않고 가지도 않는다. 능히 이 인연을 설해서 모든 희론을 멸하니 모든 설법자 중에서 제일이신 부처님께 머리 숙여 예배하나이다."라고 하며 불생불멸을 말했습니다. 법화경에서는 "시법주법위(是法住法位)하며 세간상상주(世間相常住)라."는 이 대목이 불생불멸을 이야기하는 대목입니다.

"이 법이 법의 자리에 머물러서(是法住法位)"라고 했습니다. '이 법'은 세간법입니다. '법의 자리'는 진리의 입장, 본성의 입장, 모든 존재의 실상(實相)의 자리라는 뜻입니다. 법의 자리가 실상의 원칙에 머물러 있다는 말입니다. "세간의 모양이 항상 있다(世間相常住)."라고 했습니다. 세간상(世間相)이 무엇입니까? 우리 눈앞에 펼쳐져 있는, 불에 타면 없어질 종이 한 장도 결국은 세간상입니다. 그런데 이것이 상주(常住)한다고 했습니다. 불생불멸이라는 말입니다. 본질에 있어서는 불생불멸입니다. 왜냐하면 처음부터 공(空)하기 때문입니다. 공하면서도 이런 인연을 만나면 종이의 모습으로 나타나기도 하고 또 저런 인연을 만나면 나무가 되기도 합니다. 또 어떤 인연을 만나면 그냥 물이 되기도 합니다. 그래서 법은 항상 일정한 성품이 없다고 했습니다.

이 대목은 우리가 한문으로 외워두면 좋습니다.

"시법(是法)이 주법위(住法位)하야 세간상(世間相)이 상주(常住)라."

[6] 현재 부처님의 방편과 진실

【 경문 】

天人所供養인 現在十方佛이

其數如恒沙라 出現於世間하사

安隱衆生故로 亦說如是法이시니라

知第一寂滅이언만은 以方便力故로

雖示種種道하시나 其實爲佛乘이니라

知衆生諸行의 深心之所念과

過去所習業의 欲性精進力과

及諸根利鈍하시고 以種種因緣과

譬喻亦言辭로 隨應方便說이시니라

천신과 인간의 공양을 받는

현재의 시방에 계시는 부처님들도

그 수가 항하 강의 모래와 같은 부처님들이

모두들 이 세상에 출현하시어

중생들을 편안케 하기 위하여 이러한 법을 설하시느니라.

제일가는 적멸의 법인 줄 아시지만

오직 방편의 힘을 쓰는 까닭에

비록 갖가지 길을 보이나 그 진실은

일불승을 위한 것이니라.

중생들의 모든 행과 마음으로 생각하는 것과

과거에 익힌 업과 욕망과 성품과 정진의 힘과
근성이 총명하고 둔함을 알고 갖가지 인연과
비유와 말로써 방편을 알맞게 설하느니라.

🌸 부처님께서 갠지스 강가에서 설법을 하시곤 해서 교화의 무대가
된 항하 강, 즉 갠지스 강의 모래는 해운대 백사장이나 한강의 모래와
비교할 수조차 없습니다. 마치 팥고물 같기도 하고 밀가루 같기도 할
정도로 아주 곱고 보드라운 모래입니다. 그래서 이 세상에서 그 수가
제일 많다고 하는 것을 갠지스 강의 모래에 자주 비교하신 것입니다.
"그 수가 항하 강의 모래와 같은 부처님들이 모두들 세상에 출현하시
어"라고 했을 때, 그 부처님들이 석가모니 부처님을 가리키는 말입니
까? 달마나 혜가, 육조 혜능과 같이 역사적으로 기록이 분명히 남아
있는 분들만을 부처님이라고 합니까? 그분들을 세어본들 몇 명이나
되겠습니까? 갠지스 강의 모래 한 주먹도 안 될 것입니다. 그런데 갠
지스 강 전체의 모래 갯수와 같이 많은 부처님들이라고 합니다. 여기
서 부처님은 모든 사람, 나아가서 모든 생명을 뜻합니다. 알고 보면
누구나 차별 없이 똑같은 부처님이라는 것입니다. 법화경만 이렇게
설하는 게 아니라 대승경전 곳곳에 이와 같은 표현이 많이 있습니다.
  "모두들 세상에 출현하시어 중생들을 편안케 하기 위하여 이러한
법을 설하시느니라."고 했습니다. 사실 중생들의 불안한 마음, 고통스
러운 삶을 편안하게 하는 것이 중요합니다. 우리들의 마음을 편안하
게 해 주는 안심(安心)이 또한 불교의 아주 큰 목적이기도 합니다.
  "오직 방편의 힘을 쓰는 까닭에 비록 갖가지 길을 보이나 그 진실

은 일불승을 위한 것이니라."고 하였습니다. 삼천 배를 해라, 능엄주를 해라, 관음기도를 해라, 지장기도를 해라 혹은 인등을 켜라 등 방편이 얼마나 많습니까? 비록 갖가지 길을 보이고 있지만 그 진실은 일불승을 위한 것이라고 확실하게 말씀하고 계십니다.

법화경의 위대함이 여기에 있습니다. 다른 경전에서는 이렇게 표현하지 않습니다. 어떤 방편을 이야기하면 그 방편이 제일이고 최고라고 합니다. 그런데 법화경은 갖가지 길을 보이나 그 진실은 일불승을 위한 것임을 강조합니다. 과거 부처님이 그렇고 미래 부처님이 그러할 것이고 현재 부처님이 역시 그러하다는 것을 증거를 들면서 일일이 설명하고 있습니다.

"중생들의 모든 행과 마음으로 생각하는 것과 과거에 익힌 업과 욕망과 성품과 정진의 힘과 근성이 총명하고 둔함을 알고 갖가지 인연과 비유와 말로써 방편을 알맞게 설하느니라."고 하였습니다. 중생들을 살펴보니 한 중생만 보더라도 그 사람이 처한 환경에 따라서 다르고 나이에 따라서 다르고 지위에 따라서 다르며 또 그때그때 마음이 변합니다. 이런 모든 상황에 알맞게 방편을 설하려니 얼마나 많은 각양각색의 법문이 있어야 하겠습니까? 내가 갖가지 길을 보이기는 했지만 진실은 오직 일불승뿐이다, 사람의 삶이라는 사실을 거듭거듭 반복해서 말하고 있습니다.

(7) 석가모니 부처님의 방편과 진실

【 경문 】

今我亦如是하야 安隱衆生故로
以種種法門으로 宣示於佛道니라
我以智慧力으로 知衆生性欲하야
方便說諸法하야 皆令得歡喜니라

지금 나도 또한 그와 같아서 중생들을 편안하게 하려고
갖가지 법문으로써 불도를 설하여 보이느니라.
나는 지혜로써 중생들의 성품과 욕망을 알고
방편으로 여러 가지 법을 설하여 그들을 모두 기쁘게 하느니라.

❀ "중생들을 편안하게 하려고 갖가지 법문으로써 불도를 설하여 보이느니라."고 하였습니다. 그렇습니다. 중생들의 가정사든 진학문제든 사업문제든 피할 수 없는 문제들로 인해서 마음이 불안하고 고통을 받는다면 그것부터 풀어야 되겠지요. 그러나 그것이 부처님의 본의는 아닙니다. 방편으로써 중생들의 아픔을 건져주고 기쁘게 해주는 것은 좋은 일이지만 그것이 진실은 아니라는 말씀입니다.

【 경문 】

舍利弗當知하라 我以佛眼觀호니
見六道衆生이 貧窮無福慧하야

入生死險道하야 相續苦不斷하며

深著於五欲하대 如犛牛愛尾하야

以貪愛自蔽하야 盲瞑無所見하며

不求大勢佛과 及與斷苦法하고

深入諸邪見하야 以苦欲捨苦할새

爲是衆生故로 而起大悲心호라

사리불이여, 마땅히 알라.

내가 부처님의 눈으로써 관찰해 보니

육도(六道) 중생들이 빈궁하여 복과 지혜가 없어

나고 죽는 험한 길에 들어가서

계속되는 고통은 멈추지 않고

다섯 가지 욕락에 집착한 것이

마치 검은 물소가 자신의 꼬리를 아끼듯 하며

탐욕과 애착에 스스로 가리워져서

캄캄하여 아무 것도 보지 못하고

큰 힘을 갖추신 부처님께 고통을 끊는 법을 구하지 않으며

온갖 삿된 소견에 깊이 빠져서

괴로움으로써 괴로움을 버리려 하느니라.

이러한 중생들을 위한 까닭에

크게 가엾이 여기는 마음을 내었느니라.

❀ 중국이나 한국에서는 오욕락(五慾樂)이라 하여 재(財)·색(色)·식

(食)·명(名)·수(壽)를 들고 있습니다. 여기서는 오근(五根)의 욕락(慾樂)이라고 보아야 합니다. 안(眼)·이(耳)·비(鼻)·설(舌)·신(身)의 다섯 가지 근(根)이 있습니다. 의근(意根)은 오근 전체의 작용을 전부 규합해서 다시 거르고 받아들이고 정리하는 일을 합니다. 눈(眼)은 눈대로, 귀는 귀대로, 코는 코대로 욕심을 부린다는 것은 좋은 것만 보고 싶고 좋은 소리만 듣고 싶고 좋은 향기만 맡고자 하는 욕락입니다. 그래서 이 다섯 가지 욕락에 집착하는 것이 마치 검은 물소가 자기 꼬리를 아끼듯 한다는 것입니다. 중생들의 이러한 집착과 고통을 끊게 하려고 부처님께서 가만히 살펴보았더니, 중생들은 괴로움으로써 괴로움을 버리려 하고 있었습니다. 다시 말해서 어떤 문제가 생기면 그 문제를 해결하려고 그보다 더 고통스러운 다른 문제를 만들어 더 큰 희생을 치르고 있다는 말입니다.

부처님의 말씀은 지혜와 자비의 가르침입니다. 그 중에서도 지혜를 우선으로 합니다. 특히 법화경은 더욱 더 지혜를 우선으로 하는 가르침입니다. 지혜롭게 모든 문제를 해결해야 하지 괴로움을 벗어나기 위해서 더 큰 괴로움을 가져와서야 되겠습니까? 예를 들면 고행주의가 대표적인 것입니다. 어리석은 중생들은 고행으로 자신의 문제를 치유하려고 합니다. 하지만 부처님의 지혜로운 가르침을 가만히 새겨듣고 사유하면서 거기에서 열쇠를 찾아야 합니다. 고칠 수 있는 것인지 고칠 수 없는 것인지, 고통을 이대로 받는 것이 옳은 것인지 아니면 간단하게 헤어날 수 있는 것인지 모두 다 부처님의 가르침 속에 그 열쇠가 있습니다.

【 경문 】

我始坐道場하야 觀樹亦經行하며

於三七日中에 思惟如是事하대

我所得智慧는 微妙最第一이언만은

衆生諸根鈍하야 著樂癡所盲이라

如斯之等類를 云何而可度어뇨

爾時諸梵王과 及諸天帝釋과

護世四天王과 及大自在天과

并餘諸天衆의 眷屬百千萬이

恭敬合掌禮하고 請我轉法輪커늘

我卽自思惟하대 若但讚佛乘이면

衆生沒在苦하야 不能信是法일새

破法不信故로 墜於三惡道리니

我寧不說法하고 疾入於涅槃이라하다가

내가 처음 보리도량에 앉아

나무를 바라보고 또는 거닐면서

삼칠일 동안 이러한 일들을 깊이 생각하였느니라.

'내가 얻은 이 지혜는 미묘하기 최상이며 제일이지만

중생들의 근기가 암둔(闇鈍)하여

어리석고 눈 어두운 일에 즐겨 집착하는지라

이와 같은 무리들을 어떻게 제도할 수 있을까?'

라고 생각하였느니라.

이때에 여러 범천왕과 제석천왕들과

이 세상을 보호하는 사천왕과 대자재천왕과

여러 천신 대중들과 그들의 권속 백천만 대중들이

공경히 합장하고 예배하면서

나에게 법륜 굴리기를 청하거늘

내가 스스로 생각하기를

'만약 일불승만 찬탄하면 괴로움에 빠져 있는 저 중생들은

이 법을 믿을 수 없어서 법을 파괴하고 믿지 않는 까닭에

삼악도(三惡道)에 떨어질 것이니

내가 차라리 설법하는 일을 그만두고

빨리 열반에 들어버릴까.' 하였느니라.

🌸   부처님께서 처음 보리도량에 앉아 나무를 바라보고 또는 거닐면서 삼칠일 동안 깊이 숙고하셨습니다. 부처님의 깨달음의 경지와 중생들이 앓고 있는 병고의 문제를 깊이 생각하였다는 것입니다.

중생들과 부처님의 거리가 너무 컸기 때문에 그대로 열반에 들어야 할지 쇠귀에 경 읽기라도 해야 할지 깊이 생각하고 계셨습니다. 그때 범천왕과 제석천왕, 사천왕과 대자재천왕 등 여러 천신 대중들과 그 권속들이 공경히 합장하고 예배하며 간곡히 청해서 마침내 설법을 하시게 되었습니다. 그런데 당신이 얻은 다이아몬드처럼 빛나는 진리는 제쳐두고 유치원생과 같은 중생들을 위해 흙이나 모래를 들고 "내가 얻은 진리는 이것이다. 이것으로 죽을 쑤든지 밥을 하든지 너희들이 연명하라."고 할 수는 없었습니다. 부처님은 참고 견뎌 내면서 차

츰차츰 중생들의 근기를 성숙시켜서 마침내 비로소 법화경을 설할 수 있는 경지까지 이르게 만들었습니다. 보리도량에서 얻은 진짜 다이아몬드를 오늘 너희에게 전해주려고 한다는 말씀이 바로 법화경입니다.

중국의 고사 가운데 백아와 종자기의 이야기가 있습니다. 백아가 저 높은 청산을 보고 거문고로 청산을 척 표현하면 종자기가 "거문고 소리 좋다~! 청산이 눈앞에 척 다가서고, 산에서는 폭포가 내리쏟고 그 푸르름이 눈앞에 선하다!" 하며 거문고의 곡을 듣고 알아줍니다. 또 백아가 큰 바다를 마음에 두고 거문고를 연주하면, "당신의 거문고 소리에서 출렁거리는 바다를 봅니다. 얼마나 시원스럽고 넓은 바다입니까? 끝없이 펼쳐진 바다가 눈에 선합니다." 하는 식으로 백아의 음악을 알아주었습니다. 그래서 종자기처럼 자신을 알아주는 사람을 지음자(知音者)라고 합니다.

승가에 이런 말이 있습니다. "약야산중(若也山中) 봉자기(逢子期) 기장황엽(豈將黃葉) 하산하(下山下)." 이것은 부처님의 '출산송'이라고도 하는데, 부처님께서 깨달음을 이루시고 난 뒤에 중생들을 향해서 설법을 시작하게 된 것은 알아주는 사람이 없었기 때문이라는 말입니다. "약야산중 봉자기, 만약 산중에서 종자기 같은 사람을 만났더라면, 기장 황엽 하산하, 황엽[경전]을 가지고 산에서 내려오지 않았을 것이다."라고 이렇게 멋지게 역설적으로 표현한 것입니다.

"내가 스스로 생각하기를 '만약 일불승만 찬탄하면 괴로움에 빠져 있는 저 중생들은 이 법을 믿을 수 없어서 법을 파괴하고 믿지 않는 까닭에 삼악도(三惡道)에 떨어질 것이니 내가 차라리 설법하는 일을 그만두고 빨리 열반에 들어버릴까.' 하였느니라."고 했습니다. 부처님이 얻은 것은 일불승입니다. 그러나 일불승만 이야기하면 오히려 중생들이 믿지 못해서 비난만 하게 되고 결국 비난한 죄로 삼악도에 떨어질 것이니, 그럴 바에는 오히려 설법하지 않는 것이 더 낫다고 생각하신 것이지요. 그래서 차라리 설법을 그만두고 빨리 열반에 들어 버리겠다는 생각까지 했다는 말씀입니다. 그 정도로 일불승의 차원이 높고 중요하다는 뜻입니다.

【 경문 】

尋念過去佛의 所行方便力하고
我今所得道도 亦應說三乘이로다
作是思惟時에 十方佛皆現하사
梵音慰喩我하사대 善哉釋迦文
第一之導師여 得是無上法하고
隨諸一切佛하야 而用方便力이로다
我等亦皆得最妙第一法이언만은
爲諸衆生類하야 分別說三乘호라
小智樂小法하야 不自信作佛일새
是故以方便으로 分別說諸果호니
雖復說三乘이나 但爲敎菩薩이니라
舍利弗當知하라 我聞聖師子의
深淨微妙音하사옵고 稱南無諸佛하며
復作如是念하대 我出濁惡世호니
如諸佛所說하야 我亦隨順行하리라

마침내 과거 부처님께서 행하신 방편의 일을 생각하고
"내가 지금 얻은 도에 대해서도
삼승을 알맞게 말하리라." 하였느니라.
이렇게 생각할 때에 시방세계의 부처님이 모두 나타나서
아름다운 음성으로 나를 위로하며 깨우치시기를,
"선재(善哉)라. 석가모니불,
제일가는 도사(導師)여, 최상의 법을 얻어서
다른 여러 부처님이 행하신 것처럼 방편의 이치를 쓸지니라.
우리 부처님들도 또한 가장 미묘한 제일의 법을 얻었지만
여러 종류의 중생들을 위하여
나누고 쪼개어서 삼승법을 설하노라.
작은 지혜를 가지고 소승법을 좋아하여
스스로 성불할 것을 믿지 않는 까닭에
하는 수 없이 방편을 써서 나누고 쪼개어서
여러 가지 인과(因果)를 설하느니라.
비록 삼승을 말했으나 오직 보살들을
교화하기 위함이니라." 하시니라.
사리불이여, 마땅히 알아라.
거룩한 사자 같은 부처님들의
깊고 깨끗하고 미묘하신 말씀을 내가 듣고
'나무 제불(諸佛)'을 일컫고 나서 또 다시 생각하기를
'내가 홀로 흐린 세상에 출현하였으니
다른 부처님이 말씀하신 일과 같이

나도 또한 따라서 하리라.' 하였느니라.

🌸 "마침내 과거 부처님께서 행하신 방편의 일을 생각하고 '내가 지금 얻은 도에 대해서도 삼승을 알맞게 말하리라.' 하였느니라."고 하였습니다. '중생들의 근기에 맞추어서 다이아몬드를 제쳐두고 흙이나 모래를 가지고 먹고 살도록 해보라고 하는 형식이 되더라도 할 수 없다. 삼승법(三乘法)으로 말할 수밖에 없다. 있지도 않은 법을 조작해서 근기를 성숙시키는 수밖에 없다.' 그렇게 생각하셨다는 것입니다.

승가에 이런 이야기가 있습니다. "만약 최상승 법문만 한다면 법당 앞 풀이 세 길이나 자랄 것이다." 이해하기 어려운 최상승 법문만 계속하면 절에 찾아오는 사람도 없을 것이고, 제자도 없을 것이니, 그러다 보면 법당 앞에 풀을 베는 대중들도 없을 거라는 말입니다.

부처님께서는 있지도 않은 삼승을 만들어서 그들을 포섭할 수밖에 없었습니다. 그렇지만 부처님이 이렇게 고생하고 큰 희생을 치르고 얻은 도를 전하지 못하고 열반에 드는 것은 당치 않다는 말씀입니다. 이런 이야기는 다른 경전에 없습니다. 부처님께서 열반을 앞두고 최상승의 가르침을 전하는 법화회상에서 있었던 이야기입니다.

"우리 부처님들도 또한 가장 미묘한 제일의 법을 얻었지만 여러 종류의 중생들을 위하여 나누고 쪼개어서 삼승법을 설하노라."고 하였습니다. 앞에서도 나온 내용입니다. 부처님이 깨달은 경지만 오롯이 이야기하면 도저히 중생들을 상대할 수가 없는 그런 상황이었습니다. 그래서 나누고 쪼개어서 있지도 않은 삼승법을 가설해 놓았습니다. 그런데 방편을 많이 쓰다 보니 이제는 방편에 짓눌려서 무엇이 진실인지 모를 상황까지 이르렀습니다. 이제는 방편을 걷어내야 합니다.

"작은 지혜를 가지고 소승법을 좋아하여 스스로 성불할 것을 믿지 않는 까닭에 하는 수 없이 방편을 써서 나누고 쪼개어서 여러 가지 인과(因果)를 설하느니라."고 하였습니다. 그렇습니다. 불자들은 인과 이야기를 제일 좋아합니다. 대다수 사람들은 인과 이야기를 통해서 불교에 접하는데, 나름대로 상당히 교훈이 있고 일리가 있고 또 삶에 대해서 깊이 생각하게 하는 것입니다.

하지만 "비록 삼승을 말했으나 오직 보살들을 교화하기 위함이니라."고 하셨습니다. 부처님의 본뜻은 시시한 이야기를 하려는 것이 아니고, 부처님이 체득한 최상의 깨달음인 일불승의 경지를 일러주고 싶은 것이 부처님의 본뜻이라는 말입니다. "거룩한 사자 같은 부처님들의 깊고 깨끗하고 미묘하신 말씀을 내가 듣고 '나무 제불(諸佛)'을 일컫고 나서 또 다시 생각하기를 '내가 홀로 흐린 세상에 출현하였으니 다른 부처님이 말씀하신 일과 같이 나도 또한 따라서 하리라.'"고 하셨습니다. 모든 깨달은 분들이 그런 방법을 썼기 때문에 석가모니 부처님도 역시 그렇게 하셨다는 말씀입니다.

【 경문 】

思惟是事已하고 卽趣波羅奈호니
諸法寂滅相을 不可以言宣이언만은
以方便力故로 爲五比丘說호니
是名轉法輪이라 便有涅槃音과
及以阿羅漢과 法僧差別名호라

從久遠劫來로 讚示涅槃法하대
生死苦永盡이라하야 我常如是說호라

이러한 일을 생각하고 나서 곧 바라나시로 갔느니라.
모든 법의 적멸한 모양을 말로는 형용할 수 없지만
편리한 방편을 써서 다섯 비구들을 위하여 연설했느니라.
이 이름이 '법륜(法輪)을 굴린 일'이며
열반(涅槃)이라는 법과 아라한이라는 이름과
법보와 승보라는 차별의 이름도 있게 되었느니라.
오랜 세월을 두고두고 열반의 도리를 찬탄하여
생사의 고통이 아주 없어진다고 나는 항상 이렇게 말하였느니라.

❋ "이러한 일을 생각하고 나서 곧 바라나시로 갔느니라."고 하였습니다. 부처님께서는 부다가야에서 6년 고행하던 마지막 일주일 동안 선정에 들어 큰 깨달음을 이루셨습니다. 그리고 나서 법륜을 굴리기 위해 바라나시의 녹야원으로 가셨습니다. 그때의 이야기를 말씀하시는 것입니다. 부처님께서는 바라나시로 가셔서 처음으로 소승법, 아함부의 경전을 설했습니다. 방편을 사용하여 수준을 낮춰서 유치원생부터 가르치게 된 것입니다. 부처님께서 바라나시에 도착하기 전 삼칠일(三七日) 즉 21일 동안 사유하셨다고 합니다. 깨달음을 성취하시고 그 깨달음의 감동에 젖어있는 삼칠일 동안 부처님의 정신세계에 초점을 맞추어 설하신 것이 화엄경입니다. 이 삼칠일 뒤에 바라나시 녹야원에서 콘단냐(Koṇḍañña, 憍陳如), 아사지(Assaji, 阿說示), 마하나마

(Mahanama, 摩訶男), 밧디야(Bhaddhiya, 婆提), 바파(Vappa, 婆頗) 등 다섯 비구를 만났습니다. 이 다섯 비구에게 처음으로 설법하셨던 내용은 깨달음의 진수를 그대로 전하지 못하고 그들의 근기에 맞게 소승법도 설하고 인과법도 설하고 인천인과교도 설하는 등 별별 방편을 쓰게 되었다는 말씀입니다.

부처님의 가르침을 순서에 따라 살펴보면, 맨 처음 삼칠일 동안은 화엄경을 설했습니다. 그리고 나서 초보자들에게 인과법부터 시작한 것이 아함부 법문인데 근본불교라고도 하고 초기불교라 하기도 하고 소승불교 혹은 상좌부불교 등 여러 가지로 표현하고 있습니다. 이렇게 12년 동안 아함부 경전을 설하셨습니다. 그 다음 한 차원 높여서 8년 동안 방등부 경전을 설하셨습니다. 그리고 21년 동안 반야부 경전 육백 권을 설하시고, 마지막으로 열반에 들기 전 8년간 법화경을 설하셨다고 합니다. "모든 법의 적멸한 모양을 말로는 형용할 수 없지만 편리한 방편을 써서 다섯 비구들을 위하여 연설하였느니라."고 하셨습니다. 부다가야에서 깨달음을 이루고 나서 바라나시로 가셨을 때 부처님은 이미 중생들의 근기에 따라 설법하시겠다고 마음을 정리한 뒤였습니다. 그래서 다섯 비구에게 법을 설하셨다는 말입니다.

"이 이름이 '법륜(法輪)을 굴린 일'이며 열반(涅槃)이라는 법과 아라한이라는 이름과 법보와 승보라는 차별의 이름도 있게 되었느니라."고 하였습니다. 그렇습니다. 부처님께서 깨달았을 때는 당신 혼자 부처님이셨지요. 다섯 비구를 교화하시고 나서는 이 다섯 비구가 승보(僧寶)가 되었습니다. 다섯 비구에게 하신 설법은 법보(法寶)가 되었고 다섯 비구를 열반법으로 교화하셔서 아라한이 되게 하셨습니다.

이제 비로소 불법승의 삼보가 생겼습니다.

그런데 초전법륜을 묘사한 그림이나 조각을 보면 부처님께서 앉아 계시고 그 앞의 좌대 밑에 다섯 비구가 아니라 여섯 비구가 앉아있습니다. 여섯 번째 비구는 그 유명한 야사입니다. 야사가 출가하고 야사의 부모도 부처님께 귀의해서 최초의 재가불자가 되는 역사적인 일이 바라나시의 녹야원에서 일어났습니다. 야사는 거부 장자의 아들로 촉망받는 젊은이였습니다. 친구들과 놀러 나왔다가 부처님을 뵙고 가르침에 감복하여 출가수행자가 됩니다. 야사의 친구들이 집에 돌아가서 야사의 부모에게 이 사실을 알렸습니다. 놀란 아버지가 아들을 데리러 왔지만, 부처님의 설법에 크게 감화를 받아서 부처님께 귀의하고 최초의 재가신도가 되었지요. 그때 야사의 부모는 게송으로 부처님을 찬탄했습니다.

"위대하셔라 세존이시여! 위대하셔라 부처님이시여! 넘어진 자를 일으켜 세워 주시고, 길 잃은 사람에게 길을 가르쳐 주시고, 어둠 속에는 등불이 되시고, 눈이 있는 사람에게는 와서 보라 하시고, 갖가지 진리의 말씀을 들려주시는 부처님! 저희 부부는 이제 부처님과 부처님 가르침과 스님들에게 귀의하겠습니다. 부처님이시여! 저희 부부는 목숨이 다하는 날까지 불법승 삼보님께 귀의하겠습니다." 이것이 아함경에 나오는 야사 부모의 그 유명한 '설법찬탄송'입니다.

"오랜 세월을 두고두고 열반의 도리를 찬탄하여"라고 했습니다. 그러나 열반이 궁극적인 목적은 아니었습니다. 망상이 사라지고 번뇌가 사라지면 목석(木石)처럼 혼자 편안히 잘 살 수 있을 것입니다. 그러나 부처님의 본뜻은 그렇지 않았습니다. 보살행을 실천해서 고통받는

다른 많은 사람들을 지혜의 가르침으로, 깨달음의 길로 제도하는 것이
부처님께서 제자들에게 진정으로 바라시는 바입니다.

【 경문 】

舍利弗當知하라 我見佛子等의
志求佛道者가 無量千萬億이
咸以恭敬心으로 皆來至佛所하니
曾從諸佛聞 方便所說法이라
我卽作是念하대 如來所以出은
爲說佛慧故니 今正是其時로다
舍利弗當知하라 鈍根小智人과
著相憍慢者는 不能信是法일새
今我喜無畏하야 於諸菩薩中에
正直捨方便하고 但說無上道호라
菩薩聞是法하고 疑網皆已除하며
千二百羅漢도 悉亦當作佛이니라

사리불이여, 마땅히 알아라. 나는 여러 불자들이
부처님의 도를 구하는 한량없는 천만 억 사람들이
모두 다 공경하는 마음으로 부처님이 계신 곳에 와서
일찍이 부처님께서 방편으로 말씀하신
법문을 듣는 것을 보고,
나는 곧 생각하기를 '여래가 세상에 출현하신 것은

부처님의 지혜를 설하기 위함이니

지금이 바로 그때이니라.' 라고 하였느니라.

사리불이여, 마땅히 알아라.

근기가 둔하고 지혜가 적은 이들과

현상에 집착하여 교만한 사람들은

이 법을 믿을 수 없느니라.

나는 이제 기쁘고 두려움이 없어

여러 보살들에게 곧바로 방편을 버리고

다만 최상의 도(道)를 설하리라.

보살들이 이 법을 들으면 의심의 그물이 모두 없어지고

천이백 아라한들도 모두 다 성불(成佛)하리라.

🌸 "일찍이 부처님께서 방편으로 말씀하신 법문을 듣는 것을 보고, 나는 생각하기를 '여래가 세상에 출현하신 것은 부처님의 지혜를 위함이니 지금이 바로 그때이니라.' 라고 하였느니라."고 하였습니다.

　　이것은 그동안 부처님의 지혜를 말씀하지 않으셨다는 뜻입니다. 지금 설하는 법화경을 제외하고는 모두 방편설이었다는 말씀입니다. 부처님께서 세상에 오신 뜻은 불지견, 최상의 깨달음, 부처님의 지혜를 모든 사람이 똑같이 실천할 수 있게 하려는 것이었는데 그동안 하시지 못했다는 말씀입니다. 부처님의 지혜는 오직 부처님 한 분만 누릴 수 있고 증득할 수 있고 깨달을 수 있다고 가르치고 있었던 것입니다. 지금도 남방에서는 그렇게 알고 있습니다. 소승불교라는 표현을 하지 않으려 해도 어쩔 수 없이 하게 됩니다. 법화경에서는 소승을 소승이라고 분명하게 못박아서 이야기합니다. 그러나 남방에서는 소승불교라 하지 않고 상좌부불교라고 부릅니다. 또는 초기불교나 근본불교와 같은 표현도 사용하는데, 사실 그 의미는 확연히 다릅니다. "여러 보살들에게 곧바로 방편을 버리고 다만 최상의 도(道)를 설하리라. 보살들이 이 법을 들으면 의심의 그물이 모두 없어지고 천이백 아라한들도 모두 다 성불(成佛)하리라."고 하였습니다.

앞에서 어린아이가 장난으로 모래를 쌓아서 불탑을 만들거나 불상을 만들거나 하는 것만으로도 이미 성불하였다는 쉬운 불교, 아니 그것마저 하지 않아도 이미 조금도 부족함이 없는 부처라는 사실, 이와 같은 본래 부처의 위대함을 이해한다면 의심의 그물을 벗어 던질 수가 있을 것입니다. 천이백 아라한이 성불한다는 것도 말할 필요 없지요. 이미 성불해 있다는 사실을 알면 그뿐이기 때문입니다.

(8) 일승(一乘)의 진실을 찬탄하다

【 경문 】

如三世諸佛의 說法之儀式하야

我今亦如是하야 說無分別法호라

諸佛興出世는 懸遠値遇難이며

正使出于世라도 說是法復難이며

無量無數劫에 聞是法亦難이며

能聽是法者가 斯人亦復難이니

譬如優曇華를 一切皆愛樂은

天人所希有라 時時乃一出일새니라

聞法歡喜讚하대 乃至發一言이면

卽爲已供養 一切三世佛이라

是人甚希有는 過於優曇華니라

과거 현재 미래의 부처님들이 법을 설하신 의식대로

나도 지금 그분들과 같이 하나의 법만을 설하리라.

모든 부처님이 이 세상에 출현하신 것은

매우 드물어 만나기 어려우며

설사 세상에 출현하시더라도

이러한 법문을 설하기는 더욱 어려우니라.

한량없이 오랜 겁에 이러한 법문을 듣기는 어렵고

이러한 법문을 얻어들을 수 있는 사람,

그러한 사람 되기는 더욱 어려우니라.

마치 우담바라 꽃을 모든 사람들이 다 사랑하지만

천상과 인간에 매우 희유하여 때가 되어야 겨우 한 번 피느니라.

이 법문을 듣고 기뻐하여 찬탄을 한 마디만 하더라도

그는 벌써 모든 삼세(三世)의 부처님께 공양한 것이니라.

이러한 사람은 매우 희유하여 우담바라 꽃이 핀 것보다 나으리라.

❀ 부처님의 연세가 칠십이 넘어서야 비로소 법화경을 설하셨습니다. 부처님께 귀의하여서 부처님 법문을 들었다고 하더라도, 법화경 설법 전에 세상을 떠난 사람은 법화경의 법문을 듣지 못했을 것입니

다. 게다가 설사 부처님이 세상에 출현하시더라도 이러한 법문을 설하기 어렵다고 하지 않았습니까? 지금 우리들도 불교에 귀의해서 수많은 시간과 노력 그리고 얼마나 많은 재화를 투자했습니까? 그럼에도 불구하고 이와 같이 올곧은 대승의 가르침을 만나기 어렵습니다. 또 만난다 하더라도 귀에 쏙 들어가 자기 살림살이가 되기는 보통 어려운 일이 아닙니다. 대승불교권인 우리나라에서도 법화경의 진정한 이치를 깨우치는 사람이 드뭅니다. 또한 아주 삿되게 법화경을 신봉하는 사람도 많습니다. 그래서 법화경의 깊은 뜻을 바르게 이해하는 사람이 되는 것도 참으로 희유한 일입니다. 우담바라 꽃이 핀 것보다 더 낫다고 하여도 지나친 표현이 아닙니다.

【 경문 】
汝等勿有疑어다 我爲諸法王하야
普告諸大衆하노니 但以一乘道로
敎化諸菩薩이요 無聲聞弟子니라
汝等舍利弗과 聲聞及菩薩이
當知是妙法은 諸佛之秘要니라

너희들은 의심하지 말아라.
나는 모든 법의 왕으로서 대중들에게 두루 선언하노니
나는 다만 일불승의 법으로써 보살들을 교화하나니
성문제자는 있을 수 없느니라.
너희들, 사리불과 성문과 보살들이여,

마땅히 알아라. 이 미묘한 법은

모든 부처님의 비밀하고 요긴한 법문이니라.

🏵 "성문 제자는 있을 수 없다."고 하였습니다. 오직 부처님이 있을
뿐입니다. 부처님의 비밀하고 요긴한 법문은 이것입니다. 사람이 그
대로 부처님이라는 사실 말입니다.

(9) 믿기를 권하다

【 경문 】

以五濁惡世 但樂著諸欲일새

如是等衆生은 終不求佛道하며

當來世惡人이 聞佛說一乘하고

迷惑不信受하야 破法墮惡道하리니

有慚愧淸淨하야 志求佛道者어든

當爲如是等하야 廣讚一乘道호라

舍利弗當知하라 諸佛法如是하야

以萬億方便으로 隨宜而說法하나니

其不習學者는 不能曉了此니라

汝等旣已知 諸佛世之師의

隨宜方便事하고 無復諸疑惑하며

心生大歡喜하야 自知當作佛이니라

다섯 가지가 흐린 세상의 사람은

다만 여러 가지 욕락에만 즐겨 집착하니

이러한 중생들은 끝내 불도(佛道)를 구하지 않네.

오는 세상의 악한 사람들은

부처님의 일승법을 들어도 미혹하여 믿지 않으며

법을 무너뜨리고 나쁜 갈래에 떨어지느니라.

부끄러움을 아는 청정한 사람들은 불도에 뜻을 두나니

마땅히 이런 이들을 위하여 일불승을 널리 찬탄하느니라.

사리불이여, 마땅히 알아라.

모든 부처님의 법은 이와 같아서

천만 억 방편으로써 알맞게 법을 설하느니라.

배워 익히지 못한 이들은 이러한 도리를 모르거니와

그대들은 이미 세상을 지도하는 부처님들이

알맞게 방편으로 하신 일을 잘 알고 조금도 의혹이 없나니,

그 마음 매우 환희하여 마땅히 성불할 줄을 스스로 아느니라.”

❀ “부끄러움을 아는 청정한 사람들은 불도에 뜻을 두나니”라고
하였습니다. 이 어지러운 오탁악세에서 다만 욕망에 집착해서 사는
중생들은 불도를 구할 줄 모릅니다. 자칭 현실주의자들, 세속에 파묻
혀 집착에서 벗어나지 못하는 사람들은 불교가 무엇인지 관심조차 없
습니다. 부처님 말씀을 전해주어도 알아듣지 못합니다. 그러나 부끄
러워할 줄 아는 사람은 다릅니다. 부끄러워할 줄 알기 때문에, 즉 참
회할 줄 알기 때문에 이미 청정한 사람입니다. 벌써 다 된 사람이지

요. 이런 사람들은 부처님 가르침을 익히고 배워서 마침내 자신이 부처라는 것을 깨우치게 됩니다.

"모든 부처님의 법은 이와 같아서 천만 억 방편으로써 알맞게 법을 설하느니라."고 하였습니다. 부처님께서 칠십 세가 될 때까지 그동안 사람들의 근기에 맞추어서, 천만 억 방편을 사용하여 이런저런 말씀을 하셨는데, 사실 그것은 모두 본뜻이 아니고 참으로 일러주고 싶었던 것은 바로 일불승이라는 말씀을 하시는 것입니다.

"그 마음 매우 환희하여 마땅히 성불할 줄을 스스로 아느니라."고 했습니다. 전부 부처가 될 것을 안다는 말입니다. 마음에 크나큰 환희심이 나는 이유가 소소한 것을 성취해서가 아니라 너무나도 큰 부처의 길을 성취할 수 있기 때문입니다. 그래서 마음이 더없이 기쁘다는 이야기로 법화경에서 제일 중요한 방편품을 매듭짓고 있습니다.

3
비유품

(譬喩品)

이 품의 이름은 특별히 비유품이라 하였습니다. 이 품 외에도 곳곳에 비유가 있어서 법화칠유(法華七喩)라 하기도 하고 법화구유(法華九喩)라 하기도 합니다. 경전에서는 사람들에게 추상적인 이치를 쉽게 이해할 수 있도록 도와주기 위해 자주 비유를 듭니다. 마음의 문제라든지 수행의 단계, 혹은 번뇌나 지혜와 같은 것은 구체적인 사물이 아니기 때문에 우리에게 얼른 와닿지 않습니다. 그래서 비유를 사용합니다. 부처님께서는 "지혜로운 사람은 비유로써 잘 알아듣는다."는 말씀을 늘 하셨습니다.

먼저 경전에 널리 알려진 비유에 대해 살펴봅시다. 비유는 부처님 가르침의 의미나 내용을 이해하기 쉽게 하기 위해서 실례나 우화들을 들어서 설명하는 것입니다. 또는 부처님께서 설법하실 때 비유를 교묘하게 이용하여, 대소승의 전반에 걸쳐 이해하기 쉽게 설명하는 것을 말합니다. 일반적으로는 실제 사실로써 비유하는 것이 일반적이지만 때로는 사물을 가설하여 비유할 수도 있습니다. 예를 들어서, 아들이 아버지보다 나이가 많다고 가정하자. 이런 식으로 말하는 경우도 있는데 이것은 순전한 가설입니다. 법화경에 나오는 비유이기도 합니다.

법화칠유 즉 법화경의 일곱 가지 비유를 살펴보면 이렇습니다.

1. 제3 비유품의 화택유(火宅喻), 2. 제4 신해품의 궁자유(窮子喻), 3. 제5 약초유품의 약초유(藥草喻), 4. 제7 화성유품의 화성유(化城喻), 5. 제8 오백제자수기품의 의주유(衣珠喻), 6. 제14 안락행품의 정주유(頂珠喻), 7. 제16 여래수량품의 의자유(醫子喻)가 있습니다. 여기에 제10 법사품의 착정유(鑿井喻)와 제15 종지용출품의 부소유(父少喻)를 더해서 법화구유라고 합니다.

마지막의 두 가지 비유는 방출(傍出)이라고도 합니다. 방출(傍出)은 곁 방(傍) 자를 쓰는데, 어떤 이야기를 하는 가운데 곁가지로 생겨난 것을 말합니다. 조사스님들의 법맥(法脈)을 이야기할 때 정식으로 법을 이어받은 분들을 정전(正傳)이라 하고, 그 옆으로 뻗어나가는 경우를 방전(傍傳) 또는 방출(傍出)이라고 합니다. 일반적으로 말해서 종손(宗孫)을 정맥(正脈)이라 한다면 둘째나 셋째, 넷째의 경우에는 방출 혹은 방전이라고 합니다. 그래서 법화경의 비유로 공인된 것을 말할 때는 법화칠유를 들고, 방출까지 합하면 법화구유를 말합니다.

법화칠유 가운데에서 비유품에 나오는 화택유(火宅喩)는 우리가 이 세상을 사는 것이 불난 집에서 허둥대는 것과 같다는 말입니다. 이는 화택삼거(火宅三車)의 비유라고도 하는데, 불이 활활 타오르는 집 안에서 고통스럽기도 하지만 또 그런 대로 재미있는 장난거리에 정신이 팔려서 집 밖으로 나오지 않는 우리들을 세 대의 장난감 수레로 이끌어 내는 것을 말합니다.

　　그 다음으로 제4 신해품의 궁자유(窮子喩)는 장자궁자(長子窮子)의 비유라고도 합니다. 어떤 부유한 장자가 어린 아들을 잃어버렸습니다. 그 아들은 객지를 떠돌며 고생을 많이 하고 아주 궁색해져서 거지가 되었지요. 그러다가 결국 아버지를 만나서 차츰 아버지에게서 모든 재산을 물려받는다는 비유입니다. 장자는 아버지이고 궁자는 아들을 말합니다.

　　제5 약초유품의 약초유(藥草喩)는 운우유(雲雨喩)라고도 합니다. 산과 들에 온갖 풀과 나무들이 있습니다. 구름이 일어나서 비가 내렸는데 풀과 나무마다 빗물을 받아들이는 데 있어서 차이가 있습니다. 각자 크기에 따라서 필요한 만큼 빗물을 받아들이는 것이지요. 이와 같이 부처님의 가르침을 똑같이 베풀어도 중생의 근기에 따라 받아들이는 것이 다르다는 내용입니다.

　　제7 화성유품(化城喩品)의 화성유(化城喩)는 보처화성유(寶處化城喩)라고도 합니다. 보배성으로 보배를 구하려고 많은 사람들이 길을 떠났습니다. 아무리 가도 보이지 않자 사람들은 되돌아가려고 합니다. 그러자 길잡이가 신통력으로 성을 만듭니다. 그리고 사람들을 데리고 가서 쉬면서 기운을 충전하도록 해서 다시 보배성을 찾아서 떠날 수 있게 유인한다는 말입니다. 법화경은 부처님이 평생 동안 설한 가르침을 총결산하는 입장에서 설한 것입니다. 그래서 그동안의 설법은 방편으로 해놓은 것이며, 일불승의 큰 가르침을 위한 것이라고 최종 정리를 하기 때문에 이런 이야기를 많이 합니다.

제8 오백제자수기품(五百弟子授記品)의 의주유(衣珠喻)는 계주유(繫珠喻)라고도 합니다. 옷 의(衣) 자, 구슬 주(珠) 자를 써서 옷 속에 구슬을 감추었다고 하거나, 맬 계(繫) 자, 구슬 주(珠) 자를 써서 구슬을 옷에 매어주었다고 합니다. 아주 친한 두 친구가 있었는데 한 사람은 부자였고 다른 한 사람은 거지였습니다. 부자인 친구가 거지인 친구를 초대해서 하룻밤 잘 대접하였는데 새벽에 부자가 인사도 하지 못하고 먼 길을 떠나게 되었습니다. 그래서 거지인 친구의 옷 속에 값진 구슬을 매어주고 떠났지요. 그러나 나중에 잠이 깬 친구는 옷 속에 보배구슬이 있는 것도 모르고 많은 고난을 겪었습니다. 나중에 친구를 다시 만나서 구슬 이야기를 듣고 비로소 거지 신세를 면하게 되었다는 이야기입니다.

제14 안락행품(安樂行品)에는 정주유(頂珠喻) 혹은 계주유(髻珠喻)라는 비유가 있습니다. 이마 정(頂) 자, 구슬 주(珠) 자를 쓰거나, 상투 계(髻) 자에 구슬 주(珠) 자를 쓰기도 합니다. 이마나 상투나 같은 의미입니다. 전륜성왕이 상투 속에 넣어 둔 명주(明珠)는 아무에게나 주지 않습니다. 가장 큰 공적을 세운 병사에게만 상투 속의 구슬을 물려준다는 이야기입니다. 이것은 모두가 부처의 자격이 있을 때 인가를 받는다는 뜻으로 이야기됩니다.

제16 여래수량품(如來壽量品)의 의자유(醫子喻)는 의사유(醫師喻)라고도 합니다. 옛날에 어떤 의사가 있었습니다. 그런데 그 의사의 자식들이 잘못하여 독약을 먹고 고통스러워했습니다. 의사인 아버지가 해독약을 지어주었지만, 제정신을 잃어버린 자식들은 해독약을 마시지 않았습니다. 보다 못한 아버지는 먼 나라로 떠나면서 사람을 시켜서 자신이 죽었다고 알리게 하였습니다. 아버지가 돌아가셨다는 소식에 문득 정신을 차린 자식들이 해독약을 먹고 완쾌되었다는 이야기입니다. 이것은 부처님의 반열반을 통해서 우리 중생들이 깨우침을 받는 것을 말합니다.

방출(傍出)로는 제10 법사품(法師品)에 착정유(鑿井喩)가 있습니다. 이 말은 우물을 판다는 뜻입니다. 우물을 팔 때 처음에는 마른 흙이 나옵니다. 그러나 계속해서 파들어 가면 차츰차츰 젖은 흙이 나오다가 나중에 깊이 들어가면 마침내 물이 나오게 됩니다. 우물을 파들어갈 때 이렇게 흙이 변하는 것을 보고 우리의 공부가 얼마나 진척이 되었는지를 알 수 있다는 말입니다. 마지막으로 제15 종지용출품(從地涌出品)에 부소유(父少喩)가 있는데 방출입니다. 아버지는 젊고 아들은 늙었다는 말인데, 이런 경우를 누가 믿겠습니까? 이런 말로 교훈을 일깨워주고 있습니다.

이외에도 다른 경전에 나오는 유명한 비유가 많습니다. 참고로 유마경(維摩經)에서는 10가지 비유를 들어서 우리 인간의 육신이 무상함을 말합니다. 유마 거사가 병이 들었다는 말을 듣고 큰 성문제자들이 함께 병문안을 갔습니다. 그러자 유마 거사가 본래 육신은 이러한 것이라며 비유를 들어 일러줍니다. 경문 원문을 살펴보면 다음과 같습니다.

是身은 如聚沫하야 不可撮摩며 是身은 如泡하야 不得久立이며 是身은 如焰하야 從渴愛生이며 是身은 如芭蕉하야 中無有堅이며 是身은 如幻하야 從顚倒起며 是身은 如夢하야 爲虛妄見이며 是身은 如影하야 從業緣現이며 是身은 如響하야 屬諸因緣이며 是身은 如浮雲하야 須臾變滅이며 是身은 如電하야 念念不住며

1. 취말(聚沫)은 부초(浮草) 즉 물에 떠다니는 풀과 같은 것입니다. 물결 따라 이리 밀리고 저리 밀리는 모양이 허망한 것입니다. 2. 포(泡)는 거품인데 거품이 허망하다는 것은 더 말할 나위가 없고, 3. 염(焰)은 불꽃을 말하는데, 불꽃은 계속 활활 타오르기 때문에 늘 그대로인 것처럼 보이지만 사실 늘 새로운 불꽃입니다. 4.파초(芭蕉)는 알맹이가 없다는 말입니다. 파초의 껍질을 계속 벗기고 들어가도 안에 알맹이가 없습니다. 육신도 그와 같이 알맹이가 없습니다. 5. 환(幻)은 환상을 말하고, 6. 몽(夢)은 꿈을, 7.영(影)은 그림자, 8.향(響)은 메아리, 9. 부운(浮雲)은 뜬 구름을 말하고, 10. 전(電)은 번갯불과 같다는 말입니다.

49재를 지낼 때에도 무상한 인생을 빗대어 부운(浮雲)이라고 하는 구절이 있습니다.

생 종하처 래(生從何處來) 사향하처거(死向何處去)
생야일편부운기(生也一片浮雲起)
사야일편부운멸(死也一片浮雲滅)
부운자체 본무실(浮雲自體本無實)

생사거래역여연(生死去來亦如然)

독유일물상독로(獨有一物常獨露)

담연불수어생사(湛然不隨於生死)

인생은 어디서 와서 어디로 가는가.

태어남이란 푸른 하늘에 한 조각 구름이 일 듯 하고,

죽음이란 그 일어난 구름 정처 없이 사라지듯 하네.

뜬구름 그 자체는 실체(實體)가 없듯이

나고 죽고 가고 옴도 또한 그러하네.

그러나 그 가운데 오직 한 물건이 홀로 드러나 있어서

맑고도 고요하여 생사(生死)를 따라가지 않네.

– 『석문의범(釋門儀範)』중에서

　　그 다음으로 금강경(金剛經)에서 모든 현상의 변화무상함을 여섯
가지로 비유한 것이 있습니다. 일체유위법(一切有爲法) 여몽환포영(如夢
幻泡影) 여로역여전(如露亦如電) 응작여시관(應作如是觀)이라는 구절이 있
는데, 이 구절에서 몽(夢)·환(幻)·포(泡)·영(影)·노(露)·전(電)의 여섯 가
지 비유가 유명합니다. 모든 유위법은 꿈과 같고, 환상과 같고, 물거
품과 같고, 그림자와 같고, 이슬과 같고, 번갯불과 같으니 마땅히 이
와 같이 보라는 것입니다. 앞에서 구부경(九部經)을 살펴보았습니다. 1.
수다라(修多羅) 2. 가타(伽陀) 3. 본사(本事) 4. 본생(本生) 5. 미증유(未曾有)
6. 인연(因緣) 7. 비유(譬喩) 8. 기야(祇夜) 9. 우바제사경(優婆提舍經)의 아
홉 가지 가운데에서 일곱 번째가 비유입니다. 이와 같이 비유는 불교

에서 상당한 위치를 차지하고 있습니다.

1. 사리불이 깨달음을 얻다

【 경문 】

爾時舍利弗이 踊躍歡喜하야 卽起合掌하고 瞻仰尊顔하며 而白佛言하니라

그때에 사리불이 뛸 듯이 기뻐하여 자리에서 일어나 합장하고 부처님의 존안(尊顔)을 우러러보면서 부처님께 말씀드렸습니다.

🌸　사리불이 이렇게 뛸 듯이 기뻐한 것은 방편품에서 하신 부처님의 말씀 때문입니다. 부처님이 일불승의 위대함을 설하면서 이것이 결국은 다른 이가 아니라 모든 성문들의 것이다, 성문들도 일불승이라는 위대한 경지를 모두 수용할 수 있고, 모두 자기 살림살이로 할수 있다, 그리고 사리불은 이미 그러한 경지에 올랐다고 말씀하셨습니다. 그 말씀을 들은 사리불이 뛸 듯이 기뻐하고, 부처님의 존안을 우러러보면서 소감을 말씀드리는 것이지요.

【 경문 】

今從世尊하와 聞此法音하고 心懷踊躍하야 得未曾有니다 所以者何오 我昔從佛하야 聞如是法호니 見諸菩薩은 受記作佛이어니와 而我等은 不預斯事라 甚自感傷하야 失於如來無量知見이니다 世尊하 我常獨處山林樹

下하야 若坐若行에 每作是念하대 我等同入法性이어늘 云何如來가 以小乘法으로 而見濟度어뇨 是我等咎라 非世尊也로소이다 所以者何오 若我等이 待說所因하야 成就阿耨多羅三藐三菩提者인댄 必以大乘으로 而得度脫이어늘 然이나 我等不解方便과 隨宜所說하고 初聞佛法하고 遇便信受하야 思惟取證하노이다 世尊하 我從昔來로 終日竟夜토록 每自剋責이더니 而今從佛하사 聞所未聞未曾有法하사옵고 斷諸疑悔하고 身意泰然하야 快得安隱호니 今日乃知眞是佛子라 從佛口生하며 從法化生하야 得佛法分하노이다

"이제 세존께 이러한 법문(法門)을 듣고 마음이 크게 기쁘고 전에 없던 일을 얻었습니다. 왜냐하면, 제가 예전에 이런 법문을 들었는데, 보살들은 수기(授記)를 받아 성불하리라 하였으나, 저희들은 그 일에 참여하지 못하여 매우 슬프고 상심하여 여래의 한량없는 지견(知見)을 잃었다고 하였습니다. 세존이시여, 저는 항상 산림(山林)에나 나무 밑에 홀로 앉기도 하고 거닐기도 하면서 생각하기를, '우리들도 법의 성품에 함께 들어갔는데, 어찌하여 여래께서는 소승법(小乘法)으로 제도하시는가. 이것은 우리의 허물이요, 세존의 탓이 아니라.' 하였습니다. 그 까닭은, 만약 저희들이 성불의 원인까지 말씀하시기를 기다려서 최상의 깨달음을 성취하였더라면, 반드시 대승으로써 제도하였을 것이지만, 저희들은 방편으로 마땅함을 따라 말씀하신 것을 알지 못하고 부처님의 법문을 처음 듣고는 곧 그대로 믿어서 결과를 얻으려 하였습니다.

세존이시여, 제가 예전부터 지금까지 밤낮으로 스스로 책망하였는데 이제 부처님께 듣지 못하던 미증유(未曾有)의 법문을 들었습니다. 이제

모든 의혹과 회한을 버리고 몸과 마음이 태연하여 편안함을 얻었습니다. 오늘에야 진정한 부처님의 아들이며, 부처님의 법문을 듣고 다시 태어났으며, 법에서 화생(化生)하였고, 불법을 얻은 줄을 알았습니다."

🌸 "제가 예전에 이런 법문을 들었는데, 보살들은 수기(授記)를 받아 성불하리라 하였으나, 저희들은 그 일에 참여하지 못하여 매우 슬프고 상심하여 여래의 한량없는 지견(知見)을 잃었다고 하였습니다." 라고 하였습니다. 그전에 부처님이 보살들을 위해 따로 분별하여 법을 설하지 않았겠지만, 상당히 높은 경지에 오른 사람에게 해당하는 법문을 사리불도 옆에서 들었다는 말입니다. 그런데 보살들은 성불한다는 수기를 받았는데, 사리불은 수기를 받지 못해서, '매우 슬프고 상심하여 여래의 한량없는 지견을 잃었다'고 생각하였다는 것입니다.

화엄회상에서도 그런 말이 있습니다. "화엄경이 설해지는 법회에 참석하여서 설법을 들었지만, 도대체 화엄경이 어떤 것이고, 어떤 경지이고 또 누구에게 설하는지 그 내용에 대해 전혀 알지 못했다. 눈으로 보고 귀로 듣지만, 그만 귀가 먼 것처럼 아무 것도 알지 못한다. 그래서 오백 성문들도 전부 '여롱양맹(如聾兩盲)' 즉 마치 귀머거리와 같고 장님과 같았다."고 하는 구절이 있습니다. 그러니까 자리가 달라서 못 들은 것이 아니라, 같은 자리에 앉아 있었음에도 불구하고 그 경지에 도달하지 못한 관계로 설법 내용을 이해하지 못했다는 것입니다. 눈 뜬 장님이었다는 것이지요. 화엄경의 경지를 이렇게 표현한 구절이 있습니다.

지금 법화경 이야기도 이렇게 들리는 분들이 있을지도 모릅니다.

우리가 이대로 완전무결한 '부처님이다'라고 하는 말을 기존의 불교에 젖어 있는 사람들은 전혀 이해할 수 없을 것입니다. '혹시 외도의 이야기가 아닐까?' 또는 '저 스님이 잘못 알고 하는 이야기가 아닐까?'라거나 '소견이 잘못된 것이 아닐까?'라고 생각하는 사람이 충분히 있을 수 있습니다. 이와 같이 자신의 수준이, 자신의 차원이 아니면 제대로 받아들이지 못합니다. 사리불이 자신도 한때 그러했다고 자신의 과거를 술회하고 있습니다.

제게 잊혀지지 않는, 가끔 생각나는 스님이 한 분 있습니다. 출가한 지 얼마 안 되어 범어사에서 살 때 그 스님과 단 둘이서 속엣말을 한 적이 있었습니다. 그 스님이 '불교는 병을 낫게 하는 방법을 말하지 않는다.'는 겁니다. 병을 낫게 하는 방법을 가르쳐 주면서 아주 신비한 소리를 하는 곳에 가본 모양이었습니다. 그러면서 불교가 마음에 안 든다는 말을 하더군요. 그러고 얼마 안 있어서 모습을 찾아볼 수 없었습니다. 그 스님은 병을 낫게 하는 방법에 홀린 것이지요. 그것만 딱 잡고 있으니 그 다음에 아무리 더 좋은 소리가 귀에 들려도 도대체 받아들일 수 없었던 겁니다. 얼마든지 병을 낫게 하는 방법도 있습니다. 그러나 그것이 우리의 최종 목표는 아닙니다. 단지 하나의 방편이고, 중간 과정일 뿐이라는 사실을 알아야 합니다.

사리불은 자신의 근기가 낮았기 때문에 근기에 맞추어 부처님이 방편으로 말씀하신 것인데, 방편인 줄 모르고 최상의 법문을 다한 것으로 여겼습니다. 사리불은 당장의 고통을 면하기 위해서 열반이나 증득해서 소극적이지만 좀 편안하게 살겠다는 마음에 머물러 있었습니다. 그러면서도 그것이 최상의 법인 양 생각했다는 것이지요. 이것이 성문이나 연각의 경지입니다. 보살의 경지만 하더라도 이렇지 않습니다. 보살은 자신을 희생하고 봉사하여 모든 사람들의 이익과 행복을 위해 자신을 완전히 연소(燃燒)시키는 사람들이 많습니다. 이것을 보살의 삶이라고 합니다. 결국은 우리가 부처의 경지를 제대로 터득했다고 하더라도, 결국 보살의 삶으로 나타나게 됩니다.

어릴 때 어린아이가 울거나 보채면 밖에 호랑이가 왔다고 어릅니다. 그러면 호랑이가 왔다는 소리만 듣고도 아이는 놀라서 울음을 그칩니다. 철이 든 지금 그 일을 돌이켜보면 참 어이없는 일입니다. 그와 같이 사리불도 부처님의 말씀이 방편인지 아니면 실법(實法)인지 이제는 환히 알 수 있다는 말입니다.

그리하여 사리불은 '오늘에야 진정한 부처님의 아들'이 되었습니다. 불자(佛子)라는 구절을 제자라고 옮기지 않고 아들이라고 하였습니다. 모두 부처의 후신(後身)이고 부처라는 종족(宗族)의 일원이기 때문에 아들이라는 표현이 더 적절하다고 생각합니다.

'법에서 화생(化生)하였다'는 것은 법에서 변화하여서 탄생하였다는 말입니다. 금강경에 의법출생분(依法出生分)이 있습니다. 의법출생 즉, 법에 의해서 다시 태어났다는 말입니다. 우리는 법에 의해서 매일매일 다시 태어나야 합니다. 우리가 불법을 만난 보람이 이것이고, 또 불법을 만난 가치가 여기 있습니다. 오늘 내가 인생을 바라보고 세상을 경험하는 안목이 어제와 달라지는 것이 바로 법에서 화생(化生)한 것입니다. 불교 공부에 맛을 들이면 세상 무엇보다도 맛있고 환희롭지요. 이런 것을 법희선열(法喜禪悅) 혹은 선열위락(禪悅慰樂, 법의 음식으로써 즐거움을 삼는다)이라고 합니다.

2. 게송으로 다시 표현하다

【 경문 】

爾時舍利弗이 欲重宣此義하사 而說偈言하니라

我聞是法音하사옵고 得所未曾有하와

心懷大歡喜하야 疑網皆已除니다

昔來蒙佛教하사 不失於大乘이라

佛音甚希有하사 能除衆生惱하시니

我已得漏盡이라 聞亦除憂惱니다

이때 사리불이 이 뜻을 거듭 펴려고 게송으로 말하였습니다.
"제가 이 법문을 듣고 미증유를 얻었습니다.
마음은 매우 기쁘고 의심은 모두 없어졌습니다.
예전에 부처님의 가르침을 듣고 대승법을 잃지는 않았지만
부처님의 말씀이 매우 희유하여
능히 중생들의 번뇌를 없앴습니다.
저도 번뇌가 이미 다하였지만
듣고는 역시 근심과 걱정이 없어졌습니다.

【 경문 】

我處於山谷커나 或在林樹下하야

若坐若經行에 常思惟是事하고

嗚呼深自責하대 云何而自欺어뇨

我等亦佛子라 同入無漏法이언만은
不能於未來에 演說無上道하며
金色三十二와 十力諸解脫이
同共一法中이어늘 而不得此事하며
八十種妙好와 十八不共法인
如是等功德을 而我皆已失이라
我獨經行時에 見佛在大衆호니
名聞滿十方하사 廣饒益衆生이시어늘
自惟失此利호니 我爲自欺誑이니다

제가 산골짜기에도 있고 나무 밑에
앉기도 하고 거닐기도 하면서 항상 이 일을 생각하고
항상 나를 이렇게 책망하였습니다. '내가 왜 스스로 속았던가.
우리들도 부처님의 아들로서 무루법(無漏法)에 함께 들었건만
오는 세상에서 최상의 도를 말하지 못하며,
서른두 가지 금빛 모습과 열 가지 힘과 여러 가지 해탈들이
모두 같은 한 가지 불법인데 이런 일을 얻지 못하는구나.
여든 가지 잘 생긴 몸매와 열여덟 가지 특별한 법(法)인
이런 공덕들을 우리들은 다 잃었구나.'
저 혼자 거닐면서 보니 부처님은 대중 가운데 계시나
명성이 시방에 가득 차서 중생들을 널리 이익케 하시는데
나만 오직 이런 이익을 잃었으니
이것은 스스로를 속이는 일입니다.

✿   여기에 소개된 여러 가지 공덕들 즉 10력, 32상과 80종호 그리고 18불공법(不共法)을 말하고 있는데 우리들 마음에 갖추고 있는 모든 능력들을 깨달은 분이 한껏 꽃 피운 상태를 표현하는 것입니다. 이와 같은 능력은 어떤 특정한 사람에게만 있는 것이 아니고, 모든 사람에게 잠재되어 있는 능력입니다. 부처님은 모든 능력을 다 드러내어 많은 중생들에게 베풀고 나누는 것입니다. 석가모니 부처님과 똑같이 될 수 있다는 생각을 이제야 하게 되었습니다. 못한다고 생각하는 것은 '스스로를 속이는 일'입니다.

【 경문 】

我常於日夜에 每思惟是事하고
欲以問世尊은 爲失爲不失인가하노이다
我常見世尊이 稱讚諸菩薩하사옵고
以是於日夜에 籌量如此事하노이다
今聞佛音聲의 隨宜而說法호니
無漏難思議라 令衆至道場이니다

저는 항상 밤낮으로 이 일을 생각하고
참으로 잃었는가 잃지 않았는가를 세존께 물으려 하였습니다.
저는 또 세존께서 여러 보살들을 칭찬하시는 것을 보고
밤낮으로 이러한 일을 생각하였습니다.
이제 부처님의 음성으로 사람들에게
알맞게 맞추어 설법하시는 것을 들으니

무루(無漏)요, 불가사의(不可思議)라.

중생들을 깨달음의 도량에 이르도록 하시옵니다.

❀ 사리불은 '부처가 될 수 있느냐 없느냐' 하는 문제에 대해 부처님께 여쭈려고 했던 것이지요. 지금도 남방의 소승불교에서는 부처의 경지는 석가모니 한 분만 가능하다고 보고 있습니다. 참 안타까운 일이지요. 대승불교에서는 소승을 불법 외도라고 합니다. 외도에는 두 가지가 있는데, 다른 가르침을 신봉하는 사람, 소승적 소견을 가진 사람을 부불법외도(付佛法外道) 즉 불법에 붙어서 사는 외도라고 표현합니다.

사리불과 같은 성문들도 의심이 많았던 것입니다. 부처님께서 이루신 경지에 도저히 이를 수 없다는 생각을 했던 것입니다. 그와 같은 의문을 품고 있었는데 이제 다 풀렸습니다. 우리가 법화경을 공부하면서 마음에 철두철미하게 새겨야 하는 것이 바로 일불승(一佛乘)입니다. 일불승! 우리는 모두 조금도 부족함이 없는 부처님입니다. 영원한 생명이 있고, 또 무한한 가능성이 그대로 갖춰져 있습니다. 이 영원한 생명과 무한한 가능성을 18불공법이니, 32상80종호니, 10력이니 하는 온갖 교리적인 용어로 표현하는 것입니다. 보살의 종자가 따로 있거나 성문의 종자가 따로 있는 것이 아닙니다. 그런데 사리불은, '보살들을 칭찬하시는 것을 보고' 그 보살들은 결국은 사리불 자신보다 뛰어난 경지에 있다고 생각한 것입니다.

"이제 부처님의 음성으로 사람들에게 알맞게 맞추어 설법하시는 것을 들으니 무루(無漏)요, 불가사의(不可思議)라. 중생들을 깨달음의 도량에 이르도록 하시옵니다."라고 하였습니다. 지금 부처님의 설법을 들으니 모두가 깨달음의 도량에 이른다, 모두가 부처의 경지임을 알게 되었다는 것입니다.

【경문】

我本著邪見하야 爲諸梵志師로니
世尊知我心하시고 拔邪說涅槃이어시늘
我悉除邪見하야 於空法得證하고는
爾時心自謂 得至於滅度러니
而今乃自覺 非是實滅度니다
若得作佛時에 具三十二相하며
天人夜叉衆과 龍神等恭敬하야사
是時乃可謂 永盡滅無餘니다
佛於大衆中에 說我當作佛하시니
聞如是法音하옵고 疑悔悉已除니다

저는 본래 삿된 소견에 집착하여
여러 범지(梵志)들의 스승이 되었더니
세존께서 저의 마음을 아시고
삿된 소견을 없애고 열반을 말씀하셨습니다.
저는 삿된 소견을 모두 없애고 나서 공(空)한 법을 증득한 뒤,
그때에 저 혼자 생각하기를 열반에 이르렀다 여겼는데
이제 와서야 스스로

이것은 참된 열반이 아닌 것을 깨달았습니다.

만약 성불하였다면 서른두 가지 거룩한 모습을 갖추고

천신, 사람, 야차들과 용과 신들이 공경하리니,

그때에야 영원히 다 없어진 무여(無餘)열반이라 할 것입니다.

부처님께서는 대중들에게

저도 마땅히 성불하리라 말씀하시니

이러한 말씀을 듣고서야 의심과 회한이 없어졌습니다.

✿　사리불은 원래 다른 종교를 믿었고, 오백 명의 제자도 거느리고 있었습니다. 그러다가 마승 비구의 수행자다운 모습에 감동을 받아서 곧바로 부처님께 나아갔다는 이야기를 앞에서 말씀드렸지요.

'저는 삿된 소견을 모두 없애고 나서 공(空)한 법을 증득한 뒤, 그 때에 저 혼자 생각하기를 열반에 이르렀다 여겼는데'라고 하였습니다. 공(空)의 경지를 이렇게 표현했습니다. 모든 것이 공하다는 것은 불교를 이해하는 일차적인 지혜이기도 합니다. 그러나 이 또한 중간 과정일 뿐입니다. 석가모니 부처님이 존경받듯이 우리 마음 속의 모든 능력에 대해 덕화가 이루어져야 참다운 열반에 도달한 것임을 알게 되었습니다. 그리고 부처님께서 모든 사람이 다 성불하리라고 말씀하신 것을 들으니 모든 의심과 회한이 없어졌습니다.

방편품에 이런 이야기가 나옵니다. '나무 불' 하고 한 번만 염불해도, 그것도 망상이 부글부글 끓어오르는 새카만 중생의 모습으로 손을 모아 절 한 번 올린 것으로도 다 부처가 될 수 있다고 했습니다. 사리불이 그동안 살아온 것을 비추어 보면 천만 번 성불하고 남을 것입니다. 그래서 "부처님께서 대중들에게 저도 마땅히 성불하리라 말씀하시니 이러한 말씀을 듣고서야 의심과 회한이 없어졌습니다."라고 하였습니다. 사리불의 감동이 우리 자신의 감동이 되고, 법화경을 공부하는 모든 사람의 감동이 되어야 합니다. 또 그러리라는 기대를 품고 법화경을 공부합니다. 우리는 어디에서나 당당한 주인으로서 삶을 살아가야 합니다. 이 모습이 우리의 실상이고, 이러한 실상을 우리가 깨달아야 한다는 가르침이 법화경의 가르침입니다.

【 경문 】

初聞佛所說하고 心中大驚疑하대

將非魔作佛하야 惱亂我心耶하더니

佛以種種緣과 譬喻巧言說하시니

其心安如海라 我聞疑網斷이니다

佛說過去世에 無量滅度佛이

安住方便中하사 亦皆說是法하시며

現在未來佛이 其數無有量하대

亦以諸方便으로 演說如是法하시며

如今者世尊이 從生及出家하사

得道轉法輪하사대 亦以方便說하시니

世尊說實道요 波旬無此事니다

以是我定知 非是魔作佛이어늘

我墮疑網故로 謂是魔所爲니다

처음 부처님의 말씀을 듣고 마음속으로 매우 놀라고 의심하기를
'아마 마귀가 부처님의 모습을 지어
나의 마음을 어지럽게 하는가.' 하였습니다.
부처님께서 갖가지 인연과 비유와 방편으로 말씀하시니
그 마음이 바다와 같이 편안하고
의심의 그물이 찢어지는 소리를 들었습니다.
부처님께서 말씀하시기를 과거에 열반하신
한량없는 부처님들이 방편에 머물러 계시면서
역시 모두 이러한 법문을 말씀하셨고,
현재와 미래의 여러 부처님들 그 수효 한량없는 이들도
역시 여러 가지 방편으로 이러한 법문을 설하신다고 하시며,
지금 세존(世尊)께서도 탄생하시고 출가하시어
도를 이루고 법륜(法輪)을 굴리시는데
역시 방편으로 말씀하십니다.
세존께서만 진실한 도를 말씀하시고
마군들은 이런 일이 없을 것입니다.
그러므로 저는 마귀가 부처님이 된 것이
아닌 줄을 분명히 알았습니다.
제가 의심의 그물에 들어간 까닭에
마귀의 소행이라 여겼습니다.

❀   사리불이 부처님 말씀을 처음으로 들었을 때는 '마귀가 부처님
의 모습을 지어 나의 마음을 어지럽게 하는가.' 하고 놀라고 의심했습

니다. 참으로 의미심장한 말입니다. 말세의 현상을 일컬어 마강법약(魔强法弱)이라고 하는데, 마구니 즉 삿된 사상의 힘은 강하고 올바른 법의 힘은 약하다는 뜻입니다. 사실 사리불이 부처님의 올곧은 가르침을 듣고도 의심하는 마음을 내었다는 것은 사리불이 올바르게 불법을 공부하지 못했다고 보아야 되겠지요. 우리 도반 가운데도 상당히 오랫동안 공부하고 나서 보니 정법이 아님을 알게 된 경우가 종종 있습니다. 정법이 아님을 알고도 그동안 공부한 것이 아까워 차마 버리지 못한다는 고백을 직접 들은 적이 있습니다.

우리는 정법이 무엇인지 진정으로 알고 있는가? 과연 불법을 얼마나 이해하고 있는가? 또 얼마나 실천하고 있는가? 이런 점들을 숙고해 보고 정법이 아닌 것은 한시 바삐 털어버려야 합니다. 바로잡고 나서 더 이상 연연하지 말아야 합니다. 사람이 본래 부처라는 것을 요즘도 믿지 않는 사람이 많은데 그 당시야 오죽했겠습니까? 그러나 부처님께서 갖가지 인연과 비유, 방편으로 말씀하시니 마음이 편안해지면서 의심의 그물이 좍 찢어지는 소리를 역력히 듣게 된 것입니다.

앞서 방편품에서 오불장(五佛章)을 말씀드렸지요. 과거 부처님, 미래 부처님, 현재 부처님, 시방의 모든 부처님, 석가모니 부처님까지 다섯 종류의 부처님이 모두 증명하셨던 것입니다. 이와 같이 증명하지 않으면 석가모니 부처님 한 분만의 이야기라고 치부해버릴 수 있고, 그러면 사람들이 의혹을 일으키게 되며 또한 독선에 떨어질 우려가 있기 때문입니다. 그래서 다섯 종류의 부처님이 증명하셨던 것입니다. 지금 세존(世尊)께서도 탄생하고 출가하여 도를 이루고 법륜(法輪)을 굴리는데 역시 방편으로 말씀하셨습니다. 마군은 이와 같은 증명이 없으니 세존께서 진실한 도를 말씀하신 줄을 분명히 알았다는 것입니다.

【 경문 】

聞佛柔輭音이 深遠甚微妙하사
演暢淸淨法하사옵고 我心大歡喜하며
疑悔永已盡하야 安住實智中이니다
我定當作佛하야 爲天人所敬하며
轉無上法輪하야 敎化諸菩薩이니다

부처님께서 부드러운 음성으로 심원(深遠)하고 미묘하게
청정한 법을 설하심을 듣고는 저의 마음이 매우 환희하여
의심과 회한이 영원히 없어지고
참다운 지혜에 편히 머물러 있습니다.
저는 정녕코 부처님이 되어서 천상과 인간의 존경을 받으며
최상의 법륜을 굴리어 여러 보살들을 교화하겠습니다.

❀   이제 사리불은 부처님의 참다운 말씀, 실다운 지혜[實智]에 머물게 되었습니다. 실다운 지혜 즉 우리가 앉아야 할 자리에 제대로 앉기까지 모든 과정을 솔직하게 다 펼쳐 보였습니다.

사리불이 이렇게 되기까지 부처님께서 방편품에서 설법하신 내용이 큰 역할을 했습니다. 그래서 방편품을 법화경의 안목(眼目), 불교의 안목이라고 합니다. 불교의 눈이 방편품의 내용이고 또 법화경의 눈

이기도 합니다. 이런 높은 법문을 듣고 사리불이 깨달음을 얻게 된 것입니다. 사리불은 결정코 부처가 되어서 천상과 지상의 모든 이가 공경하는 바가 되며, 또 무상법문을 굴려서 온갖 보살들을 교화하겠다고 선언하고 있습니다. 그래서 다음에 사리불에게 수기한다 그랬는데, 수기라고 하는 것은 '부처님이 된다, 앞으로 부처님이 될 것이다.' 하는 형식을 취하고 있지만 부처님이라는 사실을 보증하는 것입니다. 간혹 머리를 이렇게 쓰다듬으면서 관정이라고 하지요. 옛날에 대관식을 할 때 부왕이 전해 주는 관을 쓰듯이, 또 예전에는 세자를 책봉하면 세자에게 사해의 물을 떠다가 머리에 부어줍니다. 사해를 앞으로 너희가 관장하라는 뜻이듯이, 수기를 주는 것은 부처님께서 사리불에게 그대로 조금도 부족함이 없는 부처님이라는 이야기입니다. 법화경에 많은 수기가 있는데, 그 첫 수기가 이렇게 등장하게 됩니다.

3. 사리불에게 수기(授記)하다

(1) 과거의 인연을 밝히다

【 경문 】

爾時에 佛告舍利弗하사대 吾今於天人沙門婆羅門等大衆中說하노라 我昔曾於二萬億佛所에 爲無上道故로 常敎化汝어늘 汝亦長夜에 隨我受學일새 我以方便으로 引導汝故로 生我法中이니라 舍利弗아 我昔敎汝志

願佛道어늘 汝今悉忘하고 而便自謂已得滅度라할새 我今還欲令汝로 憶念本願所行道故로 爲諸聲聞하사 說是大乘經하시니 名妙法蓮華라 敎菩薩法이며 佛所護念이니라

이때에 부처님께서 사리불에게 말씀하셨습니다.

"내가 이제 천신과 사람들과 사문들과 바라문 등 여러 대중 가운데서 말하노라. 내가 아주 오랜 옛적에 이만 억 부처님의 처소에서 최상의 도를 위하여 그대들을 항상 교화(敎化)하였고, 그대들도 캄캄한 밤중에 있으면서 나를 따라 배웠느니라. 나는 방편으로써 그대들을 인도하여 나의 교법(敎法) 중에서 새롭게 태어나게 하였느니라.

사리불이여, 내가 일찍이 그대로 하여금 불도(佛道) 이루기를 뜻과 서원을 세우게 하였는데 그대는 모두 잊어버리고 스스로 생각하기를 이미 열반을 얻었다고 하였느니라. 그러므로 내가 이제 그대로 하여금 본래의 서원으로 행하려던 도를 다시 염원하게 하려고 여러 성문들에게 대승경을 설하려고 하노라. 그 이름이 묘법연화경(妙法蓮華經)이며, 보살들을 가르치는 법이며, 부처님이 아끼고 보호하고 마음에 간직한 것이니라.

�֍ 아주 오랜 옛적의 과거 인연을 대략적으로 밝히고 있습니다만, 실제로 과거에 일어난 일이냐, 아니냐는 크게 중요한 것이 아닙니다. 시간적으로 우리는 영원을 함께 하고 있습니다. 영원한 과거와 영원한 미래를 한 순간에 품고 있지요. 법성게의 일념즉시무량겁(一念卽是無量劫)이라는 원리대로 한 순간 속에 무량한 과거와 무량한 미래가 동

시에 존재합니다. 이와 같은 이치에서 살펴보면 존재의 실상에 조금
도 어긋나지 않는 이야기를 하는 것입니다.

(2) 화광여래(華光如來)라고 하리라

【 경문 】

舍利弗아 汝於未來世에 過無量無邊不可思議劫하야 供養若干千萬億
佛하고 奉持正法하며 具足菩薩所行之道하야 當得作佛하리니 號曰華光
如來應供正徧知明行足善逝世間解無上士調御丈夫天人師佛世尊이리
니 國名離垢요 其土平正하야 淸淨嚴飾하며 安隱豐樂하고 天人熾盛하며
琉璃爲地에 有八交道어든 黃金爲繩하야 以界其側하며 其傍에 各有七
寶行樹하야 常有華果하며 華光如來가 亦以三乘으로 敎化衆生하리라 舍
利弗아 彼佛出時에 雖非惡世나 以本願故로 說三乘法하나니 其劫名大
寶莊嚴이라 何故로 名曰大寶莊嚴고 其國中에는 以菩薩로 爲大寶故니라
彼諸菩薩이 無量無邊不可思議라 算數譬喻로 所不能及이요 非佛智力
이면 無能知者니라 若欲行時어든 寶華承足하며 此諸菩薩은 非初發意라
皆久植德本하야 於無量百千萬億佛所에 淨修梵行하야 恒爲諸佛之所
稱歎하며 常修佛慧하야 具大神通하고 善知一切諸法之門하며 質直無僞
하야 志念堅固한 如是菩薩이 充滿其國하리니 舍利弗아 華光佛壽는 十
二小劫이니 除爲王子하야 未作佛時며 其國人民의 壽八小劫이니라 華光
如來가 過十二小劫하야 授堅滿菩薩阿耨多羅三藐三菩提記하시고 告諸
比丘하대 是堅滿菩薩이 次當作佛하면 號曰華足安行多陀阿伽度阿羅
訶三藐三佛陀라하리니 其佛國土도 亦復如是니라 舍利弗아 是華光佛滅

度之後에 正法住世는 三十二小劫이요 像法住世도 亦三十二小劫이니라

사리불이여, 그대는 오는 세상에 한량없고 그지없는 불가사의한 겁을 지나면서 수많은 천만 억 부처님께 공양하고 바른 법을 받아 지니며 보살의 행하는 도를 갖추어서 마땅히 성불하리라. 그 이름은 화광(華光)여래·응공·정변지·명행족·선서·세간해·무상사·조어장부·천인사·불·세존이라 하리라.

나라의 이름은 이구(離垢)라 하리라. 그 땅은 평탄하며 반듯하고 청정하게 꾸며졌으며 안락하고 풍족하여 천신과 인간이 매우 많으리라. 유리로 땅이 되고 여덟 갈래 길이 있는데 황금 줄로 길가에 경계를 치고, 길 옆으로는 칠보로 된 가로수가 있어 꽃과 과일이 항상 열려 있으리라. 화광여래도 역시 삼승법(三乘法)으로써 중생들을 교화하리라.

사리불이여, 그 부처님이 출현하는 때가 나쁜 세상은 아니지마는 본래의 서원으로 삼승법을 설할 것이니라. 그때의 겁의 이름은 대보장엄(大寶莊嚴)이라 하리니, 어째서 대보장엄이라고 하느냐 하면, 그 나라에서는 보살로서 큰 보배를 삼기 때문이니라. 그 보살들이 한량없고 그지없고 불가사의하여 산수나 비유로 헤아릴 수 없으며, 부처님의 지혜가 아니고는 알 수 있는 사람이 없으리라.

그들이 어디를 가려고 하면 보배로 된 연꽃이 발을 받들 것이니라. 그 보살들은 처음으로 발심한 이들이 아니고, 오래 전부터 공덕의 근본을 심었으며, 한량없는 백천만 억 부처님의 처소에서 청정한 행을 닦아서 여러 부처님의 칭찬을 받느니라. 그들은 항상 부처님의 지혜를 닦아 큰 신통을 갖추었으며, 온갖 제법의 이치를 잘 알아 순수하고 소박하며 정

직하여 거짓이 없으며 뜻이 견고하니, 이러한 보살들이 그 국토에 가득 차느니라.

사리불이여, 화광불의 수명은 십이 소겁이니 왕자로 있으면서 성불하기 전의 세월은 제외한 것이니라. 그 나라의 백성들의 수명은 팔 소겁이니라. 화광여래가 이십 소겁을 지나고는 견만(堅滿)보살에게 최상의 깨달음에 대한 수기를 주면서 여러 비구들에게 말하기를, '이 견만보살이 이 다음에 부처님이 되리니, 이름을 화족안행(華足安行) 여래, 아라하, 삼먁삼불타라 하리라. 그 부처님의 국토도 역시 이와 같으리라.'고 하리라.

사리불이여, 이 화광불이 열반한 뒤에 정법(正法)이 세상에 머무는 것은 삼십이 소겁(小劫)이고, 상법(像法)도 역시 삼십이 소겁을 머물 것이니라."

✿ 한량없고 그지없는 겁을 지나면서 비로소 보살의 덕목을 갖추어 이제 마땅히 성불할 것이라는 조건을 이야기하고 있습니다. 법화경에서 처음으로 하는 수기이기 때문에 갑자기 그 자체로 완전무결한 부처라고 말하면 받아들이기 어려울 겁니다. 그래서 이런저런 방편이 가미되어 있는 것입니다. 그렇지만 그 내용은 법성게의 구래부동명위불(舊來不動名爲佛) 즉 예부터 변함없이 본래 부처라는 본래불(本來佛)의 사상을 바탕에 두고 있습니다. 본래 부처가 아니라면 아무리 수 억 만 겁이 지난다 하더라도 부처가 될 까닭이 없는 것입니다. 그러나 처음 받는 수기(授記)이기 때문에 이렇듯 조심스럽게 표현합니다. 나중에는 동참했든 안 했든 모두가 부처다, 부처를 비방하는 사람까지도 부처

다 하는 입장에 이르게 됩니다. 부처님을 해치려고 했던 제바달다까지도 부처님이라고 하였으니 더 이상 무슨 말이 필요하겠습니까? 이러한 수기를 통해서 철두철미하게 우리 자신이 갖고 있는 영원한 생명과 무한한 가능성에 대한 깊은 이해와 믿음을 세워야 합니다.

이 대목에서 우리가 생각해야 할 것이 겁의 이름인데 시대의 이름입니다. 연호라고도 할 수 있지요. 그 겁의 이름을 대보장엄(大寶莊嚴) 즉 큰 보배 장엄이라고 합니다. 왜 그렇게 불렀느냐면 '그 나라에서는 보살로서 큰 보배를 삼기' 때문입니다. 남을 위해 봉사할 줄 알고, 남을 배려할 줄 알고 그저 오로지 다른 사람의 이익과 행복을 위해 사는 보살들이 많이 살기 때문에 그 나라가 아름다운 것입니다.

온 나라를 황금이나 다이아몬드로 꾸미고, 거리마다 아름다운 꽃을 심더라도 악한 사람이 많은 곳을 생각해 보십시오. 남을 해치는 시기와 질투, 음모와 파괴를 일삼으며 그저 탐욕만 부리며 남의 물건을 빼앗으려고 하는 사람들이 많은 곳이 어디 사람이 살 곳입니까? 황금이나 다이아몬드가 없어도 참다운 보살이 많은 곳, 보살 정신을 실천하는 사람이 많은 곳이 바로 큰 보배로 장엄한 나라가 되는 것입니다. 금강경에도 보살이 불토(佛土)를 장엄(莊嚴)한다는 말이 있습니다. 금강경은 모든 존재를 공의 안목으로 보는 것을 우선으로 하고 있습니다. 그러나 그 이면의 내용은 보살이 국토를 장엄한다는 데 있습니다. 보살로써 큰 보배를 삼는다는 대목과 같은 정신입니다.

『논어(論語)』에 보면 예전에 공자가 우리나라에 오려고 한 적이 있습니다. 그때 중국 사람들은 우리나라를 동이(東夷)라고 불렀습니다. 동쪽의 오랑캐라는 말이지요. 공자의 제자들이 변두리인데다 오랑캐가 사는 곳인데 스승께서 왜 가려고 하십니까? 하고 물었습니다. 그러자 공자가 "군자거지(君子居之)면 하루지유(何陋之有)리오."라고 했습니다. 군자가 사는 나라가 어찌 누추하겠느냐는 말입니다. 변두리라서 아무리 문물이 발달하지 못하고 의식주가 부족하더라도 군자가 사는 나라는 조금도 누추하지 않다는 말입니다.

부처님은 사리불에게 화광여래가 될 것이라고 수기를 주면서, 성불한 사리불이 다시 수기를 주는 것까지 말하고 있습니다. 이것은 부처를 보증하는 수기가 법화경의 핵심이라는 뜻입니다. 부처를 보증하는 수기는 신념이 확고부동할 때 생명력을 얻게 됩니다.

고봉(高峰) 대사가 지은 『선요(禪要)』는 참선 공부하는 스님들의 교과서라고 할 수 있습니다. 예전에 어떤 어린 사미가 있었는데 부처님 가르침을 어깨너머로 듣기만 했지 그 뜻은 잘 몰랐지요. 매일 성불한다, 아라한이 된다는 말만 듣고 밥 먹고 제기 차고 노는 것이 일이었습니다. 그 절에 아주 공부를 많이 하신 천진한 노스님과 날마다 어울려 놀았습니다. 어린 동자가 제기를 차고 놀다가 문득 제기를 뱅뱅 돌리면서 "스님! 제가 사과(四果)를 증득하게 해 드리겠습니다." 하고 노스님을 놀렸지요. 그런데 노스님은 너무 천진해서 "아, 그렇습니까? 사과를 제게 증득해 준다는 말씀입니까?"라며 기뻐했습니다. 사과는 수다원과(須陀洹果) · 사다함과(斯陀含果) · 아나함과(阿那含果) · 아라한과(阿羅漢果)로 수행의 네 가지 단계를 말합니다. 옛날에는 이것만 거치면 공부를 다 마친 것으로 생각할 정도로 상당히 높은 단계입니다.

어린 아이가 사과를 노스님에게 증득하게 해 주겠다는 게 말하자면 수기입니다. 노스님이 좋아서 "어떻게 하면 제가 사과를 증득하겠습니까?" 하고 물으니 동자가 "머리를 숙이고 기다리십시오."라고 했습니다. 노스님이 머리를 숙이고 기다리자 동자가 제기의 딱딱한 밑동으로 노스님의 머리를 '딱' 때리면서 "수다원과를 증득했습니다!" 이렇게 말하는 거예요. 그런데 노스님은 그 말을 추호의 의심도 없이 그대로 믿고 수다원과를 증득했습니다. 그 다음에 동자가 또 머리를 '딱' 때리면서, "사다함과를 증득했습니다!"라고 했지요. 그 순간 노스님은 그대로 사다함과를 증득했습니다. 동자가 세 번째로 '딱' 때리면서, "이번에는 아나함과를 증득했습니다!" 하니 그 순간에 노스님은 아나함과를 증득했습니다. 마지막으로 동자가 제기 밑동으로 힘껏 때리면서, "아라한과를 증득했습니다!" 하니 노스님은 순식간에 아라한과를 증득해서 공부가 끝났다는 이야기가 있습니다.

아라한은 '응공(應供)'이라는 말입니다. 응공 즉 공양을 받을 정도로 수행이 되었다는 말입니다. 부처님도 아라한이라고 하지요. 순식간에 공부를 끝낸 노스님은 어린 사미가 법력이 있어서 노스님이 순식간에 공부를 끝낸 것이 아닙니다. 노스님의 순진무구한 마음! 터럭만큼도 의심하지 않는 그 믿음 덕분에 순식간에 아라한이 되었다는 이야기입니다. 법화경보다 더 뛰어난 법을 설하는 경전이 있다 하더라도 그 내용을 우리가 어떻게 받아들이는가? 어떤 마음으로 믿는가? 하는 것이 중요합니다. 뛰어난 설법보다 마음 속에서 받아들이는 자세가 더 중요한 것입니다.

"이 화광불이 열반한 뒤에 정법(正法)이 세상에 머무는 것은 32소겁(小劫)이고, 상법(像法)도 역시 32소겁을 머물 것이라."고 하였습니다. 부처님의 법이 세상에 머무는 연한을 표현하는 말입니다. 대개 정법,

상법, 말법의 세 가지로 나누는데, 정법시대는 부처님의 법이 그대로 바르게 전해지는 시기를 말하고, 상법시대는 정법과 비슷한 시기입니다. 말법시대는 정법을 실천하는 사람이 극히 드문 시대를 말합니다. 여기에서 사리불에게 상당히 구체적인 명칭과 연한을 제시하면서 수기를 주고 있습니다만, 이것은 그리 중요한 것이 아닙니다. 법화경의 뒷부분에 가면 어떤 부처가 될 것이라는 이름도 없이 한꺼번에 수기를 줍니다. 부처라는 사실을 보증하는 일이 중요하지 그 이름이나 연한은 별 의미가 없음을 알 수 있습니다.

[3] 게송으로 다시 밝히다

【 경문 】

爾時世尊이 欲重宣此義하사 而說偈言하니라

舍利弗來世에 成佛普智尊하면

號名曰華光이라 當度無量衆하야

供養無數佛하며 具足菩薩行과

十力等功德하야 證於無上道하리니

過無量劫已하야 劫名大寶嚴이요

世界名離垢니 淸淨無瑕穢하야

以瑠璃爲地하고 金繩界其道하며

七寶雜色樹에 常有華果實하며

彼國諸菩薩은 志念常堅固하고

神通波羅蜜이 皆已悉具足하며

於無數佛所에 善學菩薩道하나니

如是等大士는 華光佛所化라

佛爲王子時에 棄國捨世榮하고

於最末後身에 出家成佛道니라

華光佛住世는 壽十二小劫이요

其國人民衆은 壽命八小劫이라

佛滅度之後에 正法住於世는

三十二小劫이니 廣度諸衆生하리라

正法滅盡已에 像法三十二라

舍利廣流布하야 天人普供養이니

華光佛所爲가 其事皆如是라

其兩足聖尊이 最勝無倫匹이니

彼卽是汝身이라 宜應自欣慶이니라

이때 세존께서 이 뜻을 거듭 펴려고 게송으로 말씀하셨습니다.

"사리불이 미래 세상에서 성불하여 큰 지혜를 갖추면

그 이름은 화광여래이고 한량없는 중생들을 제도하리라.

무수한 부처님께 공양하면서 보살의 행과 열 가지 힘과

온갖 공덕 갖추어서 최상의 도를 증득하리라.

한량없는 겁을 지나서 대보장엄겁이 되면

세계의 이름은 이구(離垢)라 하고 청정하여 더러움이 없으리라.

유리로 땅이 되었고 황금 줄을 길가에 쳤으며

칠보로 된 가로수에는 언제나 꽃과 과일이 가득하리라.

그 나라의 보살들은 생각이 항상 견고하고

신통과 바라밀다를 모두 갖추었으며

무수한 부처님의 처소에서 보살의 도를 배우리니

이러한 보살들은 모두 화광여래가 교화한 이들이니라.

그 부처님은 왕자가 되었다가 나라와 영화(榮華)를

모두 버리고 최후의 몸(最後身)으로 출가하여 성불하리라.

화광불이 세상에 머무는 수명이 12소겁이고

그 나라의 백성들은 수명이 8소겁이며,

그 부처님이 열반하신 뒤 정법이 세상에 머무는

32소겁 동안 많은 중생들을 제도하고

정법이 다한 뒤에는 상법도 32소겁이 되리라.

사리를 널리 유포하여 천신과 인간의 공양을 받으리라.

화광불의 하시는 일은 이와 같으며

그 양족존(兩足尊) 부처님은 훌륭하기 짝이 없나니,

그는 곧 그대의 몸이니 마땅히 경사스러워하고 기뻐할지니라."

🌸 '그 부처님은 왕자가 되었다가 나라와 영화를 모두 버리고 최후의 몸으로 출가하여 성불 한다'는 내용은 석가모니 부처님의 행적과 매우 닮았습니다. 어떤 부처님의 생애를 그리더라도 석가모니 부처님의 생애를 본받고 있습니다. 모델로 삼고 있다는 말입니다. 석가모니 부처님과 같은 삶을 사는 화광 여래가 '곧 그대의 몸'이라는 말을 들었을 때, 사리불의 감동이 어떠했을까요? 참으로 형언할 수 없는 엄청난 감동을 받았겠지요. 그래서 부처님도 '마땅히 경사스러워하고 기

뼈하라'고 하였습니다.

　부처님께서 깨달은 일을 인류사에 있어 최대의 사건이라고 합니다. 왜 인류의 역사상 가장 큰 사건이라고 했을까요? 석가모니 부처님께서 성불함으로써 모든 생명이, 모든 인류가 동시에 다 성불했기 때문입니다. 성도(成道)하시고 나서 깨달은 눈으로 모든 중생을 살펴보니 '모두가 부처님이더라'고 부처님께서 우리들에게 선언하셨고 가르쳤기 때문입니다. 그래서 보통 사람들을 모두 불격(佛格) 즉 부처님의 격으로 상승시켰습니다. 기나긴 인류의 역사에서 수많은 사건이 있었지만, 모든 사람을 한 순간에 부처님으로 승격시킨 이 일이야말로 참으로 큰 사건입니다. 그래서 '경사스러워하고 기뻐해야 한다'는 말입니다.

[4] 사부(四部)대중들이 기뻐서 공양 올리다

【 경문 】

爾時四部衆인 比丘比丘尼와 優婆塞優婆夷와 天龍夜叉와 乾闥婆阿修羅와 迦樓羅緊那羅와 摩睺羅加等大衆이 見舍利弗이 於佛前에 受阿耨多羅三藐三菩提記하고 心大歡喜하야 踊躍無量하며 各各脫身所著上衣하야 以供養佛하며 釋提桓因과 梵天王等은 與無數天子로 亦以天妙衣와 天曼陀羅華와 摩訶曼陀羅華等으로 供養於佛하니 所散天衣가 住虛空中하야 而自廻轉하며 諸天伎樂百千萬種이 於虛空中에 一時俱作하며 雨衆天華하며 而作是言하사대 佛昔於波羅奈에 初轉法輪하시고 今乃復轉無上最大法輪이로소이다

그때에 사부대중인 비구·비구니·우바새·우바이·천신·용·야차·건달바·아수라·가루라·긴나라·마후라가들은 사리불이 부처님 앞에서 최상의 깨달음에 대한 수기를 받는 것을 보고 마음이 크게 기뻐서 한량없이 즐거워하였습니다. 그리고는 제각기 몸에 입었던 웃옷을 벗어서 부처님께 공양하였습니다. 제석천왕과 범천왕들도 무수한 천자들과 함께 아름다운 하늘의 옷과 하늘의 만다라 꽃과 마하 만다라 꽃들을 부처님께 공양하였습니다. 뿌려놓은 하늘의 옷들은 허공에 머물러서 저절로 빙글빙글 돌며, 백천 만 가지 하늘의 풍악은 허공 중에서 한꺼번에 연주하며 하늘의 꽃들은 비 내리듯 하면서 이렇게 말하였습니다.

"부처님께서 옛적에 바라나에서 처음으로 법륜을 굴리시더니 이제 또 최상의 가장 큰 법륜을 굴리시는도다." 하였습니다.

🪷　사부대중들이 이렇게 기뻐합니다. 사리불이 수기받는 것을 단초로 하여 모든 사람이 수기를 받는 것이 되므로 사부대중들이 이렇게 기뻐하고 공양을 올리는 것입니다. 부처님께서 바라나시에서 처음으로 법륜을 굴리셨고 많은 세월이 흐르고 나서 지금 '최상의 가장 큰 법륜'을 굴리고 있습니다. 일승묘법(一乘妙法) 즉 일불승(一佛乘)에 대한 법문을 하신다는 뜻입니다.

　스님들이 공양할 때 외우는 염불이 있습니다. 항상 부처님의 생애를 기억하고 본받겠다는 마음에서 '불생(佛生) 가비라(迦毘羅), 성도(成道) 마갈타(摩竭陀), 설법(說法) 바라나(婆羅奈), 입멸(入滅) 구시라[拘尸邢]'라는 염불을 하지요. '부처님이 가비라에서 나셔서 마갈타에서 도를 이루시고 바라나에서 설법을 하시다 구시라에서 돌아가셨네' 라고 부처님의 생애를 네 가지로 요약해서 외우면서 부처님을 생각합니다.

[5] 천신(天神)들이 기쁨을 노래하다

【 경문 】

爾時諸天子가 欲重宣此義하야 而說偈言하니라

昔於波羅奈에 轉四諦法輪하사

分別說諸法의 五衆之生滅이러니

今復轉最妙인 無上大法輪하시니

是法甚深奧하야 少有能信者니다

我等從昔來로 數聞世尊說이나

未曾聞如是 深妙之上法이니다

世尊說是法하시니 我等皆隨喜니다

大智舍利弗이 今得受尊記하시니

我等亦如是하야 必當得作佛하와

於一切世間에 最尊無有上이니다

佛道叵思議라 方便隨宜說이시니

我所有福業과 今世若過世에

及見佛功德을 盡廻向佛道하노이다

이때 여러 천자들은 이 뜻을 거듭 펴려고 게송으로 말하였습니다.

"옛적에 바라나에서 네 가지 진리의 법륜을 굴리시며

모든 법이 다섯 가지 쌓임의 생멸함을 말씀하시더니

이제 다시 가장 묘하고 가장 높은 큰 법륜을 굴리시니,

이 법은 매우 깊고도 오묘하며 믿을 사람이 많지 않으리라.

우리들은 예전부터 세존의 말씀을 자주 들었지만

이렇게 깊고도 묘한 가장 높은 법은 듣지 못하였네.

세존께서 이러한 법을 말씀하시니

우리들도 모두 따라 기뻐합니다.

큰 지혜의 사리불이 이제 세존의 수기를 받으니

우리들도 사리불과 같이 반드시 부처를 이루어

모든 세간에서 가장 존귀(尊貴)하고 가장 높으리라.

부처님의 도는 불가사의하거늘

방편으로 알맞게 맞추어 말씀하시니

내가 가진 복덕의 업과 이 세상과 지난 세상에서

부처님을 친견한 공덕을 모두 부처님의 도에 회향하려 합니다.”

　🌸　부처님께서 바라나에서 굴리신 네 가지 진리는 고집멸도(苦集滅道)의 사성제를 말합니다. 인생은 고(苦)인데, 고의 원인은 무엇이며 그 원인을 소멸하는 방법은 또 어떠한지를 이야기하는 것입니다. 그리고 ‘다섯 가지 쌓임’은 색수상행식의 오음(五陰)을 말합니다. 사람을 육신과 정신작용으로 나누어 표현한 것입니다. 또한 가장 묘하고 가장 높은 큰 법륜은 제법실상에 관한 이야기이며 일대사인연이며 다시 말하면 일불승에 대한 이야기입니다.

　　“이 법은 매우 깊고도 오묘하며 믿을 사람이 많지 않으리라.”고 하였습니다. 부처님 앞에서 손 한 번 번쩍 드는 것으로 성불한다고 했

으니 누가 믿겠습니까? 달마 스님은 '직지인심(直指人心) 견성성불(見性成佛)' 즉 사람의 마음을 가리켜서 바로 성불하게 하는 것이라고 하였습니다. 간략히 말하면 사람이 부처님이라는 뜻입니다. 일체유심조(一切唯心造) 즉 일체 세상만사를 전부 사람이 만들었습니다. 그러니 사람보다 더 위대한 것이 어디 있겠습니까? 천신들이 '우리들도 사리불과 같이 반드시 부처를 이루어'라고 하였습니다. 천신은 사람보다 격이 낮습니다. 그런 천신들도 사리불처럼 부처가 될 것이라며 차츰차츰 우리들의 마음을 부풀리고 근기를 성숙시켜 갑니다. 그래서 결국은 '너도 부처다, 조금도 모자랄 것도 없고 부족함이 없는 바로 그대로 부처다'라는 단계까지 이끌어가는 것이지요.

"부처님의 도는 불가사의하거늘 방편으로 알맞게 맞추어 말씀하시니 내가 가진 복덕의 업과 이 세상과 지난 세상에서 부처님을 친견한 공덕을 모두 부처님의 도에 회향하려 합니다."라고 하였습니다. 천신들이 노래로 올린 서원이 참 좋습니다.

자신의 의지가 생생하게 살아 있을 때, 능력껏 보살행을 하는 것, 재력이든 권력이든 건강이든, 어떤 것이든 사람들의 이익과 행복을 위해 다 퍼주고 가는 것이 제일 잘 사는 길입니다. 누군가에게 보탬이 되고 간다면 더 바랄 것이 있겠습니까? 회향이 이런 것이 아닐까 생각합니다.

4. 사리불이 방편과 진실의 법을 청하다

【 경문 】

爾時舍利弗이 白佛言하사대 世尊하 我今無復疑悔호니 親於佛前에 得
受阿耨多羅三藐三菩提記니다 是諸千二百心自在者는 昔住學地에 佛
常敎化하사 言我法은 能離生老病死하고 究竟涅槃이라하시거늘 是學無
學人도 亦各自已離我見과 及有無見等으로 謂得涅槃이러니 而今於世尊
前에 聞所未聞하고 皆墮疑惑이니다 善哉世尊하 願爲四衆하사 說其因緣
하사 令離疑悔케하소서

이때 사리불이 부처님께 말씀드렸습니다.

"세존이시여, 저는 이제 다시는 의심이 없으며 친히 부처님 앞에서 최
상의 깨달음에 대한 수기를 받았습니다. 그러나 마음이 자유자재하여
진 여기 일천 이백 사람들은 옛날 배우는 처지에 있을 적에 부처님께서
항상 교화하시기를 '나의 법은 나고 늙고 병들고 죽는 일을 떠나서 구
경에는 열반에 이르느니라' 라고 하셨습니다.

오늘 여기 아직 배우는 이들과 다 배운 이들도 제각기 '나'라는 견해와
'있다' '없다' 하는 견해를 떠나서 열반을 얻었노라 합니다. 지금 세
존 앞에서 일찍이 듣지 못했던 말씀을 듣고는 모두 의혹에 빠졌습니다.
거룩하신 세존이시여, 원컨대 사부대중들을 위하여 그 인연을 말씀하
시어 의문과 회한을 버리게 하여 주십시오."

❀ "나의 법은 생로병사를 떠나고 구경열반에 이르느니라."고 하

였습니다. 옛날에 저들이 배우는 경지(有學)에 있을 때 부처님께서 늘 말씀하시기를 '나의 법은 생로병사를 능히 떠났다.'고 하셨습니다. 늙고 병들고 죽는 것은 중생이 살면서 만나는 가장 어려운 문제이고 최종적인 고통입니다. 마침내 이 생로병사를 떠나 끝내는 열반을 성취한다고 했습니다. 그러나 이 열반이라는 것이, 모든 고통과 번뇌와 아픔 등 내 속을 태우는, 내 마음을 슬프게 하는 것들이 모두 다 사라진 상태입니다. 부처님 당시나 지금이나 당장 자기 문제로 괴로워하는 사람에게 "어디 가서 봉사활동도 하고, 보시도 하고, 남을 위해 살아야 한다."고 하는 이야기는 잘 통하지 않습니다. 원력(願力)이 있는 사람은 자기 문제를 돌아보지 않습니다만 보통 사람들은 대개 자기 문제가 급할 때 남을 돕겠다는 생각을 내기 어렵습니다. 내가 도와달라고 했을 때 선뜻 나서지 못하는 경우에는 '지금 자기 문제가 좀 많은가 보다' 하고 생각하면 됩니다. 그런데 자기 문제가 있어도 '내 문제보다 이웃의 문제가 더 급하다. 내 문제는 별 것 아니다' 하고 생각하며 먼저 남을 돕는 사람들을 보살이라고 합니다.

부처님께서는 생로병사의 고통에서 벗어나 열반에 들게 해 준다고 하셨습니다. '부처로 살면 되지, 그까짓 게 무슨 문제냐?' 하는 식으로 말씀하지 않았습니다. 우리에게 '좀 아프고 괴롭고 불안하고 슬픈 게 무슨 문제가 되냐? 너는 부처의 근기를 가지고 부처로서 살아라!' 하는 식의 이야기는 '보살로 살아라' 하는 이야기보다 더 안 통합니다. 부처로 사는 불격(佛格)은 무한히 높은 격이라 통하기 어렵습니다. 그래서 중생의 근기에 맞는 이야기를 했습니다. 지금 당장 괴롭고 힘든 일을 소멸하고 끝내는 열반을 성취하는 법에 대한 말씀을 할 수밖에 없었습니다.

불교에서 제일 자주 이야기하고 또 우리들이 가장 매력을 느끼는 부분이 뭡니까? "인내하면 복 된다." "인내하고 기다리면 좋다." 불자들은 이런 말을 가장 좋아합니다. 사실 맞는 소리입니다. 어려운 일을 만났을 때, '이건 절에 가면 해결돼. 기도하면 해결돼.' '남을 도와주면 복이 돼.' '불공을 올리면 복이 되는 일이다'라고 생각하면서 의탁합니다. 남을 돕는 것도 대개는 복이 된다고 해서 돕습니다. 그러나 보살은 자신에게 복이 되건 말건 관심이 없습니다. 오로지 남을 돕는 것에만 관심이 있습니다. 겉으로 드러나는 행동으로는 똑같아 보이지만 관심의 초점이 다릅니다.

우리가 괴로움을 겪을 때 그 괴로움을 직시하고 해결하려고 하는 것은 중요합니다. 그러나 해결 방법에 있어서 괴로움의 입장에서 해결하는 방식이 있고, 더 큰 문제에 마음을 집중해서 작은 고통은 아예 뿌리도 내리지 못하게 하는 방식이 있습니다. 부처님께서는 두 번째 방법을 말씀하십니다. 큰 원력을 세우고 이루고자 노력하면 삶의 작은 괴로움은 더 이상 괴로움이 되지 않습니다. 우리가 자주 말하는 원력(願力)은 어려운 것이 아닙니다. 사리불과 같은 성인에게만 해당하는 말이 아니라 우리 모두에게 해당하는 말입니다. 부처님께서 사리불에게 부처가 된다고 했을 때 사실 우리 모두에게 부처의 삶을 살라는 말씀을 상징적으로 이야기한 것입니다. 그러니 우리는 보다 큰 삶에 마음을 다하여 집중하고 소소한 문제에서는 벗어나 버리면 됩니다. 주변에서 열심히 바쁘게 사는 사람들을 한번 보십시오. 그런 사람들은 자잘한 병을 앓지 않습니다. 아니 병을 앓을 겨를이 없습니다. 왜 그럴까요? 자기가 마음으로 앓고 있는 커다란 병이 자잘한 병은 병으로 인정하지 않기 때문에 아예 맥도 못 추는 것입니다. 그래서 보살의 삶, 부처의 삶을 말하는 것입니다. 보살의 삶이라는 것은 결국 부처의 능력을 가지고 보살행을 하는 것입니다. 이것이 부처의 본마음입니다. 그래서 우리는 부처님의 본심을 드러내는 법화경을 공부해야 합니다.

5. 삼계화택(三界火宅)의 비유

【 경문 】

爾時에 佛告舍利弗하사대 我先不言諸佛世尊이 以種種因緣과 譬喻言辭로 方便說法은 皆爲阿耨多羅三藐三菩提耶아 是諸所說이 皆爲化菩薩故니라 然舍利弗아 今當復以譬喻로 更明此義호리니 諸有智者는 以譬喻得解니라

이때에 부처님께서 사리불에게 말씀하셨습니다.
"내가 먼저 말하지 않았던가. 부처님 세존이 갖가지 인연과 비유와 이야기와 방편으로 법을 설하는 것은 모두 최상의 깨달음을 위한 것이라고 말하지 않았느냐? 이 온갖 설법이 모두 보살들을 교화하기 위한 것이니라. 그러므로 사리불이여, 이제 다시 비유를 들어서 이 이치를 밝히리라. 모든 지혜 있는 사람들은 비유로써 이해할 수 있으리라.

🌸 부처님은 갖가지 인연과 비유를 방편으로 법을 설했습니다.

2,500년을 지내오면서 쌓인 방편이 얼마나 많은지 헤아리기도 힘듭니다. 이 모든 방편법은 모두 '아뇩다라삼먁삼보리' 즉 최상의 깨달음이고, 부처의 지견을 얻기 위한 것입니다. 이제 부처님께서 다시 한번 비유를 들어 지혜 있는 이를 교화하십니다.

【 경문 】
舍利弗아 若國邑聚落에 有大長者하니 其年衰邁하대 財富無量하고 多有田宅과 及諸僮僕하며 其家廣大하대 唯有一門하고 多諸人衆하대 一百二百으로 乃至五百人이 止住其中이러니 堂閣朽故하고 牆壁隤落하며 柱根腐敗하고 梁棟傾危라 周帀俱時에 欻然火起하야 焚燒舍宅커늘 長者諸子도 若十二十으로 或至三十히 在此宅中하니라

사리불이여, 예컨대 어느 나라의 한 마을에 큰 장자(長者)가 있었는데, 나이는 늙었으나 재물이 한량없이 많고 전답과 가옥과 고용인들과 시종들이 많았느니라.
그 집이 매우 크건마는 출입문은 오직 하나뿐이고, 식구가 많아서 일백에서 이백, 내지 오백 인이 그 안에 살고 있었느니라. 집과 누각은 낡았으며 담과 벽은 퇴락하고 기둥은 썩고 대들보는 기울어졌는데, 사면에서 한꺼번에 불이 일어나 모든 집들이 한창 타고 있었느니라. 그때 장자의 자제(子弟)들은 열 명, 스무 명, 내지 삼십 명이 그 집안에 있었느니라.

✿ 사면에서 한꺼번에 불이 일어났다고 했습니다. 이 불은 번뇌의 불이고, 큰 저택은 우리를 둘러싼 환경을 말합니다. 우리들은 각자 업

에 따라 다른 환경에서 살고 있습니다. 한국에 사는 것도 지은 업이 있고, 인연이 있기 때문입니다. 그러니 남을 탓하면 안 됩니다.

제가 예전에 달라이 라마를 만나 뵙고 한 시간쯤 이야기를 나눈 적이 있는데, 달라이 라마가 가슴에 못 박는 소리를 하시더군요. 이런 저런 이야기를 하다가 티베트는 남의 나라에 망명정부를 세우고 독립운동을 하고 있다는 말이 자연스레 나왔지요. 그러면서 하는 말이 "그래도 우리는 당신네 나라보다는 낫다."고 하면서 "우리나라는 둘로 쪼개지지 않았다. 같은 민족끼리 싸우지는 않았다."는 말을 했습니다.

동족끼리 서로 죽고 죽이는 살생을 한 것은 부끄러운 점이지만, 그 외에는 우리나라같이 좋은 나라가 없습니다. 못 나고 비뚤어진 면만 보려 하지 말고 내가 무엇을 얼마나 누리고 사는지 찬찬히 살펴보십시오.

【 경문 】

長者가 見是大火從四面起하고 卽大驚怖하야 而作是念하대 我雖能於此所燒之門에 安隱得出이나 而諸子等이 於火宅內에 樂著嬉戲하야 不覺不知하고 不驚不怖하며 火來逼身하야 苦痛切已라도 心不厭患하고 無求出意로다

장자는 큰 불이 사면에서 타오르는 것을 보고 크게 놀라면서 이렇게 생각하였느니라.
'나는 비록 이 불난 집에서 무사히 나왔으나 자식들은 아직도 불난 집에서 놀기만 좋아하는구나. 불이 난 것을 알지도 못하고 놀라지도 않고

두려워하지도 않는구나. 불길이 몸에 닿아서 고통이 극심할지라도 싫어하거나 걱정할 줄도 모르고 집에서 나오려는 생각도 하지 않는구나.'

❀ 큰 저택에 불이 난 위험한 상황인데도 그 안의 사람들은 아무것도 모르고 있다는 말입니다. 우리가 이렇게 무상하고 괴로움에 가득 찬 세상에 살면서도 벗어나겠다는 생각조차 내지 못하는 것을 빗대어 하는 이야기입니다. 무상하여 언제든 괴로움으로 변할 것들을 집착하며 즐거워합니다. 집이 반듯하게 서 있을 때보다 이곳저곳 무너지니 장난치고 놀 거리가 더 많고 재미있습니다. 게다가 불장난까지 하니 괴로움도 괴로움으로 느끼지 못합니다. 자신을 둘러싼 환경이 번뇌의 불에 활활 타올라 언제 무너질지 모릅니다. 아니, 언제 무너질지 모르니 놀라지도 않고 두려워하지도 않는 것입니다.

【 경문 】

舍利弗아 是長者作是思惟하대 我身手有力이라 當以衣裓이나 若以机案으로 從舍出之호리라 復更思惟하대 是舍唯有一門하고 而復狹小어늘 諸子幼稚하야 未有所識하고 戀著戲處라가 或當墮落하야 爲火所燒리니 我當爲說怖畏之事하대 此舍已燒하니 宜時疾出하야 無令爲火之所燒害리라하야 作是念已하고 如所思惟하야 具告諸子하대 汝等速出하라 父雖憐愍하야 善言誘喩하나 而諸子等은 樂著嬉戲하야 不肯信受하며 不驚不畏하야 了無出心하며 亦復不知何者是火며 何者爲舍며 云何爲失고하고 但東西走戲하야 視父而已러라

사리불이여, 장자는 또 이렇게 생각하였느니라.

'나에게는 힘이 있으니 옷을 담는 바구니나 책상 같은 데에 아이들을 앉혀서 들고 나오리라.'고 하다가 다시 생각하기를 '이 집에는 출입문이 하나뿐이고 또 좁은데 저 아이들은 어리고 철이 없어서 장난치고 노는 데만 정신이 팔렸으니 혹시 떨어지기라도 하면 불에 탈 것이다. 내가 마땅히 무섭고 두려운 일을 말하되, 이 집이 한창 불에 타고 있으니 지금 빨리 나와서 불에 타지 않게 하라.'고 하리라 하였느니라. 그렇게 생각한 대로 여러 아들에게 '너희들은 빨리 나오너라.'고 말하였느니라.

아버지가 딱하고 불쌍한 생각으로 아무리 타일러도 아들들은 장난치고 놀기만을 좋아하였느니라. 아버지의 말을 믿으려 하지도 않고 놀라지도 않으며 두려운 마음도 없어서 전혀 나오려는 생각조차 없었느니라. 더구나 불이 무엇인지, 집이 무엇인지, 어떤 것이 손실인지도 모르고 동서로 쫓아다니며 장난치고 놀면서 아버지를 그냥 쳐다볼 뿐이었느니라.

✿ "불이 무엇인지, 집이 무엇인지, 어떤 것이 손실인지도 모르고 동서로 쫓아다니며 장난치고 놀면서 아버지를 그냥 쳐다볼 뿐이었다."고 하였습니다. 아버지가 자꾸 '나가자! 나가자!'고 하지만 그저 아버지를 흘끔 쳐다볼 뿐입니다. 대웅전 앞을 지나면서 부처님 한번 흘끔 쳐다보고는 가버립니다. 부처님께서 무엇을 하는 분인가 생각도 안 해 봅니다. 법당에서 절하고 기도하고 참선하는 이 모든 것이 부처님의 본 마음을 알아서 따르려는 행동이 되어야 합니다. 부처님만이 아닙니다. 조사스님네도 이 세상이 무상하고 허망하니 마음공부 잘하

고 수행 열심히 해서 얼른 생사해탈을 하라고 수없이 법문을 했지만, 들은 둥 마는 둥 하지요. 우리들의 모습을 그대로 표현하고 있습니다.

【 경문 】

爾時長者가 卽作是念하대 此舍已爲大火所燒하니 我及諸子가 若不時出이면 必爲所焚하리니 我今當設方便하야 令諸子等으로 得免斯害호리라 父知諸子가 先心各有所好인 種種珍玩奇異之物하고 情必樂著이라하야 而告之言하대 汝等所可玩好는 希有難得이라 汝若不取하면 後必憂悔하리라 如此種種羊車鹿車牛車가 今在門外하니 可以遊戱라 汝等於此火宅에 宜速出來니 隨汝所欲하야 皆當與汝하리라 爾時諸子가 聞父所說珍玩之物이 適其願故로 心各勇銳하야 互相推排하며 競共馳走하야 爭出火宅하니라

이때 장자는 또 이런 생각을 하였느니라.

'이 집은 벌써 불이 크게 타고 있는데 나와 자식들이 이때에 나가지 아니하면 반드시 타버릴 것이다. 내가 방편을 내어 여러 자식들로 하여금 피해를 입지 않게 하리라.'

아버지는 그 자식들이 예전부터 장난감 같은 여러 가지 기이한 물건을 좋아하였으니, 그런 것을 보면 반드시 좋아할 것이라 여겼느니라. 그래서 이렇게 말하였느니라.

'너희들이 좋아하고 가지고 싶어하던 희유(希有)한 장난감이 여기 있는데, 너희들이 지금 와서 갖지 아니 하면 나중에 반드시 후회하리라. 저렇게 좋은 양이 끄는 수레(羊車), 사슴이 끄는 수레(鹿車), 소가 끄는 수레

(牛車)들이 지금 대문 밖에 있다. 나가서 타고 놀기 좋으니라. 너희들은 이 불타는 집에서 빨리 나오너라. 너희들이 가지고 싶은 대로 주리라.' 이때 여러 자식들은 아버지가 말하는 장난감이 마음에 들었으므로 매우 기뻐하면서 서로 서로 밀치고 앞을 다투어가면서 불타는 집에서 뛰쳐나왔느니라.

❀ 아버지는 평소에 이런 장난감을 주겠다고 하면 틀림없이 아이들의 마음이 기울어질 것을 알았습니다. 양이 끄는 수레와 사슴이 끄는 수레, 소가 끄는 수레는 성문승과 연각승, 보살승의 삼승을 말하는 것입니다. 그러나 이 수레 또한 부처님의 방편임을 잊지 말아야 합니다.

우리가 아이들을 교육할 때도 이렇게 해야 합니다. 아이들에게 맞추어 재미있고 즐겁게 해야 합니다. 유태인들의 교육이 아주 유명하지요. 학교에 가는 첫날에 히브리어 문자 모양을 한 과자를 나누어 줍니다. 앞으로 너희들이 공부할 글자가 이렇게 과자처럼 달콤한 것이라는 인상을 강하게 심어 줍니다. 싫은 공부를 억지로 하는 게 아니라 재미있고 즐겁게 공부하는 겁니다. 재미있고 즐겁게 공부를 하니 잘하게 됩니다. 경전 공부도 마찬가지입니다. 기도도 그렇고 참선도 그렇습니다. 이왕 하려면 재미있고 즐겁게 해야 합니다. 그래야 온 힘을 다 쏟게 되고, 온 정성을 다 바쳐서 해야 큰 소득을 얻게 됩니다.

【 경문 】

是時長者가 見諸子等이 安隱得出하야 皆於四衢道中에 露地而坐하야 無復障礙하고 其心泰然하야 歡喜踊躍이러라 時諸子等이 各白父言하대

父先所許玩好之具인 羊車鹿車牛車를 願時賜與하소서 舍利弗아 爾時 長者가 各賜諸子에 等一大車하시니 其車高廣하야 衆寶莊校하며 周帀欄 楯에 四面懸鈴하고 又於其上에 張設幰蓋하대 亦以珍奇雜寶로 而嚴飾 之하며 寶繩交絡하고 垂諸華瓔하며 重敷婉筵하고 安置丹枕하며 駕以白 牛하니 膚色充潔하며 形體姝好하고 有大筋力하며 行步平正하고 其疾如 風하며 又多僕從하야 而侍衛之러라 所以者何오 是大長者가 財富無量하 야 種種諸藏이 悉皆充溢이라 而作是念하대 我財物無極하니 不應以下 劣小車로 與諸子等이로다 今此幼童이 皆是吾子라 愛無偏黨이니 我有 如是七寶大車하야 其數無量이라 應當等心으로 各各與之요 不宜差別이 로다 所以者何오 以我此物로 周給一國이라도 猶尙不匱어든 何況諸子리 오 是時諸子가 各乘大車하고 得未曾有하야 非本所望이러라

이때 장자는 여러 자식들이 무사히 나와 네거리의 땅에 앉아 아무런 거 리낄 것이 없는 것을 보고는 마음이 태평하고 기쁨이 한량없었느니라.

이때 여러 아이들이 아버지에게 말하였느니라.

'아버지께서 아까 주신다고 하신 장난감, 양이 끄는 수레, 사슴이 끄는 수레, 소가 끄는 수레를 지금 얼른 주십시오.'

사리불이여, 그때 장자는 아이들에게 다같이 큰 수레를 하나씩 나누어 주었느니라. 그 수레는 높고 크고 여러 가지 보배로 꾸몄으며, 돌아가 면서 난간을 두르고 사면에 풍경을 달았느니라. 또 그 위에는 일산을 폈으며 휘장까지 쳤는데 모두 진기한 보배로 장식하였느니라. 곳곳에 보배 줄을 얽어서 늘어뜨리고 꽃과 영락을 드리웠으며, 포근한 자리를 겹겹이 깔고 붉은 빛 보료를 놓았느니라. 흰 소를 메웠는데 피부 빛깔이

깨끗하고 살이 쪘으며 몸이 충실하고 기운이 세어 걸음걸이가 평탄하고 반듯하면서 바람같이 빨랐느니라. 그리고 또 여러 시종들까지 시위(侍衛)하였느니라.

무슨 까닭인가 하면, 이 장자는 재물이 한량없어서 창고마다 가득 차서 넘쳐 났으므로 이렇게 생각하였느니라. '나의 재물이 한량이 없으니 변변치 못한 작은 수레를 아이들에게 줄 것이 아니다. 이 어린아이들이 모두 내 자식들이니 누구를 치우치게 사랑할 것이 아니며, 나에게는 이러한 칠보로 만든 큰 수레가 그 수효를 알 수 없으니 마땅히 평등한 마음으로 골고루 나누어 주리라. 이 모든 것에는 차별이 있을 수 없다. 왜냐하면, 내가 이런 수레를 온 나라 사람들에게 모두 나누어 주더라도 모자라지 아니할 것이거늘 하물며 내 자식들이겠는가.'

이때에 모든 자식들이 각각 큰 수레를 타고 전에 없던 즐거움을 얻었으므로 본래 바라던 것은 아니었느니라.

🌸 불타는 저택 밖으로 나온 아이들에게 아버지는 커다란 수레를 주었습니다. 눈부시게 흰 소에 멍에를 메고 온갖 보배로 장식하고 일산을 펴고 휘장까지 친 수레를 여러 명의 시종들이 따르면서 호위를 합니다. 세상에 둘도 없이 휘황찬란한 수레는 바로 부처님의 경지를 표현한 것입니다. 영원한 생명과 드높은 위덕, 무한한 능력과 온갖 복덕과 지혜를 갖춘 부처님의 경지 말입니다. 이런 경지가 있는데 중생들이 보잘 것 없는 삶을 사는 시시한 존재로 남는 것을 부처님께서 보시기에 안타까운 것입니다. 그래서 어서 깨달아서 당당한 부처님의 삶을 살라고 가르치는 것입니다.

【 경문 】

舍利弗아 於汝意云何오 是長者가 等與諸子珍寶大車가 寧有虛妄不아
舍利弗言하대 不也世尊하 是長者가 但令諸子로 得免火難하야 全其軀
命이라도 非爲虛妄이니 何以故오 若全身命이라도 便爲已得玩好之具어
든 況復方便으로 於彼火宅에 而拔濟之리오 世尊하 若是長者가 乃至不
與最小一車라도 猶不虛妄이니 何以故오 是長者가 先作是意하대 我以
方便으로 令子得出하리라할새 以是因緣으로 無虛妄也하니 何況長者가
自知財富無量하고 欲饒益諸子하야 等與大車이릿가 佛告舍利弗하사대
善哉善哉라 如汝所言하니라

"사리불이여, 그대는 어떻게 생각하느냐? 이 장자가 여러 자식들에게
훌륭한 보배수레를 똑같이 준 것을 허망(虛妄)한 일이라고 생각하느
냐?"
사리불이 말하였습니다.
"아닙니다. 세존이시여, 이 장자가 여러 자식들로 하여금 화재(火災)를
면케 하고 목숨만 보전하게 하였더라도 허망한 것이 아닙니다. 그 까닭
은 목숨만 보전한 것도 이미 훌륭한 장난감을 얻은 것인데 하물며 방편
으로써 그 불난 집에서 구제한 것이겠습니까.
세존이시여, 만일 이 장자가 가장 작은 수레 하나도 주지 아니 하였다
하여도 허망하다고 할 수 없습니다. 그 이유는 이 장자가 처음에 생각
하기를 '내가 방편으로써 이 아이들을 불난 집에서 나오게 하리라'한
것입니다. 이러한 인연으로 허망하다 할 수 없는데, 하물며 장자가 자
기의 재물이 한량없음을 알고 자식들을 풍요롭게 하려고 똑같이 큰 수

레를 준 것이겠습니까.”

부처님께서 사리불에게 말씀하였습니다.

“훌륭하다, 참으로 그대의 말과 같느니라.”

🌸 “장자가 여러 자식들에게 훌륭한 보배 수레를 똑같이 준 것을 허망(虛妄)한 일이라고 생각하느냐?”라고 하였습니다. 아버지가 양과 사슴, 소가 끄는 수레를 주겠다고 하고는 흰 소가 끄는 보배 수레를 똑같이 나눠 준 것이 잘못된 것이냐고 묻는 말입니다. 엄격히 말하면 아버지는 거짓말을 했습니다. 아무리 천 배 만 배 더 좋은 것으로 주었더라도 처음 약속과 다르니 거짓이 아닙니까? 그래서 부처님은 이것을 한번 짚고 넘어갑니다.

“아닙니다. 세존이시여, 이 장자가 여러 자식들로 하여금 화재(火災)를 면케 하고 목숨만 보전하게 하였더라도 허망한 것이 아닙니다.”라고 했습니다. 그렇습니다. 아버지 덕분에 아이들은 귀한 목숨을 보전하였습니다. 큰 보배 수레가 아니라 작은 수레 하나도 주지 않아도 허물이 되지 않습니다.

“훌륭하다, 참으로 그대의 말과 같느니라.”고 하였습니다. 이와 같이 수레를 주겠다는 방편을 쓴 문제에 대해 더 이상 왈가왈부할 수 없도록 부처님께서 분명하게 선을 긋는 뜻이 깔려 있습니다.

6. 비유에서 법을 밝히다

【 경문 】

舍利弗아 如來亦復如是하야 則爲一切世間之父어든 於諸怖畏와 衰惱
憂患과 無明暗蔽에 永盡無餘하고 而悉成就無量知見力無所畏하며 有
大神力과 及智慧力하며 具足方便智慧波羅蜜하야 大慈大悲로 常無懈
倦하고 恒求善事하야 利益一切하려하사 而生三界朽故火宅하야 爲度衆
生의 生老病死와 憂悲苦惱와 愚癡暗蔽인 三毒之火하야 敎化令得阿耨
多羅三藐三菩提케하니라

사리불이여, 여래도 그와 같아서 모든 세상 사람들의 아버지로서 온갖
두려움과 쇠퇴와 고뇌와 근심 걱정과 무명과 어두움이 영원히 다하여
남음이 없게 하느니라. 한량없는 지견과 힘과 두려움이 없음을 모두 성
취하고, 큰 신통한 힘과 지혜의 힘이 있느니라. 방편과 지혜 바라밀과
대자대비(大慈大悲)를 모두 구족하여 언제나 게으르지 않고 항상 좋은
일을 구하여 모든 중생을 이롭게 하느니라. 그래서 삼계(三界)의 낡고
썩은 불난 집을 벗어나서 중생들의 나고 늙고 병들고 죽고 근심하고 슬
퍼하고 괴로워하고 어리석고 우매한 삼독(三毒)의 불을 제거하고 그들
을 교화하여 최상의 깨달음을 얻게 하려는 것이니라.

❀　여기까지는 화택의 비유이고, 지금부터는 합유(合喩)라고 합니다.
이것은 비유와 그 비유의 실제 뜻을 함께 이야기하는 것을 말합니다.
　"여래도 그와 같아서 모든 세상 사람들의 아버지로서…"라고 했

습니다. 참 좋은 대목입니다. 반복해서 읽어서 마음에 새겨야 합니다. 이 대목은 석가모니 부처님에 대해 말했지만 사실은 이 모든 것이 우리들 각자에게 원만히 구족되어 있다는 사실을 일깨워주려는 것입니다. 나고 늙고 병들고 근심하고 슬퍼하고 괴로워하고 분노하는 번뇌의 불길에 휩싸여서 들끓는 삶의 모양에서 벗어나 최상의 깨달음을 얻으라는 것이 부처님의 본래 뜻이고, 불교의 목적입니다.

【 경문 】

見諸衆生이 爲生老病死憂悲苦惱之所燒煮하며 亦以五欲財利故로 受種種苦하며 又以貪著追求故로 現受衆苦하고 後受地獄畜生餓鬼之苦하며 若生天上커나 及在人間에 貧窮困苦와 愛別離苦와 怨憎會苦인 如是等種種諸苦衆生이 沒在其中하야 歡喜遊戲하며 不覺不知하고 不驚不怖하며 亦不生厭하고 不求解脫하며 於此三界火宅에 東西馳走하야 雖遭大苦나 不以爲患이라 舍利弗아 佛見此已하시고 便作是念하대 我爲衆生之父라 應拔其苦難하고 與無量無邊佛智慧樂하야 令其遊戲호리라

모든 중생이 나고 늙고 병들고 죽고 근심하고 슬퍼하고 괴로워하는 불에 타며, 또 다섯 가지 욕망과 재물을 위하여 가지가지 고통을 받는 것을 보았느니라. 또 탐욕과 집착으로 추구하므로 현세에서 온갖 고통을 받다가 나중에 지옥, 축생, 아귀의 괴로움을 받기도 하고, 어쩌다가 천상이나 인간에 나더라도 빈궁하며 피곤하고 괴로우니라.

사랑하는 사람과 떠나는 괴로움, 미운 사람과 만나는 괴로움 등등 여러 가지 괴로움을 받으면서도, 중생들이 그 가운데 빠져서 기쁘게 놀면서

깨닫지도 못하고 알지도 못하므로 놀라지도 않고 무서워하지도 않고, 또 싫어할 줄도 모르고 벗어날 것을 구하지도 않느니라. 이 삼계(三界)라는 불타는 집에서 동서로 왔다 갔다 하면서 그러한 큰 고통을 만나고도 근심하지 않음을 보았느니라.

사리불이여, 부처님이 이런 것을 보고는 이렇게 생각하였느니라. '나는 중생의 아버지가 되었으니 마땅히 그 고통에서 건져내어 한량없고 그지없는 부처님의 지혜의 낙을 주어 즐겁게 놀게 하리라.'

🪷 집에 불이 났다는 표현은 우리가 처한 환경이 번뇌의 불길에 타고 있다는 뜻입니다. 나고 늙고 병들어 죽는 것, 애착하고 분노하고 근심하고 슬퍼하는 것이 바로 우리를 태우는 불길입니다. 보통 불교에서는 생로병사(生老病死)를 사고(四苦) 즉 네 가지 기본적인 고통으로 삼고, 여기에 또 네 가지를 더해서 팔고(八苦) 즉 여덟 가지 고통을 이야기합니다. 그 네 가지는 사랑하는 사람과 헤어지는 괴로움(愛別離苦)과, 미워하는 사람과 만나는 괴로움(怨憎會苦), 원하는 대로 되지 않는 괴로움(求不得苦) 그리고 육신이 있기 때문에 어쩔 수 없이 따르는 괴로움(五陰盛苦)을 말합니다. 사람으로 태어났기에 몸으로 오는 괴로움을 피할 수 없고, 욕망에 가득 찬 마음으로 받는 괴로움도 많습니다.

불자들은 세상사에 부딪혔을 때, 인연 따라 분수 따라 수용할 줄 알아야 합니다. 재물이든 명예든 사람이든 간에 주어진 인연을 따르고 처한 분수에 따라서 받아들입시오. 억지로 바꾸려 하지 말고, 조작하지 않으며 그렇게 살 줄 아는 자세가 무엇보다 필요합니다. 저는 수연무작(隨緣無作)이라는 경구를 참 좋아합니다. 이 말은 인연을 따르고 내 힘을 따르고 또 분수를 따를 뿐 크게 억지 쓰지 않고, 아등바등 내 것으로 만들려 하지 않는다는 뜻입니다. 우리가 불교 공부를 하면서 가장 많이 듣는 공부가 인연입니다. 연기(緣起)라고도 하는 인연의 이치를 깨닫는 것만도 사실은 상당한 소득입니다.

"이 삼계라는 불타는 집에서 동서로 왔다 갔다 하면서 그러한 큰 고통을 만나고도 근심하지 않음을 보았느니라."고 하였습니다. 목석처럼 둔해서 나중에 돌이킬 수 없는 고통스러운 상황에까지 이르게 된다면 참으로 미련하고 어리석은 일입니다. 불교에서 등불을 좋아하는 이유가 바로 지혜를 상징하기 때문입니다. 지혜의 반대는 어리석음 즉 치암(痴暗)입니다. 어리석을 치(痴) 자에 어두울 암(暗) 자를 씁니다. 어둡고 어리석은 삶을 밝게 보아 문제가 생기지 않도록 사전에 대처할 줄 아는 삶을 지혜롭다, 현명하다고 합니다. 어리석은 마음의 어두움을 밝힌다는 뜻에서 등불을 켜는 것이고, 등불을 켤 때는 내 마음의 어리석음을 밝은 빛으로 맑게 하겠다는 뜻으로 해야 됩니다.

"나는 중생의 아버지가 되었으니 마땅히 그 고통에서 건져내어 한량없고 그지없는 부처님의 지혜의 낙을 주어 즐겁게 놀게 하리라."고 하였습니다. 부처님께서 이렇게 직접 책임감과 의무감을 표현한 것은 대단한 일입니다. 열반의 즐거움이 아니라 부처님의 지혜의 즐거움을 주겠다고 하였습니다. 고통만 해결하려 했다면 열반의 즐거움만으로도 충분합니다. 그러나 부처님께서는 당신이 증득한 경지를 그대로 중생들에게 다 나누어 주고 싶으셨던 것입니다.

【 경문 】

舍利弗아 如來復作是念하대 若我但以神力及智慧力으로 捨於方便하고
爲諸衆生하야 讚如來知見力無所畏者면 衆生不能以是得度리라 所以
者何오 是諸衆生이 未免生老病死와 憂悲苦惱하고 而爲三界火宅所燒
어니 何由能解佛智慧리오 舍利弗아 如彼長者가 雖復身手有力이나 而
不用之하고 但以慇懃方便으로 勉濟諸子火宅之難然後에 各與珍寶大
車인달하니라 如來도 亦復如是하야 雖有力無所畏나 而不用之하니라

사리불이여, 여래는 또 이렇게 생각하였느니라. '내가 만일 신통의 힘
과 지혜의 힘만 쓰고 방편을 버려 중생들에게 여래의 지견(知見)과 힘과
두려움 없음을 찬탄하면, 이 중생들은 이것으로는 제도되지 못하리라.
왜냐하면, 이 중생들은 나고 늙고 병들고 죽고 근심하고 슬퍼하고 괴로
워함을 면치 못하여 삼계라는 불타는 집에서 타게 될 것이니, 어떻게
부처님의 지혜를 이해할 수 있겠는가.'
사리불이여, 마치 저 장자가 자신에게 큰 힘이 있지만 그것을 쓰지 아
니하고, 은근하게 방편으로써 여러 자식들을 불타는 집에서 건져 낸 뒤
에 훌륭한 보배의 큰 수레를 준 것과 같이 여래도 그와 같아서 비록 힘
과 두려움 없음이 있지만 쓰지 아니하니라.

🌸 부처님께서 높고 높은 부처의 지견을 알려주고 싶어서 자꾸 내
놓는다면 이것이 통할 중생이 몇이나 있겠습니까? 늙고 병들고 죽는
근심과 괴로움을 면하지 못하는 중생은 발등에 불이 떨어진 격입니
다. 당장 집에 재수, 삼수하는 자녀가 있으면 자녀의 시험이 급하지

성불이 급하겠습니까? 남을 돕는 봉사활동이 급하겠습니까? 보살행을 아무리 좋아한다 한들 보살행을 하고픈 마음이 나지 않는 것이지요.

제가 아는 불자 한 분이 자녀 진학 때문에 불교에 입문하게 되었습니다. 대학진학을 앞에 둔 자녀를 위해서 어디든 의지하고 매달려서 힘을 얻고 싶어서 찾아간 곳이 절이었고 부처님이었습니다. 무턱대고 남들 하는 대로 빌고 또 빌었지요. 기도하고 또 기도하면서 부처님과 인연을 맺었는데 공부를 더 하다가 진짜 불교에 눈을 뜨게 되었다고 합니다. 딸아이를 좋은 곳에 진학시키려는 마음이 자신을 참다운 불법으로 인도한 선지식이었다는 그 이야기를 들으면서 어느 경전의 부처님 말씀 못지 않게 감동했습니다. 그 불자가 회소향대(廻少向大) 즉 작은 것으로 크게 회향하는 계기를 삼았다는 사실에 감동하였고 모두가 이런 길을 밟게 되기를 바랐습니다.

【 경문 】

但以智慧方便으로 於三界火宅에 拔濟衆生하야 爲說三乘인 聲聞辟支佛佛乘하리라하고 而作是言하대 汝等은 莫得樂住三界火宅하고 勿貪麤弊인 色聲香味觸也하라 若貪著生愛면 則爲所燒리라 汝速出三界하야 當得三乘聲聞辟支佛佛乘이어다 我今爲汝하야 保任此事하노니 終不虛也니라 汝等但當勤修精進이니 如來以是方便으로 誘進衆生호라 復作是言하대 汝等當知하라 此三乘法은 皆是聖所稱歎이며 自在無繫라 無所依求니 乘是三乘하야 以無漏根力覺道禪定解脫三昧等으로 而自娛樂하면 便得無量安隱快樂하리라 舍利弗아 若有衆生이 內有智性하야 從佛世尊하야 聞法信受하고 慇懃精進하며 欲速出三界하야 自求涅槃하면 是

名聲聞乘이니라 如彼諸子가 爲求羊車하야 出於火宅하며 若有衆生이 從佛世尊하야 聞法信受하고 慇懃精進하야 求自然慧하며 樂獨善寂하야 深知諸法因緣하면 是名辟支佛乘이니라 如彼諸子가 爲求鹿車하야 出於火宅하며 若有衆生이 從佛世尊하야 聞法信受하고 勤修精進하야 求一切智와 佛智와 自然智와 無師智와 如來知見과 力無所畏하야 愍念安樂無量衆生하며 利益天人하야 度脫一切하면 是名大乘菩薩이니 求此乘故로 名爲摩訶薩이라 如彼諸子가 爲求牛車하야 出於火宅하니라

다만 지혜와 방편으로써 삼계라는 불타는 집에서 중생들을 건져내기 위하여 삼승(三乘)인 성문승, 벽지불승, 일불승〔菩薩乘〕을 설하기 위하여 이렇게 말하였느니라.

'너희들은 이 삼계라는 불이 붙은 집에 있기를 좋아하지 말며, 변변치 않은 물질·소리·냄새·맛·감촉을 탐하지 말라. 만일 탐 내어 애착하면 반드시 불에 타게 되느니라. 그대들이 이 삼계에서 빨리 나오면 마땅히 삼승인 성문승·벽지불승·일불승을 얻으리라. 내가 지금 그대들에게 이 일을 책임지고 보증(保證)하나니 절대 허망하지 아니하리라. 그대들은 부지런히 정진하라.' 라고 하였느니라."

여래께서는 이와 같은 방편으로 중생들을 달래어 나오게 하고서 또 말씀하셨습니다.

"그대들은 이런 줄을 마땅히 알라. 이 삼승의 법은 다 성인들의 칭찬하는 바로서 자유자재하여 속박이 없고 의지하여 구할 것도 없나니, 이 삼승에 오르면 샘이 없는 오근(五根)·오력(五力)·칠각지(七覺支)·팔정도(八正道)·선정(禪定)·해탈(解脫)·삼매(三昧) 등을 스스로 즐기면서 한

량없이 편안하고 즐거움을 얻게 되리라.

사리불이여, 만약 어떤 중생이 안으로 지혜가 있으면서 부처님 세존의 법을 듣고 믿으며 부지런히 정진하여 삼계에서 빨리 벗어나려고 스스로 열반을 구하면 이는 성문승(聲聞乘)이라 하느니라. 저 자식들이 양이 끄는 수레를 가지려고 불난 집에서 뛰쳐나온 것과 같으니라.

만약 어떤 중생이 부처님 세존의 법을 듣고 믿으며 부지런히 정진하여 자연의 지혜를 구하며, 혼자 있기를 좋아하고 고요한 곳을 즐기며 모든 법의 인연을 깊이 알면 이는 벽지불승(辟支佛乘)이라 하느니라. 저 자식들이 사슴이 끄는 수레를 가지려고 불난 집에서 뛰쳐나온 것과 같으니라.

만약 어떤 중생이 부처님 세존의 법을 듣고 믿으며 부지런히 정진하여 온갖 지혜와 부처님의 지혜와 자연의 지혜와 스스로 깨달은 지혜와 여래의 지견과 힘과 두려움 없음을 구하고, 한량없는 중생을 가엾이 여기어 안락하게 하며 천신과 인간 사람들을 이롭게 하며 모든 사람을 제도(濟度)하면 이는 대승(大乘)보살이라 하느니라. 이 대승법을 구하므로 이름을 마하살(摩訶薩)이라 하나니, 저 자식들이 소가 끄는 수레를 가지려고 불난 집에서 뛰쳐나온 것과 같으니라.

🪷 "다만 지혜와 방편으로써 삼계라는 불타는 집에서 중생들을 건져내기 위하여 삼승(三乘)인 성문승·벽지불승·일불승[菩薩乘]을 설하기 위하여 이렇게 말하였느니라."고 하였습니다. 이 대목에서 일불승이라고 했는데 사실은 보살승이라고 해야 합니다. 언제부터인가 경전에 보살승이라고 해야 할 곳에 일불승이라고 되어 있어서 많이들 문제 삼고 있습니다.

이제부터 중생들의 근기에 맞추어 삼승을 설하고 있습니다.

성문승은 열반을 구하는 것을 말합니다. 양이 끄는 수레를 좋아하는 아이들이 성문승에 해당합니다. 흔히들 열반이라는 말을 하지만 사실은 초기단계의 경지라는 말입니다. 벽지불승은 연각승이라고도 합니다. 사슴이 끄는 수레를 좋아하는 아이들이지요. 성문승과 오십보 백보지만 조금 더 수준이 높다고 할 수 있습니다. 벽지불승이 구하는 자연의 지혜[自然慧]는 자기 자신의 체험을 통해서 자연적으로 얻는 지혜를 말합니다. 들어서 얻는 지혜가 아니라 경험을 통해서 지혜를 체득하는데, 모든 법의 인연 도리를 깊이 알게 됩니다. 다른 종교를 믿는 사람이나 혹은 친지나 이웃에게 "불교는 도대체 무엇을 하는 종교냐?"는 질문을 받는다면 어떻게 대답하겠습니까? 그럴 때는 인연을 이야기해야 합니다. 세상의 모든 것은 인연법을 따른다는 것을 부처님께서 깨달았고 우리가 곰곰이 생각해 봐도 세상에 인연으로 되지 않은 게 아무 것도 없습니다. 부처님 당시에도 제자들이 "그대는 어디로 출가해서 누구에게 어떤 가르침을 받느냐?"는 질문을 받으면 인연을 이야기했습니다. 마승 비구가 사리불 존자에게 한 대답이 그렇지요. "모든 것은 인연에 의해 일어나고 또 인연에 의해 멸한다. 큰 수행자인 우리 부처님께서 항상 이렇게 말씀하신다(諸法從緣生 諸法從緣滅 我佛大沙門 常作如是說)."라고 불교의 특색을 간단하게 표현했습니다.

세 번째 소가 끄는 수레가 바로 보살승입니다. 여기 표현한 대로 부처님의 지혜를 갖추고 한량없는 중생을 가엾게 여겨 안락하게 하고자 보살행을 실천합니다. 부처님께서 성불한 뒤에 중생을 제도하신 일도 결국 보살행입니다. 그래서 화엄경도 마지막에 보현행원품으로 결론을 맺습니다. 그토록 방대한 깨달음의 경지를 이야기하지만 최종적으로 보현보살의 행원으로 결론을 맺습니다. 많고 많은 보살 가운데 보현보살을 든 것은 십대 행원이 드높고 아름답기 때문입니다. 화엄경의 본래 이름은 대방광불화엄경입니다. 다시 말해 꽃으로 장엄한 경전이라는 뜻이지요. 꽃처럼 아름다운 행위, 다른 중생의 안락을 구하는 보살행을 꽃이라고 표현한 것입니다. 집안에 꽃 한 송이만 있어도 분위기가 확 다르지요. 그렇듯이 나의 삶이 다른 사람들의 행복에 조금이라도 보탬이 될 때 그 사회가 맑아지고 사람이 살 만한 사회가 됩니다. 그럴 때 꽃으로 장엄한 듯 아름답고 맑은 세상이 될 것입니다.

【 경문 】

舍利弗아 如彼長者가 見諸子等이 安隱得出火宅하야 到無畏處하고 自惟財富無量일새 等以大車로 而賜諸子하나니 如來亦復如是하야 爲一切衆生之父라 若見無量億千衆生이 以佛敎門으로 出三界苦怖畏險道하야 得涅槃樂하고 如來爾時에 便作是念하대 我有無量無邊智慧力無畏等 諸佛法藏하고 是諸衆生은 皆是我子라 等與大乘이요 不令有人으로 獨得滅度니 皆以如來滅度로 而滅度之호리라 是諸衆生의 脫三界者에 悉與諸佛禪定解脫等娛樂之具하나니 皆是一相一種이라 聖所稱歎이며 能生淨妙第一之樂이니라

사리불이여, 마치 저 장자가 여러 자식들이 불난 집에서 무사히 나와 두려움이 없는 곳에 이르렀음을 보고 자기의 재산이 한량없음을 생각하여 모든 자식들에게 평등하게 큰 수레를 준 것과 같이 여래도 그와

같으니라. 모든 중생의 아버지로서 한량없는 억 천 중생이 불교의 문으로써 삼계의 고해(苦海)에서 벗어나와 무섭고 험한 길에서 열반을 얻은 것을 보고는 여래께서 생각하기를 '나는 한량없고 그지없는 지혜와 힘과 두려움 없는 부처님의 법의 창고를 가졌는데, 이 중생들은 모두 나의 아들이니 평등하게 대승(大乘)을 줄 것이요, 어떤 사람이라도 홀로 열반을 얻게 하지는 아니 하고 모두가 여래의 열반을 얻게 하리라.' 하고, 이 삼계를 벗어난 중생들에게 부처님의 선정과 해탈의 장난감을 주었으니, 모두 한 모양 한 종류로서 성인들의 칭찬하는 바라, 청정하고 미묘하며 제일 가는 즐거움을 내었느니라.

❀　성문승과 연각승, 보살승은 궁극으로는 일불승으로 가기 위한 방편입니다. 앞에서 중생의 사소한 소망이 참으로 큰 부처님 법으로 인도하는 매개체가 되기도 한다는 말씀을 드렸습니다. 그래서 방편이 필요합니다. 실제이지(實際理地)에 불수일진(不受一塵)이요 불사문중(佛事門中)에 불사일법(不捨一法)이라는 말이 있습니다. 부처의 경지는 먼지 하나 붙을 수 없는 자리지만, 중생을 구제하는 일에는 아무리 작은 법이라도 버릴 것이 없다는 말입니다. 이율배반적인 표현처럼 들리지만 현실이 또한 그렇습니다.

【 경문 】
舍利弗아 如彼長者가 初以三車로 誘引諸子然後에 但與大車의 寶物莊嚴이 安隱第一하나 然彼長者는 無虛妄之咎하야 如來도 亦復如是하야 無有虛妄이니 初說三乘하야 引導衆生然後에 但以大乘으로 而度脫之시

니 何以故오 如來有無量智慧와 力無所畏諸法之藏하야 能與一切衆生
大乘之法이언만은 但不盡能受니라 舍利弗아 以是因緣으로 當知諸佛의
方便力故로 於一佛乘에 分別說三이니라

사리불이여, 저 장자가 처음에 세 가지 수레로 자식들을 달래어 나오게
하고, 그 뒤에 보물로 장엄한 편안하고 제일 가는 큰 수레를 주었으나,
그러나 저 장자에게 헛된 말을 한 허물이 없는 것과 같이 여래도 그와
같으니라. 처음에 삼승으로 중생들을 인도하고, 뒤에 대승으로만 제도
하여 해탈하게 한 것이 거짓이 아니니라. 왜냐하면, 여래에게는 한량없
는 지혜와 힘과 두려움 없는 법의 창고가 있어서 모든 중생들에게 모두
대승법을 줄 수 있지만 저들이 능히 모두 받아 지니지 못하느니라. 사
리불이여, 이러한 인연으로 부처님이 방편의 힘으로써 일불승(一佛乘)에
서 나누어 삼승(三乘)을 말한 줄을 알아야 하느니라."

❀   부처님께서 처음에 있지도 않은 성문, 연각, 보살의 삼승으로
중생을 제도하고 이제 일불승으로 제도하는 것은 거짓말을 한 게 아
닙니다. 중생의 근기에 맞추어 불타는 집 밖으로 나오라고 유혹하는
것이지요. 그리고 나서 결국은 일불승의 도리, 부처의 삶으로 회향하
도록 인도한 것입니다. 부처님께서 사용한 방편이 삼승뿐이겠습니까?
삼십 승, 삼백 승, 삼천 승도 됩니다. 승(乘)은 갖가지 가르침이고 또
그 가르침을 따르는 삶의 길입니다. 불교 안에서 나름대로 터득하고
사는 방식이 아주 많습니다. 그것을 크게 셋으로 나누어서 삼승이라
고 할 뿐입니다. 재작년에는 갑(甲)이라는 방편에 의지해 살았고, 작년

에는 을(乙)이라는 방편을 사용했는데 올해 을이 소용없게 되면 새롭게 병(丙)을 방편으로 사용합니다. 이렇게 처한 상황에 따라, 각자 근기에 따라 여러 가지 방편을 쓰지만 궁극에 가서는 일불승의 경지에 이르러 부처의 삶을 누려야 한다는 이야기입니다.

왜 번거롭게 갖가지 방편을 써야 합니까? 그것은 부처님께서 일불승의 가르침을 주더라도 우리들이 '능히 모두 받아 지니지 못하기' 때문입니다. 중생의 마음이 작은 것만 기대하고 큰 것은 아예 기대도 하지 못합니다. 절에 가서도 매일 약수나 떠올 뿐 부처님께서 왜 세상에 오셨는지 알아보려는 마음을 내지 못합니다. 하지만 약수나 떠오더라도 절에 가는 게 좋습니다. 그러다 보면 법당 안에 들어가게 될 날이 오고, 또 시간이 지나면 큰스님 법문에 귀도 기울이게 될 것입니다. 그래서 처음에는 방편을 사용하는 것입니다.

7. 다시 게송으로 밝히다

[1] 비유를 들다

【 경문 】

佛이 欲重宣此義하사 而說偈言하니라
譬如長者가 有一大宅커든
其宅久故하고 而復頓弊하며
堂舍高危하고 柱根摧朽하며

梁棟傾斜하고 基陛隤毀하여

牆壁圮坼하고 泥塗阤落하며

覆苫亂墜하고 椽梠差脫하며

周障屈曲하고 雜穢充徧하며

有五百人이 止住其中커든

부처님께서 이 뜻을 거듭 펴려고 게송으로 말씀하셨습니다.

"비유컨대 어떤 장자가 큰 저택을 가졌는데

그 집이 오래 되어 낡고 또 퇴락하였느니라.

집채는 높고 위태로우며 기둥뿌리는 점점 썩고

대들보는 기울어져 축대들이 무너지며

벽과 담은 헐어지고 발랐던 흙은 떨어지고

이엉은 썩어 흩어지고 서까래가 드러났느니라.

가는 곳마다 골목에는 더러운 것이 가득한데

오백여 명이나 되는 식구들이 그 가운데 살고 있었느니라.

❀　낡고 퇴락한 집의 모습을 참 자세하게 그리고 있습니다. 이 모습은 우리가 살고 있는 부패하고 부정한 현실의 상황을 표현하고 있습니다.

【 경문 】

鵄梟鵰鷲와 烏鵲鳩鴿과

蚖蛇蝮蠍과 蜈蚣蚰蜒과

守宮百足과 鼬狸鼷鼠와
諸惡蟲輩가 交橫馳走하며
屎尿臭處에 不淨流溢하고
蜣蜋諸蟲이 而集其上하며
狐狼野干이 咀嚼踐踏하고
嚌齧死屍하야 骨肉狼藉커든
由是羣狗가 競來搏撮하고
飢羸惶惶하야 處處求食하며
鬪諍搪揬하고 哮吠하며 嘷吠어든
其舍恐怖하야 變狀如是라

솔개와 올빼미·부엉이·독수리·까마귀·까치·비둘기와
뻐꾸기며 뱀과 독사·살모사·전갈·지네·그리마·도마뱀
노래기와 생쥐와 족제비와 살쾡이와 여러 가지 쥐들이며
이러한 독한 벌레들이
뒤섞여 달아나고 뛰어다니며 있었느니라.
똥·오줌 등 구린 곳에 더러운 것이 가득한데
말똥구리 벌레들이 그 위에 모여 있었느니라.
여우와 이리들은 주워 먹고 밟고 뛰며
죽은 송장을 씹고 썰어 뼈와 살이 낭자하며
이런 곳에 뭇 개들은 몰려 와서 끌고 당겨
먹을 것을 찾느라고 갈팡질팡 다니면서
다투어서 서두르고 으르렁거리고 짖어대니

무서운 그 집안의 변괴가 이러하니라.

❀　온갖 동물과 벌레들이 먹고 먹히는 광경은 우리 마음속에서 일
어나는 일을 빗댄 것입니다. 24시간 항상 그런 것이 아니라 다른 사람
과 이해관계에 얽히고 이기려고 싸우는 모양, 재산이나 지위를 더 차
지하려는 모양, 다른 사람과 생각의 차이를 못 견뎌 하는 모양, 남을
모함하고 시기하고 해코지하는 온갖 모양이 우리 마음 속에 있습니
다. 이권이 한 가지 생기면 우르르 몰려들어 서로 이득을 챙기려고 밟
고 누르는 일이 얼마나 많습니까? 그 마음의 모양에 따라 우리는 올빼
미가 되기도 하고 까마귀나 까치 혹은 뱀이나 지네가 될 때도 있습니
다. 일념삼천(一念三千)이라는 말을 알지요? 우리들의 마음은 한 순간
에 3천 가지 속성을 나타낼 수 있습니다. 그래서 때로는 부처나 보살
의 속성도 지니고, 아귀나 수라의 속성을 지니기도 합니다.

【 경문 】

處處皆有 魍魅魍魎하며
夜叉惡鬼가 食噉人肉하며
毒蟲之屬과 諸惡禽獸는
孚乳産生하야 各自藏護어든
夜叉競來하야 爭取食之하며
食之旣飽하야는 惡心轉熾하야
鬪諍之聲이 甚可怖畏하며
鳩槃茶鬼가 蹲踞土埵하대

或時離地를 一尺二尺하며

往返遊行하야 縱逸嬉戲하대

捉狗兩足하야 撲令失聲하고

以脚加頸하야 怖狗自樂하며

復有諸鬼는 其身長大하야

裸形黑瘦가 常住其中하대

發大惡聲하야 叫呼求食하며

復有諸鬼는 其咽如鍼하며

復有諸鬼는 首如牛頭하대

或食人肉하고 或復噉狗하며

頭髮鬐亂하야 殘害兇險하며

飢渴所逼으로 叫喚馳走하며

夜叉餓鬼와 諸惡鳥獸가

飢急四向하야 窺看牕牖커든

如是諸難이 恐畏無量이라

이 곳 저 곳 간 곳마다 도깨비·망량귀(魍魎鬼)와

야차들과 악한 귀신들이 송장을 씹어 먹고

악독한 벌레들과 사나운 짐승들이

알을 까고 새끼 쳐서 몸에 품고 기르는데

야차들이 몰려와서 앞다퉈가며 잡아먹느니라.

먹고 나서 배부르면 나쁜 마음은 더욱 치성하여

싸우고 짖는 소리 무섭기가 한이 없네.

구반다 귀신들은 흙더미에 걸터앉아

어떤 때는 땅 위에서 한 자, 두 자 솟아 뛰고

오고가고 뒹굴면서 제멋대로 장난하느니라.

개의 두 발을 붙잡고는 둘러치니 정신 없이 소리 지르고

다리로 목을 눌러 두려워 떠는 것을 좋아하느니라.

또 다시 온갖 귀신들은 키가 커서 구 척이나 되고

검고 야위어 헐벗은 몸으로 그 가운데 항상 있어서

큰소리로 악을 쓰며 먹을 것을 찾아다니느니라.

또 어떤 아귀들은 목구멍이 바늘 같고

또 어떤 귀신들은 머리는 쇠머리 같아

혹은 사람의 살을 뜯어먹고 혹은 개도 잡아먹으면서

머리털은 헝클어져서 생긴 모양이 흉악하며

배고프고 목마른 것이 막심하여 울부짖고 달아나느니라.

야차와 아귀들과 악한 새와 짐승들이

배가 고파 사방으로 다니면서 문틈으로 엿보나니

이와 같이 여러 가지 무서운 일이 한량없느니라.

❋ 천수경에 보면 아약향아귀(我若向餓鬼) 아귀자포만(餓鬼自飽滿) 아약향수라(我若向修羅) 악심자조복(惡心自調伏) 아약향축생(我若向畜生) 자득대지혜(自得大智慧)라는 구절이 있습니다. 내가 축생을 만날 때란 진짜 소나 돼지를 만나는 것이 아니라 축생 같은 인간을 만났을 때입니다. 축생 같은 인간들이 조금이라도 지혜를 얻기를 바라는 마음을 표현한 말입니다. 세상에 아귀가 어디 있습니까? 아귀 같은 성향을 가진

인간을 말하는 것이지요. 아무리 가져도 욕심이 채워지지 않는 심성이 아귀이고, 어디서 누구를 만나든 그저 싸우려고 덤비는 성향이 아수라인 것입니다.

【경문】

是朽故宅이 屬于一人터니

其人近出하야 未久之間에

於後宅舍에 忽然火起하야

四面一時에 其焰俱熾하대

棟梁椽柱에 爆聲震裂하야

摧折墮落하고 牆壁崩倒하며

諸鬼神等은 揚聲大叫하고

鵰鷲諸鳥와 鳩槃荼等은

周慞惶怖하야 不能自出하며

이렇게 낡은 집을 한 사람이 지키는데

이 사람이 집을 나간 지 오래지 아니하였느니라.

그 뒤 그 집에서 홀연히 불이 일어

사면으로 한꺼번에 불길이 맹렬하여

대들보와 기둥 · 서까래가 불에 튀는 소리 진동하느니라.

꺾어지고 떨어지며 담과 벽이 무너지니

온갖 악한 귀신들은 큰 소리로 울부짖고

부엉이와 독수리 등 뭇 새들과 구반다와 귀신들은

황급하고 두려워서 나올 줄을 몰랐느니라.

【 경문 】

惡獸毒蟲이 藏竄孔穴하며

毗舍闍鬼가 亦住其中하니

薄福德故로 爲火所逼하야

共相殘害하고 飮血噉肉하며

野干之屬이 幷已前死어든

諸大惡獸가 競來食噉하며

臭烟蓬㶿이 四面充塞하며

蜈蚣蚰蜒과 毒蛇之類는

爲火所燒하야 爭走出穴커든

鳩槃茶鬼가 隨取而食하며

又諸餓鬼는 頭上火然커든

飢渴熱惱로 周憧悶走하며

其宅如是히 甚可怖畏라

毒害火災로 衆難非一이러라

악한 짐승과 독한 벌레들이 구멍 속에 숨어 있고
비사사 귀신들도 그 가운데 살지만
복도 없고 덕도 없어 불길에 쫓기면서
서로서로 잡아 죽여 살을 씹고 피를 마시느니라.
여우의 무리들은 이미 죽어 널려 있어서

크고 악한 짐승들이 몰려와서 씹어 먹느니라.

궂은 연기는 자욱하여 사면에 가득하고

지네와 그리마와 독사의 무리들은 뜨거운 불에 타서

구멍에서 쫓아 나오는데

구반다 귀신들이 날름날름 주워 먹느니라.

또 온갖 아귀들은 머리 위에 불이 붙고

배고프고 목마르며 뜨거워서 황급하게 달아나느니라.

그 집이 이와 같이 두렵고 무서우며

혹독한 재앙과 성한 불길로 온갖 재난이 한이 없느니라.

✿ 큰 태풍이 불거나 지진이 일어나는 등 천재지변이 생겼을 때 다들 제대로 감당하지 못하고 우왕좌왕합니다. 이런 천재지변보다 더 무서운 전쟁을 자기 욕심을 채우려고 벌입니다. 영토를 확장하거나 이득을 챙기려고 무고한 사람을 대량으로 살상하는 무기를 이용해서 끊임없이 전쟁을 일으킵니다. 보호해 준다는 미명 아래 남의 나라에 쳐들어가서 석유와 같은 물자를 빼앗아 오는 일을 저지르는 모양이 여기 표현된 그대로입니다.

【 경문 】

是時宅主가 在門外立이러니

聞有人言하대 汝諸子等이

先因遊戲하야 來入此宅이나

稚小無知하야 歡娛樂著이라하야늘

長者聞已에 驚入火宅하니라

그때에 이 집주인은 대문 밖에 서 있었는데
이웃사람이 말하기를 '당신의 여러 자식들이
본래 장난을 좋아하여 이 집 안에 들어가 있는데
어린것들이 소견이 없어 노는 데만 정신이 팔려 있소.'
하니 장자가 이 말을 듣고
놀라서 불타는 집에 뛰어 들어갔느니라.

❀ 탐욕과 분노와 어리석음의 세 가지 독으로 불타는 세상의 모습
을 살펴보신 부처님이 중생을 제도하기 위해 불난 집으로 뛰어 들어
가셨다는 표현입니다.

【 경문 】

方宜救濟하야 令無燒害호리라하고
告喩諸子하야 說衆患難하대
惡鬼毒蟲과 災火蔓延하며
衆苦次第로 相續不絶하며
毒蛇蚖蝮과 及諸夜叉와
鳩槃茶鬼와 野干狐狗와
鵰鷲鴟梟와 百足之屬이
飢渴惱急으로 甚可怖畏어든
此苦難處에 況復大火리요

諸子·無知하야 雖聞父誨나
猶故樂著하야 嬉戲不已어늘

방편으로 구해 내어 불에 타 죽지 않게 하려고
자식들에게 타일러서 온갖 환난을 설명하였느니라.
'악한 귀신과 독한 벌레들과 또 화재까지 번져가며
여러 가지 괴로운 일이 계속하여 일어난다.
독사와 전갈과 살모사와 여러 가지 야차들과
구반다 귀신들과 여우들과 개들과 들개(野犴)들과
부엉이와 독수리와 솔개와 올빼미와 노래기들이
굶주리고 목이 말라 다급하여 야단들이니
무섭기가 짝이 없다.
이러한 고통과 난리 속에서 큰불까지 일어났느니라.'
그러나 철없는 자식들은 아버지의 말을 들었으나
노는 데만 정신이 팔려
희희낙락하며 그칠 줄을 몰랐느니라.

❀   여기 표현한 것은 다 사람의 심성을 두고 한 말입니다. 독사와
전갈, 살모사와 귀신, 여우들은 모두 그와 같은 마음 상태에 있는 사
람을 두고 한 말입니다. 사실 이보다 더하면 더했지 조금도 덜하지 않
다고 생각합니다.

【 경문 】

是時長者가 而作是念하대

諸子如此하니 益我愁惱로다

今此舍宅이 無一可樂이어늘

而諸子等이 耽湎嬉戲하고

不受我教하니 將爲火害로다

卽便思惟하대 設諸方便호리라하고

告諸子等하대 我有種種

珍玩之具에 妙寶好車인

羊車鹿車와 大牛之車가

今在門外하니 汝等出來하라

吾爲汝等하야 造作此車호니

隨意所樂하야 可以遊戲니라

諸子聞說 如此諸車하고

卽時奔競하야 馳走而出일새

到於空地하야 離諸苦難하니라

이때에 그 장자는 이런 생각을 다시 하였느니라.
'아이들이 이처럼 나의 근심을 돋우는구나.
이제 이 집에서는 즐거울 것이 하나도 없건마는
철없는 어린것들은 장난치고 놀기에만 정신이 팔려
나의 말을 안 들으니 불에 타고 말 것이로다.'
이렇게 생각하고는 좋은 방편을 지어내서

자식들에게 말하기를

'나에게는 여러 가지 좋은 보배로 만들어진 장난감 수레가 있다.

양이 끄는 수레, 사슴이 끄는 수레,

소가 끄는 수레가 대문 밖에 있으니 빨리 나와서 가져라.

내가 너희들을 위하여 이와 같은 수레들을 만들었으니

너희들은 마음대로 타고 끌고 놀아라.'

여러 자식들이 이러한 수레가 있다는 말을 듣고 나서는

다투고 밀치면서 그 집에서 뛰쳐나와

텅 빈 곳에 이르니 모든 고통과 환난에서 벗어났느니라.

❀ 부처님은 불난 집에서 정신없이 날뛰고 고통 받고 사는 우리들을 건지려고 여러 가지 방편을 만들었습니다. 방편 덕분에 고통에서 벗어난 사람들은 참으로 다행이고 축복이지만, 그러지 못하는 사람도 적지 않습니다. 아버지의 방편 덕분에 아이들은 놀던 것을 다 팽개치고 집 밖으로 나왔습니다. 여러분도 경험이 있겠지요. 어릴 때 나가 놀다가 해질 무렵이 되면 어머니가 부릅니다. '아무개야, 이제 저물었다. 와서 저녁 먹어라. 어서 들어와라.' 그러면 땅따먹기를 하고 있든 소꿉놀이를 하고 있든 다 버리고 갑니다. 놀던 것을 발로 싹싹 문질러서 뭉개버립니다. 발로 문지르는 게 무슨 뜻입니까? 아무 쓸 데도 없다는 말입니다. 우리 인생도 똑같습니다. 살아있을 때는 조금이라도 이득을 얻겠다고 싸우고 소송하고 눈에 불을 켜고 아등바등하지만 갈 때는 다 흩어버리고 갑니다. 그냥 고이 떠나는 사람은 몇 안 됩니다.

【 경문 】

長者見子 得出火宅하야
住於四衢하고 坐師子座하야
而自慶言하대 我今快樂이로다
此諸子等이 生育甚難이어늘
愚小無知하야 而入險宅하니
多諸毒蟲하고 魑魅可畏며
大火猛燄이 四面俱起어늘
而此諸子는 貪着嬉戱일새
我已救之하야 令得脫難케호니
是故諸人아 我今快樂이로다
爾時諸子가 知父安坐하고
皆詣父所하야 而白父言하대
願賜我等의 三種寶車를
如前所許하소서 諸子出來하면
當以三車로 隨汝所欲이라하시더니
今正是時라 唯垂給與하소서

장자는 아이들이 불난 집에서 빠져 나와
네거리에 있는 것을 사자좌에 앉아서 바라보고는
기쁘고 다행스러워하며 말하기를,
'나는 이제 너무나 즐겁도다.
이 여러 자식들을 애를 써서 길렀는데

어린것들이 소견이 없어서 위험한 집에 들어가

여러 가지 독한 벌레들이 득실거리고 도깨비도 무서우며

맹렬한 불길마저 사면에서 타오르건마는

철모르는 아이들이 장난에만 팔린 것을

내가 이제 구해내어 재앙을 면했구나.

그러므로 여러분들이여, 나는 매우 즐겁습니다.' 하였느니라.

이때에 여러 자식들이 아버지가

편안하게 앉아 있는 것을 알고는

아버지에게 나아가서 이렇게 여쭈었느니라.

'이제 저희들에게 앞서 말씀하신

세 가지 좋은 보배 수레를 주십시오.

아까 말씀하시기를 저희들이 집에서 나오면

세 가지 좋은 수레를 마음껏 가지라고 말씀하셨으니

지금이 바로 그때입니다. 얼른 나누어 주십시오.'

🌸 불타는 집 밖으로 나온 아이들이 수레를 달라고 조릅니다. 성문 과 연각 그리고 보살의 법을 말하는 것이지요. 그래서 성문과 연각, 보살의 법에 대한 이야기가 수없이 많은 경전에 있습니다. 그러나 그 것은 모두 중생의 근기에 맞춰 가설한 임시 방편입니다.

【 경문 】

長者大富하야 庫藏衆多하야

金銀琉璃와 硨磲瑪瑙어든

以衆寶物로 造諸大車하니

裝校嚴飾하고 周帀欄楯에

四面懸鈴하고 金繩交絡하며

眞珠羅網으로 張施其上하며

金華諸瓔이 處處垂下하며

衆綵雜飾이 周帀圍繞하고

柔輭繒纊으로 以爲茵褥하며

上妙細氈이 價値千億이라

鮮白淨潔로 以覆其上하며

有大白牛하대 肥壯多力하며

形體姝好에 而駕寶車하며

多諸儐從하야 而侍衛之어든

以是妙車로 等賜諸子하신대

諸子是時에 歡喜踊躍하야

乘是寶車하고 遊於四方하며

嬉戲快樂하야 自在無礙하더라

장자는 재산이 많아 창고도 여러 개가 있고
금과 은과 유리와 자거와 마노들과
여러 가지 보물로써 큰 수레를 만드는데
장식도 훌륭하게 하여 주위에는 난간을 내고
사면에는 풍경을 달고 황금 줄로 걸쳤으며
진주로 만든 그물이 그 위에 덮여 있고

금빛 꽃과 온갖 영락을 곳곳마다 드리웠느니라.

또 여러 가지 장식품을 사방에 둘렀으며

부드러운 비단 보료를 자리 삼아 깔아 놓고

억만 냥 값이 나가는 아름답고 보드랍고

곱고 깨끗한 천으로 그 위에 덮었느니라.

살찌고 기운 세고 몸뚱이도 잘 생긴 크고 흰 소를

수레에다 메웠는데 마부와 하인들이

앞뒤에서 모시었느니라.

이러한 아름다운 수레들을 자식들에게 나누어 주니

아이들이 환희하여 뛰놀면서 이 보배 수레를 타고 앉아

사방으로 내달리며 희희낙락 즐겨하며

자유자재하여 거칠 것이 없었느니라.

✿ 흰 소가 끄는 보배 수레의 휘황찬란한 화려함은 우리 마음 속에 이런 보물이 있으니 잘 개발해서 사용하라는 말입니다. 이것이 부처님의 본 마음이요, 불성이며 성불의 경지고, 부처의 지견입니다. 또한 우리 마음 속에 있는 한량없는 복덕과 지혜, 자비이기도 합니다. 이렇게 훌륭한 수레를 아이들마다 똑같이 평등하게 나누어 주었다는 말은 우리 모두에게 불성이 있으니 시시한 중생, 못난 중생으로 살지 말고 부처로 살라는 말입니다. 부처님과 같은 위대한 삶을 회복하라고 거듭 가르치고 있습니다.

[2] 비유에서 법을 밝히다

【 경문 】

告舍利弗하노니 我亦如是하야
衆聖中尊이며 世間之父라
一切衆生이 皆是吾子어늘
深著世樂하야 無有慧心하며
三界無安이 猶如火宅하며
衆苦充滿하니 甚可怖畏라
常有生老病死憂患하야
如是等火가 熾然不息하니라

사리불에게 말하노니, 나도 또한 그와 같이
여러 성인(聖人) 중에 가장 높고, 온 세상의 아버지니라.
일체의 중생들이 모두 나의 아들로서
세상 낙에 탐착하여 지혜의 마음은 전혀 없느니라.
삼계(三界)는 불안한 것이 마치 불타는 집과 같고
온갖 고통들이 가득하여 무섭기가 한이 없느니라.
나고 늙고 병들고 죽는 여러 가지 근심 걱정의
이러한 불길들이 맹렬하게 타오르며 식을 줄 모르는구나.

🌸　삼계무안(三界無安)이 유여화택(猶如火宅)이라, 즉 온 세상이 불안
한 것이 마치 불타는 집과 같다는 말입니다. 여러 조사스님들이 우리

가 사는 곳이 편치 않음을 말씀하실 때 법화경의 이 대목을 인용합니다. 부처님께서는 이렇게 세상을 보셨습니다. 참으로 우리들과는 많이 다릅니다. 예를 들어 우리는 어릴 적에 잠자리나 매미 혹은 방아깨비를 잡아서 다리를 찢으며 놀고, 물고기를 잡아서는 내동댕이치기를 예사로 했습니다. 하지만 싯달타 태자는 어떠했습니까? 밭을 가는 농부의 쟁기 날에 지렁이와 벌레들이 갈려 죽었는데 날짐승이 날아와 그 벌레를 물어가는 모양을 보시고는 가슴이 찢어질 듯 아팠습니다.

이 한 가지만 놓고 살펴보아도 같은 것을 보고 느끼는 것이 이렇게 차이가 납니다. 그런데 깨달은 사람의 눈으로 세상을 보고 인생을 보았을 때 어떠했겠습니까? 하늘과 땅만큼 차이가 나겠지요. 경전에서 지금 묘사하고 있는 모습이 바로 깨달은 안목으로 본 모습입니다. 그러니 우리가 얼마나 무디고 탐진치의 삼독과 팔만사천 번뇌에 얼마나 찌들어 있는 것입니까? 생각하면 안타깝기 이를 데 없습니다.

【 경문 】

如來已離 三界火宅하고
寂然閑居하야 安處林野호니
今此三界가 皆是我有요
其中衆生은 悉是吾子어늘
而今此處에 多諸患難이라
唯我一人이 能爲救護니라

삼계의 불타는 집을 여래는 이미 벗어나서

고요하고 한가하게 숲 속에서 머무노라.

지금 이 삼계는 모두 다 나의 소유이고

그 가운데 있는 중생들은 모두 다 나의 자식들인데

지금 이 삼계 안에 여러 가지 환난이 가득해도

오직 나 한 사람만이 구호할 수 있느니라.

✽ "삼계는 모두 다 나의 소유이고 중생들은 다 나의 자식이다."라고 하였습니다. 부처님의 대자대비를 이렇게 표현하고 있습니다. 삼계는 욕계와 색계, 무색계로서 온 세상을 통 털어 다 말하는 것입니다. 부처님 외에 이렇게 말한 이가 또 누가 있습니까? 그리고 모든 중생이 다 나의 자식이라고 했습니다. 그만큼 중생 구제에 큰 책임감을 느끼고 있다는 말입니다.

【 경문 】

雖復敎詔나 而不信受는

於諸欲染에 貪著深故일새니라

以是方便으로 爲說三乘하야

令諸衆生으로 知三界苦케하고

開示演說 出世間道어든

是諸子等이 若心決定하면

具足三明과 及六神通하야

有得緣覺과 不退菩薩하리라

내가 비록 타이르나 듣고 믿지 아니하고
여러 가지 욕락에만 탐을 내는 까닭에
방편을 베풀어서 삼승법(三乘法)을 설하여
모든 중생들에게 삼계의 고통을 알리려고
세간에서 벗어나는 길을 설하는 바이니라.
이 모든 아이들이 만약 마음에 결정만 한다면
세 가지 밝은 법과 여섯 가지 신통을 구족할 것이며
연각승이나 불퇴전의 보살 경지를 얻으리라.

🌸　성문과 연각, 보살의 삼승법을 설합니다. 여러 차례 말씀드리지만, 법당에 인등을 밝히면 수명이 길어지고 지혜가 생긴다고 하는 방편으로 팔만사천의 법을 나열해서 중생의 근기에 따라 유혹하고 인도하는 것입니다. 그야말로 유혹인데, 자꾸 드러내서 이야기해 버리면 실망할 수도 있겠습니다. 그렇지만 자꾸자꾸 실망해서 보다 높은 차원에 눈을 떠야 합니다. 부처님의 가르침에만 그런 것이 아니라 온갖 인생사에서도 마찬가지입니다.

【 경문 】
汝舍利弗아 我爲衆生하야
以此譬喩로 說一佛乘하노니
汝等若能 信受是語하면
一切皆當 成得佛道하리라
是乘微妙하고 淸淨第一이라

於諸世間에 爲無有上일새
佛所悅可며 一切衆生의
所應稱讚하야 供養禮拜니
無量億千의 諸力解脫과
禪定智慧와 及佛餘法이니
得如是乘이라사 令諸子等으로
日夜劫數에 常得遊戲하며
與諸菩薩과 及聲聞衆이
乘此寶乘하면 直至道場하나니라
以是因緣으로 十方諦求하야도
更無餘乘이니 除佛方便이니라

사리불이여 잘 들어라. 나는 중생들을 위하여
이러한 비유로써 일불승을 설하노니
그대들이 만약 나의 말을 능히 믿고 받아들이면
누구든지 모두가 다 불도를 이루리라.
이 가르침은 미묘하고 청정하여 제일이니라.
모든 세간에서 더 이상의 것은 없으므로
부처님도 기뻐하니 일체 중생들은 더구나 칭찬하고
공양하며 예배해야 할 것이니라.
한량없는 억천만 가지의 모든 힘과 해탈과
선정과 지혜와 온갖 불법으로 이와 같은 법을 얻고 나서
저 여러 자식들에게 오랜 세월 동안

밤과 낮에 항상 즐기게 하고
여러 보살들과 모든 성문 대중들은
이러한 보배의 수레를 타고 보리도량에 이르도록 하느니라.
이와 같은 인연을 시방 세계에서 아무리 구하여도
부처님의 방편을 제외하고는 다른 법은 없느니라.

☯ "부처님도 기뻐하니 일체 중생들은 더구나 칭찬하고 공양하며 예배해야 할 것이니라."라고 하였습니다. 부처님께서 큰 노력을 기울여 성취한 경지, 인간이 이를 수 있는 최고의 경지, 불지의 경지에 이르시고 큰 기쁨을 느끼셨다고 합니다. 경전에 삼칠일 동안 법열(法悅) 속에 계셨다는 표현이 있습니다. 그 가르침을 우리를 위해 베풀어주시니 얼마나 훌륭한 분입니까? 그래서 우리들은 "부처님은 대단하신 분이다." 하고 칭송합니다. 그런 뜻으로 공양을 올리고 예배를 합니다. 대승과 소승을 가리지 않고 동서남북의 모든 나라에서 부처님께 공양하고 예배합니다. 불상도 그런데 진짜 부처님이야 말할 나위가 없습니다.

"저 여러 자식들에게 오랜 세월 동안 밤과 낮에 항상 즐기게 하고"라고 하였습니다. 부처님이 일불승의 가르침을 펴서 일야겁수(日夜劫數)에 상득유희(常得遊戲)라 즉 중생이 오랜 겁(劫) 동안 밤낮으로 즐겁게 하리라고 하였습니다. 유희는 아무 근심 걱정 없이 즐거워한다는 말입니다. 아침에 목욕을 하면 하루가 즐겁고, 이발을 하면 며칠이 즐겁다는 말이 있습니다. 예전에 어떤 기관에서 학생들이 서울대학교에 입학하면 얼마나 즐거운지를 조사한 적이 있었는데, 딱 일주일 동안 즐겁더랍니다. 장관이 되고 대통령이 되는 등 자신이 바라는 세속적인 욕망이 이루어진다 하여도 그때만 잠깐 즐거울 뿐입니다. 그 다음부터는 온갖 근심과 걱정이 따라오지요. 세상을 살아나가려니 학교도 가야 하고 직장도 필요하고 성공도 해야 하고 그래서 온갖 바라는 것을 성취하겠지만 그런 즐거움이 오래 가지 않고 또 영원하지도 않다는 사실을 경험으로 잘 알고 있습니다. 그러니 정말로 아무 걱정 없이 무량하게 즐겁고자 한다면 부처님처럼 살면 됩니다. 이것 하나만 깨달으면 다른 아무 조건이 없어도 늘 즐거울 수 있다는 말입니다.

【 경문 】

告舍利弗하사대 汝諸人等이
皆是吾子요 我則是父라
汝等累劫에 衆苦所燒어늘
我皆濟拔하야 令出三界호라
我雖先說 汝等滅度나
但盡生死요 而實不滅이니
今所應作은 唯佛智慧니라
若有菩薩이 於是衆中에
能一心聽 諸佛實法이니
諸佛世尊은 雖以方便이나
所化衆生은 皆是菩薩이니라

사리불에게 말하노니, 그대들 여러 사람들은

모두 나의 자식이고 나는 그대들의 아버지니라.

그대들이 오랜 겁에 온갖 고통의 불에 타고 있는 것을

내가 모두 제도하여 삼계에서 구해 냈느니라.

내가 앞서 말하기를 그대들이 열반을 얻었다고 하였으나

그것은 다만 삶과 죽음만 없어졌을 뿐이고

진정한 열반은 아니니라.

이제 그대들이 해야 할 일은 오직 부처님의 지혜이니라.

만일 어떤 보살이 이 대중 가운데서

한결같은 마음으로 모든 부처님의 진실한 법을 듣는다면

모든 부처님 세존들이 비록 방편을 썼지마는

교화를 받는 중생들은 모두 다 보살이니라.

❀ "내가 앞서 말하기를 그대들이 열반을 얻었다고 하였으나 그것은 다만 삶과 죽음만 없어졌을 뿐이고 진정한 열반은 아니니라."고 하였습니다. 성문승은 다만 자기의 생사 문제만 해결했을 뿐 진실로 제도된 것이 아니라는 말입니다. 불교의 최대 목적은 자신의 생사 문제만 해결하는 데 있지 않습니다. 자비를 실천하면서 사는 것이 최대 목표입니다. 부처님 당시의 성문 제자들과 아라한들에게는 부처님처럼 살겠다는 마음이 없었습니다. 그래서 "너희들은 보살행을 하면서 살아라."는 말씀을 하지 않으셨던 것입니다. 그보다 먼저 너희의 고통부터 멸하도록 하라고 가르쳤습니다. 그래서 고통에서 떠난 열반을 얻었습니다. 하지만 다른 사람에게 아무 해를 끼치지 않고 저 혼자만 편안한 것은 부처님의 바른 가르침이 아닙니다. 저 깊은 산 속에 있는

나무도 다른 사람에게 피해를 안 줍니다. 이렇게 보면 길 한 가운데 서있는 동상과 다를 바가 없지요. 물론 사회적으로 봤을 때 그만큼만 해도 "아, 저 사람은 법 없이도 살 수 있다." 하고 점수를 줄지도 모릅니다. 그러나 불교적 입장에서는 칭찬받을 게 못 됩니다. 그건 돌멩이와 다를 바가 없습니다. 크게 봉사를 해서 많은 사람을 유익하게 하는 것, 보살행을 하는 것을 부처님은 바라십니다.

【 경문 】

若人小智하야 深著愛欲일새

爲此等故로 說於苦諦호니

衆生心喜하야 得未曾有호되

佛說苦諦는 眞實無異라하며

若有衆生이 不知苦本하고

深著苦因하야 不能暫捨어든

爲是等故로 方便說道호니

諸苦所因은 貪欲爲本이라

若滅貪欲하면 無所依止니

滅盡諸苦라사 名第三諦라

爲滅諦故로 修行於道니

離諸苦縛하면 名得解脫이니라

만약 어떤 사람이 지혜가 적어서 애욕에 깊이 탐착하면
이런 이들을 위하여서는 괴로움의 가르침을 말하느니라.

중생들은 환희하여 미증유를 얻나니

부처님이 말씀한 괴로움이란 진실하여 틀림이 없느니라.

만약 어떤 중생이 괴로움의 근본을 모르고

괴로움의 원인에 깊이 집착하여 잠시라도 버리지 못하면

그런 이들을 위하여 방편으로 도를 설하여

모든 괴로움의 근본 원인은 탐욕이라고 말해 주느니라.

만약 탐욕을 다 소멸하고 의지할 데가 없어져서

모든 괴로움을 다 없애면 셋째 진리라 이름하느니라.

소멸하는 진리(滅諦)를 위해 도제(道諦)를 수행하여

온갖 괴로움의 속박을 벗어나면 해탈을 얻었다 하느니라.

※ 현실의 고통에 빠져 있는 사람에게는 고통을 제거하는 방편을 설해야 됩니다. 예를 들어 자녀의 진학문제로 괴로워하는 사람이 있다면 최소한 마음이라도 편안하게 해줘야 합니다. 이 말에는 상당히 의미가 있습니다. 합격하느냐 못하느냐는 그 다음 문제이고, 기도밖에 할 수 없는 겁니다. 기도가 진학을 보장하지는 않지만, 괴로움에서 벗어나도록 해줍니다. 당면한 가장 큰 문제를 제거하는 길입니다. 괴로움을 해결하고 편안함을 얻는 것이 급선무이기 때문에 먼저 열반을 이야기한 것입니다. 성불이나 견성은 그 다음에 생각할 문제입니다.

【 경문 】

是人於何에 而得解脫이어뇨

但離虛妄이 名爲解脫이나

其實未得 一切解脫이니
佛說是人은 未實滅度라호니
斯人未得 無上道故로
我意不欲 令至滅度호라
我爲法王하야 於法自在일새
安穩衆生호려하야 故現於世니라

이러한 사람은 무엇에서 해탈을 얻었는가.
다만 허망한 것을 떠난 것을 해탈하였다고 하거니와
진실로는 일체 해탈을 얻은 것이 아니므로
부처님은 이러한 사람들이
참된 열반을 얻은 것이 아니라고 하느니라.
이러한 사람들은 최상의 도를 아직 얻지 못했으므로
나는 열반에 이르렀다고 생각하지 않으리라.
나는 이미 법의 왕이 되어 모든 법에 자유자재하고
중생들을 편안하게 하려고 이 세상에 출현한 것이니라.

❀ 참으로 중요한 말씀입니다. 어떤 스님이 대주 스님에게 "무엇이 해탈입니까?"라고 물었습니다. "누가 그대를 묶었느냐?" 너를 묶고 있는 사람은 아무도 없는데, 왜 너는 벗어나려고 하느냐는 말입니다. 우리는 존재하지도 않는 이런 저런 환영을 설정해 놓고는 그만 거기에 사로잡혀 있습니다. 해탈이니 열반이니 하는 것은 실제로 존재하는 것이 아닙니다. 존재하는 것은 사람이고, 그 사람이 살아가는 삶이

있을 뿐입니다. 다만 허망한 것을 떠난 것을 해탈하였다고 합니다. 존재하지도 않는 환영에 사로잡혀 있으니 그것이 허망한 것입니다. 이 사실을 그대로 꿰뚫어보면 그냥 해탈입니다. 깊고 어두운 밤에 길 옆에 세워놓은 비석을 보고는 무서운 마음에 덜컥 오해를 합니다. '아, 나를 해치려는 도둑이구나.' 그리고는 걸음아 날 살려다오 하며 도망갑니다. 비석을 도둑이라고 잘못 보았을 뿐입니다. 잘못 보았다는 것을 알게 되면 허망한 생각에서 벗어나지요. 그럼 해탈한 것입니다. 하지만 참된 열반을 얻지는 못했습니다.

"이러한 사람들은 최상의 도를 아직 얻지 못했으므로 나는 이미 법의 왕이 되어 모든 법에 자유자재하고 중생들을 편안하게 하려고 이 세상에 출현한 것이니라."고 하였습니다. 부처님께서 이 세상에 출현한 이유가 바로 여기에 있습니다. 비유를 들어 우리가 살아야 하는 가장 바람직한 삶, 최상의 삶이 무엇인지를 밝히고 있습니다. 회삼귀일의 인불사상 곧 사람이 부처님이라는 바로 그 정신을 깊이 새겨서 그와 같은 삶을 살아야 한다는 말씀입니다.

8. 경전(經典)을 믿고 널리 전하기를 권하다

[1] 함부로 설(說)하지 말라

【 경문 】

汝舍利弗아 我此法印은

爲欲利益 世間故說이니라
在所遊方에 勿妄宣傳이니라

그대 사리불이여, 내가 말한 이 진실한 법은
세간의 사람들에게 이익을 주려고 설하는 것이니라.
그대들은 가는 곳마다 함부로 헛되게 선전하지 말지니라.

🌸 　사람들에게 이익을 주려는데 도리어 손해를 끼치게 된다면 주
의해야 한다는 말입니다. 그래서 함부로 망령되게 선전하지 말라고
했습니다. 부처님은 늘 누구에게든지 법을 설하라는 말씀을 하셨습니
다. 이렇게 함부로 선전하지 말라는 구절은 참 드문 경우입니다.

【 경문 】
若有聞者가 隨喜頂受하면
當知是人은 阿鞞跋致니라
若有信受 此經法者는
是人已曾 見過去佛하야
恭敬供養하고 亦聞是法이니
若人有能 信汝所說하면
則爲見我며 亦見於汝와
及比丘僧과 并諸菩薩이니
斯法華經은 爲深智說이라
淺識聞之하면 迷惑不解하나니

一切聲聞과 及辟支佛은
於此經中에 力所不及이니라
汝舍利弗도 尙於此經에
以信得入이온 況餘聲聞이리오
其餘聲聞도 信佛語故로
隨順此經이나 非己智分이니라

만약 어떤 이가 이 법을 듣고 기뻐하여 받아 지니면
마땅히 알라. 이 사람은 퇴전하지 아니하는 보살이니라.
만일 어떤 이가 이 경을 믿고 받아 가지면
이 사람은 이미 지난 세상에서 부처님을 만나 뵙고
공경하고 공양하며 경전의 가르침까지 들었느니라.
만일 어떤 사람들이 그대의 말을 믿는다면
그는 곧 나를 친견한 것이며 그대 자신도 친견한 것이 되고
비구승과 모든 보살들을 친견한 것이니라.
법화경은 깊은 지혜가 있는 이를 위하여 설한 것이니
얕은 소견 가진 이가 들으면 미혹하여 이해하지 못하느니라.
모든 성문이나 벽지불들은
이 경전을 들을 힘이 없느니라.
사리불이여, 그대도 오히려 이 경전에 대하여
믿는 마음을 가지고야 들어갈 수 있거늘
하물며 다른 성문들이겠는가.
그들 다른 성문들도 부처님의 말씀을 믿음으로써

이 경을 수순(隨順)하지만 자신의 지혜는 아니니라.

🌼　상응부 경전에 바카리 경이라는 작은 경이 있습니다. 거기에 바카리라는 비구가 나오는데, 나이가 많고 병이 들어서 어떤 재가신도의 집에서 간호를 받았지만 거의 죽게 되었습니다. 바카리 비구는 마지막으로 부처님께 예배를 한번이라도 올리고 눈을 감고 싶었습니다. 그래서 주변 사람들에게 부탁했지요. 내가 몸에 병이 들어서 직접 부처님을 찾아뵙지 못하니, 참으로 죄송하지만, 부처님께서 내게 와주시면 절을 한번 하고 눈을 감겠다는 말을 전해달라고 부탁했습니다.

　부처님께서 그 말을 전해 들으시고는 한달음에 오셨습니다. 임종이 가까운 바카리에게 "어떠냐? 숨 쉬기 불편하지 않느냐? 먹은 것은 어떠냐?"시며 따뜻한 말씀으로 위로하셨습니다. 부처님의 따뜻한 위로에 기운을 차린 바카리 비구가 마지막 절을 올리기 위해 일어나려 했습니다. 그렇지만 기운이 너무 없어서 일어나려다 쓰러지고 또 일어나려다 쓰러지기를 반복했습니다. 그러자 부처님은 그냥 누워있으라고 하면서 단호하게 말씀하셨습니다. "법(法)을 보는 자는 나를 보고 나를 보는 자는 법을 본다. 나도 곧 썩어 넘어질 육신인데 썩어 넘어지는 육신으로 썩을 육신에게 예배한들 무슨 의미가 있겠느냐? 나의 가르침에 눈을 뜬 자는 설령 맹인이라도 나를 본다. 그러니 그만두어라."라고 말입니다.

　부처님의 뜻이 무엇이겠습니까? 부처님의 제자라면 부처님의 가르침을 배우고 실천하는 것이 부처님을 공경하고 예배하는 것이라는 말씀입니다. 부처님은 예경을 받으려고 이 땅에 오신 것도 아니고, 예경을 받기 위해 오랫동안 사람들을 가르친 것도 아닙니다. 부처님의 정수는 가르침 속에 오롯이 담겨 있습니다. 부처님이란 사라져버릴 육신이 아니라 진리의 가르침인 것입니다. 또한 진리의 가르침이 바로 부처님입니다. 그러므로 법(法)과 불(佛)은 둘이 아닙니다.

　　부처님과 밤낮으로 함께 생활한다 하더라도 부처님의 가르침에 눈 뜨지 못한 사람은 진실한 부처님을 못 보는 사람입니다. 매일같이 탁발을 나가고, 함께 여행하고, 법석에 앉아 법문을 들었다 하더라도 부처님의 가르침에 눈 뜨지 못한 사람은 장님입니다. 겉모습이 아니라 그 정신을 보아야 바로 본 것입니다. 어느 시대 어떤 장소에 살든 부처님의 가르침에 눈 뜬 사람은 이미 부처님을 만난 사람입니다. 시간이나 공간에 관계없이 진정으로 부처님을 친견한 사람은 법을 보는 사람이라는 가르침입니다. 그렇다면 지금 우리는 어디에서 부처님의 법을 볼 수 있습니까? 바로 경전입니다. 부처님의 가르침을 담고 있는 경전이 있기 때문에 우리는 비로소 부처님께서 위대한 스승이라는 것도 알고 진리도 깨달을 수 있습니다.

(2) 경을 들을 수 없는 근기(根機)

【 경문 】

又舍利弗아 憍慢懈怠커나
計我見者에는 莫說此經하며
凡夫淺識하야 深著五欲일새
聞不能解하나니 亦勿爲說이니라

若人不信하야 毀謗此經하면
則斷一切 世間佛種이며
或復嚬蹙하며 而懷疑惑하면
汝當聽說 此人罪報하라
若佛在世어나 若滅度後에
其有誹謗 如斯經典커나
見有讀誦 書持經者하고
輕賤憎嫉하야 而懷結恨하면
此人罪報를 汝今復聽하라
其人命終에 入阿鼻獄하야
具足一劫하고 劫盡更生하야
如是展轉을 至無數劫하며

또 사리불이여, 교만하고 게으르고
나라는 소견이 있는 이에게는 이 경전을 설하지 말라.
범부들은 소견이 얕아서 오욕(五慾)에만 탐착(貪着)하여
경전을 들어도 이해하지 못하니
그런 이들에게도 역시 설하지 말라.
만약 어떤 사람이 믿지 않고 이 경전을 훼방하면
일체 세간의 부처님의 종자(種子)를 끊고 말리라.
혹은 얼굴을 찌푸리며 의혹을 품으리니
이런 사람들이 받을 죄악의 과보를 들어 보라.
부처님이 세상에 계시거나 열반하신 뒤에라도

이러한 좋은 경전을 비방하는 사람이나,

이 경전을 읽고 외우고 쓰고 지니는 사람을 보고

가벼이 여기거나 업신여기고 미워하며 질투하여

원수같이 생각하면 그 사람이 받는 죄의 과보를

그대는 지금 다시 들어 보라.

그가 죽은 뒤에는 아비지옥에 들어가서

한 겁 동안 벌을 받은 뒤에 다시 그 곳에 태어나서

이와 같이 계속하여 무수한 겁을 지내리라.

🪷　교만하다는 것은 조금 알면서 다 아는 척하며 스스로 겸손할 줄 모르는 것을 말합니다. 이미 공부를 다 했다고 자만하는 사람은 더 이상 수행하려 하지 않겠지요. 그러니 자연히 게을러지는 것입니다. '나라는 소견[我見]'이 있다는 말은 자기 소견, 자기 견해에 빠져서 다른 사람의 말을 들을 줄 모르는 귀머거리를 말합니다. 그러므로 우리가 마음을 비우고, 겸손할 줄 알고, 부지런해야 한다는 말씀입니다. 공부할 때는 부지런한 것이 참 중요합니다. 다른 일이 있더라도 제쳐 놓고 공부에 집중해야 합니다. 다른 사람보다 더 일찍 일어나고 더 열심히 살면 됩니다. 바빠서 공부할 시간이 없는 것이 아닙니다. 열심히 공부할 마음을 내지 않은 것입니다. 저도 가만히 생각해 보면 행자(行者) 시절에 가장 공부를 많이 한 것 같습니다. 행자 시절에는 예불하랴, 공양주하랴, 갖가지 울력을 하면서도 공부를 손에서 놓지 않아야 하니 부지런할 수밖에 없었습니다. 그런데 그렇게 바쁠 때 없는 시간을 쪼개가면서 한 공부가 가장 소득이 있었습니다. 오히려 시간이 많

으면 제대로 공부가 되지 않더군요. 그러니 여러분도 공부를 하고 안하고는 내 마음에 달렸다는 것을 알고 부지런히 정진하기 바랍니다.

"만약 어떤 사람이 믿지 않고 이 경전을 훼방하면 일체 세간의 부처님의 종자(種子)를 끊고 말리라."고 하였습니다. 경전을 훼방한다는 말이 무슨 뜻입니까? "아이구, 사람이 부처님이라고? 순 엉터리야." 하는 식으로 부처님의 가르침을 비방하는 것을 말합니다. 진리에 대한 가르침을 등지고 비방하는 것은 사람이 사람다운 삶을 포기하는 것입니다. 자신의 수준, 자신의 그릇에 맞지 않는다고 비방하면 진리와 등지는 것이요, 부처의 종자를 끊는 것입니다.

"그가 죽은 뒤에는 아비지옥에 들어가서 한 겁 동안 벌을 받은 뒤에 다시 그 곳에 태어나서 이와 같이 계속하여 무수한 겁을 지내리라." 진리를 등진 사람은 아비지옥에 떨어지는 벌을 받습니다. 지장경에 보면 아비지옥은 햇빛도 달빛도 비치지 않는 어두운 곳이라고 합니다. 왜 어두운 곳일까요? 진리의 밝은 빛이 비치지 않기 때문에 칠흑처럼 어둡습니다. 물리적으로 깜깜한 곳이 아니라, 진리를 모르는 치암(痴暗)의 상태에서 산다, 마음이 어둡다는 뜻입니다. 당장은 큰 차이가 보이지 않지만, 삶의 진정한 빛을 모르기 때문에 시간이 지나면 천양지차로 다른 삶을 살게 됩니다.

【 경문 】

從地獄出하야 當墮畜生하대
若狗野干하면 其形頯瘦하고
黧黮疥癩하야 人所觸嬈며

又復爲人 之所惡賤하고
常困飢渴하야 骨肉枯竭하며
生受楚毒하고 死被瓦石하나니
斷佛種故로 受斯罪報니라
若作駝駝커나 或生驢中이면
身常負重하고 加諸杖捶하며
但念水草요 餘無所知니
謗斯經故로 獲罪如是니라
有作野干하야 來入聚落에
身體疥癩하고 又無一目하며
爲諸童子 之所打擲하야
受諸苦痛에 或時致死하며
於此死已에 更受蟒身하대
其形長大가 五百由旬이며
聾騃無足하야 蜿轉腹行타가
爲諸小蟲 之所咂食하야
晝夜受苦에 無有休息하나니
謗斯經故로 獲罪如是니라

지옥을 나온 뒤에는 축생으로 태어나서
개도 되고 여우도 되어 바짝 마르고 입술은 썩어들며
새까맣게 야윈 모양에 가는 데마다 발에 채이며
사람들에게 미움 받고 천대받게 되리라.

● 341 ●

배는 항상 굶주리고 뼈와 살이 맞붙어서

살아서는 매를 맞고 죽고 나서는 돌 더미에 묻히리니

부처님의 종자를 끊었으므로 이와 같은 죄의 과보를 받느니라.

만약 어쩌다가 낙타가 되고 당나귀로 태어나면

항상 무거운 짐을 몸에 싣고 채찍을 맞으면서

오직 생각하는 것은 물과 풀뿐이요, 다른 것은 모르느니라.

이 경전을 비방한 탓으로 죄를 받는 것이 이와 같으니라.

어떤 때는 승냥이가 되어 마을에 들어오면

몸은 헐어서 썩어들고 한 눈은 애꾸가 되어

개구쟁이들의 발에 채이고 매를 맞아

갖은 고통을 다 받다가 끝내는 죽게 되니라.

죽고 나서는 다시 구렁이의 몸을 받아

징그러운 몸의 길이가 오백 유순이나 되며,

귀도 없고 발도 없어 꿈틀꿈틀 기어가면서

온갖 작은 벌레들이 비늘 밑을 빨아먹고

밤낮으로 받는 고통이 잠깐도 쉬지 못하느니라.

이 경전을 비방한 탓으로 죄를 받는 것이 이와 같으니라.

✿　여기서 축생이란 축생처럼 어리석은 인간을 상징합니다. 천수경에도 아약향축생(我若向畜生) 자득대지혜(自得大智慧)라고 하여, 축생은 지혜가 없는, 지혜를 등진 어리석은 삶을 일컫습니다.

　어떤 사람이 축생 같은 사람이겠습니까? 소견이 바늘 구멍처럼 옹졸하고 앞뒤로 꽉 막혀서 자기 고집만 세우며 사는 사람을 말합니다. 이런 것을 보통 관견(管見)이라고 합니다. 대나무 통의 구멍으로 본다는 말이지요. 『장자』의 「추수편」에 "붓대롱으로 하늘을 보고 송곳으로 땅을 가리키니 참으로 작지 아니한가(是直用管闚天 用錐指地也, 不亦小乎)?"라는 말에서 유래했습니다. 대나무의 좁은 구멍을 눈에 대고 하늘을 보면서 하늘이 저만하구나 생각하는 것입니다. 그런데 이렇게 좁은 소견을 가진 사람이 뜻밖에 많습니다.

"오직 생각하는 것은 물과 풀 뿐이요, 다른 것은 모르느니라(但念水草 餘無所知)."고 하였습니다. 즉 먹을거리, 입을거리만 생각하는 사람을 말합니다. 이런 사람들은 어쨌든 돈만 많이 모으면 됩니다. 마음을 수양하거나 정신을 개발하거나 문화를 함양하는 일에는 관심이 없지요. 제가 예전에 불자들과 함께 설악산으로 성지순례를 갔을 때의 일입니다. 그때 비로전을 둘러보고 오는 길에 어떤 사람이 "아무 것도 볼 거 없구만. 이런 데 뭐 하러 사람을 데려왔나." 하고 혼잣말을 하는 것을 들었습니다. 다른 사람들은 설악산의 아름다운 경치와 산사의 고즈넉한 풍경에 넋을 잃고 찬탄하는데, 그 사람만 괜히 왔다며 투덜거렸습니다. 오래 전의 일인데 아직도 잊혀지지 않습니다. 단념수초(但念水草)요 여무소지(餘無所知)라, 오로지 의식주에만 관심이 있을 뿐 사람이 어떻게 살아야 하는지는 전혀 관심이 없는 것입니다. 물론 육신을 가지고 물질 세계에 살기 때문에 기본적으로 의식주의 문제가 중요합니다. 그러나 우리는 사람입니다. 사람이라는 존재는 참으로 불가사의하며 너무나 위대한 존재입니다. 그러나 사람에 대해 천만분의 일도 모릅니다. 만약 여러분이 새로 휴대폰을 하나 샀다고 생각해 봅시다. 그러면 이 휴대폰이 어떤 기능이 있는지 요리조리 눌러보면서 알아보겠지요. 성능과 작동법을 알아야 활용할 수 있으니까요. 그와 마찬가지입니다. 우리가 사람으로 태어났으니, 사람이 가진 무한한 능력과 힘을 제대로 알아서 십분 발휘하는 것이 중요합니다. 이런 것을 잘 하는 사람을 깨달은 이, 부처라고 합니다.

【 경문 】

若得爲人이라도 諸根暗鈍하며
矬陋攣躄하고 盲聾背傴하며
有所言說을 人不信受하며
口氣常臭하고 鬼魅所著이며
貧窮下賤하야 爲人所使하며
多病痟瘦하야 無所依怙하야
雖親附人이라도 人不在意하며
若有所得이라도 尋復忘失하며
若修醫道하야 順方治病하야도
更增他疾하고 或復致死하며
若自有病하면 無人救療하고
設服良藥이라도 而復增劇하며
若他反逆과 抄劫竊盜하난
如是等罪에 橫罹其殃하나니

만일 사람이 되더라도 여섯 감관이 암둔(闇鈍)하며
난쟁이·곰배팔이·절름발이·맹인·귀머거리·꼽추가 되고

무슨 말을 하더라도 사람들이 믿지 않고

입에서는 항상 나쁜 냄새가 나고 귀신들이 따라붙느니라.

또한 빈궁하고 천덕꾸러기가 되어 사람들이 부려먹느니라.

병이 많고 바짝 말라서 의지가지할 데도 없고

다른 이에게 가까이 하려고 하면

그 사람은 본체만체하여 받아 주지 않으리라.

혹시 무엇을 얻더라도 금방 다시 잃어버리리라.

만약 의술을 배워서 방법대로 치료를 하더라도

다른 병이 다시 생겨 딴 실수로 죽게 되리라.

만약 자신이 병이 날 적에는 구호해 줄 사람이 없고

설사 좋은 약을 먹더라도 병이 더욱 악화되리라.

또 다른 이의 역적 도모와 강도죄와 절도죄 같은

이러한 재앙(災殃)에 이유 없이 걸려들리라.

🪷   부처님의 진리를 훼손하면 사람이 되더라도, 즉 축생보다는 조
금 지혜가 있더라도 형상을 제대로 갖추지 못하고 태어납니다. 예부
터 사람을 판단할 때는 신언서판(身言書判)이라고 하여 우선 모양을 보
고 판단합니다. 그런데 겉모양부터 제대로 갖추지 못하니 믿음을 얻
지 못한다는 말입니다. 또한 늘 다른 사람들의 부림을 받는 처지가 됩
니다. 사람들의 종노릇, 하인노릇만 하면서 사는 것이지요. 게다가 늘
아프고 외롭지만 어디 의지할 곳조차 없습니다. 더욱이 무엇을 얻더
라도 오래 가지 않고 곧 다시 내 손을 떠나버립니다. 이보다 더 슬프
고 억장이 무너지는 일이 있습니다. 저지르지도 않은 일을 저질렀다

고 억울하게 누명을 쓰는 일입니다. 공연히 도박하는 사람 옆에 있다가 같이 도박했다고 벌을 받는 경우처럼 억울한 일을 당하는 경우가 참 많습니다. 하지만 알고 보면 숱한 과거생을 살아오면서 지은 업에 대한 과보를 받는 것입니다. 부처님의 가르침을 모르고 무지하고 어리석게 살 때 저지른 일이 과보가 되어 나타날 때가 있는 것입니다.

【 경문 】

如斯罪人은 永不見佛하며

衆聖之王이 說法敎化라도

如斯罪人은 常生難處하야

狂聾心亂하야 永不聞法하며

於無數劫 如恒河沙에

生輒聾啞하야 諸根不具하며

常處地獄을 如遊園觀하며

在餘惡道를 如己舍宅하며

駝驢猪狗가 是其行處라

謗斯經故로 獲罪如是니라

若得爲人이라도 聾盲瘖瘂하고

貧窮諸衰로 以自莊嚴하며

水腫乾痟와 疥癩癰疽인

如是等病으로 以爲衣服하며

身常臭處하야 垢穢不淨하며

深著我見하야 增益瞋恚하며

婬欲熾盛하야 不擇禽獸하나니
謗斯經故로 獲罪如是니라
告舍利弗하사대 謗斯經者는
若說其罪인댄 窮劫不盡이라
以是因緣으로 我故語汝하노니
無智人中에 莫說此經이니라

이와 같은 죄인들은 영원히 부처님을 친견하지 못하며,
뭇 성인(聖人) 중의 왕인 부처님이 법을 설해 교화할지라도
이와 같은 죄인들은 항상 불법을 만나기 어려운 곳에 태어나서
미치거나 귀먹거나 하여 마음이 어지러워
영원히 법을 듣지 못하느니라.
항하 강의 모래처럼 수 없는 겁 동안에
날 적마다 귀가 먹고 말 못하는 불구가 되리라.
또 항상 지옥에 있기를 공원에서 놀듯 하고
악도에 드나들기를 자기 집 안방처럼 하리라.
낙타·나귀·돼지·개가 바로 그 사람이 다닐 곳이리라.
이 경전을 비방한 탓으로 죄를 받는 것이 이와 같으니라.
만약 사람으로 태어나면 귀머거리·소경·벙어리에
가난뱅이 등 이런 못난 것으로 자신을 장엄하리라.
수종다리와 조갈증, 버짐 먹고 옴 오르고 연주창과 등창 등
이와 같은 온갖 병으로 옷을 삼아 입으리라.
몸에서는 항상 냄새가 나며 때가 많고 부정하며

자기 소견에 집착하여 성내는 일만 더욱 많으리라.

음탕한 마음만 치성하여 새나 짐승도 가리지 않으리니

이 경전을 비방한 탓으로 죄의 과보를 받는 것이 이와 같으니라.

사리불에게 이르노라. 이 경전을 비방한 사람의

이러한 죄를 말하려면 미래 겁이 다하여도 끝이 없으리라.

이러한 인연으로 나는 특별히 그대에게 말하나니

지혜가 없는 사람에게는 이 경전을 설하지 말지니라.

🪷　부처님의 가르침을 비방하고 진리의 밝은 등불에서 멀어진 사람이 이렇습니다. 자기 아집에 떨어지고 자기 소견에만 집착해서 정말 구제불능입니다. 이런 사람은 자기 혼자만 고통에 빠지는 것이 아니라 주변 사람도 고통스럽게 하기 때문에 문제가 됩니다. 바늘구멍 같은 소견에 꽉 사로잡혀서 자기 생각과 다르면 무조건 벌컥 성을 냅니다.

　　이런 사람을 만났을 때 같이 싸우지 마십시오. 그냥 '저런 사람도 있구나. 저렇게 생각하는 사람도 있구나.' 하고 생각하십시오. 이런 사람들은 변하기가 참 어렵습니다. 절대 변하지 않는다고 해도 지나치지 않습니다. 자기 스스로 뼈를 깎는 노력을 하면서 아주 독하게 마음 먹으면 어느 정도 변할 수 있습니다. 스스로 노력해야 한다는 말입니다. 내 자식이고 내 부모고 내 남편이라고 해서 나와 인연이 깊다고 해서 "당신은 이렇게 변해야 합니다."라며 아무리 권유해도 이런 사람들은 변하지 않습니다. 그럼 어떻게 해야 하나요? 그냥 그대로 인정하고 봐주십시오. 그 사람의 그런 모습을 있는 그대로 인정하고 이해하며 지켜볼 뿐입니다. 배나무와 감나무처럼 서로 다를 뿐입니다. 배나무에는 배가 열리고, 감나무에는 감이, 사과나무에는 사과가 열립니다. 다른 나무이니 다른 과일이 열리는 것입니다.

그러므로 화낼 일도 아니고 바꿀 수 있는 일도 아닙니다. 그저 나는 저 사람과 다르고, 저 사람은 나와 다를 뿐입니다. 어떻든 서로 조화할 수 있는 길을 찾는 것이 현명합니다. 서로 다른 것을 같게 만들려는 것 자체가 어리석은 일입니다. 다르면 다른 대로 이해하고 배려하고 인정하면서 사는 것이 더불어 사는 중요한 열쇠입니다.

[3] 경을 들을 수 있는 근기

【 경문 】

若有利根이요 智慧明了하야
多聞强識으로 求佛道者라사
如是之人에 乃可爲說이며
若人曾見 億百千佛하고
植諸善本하야 深心堅固어든
如是之人에 乃可爲說이며

만약 어떤 사람이 영리하여 지혜가 있고 총명해서
많이 듣고 모두 기억하여 부처님의 도를 구하는 이라면
이러한 사람들에게는 설하여 줄 것이니라.
만약 어떤 사람이 지난 세상에서 백천만 억 부처님을 친견하고

온갖 선근(善根)을 많이 심어서 마음이 깊고 견고하면
이러한 사람에게 이 경전을 설할지니라.

❀ '백천만 억 부처님을 친견했다'는 것은 모든 사람들을 부처님
으로 생각하고 부처님으로 받들어 모신다는 뜻입니다. 제가 늘 강조
하듯이 '사람은 부처님입니다.' 그러므로 모든 사람을 부처님으로 받
들어 모시면 그 사람도 행복하고 나도 행복해진다는 이야기입니다.

【 경문 】
若人精進하야 常修慈心하대
不惜身命하면 乃可爲說이며
若人恭敬하대 無有異心하며
離諸凡愚하고 獨處山澤하면
如是之人에 乃可爲說이니라

만약 어떤 사람이 열심히 정진하여 항상 자비심을 닦아
신명(身命)을 아끼지 아니하면 이 경전을 설하여 줄지니라.
또 어떤 사람이 이 경을 공경하여 다른 마음이 전혀 없고
모든 범속(凡俗)하고 어리석은 이들을 멀리 떠나서
홀로 산수간(山水間)에서 산다면
이러한 사람에게 이 경전을 설하여 줄지니라.

❀ 이런 사람들은 자비를 실천하느라 자기 몸이나 목숨을 아끼거

나 돌보지 않습니다. 남에게 도움이 되는 일이라면 집안일도 뒤로 미루고 발벗고 나섭니다. 이런 헌신적인 사람들은 법화경의 깊은 뜻을 알아들을 수 있다는 말씀입니다.

【 경문 】

又舍利弗아 若見有人이
捨惡知識하고 親近善友어든
如是之人에 乃可爲說이며
若見佛子가 持戒淸潔하대
如淨明珠하고 求大乘經하면
如是之人에 乃可爲說이며

또 사리불이여, 만약 어떤 사람이
나쁜 친구를 내버리고 좋은 벗을 친근하면
이와 같은 사람에게 이 경전을 설하여 줄지니라.
또 만일 어떤 불자가 청정하게 계행(戒行)을 갖기를
구슬처럼 보호하여 대승경전을 구하면
이러한 사람들에게 이 경전을 설하여 줄지니라.

❀ 도반만큼 중요한 것은 없습니다. 잡아함에서 부처님께서도 도반은 수행의 절반이 아니라 전부라고 하셨습니다. 유교에도 그런 말이 있지요. "나를 낳은 이는 부모이지만, 나를 키운 이는 벗이다."라고 했습니다. 나를 만들어주는 이는 가까운 벗입니다. 도둑을 친구로

두면 도둑이 되고, 장사꾼을 친구로 두면 장사꾼이 됩니다. 출가해서 맨 처음 배우는 초발심자경문의 첫 구절에도 그런 말이 나옵니다. "수원리악우(須遠離惡友)하고 친근현선(親近賢善)하라.", 모름지기 악한 벗을 멀리하라, 즉 범행이 좋지 않은 사람에게서 멀리 떠나라고 했습니다. 그리고 어질고 착한 이를 가까이 하라, 즉 공부하기 좋아하고, 기도하기 좋아하고, 사경하기 좋아하고, 염불하기 좋아하는 사람 곁에 있으면서 본받으라는 말입니다.

【 경문 】

若人無瞋하야 質直柔軟하며
常愍一切하고 恭敬諸佛하면
如是之人에 乃可爲說이며
復有佛子가 於大衆中에
以淸淨心으로 種種因緣과
譬喩言辭로 說法無礙하면
如是之人에 乃可爲說이며

만약 어떤 사람이 성내는 일이 없고 반듯하고 부드러우며
중생들을 사랑하고 부처님을 공경하면
이러한 사람에게 이 경전을 설하여 줄지니라.
또 어떤 불자가 여러 대중 가운데서
청정한 마음으로 갖가지 인연과
비유와 좋은 구변으로 걸림없이 설법하면

이러한 사람에게 이 경전을 설하여 줄지니라.

【 경문 】

若有比丘가 爲一切智하야
四方求法하야 合掌頂受하며
但樂受持 大乘經典하고
乃至不受 餘經一偈어든
如是之人에 乃可爲說이며
如人至心으로 求佛舍利하며
如是求經하야 得已頂受하며
其人不復 志求餘經하고
亦未曾念 外道典籍하면
如是之人에 乃可爲說이니라

만일 어떤 비구가 온갖 지혜를 얻으려고
사방으로 법(法)을 구해서 합장하고 받들어 지니되
오직 대승경전(大乘經典)만을 즐겨 받아 지니고
다른 경은 한 게송도 받아들이지 아니하면
이러한 사람들에게 이 경전을 설하여 줄지니라.
또 어떤 이가 지극한 마음으로 부처님의 사리(舍利)를 구하듯
대승경전을 구하여 받들어 지니고
그 밖의 다른 경전은 더 이상 구하지 아니하며
외도들의 서적들은 전혀 생각지도 아니하면

이러한 사람들에게 이 경전을 설하여 줄지니라.

❀ 　대반열반경에 부처님께서 남긴 유언 가운데 '의요의(依了義) 불의불요의(不依不了義)'라는 구절이 있습니다. 요의경(了義經)을 의지하고 불요의경(不了義經)은 의지하지 말라는 뜻입니다. 여기서 요의경은 부처님의 가르침을 온전하게 나타내는 경전을 말합니다. 우리가 지금 공부하고 있는 법화경이 바로 요의경입니다. 가르침을 온전하게 나타내는 경전만 의지하고 다른 경전은 한 게송도 받아들이지 않는 사람이라야 법화경의 말씀을 들을 자격이 있다는 말입니다.

　초발심자경문에 나오는 이야기입니다. 어떤 사람이 달도 뜨지 않은 캄캄한 밤길을 어렵게 가고 있었습니다. 마침 저 앞에 등불을 들고 오는 이가 있어서 무척 반가웠지요. 가까이 다가가 보니, 등불을 든 사람은 동네에서 나쁜 사람이라고 소문난 사람이었습니다. 그래서 그 사람과 함께 가고 싶지 않아서 혼자 가기로 했지요. 캄캄한 밤이라 무턱대고 걷다가 그만 높은 언덕에서 굴러 떨어져서 팔다리가 부러지는 큰 상처를 입었습니다. 그 사람이 나쁘지 등불이 나쁜 것이겠습니까? 마찬가지로 사람을 보지 말고 그분의 법을 보면 됩니다. 이런 이야기가 경전에 수없이 많습니다. 우리 중생들의 약점이 그런 것입니다. 사람이 좋으면 그 사람의 소견이 엉터리라도 무조건 믿고 푹 빠져서 잘못되는 경우가 참 많습니다. 이렇게 중생들이 어리석기 때문에 부처님께서 유언으로 말씀하셨습니다. "사람에게 의지하지 말고 법에 의지하라. 요의경에 의지하고 불요의경에 의지하지 말라."고 말입니다.

　'지극한 마음으로 부처님의 사리를 구하듯 대승경전을 구하여 받들어 지니는' 사람에게 법화경을 설하라고 하였습니다. 부처님의 사리는 참으로 소중한 것입니다. 사리를 구하는 것과 같은 정성으로 경전을 구해야 한다는 말입니다. 부처님께서 열반하시고 나서 사리를 나누어 사리탑을 세웠습니다. 탑에 봉안할 사리가 더 이상 없게 되자 그때부터는 부처님의 가르침을 기록한 경전을 탑에 모셨습니다. 부처님을 보는 이는 법을 보며, 법을 보는 이는 부처님을 본다고 하였습니다. 부처님과 부처님의 가르침은 둘이 아닌 하나입니다.

【 경문 】

告舍利弗하노니 我說是相인
求佛道者도 窮劫不盡이라
如是等人은 則能信解하리니
汝當爲說 妙法華經이니라

사리불에게 말하노라.
내가 이러한 불도(佛道)를 구하는 사람들을 다 이야기하려면
미래 겁이 다하여도 못 다 하리라.
이와 같은 사람들은 능히 믿고 이해하리니
그대는 마땅히 이 묘법연화경을 설하여 줄지니라.

❀ 우리 인생은 사실 참 짧습니다. 잠깐이면 지나가버립니다. 하루하루를 사는 동안에는 짧은 줄 모릅니다. 하지만 지금까지 살아온 시간을 돌이켜보면 말할 수 없이 짧고 허무합니다. 날마다 바쁘게 움직

이며 살았지만 이루어 놓은 것은 없습니다. 이렇게 짧은 인생, 귀한 시간을 들여서 하는 공부인 만큼 허투루 해서는 안 되겠지요. 부처님 경전 가운데 귀하지 않은 경전은 없지만, 그 가운데서도 잘 선별해서 참 진리를 설하는 경전을 열심히 공부해야 합니다.

●

4
신해품

(信解品)

일반적으로 부처님의 가르침을 글로 적어서 전해 내려오는 것을 법보
(法寶)라고 합니다. 해인사의 팔만대장경이 법보인지라 해인사를 법보
사찰이라고 합니다. 팔만대장경을 내용에 따라 나누면 경장(經藏)과 율
장(律藏), 논장(論藏)의 삼장(三藏)으로 나눌 수 있습니다. 그런데 여기에
선장(禪藏)을 더해서 4장이라고 하기도 합니다. 선장은 참선으로 깨달
음을 얻은 선사들의 행적과 어록 등을 기록한 글인데, 선문이라고도
합니다. 경율론의 삼장보다 선문의 양이 훨씬 더 많습니다. 사실 말이
필요하지 않은 깨달음의 세계이면서 또한 가장 말이 많은 것이 선법

(禪法)이기도 합니다. 말이 없는 선의 입장에서 어떤 식으로 중생을 교화할까요? 선가에 많이 알려진, 사람들 입에 오르내리는 이야기를 하나 해 볼까 합니다.

옛날에 구지(俱胝) 화상 혹은 일지(一指) 화상이라고 불리는 선사가 있었습니다. 이 스님은 누가 어떤 질문을 하든지 간에 늘 손가락 하나를 세워보였습니다. 선사가 손가락을 세워 보여서 거기에 눈을 뜨면 다행이고, 눈을 못 뜨면 그만인 것이지요. 눈을 뜨지 못한 사람에게는 아무리 장황하게 설명해 보았자 얻는 것이 없다고 생각했기 때문입니다.

구지 화상이 깨닫기 전에 조그만 암자에 살고 있을 때였습니다. 어느 날 한 비구니가 삿갓을 쓰고 찾아와서는 주장자를 들고 화상이 앉은 자리를 세 바퀴 돌고나서 말했습니다.

"바로 말하면 내가 삿갓을 벗고 예의를 갖추리다."

구지 화상은 아직 눈을 뜨지 못했기 때문에 아무 말도 못했습니다. 구지 화상이 암자에서 열심히 공부한다는 소식을 듣고 비구니스님이 화상의 공부가 얼마나 익었는지 시험해 보려고 왔는지라, 오자마자 스님이 앉은 자리를 돌고나서 삿갓도 벗지 않고 질문을 던진 것입니다. 화상이 아무 대답도 못하자 비구니스님은 그대로 떠나려고 했습니다. 그러자 화상이 말했습니다.

"그래도 잠시 쉬었다 가시오."

"스님이 한마디 이르면 여기 있지만 그렇지 않으면 있을 까닭이 없습니다."

화상이 또 대답을 하지 못하자 비구니스님은 그냥 떠나버렸습니다. 스님이 떠난 뒤에 화상이 한탄하면서 말했습니다.

"나는 대장부의 형상을 갖추었으나 기개는 여인네보다 못하구나."

그리고는 암자에 불을 지르고 산을 떠나려고 작정했습니다.

그런데 그날 밤 산신이 나타나서 "화상은 이 산을 떠나지 마시오. 오래지 않아 큰 보살이 와서 그대에게 설법을 해 줄 겁니다." 하고 말했습니다.

과연 며칠 후에 천룡(天龍) 화상이 찾아오셨기에 화상이 비구니스님하고 있었던 일을 이야기했습니다. 그러자 천룡 화상이 "그대는 나에게 똑같이 물어라. 내가 대답해 주리라."고 했습니다. 구지 화상이 비구니스님이 질문한 그대로 "바로 말하면 내가 삿갓을 벗고 예의를 갖추리다."라고 하니 천룡 화상이 문득 손가락 하나를 세워 보였습니다. 손가락 하나 세우는 거기에 구지 화상이 몰록 깨달았습니다. 그 뒤에는 누가 무엇을 묻든지 간에 손가락 하나만 세워보였습니다. 그러면서 하는 말이 "나는 천룡 화상께 일지두선(一指頭禪)을 받아 평생 수용해도 다함이 없노라."고 했습니다.

"무슨 기도를 하면 좋겠습니까?" 하고 물어도 손가락 하나 턱 세우고, "불법이 뭡니까?" 해도 손가락 하나 턱 세우고, "스님 안녕하세요?" 해도 손가락 하나 턱 세울 뿐이었습니다. 도를 묻든 일상사를 묻든 화상은 분별없이 무조건 손가락 하나를 턱 세울 뿐이었습니다. 참 멋있죠. 이것이 바로 선입니다. 정말 깊고 오묘한 도리가 있습니다. 천 길 낭떠러지 위에 서 있는 노송과 같은 위엄이 있습니다. 손가락 하나 세우는 데 그런 것이 다 갖춰져 있습니다.

구지 화상 곁에 시봉하는 동자가 있으면서 화상의 이런 모습을 지켜보았습니다. 그러면서 이 동자가 자기도 모르게 손가락 하나를 세우는 법을 흉내내게 되었지요. 어떤 사람이 화상에게 "저 동자도 아주 희유합니다. 동자도 불법을 잘 알아서 누가 무엇을 묻든 스님처럼 손가락 하나를 세웁니다." 하고 말했습니다. 화상이 이 말을 듣고는 칼 한 자루를 소매에 감추고는 시봉하는 동자를 가까이 불렀습니다. "내가 들으니, 너도 불법을 안다고 하던데 그 말이 사실이냐?"고 물었습니다. 동자가 그렇다고 대답하자 화상이 "그럼 어떤 것이 불법이냐?"고 물으니 동자가 손가락 하나를 세우는 겁니다. 화상이 날쌔게 칼을 휘둘러 동자의 손가락을 잘라버렸습니다. 아프고 놀란 동자가 비명을 지르며 달아나는데 구지 화상이 동자에게 소리쳤습니다. "어떤 것이 불법이냐?" 그러자 동자가 늘 하던 대로 손가락을 세우려고 했지만 세울 손가락이 없었습니다. 그 순간 동자의 마음이 활연히 열렸다고 합니다.

선가의 가르침은 전하기도 어렵고 배우기도 어렵습니다. 구지 화상은 손가락 하나에서 깨닫고, 향음 선사는 대나무 부딪히는 소리에 깨달았다고 합니다. 그러나 깨달음은 손가락에도 있지 않고 대나무에도 있지 않습니다. 그러면서 손가락으로도 표현할 수 있고 대나무로도 드러낼 수 있는 것이 부처님의 가르침입니다.

이제부터 공부할 신해품은 참으로 믿고 이해하는 것이 무엇인지를 말합니다. 믿고 이해하는 것 또한 상당한 경지에 오른 상태입니다. 회삼귀일(會三歸一)로 대표되는 부처님의 가르침과 방편, 지혜와 방편의 관계에 대해 앞의 비유품에서 설명하였고, 이제부터는 부처님의 성문제자 가운데 으뜸가는 제자들의 믿음과 확신 그리고 법에 대한 철저한 이해를 보여줍니다. 우리가 부처님의 가르침에 귀의할 때 먼저 믿음이 있어야 불심이 생기고 인연을 맺게 됩니다. 신자(信者)라는 말의 뜻이 무엇입니까? 믿는 사람이라는 말입니다. 그 정도로 기본적이고 중요한 것이 믿음입니다. 믿음은 모든 것을 이루어내는 참으로 큰 힘입니다.

화엄경 현수품에 믿음에 관한 좋은 글이 있는데 그 앞부분만 함께 읽어봅시다.

"신위도원 공덕모(信爲道源功德母), 믿음은 도의 근원이요, 공덕의 어머니라", 믿음은 일체 공덕을 길러내는 어머니와 같습니다. 우리가 도를 닦는다, 도를 통한다고 하는데 우선 믿음이 있어야 도를 닦든 말든 합니다. 믿음이라는 근원이 있어야 그 위에 깨달음의 꽃을 피운다는 말입니다.

"장량일체제선법(長養一切諸善法), 모든 선한 법을 길러낸다", 선한 법이란 좋은 일을 하는 것입니다. 믿음이 없는 사람이 부처님을 만났을 때 절이라도 한 번 제대로 하겠습니까? 하지 않습니다. 경전을 읽어도 맛을 느끼지 못합니다. 좋은 일도 믿음이 있어야 하게 됩니다. 예를 들어 기도하는 것도 선한 법입니다. 기도를 해서 나름대로 재미를 느낀 사람이 자꾸 기도를 합니다. 기도하면 응답이 있다는 믿음이 있어서 그렇습니다. 그리고 나름대로 보시에 대한 확신(確信) 즉 굳은 믿음이 있는 사람은 자꾸 보시를 합니다. 베풀고 또 베풀어도 베풀고 싶은 마음이 쉽게 또 생겨납니다. 시쳇말로 재미를 봤다고 볼 수 있습니다. 이렇게 자꾸 좋은 일을 하는 것도 자기 나름의 믿음이 있기 때문입니다.

"단제의망출애류(斷除疑網出愛流), 의심의 그물을 끊어서 제거하고,

애착의 물결에서 벗어난다", 절에 가서 보시를 하면 저금통장에 저금하는 것과 같다는 말을 많이 듣지만, 그 말에 믿음이 없으면 긴가민가 합니다. 그것이 의심의 그물입니다. 그러나 믿음이 있으면 꿈에라도 의심하지 않고, 애착의 물결에 휩쓸리지도 않고 숭고하게 살아갑니다.

"개시열반무상도(開示涅槃無上道), 위없이 높은 열반의 도를 열어 보인다", 열반은 모든 고뇌가 사라진 상태를 말합니다. 이것도 믿음이 있어야 가능하다는 말입니다.

"신무구탁심청정(信無垢濁心淸淨), 믿음은 때와 흐린 것이 없어서 마음이 청정하다", 신심이 높은 사람은 마음이 깨끗합니다. 세속의 오욕락에 흔들려서 욕심내지 않고 깨끗한 마음을 지키고 삽니다.

"멸제교만공경본(滅除憍慢恭敬本), 교만을 제거해 버리고 공경의 근본이 된다", 교만이라는 것은 자기만 잘났다고 생각해서 다른 사람을 업신여기는 것인데, 마음의 때 가운데 하나입니다. 신심 있는 사람은 항상 부처님을 생각하기 때문에 교만을 부리지 않습니다. 뿐만 아니라 겸손하면서 남을 공경합니다.

"역위법장제일재(亦爲法藏第一財), 법장에서 제일가는 재산이다", 법장은 법의 창고라는 말인데 부처님의 가르침을 가리킵니다. 세상에서 제일 귀한 보배가 바로 부처님의 가르침입니다. 그 중에 제일가는 재산이 믿음입니다.

"청정수수중행(淸淨手受衆行), 청정한 손이 되어 온갖 행을 받아들인다", 믿음은 청정한 손 즉 아주 훌륭한 손과 같아서 내가 하고 싶은 것을 다 하게 합니다. 손이 있어서 농사도 짓고 물건도 만들고 밥도 해서 먹을 수 있습니다. 오늘날 우리가 이렇게 편안하게 살 수 있도록 돕는 온갖 과학기계도 모두 손으로 만든 것입니다. 밥상을 아무리 잘 차려놓아도 손이 있어야 떠먹을 수 있습니다. 불교라는 훌륭한 밥상이 앞에 있어도 믿음이 있어야 내 것이 됩니다. 믿음은 훌륭한 솜씨를 가진 손이 온갖 물건을 만들어내는 것과 같다는 말입니다.

"신능혜시심무인(信能惠施心無吝), 믿음은 잘 베풀게 하기 때문에 마음에 인색함이 없다".

"신능환희입불법(信能歡喜入佛法), 믿음은 기쁘게 하기 때문에 부처님 법에 들어가게 한다", 믿음이 충만한 사람은 늘 기뻐하며 삽니다. 부족하고 모자란 것은 부처님께서 다 채워주시고, 늘 겸손한 자세로 살아가니 항상 기쁠 수밖에 없습니다.

"신능증장지공덕(信能增長智功德), 믿음은 지혜의 공덕을 능히 키워낸다", 지혜도 믿음이 있어야 생긴다는 말입니다.

"신능필도여래진(信能必道如來眞), 믿음은 능히 여래의 경지에 이르게 한다", 믿음이 있는 사람이 결국 부처가 된다는 말입니다.

"신능제근정명리(信能諸根淨明利), 믿음은 눈·귀·코·혀·몸·뜻의 여섯 감관을 깨끗하게 하고 밝게 하고 영리하게 한다", 신심이 있는 사람은 둔하지 않다고 생각하면 됩니다. 신심이 있는 사람은 항상 초롱초롱하게 날이 서 있고 눈을 뜨고 있고 항상 깨어 있으니 흐리멍텅하지 않습니다.

"신력견고무능괴(信力堅固無能壞), 믿음의 힘은 참으로 견고해서 능히 깨뜨리지 못한다".

"신능영멸번뇌본(信能永滅煩惱本), 믿음은 능히 번뇌의 근본을 영원히 소멸한다".

"신능전향불공덕(信能專向佛功德), 믿음은 능히 부처님의 공덕으로 향하게 한다", 부처님 세계는 참 좋은 세계입니다. 절이 좋고 불법이 좋고 경전이 좋고 법당이 좋고 기도가 좋은 것이 다 부처님의 공덕입니다. 모든 것을 부처님의 공덕으로 향하게 합니다.

"신어경계무소착(信於境界無所着), 믿음은 경계에 집착하는 바가 없다", 경계는 여섯 감관을 유혹하는 바깥의 대상을 말합니다. 대상에 마음을 빼앗겨 눈이 흐려지는 일이 없다는 말입니다. 불교에 믿음을 내서 나름대로 맛을 제대로 느낀 사람은 세상의 다른 잡스런 일에 재미가 없습니다. 믿음이 강한 사람은 거기에 깊은 맛을 느끼고 정신적인 희열과 환희를 느끼기 때문입니다.

"원리제난득무난(遠離諸難得無難), 믿음은 온갖 어려움을 멀리 떠나보내서 아무것도 어렵지 않다", 믿음이 강한 사람은 IMF보다 더 어려운 시기가 닥쳐도 어렵다고 느끼지 않습니다. 보통 사람은 돈이 없다고 벌벌 떨면서 온갖 죽는 소리를 합니다. 그러나 믿음이 강한 사람은 돈이 조금밖에 없어도 마음이 흔들리지 않습니다. 어려워 죽겠다는 소리가 나오지 않습니다. 그저 그런가 보다 하고 오로지 부처님 가르침을 생각하면서 마음을 다스립니다. 믿음이 강한 사람은 시키지 않아도 땀을 뻘뻘 흘리면서 부처님께 삼천배를 올립니다. 이런 신심이면 무엇인들 못하겠습니까. 생각 하나 고쳐먹으면 간단히 해결됩니다. 수행하는 사람은 주변에 먹을 것이 넘쳐나도 하루 두 끼만 먹고 오후불식합니다. 심지어 한 끼만 먹는 사람도 있습니다. 가난해서 그런 게 아니라 스스로 좋아서 하는 일입니다. 좋아서 하면 아무 문제가 되지 않습니다. 어려움이 아닌 것입니다. 그래서 득무난(得無難) 즉 아무엇도 어렵지 않습니다.

"신능초출중마로(信能超出衆魔路), 믿음은 능히 온갖 마의 길에서 벗어나게 한다", 온갖 유혹에 빠지지 않도록 자신을 잘 단도리하게 합니다.

"시현무상해탈도(示現無上解脫道), 위 없이 높은 해탈의 길을 나타내 보인다."

"신위공덕불괴종(信爲功德不壞種), 믿음은 공덕이 무너지지 않는 종자가 된다", 정말 믿음이 무너지지 않으려면 이론적인 이해와 납득이 뒷받침되어야 합니다.

"신능생장보리수(信能生長菩提樹), 믿음은 보리의 나무를 능히 자라게 한다", 보리의 나무는 내 마음속에 있는 깨달음의 나무를 말합니다.

"신능증익최승지(信能增益最勝智), 믿음은 능히 가장 수승한 지혜를 증익시킨다", 지혜가 끝이 없이 자꾸 더해가고 더해갑니다.

"신능시현일제불(信能示現一切佛), 믿음은 능히 일체 부처님을 나타내 보인다", 믿음이 강한 사람에게는 모든 사람이 부처님으로 보입니다.

"시고의행설차제(是故依行說次第), 이런 까닭에 수행하는 데 따라서 그 순서를 말하면, 신락최승심난득(信樂最勝甚難得), 믿음에 의한 즐거움이 가장 수승하며 가장 얻기 어려운 것이다", 수행하는 데는 믿음이 가장 중요합니다. 흔들리지 않는 청정한 믿음이 있어야 장애를 넘어서 한 걸음 앞으로 나아갈 수 있습니다. 그래서 보살수행의 52가지 계위 가운데 제일 앞의 열 가지가 믿음입니다. 십신(十信), 십주(十住), 십행(十行), 십회향(十廻向), 십지(十地), 등각(等覺), 묘각(妙覺)의 52가지 계위가 있습니다.

"비여일체세간중 이유수의묘보주(譬如一切世間中 而有隨意妙寶珠), 이 것을 비유하자면 일체 세상 가운데 내 뜻대로 따라주는 묘한 보배 구슬이 있는 것과 같다", 내 뜻대로 내 마음대로 되는 구슬이니 쉽게 말해 여의주입니다. 밥 나오라 하면 밥이 나오고, 떡 나오라 하면 떡이 나오고, 어디 가자 하면 금방 그곳에 가는 이런 신통묘용을 갖춘 여의주를 가진 것과 같다는 말입니다.

화엄경 현수품의 이 구절은 신심에 대한 설명으로는 가장 뛰어난 설명이라 예부터 많이 인용되고 있습니다. 이렇게 크고 높고 깊은 믿음이지만, 믿음만 있으면 맹목 즉 눈이 멀어버립니다. 그래서 바른 이해가 꼭 필요합니다. 합당한 이치로 이해되는 것이 이해 해(解) 자의 뜻입니다. 경전을 공부하고 스님들의 법문을 듣는 것도 이해의 한 방법입니다. 물론 믿음의 방법이기도 합니다. 경전의 한 구절 한 구절을 제대로 배우고 익히려면 믿음과 바른 이해를 다 갖추어야 합니다. 그래서 이 둘을 새의 두 날개와 같다고 합니다. 새는 두 날개가 다 있어야 훨훨 날 수 있습니다.

그래서 꼭 불교 공부를 해야 합니다. 법문을 열심히 듣고, 경전을 읽어서 그 이치가 합당하게 내 마음에 자리를 잡아야 합니다. 그렇게 해서 남에게 설명해 줄 수 있으면 좋고 그렇지 못하면 내 자신이라도 설득할 수 있어야 합니다. 이렇게 하면 신앙심이 절대 흔들리지 않습니다. 바른 이해 없이 맹목적으로 믿으면 위험합니다. 다른 계기를 만났을 때 그 신심이 무너지게 됩니다. "내 자식을 부처님께서 꼭 합격시켜 주리라 믿었는데 낙방했다."면서 신심을 잃어버립니다. 이것은 이치에 어두워서 생긴 일입니다. 인연법을 제대로 배웠으면 절대로 그렇게 신심을 잃어버리지 않습니다. 그래서 믿음에는 이론이 따라야 하고, 이론에는 꼭 믿음이 있어야 불교라고 할 수 있습니다. 이 둘이 병행하고 조화를 이루어야 제대로 부처님과 같은 삶을 살 수 있습니다. 그래서 믿음과 이해는 수레의 두 바퀴와 같습니다. 수레가 물건을 싣고 가려면 한 쪽 바퀴만 가지고는 어림도 없습니다. 두 바퀴가 가지런히 균형을 이루어야 가고 싶은 곳으로 갈 수 있습니다.

1. 사대 성문(四大聲聞)이 깨달음을 얻다

【 경문 】

爾時慧命須菩提와 摩訶迦旃延과 摩訶迦葉과 摩訶目犍連이 從佛所聞 未曾有法과 世尊이 授舍利弗의 阿耨多羅三藐三菩提記하고 發希有心 하야 歡喜踊躍하며 卽從座起하야 整衣服하야 偏袒右肩하고 右膝著地하 며 一心合掌하고 曲躬恭敬하며 瞻仰尊顔하니라

이때에 혜명(慧命) 수보리와 마하가전연과 마하가섭과 마하목건련이 부처님께 미증유(未曾有)의 법을 들었습니다. 또 세존께서 사리불에게 최상의 깨달음에 대한 수기를 주시는 것을 보고 희유한 마음으로 한없이 기뻐서 자리에서 일어나 옷을 바르게 하고 오른쪽 어깨를 드러내어 진실을 보였습니다. 그리고 오른쪽 무릎을 땅에 대고 일심으로 합장하고 허리를 굽혀 공경하며 존안(尊顔)을 우러러보았습니다.

✿　혜명 수보리는 금강경의 주인공이라 할 수 있는 수보리입니다. 마하가전연은 논의제일 가전연이라고 하듯이, 부처님의 교법을 논리적으로 가장 잘 설명했다는 분입니다. 마하가섭은 부처님의 상수제자입니다. 부처님의 법을 마하가섭이 부촉받고 다시 아난 존자에게 부촉합니다. 아난 존자는 상나화수(商那和修)에게, 상나화수는 우바국다(優婆鞠多)에게 차례로 불법을 전해서 지금까지 이어져 내려오고 있습니다. 마하목건련은 신통제일 목련 존자라고 합니다. 바로 앞의 비유품에서 사리불이 먼저 등장했습니다. 사리불은 부처님의 성문 제자 가운데 첫째이기 때문에 먼저 수기를 받았습니다. 미증유의 법을 들었다는 말은 깨달음을 얻었다는 뜻입니다.

　　"또 세존께서 사리불에게 최상의 깨달음에 대한 수기를 주시는 것을 보고 희유한 마음으로 한없이 기뻐서 자리에서 일어나 옷을 바르게 하고 오른쪽 어깨를 드러내어 진실을 보였습니다."라고 하였습니다. 방금 소개한 수보리나 가전연, 가섭이나 목건련은 부처님의 상수제자로 사리불과 거의 같은 격입니다. 사리불은 부처님께 귀의하기 전에 목건련과 함께 외도(外道) 수행자인 스승을 모시기도 했습니다. 그래서 '사리불이 세상의 깨달음에 대한 수기를 얻었는데 우리도 못 얻을 까닭이 없다'고 생각한 것입니다. 사리불이 수기를 받은 것은 다른 상수제자들도 수기를 받는다는 뜻이기 때문입니다. '오른쪽 어깨를 드러내어 진실을 보였다'는 구절이 있습니다. 이 대목은 한문경전에 '편단우견(偏袒右肩)' 즉 오른쪽 어깨를 드러냈다고만 되어 있습니다. 여기에 '진실을 보였다'는 구절을 제가 더 넣었습니다. 오른쪽 어깨를 드러내는 것은 인도의 예법 가운데 하나인데, '앞으로 대화할 때

나는 성실하게 진실만을 말하겠다'는 뜻을 드러내는 인도의 옛 관습입니다.

【 경문 】

而白佛言하사대 我等居僧之首하야 年并朽邁하며 自謂已得涅槃이라하야 無所堪任하고 不復進求阿耨多羅三藐三菩提러이다 世尊往昔에 說法旣久일새 我時在座하대 身體疲懈하야 但念空無相無作하고 於菩薩法인 遊戲神通과 淨佛國土와 成就衆生에 心不喜樂이니다 所以者何오 世尊令我等으로 出於三界하사 得涅槃證이라하며 又今我等이 年已朽邁할새 於佛敎化菩薩이신 阿耨多羅三藐三菩提에는 不生一念好樂之心이니다 我等今於佛前에 聞授聲聞阿耨多羅三藐三菩提記하사옵고 心甚歡喜하야 得未曾有니다 不謂於今에 忽然得聞希有之法하옵고 深自慶幸하야 獲大善利니다 無量珍寶를 不求自得이니다

부처님께 사뢰어 말씀드렸습니다.
"저희들이 대중들 중에 상수제자(上首弟子)로서 나이는 늙었으며 스스로 생각하기를 '이미 열반을 얻었으며 더 할 일이 없다.' 하고, 더 이상 최상의 깨달음을 구하려 하지 않았습니다.
세존께서 지난 옛적부터 법을 설하신 것이 오래 되셨는데 그때 저희들이 자리에 있었으나 몸이 피로하여 공(空)과 형상이 없음(無相)과 지을 것이 없음(無作)만을 생각하였습니다. 보살의 법인 신통으로 유희함과 부처님의 세계를 청정하게 하는 것과 중생들을 성취하는 일은 마음에 즐거워하지 않았습니다. 그 까닭은 세존께서 저희들로 하여금 삼계에

서 벗어나 열반을 얻게 하였기 때문입니다. 또 지금 저희들은 나이가 이미 늙었으므로 부처님께서 보살들을 교화하시는 최상의 깨달음에 대하여는 조금도 좋아하는 마음을 내지 아니 하였습니다.

저희들이 오늘 부처님 앞에서 성문들에게 최상의 깨달음에 대한 수기를 주시는 것을 듣고는 마음이 매우 환희하여 미증유를 얻었습니다. 생각지도 아니하다가 이제 홀연히 희유(稀有)한 법을 듣고 매우 경사스럽고 다행스러우며 저희들로서는 큰 이익을 얻었습니다. 마치 한량없는 보물을 구하지도 않았는데 저절로 얻은 것과 같습니다.

✿ 수보리와 가전연, 가섭 그리고 목건련은 그야말로 자타가 공인하는 부처님의 상수제자입니다. 또한 이미 열반을 얻어서 더 이상 할 일이 없습니다. 다시 말해서 고통에서 벗어났고 망상이 사라져서 더 이상 공부할 것이 없다고 스스로 생각했습니다.

"세존께서 지난 옛적부터 법을 설하신 것이 오래 되셨는데, 그때 저희들이 자리에 있었으나 몸이 피로하여 공(空)과 형상이 없음(無相)과 지을 것이 없음(無作)만을 생각하였습니다."라고 하였습니다. 요즘 선사들도 공(空)이나 무상(無相), 무작(無作) 등에 대한 이야기를 많이 합니다. 여기 등장하는 성문제자들이 처음 공부한 경지가 공(空)이었습니다. 그리고 무상(無相) 즉 상이 없다는 경지이고, 그 다음에 무작(無作) 즉 지을 것이 없는 경지입니다. 공이니 지을 것이 없습니다. 이 공부가 전부라고 생각했다는 말입니다. 천만의 말씀입니다. 불교가 이것뿐이라면 위대하다는 칭송을 받을 리 없지요. 아무 것도 없어서 형상도 없고 지을 것도 없다고 하는 것은 너무나 소극적입니다.

"보살의 법인 신통으로 유희함과 부처님의 세계를 청정하게 하는 것과 중생들을 성취하는 일은 마음에 즐거워하지 않았습니다."라고 하였습니다. '신통으로 유희한다'는 것은 말하자면 보살이 보현행원과 같은 보살행을 자유자재하게 실천하는 것을 말합니다. 이와 같은 삶을 신통으로 유희한다고 표현했습니다. '부처님의 세계를 청정하게 한다'는 말은 부처님의 세계를 완성한다는 뜻입니다. '중생들을 성취하는 일'이 바로 불교가 하는 일입니다. 중생이 부처의 경지에 도달하도록 한다는 말입니다. 중생을 성취하는 일이 보살행이며, 보살행이 신통으로 유희하는 일입니다. 그런데 이러한 일들이 마음에 즐겁지 않았다고 하니 성문제자들이 얼마나 소극적인 삶을 살았습니까?

"또 지금 저희들은 나이가 이미 늙었으므로 부처님께서 보살들을 교화하시는 최상의 깨달음에 대하여는 조금도 좋아하는 마음을 내지 아니 하였습니다."라고 하였습니다. 명색이 부처님의 상수제자인데 말도 안 되는 이야기입니다. 그러나 솔직히 고백합니다. 법화경이 부처님의 열반을 앞두고 설해진 것으로 편찬되었으니, 부처님의 연세가 최소한 70대 중반입니다. 이 상수제자들의 나이도 부처님과 비슷하거나 더 많습니다. 사리불과 마하가섭은 부처님보다 나이가 훨씬 많았고, 목건련과 가전연, 수보리의 경우는 비슷한 연배였을 것입니다.

"저희들이 오늘 부처님 앞에서 성문들에게 최상의 깨달음에 대한 수기를 주시는 것을 듣고는 마음이 매우 환희하여 미증유를 얻었습니다."라고 하였습니다. 방편품에서 이르기를, 망상이 부글부글 끓는 산란한 마음으로 부처님 앞에 절 한 번 하고 손 한 번 든 것으로도 모두 불도를 이루었다고 하였습니다. 그러니 이보다 더 큰 수기가 어디 있겠습니까? 그리고 비유품에서 사리불이 수기를 받는 것을 보니 자신들도 그와 같이 되리라는 것을 알았습니다. 공과 무상, 무작만 공부하고 더 배울 것이 없다고 생각했는데 중생이 부처가 되도록 하는 보살행을 자유자재로 행하여 부처님의 세계를 아름답게 장엄하는 것을 공부의 경지로 삼게 되었습니다. 이 일이 마치 구하지도 않은 보물을 저절로 얻은 것처럼 환희롭다는 말입니다.

2. 궁자(窮子)의 비유

(1) 부자(父子)가 서로 떨어지다

【 경문 】

世尊하 我等今者에 樂說譬喻하야 以明斯義호리다 譬若有人이 年旣幼稚에 捨父逃逝하야 久住他國하대 或十二十으로 至五十歲러니 年旣長大하야는 加復窮困하야 馳騁四方하야 以求衣食할새 漸漸遊行하야 遇向本國이러이다 其父先來에 求子不得하고 中止一城이러니 其家大富라 財寶無量하며 金銀瑠璃珊瑚琥珀玻瓈珠等이 其諸倉庫에 悉皆盈溢하며 多有僮僕과 臣佐吏民하며 象馬車乘과 牛羊無數하며 出入息利가 乃徧他國하고 商估賈客도 亦甚衆多러니 時貧窮子가 遊諸聚落하며 經歷國邑하야 遂到其父所止之城이러이다 父每念子하대 與子離別이 五十餘年이로대 而未曾向人하야 說如此事하고 但自思惟에 心懷悔恨하며 自念老朽하고 多有財物하야 金銀珍寶가 倉庫盈溢이나 無有子息하니 一旦終沒이면

財物散失이라 無所委付라하야 是以慇懃히 每憶其子하며 復作是念하대
我若得子하야 委付財物하면 坦然快樂하야 無復憂慮라하더이다

세존이시여, 저희들이 이제 비유를 들어서 이 뜻을 밝히겠습니다.
비유컨대 어떤 사람이 어린 시절에 아버지를 버리고 도망하여 집을 나
가서 다른 지방에서 십 년, 이십 년 내지 오십 년을 살았습니다. 나이는
이미 많아졌고 곤궁하기가 막심하여 사방으로 헤매면서 의식(衣食)을 구
하여 여기 저기 돌아다니다가 우연히 고향으로 향하였습니다.
그의 아버지는 일찍이 아들을 찾아다니다가 만나지 못하고, 도중에 어
느 도시에 머물러 살았습니다. 그 집은 매우 부유하여 재물이 한량없고
금·은·유리·산호·호박·파리·진주들이 창고마다 가득 차서 넘쳐
났습니다. 거기다가 노비와 시종들과 청지기 등 관리들도 많았습니다.
코끼리·말·수레·소·양이 무수히 많았으며, 전곡이나 돈을 빌려주
고 이자를 받아들이는 일이 다른 지방에까지 퍼져서 이 집에는 장사하
는 이들과 거간꾼들이 들끓었습니다. 그때 빈궁한 아들이 이 마을 저
마을로 두루 돌아다니고, 이 지방과 저 지방을 지나다가 마침내 아버지
가 살고 있는 도시에 이르렀습니다.
아버지는 언제나 아들을 생각하였습니다. '아들과 이별한 지가 벌써
오십 년이 되었으나 아직 다른 이에게는 이러한 사실을 한 번도 말하지
않고 마음속으로 홀로 한탄하였습니다. 나이는 늙었고 재산은 많아서
금·은·진보가 창고에서 넘쳐나는데 자식이 없으니 어느 때든지 죽게
되면 재산은 모두 흩어져서 전해 줄 데가 없겠구나.'하고 은근히 기다
리며 그 아들을 매일 못 잊어하였습니다. 또 생각하기를 '내가 만약 아

들을 만나서 재산을 전해 준다면 무한히 즐겁고 다시는 근심이 없으리
라.' 하였습니다.

🌼　궁자의 비유는 부처님이 아니라 상수제자들이 그동안 공부해
오면서 오늘 법화경을 공부하는 이 순간까지 다다른 소감과 깨달음의
경지를 함축해서 표현한 것입니다.
　간단하게 줄거리를 요약하면 이렇습니다. 아버지와 아들이 서로
떨어지게 되었습니다. 아들은 집을 나가서 거지가 되어 험한 객지를
헤매다가 아버지가 계신 집으로 돌아옵니다. 헤어져 있던 사이에 아
버지는 어마어마한 부자가 되었고 아들은 아무 것도 없는 거지가 되
었습니다. 아들은 그 집이 아버지의 집인 줄도 모르고 그 집에서 품을
팔아 하루하루 연명합니다. 아버지는 거지가 아들이라는 사실을 알면
서도 놀랄까봐 일부러 차츰차츰 집안의 크고 작은 일을 돌보게 합니
다. 나중에 아들이라는 사실을 밝히고 아버지의 모든 재산을 물려준
다는 이야기입니다.
　이렇듯 궁자의 비유는 내용이 간단합니다. 그러나 그 속에 담겨
있는 의미는 부처님께서 일생 동안 설법하신 것을 이 하나의 비유로
설명하는 것입니다. 그리고 우리가 불교 공부를 하면서 어떤 과정과
어떤 단계를 거쳐서 어느 경지까지 이르러야 하는지도 이 하나의 비
유 속에 다 표현되어 있습니다.
　어려서 헤어진 아들이 수십 년 만에 만난 아버지가 반가워서 아들
을 잡으려고 하자 아들은 자기를 붙잡으러 온 사람으로 생각하고 그
만 놀라서 기절합니다. 부처님께서 일생 동안 경전을 설하신 내용에

비유하면, 이 순간을 화엄경을 설할 때라고 합니다. '궁자경악화엄시(窮子驚愕華嚴時)'라는 것이지요. 부처님이 성도하고 나서 처음으로 화엄경을 설하셨는데 그 수준이 너무 높아서 알아듣는 사람이 아무도 없었다고 합니다. 부처님의 상수제자인 십대제자도 전부 '여롱양맹(如聾兩盲)' 마치 귀머거리와 같고 장님과 같았다고 합니다. 화엄경은 부처님의 깨달음을 그 높은 경지 그대로 설명한 것이기 때문에 그것을 이해하는 사람이 아무도 없었습니다. 마치 궁자의 비유에서 아버지는 반가워서 아들을 안으려고 달려가지만 아들은 놀라서 기절하고 만 것과 같습니다.

그래서 아버지는 일꾼들을 시켜서 "여기 품팔이 할 것이 있다."고 꾸며서 아들을 부릅니다. 아들은 그 집에서 거름을 치고 화장실을 청소하는 등 가장 하천한 일을 하고 품삯을 받는 생활을 시작했습니다. 거부 장자의 외아들인데도 막노동이나 하며 고통스러운 삶을 사는 이 때를 아함경을 설할 때라고 하는데, 제분정가아함시(除糞定價阿含時)라고 합니다.

그리고 시간이 흐르고 차츰차츰 근기가 상승해서 그 집에 자유롭게 출입을 하게 되었습니다. 이때는 '출입자재방등시(出入自在方等時)'라고 하여 방등부 경전을 설하던 때입니다. 방등부 경전에는 유마경, 승만경, 금광명경 등의 경전이 있습니다.

근기가 더 성숙해져서 이 창고에는 무슨 보물이 있고 저 창고에는 무슨 양식이 있고 어디에는 논이 얼마나 있고 어디에는 밭이 얼마 있고 돈을 누구에게 얼마나 빌려주었고 하는 등 재산 상황을 소상하게 아는 경지에 이릅니다. 그때를 '영지보물반야시(令知寶物般若時)'라고 하는데 반야심경, 금강경, 대반야경 등의 반야부 경전을 설하던 때입니다.

그러던 어느 날 국왕과 대신들을 다 모아 놓고 중대한 선언을 합니다. "이 사람은 일꾼이 아니라 본래 내 아들이었다. 이러저러한 연유로 해서 우리 집에서 품을 팔았지만 이제는 나의 전 재산을 물려주고자 한다. 그러니 여러분들도 그렇게 알고 나를 대하듯이 내 아들도 그렇게 대해주시오." 하며 가업을 모두 물려줍니다. 이때를 전부가업법화시(傳付家業法華時)라고 하는데 법화경을 설하던 때입니다.

그리고 "아함십이(阿含十二) 방등팔(方等八) 이십일재담반야(二十一載談般若) 종담법화우팔년(終談法華又八年) 최초화엄삼칠일(最初華嚴三七日)"이라는 게송이 있습니다. 부처님께서 성도하고 나서 12년 동안 아함경을 설하고, 그 후 8년 동안은 방등부 경전을, 21년 동안은 반야부 경전을 설하고 열반하시기 전 마지막 8년 동안 법화경을 설하셨고, 성도한 직후 처음 21일 동안은 화엄경을 설하셨다는 뜻입니다. 이렇게 팔만대장경을 모두 회통하는 이런 게송을 강원에서 스님들이 외우게 되어 있습니다.

이와 같이 궁자경악화엄시, 제분정가아함시, 출입자재방등시, 영지보물반야시, 전부가업법화시를 함께 외우면 부처님께서 몇 년 동안 어떤 경을 설하셨는데 어떤 단계에 해당하는지를 한 번에 정리해서 알 수 있도록 한 전통적인 게송입니다.

(2) 부자가 서로 만나다

【 경문 】

世尊하 爾時窮子가 傭賃展轉하며 遇到父舍하야 住立門側이라가 遙見其
父호니 踞師子牀에 寶几承足하고 諸婆羅門과 刹利居士가 皆恭敬圍繞
하며 以眞珠瓔珞의 價値千萬으로 莊嚴其身하며 吏民僮僕이 手執白拂하
고 侍立左右하며 覆以寶帳하고 垂諸華幡하며 香水灑地하고 散衆名華하
며 羅列寶物하야 出內取與하며 有如是等種種嚴飾하야 威德特尊이라 窮
子見父有大力勢하고 卽懷恐怖하야 悔來至此로다 竊作是念하대 此或是
王이며 或是王等이니 非我傭力得物之處라 不如往至貧里하야 肆力有地
하고 衣食易得이라 若久住此라가 或見逼迫하야 强使我作이로다 作是念
已하고 疾走而去러이다

세존이시여, 이때에 궁한 아들은 품을 팔면서 이리저리 다니다가 우연
히 아버지가 사는 집에 이르러 대문 옆에 머물렀습니다. 멀리서 그 아
버지를 보니 사자좌(獅子座)에 앉아서 보배로 만든 궤로 발을 받들었고,
많은 바라문과 찰제리와 거사들이 공경히 둘러 모시고 있었습니다. 값
이 천만 냥이나 되는 진주와 영락으로 몸을 장엄하였고, 시종과 하인들
이 흰털로 만든 불자(拂子)를 들고 좌우에 시위(侍衛)하였습니다. 보배 휘
장을 치고 꽃을 새긴 번(幡)을 드리웠으며, 향수를 땅에 뿌리고 여러 가
지 훌륭한 꽃을 흩어놓았습니다. 보물들을 늘어놓고 내어주고 받아들
이며 이러한 여러 가지 호화로운 장식들이 있어서 위엄과 덕이 높고 훌
륭하여 보였습니다.

궁한 아들이 그 아버지가 큰 세력(勢力)을 가진 것을 보고는 곧 두려운 생각을 품고 여기에 온 것을 후회하면서 이렇게 생각하였습니다.

'저이는 아마 왕이거나 혹은 왕족일 터이니 내가 품을 팔고 삯을 받을 곳이 아니다. 다른 가난한 마을을 찾아가면 힘들여 일할 곳이 있으리라. 거기 가서 품을 팔아 의식을 구하면 쉽게 얻으리라. 만일 여기에 오래 있으면 나를 붙들어다가 강제로 일을 시킬지도 모르는 일이다.' 이렇게 생각하고는 빨리 그 곳을 떠났습니다.

❀　사자좌에 앉아서 온갖 보배와 영락으로 몸을 장엄하고 수많은 바라문과 찰제리와 거사들이 호위하며, 보배 휘장을 치고 땅에 향수와 꽃을 뿌려 놓은 모습은 부처님의 자비와 지혜, 위덕과 신통을 표현한 것입니다. 부처님께서 갖추신 온갖 힘과 두려움 없음과 삼매와 선정의 힘 등 증득한 모든 능력을 상징적으로 이렇게 표현하였다고 보면 됩니다.

　한편 가난한 아들은 멀리서 그 집과 아버지의 모습을 보고는 기가 죽어버렸습니다. 그래서 '내가 품을 팔고 삯을 받을 곳이 아니다'라고 생각한 것입니다. 거름 치고 청소하는 하찮은 일도 어떤 집에서 하느냐에 따라 격이 있다고 생각했습니다. 못난 아들이 너무나도 빈천하게 살아왔기 때문에 이런 호화로운 집에서는 하찮은 일도 못한다고 생각했습니다. 어떤 집에 가서 하든지 간에 거름 치우는 일은 거름 치우는 일이고 마당 쓰는 일은 똑같이 마당 쓰는 일입니다. 그런데 으리으리한 집에서는 떨리고 겁이 나서 도저히 못하겠다는 못난 생각을 했습니다. 바로 이것이 성인의 가르침을 접하지 못했을 때 우리들이 영위하는 못난 삶의 모습입니다.

【 경문 】

時富長者가 於師子座에서 見子便識하고 心大歡喜하야 卽作是念하대 我財物庫藏을 今有所付로다 我常思念此子하대 無由見之러니 而忽自來하니 甚適我願이로다 我雖年朽나 猶故貪惜이라하니라

그때에 부호인 장자는 사자좌에서 아들인 줄을 알아보고 크게 기뻐서 이렇게 생각하였습니다. '나의 창고에 가득한 재산을 이제 전해 줄 데가 있구나. 내가 항상 이 아들을 생각하면서도 만날 수가 없었는데 이제 문득 스스로 왔으니 내 소원이 드디어 이루어졌구나. 내가 비록 나이는 늙었으나 재산을 아끼는 마음이 변함이 없던 것은 이러한 까닭이다.'라고 하였습니다.

❀   아들은 아버지를 몰라보았지만, 아버지는 아들을 알아보았습니다. 그리고는 자신이 모은 재산을 물려줄 아들이 스스로 찾아왔다고 생각했습니다. 이것이 뜻하는 바가 아주 큽니다. 깨달으신 부처님께서 최상의 경지를 사랑하는 제자들에게 모두 다 가르쳐주고 가는 것이 열반을 앞둔 부처님께 큰 문제였고 마음의 짐이었을 것입니다. 그래서 아들을 만난 것이 반가운 것입니다. 이제야 내 재산을 물려주고 편히 눈을 감을 수 있다는 사실에 참으로 기뻐한 것입니다.

[3] 아들이 놀라 기절하다

【 경문 】

卽遣傍人하야 急追將還하고 爾時使者가 疾走往捉한대 窮子驚愕하야 稱
怨大喚하대 我不相犯이어늘 何爲見捉이어뇨 使者執之逾急하야 强牽將
還이어늘 于時窮子가 自念無罪하대 而被囚執하니 此必定死라하고 轉更
惶怖하야 悶絕躄地러라 父遙見之하고 而語使言하대 不須此人이니 勿强
將來요 以冷水灑面하야 令得醒寤하고 莫復與語하라 所以者何오 父知
其子志意下劣하고 自知豪貴는 爲子所難이라하야 審知是子하고 而以方
便으로 不語他人云是我子라하고 使者語之하대 我今放汝하노니 隨意所
趣하라 窮子歡喜하야 得未曾有하며 從地而起하야 往至貧里하야 以求衣
食이러라

그래서 곧 곁에 있는 사람을 빨리 보내어 데려오게 하였습니다. 그때에
데리러 갔던 사람이 빨리 쫓아가서 붙드니 궁한 아들이 크게 놀라서 원
통하다고 큰 소리로 부르짖었습니다. '나는 아무 잘못이 없는데 왜 붙
드느냐.' 데리러 간 사람은 아들을 더욱 단단히 붙들고 강제로 끌고 가
려고 하였습니다. 그때에 궁한 아들은 스스로 생각하기를 '죄도 없이
붙들려 가게 되니 반드시 죽게 되리라' 하고, 더욱 놀라서 기절하여 땅
에 쓰러지고 말았습니다.

아버지가 멀리서 이 광경을 보고 심부름꾼에게 말하였습니다. '그 사
람은 필요 없으니 억지로 데려오지 말라. 찬물을 낯에 뿌려서 다시 깨
어나게 하고 더 이상 그 사람에게 말하지 말라.'

그 까닭은 아버지가 아들의 마음이 용렬(庸劣)한 줄을 알았고 자신의 호화로운 부귀영화가 아들에게 두려움이 되는 줄을 알았기 때문입니다. 자신의 아들임을 분명히 알았지마는, 일종의 방편으로서 자기의 아들이라는 말을 아무에게도 말하지 않고, 그 심부름꾼을 시켜서 아들에게 말하기를 '이제 내가 너를 놓아 줄 터이니 어디든 마음대로 가거라.' 하였습니다. 궁한 아들은 좋아라 기뻐서 어쩔 줄을 몰라 땅에서 일어나서 가난한 마을을 찾아가서 밥벌이를 하고 있었습니다.

※ 아버지는 오십 년 만에 아들을 만나 너무도 반갑고 기쁜 마음에 사람을 보내서 데려오게 했습니다. 그러나 못난 아들은 죽게 되리라 생각하여 놀라서 기절하고 말았습니다. 부처님이 깨달음의 높은 경지를 그대로 표현한 화엄경을 설하시자 근기가 하열한 중생들이 전부 놀라서 '도대체 이게 무슨 소리인가?'했다는 것입니다.

아들이 못나고 용렬하여, 자신의 호화로운 부귀영화가 오히려 아들에게 두려움을 주는 줄을 알게 된 아버지는 그대로 아들을 놓아줍니다. 부처님과 같이 위대한 삶은 근기가 낮은 중생들에게는 오히려 두려울 뿐입니다. 우리가 근기를 자꾸 성숙시켜야 이렇게 높은 부처님의 경지도 한번 도전해 볼 만한 것이 됩니다. 아버지는 아들이 못난 것을 알았기 때문에 이제 방편을 사용합니다.

【 경문 】

爾時長者가 將欲誘引其子하야 而設方便할새 密遣二人의 形色憔悴한 無威德者하대 汝可詣彼하야 徐語窮子하대 此有作處하니 倍與汝直이라

하야 窮子若許어든 將來使作하고 若言欲何所作이어든 便可語之하대 雇
汝除糞이요 我等二人도 亦共汝作이라하라 時二使人이 卽求窮子하야 旣
已得之하고 具陣上事한대 爾時窮子가 先取其價하고 尋與除糞이러니 其
父見子하고 愍而怪之러라

그때 장자는 그 아들을 유인하여 데려오려고 한 방법을 생각하였습니
다. 형색이 초라하고 보잘것없이 생긴 두 사람을 비밀리에 보내면서 이
렇게 일렀습니다. '너희들은 거기 가서 그 사람에게 넌지시 말하기를
품팔 곳이 있는데 품삯은 곱을 준다고 하라. 그가 듣고서 만약 가자고
하거든 데리고 와서 일을 시키도록 하라. 무슨 일을 할 것이냐고 묻거든
거름을 치는 일인데 우리들도 함께 일하겠노라고 하라.'
그때 두 사람은 궁한 아들을 찾아가서 앞서 말한 대로 그렇게 말하였습
니다. 그 후부터 궁한 아들은 장자의 집에 가서 품삯부터 먼저 받고 거
름을 치고 있었습니다. 아버지는 아들이 하는 것을 보고 한편 가엾기도
하고 한편 어이없는 생각이 들기도 하였습니다.

※ 마침내 아버지는 방편을 써서 아들의 마음 상태에 맞는 하천한
일거리를 주어서 밥벌이를 하게 한다는 이야기입니다. 어마어마한 재
산을 가진 자신의 아들이 거름 치는 하천한 일을 하고 있으니 참 기가
막힌 노릇입니다. 이런 상태를 '제분정가아함시' 즉 거름과 똥을 쳐
주고 값을 받는 시기로 아함경을 설하는 때라고 표현합니다. 법화경
의 입장에서 보면 그렇습니다.
이것은 천태 지자(天台 智者) 스님이 구분한 것인데 교상판석(敎相判

釋)이라고 합니다. 팔만대장경 전부를 법화경의 궁자의 비유에 배대시
켰는데 아주 뛰어난 해석이라고 생각합니다.

[4] **아들을 유인하여 일을 시키다**

【 경문 】

又以他日於窓牖中에 遙見子身이 羸瘦憔悴하고 糞土塵坌이 污穢不淨
하고는 卽脫瓔珞細輭上服嚴飾之具하고 更著麤弊垢膩之衣하대 塵土坌
身하며 右手執持除糞之器하고 狀有所畏하야 語諸作人하대 汝等勤作하
야 勿得懈息이라하고 以方便故로 得近其子하고 後復告言하대 咄男子야
汝常此作하고 勿復餘去면 當加汝價요 諸有所須에 盆器米麪鹽醋之屬
을 莫自疑難하라 亦有老弊使人하야 須者相給하리니 好自安意하라 我如
汝父하니 勿復憂慮니라 所以者何오 我年老大하고 而汝少壯하니 汝常作
時에 無有欺怠瞋恨怨言이니 都不見汝의 有此諸惡을 如餘作人하며 自
今以後로 如所生子라하고 卽時長者가 更與作字하야 名之爲兒러이다 爾
時窮子가 雖欣此遇나 猶故自謂客作賤人이라하야 由是之故로 於二十年
中에 常令除糞하니라

장자가 어느 날 창 틈으로 바라보니 아들의 몸은 야위어 초췌하고, 먼지
와 거름이 몸에 가득하여 더럽기 짝이 없었습니다. 그래서 장자는 곧 영
락과 화사한 의복과 장식품을 벗어버리고, 허름한 옷으로 갈아입었습
니다. 또 흙과 먼지를 몸에 묻히고 오른손에 거름치는 기구를 들고 조심
조심 일꾼들이 있는 곳으로 가서 '그대들은 부지런히 일하고 게으르지

말라.'고 하면서 그러한 방편으로 아들에게 가까이 다가갔습니다.

그리고 또 말하기를, '가엾구나. 이 사람아, 그대는 항상 여기에서만 일하고 다른 곳으로는 가지 말라. 품삯도 차츰 올려 줄 터이다. 그리고 살아가는 데 필요한 그릇·쌀·밀가루·소금·초 따위도 걱정하지 말아라. 늙은 일꾼이 있어서 필요한 대로 줄 것이니 안심하고 지내라. 나는 너의 아버지와 같으니 염려하지 말아라. 왜냐하면 나는 늙은이요, 너는 아직 젊었으며, 너는 일할 적에 속이거나 게으르거나 성내거나 원망하는 말을 하지 않아서 다른 사람들처럼 나쁜 점을 볼 수 없더구나. 이제부터는 내가 낳은 친아들과 같이 생각하겠노라.' 하면서 장자는 그에게 이름을 다시 지어주고 자신의 아들이라고 불렀습니다.

그때 궁한 아들은 이런 대우를 받는 것이 기뻤으나 여전히 스스로 머슴살이하는 사람이라 자처하였습니다. 그러므로 이십 년 동안 항상 거름만 치고 있었습니다.

🏵️   아버지는 방편을 써서 더욱 가까이 접근합니다. 아들의 근기에 맞추느라 호화로운 옷도 벗어던지고, 부드럽고 은근한 말을 넌지시 건네고 있습니다. 자초지종을 다 알고 있는 우리의 입장에서 보면 얼마나 한심하고 딱한 일입니까. 어쩌면 우리 자신이 바로 이 아들처럼 행동하고 있는지도 모를 일입니다. 불교라는 이 어마어마한 가르침 속에서 무엇을 건졌습니까? 거부 장자보다 천배 만배 더 훌륭한 불법의 재산을 만났는데 우리가 얻어가는 것이 도대체 무엇입니까? 다이아몬드가 잔뜩 쌓여 있는 창고에서 기껏해야 돌 몇 개 주워가는 것은 아닌가요?

"이제부터는 내가 낳은 친아들과 같이 생각하겠노라."고 하였습니다. 아버지는 너는 나의 '친아들이다'라는 말도 못하고, 나는 너의 '아버지다'라는 말도 못하고 있습니다. 단지 친아들과 같이 생각하고 아버지와 같다고 돌려서 은근하게 표현할 따름입니다. 자기 아들에게 다시 이름을 지어주면서 양아들을 맞아들이는 형식을 취한 것입니다.

"그때 궁한 아들은 이런 대우를 받는 것이 기뻤으나 여전히 스스로 머슴살이하는 사람이라 자처하였습니다. 그러므로 이십 년 동안 항상 거름만 치고 있었습니다."라고 하였습니다. 우리는 평소 스님들에게 높은 차원의 가르침을 많이 듣습니다. 그러면서도 집안의 안녕이나 빌면서 이 절 저 절 다니면서 어느 절이 기도 성취가 잘 된다더라며 허송세월하고 있습니다. 수십 년 동안 거름만 치는 아들과 같은 근기입니다. 이렇게 그릇이 커지지 않는 것도 참 문제입니다.

(5) 재산을 알고 나서 물려받다

【 경문 】

過是已後에 心相體信하야 入出無難이나 然其所止는 猶在本處러이다 世尊하 爾時長者有疾하야 自知將死不久하고 語窮子言하대 我今多有金銀珍寶하야 倉庫盈溢하니 其中多少와 所應取與를 汝悉知之하라 我心如是하니 當體此意니라 所以者何오 今我與汝로 便爲不異니 宜加用心하야 無令漏失하라 爾時窮子가 卽受敎勅하사 領知衆物인 金銀珍寶와 及諸庫藏이나 而無希取一餐之意하고 然其所止는 故在本處하며 下劣之心은 亦未能捨러니 復經少時하고 父知子意가 漸已通泰하야 成就大志에 自

鄙先心하니라

그 뒤부터는 점점 마음을 서로 믿고 뜻이 통하여 허물없이 드나들면서도 거처하기는 역시 본래 있던 곳에서 하고 있었습니다. 세존이시여, 어느 때 장자가 병이 났습니다. 죽을 때가 멀지 않은 줄을 알고 궁한 아들에게 말하기를 '나에게는 지금 금은 보배가 많아서 창고마다 넘쳐나고 있으니 그 안에 얼마가 있는지 알고, 받고 줄 것도 모두 네가 맡아서 처리하여라. 내 마음이 이러하니 너는 내 뜻을 받들어라. 왜냐하면, 이제는 나와 네가 다를 것 없으니 더욱 조심해서 소홀하거나 실수하지 말아라.'고 하였습니다.

이때 궁한 아들은 그 명령을 받고 여러 가지 금·은·보배와 모든 창고를 맡았으나 밥 한 때도 그냥 먹을 생각은 없었고, 거처하는 데는 본래 있던 곳이었으며 용렬한 마음은 아직도 버리지 아니 하였습니다. 또 얼마 후에 아버지는 아들의 마음이 점점 나아져서 큰 뜻을 가지게 되어 예전의 못나게 여겼던 마음을 스스로 후회함을 알았습니다.

🌸 아들의 마음이 차츰 커졌습니다. 그래서 전에는 왜 그렇게 못나게 굴었던가? 하고 후회까지 하게 되었습니다. 그러나 하열지심(下劣之心)은 역미능사(亦未能捨)러니 용렬한 마음은 아직도 버리지 아니 하였습니다. 그저 '아이고 나는 중생인데, 나는 못났는데, 나는 없는데, 나는 머리가 둔한데…' 하는 그런 마음은 또한 능히 버리지를 못했다는 말입니다. 아무리 부처님의 본성, 부처님의 능력을 고스란히 우리 마음 속에 가졌다 해도, 못난 마음, 하열(下劣)한 마음은 또한 능히 버

리지를 못했으니, 우리 심정을 너무나도 꿰뚫어 보고 하는 말씀입니다.

그래서 불교 안에서 아무리 좋은 이야기를 들어도, 그저 자기 수준에 맞는 것만 취하는 겁니다. 나는 가끔 너무 넘치는 소리가 아닌가 싶다가도 '에이, 그래도 우리 중생들은 워낙 열등감이라고 하는 그런 상이 너무 깊어서 어떤 넘치는 말을 해도 도대체 받아들이지를 않으니까 차라리 괜찮다' 싶은 생각이 듭니다. 그런데 사실은 좀 넘쳐야 돼요. 불교 내에서는 약간 넘치는 게 있어야지 더 깊은 법을 이해하게 됩니다. 이 사람만 봐도 하열한 마음은 조금도 버릴 생각이 없었거든요. 그래서 밥 한 끼 사 먹을 돈도 가지려고 하지 않았다는 겁니다. 부처님의 훌륭한 모습 가운데 어느 한 부분도 '저것이 내 것이려니…' 하는 생각을 아니 했다는 뜻입니다.

부경소시(復經少時)하고 부지자의(父知子意)가 점이통태(漸已通泰)하야, 다시 좀 지나고는 아버지가 아들의 생각이 점점 커져서, 통태(通泰)라고 하는 것은 나아졌다, 훨씬 커졌다는 말입니다. 자꾸 자꾸 마음이 커지는 겁니다.

처음에는 똥이나 치우다가 그 집안에 출입을 마음대로 하다가 나중에는 그 집 재산을 환히 꿰뚫어보고 관리하는, 비록 자기 것은 아니지마는 큰 재산을 좌지우지하는 정도가 되면 상당히 마음이 커집니다.

성취대지(成就大志)에 자비선심(自鄙先心)하니라, 큰 뜻을 성취함에 '아 나도 부자가 되었으면…' 남의 돈을 자꾸 만지다 보면 그런 생각을 하는 거예요. 그래서 성취대지(成就大志)라, 큰 뜻을 성취하게 되었다, 큰 뜻을 가지게 되었다는 말입니다. 국회의원 비서 노릇한 사람이 국회의원이 되려고 합니다. 꿈이 거기에 있기 때문입니다.

자비선심(自鄙先心)하며, 그저 똥이나 쳐 주고 하루 품값을 받아서 그날 그날 배불리 먹으면 그걸로 만족하던 옛 생각을 뉘우친다는 겁니다. 비(鄙)자는 뉘우친다, 비굴하게 생각한다는 말입니다. 아들이 그 정도 생각한 것을 아버지가 알았습니다. '이제 상당히 마음이 커졌구나. 과거에 우리 집에 처음에 올 때 했던 못난 생각을 부끄럽게 여길 줄 아는구나.' 하고 알아차린 겁니다.

【 경문 】

臨欲終時하야 而命其子하야 幷會親族하며 國王大臣과 刹利居士를 皆悉已集케하고 卽自宣言하대 諸君當知하라 此是我子니 我之所生이라 於某城中에 捨吾逃走하야 竛竮辛苦가 五十餘年이라 其本字某요 我名某甲이니 昔在本城하야 懷憂推覓하다가 忽於此間에 遇會得之호니 此實我子요 我實其父니라 今我所有인 一切財物은 皆是子有며 先所出納이 是子所知니다 世尊하 是時窮子가 聞父此言하고 卽大歡喜하야 得未曾有하야 而作是念하대 我本無心有所希求나 今此寶藏이 自然而至니다

그러다가 장자는 죽을 때에 이르러 아들을 시켜 친척과 국왕과 대신과 찰제리와 거사들을 모두 모이게 하고 이렇게 선언하였습니다.
'여러분 잘 들으십시오. 이 사람은 내 아들이오, 내가 낳아서 길렀는데 어느 곳에서 나를 버리고 도망하여 여러 곳으로 돌아다니며 고생하기가 오십여 년이었소. 이 사람의 본명은 아무개고 내 이름은 아무개요. 그 옛날 고향에서부터 근심하여 찾느라고 애를 썼는데, 뜻밖에 여기서 만났소. 이 사람은 참으로 내 아들이고 나는 이 사람의 아버지요. 이제

는 내가 가졌던 모든 재산(財産)이 모두 이 사람의 소유이며 예전부터 출납(出納)하던 것도 이 사람이 알아서 할 것이오.' 하였습니다.

세존이시여, 이때에 궁한 아들은 아버지의 이러한 말을 듣고 크게 환희하여 뜻밖의 일이라 하면서 생각하기를 '나는 본래 이 재산에 대해서는 아무런 바람도 없었는데 이제 이 엄청난 보배 창고가 저절로 돌아왔구나.' 고 하였습니다.

✿　참 적절한 비유입니다. 우리는 살면서 일상에 필요한 소박한 소원 하나를 이루려고 불교를 믿습니다. 그런데 이것은 못난 아들과 거부 장자의 관계와 똑같습니다. 관세음보살이나 지장보살처럼 헌신적으로 보살행을 하면서 모든 사람들의 이익과 행복을 위해 살겠다는 큰 마음을 처음부터 낼 수 있는 사람이 몇이나 있겠습니까? 개인의 작은 소원을 이루려고 왔다가 부처의 삶을 발견하고 부처의 삶을 사는 일도 있습니다. 상상치 못했던 큰 소득을 얻은 것입니다. 그럼에도 우리 보통사람들은 부처님이 주는 부처로서의 삶에 '그저 내 인생에 조그만 보탬이 되면 그걸로 족하다.' 고 생각합니다.

3. 비유에서 법을 밝히다

【 경문 】

世尊하 大富長者는 則是如來시고 我等皆似佛子니 如來常說我等爲子니다 世尊하 我等이 以三苦故로 於生死中에 受諸熱惱하야 迷惑無知하

야 樂著小法이니다 今日世尊이 令我等으로 思惟蠲除諸法戱論之糞케하시니 我等於中에 勤加精進하야 得至涅槃一日之價니다 旣得此已에 心大歡喜하야 自以爲足하고 便自謂言하대 於佛法中에 勤精進故로 所得弘多로이다 然世尊이 先知我等의 心著弊欲하야 樂於小法하시고 便見縱捨하사 不爲分別汝等이 當有如來知見寶藏之分이라하시고

세존이시여, 거부 장자는 곧 여래이시고, 저희들은 부처님의 아들과 같습니다. 여래께서는 언제나 저희들을 아들이라고 말씀하셨습니다.
세존이시여, 저희들이 세 가지 괴로움을 인하여 생사(生死) 중에서 여러 가지 뜨거운 고통을 받으면서도 미혹하고 아는 것이 없어서 소승법(小乘法)만을 좋아하였습니다.
오늘 세존께서 저희들로 하여금 모든 가르침 중에서 희롱거리에 불과한 거름을 치는 일을 생각하게 하십니다. 저희들이 그 가운데서 부지런히 정진하여 열반이라는 하루의 품삯을 얻고서는 마음이 크게 환희하여 스스로 만족해하고 생각하기를 '불법 가운데서 부지런히 정진한 소득이 매우 크다.'고 하였습니다.
그러나 세존께서는 저희들의 마음이 부질없는 욕심에 집착하여 소승법을 좋아하는 것을 미리 아시면서 내버려두시고, '너희들에게도 여래의 지견(知見)인 보배의 창고가 있느니라.'라고 이렇게 알려 주시지 아니하셨습니다.

❀   여기서 불자(佛子)라는 말이 나옵니다. 불자란 바로 부처님의 아들과 딸이라는 뜻입니다.

"세존이시여, 저희들이 세 가지 괴로움으로 인하여 생사 중에서 여러 가지 뜨거운 고통을 받으면서도 미혹하고 아는 것이 없어서 소승법만을 좋아했습니다."

늙고 병들고 죽는 이 세 가지 괴로움이 당장에 꺼야 할 급한 불입니다. 그렇지만 이 문제는 어떻게 하든 피할 수 없는 일입니다. 보살행을 해도 겪고, 중생으로 살아도 겪을 수밖에 없습니다. 그러니 염두에 둘 필요가 없습니다. 어떻게 해도 피할 수 없으면 그냥 받아들이고 겪어낼 뿐입니다. 이런 문제들은 마음에서 훌훌 털어내 버리고 보살의 삶을 활발하게 펼치는 것이 부처님이 권유하는 삶의 모습입니다.

【 경문 】

世尊以方便力으로 說如來智慧어늘 我等從佛하야 得涅槃一日之價하고 以爲大得이라하야 於此大乘에 無有志求니다 我等이 又因如來智慧로 爲諸菩薩하야 開示演說하대 而自於此에 無有志願호니 所以者何오 佛知我等의 心樂小法하시고 以方便力으로 隨我等說이언만은 而我等不知眞是佛子로이다 今我等은 方知世尊이 於佛智慧에 無所悋惜이니다 所以者何오 我等昔來로 眞是佛子어늘 而但樂小法이로다 若我等이 有樂大之心이런들 佛則爲我하사 說大乘法일러이다 於此經中에 唯說一乘이어늘 而昔於菩薩前에 毁訾聲聞의 樂小法者나 然이나 佛實以大乘敎化니다 是故我等이 說本無心有所希求이나 今法王大寶가 自然而至로소니 如佛子의 所應得者를 皆已得之니다

세존께서는 방편으로써 여래의 지혜를 말씀하셨습니다. 그러나 저희들

은 부처님을 따라 열반이라는 하루의 품삯을 얻고는 큰 소득이라고 여기고 대승을 구하려는 생각이 없었습니다. 그리고 저희들은 또 여래의 지혜를 모든 보살들에게 열어 보여서 연설하여 주는 것을 알았으면서도 저희들은 이 일에 아무 것도 바라는 마음이 없었습니다. 왜냐하면 부처님께서 저희들이 소승법을 좋아하는 것을 아시고 방편으로 저희들의 근기(根機)에 맞춰서 설하셨지만 저희들은 스스로 참다운 부처님의 아들인 줄을 알지 못하였기 때문입니다.

이제서야 저희들은 세존께서 부처님의 지혜에 대하여 아끼는 것이 없으신 줄을 알았습니다. 그 까닭은 저희들이 본래부터 참으로 부처님의 아들이면서도 다만 소승법만을 좋아하였기 때문입니다. 만일 저희들이 큰 법을 좋아하는 마음이 있었더라면 부처님께서 저희들에게 대승법(大乘法)을 설하여 주셨을 것입니다.

이 경(經)에서는 오직 일불승만을 말씀하십니다. 예전에는 보살들 앞에서 성문들은 소승법을 좋아한다고 나무라셨습니다. 그러나 부처님은 참으로 대승으로써 교화하시었습니다. 그러므로 저희들이 말하기를 '본래부터 바라는 마음이 없었는데 이제 법왕(法王)의 큰 보배가 저절로 굴러 들어와서 부처님의 아들로서 당연히 얻어야 할 것을 다 얻었다.'고 합니다."

🌸 "방편으로 저희들의 근기에 맞춰서 설하셨지만"이라고 하였습니다. 근기에 맞춘다는 말은 우리들의 수준에 맞춘다는 말입니다. 사람마다 마음 그릇의 크기가 다 다릅니다. 이 각각의 수준에 맞추자니 불교에는 방편이 참으로 많습니다. 성불하겠다는 사람에게는 성불하

는 방법을 줍니다. 당장 생활의 어려운 문제를 해결하겠다는 사람에게는 그 문제를 풀 방법을 주고, 절에 가서 그냥 시원한 바람이나 쐬면서 약수물 한 잔 하겠다는 사람에게는 또 그대로 줍니다. 그래서 하급한 종교보다도 훨씬 더 수준이 낮은 것부터 아주 수준 높은 것까지 다 있습니다. 예를 들어서 원래 불교에는 산신이니 칠성이니 하는 신들이 없었습니다. 그런데 산신 좋아하는 사람을 위해서 산신을 모셔 놓고, 칠성 좋아하는 사람을 위해서 칠성을 모셔 놓았습니다. 어차피 중생제도를 위해 한 판 벌인 것인데 백화점처럼 별별 상품을 다 갖추어야겠지요. 산신은 특히 우리나라 사람들이 좋아합니다. 불교가 들어오기 이전부터 산신을 모셔왔는데, 불교의 세력이 커지게 되어 산신을 부처님 품 안에 맞아 들였습니다. 산신도 불교의 성인이 된 것입니다. 산신 좋아하는 사람이 산신을 찾아다니다가 대웅전이나 관음전에도 들어갈 수 있습니다. 그러다가 법회에 참석해서 큰스님 설법을 듣다보면 자꾸자꾸 안목이 높아져서 마침내 법화경을 공부하러 절에 가게 됩니다.

한용운 스님이 『조선불교유신론』에서 칠성각과 산신각을 없애자는 주장을 하고 있는데, 중생구제의 차원에서 보면 잘못된 생각입니다. 부처님의 가르침이라도 새로운 문제가 생기면 그 문제를 해결할 방편을 새로 만들어야 합니다. 이 시대의 중생제도를 위해서 새로운 제도라도 만들어야 할 형국인데 있는 것을 없애면 안 됩니다.

일본의 경우는 어떻습니까? 불교와는 아무 관계가 없는 신사(神社)가 절 안에 있습니다. 그래서 사람들이 절에 오면 신사에 참배하고, 신사에 참배하고 나서는 법당의 부처님께 참배합니다. 이 모든 것이 중생을 구하는 방편입니다. 방편을 통해서 자꾸 성장시키고 발전시키면 됩니다.

"본래부터 바라는 마음이 없었는데 이제 법왕(法王)의 큰 보배가 저절로 굴러 들어와서 부처님의 아들로서 당연히 얻어야 할 것을 얻었다."고 하였습니다. 이 대목은 『임제록』에서 잘 표현하고 있습니다. 우리나라의 오대산과 마찬가지로 중국의 오대산도 문수도량으로 유명합니다. 그래서 수행을 열심히 하는 스님이나 재가불자들이 장안에서부터 오대산까지 일보일배(一步一拜)하면서 몇 년을 걸려서 참배하러 갑니다. 한 걸음 옮기고 절 한 번 올리기를 몇 년 동안 반복해야 마침내 오대산에 도달합니다. 이렇게 고생고생해서 가는 이유는 문수보살을 친견하기 위해서입니다. 그런데 임제 스님이 한 마디 했습니다. "문수보살은 오대산에 없다. 문수보살을 친견하러 가는 네가 바로 문수보살이다. 너 밖에 다른 문수가 있다고 생각하지 말아라."고 합니다. 너보다 더 훌륭한 문수는 세상 어디에도 없다고 아주 확실하게 못박아 놓았습니다.

이런 말씀이 마음에 확 다가서야 어느 날 법의 눈이 번쩍 뜨일 것입니다. 아무리 말을 해도 '아니야, 그건 임제 스님이 잘 몰라서 하는 소리야. 부처님은 법당에 계시고, 문수보살은 오대산에 계시고, 지장보살은 지장전에, 관세음보살은 관음전에 계셔.'라고 생각합니다. '내가 감히 어떻게 문수보살이야.'라며 자꾸만 물리치고 받아들이지 않는 것입니다.

4. 게송으로 다시 설하다

[1] 법(法)을 말하다

【 경문 】

爾時摩訶迦葉이 欲重宣此義하야 而說偈言하니라

我等今日에 聞佛音教하옵고

歡喜踊躍하야 得未曾有니다

佛說聲聞이 當得作佛이라하시니

無上寶聚를 不求自得이니다

그때 마하가섭이 거듭 펴려고 게송으로 설하였습니다.

저희들이 오늘 부처님의 가르침을 듣고

기쁨이 넘치고 미증유(未曾有)를 얻었습니다.

부처님 말씀은 성문들도 성불(成佛)한다고 하시니

최상의 보배 무더기를 구하지 않았는데도 저절로 얻은 것과 같습니다.

❀ 　성문제자들도 성불한다는 이야기는 법화경이 없는 미얀마나 태국, 스리랑카와 같은 남방불교국가에서는 모릅니다. 아니 아예 그런 말을 하지도 못합니다. 석가모니 부처님만 부처님으로 인정하고 있기 때문입니다. 성문들도 성불한다는 말의 본래 취지는 성문도 부처라는 뜻입니다. 성문도 부처고 연각도 부처고 보살도 부처고 부처도 부처입니다. 김씨도 부처고 이씨도 부처고 예배당에서 찬송가 부르는 이

도 부처요, 공장에서 망치질하는 사람도 부처요, 부처님을 비방하는 사람도 부처요, 부처님을 찬탄하는 사람도 부처입니다. 알고 보면 부처가 아닌 사람이 아무도 없습니다. 이것이 바로 일불승 사상이고, 법화경의 큰 뜻입니다.

우리나라나 중국, 일본의 불자들은 '사람이 본래 부처다', '마음이 부처다' 하는 말에 대해 크게 놀라거나 두려워하거나 과분하다고 생각하지 않습니다. 왜냐하면 일찍이 선불교의 가르침을 접해서 사람이 곧 부처라는 가르침을 많이 받았기 때문입니다. 그런데 대승불교가 이제 막 일어날 때 사람이 부처라는 말은 참으로 대단한 것이었습니다.

중국에서 있었던 이야기입니다. 열반경이 중국에 아직 들어오기 전에, 다른 경전에 "일천제는 성불하지 못한다."는 말이 있었습니다. 그런데 어떤 스님이 그 말은 잘못된 것이다, 번역이 잘못되었거나 착오가 있어서 표현이 잘못된 것이다, 이 세상에 성불하지 못하는 사람은 아무도 없다고 주장했습니다. 당시에는 경전에 없는 말을 하는 사람은 산문 출송을 시킨다든지 혹은 내쫓든지 하던 때입니다.

그래서 이 스님은 자신의 말이 옳다는 것을 증명하겠다고 했습니다. 바위가 많은 호구산에 올라가서 "모든 사람이 다 성불할 수 있는데, 일천제만 성불하지 못한다는 것은 틀렸다. 만약 내 말이 맞는다면 증거를 보여주시오." 하고 소리쳤습니다. 그러자 바위들이 일제히 끄덕끄덕 했습니다. 지금도 호구산에 가면 점두석이라는 바위가 있습니다. 점두라는 말은 고개를 끄덕끄덕거렸다는 뜻인데, 그때 고개를 끄덕거린 바위에 점두석이라는 글을 새겨서 모셔놓았습니다.

〔2〕 비유를 들다

① 부자가 서로 떨어지다

【 경문 】

譬如童子가 幼稚無識일새

捨父逃逝하야 遠到他土하야

周流諸國을 五十餘年커늘

其父憂念하야 四方推求러니

求之旣疲에 頓止一城하야

造立舍宅하고 五欲自娛할새

其家巨富라 多諸金銀과

硨磲瑪瑙와 眞珠琉璃와

象馬牛羊과 輦輿車乘과

田業僮僕하며 人民衆多하고

出入息利가 乃徧他國하며

商估賈人이 無處不有하고

千萬億衆이 圍繞恭敬하며

常爲王者之所愛念하고

君臣豪族이 皆共宗重하며

以諸緣故로 往來者衆이라

豪富如是하야 有大力勢나

而年朽邁하야 益憂念子라

夙夜惟念하대 死時將至어늘

癡子捨我五十餘年하니

庫藏諸物을 當如之何리오

爾時窮子가 求索衣食하야

從邑至邑하며 從國至國하대

或有所得하며 或無所得이라

飢餓羸瘦하야 體生瘡癬하니라

비유하자면, 어린 아들이 유치하고 소견이 없어서

아버지를 버리고 도망하여 타관으로 멀리 가서

여러 지방을 떠돌아다닌 지가 오십여 년이 되었습니다.

그 아버지는 걱정이 되어 사방으로 수소문하고

찾아다니다가 지친 끝에 어떤 도시에 머물러서

큰 집을 지어 놓고 오욕락(五慾樂)을 즐기었습니다.

그 집은 큰 부자로서 금과 은과

자거와 마노와 진주와 유리도 한량없이 많았습니다.

코끼리·말·소와 양들과 연(輦)과 수레들도 역시 많고

논과 밭과 하인들과 방문객들도 수없이 많았습니다.

주고받는 재산의 이자를 늘리는 일이 타국에까지 두루 퍼져

장사하는 사람들과 거간꾼들이 없는 곳이 없었습니다.

천 만 억 사람들이 에워싸서 공경하였으며

항상 왕족들도 좋아하고 사모하였습니다.

벼슬아치와 명문 호족들이 모두 존중하고 있어서

이러한 인연으로 오고가는 손님이 많았습니다.

부유하고 귀한 것이 이와 같아서 큰 세력을 가졌으나
나이는 점점 늙어 아들 생각이 더욱 간절하였습니다.
자나깨나 생각하는 일이 '죽을 때가 되었는데
어리석은 아들은 나를 버리고 떠나간 지 오십여 년이라.
창고마다 넘치는 이 많은 재산을 어떻게 한단 말인가.'
그때에 궁한 아들이 옷과 밥을 구하려고
이 마을 저 마을로, 이 지방 저 지방으로 다녔습니다.
혹 얻는 때도 있지마는 어떤 때는 소득이 없어서
굶주리고 야위어서 몸에는 옴과 버짐이 가득하였습니다.

❀ 이 대목을 보고 법화경을 연구하는 사람들이 하는 말이 있습니다. 이 아버지의 신분이 장자(長者)입니다. 보통 사람인데 장사를 해서 큰 부자가 된 사람입니다. 그런데 왕족들도 좋아하고 벼슬아치와 명문 호족들이 존중한다는 표현은 당시의 사회적 분위기가 경제력을 우선시한다는 뜻을 내포하고 있습니다.

아버지와 아들의 처지가 엄청나게 다릅니다. 부유한 아버지에게는 왕족들까지도 잘 보이려고 하고, 창고마다 보물이 넘쳐납니다. 그런데 가난한 아들은 이 마을 저 마을로 밥을 구하러 다니고 얻지 못할 때는 굶어야 합니다. 이런 차이는 단순히 물질의 차이를 말하는 것이 아니라 우리들의 헐벗은 마음을 표현한 것입니다.

② 부자가 서로 만나다

【 경문 】
漸次經歷하야 到父住城하야는
傭賃展轉하야 遂至父舍러라
爾時長者가 於其門內에
施大寶帳하고 處師子座하야
眷屬圍繞하고 諸人侍衛하며
或有計算金銀寶物하고
出納財産을 注記券疏러라
窮子見父의 豪貴尊嚴하고
謂是國王이거나 若國王等이라하야
驚怖自怪하대 何故至此오
覆自念言하대 我若久住면
或見逼迫커나 強驅使作이리라
思惟是已하고는 馳走而去하야
借問貧里하야 欲往傭作터니
長者是時에 在師子座타가
遙見其子하고는 默而識之하니라

이곳 저곳 헤매다가 아버지가 사는 도시에 와서
품을 팔고 다니다가 아버지가 사는 집에 당도하였습니다.
그때에 장자가 그의 집 문 안에서

보배로 된 큰 휘장을 둘러치고 사자좌에 앉았는데
권속들이 둘러싸고 시중들이 호위하며
어떤 이는 금은 보물을 헤아리고
재산이 들어오고 나가는 것을 문서에 기록합니다.
궁한 아들이 아버지의 부유하고 귀하고 존엄함을 보고는
저분은 국왕이거나 혹은 왕족일 것이라고 여기고
놀랍고 두렵고 부끄러워 여기를 왜 왔던가라고 하였습니다.
또다시 생각하기를 내가 만약 여기 오래 있다가는
저들에게 붙들려서 핍박을 당하고
힘든 노동을 강제로 시키리라 하였습니다.
이렇게 생각하고는 얼른 도망하여 달아나서
가난한 마을로 찾아가서 품팔이를 하려는데
이때에 장자가 사자좌에 앉아 있다가
멀리서 바라보고 아들인 줄 알았습니다.

❀   참으로 극적인 상봉입니다. 우리가 어떤 이유로 불교와 처음 인연을 맺게 되었는지 한번쯤 돌이켜 생각해볼 필요가 있습니다. 등산을 하다가 잠시 쉬려고 들렀는지, 목이 말라서 약숫물 한 잔 하려고 들렀는지 아니면 병든 몸을 고치려고 지푸라기라도 잡는 심정으로 왔는지 그도 아니면 내 가족들이 하는 일마다 잘 되기를 빌어서 왔는지, 시작부터 지금까지 돌이켜보는 시간을 가져봅시다.

③ 아들이 놀라 기절하다

【 경문 】

卽勅使者하야 追捉將來러니
窮子驚喚하야 迷悶躄地하며
是人執我는 必當見殺이라
何用衣食하야 使我至此어뇨
長者知子의 愚癡狹劣하야
不信我言하며 不信是父하고

즉시 사람을 시켜서 붙들어 오게 하니
궁한 아들은 크게 놀라 소리를 지르며 기절하고 땅에 넘어졌습니다.
이 사람이 나를 붙드니 반드시 죽이리라
옷이나 음식을 얻으려고 내가 어찌하여 여기까지 왔던가 하였습니다.
장자는 아들이 어리석고 용렬하여
자신의 말을 믿지 않고 아버지라는 사실도
믿지 않을 것을 알았습니다.

❀   아버지를 처음 만난 아들이 놀라서 기절하는 광경이 화엄경을
설하는 경지입니다. 중생의 근기를 감안하는 방편을 전혀 쓰지 않고
순수하게 깨달음의 이치를 그대로 설한 화엄경의 경지가 이와 같습니
다. 좋은 데 구경 가자는 말을 듣고 성지순례에 참가한 사람에게 "당
신은 지금 그대로 부처님입니다."라고 말하면 참 느닷없는 일일 것입

니다. 자녀가 대학입학 시험에 붙기를 바라며 기도하러 온 어머니에게 "당신은 참 부처님입니다."라고 하면 그 뜻을 알아듣지 못할 것입니다. 그래서 부처님이 삼승의 방편법을 사용하시게 되었습니다.

④ 아들을 유인하여 일을 시키다

【 경문 】

即以方便으로 更遣餘人을
眇目矬陋인 無威德者하대
汝可語之하야 云當相雇니
除諸糞穢하면 倍與汝價호리라
窮子聞之하고 歡喜隨來하야
爲除糞穢하며 淨諸房舍러라
長者於牖에 常見其子하고
念子愚劣로 樂爲鄙事하고는
於是長者가 著弊垢衣하며
執除糞器하고 往到子所할새
方便附近하야 語令勤作케하고
旣益汝價와 并塗足油하며
飮食充足하고 薦席厚暖하며
如是苦言하대 汝當勤作하라
又以軟語하대 若如我子로라

방편을 다시 써서 다른 사람을 보내는데
애꾸눈에 난쟁이에 누추하고 못난이를 시켰습니다.
'네가 가서 말하기를 품팔이 할 데가 저기 있으니
거름이나 치워주면 품삯은 다른 데보다 배로 줄 것이다.'
라고 하라 하였습니다.
궁한 아들이 그 말을 듣고 기뻐하며 따라와서
거름을 치우는 일도 하고 방과 마루를 청소하는 일을 하였습니다.
장자가 문틈으로 항상 아들을 내다보며 생각하였습니다.
'저 아들이 어리석고 용렬하여 미천한 일만 하기를 좋아하는구나.' 하
였습니다.
이때에 장자가 허름한 옷으로 바꿔 입고
거름을 치우는 삼태기를 들고
아들한테 가까이 가서 방편으로 말하기를,
'부지런히 일을 잘하면 품삯도 올려 주고
손과 발에 바를 기름도 주고 먹을 것도 넉넉하고
이부자리도 따뜻하게 대우를 잘 하리라.' 하며,
'부지런히 일을 잘 하라.'고 꾸짖기도 하고,
'너는 나의 아들과 같다.'고
부드럽고 은근하게 타이르기도 하였습니다.

🌸   아버지는 방편을 써서 다른 사람을 대신 보냈는데 애꾸눈에 누
추하고 못난 난쟁이를 시켰습니다. 아들의 근기에 맞추기 위해 아들
보다 못나거나 비슷한 사람을 추려서 보낸 것입니다. 그러면서 아들

을 놓치지 않으려고 품삯을 배로 준다고 유혹했습니다. 궁한 아들은 그 말을 듣고 기뻐하며 따라와 거름도 치고 집안 청소도 하였습니다. 장자는 항상 문틈으로 몰래 아들을 내다보니, 참 어리석고 용렬해서 미천한 일만 하려고 했습니다. 우리가 부처님의 크고 자비로운 품에 들어와서 이 궁한 아들처럼 미천한 일만 하고 있지는 않은지 살펴 볼 필요가 있습니다.

⑤ 재산을 알고 나서 물려받다

【 경문 】

長者有智하야 漸令入出을
經二十年토록 執作家事하며
示其金銀과 眞珠玻瓈인
諸物出入하야 皆使令知하대
猶處門外하야 止宿草庵하고
自念貧事하야 我無此物이러니
父知子心이 漸已曠大하고
欲與財物하야 卽聚親族과
國王大臣과 刹利居士하고
於此大衆에 說是我子로서
捨我他行을 經五十歲러니
自見子來로 已二十年이라
昔於某城에 而失是子하고

周行求索타가 遂來至此호니

凡我所有인 舍宅人民을

悉已付之하야 恣其所用케호리라

子念昔貧하야 志意下劣터니

今於父所에 大獲珍寶와

幷及舍宅과 一切財物하고

甚大歡喜하야 得未曾有러라

장자는 지혜(智慧)가 있어서

그가 점점 집의 안팎으로 드나들기를

이십 년을 지내도록 집안 일을 보게 하고

금과 은과 진주·파리 등 있는 대로 보여주고

꾸어주고 받아들이는 모든 살림을 모두 맡아보게 하였습니다.

그러나 아직은 문간방에 자리잡고 초막에 거처하며

가난한 나의 살림에는 이런 물건이 없다고 생각하였습니다.

아들의 마음이 점점 커지는 것을 아버지가 알아보고

재산을 전해주려고 친족들과 국왕과 대신들과

찰제리(刹帝利)와 거사들을 모아 놓고 모든 대중들에게

'여러분들 제 말을 들으십시오. 이 사람은 제 아들로서

나를 버리고 멀리 다른 곳으로 가서 오십 년을 지냈는데

아들을 본 지가 어느덧 이십 년이 다 되었습니다.

옛날에 어느 지방에서 이 아들을 잃고 나서

두루 돌아다니며 찾느라고 여기까지 온 것입니다.

이제는 내가 가진 집이나 하인들을 모두 다 물려주어
마음대로 쓰게 할 것입니다.' 라고 하였습니다.
아들은 옛날에 가난하고 마음마저 용렬하였는데
오늘날 아버지의 처소에 와서 진기한 보물과
큰 집과 많은 재산을 얻게 되었다고 생각하여
매우 기뻐하며 일찍이 없던 것을 얻었습니다.

❀ "아들의 마음이 점점 커지는 것을 아버지가 알아보고 재산을 전해주려고"라고 했습니다. 사람이 살다보면 육신만 자라는 것이 아니라 마음도 함께 자라납니다. 이 사실을 아버지가 알게 되었고 마침내 전 재산을 물려줄 생각을 하게 되었습니다. 마음 그릇이 커져야 큰 재산을 물려줄 수 있습니다. 그릇이 작은 사람에게는 많은 재산을 주어도 감당하지 못합니다. 더 큰 도리, 더 큰 지혜를 내 것으로 만들려는 큰 욕심을 내면 더 많이 깨우치게 됩니다. 마치 돈 벌 생각이 없는 사람에게는 돈이 벌리지 않는 것과 같습니다. 돈조차도 원하는 사람이 더 많이 벌게 됩니다.

　예전에 일본에 어떤 재력가가 있었는데 재산은 아주 많았지만 물려줄 자식이 없었습니다. 그래서 자신의 종업원 가운데 한 사람을 골라서 양자로 삼았습니다. 그 전에는 한 달에 고작 10만원을 쓰던 양자에게 100만원을 한 달 용돈으로 주었습니다. 그 양자가 얼마나 성실하고 철저했던지 한 달 후에 한 푼도 쓰지 않고 그대로 돌려주었습니다. 그런데 재력가 입장에서는 참 기가 막힐 노릇이었습니다. '앞으로 큰 재산을 운영할 사람이 100만원도 쓰지 못하고 다시 돌려주다니, 이 사람은 내 재산을 관리할 자격이 없구나.' 하고 생각했습니다. 알뜰하고 검소한 사람이 재산을 잘 관리할 거라고 생각할 수도 있습니다. 그러나 큰 재산은 그 정도의 마음으로는 안 됩니다. 100만원을 유흥비로 탕진하라고 준 것이 아닙니다. 100만원으로 앞으로 더 큰 사업을 하기 위해 사람도 만나고, 여러 곳을 다니면서 견문을 넓히라는 뜻으로 준 것입니다. 오히려 이 돈이 부족하니 더 달라고 했어야 했습니다. 큰 재산을 굴리려면 행동 범위가 좁아서는 안 된다며 돈을 더 받아서 더 활동하는 데 썼어야 합니다. 그랬으면 그 재산이 모두 그 사람 것이 될 수 있었습니다. 이렇게 사람의 안목이 다릅니다.

⑥ 비유에서 법을 밝히다

【 경문 】

佛亦如是하야 知我樂小하사
未曾說言 汝等作佛하시고
而說我等이 得諸無漏라하사
成就小乘인 聲聞弟子이니다
佛勅我等하사 說最上道하사대
修習此者는 當得成佛이라하시어늘
我承佛教하고 爲大菩薩하야
以諸因緣과 種種譬喩와
若干言辭로 說無上道호니
諸佛子等이 從我聞法하고

日夜思惟하야 精勤修習이어늘

是時諸佛이 卽授其記하사대

汝於來世에 當得作佛이라하시니

一切諸佛의 秘藏之法을

但爲菩薩하사 演其實事하시고

而不爲我하야 說斯眞要호니

부처님도 또한 그와 같아서 저희들의 좁은 마음을 아시고는

너희들도 성불(成佛)하리라고 말씀하시지 않으셨습니다.

저희들에게 무루법(無漏法)을 얻어서

소승을 성취한 성문제자라고 말씀하셨습니다.

부처님은 또 다시 저희들에게 분부하사 최상의 도를 설하시고,

이 법을 닦는 이는 반드시 성불한다고 하셨습니다.

저희들은 부처님의 가르침을 따라 큰 보살들을 위하여

갖가지 인연과 갖가지 비유와 수많은 말로 최상의 도를 설하니

이에 여러 불자들이 저희들에게 법을 듣고

밤낮으로 생각하여 부지런히 수행하였습니다.

이때에 부처님께서 그들에게 수기(授記)를 주었습니다.

'그대들은 오는 세상에 반드시 성불한다.' 하시면서

일체 모든 부처님의 비밀하게 간직한 법을

다만 보살들만을 위하여 참된 이치를 설하시고

저희들에게는 참되고 요긴한 이치를 설하시지 않으셨습니다.

❀   이제 마침내 법화경을 설하는 자리에 오게 되었습니다. 부처님께서 '너희도 부처가 될 수 있다.' 아니 '너희가 바로 부처다.'라는 폭탄선언을 하셨습니다. 여기까지만 해도 조건이 달려 있습니다. 부처님께서 최상의 도를 설하시는 것이 첫째 조건이고, 이 법을 닦는 것이 둘째 조건입니다. 참 조건이 많이 달린 성불입니다. 그러나 곧바로 '사람이 부처다'라고 하는 것, 인간으로서 온갖 문제와 모순과 허물을 그대로 지닌 채로 삼독과 팔만사천 번뇌를 그대로 지닌 채로 '너희는 부처다'라는 정도의 선언은 참 높은 단계입니다.

그렇다 하여도 조건을 걸고 성불한다는 것은 있을 수 없습니다. 앞에 방편품에서 '나무 불(南無佛)'이라고 한 마디 하는 것만으로도, 부처님 앞에서 합장 한 번 하는 것만으로도 이미 다 성불했다고 했습니다. 이 말은 우리 인간은 아무 조건없이 본래 부처님이라는 뜻입니다. 법화경을 한 번이라도 읽어본 사람이라면 중생이 그대로 부처가 아닐 이유가 없음을 알 것입니다. 그야말로 부증불감(不增不減)입니다. 본래 있는 그대로 우리는 더할 것도 없고 또 덜할 것도 없습니다. 원래 갖춘 그 마음자리 그대로 위대한 부처입니다.

"이때에 부처님께서 그들에게 수기(授記)를 주었습니다. '그대들은 오는 세상에 반드시 성불한다.' 하시면서 일체 모든 부처님의 비밀하게 간직한 법을 다만 보살들만을 위하여 참된 이치를 설하시고 저희들에게는 참되고 요긴한 이치를 설하지 않으셨습니다."라고 하였습니다. 부처님께서 보살들에게만 비밀하게 간직한 높은 법문을 설하시고, 마하가섭을 비롯한 성문제자들에게는 설하지 않으셨다고 했습니다. 그러나 이분들을 제외하고 또 누가 있겠습니까?

여기서 보살은 그냥 공부를 좀 많이 한 사람, 조금 뛰어난 사람을 말합니다. 쉽게 표현하면 그렇다는 말입니다. 자세히 나누면 성문이 있고 연각이 있고 보살이 있습니다. 또 중생이 있고 부처가 있습니다. 그러나 사람 외에 또 다른 것은 아무 것도 없습니다. 부처도 사람이고 중생도 사람입니다. 성문이든 연각이든 보살이든 모두 다 사람입니다. 오직 사람이 있을 뿐입니다. 조금 묘한 사람, 좀더 나은 사람, 상당히 괜찮은 사람, 아주 뛰어난 사람 등등 이런저런 사람이 있을 뿐입니다. 보살과 같은 수준 높은 뛰어난 제자들에게는 높은 법을 설했지만 우리는 아직 거기까지 미치지 못해서 말씀하지 않으셨으리라 생각했다고 마하가섭이 말합니다.

그러나 모두가 다 아는 사실입니다만, 사리불이나 목건련, 수보리, 마하가섭과 같은 상수제자보다 수준 높은 사람이 얼마나 있겠습니까? 이분들은 참으로 뛰어난 상수제자입니다. 최상급의 제자입니다. 결국은 이분들도 보살을 가르치는 법, 최상의 근기를 가르치는 법화경의 이치를 다 받아들이고 이해했다는 뜻입니다.

【 경문 】

如彼窮子가 得近其父하야
雖知諸物이나 心不希取일새
我等雖說 佛法寶藏하나
自無志願도 亦復如是니다
我等內滅하고는 自謂爲足하야
唯了此事하고 更無餘事니다

我等若聞 淨佛國土와

教化衆生에는 都無欣樂호니

所以者何오 一切諸法이

皆悉空寂하야 無生無滅하며

無大無小하며 無漏無爲라하야

如是思惟하고는 不生喜樂이니다

저 못난 아들이 아버지를 친근하게 모시면서

모든 재산을 맡았으나 가질 마음은 없었듯이

저희들도 불법의 보배를 입으로는 말하지만

원하는 뜻이 없는 것이 또한 이와 같습니다.

저희들이 번뇌를 끊고 스스로 만족하게 여기면서

이 일만을 통달하고 더 이상 다른 일은 없으며

부처님의 국토를 청정하게 하고

중생들을 교화하는 일을 듣고서도

즐거운 마음이 전혀 없었습니다.

그 까닭을 말하자면, 이 세상의 모든 법이

고요하고 비었으며 생(生)도 없고 멸(滅)도 없고

작고 큰 것도 모두 없고 샘도 없고(無漏) 작위(作爲)도 없으니

이렇게 생각하고 기쁜 마음이 없었습니다.

❁ 공(空)과 무상(無相), 무작(無作)의 단계에 빠져서 중생을 교화하고
세상을 맑히는 일에는 뜻이 전혀 없었다고 합니다. 이런 자세는 참다

운 불자의 자세가 아니라는 말입니다. 부처님의 가르침을 공부한다고
하면서도 부처님의 본 뜻도 알지 못했지만, 이제는 부처님 마음에 드
는 제자가 되었다는 고백을 하고 있습니다.

【 경문 】

我等長夜를 於佛智慧에
無貪無著하며 無復志願하고
而自於法에 謂是究竟이라하노이다
我等長夜에 修習空法하야
得脫三界 苦惱之患하고
住最後身인 有餘涅槃하야
佛所敎化에 得道不虛라
則爲已得 報佛之恩이라호니
我等雖爲 諸佛子等하야
說菩薩法하야 以求佛道나
而於是法에 永無願樂이니다
導師見捨하사 觀我心故로
初不勸進하사 說有實利하시니

저희들이 긴긴 밤에 부처님의 지혜에는
탐착(貪着)하는 일도 없고 원하지도 아니하며
내가 얻은 법만이 최상이라 하였습니다.
저희들이 긴긴 밤에 공(空)한 법을 닦아 익혀서

삼계에서 벗어나서 모든 괴로움을 해탈(解脫)하고
남음이 있는 열반법의 최후의 몸에 머물면서
이만하면 부처님께서 가르친 도를 얻었으니
부처님의 깊은 은혜를 보답한다고 하였습니다.
저희들이 비록 불자들에게 보살의 법을 설하여
부처님의 도를 구하라고 은근하게 말했지만
스스로는 이 법에서 길이 원하는 마음은 없었습니다.
도사(導師)께서 저희들의 마음을 아신 까닭에
참된 이익을 권하여 말씀하시지 않은 것입니다.

❀   우리나라의 불교는 이론은 대승불교인데, 스님들의 생활은 소승불교라는 평을 듣기도 합니다. 사실 어찌 보면 일리 있는 평이라는 생각이 들 때도 있습니다. 마음이 부처라고 하면서도 실질적인 부처의 삶을 보여주지 못하기 때문에 그런 소리를 들을 수밖에 없는 것입니다. 보살행이야말로 불교가 할 일이다, 보살행을 실천하라며 은근하게 남에게 권하면서도 스스로 원하는 마음은 약했다고 고백하고 있습니다. 우리 불자들도 걸핏하면 육바라밀을 이야기하고 사섭법을 말하면서 서로 보살이라고 부릅니다. 하지만 우리가 재물을 원하고 명예를 원하듯이 그렇게 간절하게 보살행을 원하는 사람이 몇이나 되겠습니까? 이 자리에서 자신의 모습을 돌이켜 반성하고, 조금씩 고쳐서 부처님이 바라는 불자가 되도록 노력해야 합니다.

【 경문 】

如富長者가 知子志劣하야

以方便力으로 柔伏其心하고

然後乃付 一切財物이라

佛亦如是하야 現希有事하사

知樂小者하시고 以方便力으로

調伏其心하고는 乃教大智니다

我等今日에사 得未曾有호니

非先所望을 而今自得이라

如彼窮子가 得無量寶니다

世尊我今에 得道得果하며

於無漏法에 得淸淨眼이니다

我等長夜에 持佛淨戒나

始於今日에 得其果報이니다

法王法中에 久修梵行하다가

今得無漏인 無上大果이니다

我等今者에 眞是聲聞이라

以佛道聲으로 令一切聞이니다

我等今者에 眞阿羅漢이라

於諸世間과 天人魔梵인

普於其中에 應受供養이니다

아들의 뜻이 용렬함을 장자가 이미 알고

415

방편의 힘으로써 그 마음을 조복(調伏)하고

그런 뒤에 모든 재물을 물려준 것과 같이

부처님께서도 그와 같이 희유한 일을 나타내어

소승법을 좋아하는 이에게 방편의 힘으로써

마음을 조복시킨 연후에 대승의 지혜를 가르치시니

저희들이 오늘에야 미증유를 얻었습니다.

바라지도 않던 것을 저절로 얻었습니다.

마치 궁한 아들이 뜻밖에도 많은 보배를 얻은 것과 같습니다.

세존이시여, 제가 지금 도(道)를 얻고 과(果)를 얻어

샘이 없는 보리법(菩提法)에 청정한 눈을 얻은 것은

저희들이 긴긴 밤에 청정한 계율(戒律)만 지키다가

오늘에야 처음으로 그 과보를 얻었습니다.

부처님의 교법에서 오랜 세월 동안 범행을 닦아

이제서야 샘이 없는(無漏) 큰 과보를 얻었습니다.

저희들이 오늘에야 참된 성문이 되어

불도(佛道)의 소리로써 모든 중생들에게 듣게 합니다.

저희들이 오늘에야 참다운 아라한이 되어

모든 세간 천신과 사람들과 마(魔)와 범천(梵天)들의

여러 대중 가운데서 공양을 받게 되었습니다.

🪷　　미증유(未曾有)는 여태까지 한 번도 있은 적이 없는 것을 말합니다. 사람이 부처라는 사상은 법화경에서 처음으로 설한 것입니다. 그래서 미증유라고 하고 전대미문(前代未聞)이라고도 합니다. 우리 불자

들이 불교를 믿고 좋아하고 또 부처님을 존경해도 '부처님처럼 산다'는 생각은 하지 않습니다. 그러나 바라지 않던 것이라도 저절로 얻어지게 됩니다. 결국에는 저절로 부처님처럼 살게 됩니다. 비유하자면, 저 못난 아들이 한량없는 보물을 저절로 얻은 것과 같습니다. 왜 그럴까요? 우리들의 마음 속에 부처로서의 삶이 갖춰져 있다는 사실을 우리가 자각하고 확신하고 또 잘 이해하게 되면 부처님처럼 살게 됩니다.

"모든 세간 천신과 사람들과 마와 범천들의 여러 대중 가운데서 공양을 받게 되었습니다."라고 하였습니다. 이제 공양을 받을 자격이 생겼다, 이제는 누구에게 공양을 받아도 떳떳하다는 말입니다. 부처님을 가리키는 열 가지 호칭 가운데 아라한이 있는데 뜻으로 옮기면 응공(應供) 즉 공양을 받을 자격이 있다는 말입니다. 법당에 모신 부처님께 무엇이든 올리는 것을 공양 올린다고 합니다. 꽃이면 꽃공양, 향이면 향공양, 초면 초공양 등등 모든 것이 다 공양입니다. 신도들이 스님에게 대접하면서 '공양 대접한다.'고 하고, 때가 되면 '공양하십시오.' 하고 말합니다. '공양하십시오.'라고 말하는 것은 '당신은 부처님이십니다.'라고 말하는 것과 같습니다. 그러므로 가족끼리도 식사 때가 되어 밥상을 차려놓으면 그냥 '밥 먹어라.' 하지 말고 '공양하세요.'라고 하십시오. 그러면 온 가족이 부처님이 되는 것입니다. 부처님께 올리는 것을 공양이라고 하는데, 밥상을 차려놓고 공양하라고 하면 이 밥을 먹는 당신은 부처님이라는 뜻이 됩니다. 가족을 부처님처럼 대접하는 말입니다.

[3] 부처님의 은혜를 찬탄하다

【 경문 】

世尊大恩이시여 以希有事로
憐愍敎化하야 利益我等하시니
無量億劫에 誰能報者리오
手足供給하고 頭頂禮敬하며
一切供養이라도 皆不能報하며
若以頂戴하고 兩肩荷負하야
於恒沙劫에 盡心恭敬하며
又以美膳과 無量寶衣와
及諸臥具와 種種湯藥이며
牛頭栴檀과 及諸珍寶로
以起塔廟하고 寶衣布地하야
如斯等事로 以用供養을
於恒沙劫이라도 亦不能報니다

세존의 크신 은혜 희유한 일이며
저희들을 사랑하사 교화하여 이익을 주신 일을
한량없는 세월엔들 누가 능히 갚을 수 있겠습니까?
수족(手足)이 되어 받들고 머리 숙여 예경(禮敬)하며
온갖 것을 공양할지라도 갚을 길이 없습니다.
머리에 이고 받들거나 두 어깨에 업고 다니기를

항하사의 겁 동안에 정성을 다해 공양하며
훌륭한 음식이며 한량없는 보배 의복과
비단 보료와 이부자리와 갖가지 탕약으로 받들며
우두(牛頭) 전단(栴檀) 좋은 향과 가지각색 보배로써
높은 탑을 세워 놓고 훌륭한 옷을 벗어 땅에 깔아
이러한 온갖 일로 공양하기를
항하사 겁 동안 해도 갚을 길이 없습니다.

❀　부처님께서 비밀히 간직해 온 큰 깨달음을 얻고 나서 그 은혜를
이렇게 찬탄했습니다. 계초심학인문에 이런 구절이 있습니다.

　　가사정대 경진겁(假使頂戴 經塵劫)
　　신위상좌 변삼천(身爲床座 遍三千)
　　약불전법 도중생(若不傳法 度衆生)
　　필경무능 보은자(畢竟無能 報恩者)

　　미진겁 동안 부처님을 머리에 이고
　　몸은 부처님이 앉는 자리가 되어 삼천세계를 덮어도
　　불법을 전하여 중생을 제도하지 못하면
　　끝내 부처님 은혜를 갚지 못하네.

부처님을 머리에 이고 수만 년을 지내고, 내 몸으로 부처님을 받
드는 평상이나 의자로 만듭니다. 그래서 부처님께서 그 위에서 걷고

앉고 눕고 서고 설법하시는 등 부처님의 모든 생활을 내 몸 위에서 하
시도록 하겠습니다. 그럴 정도로 헌신적으로 부처님께 불공을 드리고
부처님을 위해 봉사한다고 하여도 부처님의 가르침을 전해서 사람들
을 제도하지 못한다면 부처님의 은혜를 갚지 못한다는 내용입니다.
스님들이 염불할 때 자주 송하는 구절입니다. 이 구절은 부처님 법을
전하는 것이 중요하다는 뜻을 담고 있지만 그와 함께 부처님의 은혜
가 참으로 크다는 의미도 표현하고 있습니다.

【 경문 】

諸佛希有하사 無量無邊
不可思議이신 大神通力과
無漏無爲이신 諸法之王으로
能爲下劣하사 忍于斯事하시고
取相凡夫에 隨宜而說하시니
諸佛於法에 得最自在하사
知諸衆生의 種種欲樂과
及其志力의 隨所堪任하사
以無量喩로 而爲說法하시며
隨諸衆生의 宿世善根하며
又知成熟과 未成熟者하야
種種籌量하사 分別知已하시고
於一乘道에 隨宜說三이로소이다

모든 부처님은 희유하시며 한량없고 그지없으며

생각할 수 없으며 크고 크신 신통이시며

무루(無漏) 무위(無爲)하여 모든 법의 왕이시니

용렬한 저희들을 위해 이런 일을 참으시고

상(相)에 집착한 범부들에게 알맞게 말씀하십니다.

부처님은 모든 법에 자유자재하시어

중생들의 모든 욕락들을 속속들이 아시고

그들의 뜻과 힘에 알맞게 맞추시어

한량없는 비유로써 법을 설하십니다.

중생들의 지난 세상 선근(善根)을 심은 것에

성숙(成熟)하고 미숙(未熟)함을 낱낱이 살피시며

갖가지로 헤아리고 분별하여 아시고서

일불승(一佛乘)을 나누어서 삼승법(三乘法)을 설하십니다.

✿ 범부들은 무조건 상에 집착합니다. 그래서 보통 사람입니다. 존재의 실상에 대해 전혀 배운 바도 없고 느끼는 바도 없습니다. 우리 눈에 보이는 것은 일차원적 관점에서 본 것이고, 다른 차원에서 보면 모든 존재는 환영처럼 텅 비어서 공한 것으로 보인다고 말하는 사람도 있습니다. 이 정도면 존재 원리에 대한 전문가라고 할 수 있습니다. 이를테면 도자기 컵이 하나 있다고 합시다. 도자기에 대해 모르는 사람은 그냥 물 마시는 컵이라고 단순하게 봅니다. 그러나 도자기 전문가는 "아, 저건 이조 백자인데." 하고 얼른 알아봅니다. 그러면서 그 순박한 아름다움과 빼어난 모양새를 감상하지요.

이렇게 전문가의 눈과 비전문가의 눈은 다릅니다. 불교의 가르침도 마찬가지입니다. 부처님의 안목을 배워서 세상과 인생을 바로 보기 위한 것이 불교 공부라고 할 수 있습니다. 이때 부처님의 안목은 인생과 우주의 모든 존재에 대한 전문가적인 안목입니다. 우리도 부처님과 같은 안목을 키우자는 말입니다. 그러기 위해서 할 수 있는 최선의 길은 이렇습니다. 그저 전문가의 설명을 열심히 듣고 보고 사유하는 것입니다. 그러다 보면 자연히 전문가가 됩니다. 이것이 우리가 할 수 있는 최선입니다.

"일불승(一佛乘)을 나누어서 삼승법(三乘法)을 설하십니다."라고 하였습니다. 이것이 법화경의 결론입니다. 어디 성문, 연각, 보살의 삼승뿐이겠습니까? 삼백승도 되고 삼만승도 됩니다. 우리들이 살아가는 다종다양한 양상에 따라 방편을 쓰고 나누자면 훨씬 더 많을 것입니다.

5
약초유품

(藥草喩品)

약초유품은 법화경에 나오는 일곱 가지 유명한 비유 가운데 세 번째 비유입니다. 사람들의 다종다양한 근기를 여러 가지 약초에 비유하여 부처님의 뜻을 드러내고 있습니다. 부처님께서는 사람들의 수많은 근기에 맞추어 다양하게 설법하셨습니다. 사람에 따라서 성격과 취미가 다르고 살아온 경험과 지식이 다르고 가정환경이 다른 것을 근기라고 할 수 있습니다. 그것이 금생에서만 다른 것이 아니라 과거에 살았던 삶의 배경들도 또 각양각색입니다. 한 사람도 같은 사람이 없습니다. 살아가는 모양이 다른 것은 그 사람의 마음 자세가 다르기 때문입니다. 마음이 다르기 때문에 부처님의 설법을 이해하고 받아들이는 것 또한 달라집니다.

이를테면 맑은 물에 붉은 물감을 풀면 붉은 색이 됩니다. 그런데 이미 푸른 물감이 풀어져 있는 물에 붉은 물감을 풀면 어떻게 될까요? 전혀 다른 색이 됩니다. 거기에 다시 노란 물감을 풀면 또 색깔이 달라집니다. 개개인마다 참으로 복잡 미묘한 색깔을 지니고 있습니다. 이것을 업이라고 할 수도 있고 인연이라고 할 수도 있습니다. 또 자신이 살아온 배경이라고 할 수도 있고 자기 삶의 모습이라고도 할 수 있습니다. 부처님께서는 업력난상(業力亂想)이라고 하셨습니다. 개개인이 지어온 삶의 양상은 참으로 불가사의합니다.

그런데 부처님께서 법문을 설하시면 수천 명이 앉아서 같은 이야기를 듣는데 받아들이고 해석하고 자기의 살림살이로 삼는 것은 그 사람의 성향과 삶의 배경과 경험, 환경에 따라서 각기 다르게 마련입니다. 같은 물을 빨아들여도 소태나무는 쓴 맛을 내고 감초는 단 맛을 냅니다. 독초는 독을 만들고 약초는 약을 만듭니다. 그렇게 같은 물을 마시고도 표현하는 것이 다릅니다. 초발심자경문에도 소가 물을 마시면 젖을 만들고 뱀이 물을 마시면 독을 만든다는 표현이 있습니다.

약초유품은 바로 이와 같은 상황들을 아름다운 문학적인 비유로 표현하고 있습니다. 나는 어떤 풀이고, 어떤 나무일지 찬찬히 돌이켜 살펴보는 공부가 되면 좋을 것입니다. 약초유품에는 중생의 근기에 따라 삼초이목(三草二木)의 비유가 나옵니다. 세 가지 풀의 비유를 들어서 성문, 연각, 보살의 삼승을 이야기하고 두 가지 나무를 들어서 두 종류의 보살이라는 이승을 이야기하는데, 모두 합쳐서 오승(五乘)을 말합니다. 이렇게 각기 다른 근기의 중생이 부처님의 법우(法雨)를 어떻게 받아들이는지를 문학적으로 아름답게 표현합니다.

1. 여래의 무량무변 공덕(功德)

【 경문 】

爾時世尊이 告摩訶迦葉과 及諸大弟子하사대 善哉善哉라 迦葉아 善說
如來가 眞實功德하나니 誠如所言이니라 如來는 復有無量無邊阿僧祇功
德하나니 汝等은 若於無量億劫에 說不能盡이니라

그때 세존께서 마하가섭과 여러 큰 제자들에게 말씀하셨습니다.
"훌륭하고 훌륭하다. 가섭이여, 여래의 진실한 공덕(功德)을 잘 말했으
니 진실로 그대의 말과 같으니라. 여래는 또 한량없고 그지없는 아승지
의 공덕이 있나니, 그대들이 만약 한량없는 억만 겁 동안 말한다 하여
도 다 할 수 없느니라.

   여래의 공덕은 무량하고 무변합니다. 우리는 무한한 가능성을
마음속에 지니고 있습니다. 부처님이나 우리나 하나도 다를 바 없이
평등하게 갖춘 내가 있고 또 그것을 활용할 줄 아는 두 종류의 내가
있습니다. 평등한 나는 부처님이나 달마 대사나 공자 또는 원효 스님
처럼 훌륭한 성자들의 내면과 하나도 다를 바 없습니다. 그리고 이것
을 표현하고 꺼내 쓰고 활용할 줄 아는 내가 있는데, 여기에서 차별상

이 일어납니다. 다시 말해서 내면의 나를 얼마만큼 잘 표현하는가가 중요하다는 말입니다.

5촉짜리 전구를 켜면 5촉만큼 밝고, 10촉짜리 전구를 켜면 10촉만큼 밝습니다. 100촉짜리 전구는 하나만 켜도 큰 방을 환하게 밝힐 수 있습니다. 빛을 내는 본질인 전기는 부처님이나 나나 똑같이 가지고 있습니다. 그러나 이것을 활용해서 밝히는 솜씨에 따라 그저 자기 신발이나 겨우 찾을 만한 10촉짜리 전구냐 아니면 큰 방을 환하게 밝혀서 여러 사람이 책을 읽을 수 있는 100촉짜리 전구냐가 결정됩니다. 갈고 닦은 능력에 따라서 그만큼 자신이 표현된다는 말입니다. 여래의 무량무변한 공덕을 석가모니 여래의 공덕으로만 볼 것이 아니라 우리 마음에 이미 함께 하고 있는 공덕으로 이해해야 제대로 공부하는 것입니다.

화엄경에도 찰진심념가수지(刹塵心念可數知) 대해중수가음진(大海中水可飮盡) 허공가량풍가계(虛空可量風可繫) 무능진설불공덕(無能盡說佛功德)이라는 말이 있습니다. 티끌같이 많은 국토에 가득한 중생들의 마음을 모두 헤아려 알고, 큰 바다의 물을 다 마셔버리고, 허공의 무게를 달아내며, 바람을 얽어 묶어두는 재주가 있다고 하더라도, 부처님의 공덕을 능히 다 말할 길이 없다는 말입니다. 부처님은 끝을 알 수 없는 깊은 마음을 한껏 개발해서 다 쓰는 분이기 때문에 그렇습니다. 그래서 부처님의 공덕을 말로 설명할 길이 없다고 하신 것입니다.

【 경문 】

迦葉當知하라 如來是諸法之王이니 若有所說은 皆不虛也니라 於一切法

에 以智方便으로 而演說之어든 其所說法이 皆悉到於一切智地니라 如
來觀知一切諸法之所歸趣하며 亦知一切衆生의 深心所行하야 通達無
礙하며 又於諸法에 究盡明了하야 示諸衆生에 一切智慧니라

가섭이여, 마땅히 알아라. 여래는 모든 법의 왕이므로 말하는 것이 모
두 허망하지 아니하니라. 모든 법에 대하여 지혜와 방편으로 말하나니
그 말하는 법은 모두 온갖 지혜의 경지에 이르게 하느니라. 여래는 모
든 법의 돌아갈 바를 관찰하여 알며, 모든 중생의 깊은 마음으로 행할
것을 다 알아서 통달하여 걸림이 없으며, 또 모든 법을 끝까지 분명하게
잘 알아서 모든 중생에게 온갖 지혜를 보여 주느니라.

❀ 일체 만물 가운데 가장 알기 어려운 것이 사람의 마음 속입니다.
이와 같이 불가사의하고 복잡미묘한 속내를 부처님께서 모두 다 꿰뚫
어 아는 지혜를 일체지라고 합니다. 이러한 능력은 우리에게도 있지
만 쓸 줄 모르고, 석가모니 부처님께서는 개발하고 활용해서 쓸 줄 아
십니다. 세상을 살다보면 답답할 때가 참 많습니다. 도대체 무엇이 어
떻게 돌아가는지 알려고 해도 도대체 알 수 없어서 대강 정리하고 넘
어갑니다. 그러면서 새로운 문제가 자꾸 일어나서 새롭게 알아야 할
일은 계속해서 늘어나고 있습니다. 이런 것이 우리들의 인간사입니
다. 부처님처럼 정확하게 알아서 딱 필요한 조치만 취할 수 있는 능력
이 우리 안에 있다는 것을 굳건하게 믿고 꺼내서 활용해야 합니다.
"여래는 모든 법의 돌아갈 바를 관찰하여 알며"라고 했습니다. 부처
님처럼 가만히 관찰해 보면 우리도 알 수 있습니다.

2. 약초(藥草)의 비유

【 경문 】

迦葉아 譬如三千大千世界의 山川谿谷에 土地所生인 卉木叢林과 及諸藥草의 種類若干이며 名色各異어든 密雲彌布하야 徧覆三千大千世界하야 一時等澍에 其澤普洽하면 卉木叢林과 及諸藥草의 小根小莖에 小枝小葉과 中根中莖에 中枝中葉과 大根大莖에 大枝大葉이며 諸樹大小가 隨上中下하야 各有所受어든 一雲所雨에 稱其種性하야 而得生長하며 華果敷實하니라 雖一地所生이며 一雨所潤이나 而諸草木이 各有差別하니라

가섭이여, 비유하면, 삼천대천세계의 산과 내와 계곡과 평지에 나서 자라는 초목과 숲과 온갖 약초들의 종류도 많고 이름과 모양도 각각 다르니라. 두터운 구름이 가득히 퍼져 삼천대천세계를 두루 덮고 일시에 큰비가 고루고루 흡족하게 내리면, 모든 초목과 숲과 온갖 약초들의 작은 뿌리·작은 줄기·작은 가지·작은 잎새와, 중간 뿌리·중간 줄기·중간 가지·중간 잎새와 큰 뿌리·큰 줄기·큰 가지·큰 잎새와 크고 작은 나무들이 상·중·하를 따라서 제각기 비를 받느니라. 한 구름에서 내리는 비지만 그 초목의 종류와 성질에 맞추어서 싹이 트고 자라고 꽃이 피고 열매가 맺느니라. 비록 한 땅에서 나고 한 비로 적시어서 주는 것이지마는 여러 가지 초목이 각각 차별이 있는 것이니라.

❀ 얼핏 보면 사람들은 다 비슷비슷해 보입니다. 그러나 그 속은 자기 자신도 알 수 없을 정도로 복잡 미묘하고, 사람마다 다 다릅니다.

여기서는 작은 약초, 중간 약초, 큰 약초의 세 가지 예만 들었지만 사실은 이보다 몇 백 배 더 다양합니다. 같은 비구름에서 내리는 비를 맞지만 초목의 종류와 성질에 따라 싹이 트고 자라고 꽃이 피고 열매를 맺습니다. 우리가 부처님의 가르침을 통해서 살아가는 모습이 달라지고 사는 환경이 달라지며 주변 사람들의 삶이 달라지는 모습을 생각해 보십시오. 점점 널리 퍼져나가서 온 세상의 많은 사람이 한 명씩 한 명씩 달라지는 모습을 상상해 보십시오. 부처님의 가르침이 많은 사람들에게 전파되고 감동받고, 그 감동이 또 다른 사람들을 감동시켜서 인생을 아름답고 긍정적으로 희망적으로 살게 합니다. 나아가서 법화경의 가르침대로 모든 사람을 부처님으로 보고 서로 부처님으로 받들어 섬길 때 그도 행복하고 나도 행복합니다. 이것이 불교의 요체입니다.

3. 비유에서 법을 밝히다

(1) 차별(差別)의 비유에서 법을 밝히다

【 경문 】

迦葉當知하라 如來亦復如是하야 出現於世는 如大雲起요 以大音聲으로 普徧世界의 天人阿修羅는 如彼大雲이 徧覆三千大千國土하나니라 於大衆中에 而唱是言하대 我是如來應供正徧知明行足善逝世間解無上士調御丈夫天人師佛世尊이라 未度者令度하고 未解者令解하며 未安者令

安하고 未涅槃者令得涅槃하며 今世後世를 如實知之로니 我是一切知者며 一切見者며 知道者며 開道者며 說道者라 汝等天人阿修羅衆은 皆應到此니 爲聽法故니라 爾時無數千萬億種衆生이 來至佛所하야 而聽法이러니 如來于時에 觀是衆生의 諸根利鈍과 精進懈怠하사 隨其所堪하여 而爲說法하야 種種無量하사 皆令歡喜하야 快得善利어든 是諸衆生이 聞是法已에 現世安隱하고 後生善處하며 以道受樂하고 亦得聞法하며 既聞法已에 離諸障礙하고 於諸法中에 任力所能하야 漸得入道는 如彼大雲이 雨於一切卉木叢林과 及諸藥草어든 如其種性하야 具足蒙潤하야 各得生長하나니라

가섭이여, 마땅히 알아라. 여래도 또한 그와 같아서 세상에 출현(出現)하는 것은 큰 구름이 일어나는 것과 같고, 큰 음성으로 온 세계의 천신(天神)들과 사람과 아수라들에게 두루 외치는 것은 저 큰 구름이 삼천대천세계에 두루 덮는 것과 같으니라.

대중 가운데서 말하기를 '나는 여래·응공·정변지·명행족·선서·세간해·무상사·조어장부·천인사·불·세존이니라. 제도(濟度)되지 못한 이를 제도하게 하고, 이해하지 못하는 이를 이해하게 하고, 편안하지 못한 이를 편안하게 하고, 열반을 얻지 못한 이로 하여금 열반을 얻게 하느니라. 지금 세상과 뒷세상을 사실대로 아느니라. 나는 모든 것을 아는 이며, 모든 것을 보는 이니라. 도(道)를 아는 이며, 도를 열어 보이는 이며, 도를 설(說)하는 이니라. 그대들 천신과 사람과 아수라들도 다 모두 여기에 와야 하나니 법을 듣기 위함이니라.' 라고 하였느니라. 이때 무수한 천만 억 종류의 중생들이 부처님이 계신 곳에 와서 법을 듣

고 있었느니라.

여래가 이때에 중생들의 근기가 영리하고 우둔함과 정진하고 게으름을 살피고, 그들이 감당할 만한 대로 법을 설하여 갖가지 한량없는 이들을 모두 환희하게 하며 좋은 이익을 얻게 하였느니라.

이 중생들이 법을 듣고는 이 현세(現世)에는 편안하고 내생(來生)에는 좋은 곳에 태어나서 도로써 즐거움을 누리고 또한 법을 들으며, 법을 듣고는 모든 장애를 떠나고, 모든 법에서 그의 능력을 따라서 점점 도에 들어가게 되느니라. 마치 저 큰 구름이 모든 초목과 숲과 약초에 비를 내리면 그 종류와 성질에 맞추어 똑같이 적시어 줌을 받아 각각 싹이 트고 자라남과 같으니라.

❁　부처님께서 이 세상에 와서 깨달음을 이루고 중생들에게 법의 은택을 내리는 일을 구름이 일어나서 온 천지를 덮고 또 비를 내려서 숱한 생물들을 무럭무럭 자라게 하는 광경에 비유를 했습니다. 인도의 날씨는 비가 많이 오는 우기와 가물고 건조한 건기로 뚜렷이 구분됩니다. 건기에는 가뭄이 아주 심하지만 우기가 되면 일시에 검은 비구름이 일고 천둥 번개가 치면서 비구름이 온 천지를 새까맣게 덮으면서 소나기가 쏟아집니다. 바짝 말라서 비틀어지던 풀과 나무들이 얼마 가지 않아 새싹이 돋으면서 온 대지가 푸르게 변합니다. 그리고 곧 꽃을 피우고 열매를 맺습니다. 부처님의 가르침이 그와 같이 온 세상에 펼쳐져 우리가 인간으로서 최상의 삶을 살게 되는 것에 비유를 하는 것입니다.

"나는 여래 · 응공 · 정변지 · 명행족 · 선서 · 세간해 · 무상사 · 조어장부·천인사·불·세존이니라."고 하였습니다. 부처님의 이름 열 가지입니다. 자주 듣는 명호입니다만 하나씩 뜻을 풀어봅시다.

여래(如來)는 진리에서 오신 분이라는 말이고, 응공(應供)은 누구에게나 공양을 받을 만하다는 뜻입니다. 어떤 사람에게 공양을 받아도 조금도 부끄럽지 않고 또한 충분히 그 공양에 보답할 수 있는 사람이라는 말입니다. 정변지(正遍知)는 모든 존재의 실상에 대해서 두루두루 잘 안다는 뜻입니다. 명행족(明行足)은 명(明)과 행(行)을 다 갖추었다, 지혜와 실천이 완전무결하다는 뜻으로 이해하면 좋습니다. 선서(善逝)는 잘 가신 분이라는 말인데, 모든 망상을 다 제거해서 보내버렸다, 세속적인 굴레에서 벗어났다는 뜻입니다. 세속적인 한계를 훌쩍 뛰어넘었지만 여전히 세상에서 사람들과 더불어 함께 사는 분, 진흙에서 피는 연꽃과 같은 분을 선서라고 합니다. 세간해(世間解)는 세상의 모든 복잡다단한 상황들, 세상사에 대해서 넓고 깊게 이해한다는 뜻입니다. 무상사(無上士)는 가장 높은 스승님을 말합니다. 조어장부(調御丈夫)는 중생을 잘 조복하고 제어해서 바른 이치를 잃지 않게 한다는 뜻입니다. 조어(調御)라는 말은 말몰이꾼이 야생마를 길들이는 데서 나온 말입니다. 야생마는 아주 억세고 말을 듣지 않습니다. 탐욕이 많은 중생이라는 말을 잘 조복시켜서 훌륭한 말로 만든다는 입장에서 이런 칭호를 붙였습니다. 천인사(天人師)는 하늘의 천신과 사람을 모두 가르치는 스승이라는 말입니다. 천신과 사람은 아주 뛰어난 사람이든 보통 사람이든 그 근기에 관계없이 모든 사람을 다 가르칠 수 있다는 말입니다. 불(佛)은 깨달은 분이라는 뜻이고, 세존(世尊)은 세상에서 가장 높고 존귀한 어른이라는 뜻입니다. 저는 세존이라는 표현을 참 좋아합니다. 다른 명호는 모두 부처님의 능력을 나타내는 것이라면, '세존'은 우리가 저절로 고개를 숙이는 어른이라는 의미가 있습니다. 석가모니 부처님의 열 가지 명호는 경전에 자주 나옵니다. 각각의 명호가 어떤 뜻인지 알고 경전을 읽으면 더욱 큰 공부가 될 것입니다.

(2) 무차별(無差別)의 비유에서 법을 밝히다

【 경문 】

如來說法은 一相一味니 所謂解脫相이며 離相滅相이라 究竟至於一切種智하나니 其有衆生이 聞如來法하고 若持讀誦커나 如說修行하면 所得功德은 不自覺知니라 所以者何오 唯有如來가 知此衆生의 種相體性하대 念何事와 思何事와 修何事며 云何念과 云何思와 云何修며 以何法念과 以何法思와 以何法修며 以何法得何法이니라 衆生이 住於種種之地를 唯有如來가 如實見之하야 明了無礙하대 如彼卉木叢林과 諸藥草等이 而不自知上中下性이니라 如來知是一相一味之法하나니 所謂解脫相이며 離相滅相이며 究竟涅槃인 常寂滅相이라 終歸於空하나니 佛知是已하시고 觀衆生心欲하사 而將護之일새 是故不卽爲說一切種智니라

여래가 설하는 법은 한 모양·한 맛이니, 이른바 해탈(解脫)하는 모양·떠나는 모양·소멸하는 모양으로써 마침내 일체 지혜에 이르는 것이니라. 어떤 중생이 여래의 법을 듣고 지니고 읽고 외우거나 설한 대로 수행하면 그 얻는 공덕을 스스로는 깨닫지 못하느니라. 왜냐하면 오직 여래만이 중생들의 종류와 형상과 자체의 성품을 아시느니라. 무슨 일을 기억

하고 무슨 일을 생각하고 무슨 일을 하며, 어떻게 기억하고, 어떻게 생각하고, 어떻게 닦으며, 무슨 법으로 기억하고, 무슨 법으로 생각하고, 무슨 법으로 닦으며, 무슨 법으로써 어떤 법을 얻는지를, 중생들이 가지가지 처지에 머물러 있는 것을 오직 여래께서 실제대로 보시고 분명히 알아 걸림이 없느니라. 마치 저 초목과 숲과 온갖 약초들이 스스로는 상·중·하의 성품을 알지 못하는 것과 같으니라.

여래가 이 한 모양·한 맛인 법을 아나니, 이른바 해탈하는 모양·떠나는 모양·소멸하는 모양·구경열반의 항상 적멸한 모양으로서, 마침내 공(空)에 돌아가는 것이니라.

부처님께서 이러한 것을 알고 중생들의 마음에 하고자 하는 것을 관찰하느니라. 그래서 가슴속에 깊이 감추어 두고 일체 지혜(一切智慧)를 바로 설하지 아니하였느니라.

✿ "여래가 설하는 법은 한 모양·한 맛이니, 이른바 해탈(解脫)하는 모양·떠나는 모양·소멸하는 모양으로써 마침내 일체 지혜에 이르는 것이니라."고 하였습니다. 모든 존재는 지금 눈에 보이는 그대로 항상 존재하지 않습니다. 봄이 되면 움이 트고 새싹이 자랍니다. 여름에는 검푸르게 잎을 드리우다가 차츰차츰 빛깔이 변하면서 낙엽이 지고 앙상하게 가지만 남게 됩니다. 모든 존재의 이와 같은 실상을 제대로 꿰뚫어 봄으로써 일체 지혜에 이르는 이치를 제대로 알게 됩니다.

　　모든 존재의 실상은 공성(空性)입니다. 늘 그대로 있지 않고 변하기 때문에 공(空)하다는 말이 아닙니다. 자동차는 2만 개의 부품이 모여서 한 대의 자동차가 됩니다. 우리가 사는 집은 셀 수 없이 많은 재료들이 모여서 한 채의 집이 됩니다. 이런 방식의 분석공(分析空)도 공이 아닙니다. 시간이 경과함에 따라서 달라진다는 것도 시간이라는 전제가 필요한 논리이기 때문에 공을 제대로 설명하지 못합니다. 또 지금 멀쩡하게 존재하는 사람이나 어떤 기계나 어떤 사물도 따지고 보면 이런저런 인연이 결합해서 그와 같이 보이는 것이라는 방식으로 공을 설명하기도 하는데, 바른 설명이 아닙니다.

즉색공(卽色空)이라고 해야 바른 설명입니다. 색 그대로, 현재 있는 모습 그대로를 공이라고 보는 것입니다. 이것을 분석해서 공이다, 세월이 흘러가면 변하기 때문에 공이다라고 해석하는 것은 바른 해석이 아닙니다. 이런 식의 해석은 아주 낮은 차원의 해석입니다. 공의 본래 의미는 즉색공이라고 하여서 사물을 그대로 공이라고 보는 것입니다. 이 점을 정확하게 알아야 할 필요가 있습니다.

"여래가 이 한 모양·한 맛인 법을 아나니, 이른바 해탈하는 모양·떠나는 모양·소멸하는 모양·구경열반의 항상 적멸한 모양으로서 마침내 공(空)에 돌아가는 것이니라."라고 다시 말하였습니다. 공성은 시간이 지나서 공으로 돌아가는 것이 아니고, 그 이치가 결국 공으로 귀결된다는 말씀입니다. 공에는 연기(緣起)가 반드시 수반합니다. 연기를 말하자면 중도가 수반하게 됩니다. 이렇게 공 하나만 들어도 연기와 중도가 함께 오고, 연기를 이야기해도 공과 중도가 함께 오는 불가분의 관계에 있습니다. 존재의 실상을 이와 같이 바라보는 시각은 불교의 기본적인 안목입니다. 여기에서 '한 가지 모양·한 가지 맛인 법을 아나니'라고 했을 때 이 한 가지 맛이 바로 공입니다. 모든 존재는 공입니다. 해탈하는 모양·떠나는 모양·소멸하는 모양·구경열반의 항상 적멸한 모양은 사람이든 그 사람이 수용하는 이 세계든 똑같습니다. 그래서 이와 같은 모양으로 마침내 공으로 돌아갑니다. 사람이든 세간의 다른 존재든 모두 동시에 일컫는 말입니다.

이러한 문제를 우리가 마음으로 얼마나 느끼고 있는가? 우리들이 실생활에 얼마나 활용하고 있는가? 자신에게 문제가 생겼을 때 공성에 대한 이해가 얼마나 도움이 되느냐? 하는 문제는 모두 각자의 몫입니다.

존재는 사람을 위시해서 일체 삼라만상의 모든 것입니다. 소리나 음성, 빛깔처럼 눈에 보이는 것과 눈에 보이지 않는 것, 육신의 문제와 정신의 문제, 가까이 있는 문제와 멀리 있는 문제 등 모든 것이 공ㆍ연기ㆍ중도의 공식으로 존재하는 것입니다. 우리는 이러한 근본을 잘 알고 있어야 합니다. 불교를 이해하는 하나의 공식처럼 외우고 익혀야 합니다. 외워야 할 정도로 중요한 가르침이라는 말입니다. 부처님께서 21년간 설한 반야부 경전 600권이 전부 공의 이치에 대한 이야기입니다. 존재의 실상과 존재의 원리를 불교적 시각에서, 깨달은 이의 시각에서 설명해 놓은 것이라고 할 수 있습니다.

【 경문 】

汝等迦葉이 甚爲希有하야 能知如來가 隨宜說法하야 能信能受하나니 所以者何오 諸佛世尊의 隨宜說法은 難解難知니라

가섭이여, 그대들은 매우 희유하여 여래께서 근기에 알맞게 말씀하시는 것을 알고 능히 믿고 능히 받아 지니느니라. 무슨 까닭이냐 하면, 모

든 부처님과 세존이 근기(根機)에 알맞게 말하는 법은 이해하기 어렵고 알기 어렵기 때문이니라.”

❀　가섭을 위시한 4명의 상수제자들이 모두 잘 이해하고 받아들인다고 말하고 있습니다. 우리도 한 생각 돌이키면 이 상수제자들처럼 법화경의 가르침을 잘 배울 수 있습니다.

4. 게송으로 거듭 설하다

[1] 법을 밝히다

【 경문 】

爾時世尊이 欲重宣此義하사 而說偈言하니라

破有法王이 出現世間하야

隨衆生欲하야 種種說法하나니라

如來尊重하며 智慧深遠하야

久默斯要하고 不務速說하나니

有智若聞하면 則能信解하고

無智疑悔하야 則爲永失이라

是故迦葉아 隨力爲說하야

以種種緣으로 令得正見케하나니라

이때 세존께서 이 뜻을 거듭 펴시려고 게송으로 말씀하셨습니다.
"존재(存在)의 차별들을 깨뜨리신 법왕이 이 세상에 출현하시어
중생들의 욕망을 따라 여러 가지 법을 설하시니라.
그러나 여래께서는 신중하시고 지혜도 깊으시어
중요한 법을 두고 오랫동안 침묵하시어 빨리 말하지 않으신 것은
지혜가 있는 이들이 들으면 곧 능히 믿고 이해하지만
지혜가 없는 이는 의심하여 영원히 잃어버리기 때문이니라.
그러므로 가섭이여, 그들의 힘을 따라서
가지가지 인연을 말하여 바른 견해(見解)를 얻게 하니라.

✿ 앞에서 부처님의 명호 열 가지는 부처님의 무량한 능력과 덕을 표현한 것이라고 말했습니다. 여기서는 부처님을 '존재(存在)의 차별들을 깨뜨리신 법왕'이라고 표현했습니다.

우리는 살면서 모든 존재의 차별상에만 집중하고 있습니다. 앞집은 어떤데 우리 집은 이렇다, 옆집 아들은 이런데 우리 아들은 이렇다, 이웃 집 남편은 저런데 우리 남편은 이렇다 하면서 차별된 모습만 보기 때문에 괴로움이 생깁니다. 우리가 조금만 더 눈을 뜨면 모든 사람이 평등하다는 것을, 평등상을 볼 수 있는 안목이 있습니다. 이런 안목을 갖추어야 합니다. 세상을 바라보는 나의 눈이 달라지면 세상이 달라진다는 것이 불교의 지론입니다. 불교는 세상을 바꾸지 않습니다. 세상을 바라보는 내가 바뀌게 합니다. 아직 눈을 뜨지 못한 우리는 이런 차별적인 모습을 보고 쫓아가지만, 존재의 차별을 깨뜨리신 법왕인 부처님은 모든 것을 평등하게 본다는 말입니다.

오리는 다리가 짧고 황새는 다리가 길다고 합니다. 그러나 사실 오리는 다리가 짧아야 오리답고 황새는 다리는 길어야 황새답습니다. 경제적 여건이 좀 안 되는 사람은 경제적 여건이 안 되는 대로 살아야 가장 그 사람답게 사는 것입니다. 경제적인 여유가 충분한데도 여유가 없는 사람처럼 사는 것도 또한 어울리지 않는 일입니다. 경제적인 여유가 있는 사람은 여유 있는 사람답게 살고, 여유가 안 되는 사람은 안 되는 대로 사는 것이 평등입니다.

공부도 마찬가지입니다. 부모님들이 꼭 알아야 합니다. 자녀에게 공부하라고 잔소리를 하면 할수록 공부에 손해를 보는 경우가 훨씬 많습니다. 대개의 부모는 공부하라고 사정없이 꾸짖고 자녀의 생각은 묻지도 않은 채 자신의 생각대로 처리해 버립니다. 그리고는 자녀를 위해서 한 일이라고 말합니다. 자녀에게 도움이 될 줄 착각합니다. 그러나 사실 그건 방해꾼 가운데도 아주 큰 방해꾼인데 부모는 미처 모르고 있습니다. 왜 그럴까요? 눈앞에 보이는 차별상에 치우쳐 흔들리기 때문입니다. 중생들의 욕망이 얼마나 여러 가지입니까? 그럼에도 불구하고 부처님은 그 욕망에 따라서 전부 설하는데 차별상을 뛰어넘도록 하나하나 가르치신다는 뜻입니다.

"그러나 여래께서는 신중하시고 지혜도 깊으시어 중요한 법을 두고 오랫동안 침묵하시어."라고 하였습니다. 부처님께서 깨달음의 경지를 그리 쉽사리 이야기하지 않았다는 말입니다. 불교도 살아 움직이는 하나의 생명체입니다. 2,500년 전에는 부처님께서 크게 깨달으셔서 그때 중생들에게 필요한 만큼 말씀하셨습니다. 여러 가지 종교와 철학이 인도 사회에서 크게 발전하면서 불교도 그에 맞추어 함께 발전하였습니다. 불교는 깨달음을 밑바탕에 두고 발전한 종교이기 때문에 세월이 흐를수록 더욱 다양한 모습으로 발전을 거듭했습니다. 초기 대승불교, 중기 대승불교, 후기 대승불교로 넘어오면서 끝 간 데 없이 발전했습니다. "중요한 법을 두고 오랫동안 침묵하시어 빨리 말하지 않으신 것은…"는 것은 초기불교시대에는 법화경이나 금강경 혹은 화엄경의 이치는 없었다는 말입니다. 물론 법구경에는 일심(一心)에 대한 원리와 같은 것이 있습니다. 법화경 서두에 벌써 일심에 대한 이야기가 있지 않습니까. 세월을 거듭하면서 크게 발전하고 달라졌다는 것을 여실히 알 수 있습니다. 부처님께서 침묵한 역사가 5백년, 6백년 이라는 세월입니다.

　"빨리 말하지 않으신 것은 지혜가 있는 이들이 들으면 곧 능히 믿고 이해하지만 지혜가 없는 이는 의심하여 영원히 잃어버리기 때문이니라."고 하였습니다. 상좌부 불교를 공부한 사람은 한국 사람이라도 대승불교는 불교가 아니라고 말합니다. 선불교는 말할 것도 없습니다. 불교가 끊임없이 발전해서 오늘날 서구에까지 크게 영향을 끼치고 있는데 초기불교만 옳다고 고집하는 것은 생각해 봐야 할 문제입니다. 불교가 동아시아로 전해지면서 중국이나 한국쪽에서는 한 걸음 더 나아가서 선불교로 발전했습니다. 발전한 순서대로 보면 선불교가 최첨단 불교입니다. 서양에 제일 많이 소개된 것이 상좌부불교와 티벳불교입니다. 티벳불교는 대승불교의 한 갈래로서 밀교적인 색채를 80~90% 띠고 있습니다. 태국이나 미얀마, 스리랑카와 같은 나라의 상좌부불교가 유럽과 미국으로 전해졌습니다. 우리나라의 숭산 행원 선사나 일본의 스즈키 다이세츠 선사와 같이 뛰어난 선사들이 미국에 선불교를 전하면서 비로소 서양에 선불교가 알려졌습니다. 이제는 선불교라야 이야기가 통합니다.

불교도 생명을 가진 존재이기 때문에 시대의 변화에 맞추어 끊임없이 변하고 발전해 갑니다. 불교는 시대적 상황이나 민족적 성향, 사람의 근기에 맞추어 발 빠르게 변용하는 능력이 아주 뛰어납니다. 왜냐하면 근기에 부합해야 한다는 법칙이 있기 때문입니다.

[2] 비유를 들다

【 경문 】

迦葉當知하라 譬如大雲이
起於世間하야 徧覆一切어든
慧雲含潤하고 電光晃曜하며
雷聲遠震하야 令衆悅豫하며
日光掩蔽하고 地上淸凉하며
靉靆垂布하대 如可承攬하며
其雨普等하야 四方俱下하며
流澍無量하야 率土充洽할새
山川險谷에 幽邃所生인
卉木藥草와 大小諸樹와
百穀苗稼와 甘蔗蒲萄가
雨之所潤에 無不豐足하며
乾地普洽하야 藥木幷茂하며

其雲所出에 一味之水에
草木叢林이 隨分受潤하며
一切諸樹에 上中下等이
稱其大小하야 各得生長하며
根莖枝葉과 華果光色하야
一雨所及에 皆得鮮澤하니라

가섭이여, 마땅히 알라.
비유하면 큰 구름이 이 세간에 일어나서
모든 세계를 두루 덮어서 지혜의 구름이 비를 머금고
번갯불은 번쩍이며 우레 소리는 멀리까지 진동하여
여러 사람들을 기쁘게 하느니라.
햇빛을 가리어서 땅은 서늘하여지고
뭉게구름은 드리워서 두 손으로 잡을 듯하니라.
골고루 내리는 단비는 사방으로 다 같이 내리니라.
한량없이 내려 부어서 온 국토를 흡족하게 적시니
산과 내 · 험한 골짜기까지 깊은 데서 나서 자라는
초목과 숲과 여러 가지 약초와 크고 작은 나무들과
온갖 곡식의 싹들과 사탕무 · 고구마 · 포도들까지
비를 적시어 줌을 받아 풍족하게 모두 자라니라.
가물던 땅이 고루 젖어 약초와 나무가 함께 무성하니
저 구름에서 내리는 한결같은 비를 맞아
풀과 나무와 수풀들이 분수에 따라 젖어 드느니라.

여러 가지 나무들과 큰 풀 · 중간 풀 · 작은 풀이

크고 작은 모양대로 제각기 자랄 때에

뿌리 · 줄기 · 가지와 잎새와 꽃과 열매의 빛과 모양이

한결같은 비의 적심으로 싱싱하고 윤택하게 되니라.

【 경문 】

如其體相하야 性分大小나

所潤是一이라 而各滋茂하니라

그들의 체질과 모양과 같이 크고 작은 성품대로

같은 비로 적시는데 각각 무성하니라.

❁ "비유하면 큰 구름이 이 세간에 일어나서 모든 세계를 두루 덮어서 지혜의 구름이 비를 머금고 번갯불은 번쩍이며 우레 소리는 멀리까지 진동하여 여러 사람들을 기쁘게 하느니라."고 하였습니다. 부처님께서 성도한 뒤 처음에 다섯 명의 비구와 야사의 귀의를 받아서 모두 여섯 비구에게 법을 가르쳤습니다. 그 여섯 명의 비구가 불교의 근본 취지를 깨닫게 되자 부처님 곁에 두지 않고 멀리 떠나게 했습니다. "너희들은 이제 흩어져서 진리를 전하러 떠나거라. 두 사람이 한 길로 가지 말고 한 사람씩 떠나라. 나도 진리를 전하기 위해 여행하겠노라."고 전도선언을 하였습니다. 여섯 사람이 여섯 방향을 가면 더 많은 사람에게 진리를 전할 수 있으니 각각 흩어져서 떠나라는 뜻입니다. 그와 같이 진리의 큰 구름이 온 세상을 두루 덮는다는 말입니다.

"그들의 체질과 모양과 같이 크고 작은 성품대로 같은 비로 적시는데 각각 무성하니라."고 하였습니다. 우리 중생들이 원하는 대로 각각의 근기에 맞게 알맞은 방편으로 법을 설했다는 뜻입니다. 요즘은 어떤지 몰라도 옛날에 어촌에 있는 사찰에서는 마른 고기나 명태 등 잘 변하지 않는 생선을 공양물로 많이 올렸습니다. 찾아오는 불자가 어부이다 보니 공양물로 올릴 것이 생선뿐이었던 것입니다. 값진 생선을 말려서 부처님전에 올려놓고 고기 잘 잡게 해달라고 빕니다. 농촌에 농부는 햅쌀을 올려놓고 농사 잘 되게 해달라고 빌고, 잘 되어서 감사하다고 빕니다. 다 형편대로 하는 것이니 다 옳은 일이고 다 좋은 일입니다.

아주 오래 전에 들었는데 아주 재미있어서 아직도 기억하는 이야기가 있습니다. 옛날에 아주 가난한 주막집이 있었습니다. 외진 곳이라 손님이 어쩌다 한 번씩 지나가는 주막이라 겨우 입에 풀칠만 하고 살았습니다. 그 근처에 영험한 나한님이 계시는 절이 있었습니다. 주막집 부부는 나한님께 기도라도 올리면 형편이 좀 나아질까 싶어서 기도하기로 마음먹었습니다. 그런데 공양물로 바칠 것이라고는 막걸리뿐이었지요. 밝은 대낮에 막걸리를 올리기는 민망해서 어두운 밤에 몰래 막걸리 한 동이를 들고 절에 갔습니다. 그래도 들은 풍월은 있어서 차마 절 안으로 들어가지 못했습니다. 부부는 밤새도록 절 문 밖에서 기도를 하고는 술을 땅에 붓고 돌아왔습니다. 그날 밤에 나한님이 술을 얼마나 드셨든지 나한전에 술 냄새가 진동을 해서 스님이 예불을 올리지 못했다고 합니다.

그렇습니다. 중생이 필요로 하고, 정성껏 올린 정성은 어떤 성인이라도 다 받아들입니다. 어떤 것이든 다 받아야 마땅하고 그래야 성인입니다. 생선뿐인 사람은 생선을 올리고 술뿐인 사람은 술을 올리고 기도를 합니다. 그것이 그 사람의 정성이고, 그 근기대로 다 받아주는 것이 부처님입니다.

일본에서는 바닷가든 산속이든 간에 부처님께 정종 올리기를 좋아합니다. 법당에 가면 우리나라 절에 향과 초가 가득 쌓여있듯이 좋은 정종들이 꽉 차있습니다. 이렇게 상황에 따라 경우에 따라 방편이 다릅니다. 부처님께 왜 고기를 올렸느냐, 왜 술을 올렸느냐고 질책하는 것은 다 어줍잖은 소리입니다. 정말 제대로 된 사람은 나무라지 않습니다. 그 사람에게 상처를 주기 때문입니다. 오히려 더 많이 올리라고 권해서 정말로 정성을 드릴 수 있도록 도와줍니다. 이렇게 하는 것이 부처님의 대자대비한 마음입니다.

[3] 비유에서 법을 밝히다
① 차별의 비유에서 법을 밝히다

【 경문 】

佛亦如是하야 出現於世는
譬如大雲이 普覆一切요

부처님도 이와 같아서 이 세상에 출현하는 일이
비유하면 큰 구름이 모든 세상을 덮어 주는 듯하니라.

旣出于世에 爲諸衆生하야

分別演說 諸法之實하나니

大聖世尊이 於諸天人과

一切衆中에 而宣是言호되

我爲如來 兩足之尊이라

出于世間은 猶如大雲이

充潤一切어든 枯槁衆生이

皆令離苦하고 得安隱樂인

世間之樂과 及涅槃樂이니

諸天人衆은 一心善聽하며

皆應到此하야 觀無上尊이니라

我爲世尊하야 無能及者니

安隱衆生호려 故現於世하야

爲大衆說 甘露淨法호니

其法一味 解脫涅槃이라

以一妙音으로 演暢斯義하며

常爲大乘하야 而作因緣호라

이 세상에 출현한 뒤에는 모든 중생들을 위하여
모든 법의 참된 이치를 분별하여 연설하느니라.
큰 성인인 세존께서 천신과 사람과
모든 대중들 가운데서 선포하는 말을 하되

'나는 곧 여래이며 복과 지혜를 갖춘 세존이니라.

이 세상에 출현한 것은 마치 큰 구름이

모든 것을 적시는 것과 같이 바짝 마른 중생들이

모두 괴로움을 떠나고 편안한 세간의 즐거움과

열반의 낙을 얻게 하느니라.

모든 천신과 사람들은 한결같은 마음으로 잘 듣고

모두 여기에 모여 와서 가장 존귀한 분을 뵙도록 하라.'

나는 이 세상에 가장 존귀한 사람이 되어

아무도 미칠 사람이 없나니

중생들을 편안하게 하려고 이 세상에 출현하였느니라.

여러 사람들을 위하여 감로수의 청정한 법을 설하노니

그 법은 한 맛이라. 해탈이며 열반이니라.

한 가지 미묘한 음성으로 이 이치를 말하는 것은

언제나 대승법(大乘法)을 위하여 인연을 짓느니라.

🪷   부처님께서 세상에 오신 까닭은 마치 큰 구름이 온 초목을 다 적시는 것과 같이 바짝 마른 중생을 위해서라고 하였습니다. 바짝 마른 중생이라는 표현이 참 뛰어납니다. 몸이 마른 것이 아니라 마음이, 정신이 메마른 중생을 말합니다. 그저 먹고 마시는 것만 생각하는 중생, 물질밖에 모르는 중생입니다. 문화가 무엇인지 종교가 무엇인지 관심도 없습니다. 음악회에 가자고 하면, 시끄럽게 왜 가느냐 하고, 절에 가자고 하면 부처님이 뭐라도 주느냐고 따지는 사람들이 있습니다. 참 딱한 사람들입니다. 이런 사람들을 구제하는 일은 부처님처럼 특출

한 사람만 할 수 있는 일이 아닙니다. 불교에 귀의한 모든 사람들이 가진 의무와 책임입니다. 우리가 불교를 믿는 이유는 중생을 고통에서 건져서 편안하게 하려는 뜻에서입니다. 사람들의 행복과 이익을 위해 사는 것이 불자들의 할 일입니다. 불자는 성불하려는 사람이고 부처님을 닮아가려는 사람입니다. 성불한다는 것은 특이한 사람이 되는 게 아니라 바로 부처님처럼 사는 것이라고 이해하면 아주 정확합니다.

"한 가지 미묘한 음성으로 이 이치를 말하는 것은 언제나 대승법(大乘法)을 위하여 인연을 짓느니라."고 하였습니다. 참 중요한 말입니다. 부처님께서 별별 방편을 다 사용하고 별별 이야기를 다 하셔서 중생을 유혹하지만, 결국은 대승법을 위한 인연을 짓기 위해서라는 뜻입니다. 개인적인 작은 소원을 이루기 위해 절에 찾아왔더라도 부처님의 마음은 더 큰 것을 주려고 합니다. 저 중생의 소박한 소망을 이루어주고 이것을 인연으로 차츰 사람을 성숙시켜서 내가 얻은 어마어마한 보물을 전해 줘야겠다는 마음입니다.

석가모니 부처님께서 세상에 계실 때 뛰어난 성자라는 칭송을 듣고 사람들이 찾아와서 갖가지 인생의 고민을 털어놨을 것입니다. 그런데 사실 부처님은 그런 문제에 관심이 없었습니다. 그렇지만 사람들에게 좋은 해결책을 강구해 주신 것은 그것을 인연으로 해서 인간이 도달할 수 있는 최상의 경지까지 끌어 올려주기 위해섭니다. 이것이 대승입니다. 일체지, 곧 부처님의 지견을 열어주고 보여주고 깨닫게 해 주어 그 사람의 살림살이가 되도록 해 주고 싶은 것이 부처님의 속마음입니다. 이것이야말로 불교의 궁극적 목적입니다. 이 목적이 우리 마음에 들지 않을 수도 있습니다. 우리의 마음은 워낙 작아서 아주 소소하고 세속적인 것을 좋아하기 때문입니다. 그러나 대승경전을 자꾸 가까이 하고 공부하면 자신도 모르게 마음이 자꾸 커집니다. 점점 커져서 부처님의 깨달음에 욕심을 내게 됩니다. 오랜 세월이 걸리는 일이 아닙니다. 한 생각 돌이키면 됩니다. 본래 우리는 다 갖추어져 있는데 단지 갖추어져 있다는 사실을 모를 뿐입니다. 어떻게 보면 아주 쉽습니다. 그래서 도통하기가 세수하다 코 만지기보다 쉽다는 말도 있습니다.

【 경문 】

我觀一切하대 普皆平等하야
無有彼此 愛憎之心하며
我無貪著하고 亦無限礙라
恒爲一切하야 平等說法하대
如爲一人하야 衆多亦然하며
常演說法하고 曾無他事하며
去來坐立에 終不疲厭하며
充足世間하대 如雨普潤하야

내가 보니 모든 것이 한결같이 평등하여
피차(彼此)와 증애(憎愛)의 마음이 없어서
나는 탐착하지도 아니하고 또한 걸림도 없느니라.
항상 모든 이를 위하여 평등하게 법을 설하며
한 사람을 위하여 하는 것과 같이

여러 사람에게도 또한 그러하니라.

언제나 법을 설할 뿐 다른 일은 본래 없느니라.

가고 오고 앉고 서도 끝내 피곤한 줄 모르고

세간을 만족하게 하되 마치 비가 고루 고루 적시듯이 하느니라.

✿　모든 사람이 평등한 것은 말할 것도 없습니다. 그런데 이 평등 속에는 공성(空性)의 의미가 살짝 숨어 있습니다. 사실 모든 존재의 근본 실상으로 공성 아닌 것이 없습니다. 모두 그 본질에 있어서 공하다는 말입니다. 본질이 공이라는 뜻에서 성품 성 자를 더해 공성(空性)이라고 표현했습니다. 그리고 피차(彼此)가 없다고 했습니다. 너다 나다 구분하는 마음이 없고, 내 자식이라 더 사랑스럽고 남의 자식이라 미운 마음이 없다는 말입니다. 부처님은 모든 중생을 평등하게 봅니다. 라후라라고 더 사정을 봐 준 적도 없습니다. 오히려 공부 잘하는 제자들을 더 사랑하고 아꼈습니다.

　“항상 모든 이를 위하여 평등하게 법을 설하며 한 사람을 위하여 하는 것과 같이 여러 사람에게도 또한 그러하니라.”라고 하였습니다. 일체 중생들을 위해서 평등하게 설법하되, 꼭 한 사람을 위해 설법하는 것과 같이 하라는 말입니다. 그 한 사람을 위해서 세상에 태어난 것처럼 혼신의 힘을 다 쏟아서 설법하고 만나는 모든 사람에게 이와 같이 대하라고 하셨습니다. 모든 사람은 평등하기 때문입니다. 그래서 경전에 “부처님은 나 한 사람만을 위해서 태어나셨다. 나 한 사람을 위해서 이 땅에 오신 줄 알아라.”는 말이 있습니다. 저 하늘에 떠 있는 태양은 모든 사람을 평등하게 골고루 비추지만, 오직 나 한 사람만 비추는 것처럼 생각하십시오. 이렇게 소중한 나를 대하듯이 그 사람을 대하고 그리고 만나는 모든 사람을 그와 같이 대하라는 말입니다.

포교하는 분들, 또 설법하는 분들이 마음에 꼭 준비해야 할 것이 이런 정신입니다. 사람들의 이야기를 들어보면, 오늘 그 법문은 꼭 내 문제를 이야기한 것 같고, 나를 위해서 이야기하는 것 같다는 말을 간혹 듣습니다. 그런데 다른 사람도 그런 생각을 한다는 거지요. 어떤 문제에 대해 아주 진실하게 이야기를 하면 공감을 하기 때문에 그런 것이 아니겠습니까?

"언제나 법을 설할 뿐 다른 일은 본래 없느니라."고 하셨습니다. 부처님의 삶은 이것뿐입니다. 이렇게 딱 떨어지게 표현한 대목도 흔치 않습니다. 부처님은 어떤 분인가? 부처님께서 스스로 말했듯이 언제나 법을 설할 뿐 다른 일은 본래 없었습니다. 전법하는 일, 진리를 가르치는 일이 가장 중요한 일입니다. 이것이 오직 부처님의 일이고 그밖에 다른 일은 없었습니다. 기도를 올리면 바로 기도가 성취되고 무슨 일확천금이 뚝딱 생기게 해 주는 분이 아닙니다. 부처님은 오직 법을 설할 뿐입니다. 모든 존재의 실상과 그 귀결에 대한 이치를 일깨워 주고 가르쳐 줄 뿐입니다. 그래서 이와 같은 가르침을 받은 중생은 스스로 모든 일이 그렇게밖에 될 수 없다는 사실을 깨닫고 돌아갑니다. 그러면 편안해지고, 또 자신이 이루려는 일이 어떻게 하면 되겠다는 귀결점을 알게 됩니다.

【 경문 】

貴賤上下와 持戒毁戒와

威儀具足과 及不具足과
正見邪見과 利根鈍根에
等雨法雨하야 而無懈倦호니

귀·천·상·하와 지계(持戒)와 파계(破戒)와
위의(威義)를 갖춘 이나 갖추지 못한 이나
바른 소견과 삿된 소견과 총명하고 우둔한 이에게
평등하게 법의 비를 내리는 데 게으르지 않느니라.

※ '저 사람은 잘 알아들으니까 많이 가르치고, 알아듣는지 못 알
아듣는지 모르지만 저 사람은 듣는 태도가 좋으니까 하나 더 가르치
자. 저 사람은 세력 있고 뼈대 있는 가문 출신이니 가까이 두고 가르
치자.' 부처님은 이렇게 하지 않으셨다는 말입니다. 누구에게나 평등
하게 가르치며 싫증을 내거나 게으름을 피운 적이 없다는 말입니다.

　　행자(行者) 교육원에 교육하러 가면 꽃다운 20대 청춘부터 늙수그
레한 사람까지 남녀를 합해서 대략 300명 가까이 앉아 있습니다. 세상
이 변해도 부처님 법을 배우려고 출가하는 사람들은 끊어진 것이 없
습니다. 어쨌든 법문을 하려고 앉아서 내려다 보면 참 다양한 사람들
이 초롱초롱한 눈을 하고 기다리고 있습니다. 그런데 종교 교육은 나
이가 많은 사람이라고 어렵고 젊은 사람이라고 더 쉽거나 하지 않습
니다. 순전히 소견의 문제이고 마음의 문제이기 때문에 교육수준이
높다고 잘 알아 듣는 것도 아닙니다. 육조 혜능 대사와 같은 이는 일
자무식이었지만 법을 깨치지 않았습니까? 그렇기 때문에 이렇다 저렇

다 선을 그어서 말할 수 없습니다. 2,500년 전 부처님께서도 다종다양한 사람을 만나셨지만 다 같이 평등하게 법을 펼치셨다는 말입니다.

【 경문 】

一切衆生이 聞我法者는

隨力所受하야 住於諸地하대

或處人天의 轉輪聖王과

釋梵諸王하나니 是小藥草요

知無漏法하야 能得涅槃하며

起六神通하야 及得三明하며

獨處山林하야 常行禪定하야

得緣覺證하나니 是中藥草요

求世尊處하대 我當作佛이라하야

行精進定하나니 是上藥草니라

又諸佛子는 專心佛道하야

常行慈悲하며 自知作佛하야

決定無疑하나니 是名小樹요

安住神通하야 轉不退輪하며

度無量億 百千衆生하나니

如是菩薩은 名爲大樹니라

佛平等說은 如一味雨라

隨衆生性하야 所受不同이니

如彼草木의 所稟各異니라

佛以此喩로 方便開示하시며
種種言辭로 演說一法하시나
於佛智慧에는 如海一滴이니라

일체 중생들이 내 법문을 들은 이는
힘을 따라 받아들여서 여러 지위에 머무나니
혹은 천신도 되고 사람도 되며 전륜성왕(轉輪聖王)과
제석천왕과 범천왕에 태어나나니 이를 일러 작은 약초라 하느니라.
무루법(無漏法)을 알아서 열반을 증득하고
여섯 가지 신통을 얻었거나 삼명(三明)을 얻고 나서
산림 속에 홀로 있어서 선정을 닦아 익혀서
연각(緣覺)을 증득한 사람은 이를 일러 중간의 약초라 하느니라.
세존의 경지를 구하여 나도 부처님이 될 수 있다고 하여
선정(禪定)을 닦아 정진하는 이는 이를 일러 상품의 약초라 하느니라.
또 어떤 불자들이 부처님의 도에 전념하여
자비로운 일을 늘 행하며 스스로 성불할 줄을 알아서
결정코 의심이 없는 이는 이를 일러 작은 나무라 하느니라.
신통에 머물러서 불퇴전(不退轉)의 법륜(法輪)을 굴려
한량없는 백천 억 중생들을 제도하는
이와 같은 보살들은 이를 일러 큰 나무라 하느니라.
부처님의 평등한 설법은 한 맛인 비와 같고
중생들의 성품을 따라서 받아들이는 것이 다른 것은
저 모든 초목들이 각각 다르게 비를 맞는 것과 같으니라.

부처님의 이러한 비유와 방편으로 열어 보이며
여러 가지 말씀으로 한 가지 법을 설하지만
부처님의 지혜에는 큰 바다의 물 한 방울과 같으니라.

❀ 　이것이 유명한 삼초(三草) 이목(二木)의 이야기입니다. 부처님의 법문을 듣고 받아들이는 정도에 따라서 세 가지의 풀과 두 가지의 나무로 중생의 격이 나누어진다는 것입니다. "혹은 천신도 되고 사람도 되며 전륜성왕과 제석천왕과 범천왕에 태어나나니 이를 일러 작은 약초라 하느니라."고 하였습니다. 작은 약초는 최하위를 말합니다. 부처님 법문을 듣고 감동받고 달라져서 크게 소득을 입기는 입었는데 알고 보면 이것이 제일 작은 소득이라는 것입니다. 큰 부자가 되고, 도지사가 되고 대통령이 되는 것은 우리들의 세속적인 안목으로는 상당한 성공입니다. 그러나 부처님 법 안에서는 작은 약초일 뿐입니다. 아무리 장대 같은 비가 쏟아지더라도 작은 약초가 받아들일 수 있는 양은 한 컵도 채 안 될 것입니다.

　불법은 무루법입니다. 새어나가는 것이 없는 법입니다. 그러나 세속의 법은 자꾸 새어나가는 법입니다. 덕이 새어 나가고 지혜가 새어 나가고 복이 새어 나갑니다. 그러나 이 법은 출세간의 진리에 대한 것이므로 얻는 것도 없어서 본래 새어 나갈 것이 없습니다. 세속적인 법은 얻는 것이 있기 때문에 새어 나갑니다. 그래서 유루법이라고 합니다. "무루법(無漏法)을 알아서 열반을 증득하고 여섯 가지 신통을 얻었거나 삼명(三明)을 얻고 나서 산림 속에 홀로 있어서 선정을 닦아 익혀서 연각(緣覺)을 증득한 사람은 이를 일러 중간의 약초라 하느니라."고 하였습니다. 이 정도면 아주 대단한 수행자라고 할 수 있지만 기껏해야 중간 약초밖에 안 됩니다. 세속적으로 성공한 사람보다 그저 한 단계 높은 정도입니다.

"세존의 경지를 구하여 나도 부처님이 될 수 있다고 하여 선정(禪定)을 닦아 정진하는 이는 이를 일러 상품의 약초라 하느니라."고 하였습니다. 이렇게 열심히 해도 상품의 약초 정도밖에 안 됩니다. 아직 나무가 아닙니다.

"또 어떤 불자들이 부처님의 도에 전념하여 자비로운 일을 늘 행하며 스스로 성불할 줄을 알아서 결정코 의심이 없는 이는 이를 일러 작은 나무라 하느니라."고 하였습니다. 자비로운 일을 행한다는 것은 보살행을 한다는 말입니다. 봉사활동도 열심히 하고 어려운 사람을 위해서 자선사업과 같은 좋은 일을 열심히 해서 성불하는 것입니다. 약초보다는 훨씬 높은 경지입니다. 자기 혼자만 편하고 행복하겠다, 자기 혼자만 선정을 닦아서 성불하겠다는 것은 기껏해야 풀에 해당합니다. 내 주변의 다른 사람도 함께 성불하려는 나무하고는 천지차이입니다.

"신통에 머물러서 불퇴전(不退轉)의 법륜(法輪)을 굴려 한량없는 백천 억 중생들을 제도하는 이와 같은 보살들은 이를 일러 큰 나무라 하느니라."고 하였습니다. 이미 경전에 표현된 대로 관세음보살이나 지장보살, 문수보살과 같은 정도의 삶을 사는 사람들을 큰 나무라고 하였습니다. 부처님의 법의 비를 맞고 무럭무럭 자란다는 뜻입니다.

"부처님의 평등한 설법은 한 맛인 비와 같고 중생들이 성품을 따라서 받아들이는 것이 다른 것은 저 모든 초목들이 각각 다르게 비를 맞는 것과 같으니라." 하도 여러 번 약초유품 이야기를 해서 법과 비유를 잘 연관시켜서 이해하실 줄 믿습니다. 비가 내리면 풀이나 나무들은 자신의 크기에 알맞게 수분을 흡수해서 성장해간다는 거지요.

　"부처님의 지혜는 큰 바다의 물 한 방울과 같으니라."고 하였습니다. 큰 바다의 물은 한 방울만 먹어도 짠 맛을 알 수 있습니다. 그런 의미도 있고, 엄청나게 많은 큰 바다의 물에서 기껏 한 방울 정도라는 의미도 있습니다. 부처님께서 수많은 말씀을 하셨지만 오직 한 가지 법을 설하셨다는 것입니다. 바닷물은 한 동이를 마시든 한 방울을 마시든 짠 맛 한 가지 맛입니다. 그렇게 많은 말을 했지만 한 방울의 물과 같고, 한 방울의 물이지만 그 넓은 바다의 많은 물과 맛이 같다는 의미이기도 합니다.

【 경문 】

我雨法雨하야 充滿世間호니
一味之法에 隨力修行이
如彼叢林과 藥草諸樹가
隨其大小하야 漸增茂好니라
諸佛之法은 常以一味라
令諸世間으로 普得具足하며
漸次修行하야 皆得道果호라
聲聞緣覺이 處於山林하대
住最後身하야 聞法得果는
是名藥草가 各得增長이요

若諸菩薩이 智慧堅固하며
了達三界하야 求最上乘은
是名小樹가 而得增長이요
復有住禪하야 得神通力하며
聞諸法空하고 心大歡喜하며
放無數光하야 度諸衆生하니는
是名大樹가 而得增長이니라

내가 이제 법의 비를 내려서 세간에 가득하였으니
한 맛의 이 법에서 힘을 따라 수행하는 것이
저 숲 속에 자라나는 약초와 나무들이
크고 작은 것을 따라서 점점 무성하여 지는 것과 같으니라.
모든 부처님이 설하시는 법문은 언제나 한 맛인데
모든 세간 중생들로 하여금 널리 구족하게 얻어듣고
점차로 수행하여 도(道)의 결과를 얻게 하니라.
성문이나 연각이 산림 속에 숨어살며
최후의 몸(最後身)에 머물러서 법을 듣고 결과를 얻으면
이것은 약초들이 각각 자라나는 것과 같으니라.
만일 모든 보살들이 지혜가 견고하여
삼계(三界)를 분명히 알고 최상승(最上乘)을 구한다면
이것은 작은 나무가 자라나는 것과 같으니라.
또 어떤 사람이 선정을 닦아 신통한 힘을 얻고
모든 법의 공(空)함을 듣고 마음에 크게 환희하여

무수한 광명을 놓아 모든 중생들을 제도하면
이것은 큰 나무가 자라나는 것과 같으니라.

🌸   요즘은 집에서 콩나물을 키워 먹는 사람들이 적지만 옛날에는 많았습니다. 키우는 방법이 아주 간단한데 콩나물 시루에 물을 자주 주면 됩니다. 시루에 물을 부을 때마다 물이 그대로 밑으로 빠져서 내려 가버립니다. 콩나물 시루에 물이 고여 있으면 콩나물이 썩어버립니다. 물을 주자마자 바로 빠져나가야 콩나물이 건강하게 잘 자랍니다. 우리가 불법을 공부하면서 경전을 읽거나 사경을 하거나 좌선을 하거나 혹은 기도를 할 때 순간 어떤 법희선열을 느끼지만 일어나면 아무 것도 없습니다. 그렇지만 이 법희선열(法喜禪悅)로 우리들의 영혼이 무럭무럭 잘 자라납니다. 마치 콩나물 시루의 물은 다 새어 버리지만 아주 무럭무럭 잘 자라는 것과 같습니다.

    삼초(三草)도 중요하지만 부처님의 관심은 이목(二木)에 있습니다. 요컨대 인생을 알고 모든 존재를 알고 또 존재의 원리를 아는 데 있어서 가장 우선적으로 이해해야 하는 것이 공성(空性)입니다. "모든 법의 공(空)함을 듣고 마음에 크게 환희하여"라고 했습니다. 이 공성을 우리는 깊이 사유해야 합니다. 우리가 평소 반야심경을 얼마나 많이 외웁니까? 사경은 또 얼마나 합니까? 금강경은 또 얼마나 좋아합니까? 그 경전의 뜻이 공성에 있습니다. 존재의 실상을 안 뒤에야 비로소 보살행이 가능한 것입니다. 모든 존재의 실상이 공하다는 것을 모르고는 진정한 보살행이 나오기 어렵습니다.

② 무차별의 비유에서 법을 밝히다

【 경문 】

如是迦葉아 佛所說法은

譬如大雲이 以一味雨로

潤於人華하야 各得成實하나니라

迦葉當知하라 以諸因緣과

種種譬喻로 開示佛道호니

是我方便이라 諸佛亦然이니라

今爲汝等하야 說最實事호니

諸聲聞衆은 皆非滅度니라

汝等所行이 是菩薩道니

漸漸修學하면 悉當成佛하리라

이와 같이 가섭이여, 부처님의 설법은

마치 큰 구름이 한 맛의 비를 내려

사람인 꽃을 적시어서 각각 결실을 얻는 것과 같으니라.

가섭이여, 마땅히 알아라. 이러한 모든 인연들과

갖가지 비유로써 부처님의 도를 열어 보이나니

이것은 나의 방편이며 다른 부처님들도 또한 그러하니라.

내가 이제 그대들을 위해서 가장 진실한 것을 설하나니

여러 성문 대중들은 모두 참된 열반(涅槃)이 아니니라.

그대들이 수행해야 할 것은 보살의 도이니

점점 닦아서 배우면 모두 다 마땅히 성불(成佛)하리라."

🌸　앞의 산문(散文)에서 이야기한 대목을 아름다운 시로 다시 정리
했습니다. 법화경의 특징적인 구성입니다. 운문에는 산문에 없었던
내용들이 더 들어가고 자세하게 표현되어 있습니다. 그래서 양쪽을
비교해 가면서 '이 대목을 산문에서는 무어라고 했나? 어떤 내용이
다른가?' 하고 음미해 보면 더욱 이해가 깊어집니다. 약초유품 전체
의 결론을 마지막 네 구절에서 찾을 수 있습니다. 부처님께서 이제 가
장 진실한 말, 참다운 말을 하시는데 성문의 길은 참이 아니다, 보살
도를 실천해야 성불할 수 있다고 하십니다. 보살도를 통해서 성불하
고 부처가 되어서 하는 일도 역시 보살도입니다. 보살의 도가 많은데
그 가운데 진리의 가르침, 부처님의 가르침, 깨달음의 가르침을 전하
는 것이 최상의 보시이고, 최상의 보살행입니다.

6
수기품

(授記品)

약초유품에 나오는 부처님의 상수제자 네 분이 수기를 받는 이야기입니다. 수기라는 것은 부처님이라는 사실을 보증하는 것입니다. 본래부터 우리는 조금도 부족함이 없는 부처라는 사실을 보증합니다. 조사스님들의 어록에 보면, 그대가 지금 그렇게 보고 느끼고 아는 능력에서 '흠소심마(欠所甚麼)오?' 부족한 게 무엇이냐? 무엇이 부족하기에 돌아다니며 헤매느냐는 말씀을 늘 하십니다. 대주 스님이 마조 스님을 찾아 갔을 때와도 같습니다. 마조 스님이 물었습니다.

"여기 뭐 하러 왔느냐?"

"부처님을 찾으러 왔습니다."

"자기 보물 창고는 버려둔 채 여기에서 무슨 불법을 구하려고 하느냐? 불법은 여기에 없다. 있다면 너 자신에게 있다."

"그럼 저의 보물 창고인 불법이 도대체 무엇입니까? 저는 모르겠습니다."

"그대가 지금 나에게 묻는 것이 보물창고다. 그게 불법이다."

이렇게 간단명료하게 이야기를 했습니다. 선은 본래 간단명료합니다. 길고 장황하게 설명한다고 이해되는 것도 아닙니다. 임제 스님도 같은 말씀을 남겼습니다. 본래 자기 자신이 갖추고 있는 현재 거기에서 부족한 게 무엇이냐? 부족한 건 아무것도 없습니다. 이것이 불교의 진정한 모습입니다. 그런데 그것을 모르는 사람들이 많기 때문에 부처님께서 장황하게 여러 가지 이야기를 붙여서 설명했습니다. 그래서 수기라는 말도 나왔습니다. 수기란 중생이 본래 조금도 부족함이 없는 부처라는 사실을 인정하고 보증하는 것입니다.

수기를 주는 형식을 보면, 얼마 동안 무슨 일을 하고 수많은 세월이 지난 뒤에 어떤 이름으로 성불할 것이고 그때 상법과 정법은 몇 겁을 갈 것이라는 등 구체적인 사례를 눈으로 보듯 이야기하십니다. 그러나 이 모든 것 또한 방편입니다. 구구한 방편을 싹 빼버리고 직설적으로 표현한다면, 현재 너 자신이 뭐가 부족하냐? "흠소심마(欠所甚麼)오?" 하나도 부족한 게 없다, 완전무결하다는 것입니다. 이것을 보증하고 인증하고 우리에게 일깨워 주는 일이 수기입니다. 법화경 곳곳에 수기가 등장하는 이유는 이러한 사실을 정확하게 알고 확신을 갖도록 하는 것이요, 법화경의 종지이기도 합니다.

1. 가섭은 광명(光明)여래가 되리라

【 경문 】

爾時世尊이 說是偈已하시고 告諸大衆하사 唱如是言하사대 我此弟子의 摩訶迦葉은 於未來世에 當得奉覲三百萬億諸佛世尊하사 供養恭敬하고 尊重讚歎하며 廣宣諸佛의 無量大法하고 於最後身에 得成爲佛하리니 名曰光明如來應供正徧知明行足善逝世間解無上士調御丈夫天人師佛世尊이라 國名光德이요 劫名大莊嚴이며 佛壽十二小劫이요 正法住世二十小劫이며 像法亦住二十小劫이라 國界嚴飾하야 無諸穢惡인 瓦礫荊棘과 便利不淨하며 其土平正하야 無有高下인 坑坎堆阜하며 瑠璃爲地하고 寶樹行列하며 黃金爲繩하야 以界道側하고 散諸寶華하야 周徧淸淨하며 其國菩薩은 無量千億이며 諸聲聞衆도 亦復無數하고 無有魔事하며 雖有魔及魔民이라도 皆護佛法이니라

이때 세존께서 이 게송을 말씀하시고 여러 대중에게 이렇게 선언하시었습니다.

"나의 제자인 마하가섭은 오는 세상 삼백만 억 부처님 세존을 받들어 섬기고 공양 공경하며 존중 찬탄하면서 여러 부처님의 한량없는 큰 법을 널리 펴다가 최후의 몸으로 성불하리라. 이름은 광명(光明)여래·응공·정변지·명행족·선서·세간해·무상사·조어장부·천인사·불·세존이니라. 나라의 이름은 광덕(光德)이요, 겁의 이름은 대장엄(大莊嚴)이라 하리라.

그 부처님의 수명은 십이(十二) 소겁(小劫)이요, 정법(正法)은 이십 소겁이

요, 상법(像法)도 또한 이십 소겁 동안 세상에 머물게 되리라. 그 나라의 경계는 장엄하게 꾸며져 있어서 온갖 더러운 것과 기와조각·자갈·가시덤불·똥오줌 따위가 없느니라. 땅이 반듯하여 높은 데·낮은 데·구렁·둔덕이 없으며, 유리로 땅이 되고 보배 나무들이 줄을 지어 있으며, 황금 줄을 길 경계에 늘이고 보배 꽃을 흩어서 가는 곳마다 청정하리라. 그 나라의 보살들은 한량없는 천만 억이나 되고 성문들도 또한 무수하며 마의 장난이 없고 비록 마왕과 마의 백성이 있어도 모두 불법(佛法)을 옹호하느니라."

✤ 일반적으로 경전에서는 사리불과 목건련을 대단히 뛰어난 제자로 여기고 있습니다. 그러나 선가(禪家)의 전통에서는 마하가섭이 제일입니다. 부처님의 법을 마하가섭이 이어 받았고, 마하가섭의 법을 아난이 이어 받고, 다음은 상나화수가 이어 받고 뒤이어 우바국다가 다음 사람에게 전하는 순서로 기록되어 있습니다.

앞에서 사리불이 먼저 수기를 받고 여기서 마하가섭과 목건련, 수보리와 가전연이 수기를 받은 뒤에, 수많은 제자들이 다 수기를 받습니다. 사실 부처님 법을 이어받은 사람이 어찌 마하가섭뿐이겠습니까? 당치도 않은 이야기입니다. 이것은 종통(宗統)에 대한 의식을 버리지 못해서 가장 상수제자인 마하가섭과 아난으로 이어지는 족보를 만든 것입니다. 가섭 존자가 부처님께 법을 받았다면 그 당시 십대 제자를 비롯해서 1,200명의 아라한들이 다 똑같이 법을 전해 받아야 옳지요. 선가에서 종손을 우대하는 의식의 영향으로 그렇게 되었습니다.

어쨌거나 선문에서 마하가섭은 부처님의 법을 이어받은 분인데,

세 곳에서 법을 이어받았다고 해서 '삼처전심(三處傳心)'이라는 표현을 사용합니다.

먼저 영산회상거염화(靈山會上擧拈花) 즉 영축산에서 설법을 하실 때 부처님께서 꽃을 들어 보였는데, 미소로 화답한 제자는 마하가섭 뿐이었습니다. 다른 제자들은 부처님께서 꽃을 들어보인 소식을 몰랐는데, 마하가섭만이 빙그레 미소를 지었습니다. 그러자 부처님께서 "나의 정법안장과 모든 법을 마하가섭에게 전하노라."고 선포하셨다는 것입니다.

다음으로 다자탑전분반좌(多子塔前分半座)가 있습니다. 다자탑 앞에서 부처님께서 설법을 하려고 하는데 누더기를 입은 마하가섭이 늦게 도착했습니다. 그러자 부처님께서 당신이 앉은 자리를 반으로 나누어 마하가섭이 앉을 자리를 마련해 주었습니다. 앉을 자리가 있고 뒤에 앉아도 되는데도 불구하고 그렇게 한 것은 부처님께서 마하가섭에게 법을 전하는 이심전심의 사례라고 보았습니다.

마지막으로 사라쌍수곽시쌍부(沙羅雙樹槨示雙趺)입니다. 두 그루의 사라나무 아래에서 부처님께서 열반에 드셨는데 다비를 하려고 아무리 불을 붙여도 불이 붙지 않았습니다. 나중에 부처님의 열반 소식을 들은 마하가섭이 여러 날 뒤에 도착하자 그때서야 부처님께서 곽 밖으로 두 발을 내어 보이고 불이 붙어서 다비를 할 수 있었다고 합니다. 이런 초능력적인 신통이 있을 수도 있지만 크게 중요한 것은 아닙니다. 불법은 이런 것이 아닙니다. 이것은 이심전심의 도리를 보인 것이라고 생각하면 됩니다. 사실이든 아니든 마하가섭이 부처님의 법을 이어 받은 제자 가운데 뛰어난 분이었고 그래서 제1조가 되었다는 것을 확실하게 하기 위해 전해지는 이야기입니다.

마하가섭은 선종의 초조이면서 부처님 당시에 두타행을 가장 잘 하는 수행자로도 꼽혔습니다. 두타행은 모든 것을 떨어버리는 수행법을 말합니다. 그야말로 무소유입니다. 첫째는 마음에서 온갖 희로애락과 번뇌망상, 속된 생각과 모든 인간적인 것까지 다 떨어버렸습니다. 또 외면으로는 소지품을 하나라도 쌓아두고 내일 쓰겠다, 다음에 쓰겠다고 하는 일이 없었습니다. 옷이 생겨도 최소한으로 필요한 것만 입고 나머지는 다른 스님들에게 나누어주었습니다.

마하가섭은 탁발을 나가면 늘 가난한 집만 찾아다니면서 걸식을 했습니다. 가난한 집은 자신들이 먹을 것도 부족하지만 그 부족한 속에서 한 숟가락이라도 나누어서 보시를 한다면 그것으로써 복을 지을 수 있는 기회가 됩니다. 그래서 가난한 사람들이 복을 짓도록 하기 위해서 가난한 집으로만 다닌다고 했습니다. '부잣집은 복을 짓지 않아도 먹고 살지만 가난한 사람은 복을 못 지어서 저렇게 가난하니까 내가 복밭이 되어 주겠다'는 생각이었습니다. 이와 반대로 수보리는 늘 부잣집만 찾아다니며 걸식을 했습니다. 가난한 사람은 자기 먹을 것도 부족하지만 넉넉한 부잣집에서 얻어먹는 게 좋다고 생각했습니다. 이 두 가지 생각은 모두 자비심에서 나온 것이고 일리가 있는 행동임에 틀림없습니다.

그러나 유마 거사는 그렇지 않았습니다. "업이 평등하면 의식이 평등하고 의식이 평등하면 업이 평등하다."고 했습니다. '걸식하는 문제에 대해서 평등하면 법에 대해서도 평등하고, 법에 평등한 사람은 걸식하는 데도 평등해야 된다. 가난한 사람은 가난한 사람대로 이유가 있고 부자는 부자대로 이유가 있다. 수행자는 그런 것을 마음에 두어 차별하지 말라'는 것이 유마 거사의 생각입니다. 가난한 사람에게 복을 지어주어야겠다던가 부잣집이 보시할 만한 여유가 있을 거라는 생각 자체를 아예 하지 말라는 것입니다. 부처님 당시에 출가수행자들은 가난하거나 부유한 것을 분별하지 않고 일곱 집에서 밥을 빌었습니다. 이것을 칠가식(七家食)이라고 합니다. 일곱 집에서 밥을 빌었는데도 한 바릿대를 못 채우면 그냥 돌아와야 하고 바릿대가 넘치면 돌아와서 나누어 먹으면 됩니다. 한 집에서 한두 수저씩 밥을 얻어서 일곱 집을 돌면 거의 한 바릿대를 채울 수 있습니다. 그래서 칠가식이라고 하여 일곱 집 외에는 더 이상 걸식하지 말도록 부처님이 경계하셨습니다.

불상이나 탱화 중에는 부처님을 중앙에 모셔놓고 왼쪽에는 마하가섭, 오른쪽에는 아난을 모신 것이 종종 있습니다. 자비롭고 항상 넉넉한 웃음을 지어보이며 너그러운 이웃집 할아버지와 같은 모습을 하고 있는 분이 마하가섭입니다. 마하가섭은 부처님보다 연세가 많으셨기 때문에 이러한 모습으로 조성된 것입니다.

2. 게송으로 거듭 설하다

【 경문 】

爾時世尊이 欲重宣此義하사 而說偈言하니라

告諸比丘하노니 我以佛眼으로

見是迦葉컨대 於未來世에

過無數劫하야 當得作佛이라

而於來世에 供養奉覲

三百萬億이신 諸佛世尊하사

爲佛智慧하야 淨修梵行하며

供養最上 二足尊已하고

修習一切 無上之慧하야

於最後身에 得成爲佛호대

其土淸淨하야 瑠璃爲地하고

多諸寶樹하야 行列道側하고

金繩界道어든 見者歡喜하며

常出好香하고 散衆名華하며

種種奇妙로 以爲莊嚴하며

其地平正하야 無有丘坑하며

諸菩薩衆은 不可稱計라

其心調柔하야 逮大神通하며

奉持諸佛의 大乘經典하며

諸聲聞衆의 無漏後身인

法王之子도 亦不可計라

乃以天眼으로 不能數知하며

其佛當壽는 十二小劫이요

正法住世는 二十小劫이며

像法亦住는 二十小劫이라

光明世尊의 其事如是니라

그때 세존께서 이 뜻을 거듭 펴려고 게송으로 말씀하셨습니다.
"모든 비구들에게 말하노라.
내가 부처님의 눈(佛眼)을 가지고 가섭의 장래를 살피니
미래세상 무수한 겁을 지나서 마땅히 성불하리라.
그가 오는 세상에서 삼백만 억 부처님 세존을
공양하고 공경하고 받들어 섬기면서
부처님의 지혜를 얻기 위하여 범행(梵行)을 깨끗이 닦으리라.
복과 지혜가 구족(具足)하신 가장 높은 세존께 공양하고
갖가지 최상의 지혜를 부지런히 닦아 익혀서
최후의 몸을 받고서 성불하리라.
그 국토는 청정하여 유리로써 땅이 되고
여러 가지 보배 나무가 가로수로 열을 지었고
황금 줄을 길가에 늘이어 보는 이마다 기뻐하리라.
항상 좋은 향기를 뿜으며 훌륭한 꽃을 흩기도 하여
여러 가지 아름다운 것으로 나라를 장엄할 것이니라.
그 나라의 땅은 반듯하여 둔덕이나 구렁이 없으리라.
여러 보살 대중들도 헤아릴 수 없이 많으니라.
그들의 마음은 부드럽고 화평하고 크나큰 신통을 얻었으며
여러 부처님들의 대승경전(大乘經典)을 받아 지니리라.
모든 성문대중으로서 새어 흐름이 없는 최후의 몸을 얻은
법왕(法王)의 아들도 또한 이루 다 헤아릴 수 없느니라.

천안(天眼)을 가지고도 다 셀 수 없으리라.

그 부처님의 수명은 십이 소겁이 될 것이요,

정법이 세상에 머무르는 것도 이십 소겁이며,

상법도 이십 소겁 동안 세상에 머물 것이니라.

광명 세존의 그 일이 이와 같으리라."

.

🪷   부처님께서 불안(佛眼)으로 가섭의 장래를 살펴보시니, 오는 세상에 수많은 부처님을 공양·공경하고 받들어 섬기며, 범행을 닦고, 갖가지 최상의 지혜를 부지런히 닦아 익혀서 마침내 성불할 것을 수기하셨습니다. 가섭 존자가 이런 과정을 거쳐서 성불한다고 되어 있지만 사실은 이미 그대로 조금도 부족함이 없는 부처님이라는 보증이 내용에는 깔려있습니다. 법화경을 설할 당시에 수기 이야기를 처음으로 하면서 직설적으로 그렇게 표현할 수 없었을 것입니다. 그래서 수많은 세월 동안 수없는 보살행을 닦은 뒤에 비로소 성불할 것이라고 조심스럽게 표현했습니다. 그러나 제20 상불경보살품에서는 바로 모든 사람을 향해서 부처님이라고 수기를 주고 또 500명, 2,000명을 한꺼번에 똑같은 이름으로 수기를 주는 일이 등장합니다.

이런 내용을 가만히 살펴보면 본래성불(本來成佛)이라는 취지에서 이야기하는 것임을 명확하게 알 수 있습니다. 그러나 수기에 대해 말하는 방식은 하나의 일정한 형식을 빌어서 부처라는 사실을 보증하고 있습니다. 이것은 하나의 형식이라는 것을 알아야 합니다. 여기서 잘못 이해해서 꼭 이러저러한 조건을 따라야만 비로소 부처가 된다고 생각해서는 안 됩니다. 그것은 수기의 의미를 잘 못 아는 것이라고 말씀드리고 싶습니다.

가섭 부처님의 땅은 청정한 유리이고, 보배나무로 가로수를 삼으며, 향기로운 꽃과 황금 줄로 꾸민 그 땅은 둔덕이나 구렁 없이 반듯반듯하다고 합니다. 아름답게 꾸밀 수 있는 모든 조건을 다 동원해서 이야기하고 있습니다. 땅이 흙이 아니라 유리라니 어떻게 농사를 지을 수 있나 하는 걱정이 들 수도 있습니다. 여기서 땅이 진짜로 유리로 되었다는 것이 아니라 유리처럼 아름답다는 말입니다. 깨달은 이의 안목에는 그렇게 아름답게 비쳐졌다는 뜻입니다.

그리고 여러 보살 대중들이 모두 대승경전을 받아 지녔다고 했습니다. 우리가 마음에 새겨야 할 대목 가운데 하나입니다. 우리 인생은 짧습니다. 부처님의 많은 경전 중에서 법화경처럼 훌륭한 대승경전을 익혀서 나의 사상, 나의 살림으로 받아들여야 합니다. 다른 외도의 책이나 잡문으로 허송세월할 시간이 없습니다.

저의 스승이신 탄허 스님은 신문을 잘 읽지 않으셨습니다. 그래서 "스님, 왜 신문을 안 읽으십니까?" 하고 여쭈었더니 "신문에는 진리의 말씀이 없잖아. 성인의 말씀이 없잖아." 이렇게 대답하셨습니다. 평생 성인의 말씀을 가까이 하시면서 법희선열을 맛보며 사신 스님이시라 세속 일은 재미가 없다는 것이지요. 어떻게 보면 시대에 뒤떨어진 생각 같기도 하지만 제자들에게 삶의 지표를 보여주는 하나의 방편이 아니었을까 하는 생각이 들기도 합니다. "대승경전을 받아 지니리라."는 대목은 그렇게 대승경전을 항상 가까이 하고 배우고 익히라는 표현입니다.

3. 목건련 · 수보리 · 마하가전연이 수기를 청하다

【 경문 】

爾時에 大目犍連과 須菩提와 摩訶迦㫋延等이 皆悉悚慄하야 一心合掌

하고 瞻仰尊顏하와 目不暫捨하며 卽共同聲으로 而說偈言하니라

大雄猛世尊은 諸釋之法王이시라

哀愍我等故로 而賜佛音聲이로다

若知我深心하야 見爲授記者면

如以甘露灑하야 除熱得淸凉이니다

如從飢國來하야 忽遇大王饍하야도

心猶懷疑懼하야 未敢卽便食인닷호니

若復得王教라사 然後乃敢食이니다

我等亦如是하야 每惟小乘過하고

不知當云何라사 得佛無上慧어뇨이니다

雖聞佛音聲으로 言我等作佛하사오니

心尙懷憂懼하와 如未敢便食이라

若蒙佛授記면 爾乃快安樂이니다

大雄猛世尊이 常欲安世間하시니

願賜我等記하시면 如飢須教食이니다

이때 대목건련과 수보리와 마하가전연이 모두 송구스러워하면서 일심
으로 합장하고 부처님의 존안(尊顏)을 우러러 뵈옵고 눈을 깜박이지 아
니하며 소리를 함께 하여 게송으로 말하였습니다.

"위대하시고 훌륭하시고 용맹하신 석가 세존 법왕께서

저희들을 어여삐 여기시어 말씀을 일러주십시오.

만약 우리의 마음을 살피시고 수기를 주신다면

마치 감로수(甘露水)를 뿌려 열을 식히고

서늘하게 하시는 것과 같을 것입니다.

흉년이 든 나라에서 온 사람이 홀연히 임금이 주는 음식을 받고도

송구스럽고 의심스러워서 감히 먹지 못하다가

임금의 먹으라는 명령을 받고서야 비로소 음식을 먹는 것과 같습니다.

저희들도 또한 그와 같아서 늘 소승의 과오만 생각하고

어떻게 하면 위없는 부처님의 최상의 지혜를 얻는지 몰랐습니다.

비록 저희들도 성불(成佛)하리라는 부처님의 말씀을 들었으나

마음에는 오히려 염려되고 송구스러워

감히 임금님의 음식을 먹지 못하는 것과 같습니다.

만일 부처님께서 수기를 주시면

비로소 기쁘고 편안하고 즐거울 것입니다.

위대하시고 훌륭하시고 용맹하신 세존께서

세간의 중생들을 안락하게 하시니

원컨대 저희들에게 수기를 주신다면

배가 고픈 사람에게 왕의 음식을 먹게 하신 것과 같습니다."

🪷 목건련은 사리불과 함께 부처님의 오른팔과 왼팔의 역할을 한 제자로 신통제일(神通第一)로 알려졌습니다. 또 수보리는 해공제일(解空第一)이라고 해서 공의 이치를 가장 잘 이해한 분입니다. 그래서 공을

설하는 금강경에서 부처님의 대화 상대로 수보리가 등장하고 있습니다. 그리고 가전연은 세지변총(世智辨聰)이 뛰어나 논의제일이라 하였습니다. 논리가 아주 치밀한 재능이 있었다고 합니다.

이 세 분 제자들이 우리들의 솔직한 마음을 대신 피력하는 것 같은 느낌입니다. 우리는 평소에 모두 성불한다, 모두 불성이 있다고 말합니다. 그러나 속으로 그것을 흡족하게 받아들이는 사람은 별로 없습니다. 부처 행동만 하면 부처라고 칩시다. 사실 안팎이 다 부처인데 속에 있는 부처가 밖으로 표현되는 것입니다. 이것을 저는 '일행일불(一行一佛) 사상'이라고 합니다. 본래 부처님이지만 부처 행동을 한 번 할 때마다 한 번 부처님이라는 뜻입니다.

이것도 방편설이지만 일리 있는 이야기입니다. 예를 들어서 연극을 하면서 5분간 절름발이 연기를 했다면 그 사람은 5분간 절름발이입니다. 또 5분간 장님 흉내를 냈다면 그 사람은 5분간 장님입니다. 마찬가지로 5분간 부처님의 흉내를 내면 그 사람은 5분간은 완전한 부처님입니다. 그렇듯이 부처님의 행동을 하는 그 순간은 안팎으로 다 부처님이라는 것이 일행일불 사상입니다. 부처님 행동을 하는 시간이 길어지고 횟수가 잦아져서 하루 종일 유지하게 되면 하루 종일 부처가 될 수도 있습니다.

사람이 부처라고 하는 인불(人佛) 사상은 사람이 있는 그대로 부처님이라는 뜻입니다. 부처님도 화장실에 가고 피곤하면 쉬기도 하고 몸이 아프면 앓기도 합니다. 그래도 부처님입니다. 일행일불 사상도 상당히 설득력이 있습니다. 여기에서 한 걸음 더 나아간 인불사상은 더욱 발전된 사상이고 완전한 사상이라고 말씀드릴 수 있습니다.

그러나 여기까지 나아가지 못하고 법화경의 내용을 액면 그대로 이해한다고 해도 대단하고 황송한 것입니다. 그야말로 거지에게 왕의 음식을 차려주고 왕이 직접 그 음식을 먹게 했을 때 그 영광과 감격이 얼마나 크겠습니까?

4. 수보리는 명상(名相)여래가 되리라

【 경문 】

爾時世尊이 知諸大弟子의 心之所念하시고 告諸比丘하사대 是須菩提는 於當來世에 奉覲三百萬億那由他佛하사 供養恭敬하며 尊重讚歎하고 常修梵行하야 具菩薩道라가 於最後身에 得成爲佛하면 號曰名相如來應供 正徧知明行足善逝世間解無上士調御丈夫天人師佛世尊이라 劫名有寶 요 國名寶生이며 其土平正하야 玻瓈爲地하고 寶樹莊嚴하며 無諸丘坑과 沙礫荊棘과 便利之穢하고 寶華覆地하야 周徧淸淨하며 其土人民은 皆 處寶臺와 珍妙樓閣하고 聲聞弟子는 無量無邊하야 算數譬喩의 所不能 知며 諸菩薩衆도 無數千萬億那由他라 佛壽十二小劫이요 正法住世二 十小劫이며 像法亦住二十小劫이라 其佛常處虛空하야 爲衆說法하야 度 脫無量菩薩과 及聲聞衆하나니라

이때 세존께서 여러 큰 제자들의 생각하는 바를 아시고 여러 비구들에 게 말씀하시었습니다.

"여기 이 수보리는 오는 세상에서 삼백만 억 나유타 부처님을 받들어

섬기고 공양 공경하며 존중 찬탄하리라. 항상 범행을 닦아서 보살의 도를 구족하고 최후의 몸으로 성불하리라. 이름은 명상(名相)여래·응공·정변지·명행족·선서·세간해·무상사·조어장부·천인사·불·세존이니라. 겁의 이름은 유보(有寶)요, 세계의 이름은 보생(寶生)이라 하리라. 그 국토는 반듯하여 파리(頗梨)로 땅이 되고 보배 나무로 장엄하였으며, 둔덕과 구렁과 모래와 자갈과 가시덤불과 똥오줌 따위가 없느니라. 보배 꽃이 땅을 덮어 곳곳이 모두 청정하며, 그 나라의 백성들은 모두 보배로 된 누대와 훌륭한 누각에 거처하느니라. 성문 제자가 한량없고 그지없어서 산수와 비유로 알 수 없느니라. 여러 보살 대중들도 무수한 천만 억 나유타이니라. 부처님의 수명은 십이 소겁이요, 정법(正法)은 이십 소겁이요, 상법(像法)도 이십 소겁 동안 세상에 머물 것이니라. 그 부처님은 항상 허공에 거처하면서 대중들을 위하여 법을 설하여 한량없는 보살과 성문들을 제도하리라."

❀ 수보리가 명상여래가 되었을 때 이야긴데 이런 이야기를 듣고 수보리는 참 감동을 하셨겠지요? 법화경을 설한 무대가 된 라자가하의 영축산인데, 그 지역은 참으로 척박합니다. 모래가 많고 자갈도 많고 가시덤불이 많아서 여기에서 곡식이 나겠나 할 정도로 황무지입니다. 그런 것을 생각할 때 "보배나무로 장엄하였으며 둔덕과 구렁과 모래와 자갈과 가시덤불과 똥 오줌이 없느니라."고 묘사한 것이 더욱 잘 이해가 될 것입니다.

부처님께서 열반한 뒤에 교법이 유행하는 시대를 정법, 상법, 말법의 세 가지로 구분해서 삼시(三時)라고 합니다. 정법(正法) 시대에는 부처님의 바른 법과 수행, 증과의 3법이 완전하게 있는 시대입니다. 상법(像法) 시대는 정법과 유사한 불법이 주류를 이루는 시대로 교법과 수행만 남아 있는 시대입니다. 말법(末法) 시대는 수행과 증과는 사라지고 교법만 남아 있는 시대인데, 비불교적인 요소가 아주 많은 때를 말합니다. 이 세 시대가 지나면 교법까지 다 사라지는데 이때를 법멸(法滅)의 시대라고 부릅니다. 세상에 나투시는 부처님마다 이 삼시를 다 갖추고 있습니다.

이외에도 시대를 구분하는 말이 또 있는데, 금강경에 '여래멸후 후오백세(如來滅後後五百歲)'라는 구절이 있습니다. 이것은 500년씩 나누어서 시대 구분을 한 것입니다. 부처님 당시부터 열반 후의 첫째 500년까지는 해탈견고(解脫堅固) 시대, 그 다음 둘째 500년은 선정견고(禪定堅固) 시대, 그 다음 셋째 500년까지는 다문견고(多聞堅固) 시대, 넷째 500년까지는 탑사견고(塔寺堅固) 시대, 그 다음 다섯째 500년까지는 투쟁견고(鬪爭堅固) 시대라고 합니다.

첫째 해탈견고 시대는 해탈이 불교 수행의 최종 목표이고, 해탈한 사람들이 많았던 시대입니다. 둘째 선정견고 시대는 선정을 닦는 사람, 선정에 의해 득도한 사람들이 많았던 시대입니다. 셋째 다문견고 시대는 부처님의 가르침을 기록한 경전이나 논서를 열심히 공부하는 사람들이 아주 많은 시대입니다. 다문은 학문적인 불교를 말합니다. 그래서 불교에 관한 여러 가지 사상이 형성되어 종파가 생기고 경전도 많이 간행되었습니다. 넷째 탑사견고 시대는 탑을 세운다든지 절을 세운다든지 하는 가시적인 불사(佛事)가 왕성한 시대입니다. 마지막 다섯째 투쟁견고 시대는 타종교와의 갈등이나 불교 내부에서 일어나는 분규, 불교 사상의 논쟁 등이 많이 일어나는 시대입니다. 옳고 그른 것을 가리기 위한 투쟁을 일삼는 시대입니다.

우리가 살고 있는 이 시대에는 다섯 가지 종류의 사람들이 다 있습니다. 예를 들어서 해탈한 분이 있다면 그분은 해탈견고 시대에 사는 사람이고, 절에 와서든 인터넷으로든 사람들의 잘잘못을 따지고 문제 삼는 사람들은 투쟁견고 시대에 사는 사람들입니다. 불교를 믿으면서 절 세우고 부처님 조성하며 천 불을 모시고 만 불을 모시는 등 가시적인 불사에만 관심이 있는 불자들은 탑사견고 시대에 사는 것입니다. 또 근래에 보면 교양대학이나 불교대학을 다니면서 몇 년씩 불교 강좌에 열심히 쫓아다니면서 공부하고 포교사 자격시험에 합격하려고 애쓰는 분들이 많습니다. 이런 분들은 다문견고 시대에 살고 있다고 볼 수 있습니다. 견고(堅固)란 주류를 이룬다는 뜻입니다. 해탈이 주류를 이루고 선정이 주류를 이루고, 다문이 주류를 이루고 탑사가 주류를 이루고, 투쟁을 주류로 삼는다는 말입니다.

금강경에 정법, 상법, 말법 시대를 세분화해서 다섯 가지로 나눈 것은 그 연한을 계산해서 하는 말이 아닙니다. 우리들의 수행하는 자세가 어떠하느냐에 따라서 그렇게 나누어진다는 것입니다. 특히 주의해야 할 것은 투쟁견고라고 생각합니다. 불교에 인연을 맺고 절에 와서 좋은 가르침을 배웠으면 나에게 복이 되고 다른 사람에게 복이 되어야 합니다. 시시비비나 따지며 아상을 내세워 다투고 서로 마음 상하려면 불교와 인연 맺을 필요가 없습니다. 다문도 마찬가지입니다. 이렇게 교법 공부를 하는 것은 선정을 닦기 위한 것이고 또 선정은 궁극적으로 성불하기 위한 것입니다. 그래서 선정에만 머물러 있어서도 안 되고 다문에만 머물러 있어서도 안 됩니다. 다문이나 선정, 탐사에 머물러 그것이 불교의 모든 것인 양 그렇게 알아서는 안 됩니다.

5. 게송으로 거듭 설하다

【 경문 】

爾時世尊이 欲重宣此義하사 而說偈言하니라
諸比丘衆아 今告汝等하노니
皆當一心으로 聽我所說하라
我大弟子에 須菩提者는
當得作佛하대 號曰名相이라
當供無數萬億諸佛하고
隨佛所行하야 漸具大道타가
最後身得三十二相하면
端正殊妙는 猶如寶山하며
其佛國土가 嚴淨第一이라
衆生見者는 無不愛樂하니
佛於其中에 度無量衆하리라
其佛法中에 多諸菩薩하대
皆悉利根으로 轉不退輪하며
彼國常以 菩薩莊嚴하고
諸聲聞衆도 不可稱數라

皆得三明하고 具六神通하며

住八解脫하야 有大威德하나니라

其佛說法하사 現於無量

神通變化를 不可思議어든

諸天人民의 數如恒沙가

皆共合掌하야 聽受佛語하리라

其佛當壽는 十二小劫이요

正法住世는 二十小劫이며

像法亦住는 二十小劫하나니라

이때 세존께서 이 뜻을 거듭 펴시려고 게송으로 말씀하셨습니다.

"여러 비구들이여, 이제 그대들에게 말하노니

모두 한결같은 마음으로 나의 말을 들어라.

나의 큰 제자인 수보리는 오는 세상에 성불하여

이름을 명상여래라 하리라.

마땅히 무수한 만 억 부처님께 공양하고

부처님의 행하심을 따라 큰 도를 점점 구족하여

최후의 몸이 될 때 삼십이상(三十二相)을 갖추면

그 몸매가 단정하고 아름답기가 마치 보배 산과 같으리라.

그 부처님의 국토는 깨끗하게 장엄함이 제일이라.

중생들이 보는 이마다 모두가 사랑하고 좋아하리라.

부처님은 그 가운데서 한량없는 중생들을 제도하리라.

그 부처님의 법 가운데서 수많은 여러 보살들이 있어서

모두 근성이 총명하여 불퇴전의 법륜을 굴리리라.

그 나라에는 언제나 보살들로 장엄하였느니라.

여러 성문 대중들도 이루 다 셀 수 없는데

모두 세 가지 밝음과 여섯 가지 신통을 갖추었고,

여덟 가지 해탈에 머물러 큰 위엄과 공덕이 있으리라.

그 부처님이 말씀하시는 법문은

한량없는 신통과 변화를 나타내시는 일이 불가사의하리라.

여러 천신들과 사람들의 수효도 항하 강의 모래와 같으리니,

다 함께 합장하고 부처님의 말씀을 들으리라.

그 부처님의 수명이 십이 소겁이며

정법이 세상에 머물기는 이십 소겁이 될 것이고

상법도 그와 같이 이십 소겁이 되리라.”

🌸　수보리 존자가 오는 세상에 성불해서 명상 여래가 되어 법을 펼치는데 그 국토에 수많은 보살이 있어서 불퇴전의 법륜을 굴린다고 했습니다. 부처님께서는 법을 깨달아 세상에 펼칩니다. 부처님이 그 제자에게 나눠주는 재산은 바로 깨달은 법입니다. 그 재산을 이어받은 보살들이 불퇴전의 법륜을 굴리고 있습니다. 금강경에 보면 부처님의 재산을 두 가지로 표현한 대목이 있습니다. 깨달음을 얻은 것과 그 깨달음에 의해 진리의 설법을 펴는 것을 말합니다. 그런데 금강경의 과목에서는 무득무설(無得無說), 즉 깨달은 것이 없고, 설한 것도 없다고 하여 반대로 표현하고 있습니다. 팔만사천의 경문을 설했다고 하지만 사실 눈 밝은 부처님의 입장에서는 설한 것이 없다는 말입니

다. 부처님의 살림살이 즉, 부처님의 재산이라는 것은 태자의 지위를 버리고 6년 고행 끝에 아뇩다라삼먁삼보리의 큰 깨달음을 이루었다는 사실, 또 새벽에 밝은 별을 보고 크게 도를 이루었다는 사실입니다. 그 깨달음을 설한 것이 팔만사천 대장경입니다. 그런데 부처님께서 깨달은 것도 없고, 설한 것도 없다고 표현하고 있습니다. 부처님께서 깨달았으되 깨달음이 없이 깨달았고 또한 설했으되 설함 없이 설하셨기 때문입니다. 세속적인 논리로는 맞지 않는 말이지만 불교의 이치를 세속적인 논리 기준으로는 이해할 수 없습니다. 이것은 세속적인 사변을 뛰어넘은 경계입니다.

6. 가전연은 금광(金光)여래가 되리라

【 경문 】

爾時世尊이 復告諸比丘衆하사대 我今語汝하노니 是大迦旃延은 於當來世에 以諸供具로 供養奉事八千億佛하야 恭敬尊重하며 諸佛滅後에 各起塔廟하대 高千由旬이며 縱廣正等五百由旬이라 以金銀琉璃硨磲瑪瑙眞珠玫瑰七寶合成하며 衆華瓔珞과 塗香抹香燒香과 繒蓋幢幡으로 供養塔廟하고 過是已後에 當復供養二萬億佛하대 亦復如是하며 供養是諸佛已하야는 具菩薩道하야 當得作佛하리니 號曰閻浮那提金光如來應供正徧知明行足善逝世間解無上士調御丈夫天人師佛世尊이라 其土平正하야 玻瓈爲地하며 寶樹莊嚴하고 黃金爲繩하야 以界道側하며 妙華覆地하야 周徧淸淨하니 見者歡喜하며 無四惡道인 地獄餓鬼畜生阿修羅道하

고 多有天人과 諸聲聞衆과 及諸菩薩의 無量萬億하야 莊嚴其國하며 佛壽十二小劫이요 正法住世二十小劫이며 像法亦住二十小劫하나니라

그때 세존께서 또 비구들에게 말씀하셨습니다.

"내가 지금 그대들에게 말하노라. 여기 이 대 가전연은 오는 세상에서 여러 가지 공양거리로 팔천 억 부처님께 공양하여 받들어 섬기고 공경 존중하리라. 여러 부처님이 열반하신 뒤에는 각각 탑을 세우는데 높이가 일천 유순이요, 가로와 세로가 오백 유순이니라. 금·은·유리·자거·마노·진주·매괴의 칠보로 합하여 이루어졌고, 꽃과 영락과 바르는 향·가루 향·사르는 향과 일산(日傘)과 당기(幢旗)와 번기(幡旗)로 탑에 공양하느니라.

그런 뒤에 또 다시 이만 억 부처님께도 그와 같이 공양하며, 이 여러 부처님께 공양하고는 보살의 도를 구족하여 마땅히 성불하리라. 그 이름은 염부나제금광(閻浮那提金光)여래·응공·정변지·명행족·선서·세간해·무상사·조어장부·천인사·불·세존이라 하리라.

그 국토는 반듯하고 평평하여 파리로 땅이 되고 보배 나무로 장엄하였으며, 황금 줄로 길 가에 경계선을 만들고, 아름다운 꽃으로 땅을 덮어 곳곳이 모두 청정하므로 보는 이가 환희하리라. 네 가지 나쁜 갈래인 지옥·아귀·축생·아수라가 없고 천신과 사람들이 많으며, 성문들과 보살들이 한량없는 만 억이나 되어 나라를 장엄하리라. 부처님의 수명은 십이 소겁이요, 정법이 이십 소겁을 세상에 머물고, 상법도 이십 소겁을 머무느니라."

❀   가전연은 부처님의 사리를 모신 탑을 잘 세워서 공양을 했습니다. 땅을 평평하게 고르고 황금줄로 경계를 만들고 땅에는 꽃을 심고, 탑은 여러 가지로 장식해서 아름답게 꾸미는 등 눈에 보이는 장엄을 말씀하시고 끝에 가서 "천신과 사람들이 많으며, 성문과 보살들이 한량없는 만 억이나 되어 나라를 장엄하리라."고 했습니다. 성문이나 보살은 성자라고 해도 좋겠지요. 수없이 많은 성자들이 나라를 장엄한다는 말입니다. 세상에서 중요한 것이 건강이다, 재물이다, 명예다 하고 여러 가지로 말이 많습니다.

그러나 무엇보다 중요한 것은 사람이고, 어떤 일이든 사람이 우선입니다. 첫째도 사람이요, 둘째도 사람이요, 셋째도 사람입니다. 한 집안에 어른이 계시지 않으면 그 집안은 텅 빈 것 같고, 한 도시를 대표하는 명사가 없으면 도시가 텅 빈 것처럼 느껴지기도 합니다. 꽃이나 향, 칠보로 장엄하는 것은 겉보기를 꾸미는 것입니다. 훌륭한 사람들이 많아서 사람으로 장엄하는 것이 참으로 제대로 장엄하는 것입니다. 본래 어떤 모임을 장엄한다거나 어떤 장소를 장엄한다는 것은 바로 이런 뜻입니다. 보통 초대장을 돌릴 때도 "왕림하셔서 자리를 빛내 주시기 바랍니다."고 합니다. 그 사람이 가면 그 모임이 빛난다는 말입니다. 자리가 빛난다는 것이 장엄한다는 말입니다. 성문이나 보살이 많아서 나라가 장엄이 되었다는 말도 똑같은 이유입니다. 사람의 마음은 어디나 같습니다. 부처님 세계나 우리들이 사는 중생 세계나 그 이치는 같습니다.

예전에 부산에 스님 출신의 서예가 청남(菁南) 오제봉(吳濟峯:1908~1991) 선생이 계셨습니다. 90년대 초반에 돌아가셨는데, 이 분은 부산 서예계의 대부로 수많은 제자를 길러냈습니다. 그 가운데 한 제자가 서울에서 활동하고 있는데, 어쩌다가 한 번씩 부산에 내려와서 나를 만나면 "오제봉 선생님이 안 계시니까 부산이 텅 빈 것 같습니다."며 내려와도 도대체 기분이 나질 않는다는 말을 자주 하더군요. 그렇습니다. 한 집안을 장엄하고 한 단체를 장엄하며 한 사찰을 장엄하고 또 한 도시를 장엄하고 한 나라를 장엄한다고 할 때 참다운 장엄물은 바로 훌륭한 사람입니다. 예술이면 예술, 종교면 종교 등 각 분야에 뛰어난 인물들이 있을 때 그 인물들이 사는 절과 도시, 나라가 장엄이 됩니다. 그래서 성문과 보살이 만 억이나 되어 나라를 장엄하리라고 표현하고 있습니다.

7. 게송으로 거듭 설하다

【 경문 】

爾時世尊이 欲重宣此義하사 而說偈言하니라

諸比丘衆은 皆一心聽하라

如我所說은 眞實無異하나니라

是迦旃延은 當以種種

妙好供具로 供養諸佛하고

諸佛滅後에 起七寶塔하대

亦以華香으로 供養舍利하며

其最後身에 得佛智慧하야

成等正覺이어든 國土淸淨하며

度脫無量 萬億衆生하야

皆爲十方 之所供養하며

佛之光明은 無能勝者리라

其佛號日 閻浮金光이라

菩薩聲聞이 斷一切有한

無量無數로 莊嚴其國하나니라

그때 세존께서 이 뜻을 펴시려고 게송으로 거듭 말씀하셨습니다.

"여러 비구들이여, 모두 일심으로 들어라.

내가 말한 것은 진실하여 사실과 다르지 않느니라.

여기 이 가전연은 마땅히 갖가지 훌륭한 공양거리로

여러 부처님께 공양하리라.

그 부처님들이 열반한 뒤에는 칠보로 탑을 세워서

역시 꽃과 향으로 사리에 공양하다가

그 최후의 몸에서 부처님의 지혜를 얻어 등정각을 이루리니

국토는 청정하며 한량없는 만 억 중생들을 제도하여

모두 시방의 여러 세계의 공양을 받게 되리라.

부처님의 찬란한 광명은 아무도 따를 이가 없으리라.

그 부처님의 이름은 염부제나금광여래니라.

보살과 성문들로서 모든 존재를 뛰어 넘은 이가

한량없고 그지없어서 그 나라를 장엄하리라."

🏵 "보살과 성문들로서 모든 존재를 뛰어넘은 이가 한량없고 그지없어서 그 나라를 장엄하리라."고 했습니다. 우리는 아침에 잠에서 깨면서부터 밤에 잠들기까지 아니 잠을 자면서까지도 일체 모든 삶의 근거를 모든 존재에 두고 있습니다. 모든 존재와 인연을 맺고 살되 거기에서 초연한 삶, 얽매이지 않고 걸리지 않으면서 조화를 이루는 삶, 공성(空性) 즉 텅 빈 본성을 서로 동시에 유지하며 사는 것입니다. 물질적으로 얽힌 상황이든 인간적으로 얽힌 상황이든 세상에서 벌어지는 수많은 사건들과 상황에 흔들리지 않고 빠지지 않고 매이지 않으면서 당당하게 자기 자신을 지키는 삶의 모습을 말하고 있습니다.

8. 목건련은 전단향(栴檀香)여래가 되리라

【경문】

爾時世尊이 復告大衆하사대 我今語汝하노니 是大目犍連은 當以種種供具로 供養八千諸佛하야 恭敬尊重하고 諸佛滅後에 各起塔廟하대 高千由旬이며 縱廣正等은 五百由旬이라 以金銀琉璃硨磲瑪瑙眞珠玫瑰七寶合成하며 衆華瓔珞과 塗香抹香燒香과 繒蓋幢幡으로 以用供養하고 過是已後에 當復供養二百萬億諸佛하대 亦復如是하고 當得成佛하면 號曰多摩羅跋栴檀香如來應供正徧知明行足善逝世間解無上士調御丈夫天人師佛世尊이라 劫名喜滿이요 國名意樂이며 其土平正하야 玻瓈爲地하고 寶樹莊嚴하며 散眞珠華하야 周徧淸淨하니 見者歡喜하며 多諸天人과 菩薩聲聞하대 其數無量이라 佛壽二十四小劫이요 正法住世四十小劫

이며 **像法亦住四十小劫**하리라

이때 세존께서 다시 대중들에게 말씀하셨습니다.

"내가 이제 그대들에게 말하노니, 여기 이 대 목건련은 마땅히 여러 가지 공양거리로 팔천 부처님께 공양 공경하고 존중하며, 여러 부처님이 열반하신 뒤에는 각각 탑을 세우는데 높이는 일천 유순이요, 가로와 세로가 다 같이 오백 유순이니라. 금·은·유리·자거·마노·진주·매괴의 일곱 가지 보배로 만들어지고, 여러 가지 꽃과 영락과 바르는 향·가루향·사르는 향과 비단 일산과 당기·번기로 공양하리라. 그 뒤에도 또 이백만 억 부처님께 이와 같이 공양하리라.

그런 뒤에 성불하여 이름을 다마라발전단향(多摩羅跋栴檀香)여래·응공·정변지·명행족·선서·세간해·무상사·조어장부·천인사·불·세존이라 하리라.

겁의 이름은 희만(喜滿)이요, 세계의 이름은 의락(意樂)이니라. 그 국토가 반듯하고 평평하여 파리로 땅이 되고 보배나무로 장엄하리라. 진주로 된 꽃을 흩어 곳곳이 모두 청정하여 보는 이마다 환희하리라. 천신과 사람들이 많고, 보살과 성문들은 그 수효가 한량이 없으리라. 부처님의 수명은 이십사 소겁이요, 정법이 사십 소겁 동안 세상에 머물러 있고, 상법도 또한 사십 소겁 동안 세상에 머물러 있으리라."

❀ 장차 목건련이 성불해서 부처가 될 때 그 이름이 다마라발전단향입니다. 다마라발전단향이라는 말은 백팔참회문에도 나오는데, '다마라 발전단향'이라고 띄어 읽고 있습니다. 띄어 읽기가 틀렸습니

다. 바르게 읽으려면 '다마라발 전단향'이라고 읽어야 옳지요. 전단 향은 우리도 자주 듣는 향의 종류입니다. 그 전단향의 이름이 '다마 라발'이라는 말입니다. 물론 우리의 전통운율이 3, 4조라서 다마라 발 전단향이라고 읽는 것이 쉽습니다만, 이렇게 의미를 무시하고 읽다보 면 잘못 인식할 수 있습니다. 읽기에 좀 어색해도 '다마라발 전단향' 이라고 띄어 읽도록 노력하십시오.

띄어 읽기가 잘못된 것이 한두 가지가 아닙니다. 대표적으로 신 묘장구대다라니가 그렇습니다. 일반적으로 신묘장구대다라니의 앞부 분을 '나모라 다나다라 야야'라고 띄어 읽고 띄어 쓰곤 합니다. 이것 은 뜻을 모르고 우리가 편한 대로 띄우는 것입니다. 이렇게 잘못 띄워 읽는 진언이나 불보살의 명호가 많습니다. 신묘장구대다라니도 뜻에 맞추어 바르게 띄우면 '나모 라다나 다라야야'라고 해야 맞습니다. 진언의 경우에는 그리 크게 문제될 것은 없습니다. 진언은 염송할 때 일념이 되느냐 안 되느냐가 문제이지 뜻을 얼마나 이해하는지는 별개 의 문제이니까요.

"신묘장구대다라니를 열심히 외우는데, 스님이 풀이한 천수경 책 을 보니까 띄어 읽기가 전부 틀렸는데 그렇게 읽어도 됩니까?"하고 질문하는 불자들이 종종 있습니다. 다라니를 열심히 외워서 자기 공 부로 삼는 사람인 경우에는 "갈등하지 말고 외우던 대로 그대로 외우 라."고 대답하고, 만약 이보다 불교적 안목과 지식이 한 차원 높아진 경우에는 "달리 생각할 필요도 있다."고 대답합니다.

9. 게송으로 거듭 설하다

【 경문 】

爾時世尊이 欲重宣此義하사 而說偈言하나니라

我此弟子에 大目犍連은

捨是身已하고 得見八千

二百萬億 諸佛世尊하야

爲佛道故로 供養恭敬하며

於諸佛所에 常修梵行하고

於無量劫에 奉持佛法하며

諸佛滅後에 起七寶塔하대

長表金刹하며 華香伎樂으로

而以供養 諸佛塔廟하고

漸漸具足 菩薩道已에는

於意樂國에 而得作佛하면

號多摩羅栴檀之香이라

其佛壽命은 二十四劫이며

常爲天人하야 演說佛道하며

聲聞無量이 如恒河沙하대

三明六通으로 有大威德하며

菩薩無數하대 志固精進하야

於佛智慧에 皆不退轉이며

佛滅度後에 正法當住는

四十小劫이요 像法亦爾하니라

이때 세존께서 이 뜻을 거듭 펴시려고 게송으로 말씀하셨습니다.
"나의 제자인 여기 이 대목건련은 이 몸을 버린 뒤에
팔천 이백만 억 부처님 세존을 받들어 섬겨서
불도(佛道)를 위하여 공양 공경하리라.
여러 부처님 계신 곳에서 항상 범행(梵行)을 닦고
한량없는 겁 동안 불법을 받들어 지닐 것이며
여러 부처님이 열반한 뒤에는 칠보로 탑을 조성하는데
황금 찰간(刹竿)을 높게 세우고 꽃과 향과 풍류로써
여러 부처님의 탑에 공양하면서
보살의 도를 점점 구족하리라.
그리고 의락국에서 성불하리니
그 부처님의 이름은 다마라발전단향이라.
그 부처님의 수명은 이십사 소겁이고,
언제나 천신과 인간에게 불도를 설하리라.
성문대중들이 한량이 없어서 항하 강의 모래 수와 같은데
삼명(三明)과 육신통(六神通)을 갖추고 큰 위신력과 덕이 있으리라.
보살 대중들도 무수히 많은데 뜻이 견고하고 정진을 잘하여
부처님의 지혜에서 모두 물러나지 않으리라.
그 부처님이 열반하신 뒤에는
정법이 세상에 머물러 있는 것이 사십 소겁 동안이고,
상법도 또한 그와 같으리라.

✿ "보살 대중들도 무수히 많은데 뜻이 견고하고 정진을 잘하여 부처님의 지혜에서 모두 물러나지 않으리라."고 했습니다. 모름지기 수행하는 불제자라면 먼저 뜻을 견고하게 하고 정진해야 합니다. 기도를 하든 절을 하든 정신을 하나의 구심점에 매달아야 합니다. 마음의 의지처를 만들라는 말이지요. 그래서 불교 안의 수많은 방법 가운데 자신이 정신적으로 의지할 거리를 하나씩 장만해야 합니다. 관세음보살도 좋고, 지장보살도 좋고, 금강경도 좋고, 사경도 좋고, 화두도 좋습니다. 무엇이든 의지처가 있어야 불자라고 할 수 있습니다. 만일 이런 의지처를 찾지 못했으면 아직은 불자가 아닙니다. 그래서 이 국토의 보살 대중들은 뜻을 견고하게 세우고 정진한다고 합니다.

【 경문 】

我諸弟子의 威德具足이
其數五百이라 皆當授記하대
於未來世에 咸得成佛하리라
我及汝等의 宿世因緣을
吾今當說하노니 汝等善聽하라

나의 모든 제자로서 위엄과 공덕이 구족한 사람들이
그 수효가 오백 명이나 되는데
모두 수기를 받아 오는 세상에 다 같이 성불하리라.
나와 그대들의 지나간 숙세(宿世)의 인연을
내가 이제 말하리니 그대들은 잘 들을지니라."

❀ 　인도에는 지금도 계급이 있지만, 부처님 당시에 사성계급이라고 해서 네 종류의 계급이 있었습니다. 제일 높은 계급이 종교인이었고, 그 다음에 정치인이나 군인, 그 다음에 일반 평민, 가장 낮은 계급이 노예였습니다. 당시에는 이런 구분이 아주 엄격했던 때였지만, 부처님은 계급에 따라 사람을 보지 않고 인간의 본성을 깨달으신 분으로 모든 인간을 존엄하게 대하셨고 또 그렇게 가르치셨습니다. 그래서 "너는 어떤 계급이니까 혹은 어떤 종족이니까 부처가 될 것이다."라는 말씀이 전혀 없습니다. 그보다는 "네가 어떤 생각을 지니고 어떻게 행동하느냐가 중요하다."고 하셨지요.

　이러한 말씀은 법화경뿐만 아니라 다른 경전에도 많이 나와 있습니다. 그래서 장차 부처가 된다는 수기를 받는데 누구든지 받을 수 있다고 말씀하십니다. 상불경보살의 입을 통해서 누구든지 부처가 될 수 있다, 모든 사람이 부처의 성품을 가졌다고 하십니다.

●

7
화성유품

(化城喩品)

화성(化城)의 비유(譬喩)는 법화경의 7가지 비유 가운데 하나입니다. 신통력으로 맑은 물이 흐르는 숲으로 둘러싸인 마을을 만들어서 사람들에게 보여주었다는 비유입니다. 대통지승불의 숙세 인연을 이야기 하는 형식으로 되어있습니다. 우리는 우리가 이해할 수 있는 짧은 순간만 이해하고 그것을 인생의 전부라고 생각하는데, 깨달은 분의 시각으로 볼 때 시간은 무한하고 그 시간 안에서 살고 있는 우리의 삶도 역시 알고 보면 무한한 것이라는 이야기를 하려는 것입니다. 화엄경을 요약해서 표현한 의상 스님의 법성게(法性偈)에 보면 "무량원겁(無量

遠劫)이 즉일념(卽一念)이요, 일념즉시(一念卽是) 무량겁(無量劫)이다."라는 구절이 있습니다. 그래서 깨달은 사람의 시각에서 시간과 공간을 보는 것이 우리 보통 사람의 상식과 다릅니다. 말할 수 없는 어마어마한 넓이와 깊이와 유연함을 지닌 깨달은 사람의 시각을 자꾸 가까이 접하면 우리 마음도 함께 커지고 깨달은 경지에 한 걸음씩 다가갈 수 있습니다. 이런 마음가짐으로 법화경 공부를 해야 될 것입니다. 화성 유품에서 말하는 화성(化城)은 성문이나 연각, 보살을 위해 변화로 만들어 놓은 열반성을 일컫는 말입니다. 실재로는 존재하지 않는 가짜를 신통력으로 만들어 놓고, 임시로 잠시 쉬었다 가는 곳이 열반성이라는 뜻에서 화성이라고 표현했습니다.

성불한다는 말은 어떻게 보면 우리의 끝없는 삶의 과정을 이야기하는 것입니다. 성불하기까지 많고 많은 세월이 걸립니다. 우리가 인간으로 태어나서 사는 이 일은 늙어서 죽는다고 끝나는 일이 아닙니다. 불교의 안목에서 보면 수많은 생을 살아왔고 또 앞으로도 살아갈 것입니다. 이렇게 생각하면 참 힘들게 느껴집니다. 힘들 때는 잠시 쉬었다 가야 합니다. 그래야 포기하지 않고 끝까지 갈 수 있습니다.

사람이 사는 모양이 다 그렇습니다. 예를 들어 사글셋방 살던 사람이면 전셋방만 얻어도 '아이구, 이젠 됐다.' 하며 행복해 합니다. 그런데 또 한참 살다보면 아무리 작아도 자기 집을 가지고 싶은 욕심이 생깁니다. 그래서 이제 열세 평짜리 아파트 하나를 근근이 마련합니다. 그러면 '이젠 됐다. 이거면 훌륭하다.'며 뿌듯해 합니다. 그렇지만 그것도 잠깐이고 한참 지내다 보면 욕심이 생겨서 평수를 좀 더 넓혔으면 싶고, 더 환경 좋은 곳으로 옮겼으면 싶은 마음이 생깁니다.

끝이 없습니다. 그래서 그 욕심을 털어내고 가라고 사이사이에 쉬어가는 자리로 만든 것이 화성(化城)입니다.

1. 대통지승불(大通智勝佛)의 멸도(滅度)

【경문】

佛告諸比丘하사대 乃往過去無量無邊不可思議阿僧祇劫에 爾時有佛하시니 名大通智勝如來應供正徧知明行足善逝世間解無上士調御丈夫天人師佛世尊이라 其國名好城이요 劫名大相이라 諸比丘야 彼佛滅度已來가 甚大久遠이니 譬如三千大千世界의 所有地種을 假使有人이 磨以爲墨하야 過於東方千國土하야 乃下一點을 大如微塵하며 又過千國土하야 復下一點하대 如是展轉히 盡地種墨이면 於汝等意云何오 是諸國土를 若算師어나 若算師弟子가 能得邊際하야 知其數不아 不也世尊하 諸比丘야 是人所經國土의 若點不點을 盡抹爲塵하야 一塵一劫이어든 彼佛滅度已來는 復過是數하대 無量無邊百千萬億阿僧祇劫이니 我以如來知見力故로 觀彼久遠하대 猶若今日하니라

부처님께서 여러 비구들에게 말씀하셨습니다.
"지나간 옛적 한량없고 그지없고 불가사의한 아승지겁 전에 그때에 부처님이 계셨으니, 이름이 대통지승(大通智勝)여래·응공·정변지·명행족·선서·세간해·무상사·조어장부·천인사·불·세존이시니라. 나라의 이름은 호성(好城)이요, 겁의 이름은 대상(大相)이었느니라.

비구들이여, 그 부처님이 열반하신 지가 매우 오래 되었느니라. 비유하면 마치 삼천대천세계에 있는 모든 땅덩이를 가령 어떤 사람이 갈아서 먹을 만들어 가지고 동방(東方)으로 가면서 일 천 국토를 지나서 먼지만 한 점을 하나 찍고, 또 다시 일 천 국토를 지나가서 또 점을 하나 찍고 이렇게 하여 땅을 갈아서 만든 그 먹이 다하도록 갔다면 그대는 어떻게 생각하는가. 이 모든 국토를 수학을 잘하는 어떤 사람이나 그의 제자들이 그 수효를 다 알 수 있겠는가?"

"알지 못합니다, 세존이시여."

"비구들이여, 이 사람이 지나간 국토에서 그 점이 떨어진 것이나 떨어지지 않은 것을 모두 모아 부수어서 먼지를 만들어 그 먼지 하나로 한 겁을 친다 하더라도 그 부처님이 열반(涅槃)하신 지는 이 숫자보다도 더 오래되셨느니라. 한량없고 그지없는 백 천 만 억 아승지 겁이나 되지만 나는 여래 지견의 힘으로써 그렇게 오래 된 일을 마치 오늘의 일처럼 환하게 보느니라."

🌸　　바로 앞의 수기품 마지막 구절에 "나와 그대들의 지나간 숙세(宿世)의 인연을 내가 이제 말하리니 그대들은 잘 들을지니라."고 했습니다. 지금부터 지난 숙세의 인연 이야기가 시작됩니다. 이 대목의 제목을 '대통지승불의 멸도'라고 했습니다. 멸도라는 말은 열반에 든다는 말과 같은 뜻입니다. 열반은 번뇌가 사라진 경지를 말하지만 또 다른 뜻으로 육신을 벗는다, 죽는다는 뜻입니다. 보통 큰스님이 세상을 떠나셨을 때 열반하셨다고 합니다. 멸도도 같은 뜻입니다.

대통지승불이 언제 적 부처님인지를 표현하는 말이 참 재미있습니다. 대통지승불이 열반하신 지가 오래되었다는 표현을 '온 세상의 모든 땅을 갈아서 먹을 만들고…'라는 식으로 생각하는 것이 참 기발합니다. 이 표현은 겁을 설명하는 말도 됩니다. 보통 헤아릴 수 없이 아득한 시간을 말할 때 겁이라고 합니다. 겁을 표현할 때 개자겁(芥子劫)이나 불석겁(拂石劫)의 비유를 자주 듭니다. 개자겁은 둘레가 40리가 되는 큰 성에 겨자씨를 가득 채워넣고, 천인이 3년마다 한 알씩 가져가서 모두 없어질 때까지를 1겁이라고 합니다. 불석겁은 반석겁(磐石劫)이라고도 하는데, 둘레가 40리나 되는 거대한 돌을 천인이 아주 가벼운 옷을 입고 3년마다 한 번씩 스쳐서 그 돌이 닳아 없어질 때까지를 1겁이라고 합니다. 참 상상하기도 어려운 긴 세월입니다.

"한량없고 그지없는 백 천 만 억 아승지 겁이나 되지만 나는 여래지견의 힘으로써 그렇게 오래 된 일을 마치 오늘의 일처럼 환하게 보느니라."라고 하셨습니다. 무량원겁이 곧 일념이고, 일념이 무량겁이라고 했습니다. 한 생각 속에 한량없는 시간이 내재되어 있고 한 먼지 속에 온 우주가 다 들어 있습니다. 깨달은 분들은 일찍이 이런 것을 다 아셔서 아주 쉽고 거침없이 표현하셨습니다. 이것은 세존께서 이런 오랜 세월을 실제로 안다 모른다 하는 문제가 아닙니다. 무한한 시간 속에서 우리의 삶도 무한한데, 이런저런 크고 작은 숱한 인연들이 모이고 흩어져서 오늘날 우리들의 각양각색의 삶을 연출한다는 사실을 안다는 것입니다. 이러한 사실을 깨달은 분들은 아무리 오래된 과거의 일이라도 오늘의 일처럼 훤하게 보는 것입니다.

2. 게송으로 거듭 설하다

【 경문 】

爾時世尊이 欲重宣此義하사 而說偈言하니라

我念過去世 無量無邊劫에

有佛兩足尊하시니 名大通智勝이라

如人以力磨 三千大千土하대

盡此諸地種히 皆悉以爲墨하대

過於千國土하야 乃下一塵點하고

如是展轉點하야 盡此諸塵墨하대

如是諸國土에 點與不點等을

復盡抹爲塵하야 一塵爲一劫이어든

此諸微塵數에 其劫復過是라

彼佛滅度來는 如是無量劫이어든

如來無礙智로 知彼佛滅度와

及聲聞菩薩하대 如見今滅度호라

諸比丘當知하라 佛智淨微妙하야

無漏無所礙일새 通達無量劫이니라

이때 세존께서 이 뜻을 거듭 펴시려고 게송으로 말씀하셨습니다.

"내가 생각해 보니 지나간 세상 한량없고 그지없는 겁 전에

복덕과 지혜를 구족하신 부처님이 계셨으니

이름은 대통지승불이니라.

예컨대 어떤 사람이 기운이 세어

삼천대천세계에 있는 모든 땅덩이를 다 갈아서

전부 먹을 만들었다고 하자.

그 먹을 가지고 일 천 국토를 지나가서

먼지만한 점을 하나 찍고 이와 같이 점점 나아가면서

점 하나씩을 찍어 그 먹이 모두 다한 뒤에

먹이 찍혔거나 찍히지 않았거나

그 모든 국토들을 모두 모아서 다시 부수어 먼지를 만들었을 때,

그 먼지 하나로 한 겁을 친다 하더라도 이 많은 먼지 수보다

대통지승불이 열반한 지는 훨씬 오래 되었느니라.

대통지승불이 열반한 것은 이와 같이 한량없는 겁인데

여래는 걸림이 없는 지혜로 그 부처님의 열반하신 일과

성문 대중들과 보살 제자들에 대해서 잘 알고 있는 것이

마치 지금 열반하신 것같이 보느니라.

여러 비구들이여, 마땅히 알아라.

부처님의 지혜는 청정하고 미묘해서 새어 흐름이 없고

걸림이 없어서 한량없는 겁을 통달하여 아느니라.

🪷 　한량없는 겁 전에 열반하신 것을 마치 지금 열반하신 것과 같이 본다고 했습니다. 이 이야기는 석가모니 부처님의 생애를 모델로 하여 과거 부처님의 이야기와 미래 부처님의 이야기를 쓰고 있습니다. 모든 부처님의 삶의 형태가 석가모니 부처님의 형태와 같습니다. 모두 왕자로 출가하거나 왕으로 출가하여 성도하고 있습니다. 미래의

부처님도 역시 마찬가지입니다. 석가모니 부처님이 살아온 형식을 그대로 담고 있습니다.

이런 형식은 사실 여부를 떠나서 하나의 설화를 만들어 낸 것인데, 그런 설화를 통해서 우리에게 전달하려는 뜻이 무엇인지를 생각해야 합니다. 이 이야기가 사실이냐 아니냐를 고민할 필요는 없습니다. 또 실제로 있는 것은 아무것도 없고 없는 것도 또한 없습니다. 깨달은 사람의 안목으로 보면 있는 것도 없고 없는 것도 없습니다. 사실은 모든 존재가 그렇습니다. 여기서 우리에게 이야기하려는 것은 무한한 시간 속에서 무한한 삶이 또 무한한 인연으로 해서 각양각색의 삶이 펼쳐진다고 하는 사실입니다. 아주 오랜 세월의 인연을 우리가 함께 하고 있다는 그 뜻입니다.

3. 대통지승불의 성도(成道)

[1] 십겁 (十劫)이 지나고 불법이 현전(現前)하다

【 경문 】

佛告諸比丘하사대 大通智勝佛壽는 五百四十萬億那由他劫이니라

其佛本坐道場하사 破魔軍已에 垂得阿耨多羅三藐三菩提하대 而諸佛
法이 不現在前이라 如是一小劫으로 乃至十小劫을 結跏趺坐하고 身心
不動하대 而諸佛法이 猶不在前이라 爾時忉利諸天이 先爲彼佛하사 於
菩提樹下에 敷師子座하대 高一由旬이라 佛於此坐하사 當得阿耨多羅三

藐三菩提하시니라 適坐此座러니 時諸梵天王이 雨衆天華하야 面百由旬에 香風時來하야 吹去萎華하고 更雨新者하야 如是不絶을 滿十小劫토록 供養於佛하대 乃至滅度히 常雨此華하며 四王諸天은 爲供養佛하야 常擊天鼓하고 其餘諸天은 作天伎樂하야 滿十小劫하며 至于滅度히 亦復如是하니라

부처님께서 여러 비구들에게 말씀하셨습니다.

"대통지승불의 수명(壽命)은 오백 사십만 억 나유타 겁이니라.

그 부처님이 처음 도량에 앉아서 마군들을 깨뜨리고 최상의 깨달음을 얻게 되었으나 불법(佛法)이 앞에 나타나지 아니하여 이와 같은 일 소겁으로부터 십 소겁이 되도록 가부좌를 틀고 앉아 몸과 마음을 동하지 않았지마는 불법은 오히려 앞에 나타나지 않았느니라.

그때 도리천신(忉利天神)들이 먼저 그 부처님을 위하여 보리수 아래에 사자좌(獅子座)를 펴놓았는데 높이가 일 유순이니라. '부처님이 여기에 앉아서 마땅히 최상의 깨달음을 얻으리라.' 하니, 마침 이 사자좌에 앉으셨느니라. 그때 여러 범천왕들이 온갖 하늘 꽃을 비오듯 내리니 그 꽃의 넓이가 일백 유순이며, 향기로운 바람이 때때로 불어와서 시들은 꽃은 날려보내고 다시 새 꽃을 내려서 십 소겁 동안을 쉬지 않고 부처님께 공양하였느니라. 열반에 드실 때까지 항상 이렇게 꽃을 내렸느니라. 여러 사천왕들은 부처님께 공양하기 위하여 항상 하늘의 북을 치고, 그 외에 다른 하늘에서도 하늘의 풍류를 연주하여 십 소겁이 차도록 하였으며 열반하실 때까지 이렇게 하였느니라.

✿　셀 수 없는 오랜 과거세에 대통지승불이 멸도하셨지만 이제 다시 상기해서 이야기합니다. 그런데 이 대통지승불의 성도는 한량없는 세월이 필요해서 "십겁좌도량(十劫坐道場) 불법불현전(佛法不現前)"이라고 합니다. 십 겁 동안이나 도량에 앉아 있었지만 불법이 나타나지 않았다고 합니다. 선문(禪門)에서도 자주 인용하는 선구(禪句)입니다. 왜 불법이 나타나지 않았을까요?

금강경에 이르기를 "일체법(一切法)이 개시불법(皆是佛法)"이라 했습니다. 모든 것이 다 불법인데 따로 불법으로 나타날 것이 무엇이 있습니까? 이 사실을 알아차리면 그때 불법은 이미 나타나 있는 것입니다. 이것은 선리(禪理) 즉 선에서 말하는 이치입니다. 우리 불자들이 이런 선리를 많이 들었기 때문에 이 이야기를 충분히 이해할 줄 믿습니다. 일체 모든 법이 다 불법이니, 세상에 어느 것 하나 불법 아닌 것이 없다는 말입니다. 그런데 십 겁이 지난 뒤에야 비로소 불법이 나타났다는 말은 어떤 특별한 불법이 나타난 것이 아닙니다. 눈에 보이는 두두물물이 그대로 불법이라는 것을 비로소 깨달았다는 것입니다.

【 경문 】

諸比丘야 大通智勝佛이 過十小劫하야사 諸佛之法이 乃現在前하야 成阿耨多羅三藐三菩提하시니라

여러 비구들이여, 대통지승불께서는 십 소겁이 지나고 나서 부처님의 법이 앞에 나타나서 최상의 깨달음을 이루었느니라.

🪷　불법이 나타날 것이 어디 있겠습니까. 나타나는 것은 없습니다. 본래 그대로가 불법입니다. '일체법이 개시불법' 이것을 알면 간단합니다. 불자들 중에 '이렇게 저렇게 살아야 하는데, 세속에 얽매여 그렇게 살지 못한다'고 말하는 것을 흔히 듣습니다. 그게 잘못된 생각입니다. 어디에 있든 서있는 그 자리가 불법의 자리고 또 그대로가 불법인 줄 알면 됩니다. 어디 유토피아가 따로 있습니까? 극락세계가 어디 따로 있겠습니까? 바로 이 순간 우리 사는 이 땅 이 자리에 우리가 갈구하는 이상적인 삶이 있고, 또 거기에서 극락을 발견해야 합니다.

[2] 십육 왕자(十六王子)의 찬탄

【 경문 】

其佛未出家時에 有十六子하대 其第一者는 名曰智積이라 諸子가 各有種種珍異 玩好之具러니 聞父得成가 阿耨多羅三藐三菩提하야는 皆捨所珍하고 往詣佛所어늘 諸母涕泣하고 而隨送之러라 其祖轉輪聖王이 與一百大臣과 及餘百千萬億人民으로 皆共圍繞하고 隨至道場하야 咸欲親近大通智勝如來하야 供養恭敬하고 尊重讚歎하야 到已頭面禮足하고 繞佛畢已에 一心合掌하고 瞻仰世尊하와 以偈頌曰

그 부처님이 출가(出家)하기 전에 십육 명의 왕자가 있었느니라. 맏아들의 이름은 지적(智積)이었으며, 여러 아들들이 각각 여러 가지 진기한 놀이기구를 가지고 있었느니라. 아버지가 최상의 깨달음을 이루셨다는 말을 듣고는 모두 진기한 놀이기구를 버리고 부처님이 계신 곳으로 나아가는데 그 어머니들이 눈물을 흘리면서 전송하였느니라.

그들의 조부 전륜성왕이 일백 대신과 백천만 억 백성들에게 둘러싸여 함께 도량(道場)에 이르렀느니라. 모두 다 대통지승여래를 가까이 모시고 공양 공경하며 존중 찬탄하였느니라. 그 곳에 이르러서는 머리를 숙여 발 아래에 예배하고 부처님을 여러 번 돌고는 일심으로 합장하여 세존을 우러러 바라보며 게송으로 말하였느니라.

🌸 이야기의 주인공은 대통지승불이지만 석가모니 부처님이 출가를 해서 성도한 이야기와 유사합니다. 석가모니 부처님도 성도한 뒤에 가족들을 만났습니다. 성도한 지 2년이 지나서야 비로소 고향에 가서 부왕도 뵙고 일가 친지와 권속들을 모두 만났습니다. 그때 부처님을 따라서 출가한 사람이 아주 많았습니다.

우리 스님들은 부처님처럼 큰 도를 이루지 못해서 그렇겠지만 고향에 잘 가지 않습니다. 옛날 어른들 말씀에 "출가한 사문은 부모나 국왕, 왕자에게도 큰절을 하지 않는다."고 했습니다. 아만을 부려서가 아니라 자기 수행이 완숙하기 전에는 대개 고향에 가지 않습니다.

대통지승불의 아버지인 전륜성왕까지 교화를 받고 부처님께 머리를 조아려 예배를 올리고 부처님을 여러 번 돌았다고 했는데 불교 용어로 '요불요탑(繞佛繞塔)'이라고 합니다. 탑돌이 한다는 말을 자주 하지요? 탑돌이 하듯 부처님의 주변도 돕니다. 옛날 사찰을 보면 법당이 크지도 않은데 법당의 중간쯤이나 3분의 1정도 간격을 두고 부처님을 모셨습니다. 부처님 뒤로 2미터 정도의 간격을 두어서 사람들이 서로 스치면서 걸어갈 수 있는 공간을 마련했습니다. 부처님을 돌기 위해 그런 것입니다. 중국도 마찬가지입니다. 그런데 요즘은 사람을 많이 수용하는 것을 우선으로 해서 이런 형식을 다 생략해 버리고 부처님을 법당 벽에다 바짝 붙여서 모십니다. 옛날에는 예불하고 나서 으레 부처님을 여러 바퀴 돌았습니다. 염불을 하고 목탁을 치면서 대중들이 열을 맞춰 돈 후에 다시 자기 자리로 돌아가서 부처님께 예를 올리고 예불을 끝냅니다. 저도 어릴 때 그런 예불에 참석한 적이 있습니다.

예전에 중국 광화사라는 절과 서로 교류해서 스님들이 일주일씩 연수를 한 적이 있습니다. 스님들이 한 200명이 사는 절인데 예불하는 데 두 시간이 걸립니다. 중국 법당은 엉덩이를 붙이고 앉을 수 있도록 되어 있지 않습니다. 그냥 신발 신고 들어가서 무릎만 꿇을 수 있도록 둥근 방석이 앞에 있습니다. 장궤합장이지요. 방석에 무릎만 대고 고개를 숙이는 것으로 절을 삼습니다. 우리 식의 절하고는 영 다르지요.

중국 스님들은 법당에 서 있다가 절할 때 무릎을 반쯤 꿇고 다시 서 있다가 천천히 염불하면서 돌고 또 서서 염불하고 도는 예불을 두 시간 동안 합니다. 새벽 4시 무렵에 법당에 들어가서 두 시간 동안 예불하고 염불하고 돌고나서 바깥을 보니 그때서야 먼동이 터오더군요. 뿌옇게 동이 트면서 사물의 윤곽이 차츰차츰 드러나는 모습에 아주 특별한 감회를 느꼈습니다. 중국에서는 요불요탑 의식을 중요하게 여기고 수행의 한 방법으로 생각합니다. 우리나라는 그렇게 할 수 있는 법당까지도 불상 뒷편을 막아서 불구를 쌓아놓는 창고로 쓰는데 참 아쉽습니다. 예불시간에 미리 가서 법당 추녀 밑을 몇 바퀴 돌면서 염불을 하든지 화두를 들든지 하면 마음도 편안히 가라앉고 참 좋을 것 같습니다.

【 경문 】

大威德世尊이 爲度衆生故로
於無量億歲에 爾乃得成佛하시니
諸願已具足이라 善哉吉無上이로다
世尊甚希有하사 一坐十小劫토록
身體及手足을 靜然安不動하며
其心常澹泊하야 未曾有散亂하고
究竟永寂滅하야 安住無漏法하며
今者見世尊이 安隱成佛道호니
我等得善利하야 稱慶大歡喜하노이다
衆生常苦惱하야 盲瞑無導師라
不識苦盡道하며 不知求解脫하고
長夜增惡趣하야 減損諸天衆하며
從冥入於冥하야 永不聞佛名이더니
今佛得最上 安隱無漏道하시니
我等及天人이 爲得最大利라
是故咸稽首하야 歸命無上尊이니다

큰 위덕을 갖추신 세존께서 중생들을 제도하시려고
한량없는 억만 년을 지내고 이제 비로소 성불하셨습니다.
온갖 서원을 이미 구족하시어

참으로 훌륭하시고 더없이 길상(吉祥)하십니다.

세존께서는 매우 희유하여 한 번 자리에 앉아

십 소겁 동안을 지내시었습니다.

몸과 손과 발을 고요히 하여 움직이지 않으시며

마음도 항상 담박하여서 조금도 산란하지 않으십니다.

끝까지 길이 적멸하시어 무루법(無漏法)에 머무르십니다.

오늘 세존께서 편안히 성불하심을 보고

저희들은 좋은 이익을 얻어서 경사스럽고 크게 환희합니다.

중생들은 항상 괴로워하고 눈은 어두운데 인도하여 줄 사람도 없습니다.

괴로움이 없어지는 방법을 모르고 해탈을 구할 줄도 모릅니다.

긴긴 밤에 나쁜 일은 자꾸 많아지고 훌륭한 대중들은 줄어만 듭니다.

캄캄한 데서 캄캄한 데로 들어가

영원히 부처님의 이름을 듣지 못하게 됩니다.

오늘 부처님께서 가장 높고 편안한 무루의 도를 얻으시니

저희들과 천신들이 가장 큰 이익을 얻게 되었습니다.

그러므로 우리 모두는 가장 높으신 세존께

머리를 숙여 귀의하나이다.'

    "세존께서는 매우 희유하여 한번 자리에 앉아 십 소겁 동안을 지내시었습니다. 몸과 손과 발을 고요히 하여 움직이지 않으시며 마음도 항상 담박하여서 조금도 산란하지 않으십니다."라고 했습니다. 참 부럽지요? 우리는 보통 몸은 앉아 있지만 마음은 천 리 만 리 돌아다니면서 별별 사람을 다 만나고, 별별 짓을 다 합니다. 묵조선에 '지

관타좌(只管打坐)'라는 말이 있는데 오로지 부처님처럼 앉아 있는 것을 말합니다. 몸만 앉으라는 말이 아닙니다. 몸과 마음이 통째로 앉아야 지관타좌입니다. 앉아 있어도 조건이 있습니다. 성성적적하게 앉아 있어야 합니다. 아주 초롱초롱하게 깨어 있으면서 마음을 고요히 하는 것입니다. 그런데 몸은 앉아 있지만 마음까지 그렇게 앉아 있기가 어려운 일입니다.

그래서 공부에 새로운 혁명이 일어났습니다. 그 혁명이 대혜종고 스님의 간화선입니다. 근기도 미약하니까 새로운 수행법을 개발한 것이 화두를 드는 간화선입니다. 간화선은 모든 망상을 하나의 큰 망상으로 집약시키는 것입니다. 화두를 의심한다는 말을 많이 하는데 의심하는 것은 사실 망상입니다. 탐(貪)·진(瞋)·치(癡)·만(慢)·의(疑)라고 해서 다섯 가지 큰 망상 가운데 하나에 들지요. 다른 모든 망상들을 하나의 망상으로 집약시켜서 거기서 일념이 되고 오매일여 경지에 이르고 24시간 오매일여가 일주일 내지 열흘쯤 경과하면 소위 선(禪)에서 말하는 깨달음이 존재한다는 것입니다. 간화선이 묵조선보다 훨씬 힘이 있습니다. 여기 법화경과 연관시켜서 보면 "몸과 손과 발을 고요히 하여 움직이지 않으시며 마음도 항상 담박하여서 조금도 산란하지 않으십니다."라고 표현하고 있지 않습니까? 이런 정신상태를 아주 높이 사는 것입니다.

"괴로움이 없어지는 방법을 모르고 해탈을 구할 줄도 모릅니다. 긴긴 밤에 나쁜 일은 자꾸 많아지고 훌륭한 대중들은 줄어만 듭니다. 캄캄한 데서 캄캄한 데로 들어가 영원히 부처님의 이름을 듣지 못하게 됩니다."라고 했습니다. 인생에 대해서 모르고 존재의 실상과 이치를 모르는 삶을 긴긴 밤이라고 표현했습니다. 법구경에서도 "피곤한 나그네에게 길은 멀고 잠 못 드는 이에게 밤은 길어라. 삶의 이치를 모르는 이에게 생사의 밤길은 길고 험해라."라고 했습니다. 우리가 부처님 법을 만났다면 캄캄한 곳에서 밝은 곳으로 한 걸음씩 나아가고 있다고 봐도 좋습니다. 진리의 가르침이고 성인의 가르침이며, 또한 이 성인이 숱한 희생을 치루고 큰 깨달음을 얻어낸 스승이기 때문에 그렇습니다. 그 점이 위대하기 때문에 '부처님, 부처님' 하며 공경하는 것이지 그밖에 부처님이 우리와 특별히 다른 점이 있겠습니까.

[3] 십육 왕자가 법을 청하다

【 경문 】

爾時十六王子가 偈讚佛已하고 勸請世尊하야 轉於法輪할새 咸作是言하대 世尊說法이 多所安隱하사 憐愍饒益 諸天人民이라하고 重說偈言하니라

世雄無等倫하사 百福自莊嚴하시고
得無上智慧샷다 願爲世間說하사
度脫於我等과 及諸衆生類하시며
爲分別顯示하사 令得是智慧케하소서
若我等得佛이면 衆生亦復然이라
世尊知衆生의 深心之所念하시며
亦知所行道하고 又知智慧力과
欲樂及修福과 宿命所行業이라

世尊悉知已시니 當轉無上輪하소서

이때 십육 왕자는 게송으로 부처님을 찬탄하고 나서 세존께 법륜을 굴리시기를 청하면서 다 같이 이렇게 말하였느니라.
'세존께서 설하시는 법문은 매우 편안합니다. 모든 천신들과 사람들을 어여삐 여기시어 이롭게 하여주십시오.' 라고 하였느니라.
그리고 다시 게송으로 말하였느니라.
'세상의 영웅이시며 짝할 사람 없으시어 온갖 복으로 장엄하시고
가장 높은 지혜를 얻으셨으니 세상 사람들을 위하여 법을 설하십시오.
저희들과 모든 중생들을 제도하여 해탈케 하시려고
분별하여 보여 주시며 지혜를 얻게 하십시오.
만약 저희들이 성불한다면 다른 중생들도 모두 그렇게 될 것입니다.
세존께서는 중생들이 깊은 마음으로 염원하는 것을 아시며
또한 하는 일들을 아실 것입니다.
지혜의 힘과 욕망과 닦아온 복과 과거에 지은 업도 아실 것입니다.
세존께서 모두 아시니
마땅히 최상의 법륜을 굴려 주십시오.' 라고 하였느니라."

🪷 부처님께서 깨달음을 이루셨다면 당연히 그 깨달음을 대중에게 알려야 합니다. 그리고 이해시키고 전해야 합니다. 그것이 깨달은 사람의 의무입니다. 석가모니 부처님께서 깨달음을 이루시고 제일 먼저 찾아가서 제도한 사람들이 있습니다. 예전에 부처님과 함께 수행하다가 부처님께 배신감을 느끼고 바라나시로 가버린 다섯 명의 비구였습

니다. 그들은 부처님께서 6년 고행의 마지막에 네란자라 강에서 목욕을 하고 아름다운 처녀 수자타가 끓여준 우유죽을 받아먹는 걸 보고 부처님이 타락했다고 생각하고 부처님 곁을 떠났습니다. 사실 인연이 깊은 그들부터 먼저 제도하는 게 당연하지만, 그들의 오해부터 풀어야겠다, 오해를 풀어주기 위해서 나는 그들을 찾아갔다는 표현도 경전에 간혹 나옵니다.

석가모니 부처님의 깨달음과 교화 과정을 다 알고 있는 입장에서 정말 훌륭한 부처님이 나타나셨다면 그냥 있을 수 없지요. 어떤 형식으로 그 부처님을 찬탄하고 맞이하며 부처님께 법을 청해야 하는가? 모든 사람들이 부처님을 찾아가서 환영하고 찬탄하고 법을 청하는 것이 마땅하다고 법화경은 지금 말하고 있는 것입니다.

석가모니 부처님께서 성도하시고 나서 '내가 큰 깨달음을 얻었는데 이것을 어떻게 할까, 이 이치를 몇 명이나 이해할까?' 하는 것을 상당히 고민하셨다고 합니다. 그럴 때 제석천이 (경전에서는 제석천이라고 했지만, 사실은 부처님의 마음 깊은 곳에서 솟아나는 자비의 마음이겠지요.) "부처님이시여, 6년 동안 피나는 고행을 거치신 뒤에 얻으신 큰 깨달음, 그 값진 깨달음을 그대로 두고 열반에 드시면 어찌하십니까?" 하면서 아주 간곡하게 청을 드려서 비로소 부처님께서 마음을 돌이키셨다고 합니다. 당신이 깨달은 진짜 경지는 저만큼 제쳐놓고 유치원생들을 상대로 이야기하듯이 그렇게 근기에 맞게 조금씩 가르쳐 나가서 마침내 최고의 수준인 법화경을 설하는 데까지 이르게 되었습니다.

제석천이 법을 청해서 오늘날 팔만대장경이 있게 되었듯이 대통지승불도 그러한 전철을 밟고 있습니다. 역사적으로 보면 대통지승불이 먼저지만 그래도 석가모니 부처님의 가르침을 통해서 소개받았기 때문에 예불문에도 '시아본사 석가모니불(是我本師 釋迦牟尼佛, 우리들의 근본이 되는 스승 석가모니 부처님)'이라고 합니다. 수많은 훌륭한 부처님과 보살님, 무수한 선지식, 성자들이 많습니다. 그렇지만 이 모든 분들을 석가모니 부처님의 가르침을 통해서 소개받았다는 사실을 잊어서는 안 됩니다.

대통지승불도 마찬가지입니다. 이루 헤아릴 수 없이 길고 긴 세월 전에 열반에 드신 대통지승불의 과거가 이러저러했다고 듣는데 누구의 입을 통해서 듣게 됩니까? 석가모니 부처님의 말씀을 통해서 알게 되었지요. 이런 점들을 살펴야 합니다. 경안(經眼, 경을 보는 안목)이라는 것은 그런 것까지 살펴서 깊이 있게 이해하는 것입니다. 경을 공부하는 데 참 중요한 부분입니다. 만약 우리가 뜻은 모르고 글자만 쫓아가면, 돌을 던져도 사자처럼 달려들어 물 줄 모르고 삽살개처럼 무슨 먹을거리인 줄 알고 킁킁거리는 꼴이 되어버립니다. 경전의 내용 저변에 흐르는 진실한 뜻이 무엇일까? 고민하면서 경전의 가르침을 배우는 데 늘 마음을 써야 합니다.

"세존께서는 중생들이 깊은 마음으로 염원하는 것을 아시며 또한 하는 일들을 아실 것입니다. 지혜의 힘과 욕망과 닦아온 복과 과거에 지은 업도 아실 것입니다."라고 했습니다. 이 구절을 읽으니 생각나는 이야기가 있습니다. 신도님들이 부처님 앞에 불공드리러 와서 온갖 소원을 빕니다. 어떤 이는 글로 써서 탁자 위에 올리기도 하고, 어떤 이는 부처님 좌복 밑에 끼워넣기도 합니다. 음악을 공부하는 학생의 부모는 탁자 위에다 까다로운 악보를 올려놓고 부처님께 기도를 했다고 합니다. 부처님께서는 말하지 않아도 아시고, 탁자 위에 악보를 올리지 않아도 아시고, 소원을 적은 종이를 좌복 밑에 밀어넣지 않아도 다 아십니다. 그런데 부처님은 신도들의 모든 소원을 다 들어주려고 기다리고 계실까요? 아닙니다. "그대들의 마음을 쉬어라. 모든 것이 연기의 법칙과 인연의 법칙으로 돌아가는 것이니라. 좋은 씨앗을 좋은 토양에 심고 또 열심히 가꾸는 공덕에 의해 좋은 결실을 얻게 되느니라. 조건을 만들어 주어라." 아마도 부처님은 이렇게 말씀하시고 계실 것입니다.

[4] 시방의 범천왕(梵天王)이 법을 청하다

① 부처님의 광명이 비치다

【 경문 】

佛告諸比丘하사대 大通智勝佛이 得阿耨多羅三藐三菩提時에 十方으로 各五百萬億諸佛世界가 六種震動하고 其國中間幽冥之處에 日月威光의 所不能照도 而皆大明하야 其中衆生이 各得相見하고 咸作是言하대 此中云何忽生衆生가하며 又其國界에 諸天宮殿과 乃至梵宮히 六種震動하고 大光普照하야 徧滿世界하대 勝諸天光이러라

부처님께서 여러 비구들에게 말씀하셨습니다.

"대통지승불께서 최상의 깨달음을 얻었을 때에 시방으로 각각 오백만억 세계가 여섯 가지로 진동하였느니라. 그 세계의 중간에 해와 달의 빛이 비치지 않던 캄캄한 곳이 모두 밝아져서 그곳에 있던 중생들이 서

로 보게 되어 모두 이렇게 말하였느니라. '이곳에 어찌하여 홀연히 중생들이 생겼는가.' 하였느니라. 또 그 세계의 하늘 궁전과 범천의 궁전에 이르기까지 여섯 가지로 진동하며 큰 광명이 두루 비치어 세계에 가득하니 다른 여러 천상의 광명보다도 더 훌륭하였느니라.

※ "대통지승불께서 최상의 깨달음을 얻었을 때에 시방으로 각각 오백만 억 세계가 여섯 가지로 진동하였느니라."라고 했습니다. 육종진동이라고 합니다. 여섯 가지로 진동했다는 것은 인간의 모든 부분이 큰 전율을 느낄 정도로 아주 크게 감동한 것을 이렇게 표현합니다. 우리가 수용할 수 있고 표현할 수 있고 활동할 수 있는 모든 범위를 육근(六根), 육진(六塵), 육식(六識)이라고 합니다. 세계가 여섯 가지로 진동했다 하면 진도 100이 넘는 그런 흔들림이라는 뜻인데 제15 종지용출품에서는 '진열(震裂)'이라고 표현했습니다. 진동하면서 찢어진다, 갈라진다는 뜻입니다. 진동보다 더욱더 감동을 진하게 표현한 것입니다. '오백만 억 세계가 여섯 가지로 진동하였느니라.' 부처님께서 이 세상에 오셔서 성불하셨으니 그보다 더 큰 감동이 어디 있겠습니까?

'한 개인의 정신적 체험으로 말미암아 온 인류가 과거 · 현재 · 미래의 모든 사람들까지도 중생에서 부처로 격이 높아졌다, 격상되었다는 점에서 인류사의 가장 큰 사건'이라고 동서고금의 모든 철학과 모든 종교를 다 연구한 서양학자들이 불교공부를 한 후 결론적으로 그렇게 표현했습니다. 그 정도로 깨달음이라는 것, 부처님이 이 땅에 오셨다는 사실은 대단한 일이고 인류사에 있어서 최상의 사건이라고 보

는 것입니다. 부처님의 제자라고 부처님을 추켜세운다고 생각할는지
도 모르지만 부처님의 세계를 이해하면 그런 표현이 나옵니다.

"그 세계의 중간에 해와 달의 빛이 비치지 않던 캄캄한 곳이 모두
밝아져서 그 속에 있던 중생들이 서로 보게 되어 모두 이렇게 말하였
느니라. 이곳에 어찌하여 홀연히 중생들이 생겼는가 하였느니라."라
고 했습니다. '해와 달의 빛이 비치지 않던 캄캄한 곳이 모두 밝아져
서'라는 말이 참 멋진 표현입니다. 부처님의 깨달음을 통해서 모든
사람들이 존재에 대한 눈을 뜨기 시작했다는 말입니다.

존재의 원리에 대해서 눈을 뜨기 시작한 중생들이 서로 보게 되어
모두 이렇게 말했습니다. '이곳에 어찌하여 홀연히 중생들이 생겼는
가?' 그 동안 자기 혼자뿐인 줄 알았다는 것이지요. 성인의 가르침을
통해서 비로소 옆 사람을 알게 되었고 옆 사람이 존재하니까 옆 사람
에 대한 배려를 할 줄 알게 되었다는 것입니다. 다른 사람도 인정하면
서 더불어 살게 되었다는 표현입니다. 나는 이 대목이 너무 근사해서
늘 마음 속에 새깁니다.

부처님의 가르침이 우리에게는 곧 깨달음입니다. 가르침이 없으면
깨달음은 아무 의미가 없습니다. 오늘날 우리가 사는 이 세상에 자기
위주로, 자기 중심적으로 철저히 자기만 생각하고 사는 경우가 얼마나
많습니까? 그것은 존재에 대한 눈을 못 떴다는 말입니다. 존재의 원리,
제법실상에 대해서 눈을 뜨지 못하면 눈을 감고 사는 것과 같습니다.

"또 그 세계의 하늘 궁전과 범천의 궁전에 이르기까지 여섯 가지
로 진동하며 큰 광명이 두루 비치어 세계에 가득하니 다른 여러 천상
의 광명보다도 더 훌륭하였느니라."고 했습니다. 법화경의 서두에서

도 동방으로 부처님이 광명을 놓으니 1만 8천 국토가 환하게 비치더라는 이야기가 있습니다. 부처님과 부처님의 깨달음을 광명으로 표현한 것은 광명처럼 밝은 지혜를 뜻하기 때문이라고 말했습니다. 그래서 불교를 '지혜와 자비의 종교'라고 합니다. 자비도 중요하지만 지혜가 없으면 자비는 애착이나 집착이 되어버립니다. 인간적인 정이 될 뿐 불교에서 말하는 자비는 되지 못합니다. 반드시 지혜를 동반해야 진정한 자비입니다. 왜냐하면 나름대로 남을 위한다고 하는 것이 엉뚱하게도 남을 해치는 경우가 많기 때문입니다.

② 동방(東方)의 범천왕이 법을 청하다

【 경문 】
爾時東方으로 五百萬億인 諸國土中梵天宮殿에 光明照曜하대 倍於常明
이라 諸梵天王이 各作是念하대 今者宮殿光明은 昔所未有라 以何因緣
으로 而現此相가하니라 是時諸梵天王이 卽各相詣하야 共議此事러니 時
彼衆中에 有一大梵天王하니 名救一切라 爲諸梵衆하야 而說偈言하니라
我等諸宮殿에 光明昔未有라
此是何因緣가 宜各共求之로다
爲大德天生인가 爲佛出世間인가
而此大光明이 徧照於十方가하니라

이때 동방의 오백만 억 국토 중에 있는 범천왕 궁전에 광명이 비치는 것이 평소보다 곱절이나 밝았느니라. 여러 범천왕들은 각각 생각하기

를 '지금 궁전의 광명이 찬란하기가 예전에 없던 것이니, 무슨 인연으로 이러한 모습이 나타나는가.' 하면서 서로 나아가서 이 일을 의논하였느니라.

이때 그 대중 가운데 이름이 구일체(救一切)라고 하는 대범천왕이 있다가 범천의 대중들을 위하여 게송으로 말하였느니라.

'우리들의 여러 궁전의 광명이 예전에 있지 않던 것이니

이것이 무슨 인연일까. 마땅히 우리 함께 그 까닭을 찾아보자.

대덕천(大德天)이 나시려는가. 부처님이 세상에 오시는 것인가.

이 크나 큰 광명이 시방세계에 두루 비치는 도다.'

🌸 범천왕은 지구 밖의 다른 하늘에 있는 것이 아니라 영혼이나 정신이 남보다 아주 뛰어난 사람들이라고 생각하면 됩니다. 범천, 제석천, 사천왕천, 도리천, 도솔천에 대해 다 일일이 말하기는 어렵습니다. 그러니까 이런 내용은 영혼 또는 정신적인 수준이 아주 뛰어난 사람들이 법을 청했다고 보는 것이 좋습니다. 범천왕도 뛰어난 분이어서 지혜롭지만, 부처님의 지혜와는 비교가 안 됩니다. 그래서 "광명이 비치는 것이 평소보다 곱절이나 밝았느니라."고 표현했습니다.

【 경문 】

爾時五百萬億國土에 諸梵天王이 與宮殿俱하사 各以衣裓으로 盛諸天華하야 共詣西方하야 推尋是相타가 見大通智勝如來이 處于道場菩提樹下하사 坐師子座하시니 諸天龍王과 乾闥婆緊那羅와 摩睺羅伽人非人等이 恭敬圍繞하며 及見十六王子가 請佛轉法輪하고 卽時諸梵天王이 頭

面禮佛하야 繞百千帀하고 卽以天華로 而散佛上하니 其所散華가 如須彌山이라 幷以供養佛菩提樹하니 其菩提樹의 高十由旬이라 華供養已에 各以宮殿으로 奉上彼佛하고 而作是言하대 唯見哀愍하사 饒益我等하시며 所獻宮殿을 願垂納處하소서

이때 오백만 억 국토의 범천왕들이 궁전과 함께 하여 각각 꽃바구니에 여러 가지 하늘의 꽃을 가득 담아 가지고 서쪽으로 함께 가서 그 상서(祥瑞)를 찾았느니라. 대통지승여래를 바라보니 도량에서 보리수 아래 사자좌에 앉으셨는데, 여러 천신·용왕·건달바·긴나라·마후라가·사람·사람 아닌 이들이 공경하여 둘러 모셨느니라. 또 십육 왕자가 부처님께 법륜을 굴려주시기를 청하였느니라.

그때 범천왕들이 머리를 숙이고 부처님께 예배하며 백천 번을 돌고 하늘의 꽃을 부처님 위에 흩었느니라. 그 흩은 꽃이 수미산과 같고 아울러 부처님의 보리수에까지 공양하니 보리수의 높이가 십 유순이었느니라. 꽃으로 공양하고 나서 각각 궁전을 부처님께 받들어 올리고 말하였느니라.

'저희들을 어여삐 여기시어 저희들을 이롭게 하기 위하여 이 궁전을 받아주십시오.'

✿ "그때 범천왕들이 머리를 숙이고 부처님께 예배하며 백천 번을 돌고 하늘의 꽃을 부처님 위에 흩었느니라."라고 했습니다. 일본 사람들은 꽃꽂이도 하나의 도(道)로 생각해서 '화도(花道)'라 합니다만 꽃꽂이는 본래 불가에서 시작한 것입니다. 처음에는 이렇게 꽃을 따서

흩었습니다. 지금도 불교에서 화혼식(華婚式, 결혼식이라고 하지 않고 화혼식이라고 합니다)을 할 때 어린 화동 둘이 자그마한 바구니에 생화 꽃잎을 가득 따서 담고 앞에 가면서 꽃잎을 흩뿌립니다. 불교의식을 제대로 지켜서 하면 아름답고 멋있고 품위가 있습니다. 부처님께 꽃을 뿌려 공양하듯이 화혼식 때도 그렇게 꽃을 뿌립니다.

"저희들을 어여삐 여기시어 저희들을 이롭게 하기 위하여 이 궁전을 받아주십시오."라고 했습니다. 범천왕들이 부처님께 보시를 하면서 오히려 간청하고 있습니다. 받는 이를 위해 드리는 것이 아니라 올리는 사람이 제발 우리를 위해서 받아달라고 간청합니다. 이런 자세는 우리가 깊이 생각하고 배워야 할 일입니다. 누구에게 마음을 내서 무엇을 줄 때는 꼭 이러한 자세로 하는 것이 바람직합니다. "부족한 정성이지만 이것을 받아주시면 참 기쁘고 고맙겠습니다." 이런 마음과 말이 받는 사람을 더욱 기쁘게 하고 감동하게 합니다.

【 경문 】

時諸梵天王이 卽於佛前에 一心同聲으로 以偈頌曰

世尊甚希有하사 難可得值遇라

具無量功德하사 能救護一切하시며

天人之大師로 哀愍於世間하시니

十方諸衆生이 普皆蒙饒益이라

我等所從來는 五百萬億國이니

捨深禪定樂은 爲供養佛故니다

我等先世福으로 宮殿甚嚴飾이라

今以奉世尊하노니 唯願哀納受하소서

이때 범천왕들이 부처님 앞에서 한결같은 마음과 음성으로 게송을 말하였느니라.
'세존께서 매우 희유하시어 만나 뵈옵기 어려우며
한량없는 공덕을 갖추어서 모든 중생들을 구호하십니다.
천신과 인간의 큰 스승으로서 세상을 어여삐 여기시니
시방의 많은 중생들이 모두 다 이익을 입었습니다.
저희들 오백만 억 국토에서 깊은 선정의 즐거움을 버리고
여기까지 온 것은 부처님께 공양하려는 까닭입니다.
저희들은 과거의 복으로 이 궁전이 매우 장엄합니다.
이제 세존께 받들어 올리오니
원컨대 가엾이 여기시고 받아주십시오.'

【 경문 】
爾時諸梵天王이 偈讚佛已하고 各作是言하대 唯願世尊은 轉於法輪하사
度脫衆生하야 開涅槃道케하소서 時諸梵天王이 一心同聲으로 而說偈言
하사대
世雄兩足尊은 唯願演說法하사
以大慈悲力으로 度苦惱衆生하소서
爾時大通智勝如來가 默然許之하시니라

이때 범천왕들이 부처님께 게송으로 찬탄하고 나서 각각 말하기를 '원

하옵건대 세존이시여, 법륜을 굴리어 중생들을 제도하시어 열반의 길을 열어주십시오.' 하고, 다시 여러 범천왕이 한결같은 마음과 음성으로 게송을 말하였느니라.

'세상의 영웅이신 양족존이시여, 바라옵건대 법을 설하사
큰 자비의 힘으로 고통 받는 중생들을 제도하십시오.'
이때 대통지승여래께서 묵묵히 허락하셨느니라.

❀ 마침내 대통지승여래가 법을 설하겠다는 뜻을 비쳤다는 내용입니다. 진리를 깨닫고 인생을 알고 세상 모든 존재의 원리를 아는 스승다운 스승이 계신다면 정말 정중하게 온 마음을 다 기울여서 법을 청해야 옳습니다. 그만큼 법을 존중해야 한다는 뜻을 이렇게 표현하고 있습니다.

③ 동남방(東南方)의 범천왕이 법을 청하다

【 경문 】
又諸比丘야 東南方五百萬億國土에 諸大梵王이 各自見宮殿에 光明照耀하대 昔所未有하고 歡喜踊躍하며 生希有心하야 卽各相詣하야 共議此事러니 時彼衆中에 有一大梵天王하니 名曰大悲라 爲諸梵衆하사 而說偈言하사대
是事何因緣으로 而現如此相인가
我等諸宮殿에 光明昔未有라
爲大德天生인가 爲佛出世間인가

未曾見此相일새 當共一心求호리라
過千萬億土하야 尋光共推之로다
多是佛出世하야 度脫苦衆生이로다

또 비구들이여, 동남방의 오백만 억 국토에 있는 대범천왕들이 각각 자기 궁전에 비치는 광명이 예전에 없던 것을 보고 뛸 듯이 기뻐하여 희유한 마음이 나서 서로 나아가서 이 일을 의논하였느니라. 이때 그 대중 가운데 이름이 대비(大悲)라는 대범천왕이 있다가 여러 범천들을 위하여 게송으로 말하였느니라.
이것이 무슨 인연(因緣)으로 이러한 현상을 나타내는가.
우리들의 여러 궁전에 비치는 광명이 예전에 있지 않던 것이니
대덕천(大德天)이 태어나시려는 것인가.
부처님이 세상에 오시는 것인가.
이런 현상을 본 적이 없나니 일심(一心)으로 함께 알아보리라.
천만 억 국토를 지나더라도 광명이 비치는 곳을 찾아보세.
아마도 부처님이 세상에 오셔서 괴로운 중생들을 제도하시리라.'

🪷 깨달으신 분의 할 일은 괴로움에 허덕이는 중생들을 제도하는 것입니다. 제도한다는 것은 사람이 사람답게 살도록 가르치는 일입니다. 사람이 사람답게 되었을 때 괴로움에서 벗어날 수 있는 것입니다.

【 경문 】
爾時五百萬億諸梵天王이 與宮殿俱하사 各以衣裓으로 盛諸天華하고

● 526 ●

共詣西北方하야 推尋是相타가 見大通智勝如來이 處于道場菩提樹下하
사 坐師子座하시니 諸天龍王과 乾闥婆緊那羅와 摩睺羅伽人非人等이
恭敬圍繞하며 及見十六王子가 請佛轉法輪하고 時諸梵天王이 頭面禮
佛하사 繞百千帀하며 卽以天華로 而散佛上하니 所散之華가 如須彌山이
라 竝以供養佛菩提樹하며 華供養已에 各以宮殿으로 奉上彼佛하고 而
作是言하사대 唯見哀愍하사 饒益我等하시며 所獻宮殿을 願垂納受하소서

이때 오백만 억 범천왕들이 궁전과 함께 하여 각각 꽃바구니에 하늘의
꽃을 가득 담아 가지고 서북쪽으로 함께 가서 이 상서를 찾았느니라.
대통지승여래를 보니 도량에서 보리수 아래 사자좌에 앉으셨는데, 여
러 천신·용왕·건달바·긴나라·마후라가·사람·사람 아닌 이들이 공
경하여 둘러서 있었느니라. 또 십육 왕자가 부처님께 법륜을 굴리시기
를 청하는 것을 보았느니라.
그때 범천왕들이 머리를 숙여 부처님께 예배하며 백천 번을 돌고 하늘
의 꽃을 부처님 위에 흩었느니라. 그 흩은 꽃이 마치 수미산과 같은데
부처님의 보리수에까지 공양하였느니라. 꽃으로 공양하고 나서 각각
그 궁전을 부처님께 받들어 올리고 말하였느니라.
'저희들을 어여삐 여기시어 이롭게 하사 원컨대 이 궁전을 받아주십
시오.'

❀ 각각의 방향에서 범천왕들이 대통지승불에게 법을 청하러 일일
이 찾아오고 있습니다. 밝은 광명을 따라서 대통지승불이 계신 곳에
와 보니 부처님께서 보리수 아래에 앉아계시고 온갖 중생들이 다 같

이 공경하고 있었습니다. 부처님께서 선정에 들 때 나무 밑에 앉아 계셨는데 그 나무 이름이 본래는 보리수가 아니었습니다. 부처님이 그나무 아래에서 깨달음 즉 보리를 성취했기 때문에 그때부터 보리수(菩提樹)라고 불려진 것입니다.

또한 그때 '쿠사'라는 풀을 깔고 앉으셨는데 그 풀 위에서 성도하셨기 때문에 그 풀을 길상초(吉祥草)라고 부릅니다. 아마도 부처님은 가까이에서 구하기 쉬운 풀을 뜯어서 깔고 앉으셨겠지요. 그런 풀도 경전에서 표현하기는 '부처님의 사자좌'라고 했습니다. 법화경에서도 그렇지만 화엄경에서도 석가모니 부처님께서 앉아계신 사자좌는 어마어마하게 높고 화려하고 금·은 보석으로 아주 값지게 꾸며져 있다고 표현하고 있습니다. 그것은 모두 깨달음의 안목에서 볼 때 이 세상이 그렇게 미묘하고 아름답고 값지게 보이더라는 말입니다.

【 경문 】

爾時諸梵天王이 卽於佛前에 一心同聲으로 以偈頌曰

聖主天中王이 迦陵頻伽聲으로

哀愍衆生者시라 我等今敬禮이니다

世尊甚希有하사 久遠乃一現이로다

一百八十劫을 空過無有佛호니

三惡道充滿하고 諸天衆減少리니

今佛出於世하사 爲衆生作眼하시니

世間所歸趣라 救護於一切샷다

爲衆生之父하사 哀愍饒益者시니

我等宿福慶으로 今得值世尊이니다

이때 범천왕들이 부처님 앞에서 한결같은 마음과 음성으로 게송을 말하였느니라.
'거룩하신 하늘 중의 왕이시여, 가릉빈가의 음성으로
중생들을 어여삐 여기시는 분이시라 저희들이 지금 예배합니다.
세존께서 매우 희유하시어 오랜 세월에 한 번 오셨습니다.
일백 팔십 겁 동안 부처님이 계시지 아니하였습니다.
삼악도만 가득하고 훌륭한 대중들은 점점 줄더니
이제 부처님이 오시어 중생들의 눈이 되었습니다.
세상 사람들의 귀의할 곳이 되어 모든 중생들을 구호하시고
중생들의 어버이가 되어 어여삐 여기고 이롭게 하십니다.
저희들은 숙세의 복이 있어 지금 세존을 뵙게 되었습니다.'

🪷 "일백 팔십 겁 동안 부처님이 계시지 아니하였습니다. 삼악도(三惡道)만 가득하고 훌륭한 대중들은 점점 줄더니 부처님이 이제 오시어 중생들의 눈이 되었습니다."라고 하였습니다. 부처님이, 깨달은 분이 오셔서 '중생들의 눈이 되었다'고 합니다. 이 얼마나 아름다운 표현입니까? 인생을 살아가는 데 삶의 길잡이, 안내자 역할을 한다는 것입니다. 부처님께서는 미혹한 중생들에게 지혜의 눈을 열어주신 것입니다. 제가 제2 방편품에서 누차 강조했던 말입니다.

　부처님께서 이 세상에 오신 까닭이 무엇이냐? 부처님께서 깨달은 안목을 모든 사람들에게 열어주고, 보여주고, 깨닫게 하고, 그 속에

들어가서 깨달음의 삶을 누리도록 하기 위해서 오셨습니다. 당신이 깨달은 것을 그대로 다른 사람도 깨닫게 하려는 것이라고 경전에서 스스로 밝힌 것이니 틀림없습니다. 우리가 불교에 귀의하거나, 절에 와서 법문을 듣는 것도 부처님의 눈을 빌리자는 것입니다. 불교 공부 잘 해서 나도 부처님과 같은 눈을 갖게 되면 더 말할 나위 없지요. 아직 그런 눈이 없으면 가르침을 배워서 부처님의 눈을 빌리면 됩니다.

"저희들은 숙세(宿世)의 복이 있어 지금 세존을 뵙게 되었습니다." 라고 했습니다. 비록 석가모니 부처님이 2,500년 전에 열반에 드셨어도 현재의 불자들은 부처님의 가르침을 접할 수 있고, 마음껏 공부할 수 있으며, 옛날 사람들보다 더 좋은 조건을 누리고 있습니다. 그러니 불자들의 복이 이만저만 많은 것이 아닙니다. 불법을 공부하는 것이 내 인생에 있어서 가장 뛰어난 선택이다, 무량대복이라고 느끼면 공부하지 말라고 해도 기를 쓰고 공부합니다. '내 인생에 있어서 그 누구를 만난 것보다 그 어떤 인연을 만난 것보다 복된 인연이구나' 하는 느낌을 받으면 더 이상 바랄 게 없다고 생각합니다.

【 경문 】

爾時諸梵天王이 偈讚佛已하고 各作是言하대 唯願世尊은 哀愍一切하사 轉於法輪하야 度脫衆生하소서 時諸梵天王이 一心同聲으로 而說偈言하니라

大聖轉法輪하사 顯示諸法相하시며
度苦惱衆生하야 令得大歡喜하시니
衆生聞此法하고 得道若生天하며

諸惡道減少하고 忍善者增益이니다
爾時大通智勝如來가 默然許之하시니라

이때 범천왕들이 부처님을 게송으로 찬탄하고 각각 말하기를 '원하옵
건대 세존께서는 모든 중생들을 어여삐 여기사 법륜을 굴리어 중생들
을 제도하소서.' 하고, 다시 여러 범천왕이 한결같은 마음과 음성으로
게송을 말하였느니라.
'큰 성인께서 법륜을 굴리어 모든 법의 모양을 보여주시고
괴로운 중생들을 제도하여 큰 기쁨을 얻게 하소서.
중생들은 그 법문을 듣고 도를 얻어 천상에 나면
모든 악도는 줄어들고 선한 사람들이 많아질 것입니다.'
이때 대통지승여래께서 묵묵히 허락하시었느니라.

❀ "큰 성인께서 법륜을 굴리어 모든 법의 모양을 보여주시고 괴
로운 중생들을 제도하여 큰 기쁨을 얻게 하소서."라고 하였습니다. 제
법의 실상을 보여달라는 말입니다. 모든 존재의 원리를 깨우쳐 달라
는 뜻입니다. 불교적 시각에서 보면 괴로움이라는 것은 모든 존재의
실상을 제대로 꿰뚫어 보지 못한 데서 오는 것입니다. 그 원리를 꿰뚫
어 보게 되면 어떤 변화에도 끄달리지 않게 됩니다. 그야말로 수처작
주(隨處作主)가 저절로 되지요. 어떤 상황에서도 그 상황이 움직이는 원
리를 알기 때문에 흔들리지 않는 것입니다.
　자연현상은 우리가 자주 경험하기 때문에 당연하게 받아들입니
다. 그러나 인간관계나 사업관계와 같이 나와 이해관계가 걸려 있는

문제들은 당연하게 받아들이지 못해서 괴로워합니다. 이런 것들도 자연현상과 같이 존재 원리나 변화 법칙이 당연히 있게 마련입니다. 이러한 사실을 우리가 부처님을 통해서 알든지 아니면 스스로 깨닫든지 참선으로 깨우치든지 경전으로 배우든지 해야 하는 것입니다.

④ 남방(南方)의 범천왕이 법을 청하다

【 경문 】

又諸比丘야 南方五百萬億國土에 諸大梵王이 各自見宮殿에 光明照耀
하대 昔所未有하고 歡喜踊躍하야 生希有心하며 卽各相詣하야 共議此事
하대 以何因緣으로 我等宮殿에 有此光曜아하더니 而彼衆中에 有一大梵
天王하니 名曰妙法이라 爲諸梵衆하야 而說偈言하사대
我等諸宮殿에 光明甚圍耀하니
此非無因緣이라 是相宜求之로다
過於百千劫토록 未曾見是相호니
爲大德天生인가 爲佛出世間인가

또 여러 비구들이여, 남방의 오백만 억 국토에 있는 대범천왕들이 각각 자기 궁전에 비치는 광명이 예전에 없던 것을 보고 매우 환희하여 희유한 마음을 내고 서로 나아가서 이 일을 의논하되 '무슨 인연으로 우리의 궁전에 이런 광명이 있는가.' 하였느니라.
그 대중 가운데 묘법(妙法)이라는 대범천왕이 있다가 범천의 대중들을 위하여 게송으로 말하였느니라.

'우리들의 모든 궁전에 광명이 매우 찬란한 것은
인연이 없지 아니하리니 이 현상의 까닭을 찾아보리라.
지나간 백 천 겁 동안에 일찍이 이런 일을 본 적이 없었으니
대덕천이 태어나시려는가. 부처님이 세상에 오시려는 것인가.'

【 경문 】

爾時五百萬億諸梵天王이 與宮殿俱하야 各以衣裓으로 盛諸天華하고
共詣北方하야 推尋是相타가 見大通智勝如來이 處于道場菩提樹下하사
坐師子座하시니 諸天龍王과 乾闥婆緊那羅와 摩睺羅伽人非人等이 恭
敬圍繞하며 及見十六王子가 請佛轉法輪하고 時諸梵天王이 頭面禮佛하
고 繞百千帀하며 卽以天華로 而散佛上하니 所散之華가 如須彌山이라
并以供養佛菩提樹하고 華供養已에 各以宮殿으로 奉上彼佛하고 而作是
言하대 唯見哀愍하사 饒益我等하시며 所獻宮殿을 願垂納受하소서

이때 오백만 억 범천왕들이 궁전과 함께 하여 각각 꽃바구니에 하늘의
꽃을 담아 가지고, 북쪽으로 함께 가서 이 상서를 찾았느니라. 대통지
승여래를 보니 도량에서 보리수 아래 사자좌에 앉아서 여러 천신·용
왕·건달바·긴나라·마후라가·사람·사람 아닌 이들이 공경하여 둘러
모시고 있었느니라. 또 십육 왕자가 부처님께 법륜을 굴려주시기를 청
하고 있는 것을 보았느니라.

그때 범천왕들이 머리를 숙여 부처님께 예배하며 백천 번을 돌고 하늘
의 꽃을 부처님 위에 흩었느니라. 그 흩은 꽃이 마치 수미산과 같고 부
처님의 보리수에까지 공양하였느니라. 꽃으로 공양하고 나서 각각 그

궁전을 부처님께 받들어 올리고 말하였느니라.

'저희들을 어여삐 여기시어 이롭게 하시기 위하여 이 궁전을 받아주십시오.'

❀　옛부터 수많은 선승들이 멋진 게송을 남겼는데 이것을 선게(禪偈) 또는 선시(禪詩)라고 합니다. 제가 좋아하는 구절 가운데 하나가 '구류동거일법계(九類同居一法界) 자라장리살진주(紫羅帳裏撒珍珠)'입니다. 아홉 가지 종류의 생명들이 한 법계에 같이 사는 일이 마치 아름다운 비단 위에 진주를 뿌려놓은 것과 같다는 말입니다. 비단만으로도 얼마나 아름답습니까? 그런 비단 위에다 영롱한 빛깔의 진주를 흩뿌려 놓았을 때 그 모양은 말로 다 표현할 수 없을 정도로 아름다울 것입니다.

금강경에서 "일체 중생의 종류인 난생·태생·습생·화생·유색·무색·유상·무상·비유상비무상을 내가 다 제도하리라. 이와 같이 무량무변한 중생들을 다 제도하되 실은 제도를 얻은 중생이 없느니라."고 한 말씀에 대해 야보 도천(冶父 道川) 선사가 "사람마다 본래 갖추어져 있고 개개인이 원만하게 이루어져 있기 때문이다."라고 주해하였습니다. 이 말씀에 대해, 함허 득통(涵虛 得通) 선사가 위와 같이 아름다운 게송으로 표현하였습니다.

갖가지 생명들이 함께 한 곳에 모여 사는 모습이 아름답기 그지없습니다. 시골집에 돌담을 쌓아놓은 것을 보아도 그렇습니다. 큰 돌은 큰 돌대로 작은 돌은 작은 돌대로 각자 맡은 역할을 똑같이 잘 하고 있습니다. 작은 돌이 필요한 곳에는 큰 돌을 깨어서 작게 만들어서 사용합니다. 작은 돌이 그 자리에 없으면 큰 돌은 제자리를 지탱할 수 없습니다. 오로지 작은 돌 덕분에 돌담이 무너지지 않고 유지됩니다.

사람도 그와 같습니다. 못난 사람, 잘난 사람이 따로 없습니다. 아무리 못난 사람도 세상에서 해야 할 역할이 있는 것입니다. 작은 돌을 하찮게 여기고 빼버리면 돌담이 지탱하지 못하고 무너지듯이, 못난 사람이 없으면 잘난 사람의 자리가 지탱하지 못합니다.

금강경에 나오는 아홉 종류의 생명들도 그 모습 그대로 소중하고 제각기 주어진 역할을 다하고 있습니다. 불상(佛像)이 소중하다고 해서 모든 사물을 다 불상으로 만든다면 어떻게 되겠습니까? 예를 들어서 탁자 위에 불상을 모셔야 하는데, 탁자는 없고 불상만 있다면 그 불상을 어디에 어떻게 모실 수 있겠습니까? 평범한 탁자조차도 나름대로의 존재 가치가 있습니다. 다만 맡고 있는 역할이 다를 뿐 탁자나 불상은 모두 동등한 것입니다.

우리들은 서로 상대가 아무 것도 아닌 것을 자랑한다, 상(相)을 낸다고 핀잔하고, 소인배의 행위라 헐뜯으며 상대방의 허물을 참지 못합니다. 한번쯤 봐 줄 수 있는데도 못 봐 줍니다. 그러나 깨달은 사람들, 보살 정신을 지니고 사는 사람은 이런 문제들을 전부 따뜻하게 감싸고, 이해하고, 그 사람의 개성으로 수용하고 포용합니다. 그래서 구류동거 일법계(九類同居 一法界)! 각양각색의 삶을 살아가는 생명들이 지구촌에서 더불어 같이 사는 모습이 비단 위에 진주를 뿌린 것처럼 아름답고 영롱하고 값지다는 이야기입니다.

이런 시각으로 사람들을 보고, 모든 생명을 보고, 모든 존재를 긍정적으로 아름답게 보는 것, 불교공부를 하는 이유가 바로 여기에 있

습니다. 사람을 보고 세상을 보는 시각을 부처님 시각으로 닮아가자
는 것이지요. 그랬을 때 우리들도 행복하고 다른 사람들도 행복해집
니다. 이것이 바로 인불사상의 다른 표현입니다.

【 경문 】

爾時諸梵天王이 卽於佛前에 一心同聲으로 以偈頌日

世尊甚難見이라 破諸煩惱者샷다

過百三十劫하야 今乃得一見이라

諸飢渴衆生에 以法雨充滿이로다

昔所未曾見 無量智慧者라

如優曇鉢華를 今日乃値遇로소니

我等諸宮殿이 蒙光故嚴飾이라

世尊大慈愍하사 唯願垂納受하소서

이때 범천왕들이 부처님 앞에서 한결같은 마음과 음성으로 게송을 말
하였느니라.

'세존은 친견하기가 매우 어려우며 모든 번뇌를 깨뜨리신 분입니다.

일백 삼십 겁을 지내고야 이제 한번 친견합니다.

굶주리고 목마른 모든 중생들을 법의 비로써 충만하게 해 주십니다.

옛적에 뵈옵지 못하던 지혜가 한량없는 분이십니다.

마치 우담바라화와 같아서 오늘에 비로소 친견합니다.

저희들의 이 모든 궁전에 광명을 비치어 장엄하였습니다.

세존이시여, 크게 어여삐 여기시고 원컨대 받아주십시오.'

米 　중국 양나라 시대의 선승 부대사(傅大士)께서 멋진 시를 남겼습니다.

　　야야포불면(夜夜抱佛眠),
　　조조환공기(朝朝還共起),
　　기좌진상수(起坐鎭相隨),
　　어묵동거지(語默同居止),

　밤마다 부처님을 안고 자고,
　아침마다 부처님과 함께 일어나네.
　앉으나 서나 늘 따라다니고
　말할 때나 안 할 때나 함께 머물고 함께 움직이네.

　　섬호불상리(纖毫不相離),
　　여신영상사(如身影相似),
　　욕식불거처(欲識佛去處),
　　지자어성시(只者語聲是),

　털끝만큼도 서로 떨어지지 않으니
　마치 몸에 그림자가 따르듯 하는 구나.
　부처님이 가신 곳을 알고 싶은가?
　단지 이 말소리 나는 곳이 부처로세.

밤마다 부처님을 안고 자고 아침이면 부처님과 함께 일어나며, 모든 일상생활을 부처님과 더불어 함께하며 털끝만큼도 떠나지 않는 관계 인데도 부처님이 보이지 않는다고 합니다. 그 보이지 않는 부처님이 계신 곳을 알고 싶으면, 이 말소리가 나는 곳 즉 지금 말하는 사람, 이 말을 듣는 그 사람이 바로 부처라고 하는 유명한 선시입니다.

사람이 부처님이라는 근본적인 정신을 놓쳐버리고 밖에서 부처님을 찾고, 밖에서 부처님의 가피나 영험을 찾아서는 안 됩니다. 이는 불교의 근본 취지와 어긋나는 것이며, 법화경의 사상과도 어긋나는 것입니다. 최첨단 불교라고 할 수 있는 선불교와는 더욱더 어긋나는 것입니다. 불교가 가장 발전한 단계에서 한마디로 내린 결론은 '중생 의 현재 모습 그대로 부처님이다' 라는 인불사상(人佛思想)입니다.

법화경은 이러한 인불사상을 깔고 있으면서도 대통지승불의 이야 기와 같은 여러 가지 방편을 사용합니다. 대승불교의 근본취지를 이 해시키기 위해서 거침없이 방편을 구사하는 것입니다. 그렇기 때문에 방편에 휘둘리거나 놀아나면 본래의 깊은 뜻을 이해하기 어렵습니다. 경전도 그러한데 선구(禪句)는 이해하기가 더 어렵습니다. 격외선(格外 禪)의 경우에는 참으로 어려운 일입니다. 예를 들어서 주장자를 한 번 떠억 들어보인다든지, 아니면 '쾅' 하고 내리친다든지 하는 것은 최 상승의 법문입니다. 이런 최상승 법문을 제대로 이해하는 것이 쉽겠 습니까? 그러나 경전의 말씀을 잘 이해하면 나중에는 이런 고차원적 인 선 법문도 충분히 이해할 수 있을 것입니다.

【 경문 】

爾時諸梵天王이 偈讚佛已하고 各作是言하대 唯願世尊은 轉於法輪하사
令一切世間과 諸天魔梵과 沙門婆羅門으로 皆獲安隱하사 而得度脫게하
소서 時諸梵天王이 一心同聲으로 以偈頌曰

唯願天人尊은 轉無上法輪하사

擊于大法鼓하시고 而吹大法螺하시며

普雨大法雨하사 度無量衆生하실새

我等咸歸請하노니 當演深遠音하소서

爾時大通智勝如來가 默然許之하시니라

이때 여러 범천왕이 부처님께 게송으로 찬탄하고 나서 각각 말하기를,
'원하옵건대 세존께서 법륜을 굴리어 모든 세간의 천신·마왕·범
천·사문·바라문들로 하여금 편안함을 얻어 해탈케 하소서.'하고,
다시 여러 범천왕이 한결같은 마음과 음성으로 게송을 말하였느니라.
'원하옵나니 천상과 인간에서 가장 높으신 분으로서
가장 높은 법륜을 굴리시며 큰 법(法)의 북을 치시고
큰 법의 소라를 부시며, 큰 법의 비를 널리 내리시어
한량없는 중생들을 제도하여 주십시오.
저희들이 귀의하고 청하오니
멀고 깊은 음성으로 연설하여 주십시오.'
이때 대통지승여래께서 묵묵히 허락하셨느니라.

【경문】 ·

西南方과 乃至下方도 亦復如是하니라

서남방(西南方)과 내지 하방(下方)까지도 모두 그러하였느니라.

🪷 부처님께 법륜을 굴리시기를 청하는 내용이 참 아름답습니다. 가장 높은 법륜을 굴리시며 큰 법의 북을 치시고 큰 법의 소라를 부시며, 큰 법의 비를 널리 내리시어 한량없는 중생들을 제도하여 주십시오. 얼마나 멋진 당부이고, 아름다운 찬탄의 노래입니까?

이런 내용을 한 호흡에 죽 읽어가면, 동방에서부터 서방으로 몇 방향은 정상적인 속도로 소개하고 나서 남은 부분은 속도가 빨라지며 흥분하게 됩니다. 부처님을 존경하는 마음이 아주 고조됩니다. 이럴 때는 시방을 낱낱이 다 소개하면 분위기가 처져버립니다. 경전을 읽어보면 이런 계산이 아주 치밀하게 깔려있습니다. 그래서 '서남방과 하방까지도 모두 그러하였느니라'고 하여 생략하고, 마지막에 상방 범천왕이 법을 청하는 것으로 본문을 살려서 비로소 매듭을 짓습니다.

⑤ 상방(上方)의 범천왕이 법을 청하다

【경문】

爾時上方五百萬億國土에 諸大梵王이 皆悉自覩所止宮殿에 光明威耀하대 昔所未有하고 歡喜踊躍하야 生希有心하며 卽各相詣하야 共議此事하대 以何因緣으로 我等宮殿에 有斯光明가한대 時彼衆中에 有一大梵天

王하니 名曰尸棄라 爲諸梵衆하야 而說偈言하사대

今以何因緣으로 我等諸宮殿에

威德光明曜하대 嚴飾未曾有어뇨

如是之妙相은 昔所未聞見이로니

爲大德天生인가 爲佛出世間인가

그때 상방(上方)의 오백만 억 국토에 있는 대범천왕들이 모두 자기가 있
는 궁전에 비치는 광명이 찬란하여 예전에 없던 것을 보고 매우 환희하
며 희유한 마음을 내고, 각각 서로 나아가서 이 일을 의논하였느니라.
'무슨 인연(因緣)으로 우리의 궁전에 이런 광명이 있는가.' 하였느니라.
그 대중 가운데 시기(尸棄)라고 하는 대범천왕이 있다가 범천의 대중들
을 위하여 게송으로 말하였느니라.
'오늘날 무슨 인연으로 우리들의 여러 궁전에
찬란한 광명이 비치니 그 장엄함이 일찍이 없던 일이라.
이렇게 기묘한 모습은 예전에 보지 못하던 일이니
대덕천이 태어나시려는가. 부처님이 세상에 오시려는 것인가.'

🪷   같은 내용을 앞에서도 여러 번 들어보았지요? 큰 광명이 비치는
것으로 부처님께서 세상에 오시는 것을 표현했습니다. 이것은 우리가
두고두고 음미하고 생각하고 풀이해야 하는 일입니다. 부처님은 곧
빛이라는 말입니다. 앞에서도 말씀드렸지만 일월등명불(日月燈明佛)의
태양[日], 달(月), 등불(燈), 밝음(明)이 여기서 말하는 빛과 같은 것입니
다. 빛은 촛불로 켜든 전기로 켜든 모두 상징적인 것이고, 빛이 의미

하는 것은 어리석은 사람들의 마음을 밝히는 지혜를 뜻합니다.

【 경문 】

爾時五百萬億諸梵天王이 與宮殿俱하며 各以衣裓으로 盛諸天華하고
共詣下方하야 推尋是相타가 見大通智勝如來가 處于道場菩提樹下하사
坐師子座하시니 諸天龍王과 乾闥婆緊那羅와 摩睺羅伽人非人等이 恭
敬圍繞하며 及見十六王子請佛轉法輪하고 時諸梵天王이 頭面禮佛하야
繞百千匝하며 即以天華로 而散佛上하니 所散之華가 如須彌山이라 并
以供養佛菩提樹하고 華供養已에 各以宮殿으로 奉上彼佛하고 而作是言
하대 唯見哀愍하사 饒益我等하시며 所獻宮殿을 願垂納處하소서

이때 오백만 억 범천왕들이 궁전과 함께 하여 각각 꽃바구니에 하늘의
꽃을 가득 담아 가지고, 하방으로 함께 가서 이 상서를 찾았느니라. 대
통지승여래를 보니 도량에서 보리수 아래 사자좌에 앉으셨는데 여러
천신·용왕·건달바·긴나라·마후라가·사람·사람 아닌 이들이 공
경하여 둘러 모셨느니라. 또 십육 왕자가 부처님께 법륜을 굴려주시기
를 청하는 것을 보았느니라.

그때 범천왕들이 머리를 숙여 부처님께 예배하며 백천 번을 돌고, 하늘
의 꽃을 부처님 위에 흩었느니라. 그 흩은 꽃이 마치 수미산과 같은데,
부처님의 보리수에까지 공양하였느니라. 꽃으로 공양하고 나서 각각
그 궁전을 부처님께 받들어 올리고 말하였느니라.

'저희들을 어여삐 여기시며 이롭게 하시기 위하여 이 궁전을 받아주십
시오.'

❀ "그 흩은 꽃이 마치 수미산과 같은데, 부처님의 보리수에까지 공양하였느니라."고 하였습니다. 부처님께 올린 꽃이 얼마나 많았던지 수미산만큼 높이 쌓였다고 합니다. 부처님께서 오신 것을 기뻐하는 마음에 꽃으로 공양을 올리고, 꽃으로 꾸미고 환영하고 싶은 마음이야 수미산인들 성에 차겠습니까? 이렇게 이해하면 그 흩은 꽃이 수미산과 같았다고 하는 이야기가 간단하게 이해됩니다. 참된 성인을 기리는 중생의 마음이 그렇게 진실하고 깊다는 것을 표현한 것입니다.

우리가 화엄경에 대해 말할 때, 화엄경을 용궁에서 가져왔다고 합니다. 용도 전설의 동물인데 하물며 용궁이 어디에 있겠습니까? 그런데도 용궁에서 가져왔다고 합니다. 이것을 어떻게 이해해야 할까요? 어렵지 않습니다. 화엄경과 같이 뛰어난 가르침, 화려하고 멋진 가르침은 도저히 인간 세상의 것이라고 상상할 수 없기 때문입니다. 그래서 하늘에서 내려왔거나 저 깊은 용궁에서 가져왔을 거라고 생각한 것입니다. 용궁보다 더 깊고 권위있는 미지의 세계가 있다면 아마 그곳에서 가져왔다고 했을 것입니다.

"저희들을 어여삐 여기시며 이롭게 하시기 위하여 이 궁전을 받아주십시오."라고 하였습니다. 인도에 성지순례를 하다보면 보시를 요구하는 거지들을 아주 많이 만납니다. 그런데 그들은 보시를 받고도 하나도 고마워하지 않습니다. 왜 그런가 하고 알아보았더니 참 재미있는 말을 하는 것입니다. 그들이 말하기를 "보시하는 사람이 고마워해야지, 왜 받는 사람이 고마워하느냐? 보시하는 사람은 복을 지을 기회를 얻은 것이고, 보시받는 자신들은 빚만 지는 것이다. 부득이 해서 보시를 받았지만 우리는 빚을 졌다. 언젠가는 그 보시자에게 이자까지 갚아야 할 처지이기 때문에 하나도 고마워할 것이 없다. 정말 고마워해야 할 사람은 보시하는 사람."이라고 설명하더군요. 듣고 보니 참 그럴 듯한 말입니다.

법화경에서도 "보시하는 저희들을 이롭게 하기 위해서 이 궁전을 받아주십시오."하고 간청하고 있습니다. 우리가 무언가를 베풀 때 이런 마음가짐으로 베푼다면 돌아오는 과보도 클 것입니다. 물론 과보를 생각하고 보시하면 안 되지만, 이런 마음가짐이라면 틀림없이 큰 과보, 큰 공덕이 있을 것입니다.

【 경문 】

時諸梵天王이 卽於佛前에 一心同聲으로 以偈頌曰

善哉見諸佛 救世之聖尊호니

能於三界獄에 勉出諸衆生이로다

普智天人尊이 哀愍羣萌類하사

能開甘露門하야 廣度於一切삿다

於昔無量劫에 空過無有佛하며

世尊未出時에 十方常闇瞑하야

三惡道增長하고 阿修羅亦盛하며

諸天衆轉減하야 死多墮惡道하며

不從佛聞法하고 常行不善事하며

色力及智慧가 斯等皆減少라

罪業因緣故로 失樂及樂想하고

住於邪見法하며 不識善儀則하고

不蒙佛所化하며 常墮於惡道러니
佛爲世間眼하사 久遠時乃出하야
哀愍諸衆生일새 故現於世間하야
超出成正覺하시니 我等甚欣慶하고
及餘一切衆도 喜歎未曾有이니다
我等諸宮殿이 蒙光故嚴飾이라
今以奉世尊하노니 唯垂哀納受하소서
願以此功德으로 普及於一切하야
我等與衆生이 皆共成佛道하야지이다

이때 범천왕들이 부처님 앞에서 한결같은 마음과 음성으로 게송을 말하였느니라.

'훌륭하십니다. 세상을 구원하시는 부처님 세존을 뵈오니

삼계(三界)의 지옥 속에서 중생들을 건지시느라 애쓰십니다.

넓은 지혜 갖추신 세상의 어른께서 모든 중생들을 가엾이 여겨

감로(甘露)의 문을 열고 그들을 다 널리 제도하십니다.

옛적 한량없이 오랜 세월에 부처님도 없이 지냈으니

세존께서 오시기 전에 시방세계는 항상 캄캄하였습니다.

삼악도(三惡道)는 늘어나고 아수라는 번성하며

훌륭한 대중은 더욱 줄어들고 죽는 이는 흔히 악도에 떨어집니다.

부처님의 법문도 듣지 못하고 착하지 않은 일만 항상 저질러

육신과 힘과 지혜 이런 것이 모두 감소합니다.

죄업을 지은 인연으로 즐거운 일과 즐거운 생각까지 없어지고

삿된 소견에 머물러 있어 본받을 만한 행동을 알지 못합니다.

부처님의 교화를 받지 못하여 항상 악도에 있거늘

세상의 눈이신 부처님께서 오랜만에 나타나시었습니다.

중생들을 가엾이 여기시는 까닭에 이 세상에 오셔서

세간을 뛰어나서 바른 깨달음을 이루시니

우리들은 한없이 기쁘고 경사스럽습니다.

그 외의 모든 중생들도 처음 있는 일이라고 찬탄합니다.

저희들의 모든 궁전이 부처님의 광명을 받아 아름답게 꾸며졌습니다.

지금 세존께 받들어 올리오니 바라옵건대 받아 주십시오.

원컨대 이 공덕이 모든 사람들에게 돌아가서

우리들과 그리고 일체 중생들이 다 함께 성불하게 하소서.'

🪷 "세존께서 오시기 전에 시방세계는 항상 캄캄하였습니다. 삼악도(三惡道)는 늘어나고 아수라는 번성하며 훌륭한 대중은 더욱 줄어들고 죽는 이는 흔히 악도에 떨어집니다."라고 했습니다. 참 의미심장한 표현입니다. 앞에서 부처님께서 오시는 것을 빛, 광명으로 표현한 것과 같은 맥락입니다. 부처님의 깨달음을 통해서 이 세상과 인생의 지혜를 일깨워주는 것이 불교입니다. 그래서 부처님의 지혜를 빛으로 상징합니다. 부처님 오신 날에 연등을 밝히는 것도 그 지혜의 빛을 표현하기 위해서입니다. 인생의 원리를 모르고 무지막지하게 살면 갈 곳은 악도(惡道)밖에 없습니다. 부처님의 법문도 듣지 못하고 도덕적인 기준도 없고, 어떻게 살아야 하는지도 모르니까 그냥 마음 내키는 대로 제멋대로 행동하는 중생이 악도 중생입니다.

"저희들의 모든 궁전이 부처님의 광명을 받아 아름답게 꾸며졌습니다."라고 하였습니다. 부처님의 광명을 받아 아름답게 꾸며졌다는 것은 바로 지혜의 눈을 뜨게 되었다는 말입니다. 지혜의 눈을 뜨고 보면 어디 궁전만 아름답겠습니까? 부다가야의 척박한 땅도 금강석처럼 아름답게 보입니다. 화엄경의 첫 대목이 "이와 같이 나는 들었다. 어느 때 부처님께서 마갈제국(摩竭提國) 아란야법보리도량[阿蘭若法菩提道場]에서 처음으로 정각(正覺)을 이루셨다. 그 땅이 견고하여 다이아몬드로 되었는데, 가장 묘한 보배 바퀴와 여러 가지 훌륭한 꽃과 깨끗한 마니(摩尼)로 장엄하게 꾸몄으므로 온갖 빛깔들이 그지없이 나타났다."고 시작합니다. 실제로 부다가야에 가보면, 모래와 자갈, 돌투성이로 척박하기 이를 데 없습니다. 그럼에도 불구하고 부처님께서는 그 땅이 다이아몬드로 이루어졌다고 표현하고 있습니다. 이런 표현은 감동을 받은 사람의 진실한 마음을 드러낸 것입니다.

"원컨대 이 공덕이 모든 사람들에게 돌아가서 우리들과 그리고 일체 중생들이 다 함께 성불하게 하소서."라고 하였습니다. 이 대목은 보통 행사를 마칠 때 늘 염송하는 구절입니다. "원이차공덕(願以此功德)으로 보급어일체(普及於一切)하야 아등여중생(我等與衆生)이 개공성불도(皆共成佛道)하여지이다."라고 염송합니다. 명구 중의 명구입니다.

이렇게 경전에 있는 좋은 구절을 뽑아놓은 것이 염불입니다. 이 한 구절로 성불한 대통지승불에게 공양을 올리고 법을 청하는 최고의 구절로 끝맺음을 멋지게 해놓았습니다. 이 공덕을 모든 사람들에게 다 회향하는 뜻이 중요합니다. 혼자만 부처가 되는 것이 아니라 다 같이 불도를 이루자는 뜻입니다. 부처란 참으로 인간다운 사람을 말합니다. 참으로 인간다운 사람은 혼자만 안온한 인생을 누리지 않습니다. 다른 사람은 고통스러워도 나만 행복하면 그만이라는 심성은 인간다운 심성이 아닙니다. 다른 모든 생명들이 다 같이 행복하기를 바라는 것이 참다운 인간이고 부처입니다. 이것이 불교의 진정한 목표입니다. 바로 이런 부분에서 성문 연각이 열반을 추구하는 것과 다르다는 것입니다.

【 경문 】

爾時五百萬億諸梵天王이 偈讚佛已하시고 各白佛言하사대 唯願世尊은
轉於法輪하사 多所安隱하시며 多所度脫케하소서 時諸梵天王이 而說偈
言하사대
世尊轉法輪하실새 擊甘露法鼓하사
度苦惱衆生하야 開示涅槃道하시니
唯願受我請하사 以大微妙音으로
哀愍而敷演 無量劫習法하소서

이때 오백만 억 범천왕들이 게송(偈頌)으로 부처님을 찬탄하고 나서 말씀드렸느니라.
'바라옵건대 세존이시여, 법륜을 굴리시어 모두 편안케 하여 주시며 해탈케 하여 주십시오.'
그리고 또 범천왕들이 게송으로 말하였느니라.
'세존이시여, 법륜을 굴리시어 감로법의 북을 치시며
고통받는 중생들을 건지시고 열반의 길을 보여 주십시오.

바라옵건대 저희들의 요청을 들어주시어 크고 미묘하신 음성으로써
한량없는 세월 동안 닦아 익힐 법을
불쌍히 여기셔서 연설하여 주십시오.'

❀ 대통지승불이 성도를 하시자, 시방의 범천왕들이 모여와서 법
륜을 굴려달라고 청하는 의식을 치렀습니다. 그리고 여기에서 마지막
으로 오백만 억 범천왕들이 모두 함께 게송으로 법문을 청하는 의식
을 올리고 있습니다. 요즘 우리들은 법을 청할 때 아주 간단하게 합니
다. 그렇지만 대통지승불이 세상에 오셨을 때는 그 당시로서는 부처
님이 처음이시다 보니 청법(請法)도 매우 정중하고 격식을 갖춰서 합니
다. 이렇게 정중하게 청하기 때문에 더 가치있고 소중하게 들리는 것
입니다.

대통지승불이 설한 법이 무엇입니까? 사제(四諦)와 십이인연(十二
因緣)을 설하는 광경이 다음 대목에 이어집니다. 처음에는 고집멸도의
사제를 설했습니다. 그리고 중생의 삶이 전개되는 과정을 설명하는
십이인연을 설했습니다. 불교의 기본적인 교리가 사제와 십이인연입
니다. 그런데 우리가 매일 암송하는 반야심경만 보더라도 어떻습니
까? 무(無) 고집멸도(苦集滅道), 무(無) 안이비설신의(眼耳鼻舌身意), 무(無)
색성향미촉법(色聲香味觸法)이라고 합니다. 십이인연에 대해서도, 무
(無) 무명(無明) 역무(亦無) 무명진(無明盡) 내지(乃至) 무(無) 노사(老死)라고
하여 모두 없다고 부정하고 있습니다. 이것이 공을 설하는 반야심경
이나 금강경의 차원입니다. 법화경에서는 여기에까지 이르는 과정을
설명하려다 보니 사제와 십이인연을 말하는 것입니다. 하지만 법화경

에서 참으로 말하고 싶은 것은 사제도 십이인연도 아닙니다.

[5] 십이인연법(十二因緣法)을 설하다

【경문】

爾時大通智勝如來가 受十方諸梵天王과 及十六王子請하시고 卽時에
三轉十二行法輪하시니 若沙門婆羅門과 若天魔梵과 及餘世間의 所不
能轉이니 謂是苦며 是苦集이며 是苦滅이며 是苦滅道며 及廣說十二因
緣法하시니 無明緣行하고 行緣識하며 識緣名色하고 名色緣六入하며 六
入緣觸하고 觸緣受하며 受緣愛하고 愛緣取하며 取緣有하고 有緣生하며
生緣老死憂悲苦惱하나니라 無明滅則行滅하고 行滅則識滅하고 識滅則
名色滅하고 名色滅則六入滅하고 六入滅則觸滅하고 觸滅則受滅하고 受
滅則愛滅하고 愛滅則取滅하고 取滅則有滅하고 有滅則生滅하고 生滅則
老死憂悲苦惱滅하나니라 佛於天人大衆之中說是法時에 六百萬億那由
他人이 以不受一切法故로 而於諸漏에 心得解脫하야 皆得深妙禪定과
三明六通하고 具八解脫하며 第二第三과 第四說法時에 千萬億恒河沙
那由他等衆生이 亦以不受一切法故로 而於諸漏에 心得解脫하며 從是
已後로 諸聲聞衆도 無量無邊不可稱數러라

이때 대통지승여래는 시방세계의 범천왕들과 십육 명의 왕자의 청을
받고 곧 세 번에 십이(十二) 행(行)의 법륜을 굴리었느니라. 사문이나 바
라문이나 천신·마왕·범천이나 그 외의 다른 세상 사람들은 굴릴 수 없
는 것이니라. 이른바 이것은 괴로움이요, 이것은 괴로움의 쌓임이요,

이것은 괴로움의 사라짐이요, 이것은 괴로움이 사라지는 길이니라.

또 십이인연의 법을 널리 말하였으니, 무명(無明)은 행(行)을 반연하고, 행은 식(識)을 반연하고, 식은 명색(名色)을 반연하고, 명색은 육입(六入)을 반연하고, 육입은 촉(觸)을 반연하고, 촉은 수(受)를 반연하고, 수는 애(愛)를 반연하고, 애는 취(取)를 반연하고, 취는 유(有)를 반연하고, 유는 생(生)을 반연하고, 생은 노·사·우·비·고·뇌(老死憂悲苦惱)를 반연하느니라. 무명이 사라지면(滅) 행이 사라지고, 행이 사라지면 식이 사라지고, 식이 사라지면 명색이 사라지고, 명색이 사라지면 육입이 사라지고, 육입이 사라지면 촉이 사라지고, 촉이 사라지면 수가 사라지고, 수가 사라지면 애가 사라지고, 애가 사라지면 취가 사라지고, 취가 사라지면 유가 사라지고, 유가 사라지면 생이 사라지고, 생이 사라지면 노·사·우·비·고·뇌가 사라지느니라.

부처님께서 천신과 인간 대중 가운데서 이 법을 말씀하실 때 육백만 억 나유타 사람들이 일체 경계를 받아들이지 아니함으로써 모든 번뇌에서 마음이 해탈해지고, 깊고 묘한 선정과 세 가지 밝음과 여섯 가지 신통을 얻어 여덟 가지 해탈을 갖추었느니라.

두 번째와 세 번째, 네 번째의 법을 말씀하실 적에는 천만 억 항하사 나유타 중생들이 또한 일체 경계를 받아들이지 아니함으로써 모든 번뇌에서 마음의 해탈을 얻었느니라. 그 뒤부터 여러 성문 대중들이 한량없고 그지없고 이루 다 셀 수 없이 많았느니라.

❀ "시방세계의 범천왕들과 십육 명의 왕자의 청을 받고 곧 세 번에 십이(十二) 행(行)의 법륜을 굴리었느니라."라고 하였습니다. 세 번

에 십이 행의 법륜을 굴렸다는 말은 사제 법문을 세 번 굴렸다(4×3=12)는 말입니다. 사제 법문을 세 차례 설하면서 그때마다 다른 방향에서 차원을 달리하면서 말씀하셨다는 뜻입니다. 교리적으로 살펴보면 사제(四諦)는 성문을 위해 세 번 설하고, 십이인연(十二因緣)은 연각을 위해 두 번 설하고, 육바라밀은 보살을 위해 한 번 설하는 형식이 있습니다. 그리고 사제를 세 번 설하는 것을 자세히 말하면, 상근기에게는 시전(示轉)하고 중근기에게는 권전(勸轉)하고 하근기에게는 증전(證轉)하여 각각 깨닫게 하였다고 합니다. 시전은 이것이 고(苦)이고, 이것이 집(集)이라고 그 모양을 보이는 것을 말하고, 권전은 이것이 고임을 알고, 집을 끊고 멸을 증득하고 도를 닦으라고 권하는 것을 말합니다. 증전은 부처님께서 사제를 증득한 모습을 보여서 다른 이들로 하여금 증득하게 하는 것입니다.

"또 십이인연의 법을 널리 말하였으니, 무명(無明)은 행(行)을 반연하고… 생은 노·사·우·비·고·뇌(老死憂悲苦惱)를 반연하느니라."고 하였습니다. 반연(攀緣)한다는 말은 이끌어 온다, 주변 사람들에게 권한다, 인연을 맺는다는 뜻입니다. 무명이 행을 이끌어 오고, 행이 또 발전해서 식을 일으키고, 식이 또 한 걸음 발전해서 명색을 일으키고, 명색이 한 걸음 더 발전하는 식으로 계속 이어집니다. 좋은 것도 가만히 있지 않고 좋지 않은 것도 역시 가만히 있지 않습니다. 늙고 병드는 것, 걱정거리, 괴로움, 번민과 같은 것을 반연해서 이끌어 와서, 오늘날 우리들이 좋든 싫든 경험하는 삶이 전개되고 있습니다. 모든 살아 있는 존재는 자꾸 반연합니다. 그렇게 되는 것이 섭리입니다. 우리가 불교공부를 할 때 공부하는 일을 주변에 전해야 합니다. 내 주위의 다른 사람들에게 공부를 나누어주고 불교와 인연을 맺게 하는 것이 반연하는 것입니다.

"무명이 사라지면(滅) 행이 사라지고… 생이 사라지면 노·사·우·비·고·뇌가 사라지느니라."고 하였습니다. 문제의 근본이 사라지면 우리가 겪고 있는 모든 것, 경전에서 미처 다 표현하지 못한 각양각색의 고통과 온갖 문제들이 함께 사라집니다. 이런 내용은 다른 경전에서도 찾아 볼 수 있습니다. 원각경 보안장이나 능엄경에도 있습니다. 사람이 죽었을 때 맨 먼저 무상계(無常戒)를 읽어 드립니다. 무상계의 계자는 게송 게(偈)자가 아니고 계를 지킨다고 할 때 쓰는 경계할 계(戒)자입니다. 부무상계자(夫無常戒者)는 입열반지요문(入涅槃之要門)이라, 즉 무상(無常)이라는 이 철칙은 열반으로 들어가는 요긴한 문이라는 말입니다. 모든 존재가 변하고 결국은 사라져 없어지기 마련입니다. 정도의 차이가 있을지언정 모든 존재는 똑같은 과정을 거쳐서 생성, 변화, 발전하고 똑같은 과정을 거쳐서 소멸합니다.

"부처님께서 천신과 인간 대중 가운데서 이 법을 말씀하실 때 육백만 억 나유타 사람들이 일체 경계를 받아들이지 아니함으로써 모든 번뇌에서 마음이 해탈해지고, 깊고 묘한 선정과 세 가지 밝음과 여섯 가지 신통을 얻어 여덟 가지 해탈을 갖추었느니라."고 하였습니다. 삼명육통(三明六通)과 팔해탈(八解脫)은 불교 수행의 결과로 얻어집니다. 삼명육통과 팔해탈은 부처님의 덕을 표현하는 것이기도 합니다. 여기에서 말하는 경지가 부처의 경지일 수도 있고 부처보다 못한 경지일 수도 있습니다. 어느 쪽이든 간에 이것은 일체 경계를 받아들이지 않음으로써 이루어지는 것이라는 사실에 눈을 떠야 합니다.

중생의 삶! 사람의 삶이라는 것은 경계에 이끌리고 경계에 좌지우지되고 있습니다. 나 자신을 내가 아닌 바깥 경계에다 맡기고 사는 것입니다. 경계의 변화에 내가 굴러가고 변해가는 것이 중생들의 살림살이입니다. "일체 경계를 받아들이지 아니하므로…"라는 것은 어떤 경계가 오든지 간에 내가 경계에 흔들리지 아니하고, 경계가 어떻게 돌아가든지 간에 흔들리지 않고 바라본다는 말입니다. 수처작주(隨處作主)와 같은 말입니다. 수처작주는 『임제록』에 등장하는 유명한 구절인데 제가 아주 좋아하는 말입니다. 수처작주도 어떤 상황에서도 흔들리지 않고 자기 자신을 지키는 것을 말합니다. 경계에 흔들리지 않으면 자연히 모든 번뇌에서 마음이 해탈합니다. 마음이 해탈하면 깊고 묘한 선정과 삼명, 육신통, 팔해탈은 저절로 따라옵니다.

"두 번째와 세 번째, 네 번째의 법을 말씀하실 적에는 천만 억 항하사 나유타 중생들이 또한 일체 경계를 받아들이지 아니함으로써 모든 번뇌에서 마음에 해탈을 얻었느니라."고 하였습니다. 다시 한 번 같은 말이 나옵니다. 일체 경계를 받아들이지 아니함으로써 모든 번뇌에서 마음의 해탈을 얻었다고 합니다. 임제 스님이 늘 말씀하시기를 "경계를 쫓아가지 말라. 경계를 쫓아가면 그것은 마치 도깨비에게 홀린 것과 같다."고 하셨습니다. 자기 자신을 두고 바깥의 다른 상황에 끌려가는 것은 그대로 경계를 쫓아가는 것이고, 그것은 곧 도깨비에게 홀리는 것이라고 말하고 있습니다. 그 경계가 무엇이든 마찬가지입니다. 사람이든 재산이든 명예든 간에 경계는 경계일 뿐입니다. 아무리 죽고 못 살 정도로 사랑하는 사람이라도, 냉정하게 말하자면, 경계일 뿐입니다.

[6] 십육 왕자가 출가하여 사미(沙彌)가 되다

【경문】

爾時十六王子가 皆以童子出家하야 而爲沙彌하대 諸根通利하고 智慧明了하며 已曾供養百千萬億諸佛하사 淨修梵行하며 求阿耨多羅三藐三菩提하려하야 俱白佛言하사대 世尊하 是諸無量千萬億大德聲聞이 皆已成就호니 世尊亦當爲我等하사 說阿耨多羅三藐三菩提法하소서 我等聞已에 皆共修學호리다 世尊하 我等志願인 如來知見과 深心所念을 佛自證知리다 爾時轉輪聖王의 所將衆中에 八萬億人이 見十六王子出家하고 亦求出家어늘 王卽聽許하니라

그때 십육 왕자들이 모두 동자로 출가(出家)하여 사미가 되었느니라. 육근(六根)이 영리하고 지혜가 총명하며, 이미 백천만 억 부처님께 공양하고 범행(梵行)을 청정하게 닦으며 최상의 깨달음을 구하려고 부처님께 말씀드렸느니라.

'세존이시여, 이 한량없는 천만 억 성문 대덕(大德)들이 이미 성취되었습니다. 세존께서는 또 저희들을 위하여 최상의 깨달음의 법을 말씀하여 주십시오. 저희가 듣고는 다 함께 닦아 배우겠습니다. 세존이시여, 저희들도 여래의 지견을 소원합니다. 마음으로 깊이 염원하는 것을 부처님께서는 잘 아실 것입니다.'

이때에 전륜성왕이 데리고 온 대중 가운데서 팔만 억 사람들이 십육 왕자가 출가하는 것을 보고 자기들도 출가하고자 하므로 전륜성왕이 허락하였느니라.

❀　"세존이시여, 저희들도 여래의 지견을 소원합니다. 마음으로 깊이 염원하는 것을 부처님께서는 잘 아실 것입니다."라고 하였습니다. 십육 왕자의 말 가운데 저희도 여래의 지견을 소원한다는 구절에 유의해야 합니다. 바로 부처님의 안목, 부처님의 깨달음, 부처님과 같은 지혜를 소원한다는 뜻입니다.

(7) 사미들을 위하여 법화경을 설하다

【 경문 】

爾時彼佛이 受沙彌請하사 過二萬劫已하고 乃於四衆之中에 說是大乘經하시니 名妙法蓮華라 敎菩薩法이며 佛所護念이러라 說是經已시어늘 十六沙彌爲阿耨多羅三藐三菩提故로 皆共受持하야 諷誦通利러니라 說是經時에 十六菩薩沙彌는 皆悉信受하고 聲聞衆中에도 亦有信解하나 其餘衆生의 千萬億種은 皆生疑惑하니라 佛說是經을 於八千劫에 未曾休廢하시고 說此經已에 卽入靜室하야 住於禪定을 八萬四千劫일러니라

그때 저 부처님이 사미들의 청을 받고 이만 겁을 지내고 나서 사부대중 가운데서 대승경전을 말씀하시었느니라. 이름이 묘법연화경이니라. 보살들을 가르치는 법이며, 부처님이 보호하고 아끼는 바이니라. 이 경을 말씀하시니 십육 사미들이 최상의 깨달음을 위하여 함께 받아 지니고 외우고 통달하였느니라. 이 경을 설하실 때 십육 보살사미는 모두 믿고 받아 지녔으며, 성문 대중 중에서도 믿고 이해하는 이가 있었으나 그 나머지 다른 천만 억 종류의 중생들은 모두 의혹을 품었느니라.

부처님이 팔천 겁 동안 이 경을 설하시며 잠깐도 쉬지 않으셨느니라. 설하시기를 마치시고는 고요한 방에 들어가서 팔만 사천 겁 동안 선정에 머무르셨느니라.

🌸 "그때 저 부처님이 사미들의 청을 받고 이만 겁을 지내고 나서 사부대중 가운데서 대승경전을 말씀하시었느니라."고 하였습니다. 참 오래 기다렸습니다. 십육 사미들이 부처님께 법을 청했는데, 2만 겁이라는 오랜 세월이 지나고 나서 대승경전을 말했습니다. 신중하게 깊이 사유한 끝에 최상의 가르침을 설해야 되겠다는 결론에 도달하기까지 2만 겁이라는 시간이 걸렸다는 뜻입니다. 그 경전의 이름은 묘법연화경이고, 이것은 보살들을 가르치는 법이며 부처님이 보호하고 아끼는 바라고 표현하고 있습니다. 최고 수준에 오른 사람들, 정신적으로 영혼이 가장 맑고 종교적으로 뛰어난 이들을 보살이라고 합니다. 이렇게 높은 수준에 있는 보살을 가르치는 법이니 부처님께서 아끼고 보호하는 것이 당연합니다. 또한 아무렇게나 설하는 경전이 아닌 귀한 경전이라는 뜻입니다.

한편 십육 보살사미라는 말은 사미이면서도 보살이라는 뜻입니다. 보살비구라는 표현도 있습니다. 법을 설할 때 같은 법석에 있는 사람이라고 똑같이 잘 받아들일 수는 없습니다. 그래서 대중 가운데 천만 억의 중생들이 의혹을 품은 것이지요. 법화경의 서두에 오천 명이나 되는 부처님 제자들이 자리를 박차고 나간 사건이 있었지요? 아무 공덕도 없고, 아무 조건도 갖추지 못했고, 내세울 만한 수행도 없는 이들을 보고 부처님이다, 사람이 부처님이라고 하는 법문을 받아들이지 못한 것입니다. 자기들처럼 오랜 세월 이런저런 난행고행을 겪고, 육바라밀을 닦고, 수많은 공덕을 쌓아야만 비로소 부처님이 된다고 알고 있던 사람들이 의혹을 품는 것이 당연합니다. 받아들이기 쉬운 일은 아닙니다.

어떤 의미로 보면 불교경전 가운데 최초로 설해진 것이 화엄경인데, 부처님께서 화엄경에서 이런 말씀을 하고 계십니다. "참으로 신기하고 신기하구나. 깨달은 지혜의 눈으로 일체 중생을 보니까 나하고 똑같구나. 태자의 지위를 버리고, 6년 동안 힘든 고행을 한 끝에 마침내 큰 깨달음을 이루었다. 그런데 깨달은 안목으로 일체 중생을 살펴보니, 나와 똑같구나. 여래의 지혜와 덕상과 자비 등 여래가 갖춘 것을 하나도 빠짐없이 다 갖추고 있구나. 참으로 신기하고 신기하구나. 이러한 깨달음을 이루기 위해 얼마나 큰 희생을 치루었던가? 이루 말할 수 없는 고행을 하고 깨닫고 나서 보니, 고행이나 수행을 전혀 모르는 사람들도 모두 여래와 같은 지혜와 덕상을 똑같이 갖추고 있더라. 다만 자신이 갖추고 있다는 사실을 모르고 있을 뿐이더라." 간략하게 줄이면 이렇게 말씀하신 것입니다.

이와 같은 지혜와 덕상은 누가 빼앗아갈 수도 없고, 더해줄 수도 없는 것입니다. 전해 준다는 표현이 있지만, 사실은 전해 주는 것이 아니라 단지 인증하는 것일 뿐입니다. 이렇게 줄 수도 없고, 빼앗을 수도 없고, 준다고 하여 받을 수도 없는 이것은 무엇입니까? 우리가 본래 인간으로서 누구나 똑같이 갖추고 있는, 참으로 위대한 것입니다. 저는 사람이 곧 부처님이라는 인불사상(人佛思想)을 주장합니다. 어떤 경전이나 조사어록을 보더라도 사람이 곧 부처가 아닐 이유가 털끝만큼도 없습니다. 지금 자신이 처한 처지가 아무리 좋지 않다고 하더라도 말입니다. 이런 점을 법화경은 우리에게 깊이 심어주려고 합니다. 부처님이 오신 뜻도 거기에 있습니다.

"부처님이 팔천 겁 동안 이 경을 설하시며 잠깐도 쉬지 않으셨느니라. 설하시기를 마치시고는 고요한 방에 들어가서 팔만 사천 겁 동안 선정에 머무르셨느니라."고 하였습니다. 대통지승불이 팔천 겁 동안 법화경을 설하셨다고 했습니다. 경이라는 것은 종이 위에 글자를 찍어서 몇 권으로 묶은 것이 전부가 아닙니다. 경은 존재의 원리입니다. 법화경에서 말하고자 하는 것은 모든 존재의 원리는 이렇다는 것입니다. 왜 사람이 부처님인가? 부처란 무엇이고 또 사람은 무엇인가? 하는 것을 설명하고 이해시키는 데 팔천 겁이라는 세월이 필요했다는 말입니다. "잠깐도 쉬지 않으셨느니라."고 했습니다. 경전에서는 설법을 시작하면 먹고 자는 시간은 싹 빼고 포함하지 않습니다.

[8] 옛 인연을 말하다

【 경문 】

是時十六菩薩沙彌가 知佛入室하야 寂然禪定하고 各陞法座하야 亦於八萬四千劫에 爲四部衆하야 廣說分別妙法華經하사 一一皆度六百萬億那由他恒河沙等衆生하야 示敎利喜하야 令發阿耨多羅三藐三菩提心하니라 大通智勝佛이 過八萬四千劫已하고 從三昧起하사 往詣法座하야 安詳而坐하시고 普告大衆하사대 是十六菩薩沙彌는 甚爲希有라 諸根通利하야 智慧明了하며 已曾供養無量千萬億數諸佛하사 於諸佛所에 常修梵

行하야 受持佛智하며 開示衆生하야 令入其中하니 汝等皆當數數親近하야 而供養之니라 所以者何오 若聲聞辟支佛과 及諸菩薩이 能信是十六菩薩所說經法하고 受持不毀者는 是人皆當得阿耨多羅三藐三菩提와 如來之慧하리라

이때에 십육 보살사미는 부처님께서 방에 들어가 고요히 선정에 드신 줄을 알고 각각 법상(法床)에 올라가서 팔만 사천 겁 동안 사부대중들을 위하여 묘법연화경을 분별하여 널리 해설하였느니라. 하나하나의 보살들이 육백만 억 나유타 항하사 중생들을 제도하여 보여 주고 가르쳐서 이롭고 기쁘게 하였으며 최상의 깨달음에 대한 마음을 내게 하였느니라. 대통지승불이 팔만 사천 겁을 지내고 나서 삼매(三昧)로부터 일어나 법상(法床)에 올라가 편안히 앉으시어 대중들에게 말씀하였느니라.

'이 십육 보살사미는 매우 희유하니라. 육근이 영리하고 지혜가 총명하며 이미 한량없는 천만 억 부처님께 공양하였느니라. 여러 부처님 계신 곳에서 항상 범행을 닦았으며 부처님의 지혜를 받아 지니고 중생들에게 열어서 보여주어 그 안에 들어가게 하였느니라. 그러니 그대들은 모두들 마땅히 자주자주 친근하여 모시며 공양하라. 왜냐하면 만일 성문이나 벽지불이나 보살들이 이 십육 보살이 설하는 경법(經法)을 능히 믿고 받아 지녀서 훼방하지 아니하는 사람은 마땅히 최상의 깨달음과 여래의 지혜를 얻으리라.' 라고 하였느니라."

🌸 대통지승불이 팔천 겁 동안 법화경을 설하고 나서, 팔만 사천 겁 동안 선정에 들었습니다. 대통지승불이 선정에 들어 있는 동안 16 보

살사미가 대신해서 사부대중에게 법화경을 분별하여 널리 설했습니다. 각각의 보살이 무수한 중생을 제도하여 보여주고(示) 가르쳐서(敎) 이롭고(利) 기쁘게 하여(喜) 부처님의 깨달음에 대한 마음을 내게 하였다는 말입니다.

【 경문 】

佛告諸比丘하사대 是十六菩薩이 常樂說是妙法蓮華經하야 ──菩薩所化는 六百萬億那由他恒河沙等衆生이라 世世所生에 與菩薩俱하야 從其聞法하고 悉皆信解할새 以此因緣으로 得値四萬億諸佛世尊하야 于今不盡하니라

부처님께서 여러 비구들에게 말씀하셨습니다.

"이 십육 보살이 항상 묘법연화경을 설하기를 좋아하였느니라. 하나하나의 보살들이 교화한 육백만 억 나유타 항하사 중생들은 세세생생에 보살과 함께 나서 그의 법문을 듣고는 모두 믿고 이해하였느니라. 이런 인연으로 사백만 억 부처님 세존을 만나면서 지금까지 끝나지 아니 하였느니라.

❀ 선지식이 세상에 나타나 교화를 펴는 데는 몇 가지 인연이 갖추어져야 한다고 합니다.

첫째가 도연(道緣)인데, 그 선지식의 도가 법을 펼칠 만한 능력이 되어야 합니다. 둘째가 토지연(土地緣)으로 그 선지식이 법을 펴려고 하는 지역에 인연이 있어야 합니다. 인연이 없으면 교화를 펴려고 해

도 제대로 되지 않는다고 합니다. 셋째로 단월연(檀越緣)인데, 시주하
는 신도들이 많이 따라야 한다는 것입니다. 누구든지 도와주는 신도
가 없으면 아무리 도력이 출중하더라도 제대로 감당할 수가 없습니
다. 넷째가 외호연(外護緣)으로, 대외적으로 힘이 되어주는 사람이 있
어야 한다는 말입니다. 경제적으로 도움을 주는 인연은 단월연이고,
그 외에 다른 여러 가지 면으로 도움을 주는 이를 외호자라고 합니다.
마지막 다섯째로 납자연(衲子緣)이 있어야 합니다. 그 선지식의 문하에
서 공부하겠다는 수행자들이 있어야 한다는 말입니다. 출가자든 재가
자든 간에 그 문하에서 공부하겠다는 사람이 있어야 합니다. 앞의 네
가지 조건을 모두 풍족하게 갖추었더라도 목숨 바쳐서 열심히 공부하
겠다는 제자가 없으면 아무 소용없는 일입니다. 참으로 하나마나한
일이 됩니다. 절이 아무리 부유하고 외호도 잘 받고, 시주도 많고 지
역과 인연도 깊고 스님의 도력도 높다고 합시다. 그런데 정작 그 아래
에서 본격적으로 공부하겠다는 제자가 없으면 참으로 허망하기 이를
데 없습니다. 그래서 다섯 가지 조건을 다 갖추어야 제대로 된 선지식
이 될 수 있습니다. 요즘으로 말하자면, 포교하는 경우에도 이런 다섯
가지 조건이 필요합니다.

　　여기에서도 "세세생생에 보살과 함께 나서 그의 법문을 듣고는
모두 믿고 이해하였느니라."고 했습니다. 이렇게 많은 사람들이 법문
을 열심히 들으니 교화하기가 얼마나 좋습니까? 그래서 "이런 인연으
로 사백만 억 부처님 세존을 만나면서 지금까지 끝나지 아니 하였느
니라."고 합니다. 지금도 계속해서 이어지고 있다는 말입니다.

【 경문 】

諸比丘야 我今語汝호리라 彼佛弟子十六沙彌는 今皆得阿耨多羅三藐
三菩提하사 於十方國土에 現在說法하사대 有無量百千萬億菩薩聲聞이
以爲眷屬이라 其二沙彌는 東方作佛하시니 一名阿閦이라 在歡喜國하고
二名須彌頂이니라 東南方二佛은 一名師子音이요 二名師子相이며 南方
二佛은 一名虛空住요 二名常滅이며 西南方二佛은 一名帝相이요 二名
梵相이며 西方二佛은 一名阿彌陀요 二名度一切世間苦惱며 西北方二
佛은 一名多摩羅跋栴檀香神通이요 二名須彌相이며 北方二佛은 一名
雲自在요 二名雲自在王이며 東北方佛名은 壞一切世間怖畏며 第十六
은 我釋迦牟尼佛이 於娑婆國土에 成阿耨多羅三藐三菩提니라

여러 비구들이여, 내가 이제 그대들에게 말하노라. 저 부처님의 제자
십육 사미들이 지금 모두 최상의 깨달음을 얻고, 현재에 시방 국토에서
법을 설하고 한량없는 백천만 억 보살들과 성문들이 권속이 되어 있느
니라. 그 중 두 사미는 동방에서 성불하였는데 한 분은 아촉불(阿閦佛)이
니 환희국(歡喜國)에 있고, 또 한 분은 수미정불(須彌頂佛)이니라. 동남방
의 두 부처님은 한 분은 사자음불(師子音佛)이요, 또 한 분은 사자상불(師
子相佛)이니라. 남방의 두 부처님은 한 분은 허공주불(虛空住佛)이요, 또
한 분은 상멸불(常滅佛)이니라. 서남방의 두 부처님은 한 분은 제상불(帝
相佛)이요, 또 한 분은 범상불(梵相佛)이니라. 서방의 두 부처님은 한 분
은 아미타불(阿彌陀佛)이요, 또 한 분은 도일체세간고뇌불(度一切世間苦惱

佛)이니라. 서북방의 두 부처님은 한 분은 다마라발전단향신통불(多摩羅跋栴檀香神通佛)이요, 또 한 분은 수미상불(須彌相佛)이니라. 북방의 두 부처님은 한 분은 운자재불(雲自在佛)이요, 또 한 분은 운자재왕불(雲自在王佛)이니라. 동북방의 부처님은 괴일체세간포외불(壞─切世間怖畏佛)이니라. 제 십육은 나 석가모니불이니 사바세계에서 최상의 깨달음을 이루었느니라.

❀   이제 십육 보살사미를 한 분씩 소개하고 있습니다. 차례대로 소개하다가 마지막 열여섯 번째에 이르러서 마침내 석가모니불이 등장합니다. 석가모니불이 셀 수 없는 무수겁 전에 대통지승불의 열여섯 아들 가운데 막내아들이었고, 부친이 출가해서 성불했다는 소식을 듣고는 열여섯 형제가 모두 함께 발심 출가하였습니다. 부친인 대통지승불로부터 법화경을 배워서 팔만 사천 겁 동안 설했다는 말씀을 하고 계십니다. "제 십육은 나 석가모니불이니 사바세계에서 최상의 깨달음을 이루었느니라."고 하며 석가모니불까지 이어져 내려온 연원을 밝히고 있습니다. 이런 인연이 꼭 사실이다 사실이 아니다를 떠나서 우리는 늘 이런 저런 인연으로 함께 더불어 살고 있습니다. 싫든 좋든 간에, 기억이 나든 안 나든 간에 계속해서 함께 살아갈 것입니다. 과거 생을 기억하지 못하니 꼭 꼬집어서 말할 수는 없지만, 어쨌든 우리는 이렇게 수많은 생을 더불어서 반복하며 살고 있습니다. 이런 인연의 깊고 깊은 관계를 여기에서 표현하고 있습니다.

[10] 옛 제자와 지금의 제자

【 경문 】

諸比丘야 我等爲沙彌時에 各各教化無量百千萬億恒河沙等衆生하야 從
我聞法하고 爲阿耨多羅三藐三菩提어든 此諸衆生이 于今有住聲聞地者를
我常教化阿耨多羅三藐三菩提하노니 是諸人等이 應以是法으로 漸入佛道
니라 所以者何오 如來智慧는 難信難解니라 爾時所化無量恒河沙等衆生
者는 汝等諸比丘와 及我滅度後未來世中에 聲聞弟子是也니라 我滅度後에
復有弟子가 不聞是經하고 不知不覺菩薩所行하며 自於所得功德에 生滅
度想하야 當入涅槃하면 我於餘國作佛하야 更有異名하리니 是人雖生滅度
之想하야 入於涅槃이나 而於彼土에 求佛智慧하야 得聞是經하리니 唯以佛
乘으로 而得滅度요 更無餘乘이니 除諸如來가 方便說法이니라

여러 비구들이여, 우리들이 사미로 있을 적에 각각 한량없는 백천만 억
항하사 중생들을 교화하였으며, 그들은 우리들에게 법을 들었으니 최
상의 깨달음을 얻기 위해서였느니라. 그 모든 중생들이 지금의 성문의
지위에 있는 이들도 우리가 항상 최상의 깨달음으로써 교화하였느니
라. 이 사람들은 마땅히 이 법으로 점점 불도(佛道)에 들어가리라. 무슨
까닭인가. 여래의 지혜는 믿기 어렵고 이해하기 어렵기 때문이니라.
그때에 교화한 한량없는 항하사 중생들은 그대들 여러 비구와 내가 열
반한 뒤 미래 세상의 성문제자들이니라. 내가 열반한 뒤에 어떤 제자가
이 경을 듣지 못하며, 보살의 행할 바를 알지도 못하고 깨닫지도 못하
면서 자기가 얻은 공덕에 대하여 멸도하였다는 생각을 내고 마땅히 열

반에 들 수 있다고 한다면 내가 다른 세계에서 성불하여 다른 이름을 가지리라. 그때에 이 사람이 비록 멸도하였다는 생각을 내어 열반에 든다 하였더라도 저 세계에서 부처님의 지혜를 구하여 이 경전을 듣게 되리라. 오직 일불승이라야 멸도를 얻는 것이요, 다른 가르침은 없느니라. 다만 여래가 방편으로 법을 설하는 것은 제외할 것이니라.

❀　그 과거세에 한량없는 백천만 억 항하사 중생들이 법을 들었는데 그때 그 중생들이 지금은 성문의 지위에 있다고 했습니다. 지금의 성문제자들도 사실은 최상의 깨달음인 법화경으로 교화하려고 했다는 말씀입니다. 그때 법화경을 공부했는데도 불도에 들지 못했던 까닭은 여래의 지혜는 믿기 어렵고 이해하기 어렵기 때문입니다. 그래서 아직도 성문으로 남아있는 것입니다. 너무나 고차원적인 가르침이라서 쉽게 들어가지 못한 것입니다. 그러나 어떤 우여곡절을 겪더라도 마침내 이 법화경을 듣고 배워서 최상의 깨달음에 이르게 됩니다.

"오직 일불승(一佛乘)이라야 멸도를 얻는 것이요, 다른 가르침은 없느니라. 다만 여래가 방편으로 법을 설하는 것은 제외할 것이니라."고 하였습니다. 이 말이 부처님께서 꼭 하고 싶은 말씀입니다. 법화경이 지향하는 바가 바로 일불승(一佛乘)입니다. 회삼귀일(會三歸一)인 것입니다. 갖가지 양상의 삶을 다 모아서 부처의 삶으로 귀의시키는 가르침이 바로 일불승입니다. 우리의 삶은 부처로서의 삶뿐입니다. 그 외의 다른 삶은 없습니다. 죽어도 부처로 죽고, 살아도 부처로 살고, 아파서 누워 있어도 부처로 아파서 누워 있고, 건강해서 펄펄 뛰어도 부처로 펄펄 뛰는 것입니다. 웃어도 부처로 웃는 것이고, 울어도 부처

로 우는 것이고, 화를 내도 부처로 화를 내는 것입니다. 희로애락의
모든 인간적 표현이 그대로 부처로서의 표현이라는 것이 바로 일불승
의 사상입니다.

【 경문 】

諸比丘야 若如來가 自知涅槃時到하고 衆又淸淨하야 信解堅固하며 了
達空法하야 深入禪定하면 便集諸菩薩과 及聲聞衆하야 爲說是經하리니
世間無有二乘이 而得滅度요 唯一佛乘이라사 得滅度耳니라 比丘當知하
라 如來方便으로 深入衆生之性하사 知其志樂小法하야 深著五欲일새 爲
是等故로 說於涅槃하나니 是人若聞이면 則便信受니라

여러 비구들이여, 만약 여래가 스스로 열반할 시기에 이르렀고 대중들
도 청정하여 믿고 이해함이 견고하며, 공(空)한 법을 통달하여 선정(禪
定)에 깊이 들어간 줄을 알면, 곧 여러 보살들과 성문들을 모아 놓고 이
경을 설하느니라. 세상에서 두 가지의 가르침으로는 열반을 얻을 수 없
고, 오직 일불승(一佛乘)으로만 열반을 얻을 뿐이니라.
비구들이여, 마땅히 알라. 여래는 방편으로써 중생들의 성품에 깊이 들
어가서 그들이 소승법(小乘法)을 좋아하며 다섯 가지 욕망에 깊이 탐착
한 것을 알고는 그들을 위하여서 열반이라고 말하는 것을 그 사람이 듣
고는 그대로 믿고 받아 지니느니라.

🌸 　법화경의 차원이 그렇다는 뜻입니다. 부처님께서 반열반이 가
까워졌고, 대중들도 매우 훌륭하지만, 특히 중요한 것은 이 대중들이

공(空)한 법을 통달했다는 것입니다. 모든 존재의 공성(空性)! 사람뿐만 아니라 모든 존재가 근본적으로 공하다는 사실을 통달해서 선정에 깊이 들어간 줄을 알 때, 공성을 다 통달했을 때, 이때가 비로소 여러 보살과 성문 대중들을 모아놓고 법화경을 설할 때입니다. 그러므로 법화경은 공성을 이해하는 것보다 훨씬 높은 차원에 있다는 말입니다.

서두에서 몇 번 말씀드렸듯이, 부처님께서는 아함경을 먼저 설하시고 그 다음에 방등경, 반야경을 설한 후에 법화경을 8년 동안 설했다고 했습니다. 공의 도리를 설하는 반야경 다음에 법화경을 설하셨습니다. 그렇다면 선(禪)은 무엇인가? 하는 의문이 듭니다. 법화경이 대승불교의 경전 가운데 왕이라 할 정도로 최고로 발전한 것이지만, 여기에서 한 걸음 더 발전한 것이 선불교입니다. 법화경이나 화엄경의 경지보다 더 높은 차원의 이야기를 선 법문이 하고 있습니다. 공이나 연기, 중도를 이야기하는 것은 아직 반야경의 수준에 머물러 있는 것입니다. 우리가 자신의 살림살이 즉 실질적으로 자신이 체험한 것, 자신이 깨달은 것이 어느 차원이냐 하는 것과는 별개의 문제입니다.

"세상에서 두 가지의 가르침으로는 열반을 얻을 수 없고, 오직 일불승(一佛乘)으로만 열반을 얻을 뿐이니라."고 하였습니다. 참다운 열반, 대열반을 말하는 것입니다. 열반이라는 용어도 상황에 따라 여러 가지 뜻으로 표현됩니다. 여기서는 일불승이 아니면 참다운 열반을 얻지 못한다는 말입니다. 법화경의 이치만이 열반을 얻게 한다는 것입니다.

이렇게 길게 대통지승불의 이야기를 하면서 석가모니 부처님의 과거 전생을 밝혔습니다. 그래서 석가모니 부처님께서 지금 설하는 이 법이 전통성(傳統性)이 있는 것임을 강조하고 있습니다. 전통성이 있는 법이야말로 정통(正統)한 법입니다. 정통한 법은 전통성이 있는 것이고, 정법이라는 것을 분명히 밝히고 있습니다.

4. 화성(化城)의 비유

【 경문 】

譬如五百由旬에 險難惡道의 曠絕無人怖畏之處에 若有多衆이 欲過此道하야 至珍寶處니라

비유컨대, 마치 오백 유순이나 되는 험난한 길에 인적마저 끊어진 무서운 곳이 있는데 많은 사람들이 이곳을 지나서 보물(寶物)이 있는 곳으로 가고자 하였느니라.

【 경문 】

有一導師하대 聰慧明達하야 善知險道通塞之相하고 將導衆人하야 欲過此難하니 所將人衆이 中路懈退할새 白導師言하대 我等疲極하고 而復怖畏하야 不能復進하고 前路猶遠하야 今欲退還하노라 導師多諸方便이라 而作是念하대 此等可愍이로다 云何捨大珍寶하고 而欲退還가 作是念已에 以方便力으로 於險道中에 過三百由旬하야 化作一城하고 告衆人言하대 汝等勿怖하고 莫得退還하라 今此大城에 可於中止하야 隨意所作이니 若入是城이면 快得安隱이요 若能前至寶所라도 亦可得去리라 是時疲極

之衆이 心大歡喜하야 歎未曾有하대 我等今者에 免斯惡道하고 快得安
隱이로다 於是衆人이 前入化城하야 生已度想하며 生安隱想커늘 爾時導
師가 知此人衆이 旣得止息하야 無復疲倦하고 卽滅化城하고 語衆人言하
대 汝等去來어다 寶處在近호라 向者大城은 我所化作이니 爲止息耳라하
니라

이때 한 인솔하는 이가 총명하고 지혜가 많고 이 험한 길의 통하고 막
힌 형편을 잘 알아서 여러 사람들을 데리고 이 험난한 길을 통과하고
있었느니라. 데리고 가는 사람들이 중도에서 물러갈 마음이 생겨 인솔
하는 사람에게 말하였느니라.

'우리들이 극도로 피로하고 또 무서워서 다시 더 나아갈 수 없고 앞길
은 아직도 매우 머니 이제 그만 되돌아갈까 합니다.'

인솔하는 이가 방편이 많아서 이렇게 생각하였느니라.

'참으로 애석하구나. 이 사람들은 어찌하여 큰 보물을 구하지 않고 물
러가려 하는가.'

이렇게 생각하고는 방편으로써 험난한 길에서 삼백 유순을 지나서 한
마을을 변화하여 만들어 놓고 여러 사람들에게 말하였느니라.

'그대들은 무서워하지 말고 되돌아가지도 말라. 저기 큰 마을이 있으
니 그 안에서 마음대로 즐길 수 있으리라. 만약 저 마을에 들어가면 편
안히 살 수도 있고 앞으로 더 나아가면 보물이 있는 곳에도 갈 수가 있
으리라.'

이때에 피로해 있던 사람들이 매우 기뻐하며 처음 보는 일이라고 찬탄
하였느니라.

'우리가 이제는 험한 길을 벗어나서 편안함을 얻었노라.'

이리하여 여러 사람들은 변화하여 만든 마을(化城)에 들어가서, '이미 지나 왔다'는 생각을 하고, '편안하다'는 생각을 하였느니라.

이때 인솔하는 사람은 이 사람들이 잘 쉬어서 더 이상 피로하지 않은 줄을 알고는 변화하여 만든 마을을 없애버리고 여러 사람들에게 말하였느니라.

'그대들은 앞으로 나아가자. 보물이 있는 곳이 멀지 않다. 아까 있던 마을은 내가 조작하여 만든 것이다. 임시로 쉬어가기 위한 것이었다.'

🌸 "마치 오백 유순이나 되는 험난한 길에 인적마저 끊어진 무서운 곳이 있는데 많은 사람들이 이곳을 지나서 보물(寶物)이 있는 곳으로 가고자 하였느니라."고 하였습니다. 1유순은 14.4km 정도에 해당합니다. 그러니 오백 유순이면 상당히 먼 길입니다. 게다가 험난하고 인적마저 끊겨서 무서운 길입니다. 그럼에도 그 길을 가야 하는 이유는 보물 때문입니다. 절반쯤 가다가 사람들이 지치고 힘들어하자 인솔하는 이가 방편으로 큰 마을을 만들어 놓습니다. 화성(化城) 즉 환술로 조작하여 만든 마을이지 실제로 존재하는 마을이 아니라는 것에 유의해야 합니다. 이 가짜 마을을 보고 사람들이 힘을 얻게 되자 인솔하던 이는 변화로 만든 마을을 없애버립니다.

5. 비유에서 법을 밝히다

【 경문 】

諸比丘야 如來亦復如是하야 今爲汝等하야 作大導師할새 知諸生死의
煩惱惡道險難長遠하고 應去應度하대 若衆生이 但聞一佛乘者면 則不
欲見佛하고 不欲親近하며 便作是念하대 佛道長遠이라 久受勤苦라사 乃
可得成이라하나니 佛知是心의 怯弱下劣하사 以方便力으로 而於中道에
爲止息故로 說二涅槃호니 若衆生이 住於二地하니 如來爾時에 卽便爲
說하대 汝等所作未辦이요 汝所住地는 近於佛慧니 當觀察籌量하대 所
得涅槃이 非眞實也니라 但是如來가 方便之力으로 於一佛乘에 分別說
三이니라

여러 비구들이여, 여래도 또한 그와 같으니라. 여래는 지금 그대들의
인솔자가 되었느니라. 죽고 사는 번뇌의 악도(惡道)는 험난하고 먼 것과
갈 만한 데와 건널 만한 데를 알건마는, 중생들이 다만 일불승(一佛乘)만
을 들으면 부처님을 보려고 하지도 않고 친근(親近)하려고 하지도 않느
니라. 곧 생각하기를 '부처님이 되는 길은 멀고도 멀어서 오래오래 애
쓰고 닦아야 이룰 수 있으리라.'고 하느니라.

부처님은 그들의 마음이 겁이 많고 용렬한 줄 알고 방편을 써서 중도(中
途)에서 쉬게 하기 위하여 두 가지 열반을 말하였느니라. 만일 중생이
두 번째 지위(地位)에 머무르면, 그때에 여래는 이렇게 말씀하시느니라.
'그대들은 할 일을 아직 다하지 못하였으며, 그대들이 머물러 있는 지
위는 부처님의 지혜에 가까울 뿐이니라. 마땅히 잘 관찰하고 헤아려 보

라. 얻었다는 열반이 진실한 것이 아니니라. 다만 여래가 방편으로써 일불승에서 나누어 삼승을 말한 것뿐이니라.'

※ "여래도 또한 그와 같으니라. 여래는 지금 그대들의 인솔자가 되었느니라."고 하였습니다. 그렇습니다. 따라가는 사람은 우리 중생이고, 인솔자는 부처님입니다. 일불승의 격이 너무나 높다 보니 설법을 듣고도 부처님을 보려 하지도 않고 친근하려 하지도 않습니다. 그러면서 '부처님이 되는 길은 멀고도 멀어서 오랫동안 애쓰고 닦아야 이룰 수 있다.'고 생각합니다. 일반적으로 불자들이 다 그렇게 생각합니다. 승속을 막론하고, 평생 수행하고 공부했다는 사람도 이렇게 잘못 알고 있습니다. 부처님이 어떤 분이기에 이렇게 오랫동안 닦아야 하는 것이 사실인지는 두고두고 연구해야 할 일입니다. 왜 그럴까요?

부처님은 인간이 도달할 수 있는 최상의 경지임이 틀림없습니다. 그러나 그 경지는 멀고 멀어서 오랜 세월을 닦아야만 하는 것은 아닙니다. 생긴 그대로, 한 걸음도 옮기지 않고 그대로 부처라는 사실! 이 사실을 이해하고 믿기 어렵기 때문입니다. 그래서 오천 명의 비구가 자리를 박차고 일어났고, 참으로 믿기 어렵고 이해하기 어렵다고 끊임없이 이야기하는 것입니다. 왜 안 그렇겠습니까? 장난 삼아 부처님 앞에서 손 한 번 번쩍 드는 것으로도 불도를 이루었다고 하니, 세상에 그런 불도가 어디에 있으며, 그런 이치가 어디에 있겠습니까? 그러니 이해가 안 될 수밖에 없습니다.

"부처님은 그들의 마음이 겁이 많고 용렬한 줄 알고 방편을 써서 중도(中途)에서 쉬게 하기 위하여 두 가지 열반을 말하였느니라."고 하였습니다. 두 가지 열반이란 완전한 열반과 완전하지 못한 열반을 말합니다. 중간에 쉬어가는 화성(化城)이 있는 경지가 완전하지 못한 열반입니다. 화성의 비유에 나오는 마을은 실재하지 않는 곳입니다. 환술로 만든 마을에서 먹고 마시고 즐기며 쉬었는데, 그 모든 것이 다 가짜였다는 사실입니다. 우리가 환영에 사로잡혀서 누렸던 것입니다. 중도에서 쉴 수 있도록 방편으로 만든 가짜였다는 말씀입니다.

"만일 중생이 두 번째 지위(地位)에 머무르면, 그때에 여래는 이렇게 말씀하느니라. '그대들은 할 일을 아직 다하지 못하였으며, 그대들이 머물러 있는 지위는 부처님의 지혜에 가까울 뿐이니라. 마땅히 잘 관찰하고 헤아려 보라. 얻었다는 열반이 진실한 것이 아니니라.'"고 하였습니다. 가깝지만 부처님의 지혜는 아니라는 것에 유의해야 합니다. 개시오입(開示悟入) 불지지견(佛之智見) 즉 부처님께서 깨달으신 지혜를 우리 모두에게 열어주고(開), 보여주고(示), 깨닫게 해 주고(悟), 그 속에 들어가서(入) 삶을 누릴 수 있도록 해 주기 위해서 부처님이 이 땅에 오셨는데, 열반은 부처님의 지혜에 가까울 뿐 부처님의 지혜는 아니라는 말입니다.

앞에서도 말했듯이 공(空)의 차원에서 한 단계 뛰어올랐을 때에 비로소 법화경을 설한다고 했습니다. 모든 존재가 공이고, 연기이며 중도라고 통달한 사람에게 그 다음으로 법화경을 설합니다. 그러면 법화경은 무엇일까요? '모든 것이 공(空)이다'가 아니고 '모든 것이 실상(實相)이다'는 것입니다. 법화경의 이름을 실상묘법연화경(實相妙法蓮華經)이라고도 합니다. 법화경을 이야기할 때는 제법실상을 이야기합니다. 여기서 제법실상은 '제법이 공상(空相)'이라고 하는 차원이 아

니고, '제법이 진리의 모습이다. 실다운 모습이다'는 말입니다. 실(實)
자는 참다운 것, 진실한 것이라는 뜻입니다. 제법이 전부 진리이고,
하나도 버릴 것이 없으며, 그런 연유로 사람이 부처님이라는 가르침
이 나오는 것입니다.

열반은 진실한 것이 아닙니다. 법화경에서는 제법의 실(實)다운 모
습을 이해시키기 위해서 공상(空相)의 차원을 뛰어넘어야 한다는 것과
마찬가지로, 열반에도 두 가지 종류가 있다는 이야기를 통해 열반은
진실한 것이 아님을 밝히고 있습니다. 다만 여래가 일불승을 나누어
서 삼승을 말한 것은 방편일 뿐이라고 했습니다.

【 경문 】

如彼導師가 爲止息故로 化作大城이라가 旣知息已에 而告之言하대 寶
處在近이라 此城非實이니 我化作耳니라

마치 저 인솔하는 사람이 쉬어 가기 위하여 조작하여 만든 마을과 같으
니라. 이미 편히 쉴 것을 알면 다시 말하기를 '보물이 있는 곳이 멀지
아니하고, 이 마을은 실재하는 것이 아니니라. 내가 조작하여 만든 것
이니라.'고 하느니라."

❈ 인솔하는 사람이 쉬어 가기 위하여 마술로 성을 하나 만들어 놓
았습니다. 그래서 사람들이 모두 환상에 사로잡혀서 먹고 마시면서
쉬었습니다. 충분히 쉬고 난 다음에는 마술로 만든 성이 필요없게 되
었다는 말입니다. 불교의 목적은 일불승 부처의 삶입니다. 그런데 다

짜고짜 근기에 상관없이 사람들에게 무조건 '너는 부처다. 그러니 부처의 삶을 살아라' 하고 말하면 그 말이 통하겠습니까? 부처님께서는 사람들의 근기가 서로 다른 것을 훤히 꿰뚫어보시고 수없는 방편을 지어서 감싸주기도 하고 끌어올리기도 하면서 성숙시키는 것입니다. 금생에 안 되면 다음 생에, 다음 생에 안 되면, 그 다음 생에라도 지혜의 눈을 뜰 수 있도록 수없는 방편을 사용하신 것입니다.

"부처님은 활과 같이 말씀하시고, 조사스님들은 활줄과 같이 말씀하신다."고 합니다. 활은 구부정하게 반달처럼 굽었고, 활줄은 일직선입니다. 조사스님들의 가르침은 일직선이므로 정곡을 찌르는 것이지요. 촌철살인(寸鐵殺人)합니다. 한마디 탁 던진다든지, 한 방망이 후려치거나 손가락 하나를 세웁니다. 부처님처럼 군더더기를 붙이지 않습니다. 조사스님들은 수십 년 수행을 아주 강렬한 충격요법을 써서 깨우쳐 줍니다. 그러니까 자비라는 입장에서 보면, 조사스님들은 부처님과는 도저히 비교할 수 없지요.

부처님의 그물은 아주 조밀해서, 작은 올챙이 한 마리까지도 놓치지 않고 모두 다 건져냅니다. 부처님 품안으로 돌아오게 해서 거기서 키우고, 성숙시키고, 잘 자라게 해 주는 입장입니다. 그러나 조사스님들은 그렇지 않습니다. 그물은 그물인데 워낙 그물코가 넓어서 거기에 걸리는 물고기가 별로 없습니다. 평생을 통해서 '한 마리 건져도 좋고, 못 건져도 상관없다'는 그물입니다.

6. 게송으로 거듭 설하다

(1) 대통지승불의 성도

【 경문 】

爾時世尊이 欲重宣此義하사 而說偈言하니라

大通智勝佛이 十劫坐道場하대

佛法不現前일새 不得成佛道어늘

諸天神龍王과 阿修羅衆等이

常雨於天華하야 以供養彼佛하며

諸天擊天鼓하고 幷作衆伎樂하며

香風吹萎華하야 更雨新好者러니

過十小劫已에 乃得成佛道라

諸天及世人이 心皆懷踊躍하니라

彼佛十六子가 皆與其眷屬

千萬億圍繞하사 俱行至佛所하야

頭面禮佛足하고 而請轉法輪하대

聖師子法雨로 充我及一切하시니

世尊甚難値라 久遠時一現이로다

爲覺悟羣生하야 震動於一切로다

이때 세존께서 이 뜻을 거듭 펴시려고 게송으로 말씀하시었습니다.

"대통지승불이 도량에 앉으신 지 열 겁이 되었는데

부처님의 법이 나타나지 않아 성불하지 못하시니라.

여러 천신들과 용왕들과 아수라 대중들이

하늘의 꽃을 항상 비 내리듯이 내려

저 부처님께 공양하였느니라.

여러 천신들은 북을 치고 온갖 음악을 모두 연주하며

시든 꽃은 향기로운 바람이 불어가고

새롭고 아름다운 꽃비를 내렸느니라.

열 소겁을 지난 뒤에 비로소 성불하시니

천신과 세상 사람들이 마음이 기뻐서 어쩔 줄을 모르느니라.

그 부처님의 십육 왕자가 모두 그 권속들

천만 억 대중들에게 둘러싸여 다 함께 부처님이 계신 곳에 왔느니라.

머리 숙여 부처님 발 아래에 예배하고 법륜을 굴려주시기를 청하느니라.

'거룩한 사자시여, 법의 비를 내려서

저희들과 중생들을 흡족하게 하여 주십시오.

세존은 뵙기가 매우 어려워 오랜만에야 한 번 오셔서

중생들을 깨우치시려고 모든 것을 진동하십니다.'

❀ "머리 숙여 부처님 발 아래에 예배하고 법륜을 굴려 주시기를 청하느니라."고 하였습니다. 인도에서 성인에게 공경을 표하는 방법입니다. 불교에서 예배(禮拜)드리는 방법도 마찬가지입니다. 머리를 숙여서 이마가 땅에 닿게 하고 두 손으로 무엇인가를 받드는 형상을 취합니다. 두 손은 귀까지 나란히 들어올립니다. 그 이상 올리거나 손가락 사이를 벌리거나 손을 앞으로 뻗으면 안 됩니다. 다섯 손가락을 자

연스럽게 붙이고 손바닥을 위로 향하게 해서 두 손을 귀 높이까지 올려서 귀에 닿도록 절을 합니다. 그 자세는 부처님과 보살님들의 발을 받든다는 뜻입니다. 사람 몸에서 가장 높은 머리를 가지고 가장 낮은 발을 받들어 올리는 것이 불교의 큰절 형식인데 예경의 극치입니다. 지금도 인도에 가면 거지들이 관광객의 발에 자신의 머리를 조아리는 것을 볼 수 있습니다.

(2) 시방의 범천왕이 법을 청하다

【 경문 】

東方諸世界 五百萬億國에
梵宮殿光曜하대 昔所未曾有라
諸梵見此相하고 尋來至佛所하야
散華以供養하대 并奉上宮殿하고
請佛轉法輪하며 以偈而讚歎커늘
佛知時未至하시고 受請默然坐러니
三方及四維와 上下亦復爾하야
散華奉宮殿하고 請佛轉法輪하사대
世尊甚難値라 願以本慈悲로
廣開甘露門하사 轉無上法輪하소서하니라

동방에 있는 여러 세계의 오백만 억 국토에 있는
범천왕의 궁전이 밝게 빛나니 예전에 보지 못하던 일일러라.

모든 범천들이 이 상서를 보고 부처님이 계신 곳을 찾아가

하늘의 꽃을 흩어 공양하고 궁전까지 받들어 올리니라.

법륜을 굴려주시기를 청하고 게송을 읊어 찬탄하나

때가 아직 안 된 줄을 부처님은 아시고 청을 받고 묵묵히 앉으시니라.

남·서·북방과 네 간방(間方)과 상방과 하방에서도

모두 그렇게 꽃을 흩고 궁전을 받들어 올리고

법륜을 굴려주시기를 청하니라.

뵈옵기 어려운 세존이시여, 바라옵건대 자비하신 원력으로

감로(甘露)의 문을 널리 여시고 최상의 법륜을 굴려주소서.

❀   깨달음이라는 것이 무엇이겠습니까? 어떤 한 가지를 깨달았다고 하면 그 문제에 대해 환하게 이해되고 밝아졌다는 뜻입니다. 예를 들어 서예를 할 때 도대체 진척이 없을 때가 있습니다. 붓도 모르고 먹도 모르고 종이도 몰라서 막막하다가 어느 날 몰록 그 속성들을 깨닫게 됩니다. 한 십 년은 글씨를 써야 종이를 알 수 있다고 합니다. 그렇게 어느 날 딱 눈에 들어옵니다. 깨닫게 되는 것입니다. 깨닫는다는 것은 환하게 눈에 들어온다, 훤히 꿰뚫어 본다는 뜻입니다.

부처님은 깨달은 분이라 세상과 인생의 모든 문제에 대해서 다 환하게 밝혀서 보십니다. 이 빛은 부처님만의 빛이 아니고 우리 모두의 빛이고, 온 세상의 빛입니다. 그런 뜻에서 부처님의 성도(成道)를 빛으로 표현하고 있습니다. 시방의 범천왕들이 다 같이 한 뜻으로 찬탄하며 법륜을 굴려주시기를 청하지만, 부처님은 아직 때가 되지 않은 줄을 아시고 묵묵히 앉아 계십니다.

[3] 십이인연법을 설하다

【 경문 】

無量慧世尊이 受彼衆人請하사
爲宣種種法인 四諦十二緣하대
無明至老死히 皆從生緣有라
如是衆過患을 汝等應當知니라
宣暢是法時에 六百萬億孩가
得盡諸苦際하고 皆成阿羅漢하며
第二說法時에 千萬恒沙衆이
於諸法不受하고 亦得阿羅漢하며
從是後得道도 其數無有量이라
萬億劫算數로 不能得其邊이니라

한량없는 지혜를 갖추신 세존께서 여러 사람들의 청을 받고
갖가지 법과 네 가지 진리와 열두 가지 인연을 설하시니라.
무명으로부터 늙어 죽음에 이르기까지
모두가 태어남으로부터 있는 것이라.
이러한 여러 가지 근심 걱정들을 그대들은 자세히 알지니라.
이 법을 설하실 때 육백만 억 나유타 중생들이
모든 괴로움을 다 여의고 아라한을 이루었느니라.
두 번째 설법하실 적에 천만 억 항하사 중생들이
모든 경계를 받아들이지 아니하여 또한 모두 아라한을 이루었느니라.

이때부터 도(道)를 이룬 이들이 그 수효가 한량이 없어서
만억 겁 동안을 헤아려도 그 끝을 얻을 수 없느니라.

✿　"이 법을 설하실 때 육백만 억 나유타 중생들이 모든 괴로움을
다 여의고 아라한을 이루었느니라. 두 번째 설법하실 적에 천만 억 항
하사 중생들이 모든 경계를 받아들이지 아니하여 또한 모두 아라한을
이루었느니라."고 하였습니다. 처음에는 괴로움을 다 여의고 아라한
을 이루었고, 두 번째는 모든 경계를 받아들이지 아니하여서 아라한
을 이루었다고 했습니다. 이 경지가 『임제록』에 나오는 '수처작주'와
같습니다. 어떤 상황에 처하든지 간에 나 자신을 잃지 않고 당당하게
자기를 지키며 흔들림 없이 살아간다는 겁니다. 모든 경계를 받아들
이지 않으면 그렇게 됩니다. 하늘이 무너져도 동요하지 않고 그것을
꿰뚫어 보는 것입니다. 나에게 벌어진 상황을 유유히 바라볼 수 있는
안목은 상당한 경지에 이르러야 얻을 수 있습니다.
　　"하늘이 무너지는 상황도 모두 인연의 이치에 의한 것이다. 세상
의 모든 변화는, 천재지변까지도 전부 인연에 의해서 그와 같이 벌어
지는 것이다. 봄이 가고 여름이 올 때 무성하게 피던 잎사귀가 찬 바
람에 그 빛을 잃고 떨어지듯이 그 사람이 겪는 모든 상황도 알고 보면
지극히 자연스러운 인연의 이치다."라고 받아들이는 경지를 말합니다.

〔4〕 법화경을 설하다

【 경문 】

時十六王子가 出家作沙彌하야

皆共請彼佛하대 演說大乘法하소서

我等及營從이 皆當成佛道호리니

願得如世尊의 慧眼第一淨하노이다

佛知童子心의 宿世之所行하고

以無量因緣과 種種諸譬喻로

說六波羅蜜과 及諸神通事하시며

分別眞實法의 菩薩所行道하야

說是法華經의 如恒河沙偈하시니

彼佛說經已에 靜室入禪定하사

一心一處坐 八萬四千劫이니라

그때 십육 왕자들이 출가(出家)하여 사미가 되어

다같이 저 부처님께 대승법을 설해 주시기를 청했느니라.

'저희들과 여러 시종들이 모두 다 불도를 이루어

세존과 같이 제일 청정한 지혜의 눈을 얻고자 원합니다.'

부처님은 동자(童子)들의 마음과 숙세에 수행한 일을 아시고

한량없는 인연과 갖가지 비유들로써

여섯 가지 바라밀과 그 밖의 신통한 일을 설하시며,

진실한 법과 보살이 행하는 도를 분별하셨느니라.

그리고 이 묘법연화경의

항하강의 모래같이 많은 게송을 설하셨느니라.

그 부처님이 법화경을 설하신 뒤에 고요한 방에서 선정(禪定)에 들어

일심으로 한 곳에서 팔만 사천 겁 동안을 앉아 계시니라.

🌸　법화경이 설해진 과정은 앞에서도 말씀드렸습니다. 그러나 정확하게 이해해야 할 중요한 내용이기 때문에 다시 한 번 말씀드립니다. 처음에는 괴로움을 여의고 아라한이 되어 열반을 얻고, 다음으로 모든 경계를 받아들이지 않고 경계에 흔들리지 않게 됩니다. 그리고 나서 비로소 열여섯 명의 왕자가 법을 청하여 대통지승불이 마침내 법화경을 설하게 되었습니다. 대통지승불의 시대와 마찬가지로 석가모니불의 시대에도 이렇게 여러 과정을 거쳐서 법화경이 설해집니다. 이것은 무수겁 전에 이미 정해진 법도입니다. 석가모니불만 그러한 것이 아닙니다. 그러므로 이 법은 전통이 있고, 믿을 수 있는 법이라는 의미가 깔려 있습니다. 우리들이 이러한 사실에 대해서 터럭만큼도 의심을 해서는 안 된다는 말입니다.

　　공의 이치를 안 연후에야 법화경을 배울 수 있다고 했습니다. 제법공상(諸法空相)을 잘 배워서 졸업을 해야 그 다음으로 제법실상(諸法實相)을 공부하게 됩니다. 모든 존재의 공한 모습과 이치를 이해하고 나서야 모든 존재의 실(實)다운 이치를 공부할 수 있는 것입니다. 제법실상은 무엇이겠습니까? 너도 부처고 나도 부처요, 금방 흩어지고 사라지는 저녁 연기와 아침 이슬까지도 모두 실상이다, 실다운 존재라는 것을 알게 되는 것입니다. 이렇게 이해하는 것이 제법실상의 경지

이고 곧 법화경과 화엄경의 공부입니다.

그렇다면 선(禪)은 무엇이겠습니까? 선은 제법공상과 제법실상의 단계를 지나서 가는 단계입니다. 선에는 공상이라거나 실상이라는 이야기가 아예 없습니다. 선가에는 "세존(世尊)이 미리도솔(未離兜率)에 이강왕궁(已降王宮)이요, 미출모태(未出母胎)에 도인이필(度人已畢)이라."는 화두가 있습니다. 석가모니 부처님께서는 도솔천을 떠나지 않으시고도 이미 왕궁에 드셨고, 마야 부인의 태에서 나오기 전에 이미 중생 제도를 마치셨다는 말입니다.

참으로 어마어마한 말입니다. 세상에 태어나시기도 전에 이미 모든 중생을 다 제도하셨다고 합니다. 손가락 하나 탁 세우는 것에 모든 것이 다 포함되어 있습니다. 이리 저리 붙어 있던 군더더기가 다 떨어져나가고 없습니다. 우리가 선적(禪的)인 생활을 이야기할 때 우리 주변의 환경도 그래야 합니다. 마음씀씀이도 그래야 하고 하루 세 끼 먹는 식사도 그래야 합니다. 정말 간단명료하고 지극히 소박한 것으로 모든 분야에서 선의 정신을 표현할 수 있습니다.

처음에는 모든 존재를 그대로 보는 유(有)의 가르침, 다음으로 공(空)의 가르침, 그리고 실상(實相)의 가르침에 이어서 선(禪)의 가르침까지 네 단계로 말씀드릴 수 있습니다. 선이 오기 전에 상(相), 공(空), 성(性)의 세 가지 차원의 가르침이 있었습니다. 산은 산이요 물은 물이라는 것은 상(相)의 입장이고, 아함경의 입장입니다. 산은 산이 아니요 물은 물이 아니라는 것은 공(空)의 입장입니다. 반야심경과 금강경의 입장입니다. 그 다음으로, 산은 다만 산이요 물은 다만 물일 뿐이라는 것이 성(性)의 입장입니다. 화엄경과 법화경의 입장입니다.

(5) 옛 인연을 말하다

【 경문 】

是諸沙彌等이 知佛禪未出하사

爲無量億衆하야 說佛無上慧할새

各各坐法座하야 說是大乘經하며

於佛宴寂後에 宣揚助法化하대

——沙彌等의 所度諸衆生이

有六百萬億 恒河沙等衆이러라

彼佛滅度後에 是諸聞法者가

在在諸佛土에 常與師俱生이라

그 여러 사미들은 부처님이 선정에서 나오시지 않음을 알고

한량없는 억만 중생들을 위하여 가장 높은 부처님의 지혜를 설하느니라.

제각기 법상(法床)에 앉아 이 대승경전을 설하고

부처님이 고요히 열반에 드신 후에 법을 설해 교화(敎化)를 돕느니라.

그 하나하나 사미들이 제도한 중생들의 수효는

육백만 억 항하강의 모래 수와 같으니라.

그 부처님이 열반하신 후에 이 법문을 들은 이들은

가는 곳마다 부처님의 세계에서 항상 스승과 함께 태어나느니라.

🌸 화성(化城)은 무엇을 뜻하는 것일까요? 자신의 안녕과 편안함을 위해 이고득락(離苦得樂)을 추구하는 열반의 경지를 말합니다. 이것이

험한 길의 도중에 가짜로 만들어 놓은 마을이라는 이야기입니다. 부처님의 참 마음은 가짜 성에 머물러 있지 않습니다. 진짜 보배가 가득한 그 자리로 사람들을 인도하고자 하십니다. 그 보배는 바로 부처님이 깨달은 경지이며, 사람이 이를 수 있는 최고의 경지입니다.

우리는 세상을 가상(可相)으로 봅니다. 가상(假相)인데 가상(可相)으로 보는 것입니다. 제법을 가상(可相)으로 표현할 수 있습니다. 반야심경이나 금강경과 같은 반야부 경전은 모든 존재를 공상(諸法空相)으로 봅니다. 법화경이나 화엄경에서는 제법실상(諸法實相)을 말하고 있습니다. 모든 존재가 진리고 법이며, 그대로 부처님이라고 보는 것입니다. 이런 안목이 바로 보는 것이고, 제대로 보는 것입니다. 이것이 부처님의 지혜의 안목이고, 우리들이 갈 수 있는 최상의 경지입니다.

법화경이나 화엄경을 이야기할 당시의 불교는 제법을 실상으로 보는 안목이 최상의 안목이었습니다. 선불교에서는 제법실상이라는 말은 잘 사용하지 않습니다. 그저 부처님처럼 꽃 한 송이를 척 들거나, 구지 화상처럼 손가락을 세우던가, 황벽 스님처럼 주장자로 한 번 후려쳐서 내쫓든지 하는 차원에 이르게 됩니다. 경전이 아무리 뛰어나더라도, 거기서 한 걸음 더 발전한 선(禪)은 다른 차원에 있습니다. 손가락 하나 세우는 것이 제법 실상이냐? 공상이냐? 아니면 가상이냐? 라고 질문할 수도 있지만, 이 경지는 말로 설명하는 것을 기대하기 어려운 차원입니다. 선의 이치를 이야기할 때는 교학적인 용어나 설명을 기다려서는 안 됩니다. 손가락 하나를 들었든지, 할을 했든지, 방망이로 후려쳤든지 간에 그에 준하는 대답이 나올 것입니다. 거기에서 눈을 뜨게 되면 다행이고, 눈을 뜨지 못하면 화두가 되는 것입니다. 그래서 깨닫게 되면 그 자리에서 깨닫는 것이고, 그렇지 못하면 공부거리가 되어서 태산을 짊어진 듯한 마음으로 살아가는 것입니다. 그러다가 어느 순간 홀연히 천 근 만 근이나 되는 의문의 짐을 턱 벗어 놓는 때가 오게 됩니다.

[6] 십육 왕자와 제자들의 현재(現在)

【 경문 】

是十六沙彌가 具足行佛道하며
今現在十方하야 各得成正覺하고
爾時聞法者도 各在諸佛所하며
其有住聲聞은 漸敎以佛道라
我在十六數하야 曾亦爲汝說호니
是故以方便으로 引汝趣佛慧니라
爾時本因緣으로 今說法華經하야
令汝入佛道호니 愼勿懷驚懼니라

그 십육 사미들은 부처님의 도를 갖추어 행하며
지금 시방세계에서 각각 바른 깨달음을 이루었느니라.
그때 법문을 들은 이들로서 각각 부처님이 계신 곳에서
아직 성문에 머무른 이들은 점차로 부처님의 도로써 가르치느니라.
십육 왕자의 하나였던 나도 일찍이 그대들에게 법을 설했으니
점차(漸次)의 방편으로써 그대들을 이끌어

부처님의 지혜에 나아가게 하느니라.

그때의 숙세(宿世)의 인연으로 지금 법화경을 설하여

부처님의 도에 들게 하나니 부디 놀라고 두려워하지 말지니라.

🌸　십육 왕자 중에 마지막 왕자가 석가모니 부처님이었고, 그때 그 인연으로 지금 법화경을 설한다는 말씀입니다. 지금 법화경을 설하는 것이 과거에 인연이 지어져 있는 것입니다. 이 말은 법화경의 진리야말로 영원불변하며, 아무리 오랜 시간이 흘러도 달라지지 않는다는 말입니다.

　불교에서 무엇이 진리인지 또 진리가 아닌지를 가려내는 방법은 알고 보면 아주 간단합니다. 지금 이 대목에서 말하듯이 오랜 세월 전에 이미 법화경의 진리를 설했는데 지금도 그대로 적용된다는 점입니다. 그때도 맞는 말씀이었고, 지금도 맞는 말씀이며, 어느 민족 어떤 환경이든 관계없이 이치에 맞는 말씀이 진리입니다. 민족마다 다르고 시대마다 다른 것은 진리가 아닙니다. 인도에서는 합당했지만 한국에서는 합당하지 않은 것은 방편입니다. 방편은 진리가 아닙니다. 방편은 차법(次法)입니다. 차법은 그 순간에만 맞는, 그 순간에만 적용되는 가르침이기 때문에 모두 방편법입니다.

[7] **화성의 비유**

【 경문 】

譬如險惡道에 迴絕多毒獸하고

又復無水草하야 人所怖畏處에
無數千萬衆이 欲過此險道하대
其路甚廣遠하야 經五百由旬이라

비유컨대, 험악한 길이 있는데 외지고 멀고 흉악한 짐승까지 많으며
게다가 물도 없고 풀도 없어서 사람들이 무서워하는 곳이니라.
무수한 천만 명이나 되는 사람들이 이 험한 길을 걸어가려는데
길은 멀고도 멀어 오백 유순이나 지나왔느니라.

【 경문 】

時有一導師하대 强識有智慧하며
明了心決定하야 在險濟衆難터니
衆人皆疲倦하야 而白導師言하대
我等今頓乏이라 於此欲退還이니다
導師作是念하대 此輩甚可愍이라
如何欲退還하야 而失大珍寶어뇨
尋時思方便하대 當設神通力하야
化作大城郭하대 莊嚴諸舍宅에
周匝有園林하며 渠流及浴池와
重門高樓閣에 男女皆充滿케하고
卽作是化已에 慰衆言勿懼어다
汝等入此城하면 各可隨所樂하리라
諸人旣入城에 心皆大歡喜하야

皆生安隱想하며 自謂已得度어늘
導師知息已하고 集衆而告言하사대
汝等當前進이니 此是化城耳라
我見汝疲極하야 中路欲退還일새
故以方便力으로 權化作此城호니
汝今勤精進하야 當共至寶所니라

이때에 한 인솔자가 있었는데 아는 것도 많고 지혜도 있어
명료한 마음으로 결정하여 험한 길에서도
온갖 어려움을 모두 헤치었느니라.
따르는 사람들은 모두 피로하여 인솔자에게 말하였느니라.
우리들은 너무 피로해서 여기에서 그만 돌아가렵니다.
인솔자가 생각하기를, 저 사람들은 매우 가련하다.
여기까지 왔다가 왜 되돌아가서 그 많은 보물들을 포기하려 하는가.
하고 곧 방편을 생각하고는 신통력을 베풀었느니라.
큰 마을과 훌륭한 저택들을 조작하여 만들었느니라.
주위에는 동산과 숲이 둘러서 있고 맑은 시냇물과 깨끗한 목욕 터와
대문과 높은 누각에 남자와 여자들이 가득하게 하였느니라.
이렇게 큰 마을을 만들어 놓고
따르는 사람들을 위로하면서 이렇게 말하였느니라.
걱정하지 말고 그대들은 이 마을에 들어가서 마음대로 즐기고 살아라.
여러 사람들은 그 마을에 들어가
마음이 한없이 즐거워 편안하다는 생각을 내고는

스스로 이미 목적을 성취하였다고 여겼느니라.

인솔하는 사람은 그들이 편안히 쉴 줄을 알고는

대중들을 모아 놓고 선언하기를, 그대들은 마땅히 앞으로 나아가자.

이것은 방편으로 조작하여 만든 마을일 뿐이다.

내가 보니 그대들이 너무 피곤하여 중도에서 되돌아가려고 하기에

내가 짐짓 방편으로 조화를 부려서 이 마을을 만들었던 것이니라.

그대들이 이제 부지런히 나아가면

마땅히 함께 보물이 있는 곳에 이르게 되리라.

🪷　환술로 가짜 마을을 만들었습니다. 훌륭한 저택과 동산, 맑은 시내와 선남자 선여인들을 신통으로 나타나게 하였습니다. 우리는 부처님께 우리에게 필요한 것을 많이 주문합니다. 이것저것 주문을 하다가 너무 많아서 '부처님 전부 말씀 안 드려도 다 아시지요?'라며 멈추었다는 우스갯소리가 있을 정도로 우리는 부처님께 주문이 많습니다. 하지만 설사 모든 소원이 다 성취되었더라도 그것은 징검다리에 불과한 것입니다. 부처님이 우리에게 정말 주려고 하시는 것은 우리가 소원하는 것보다 천 배, 만 배 더 훌륭하고 뛰어난 것입니다.

　　우리의 마음을 키워서 더 큰 소원을 바래야 부처님 마음에 들 텐데, 자질구레한 인간사에만 매달립니다. 자신의 인연은 자신의 업으로 돌아가는 것이니, 갑자기 부처님께 소원을 빈다고 금방 상황이 달라지겠습니까? 부처님께서 말씀하셨듯이 모든 존재는 인연의 도리에 따라서 움직입니다. 이것은 부처님이 만든 것이 아닙니다. 부처님께서 깨달음의 눈으로 보니 이 세상은 전부 연기의 도리로 되어 있다는

것을 아셨습니다. 이런저런 인연과 조건에 의해서 어떤 사물이 있게 되고, 또 어떤 사건이 있게 된 것입니다. 그러한 사건이나 그러한 사물이 어떤 모양을 가졌든 간에 그 모양으로 있을 수밖에 없는 조건들이 있었기 때문입니다. 그 모양에서 벗어나려면 그 모양을 있도록 한 조건과 원인을 바꾸어야 합니다.

모든 존재는 그렇게 인연에 의해 일어나고 연기한다는 말입니다. 이와 같은 이치를 알면, 1만큼 노력하고 100을 달라고 하지 못합니다. 1만큼 노력했는데 100을 준다면 그것은 불교가 아니라 괴상망측한 가르침입니다. 가만히 마음을 가라앉히고 내가 이루어지기를 바라는 일이 과연 바라는 대로 돌아갈 것인지 생각해 볼 필요가 있습니다. 너무나 답답해서 부처님께 매달릴 수밖에 없는 마음이라면 괜찮습니다. 되고 안 되고는 차치하고, 부처님께 매달리고 있는 동안만이라도 마음이 편안하다는 말씀들을 많이 하더군요. 상당히 일리 있는 말입니다.

소원하는 것이 그대로 이루어지기를 바라는 것보다는, 부처님 앞에서 기도를 하면 마음이 편안해지고 모든 존재는 연기의 이치에 따라 생겨나고 변화하며 사라지는 것임을 터득하게 됩니다. 이것이 기도의 영험입니다. 진정한 영험은 바로 이런 이치를 깨닫는 것입니다. 공부도 안 하고 놀기만 하던 자녀가 갑자기 시험문제의 정답을 쓰게 되는 것이 기도의 영험이 아닙니다. 연기의 이치를 깨달아서 '아! 그럴 수밖에 없구나.' 하고 깨닫게 되는 것이 진정한 기도의 영험입니다.

[8] 비유에서 법을 밝히다

【 경문 】

我亦復如是하야 爲一切導師하야
見諸求道者의 中路而懈廢하야
不能度生死 煩惱諸險道하고
故以方便力으로 爲息說涅槃하대
言汝等苦滅하고 所作皆已辦하니
旣知到涅槃하야 皆得阿羅漢하고는
爾乃集大衆하야 爲說眞實法이니라
諸佛方便力으로 分別說三乘이라
唯有一佛乘이어늘 息處故說二라
今爲汝說實하노니 汝所得非滅이니라
爲佛一切智하야 當發大精進하라
汝證一切智와 十力等佛法하야
具三十二相이라사 乃是眞實滅이니라

나도 또한 그와 같아서 모든 중생들의 인솔자니라.
도를 구하는 여러 사람들을 보니 중도에서 지치고 게을러져서
생사 번뇌의 험난한 길을 건너지 못하는구나.
그러므로 내가 방편의 힘으로 쉬게 하려고 열반을 말했느니라.
그대들이 괴로움이 없어지고 할 일을 다 하였다고 했더니
이미 열반에 이르러 아라한이 된 줄을 알고는

이에 대중들을 모으고 진실한 법을 설하느니라.

여러 부처님의 방편의 힘으로 삼승(三乘)을 나누어 말하지만

오직 일불승(一佛乘)이 있을 뿐,

중간에 쉬었다 가게 하려고 이승(二乘)을 말한 것이니라.

이제 그대들에게 진실을 설하나니

그대들이 얻은 것은 진실한 열반이 아니니라.

부처님의 일체 지혜를 위하여 마땅히 크게 정진할 마음을 낼지니라.

그대들이 일체 지혜와 열 가지 힘(十力) 등의 불법을 얻고

삼십이상(三十二相)을 갖추어야 진실한 열반이니라.

※ "나도 또한 그와 같아서 모든 중생들의 인솔자니라."고 하였습니다. 부처님이 우리의 인솔자입니다. 부처님께서는 가르침, 말씀으로 인솔하는 것입니다. 그 밖에 다른 것은 없습니다. 부처님이 앞장서서 깃발을 들고 따라오라고 크게 외치고 계십니다. 우리가 지금 공부하고 있는 경전을 통해서 그렇게 외치고 계십니다. 특히 대승경전에서 더 크게 외치고 계십니다. 이것이 부처님의 깃발이요, 부처님의 광명입니다. 수지신시광명당(受持身是光明幢) 수지심시신통장(受持心是神通藏)이라는 천수경의 경문이 있지요? 부처님의 가르침을 받아 지니는 우리들은 광명의 깃발입니다. 또한 부처님의 가르침을 받아 지니는 우리들은 신통의 창고입니다. 온갖 신통이 다 나툴 수 있다는 말입니다.

또한 열반을 얻었다 하더라도 그것은 진실한 열반이 아니라고 하였습니다. 우리가 별의별 것을 부처님께 주문을 해서 다 얻었다 하더라도 그것은 진실한 불교가 아닙니다. 자녀들의 진학을 위해서, 진급

을 위해서, 사업을 위해서, 건강을 위해서 부처님께 주문하고 다 이루었다 하더라도 그것은 진실한 불교가 아닙니다.

　"그대들이 일체 지혜와 열 가지 힘(十力) 등의 불법을 얻고 삼십이상(三十二相)을 갖추어야 진실한 열반이니라."고 하였습니다. 이 대목은 부처님의 깨달음을 표현하는 것입니다. 반드시 성인의 32가지 형상을 갖추어야 한다는 뜻이 아닙니다. 부처님이 얻은 경지를 우리도 얻어야 한다는 뜻으로 이해해야 합니다.

【 경문 】

諸佛之導師가 爲息說涅槃하고
旣知是息已하고 引入於佛慧니라

인솔자인 부처님이 휴식하게 하려고 열반을 말했고,
휴식한 줄을 이미 알고는
부처님의 지혜에 들어가게 하려고 인도하느니라."

🌸　어떤 형태의 삶이라도 결국은 부처의 삶으로 회향하게 하고, 부처의 삶으로 귀속하게 하는 것이 불교의 가르침입니다. 화성(化城)은 멀고 험한 길을 가는 도중에 힘을 얻기 위해 잠시 쉬었다가 가는 가짜 마을입니다. 우리들이 부처님 앞에 와서 건강도 빌고, 학업성취도 빌고, 사업성취도 빕니다. 하지만 그 모든 것이 잠시 쉬었다 가는 화성과 같습니다. 우리의 최종 목적지는 가짜 마을 화성이 아니라 부처의 깨달음이라는 진짜 보물이 있는 곳입니다.

◉

8
오백제자수기품

(五百弟子授記品)

부처님께서 열반을 앞두고 수기하는 문제는 무엇보다도 중요한 일입니다. 그래서 수기와 관련된 내용이 법화경의 많은 부분을 차지하고 있습니다. 부처님께서 당신이 깨달은 경지를 우리 중생들이 모두 똑같이 갖추고 있다는 것을 유언으로 남기시고 직접 보증하시는 일이니 얼마나 중요하겠습니까?

　시심시불(是心是佛) 즉심즉불(卽心卽佛)이라는 말이 있습니다. 보고 듣고 하는 우리의 현재 이 마음이 곧 부처님이라는 말입니다. 그대들이 지금 보고 듣고 분별하는 마음 그대로 부처이지 다른 것이 없다는

◉ 597 ◉

가르침이 선불교의 핵심입니다. 즉심즉불은 지금 현재의 보고 듣는 이 마음을 말합니다. 화내는 마음이든 사랑하는 마음이든 어떤 마음이든 간에 현재 쓰고 있는 그 마음이 즉심(卽心)입니다. 시심시불(是心是佛)은 이 마음이 부처라는 말인데, 즉심즉불(卽心卽佛)은 현재의 마음 그대로 부처라는 뜻으로 선불교의 핵심을 나타냅니다.

"어떤 것이 진정한 불법입니까?"라고 묻는 임제 스님에게 스승인 황벽 스님이 몽둥이로 후려쳐서 보여주고, 구지 화상은 손가락 하나를 세워서 들어보였습니다.

포모 스님의 이야기도 유명하지요. 포모 스님은 신심이 아주 장해서 어떤 스승에게 가서 도를 배우려고 아주 열심히 시자 생활을 했습니다. 있는 정성 없는 정성을 다해 나무하고 불 때고 탁발하고 빨래하고 공양을 지으면서 17년 동안을 시봉했습니다. 그러나 스승은 한마디 가르쳐 주는 것도 없이 매일 이거 해라 저거 해라 일만 시켰습니다. 도에 대한 마음이 간절했던 스님은 더이상 허송세월을 하면 안 되겠다 싶어서 어느 날 떠나기로 마음먹었습니다.

"스승님, 제가 여태까지 스님께 정성을 다해 시봉한 것은 오로지 스님께 도를 배우려 했던 것입니다. 그런데 지금까지 아무 가르침도 없고 도에 대해서 일언반구도 없었습니다. 그래서 저는 이제 인연 있는 곳을 찾아서 떠나려고 합니다."

이렇게 정중하게 고별 인사를 드렸습니다.

"도(道)라고? 도(道)는 나도 조금 있지. 왜 더 일찍 말하지 않았느냐?"

스승님은 말을 마치자 말자, 오래 입어서 낡아서 솜이 푸석거리는 포모를 살짝 뜯어서 제자 앞으로 후 불어 날려서 "이것이 도다!"라며 보여주었습니다. 이 모양을 보고 포모 스님이 크게 도를 깨달았습니다.

주장자를 들어 보였든 부처님처럼 꽃을 들어 보였든 아니면 손가락을 들여 보였든 간에 방법에는 아무 문제가 없습니다. 그런 행위를 보여주었다는 사실이 중요합니다. 그 속에 견문각지(見聞覺知) 즉, 보고 듣고 느끼고 아는 것이 다 있고 우리 마음이 다 있고 온 우주가 다 있습니다. 굳이 '도'라고 이름 붙이고 부처라고 이름 붙이고 마음이라고 이름 붙인다면 그것 또한 그 자리에 다 있는 것입니다. 그 작은 행동 하나 속에 다 포함되어 있습니다.

사실 눈을 뜨는 일이 중요한 것이지 우리에게 무엇이 부족하거나 아직도 더해야 할 것이 있는 것이 아닙니다. 공덕이 부족하거나 수행이 부족하거나 참선을 덜했거나 염불을 덜했거나 하는 것은 전혀 없습니다. 다만 우리가 염불하고 참선하고 간경하고 하는 것은 그저 본래 완전무결한 존재라는 것을 이해하기 위한 하나의 방법이며 방편에 불과한 것입니다. 부처님은 어느 날 아침에 샛별을 보고 저절로 깨달았습니다. 깨달았다고 해서 전과 달라진 것도 아니고 더한 것도 없고 덜한 것도 없습니다. 우리의 존재는 본래 그렇게 완전무결한 것입니다.

오백제자수기품에서 먼저 설법제일 부루나에게 수기를 주고 뒤이어 오 비구의 대표격인 교진여와 오백 아라한에게 수기를 줍니다. 그런데 어이없게도 교진여에게 내리는 이름과 오백 명의 아라한에게 똑같이 보명여래라는 이름으로 수기를 줍니다. 지금까지 법화경에서 살펴본 수기의 형식과는 다릅니다. 사리불과 4대 성문에게 수기를 주실 때는 구체적으로 수많은 세월 동안 이러저러한 보살행을 닦고 이런 국토에 나서 부처가 되는데 이름은 무엇이라고 합니다. 그런데 여기서 교진여와 오백 아라한에게는 똑같은 이름을 줍니다. 그 뒤에는 2,000명에게 이런 방식으로 수기를 줍니다. 바로 여기에서 눈을 크게 떠야 합니다. '수기라는 것은 참으로 형식이구나'라는 것을 알아야 합니다. '이와 같은 형식적인 과정을 거치지 않고도 그대로 완전무결한 존재라는 것을 부처님이 보증하시는 구나'라는 것을 바로 알아서 나의 살림살이로 만들어야 합니다.

1. 부루나에게 수기(授記)하다

[1] 부루나는 설법제일(說法第一)

【 경문 】

爾時富樓那彌多羅尼子가 從佛聞是智慧方便隨宜說法하며 又聞授諸大弟子의 阿耨多羅三藐三菩提記하며 復聞宿世因緣之事하며 復聞諸佛이 有大自在神通之力하니라

이때에 부루나 미다라니자가 부처님께서 지혜와 방편으로 근기(根機)에 따라 알맞게 설법하시는 것을 들었습니다. 그리고 또 여러 큰 제자들에게 최상의 깨달음에 대하여 수기 주시는 것을 들었습니다. 또 지난 세상의 인연에 대해 말씀하시는 것을 들었고, 또 여러 부처님들이 크고 자재하고 신통한 힘을 가졌음을 들었습니다.

得未曾有하며 心淨踊躍하야 卽從座起하야 到於佛前하야 頭面禮足하고
却住一面하야 瞻仰尊顔하고 目不暫捨러라

그래서 미증유(未曾有)함을 얻고 마음이 깨끗하여져서 매우 기뻐하였습
니다. 곧 자리에서 일어나 부처님 앞에 나아가 머리를 숙여 발아래 예
배하고 물러가 한쪽에 앉아서 부처님의 존안(尊顔)을 우러러보면서 잠
시도 눈을 떼지 않았습니다.

🪷　부처님의 10대 제자 가운데 설법제일로 일컬어지는 부루나 존
자의 이야기입니다. 부루나 존자의 다 갖추어진 이름이 부루나 미다
라니자입니다. '미다라니자'는 미다라니의 아들이라는 뜻입니다. 다
시 말해 부루나 존자의 어머니 이름이 '미다라니'인 것이지요. 부루
나가 들은 부처님의 설법을 크게 네 가지로 정리하고 있습니다. 이 대
목은 부처님의 말씀도 아니고 부루나의 말씀도 아니며 경가(經家)의 말
씀입니다. 경가(經家) 즉 경을 결집한 사람이 부루나의 입장에서 정리
를 한 것입니다. 서품부터 화성유품에서 있었던 일까지 모두 빠짐없
이 지켜보았다는 말입니다.

【 경문 】

而作是念하대 世尊甚奇特하사 所爲希有라 隨順世間若干種性하사 以方
便知見으로 而爲說法하야 拔出衆生의 處處貪著하시니 我等於佛功德에
言不能宣이라 唯佛世尊이 能知我等의 深心本願이리라하니라

● 601 ●

그리고 이렇게 생각하였습니다.

'세존께서는 매우 훌륭하시고 특별하시어 하시는 일이 희유하시구나. 세간에 있는 온갖 종류들의 성품을 따라서 방편과 지견으로써 설법하여 중생들이 곳곳에 탐내고 집착한 데서 빼내어 주시리라. 우리는 부처님의 공덕을 이루 다 말할 수 없다. 오직 부처님 세존께서는 우리들의 깊은 마음속에서 본래 바라는 바를 능히 아시리라.'

【 경문 】

爾時佛告諸比丘하사대 汝等見是富樓那彌多羅尼子不아 我常稱其於說法人中에 最爲第一이며 亦常歎其種種功德하대 精勤護持하야 助宣我法하며 能於四衆에 示敎利喜하며 具足解釋佛之正法하야 而大饒益同梵行者라호니 自捨如來하고 無能盡其言論之辯이니라

이때에 부처님께서 여러 비구들에게 말씀하셨습니다.

"너희들은 이 부루나 미다라니자를 보는가. 나는 항상 그를 칭찬하여 법을 설하는 사람 중에 가장 제일이라 하였느니라. 또 그의 여러 가지 공덕을 찬탄하되, 부지런히 정진하여 나의 가르침을 수호(守護)하고 나를 도와서 법을 전하느니라. 사부대중에게 보여주고 가르쳐서 이롭고 기쁘게 하며 부처님의 바른 법을 제대로 해석하여 함께 범행(梵行)을 닦는 이들에게 큰 이익이 되게 하느니라. 실로 여래를 제외하고는 그의 언론(言論)과 변재(辯才)를 따를 이가 없느니라.

❀ "너희들은 이 부루나 미다라니자를 보는가. 나는 항상 그를 칭

찬하여 법을 설하는 사람 중에 가장 제일이라 하였느니라. 또 그의 여러 가지 공덕을 찬탄하되, 부지런히 정진하여 나의 가르침을 수호(守護)하고 나를 도와서 법을 전하느니라."고 하였습니다. 부처님께서 직접 부루나를 특징지어주셨습니다. 그래서 설법제일 부루나입니다. 우리가 부족한 대로라도 경전 강의를 하고 부처님 말씀 한마디라도 전하고 이웃이나 친지에게 불교의 좋은 점을 이야기하는 일이 바로 부처님을 돕는 일이고 부처님께 불공을 올리는 일입니다. 호법전사(護法戰士) 즉, 법을 보호하는 전사라는 말이 있습니다. 우리가 진리의 가르침을 잘 보호하고 전파하는 전사가 되자는 말입니다.

[2] 부루나의 과거

【 경문 】

汝等은 勿謂富樓那가 但能護持助宣我法이니 亦於過去九十億諸佛所에 護持助宣佛之正法하대 於彼說法人中에 亦最第一이며 又於諸佛所說空法에 明了通達하며 得四無礙智하야 常能審諦하며 淸淨說法하대 無有疑惑하며 具足菩薩神通之力하며 隨其壽命하야 常修梵行일새 彼佛世人이 咸皆謂之實是聲聞이라하나니 而富樓那가 以斯方便으로 饒益無量百千衆生하며 又化無量阿僧祇人하야 令立阿耨多羅三藐三菩提언만은 爲淨佛土故로 常作佛事하야 敎化衆生하나니라

너희들은 부루나가 다만 나의 법만을 수호하여 돕고 널리 전한다고 말하지 말라. 지난 세상에 구십 억 부처님의 처소(處所)에서도 그 부처님

들의 바른 법을 수호하여 돕고 널리 전하였으며, 그 부처님 회상에서도 법을 설하는 사람들 중에 가장 으뜸이었느니라. 또 여러 부처님이 말씀하신 공(空)한 법을 명료하게 통달하고 네 가지 걸림이 없는 지혜를 얻었느니라. 항상 자세히 생각하고 훌륭하게 법을 설하여 의혹이 없으며 보살의 신통한 힘을 갖추고 그의 목숨이 다하도록 항상 범행을 닦았느니라. 그 부처님 당시의 사람들이 모두 말하기를 '참다운 성문이라' 하였느니라.

부루나는 이러한 방편으로 한량없는 백천 중생들을 이롭게 하였느니라. 또 한량없는 아승지 수의 사람들을 교화하여 최상의 깨달음에 이르게 하였으니, 부처님의 국토를 청정하게 하기 위하여 항상 불사(佛事)를 지어서 중생들을 교화(敎化)하였느니라.

❀   부루나가 네 가지 걸림이 없는 지혜를 얻었다고 했습니다. 네 가지 걸림 없는 지혜는 법무애, 의무애, 사무애, 요설무애를 말합니다. 법무애(法無礙)는 법에 대해서 이치에 대해서 아무 걸림이 없다는 말입니다. 법을 설명하려면 당연히 이치에 걸림이 있으면 안 됩니다. 의무애(義無礙)는 온갖 교법의 뜻에 대해서 걸림이 없다는 말입니다. 사무애(辭無礙)는 설법에 필요한 여러 가지 말을 다 알아서 통달하지 못함이 없는 것을 말합니다. 요설무애(樂說無礙)는 온갖 교법을 알아서 다른 사람이 듣기 좋도록 말을 잘합니다. 그리고 말하기를 좋아하고 즐거워합니다. 부루나는 이런 조건을 다 갖추었습니다.

"또 한량없는 아승지 수의 사람들을 교화하여 최상의 깨달음에 이르게 하였으니, 부처님의 국토를 청정하게 하기 위하여 항상 불사

(佛事)를 지어서 중생들을 교화(敎化)하였느니라.”고 하였습니다. 여기에서 무엇을 불사(佛事)라고 하였습니까? 부루나가 절을 짓고 토굴을 지었다는 기록은 전혀 없습니다. 다만 하루도 쉬는 날 없이 길 위에서 부처님께 배운 진리의 말씀을 많은 사람에게 전하였습니다. 이것이 부루나의 불사였습니다.

【 경문 】
諸比丘야 富樓那는 亦於七佛說法人中에 而得第一이며 今於我所說法人中에 亦爲第一이며 於賢劫中과 當來諸佛說法人中에 亦復第一하야 而皆護持助宣佛法하며 亦於未來에 護持助宣無量無邊諸佛之法하사 敎化饒益無量衆生하야 令立阿耨多羅三藐三菩提언만은 爲淨佛土故로 常勤精進하야 敎化衆生하나니라

여러 비구들이여, 부루나는 또한 과거의 칠불(七佛) 때에도 법을 설하는 사람들 중에 으뜸이었고, 지금 내 회상에서도 법을 설하는 사람들 중에 또한 으뜸이며, 이 현겁(賢劫) 중에서나 미래의 여러 부처님 때의 법을 설하는 사람들 중에서도 또한 으뜸이 될 것이니라. 그때마다 부처님의 법을 수호하고 돕고 널리 전하리라. 오는 세상에도 한량없고 그지없는 부처님의 법을 수호하고 돕고 널리 전하며, 한량없는 중생들을 교화하고 이익이 있게 하고 최상의 깨달음에 이르게 하리라. 부처님의 국토를 청정하게 하기 위하여 항상 부지런히 정진하고 중생들을 교화하느니라.

❀   과거 칠불에 대한 이야기를 하면 여러 가지가 떠오릅니다. 그

가운데 칠불통계게(七佛通戒偈)가 있습니다. 과거 일곱 부처님께서 공통적으로 설한 절대절명의 가르침입니다. '제악막작(諸惡莫作) 중선봉행(衆善奉行) 자정기의(自淨其意) 시제불교(是諸佛教)'가 그것입니다. 가장 간단하게 불교를 말할 때 자주 인용하는 게송입니다. 제악막작 중선봉행 즉, 모든 악을 짓지 말고 모든 선을 받들어 실천하라는 것은 어떤 종교에서도 말할 수 있는 내용입니다. 그러나 자정기의 즉 그 마음을 비워서 청정하게 하는 것은 오직 불교에서만 가르칩니다. 정(淨)은 청정(淸淨)하게 하라는 말인데, 비운다는 뜻입니다. 청소를 해서 깨끗하게 한다는 말이 아니라 완전히 비운 상태를 청정이라고 합니다. 그 마음을 스스로 텅 비워서 청정하게 하는 것이 시제불교(是諸佛教) 즉 모든 깨달은 사람들의 가르침이라는 뜻입니다. 이것이 칠불통계게입니다.

"과거의 칠불(七佛) 때에도 법을 설하는 사람들 중에 으뜸이었고, 지금 내 회상에서도 법을 설하는 사람들 중에 또한 으뜸이며, 이 현겁(賢劫) 중에서나 미래의 여러 부처님 때의 법을 설하는 사람들 중에서도 또한 으뜸이 될 것이니라."고 하였습니다. 여기에서 현겁의 현은 지금이라는 뜻의 현(現)이 아니라 어질 현(賢)자를 사용합니다. 우리가 살고 있는 이 시기를 불교에서는 현겁 시대라고 합니다. 과거에는 일반 사회에서도 연호를 사용해서 구분하곤 했습니다. 황제나 왕이 바뀔 때마다 연호를 바꾸어서 표기했는데, 건륭(乾隆) 몇 년, 만력(萬曆) 몇 년, 광무(光武) 몇 년 하는 것을 책이나 비석에서 볼 수 있습니다. 불교에서 무슨 겁이라고 하는 것은 마치 연호와 같은 것입니다.

부루나는 과거에도 설법제일이었고, 지금도 설법제일이니 미래에도 물론 설법제일이 될 것입니다. 그러므로 지금 열심히 공부하는 사람들은 과거에도 열심히 공부한 사람이었고 미래에도 또한 열심히 공부할 사람들입니다. 우리의 삶도 이와 마찬가지입니다. 과거와 현재와 미래가 함께 진행됩니다. 불교에서 인연 없이 이루어지는 것은 아무 것도 없기 때문입니다.

불자들은 해야 할 것이 참 많습니다. 절도 해야 하고 참회도 하고 기도도 해야 하고 공부도 할 게 너무 많습니다. 염불도 외워야 하고, 사경도 해야 합니다. 하루에 천수경도 몇 번 외워야 하고 관세음보살 염불도 해야 합니다. 이렇게 여러 가지를 바쁘게 하는 것도 좋겠지만 한 가지를 깊이 파고드는 것도 좋습니다. 예를 들면 법화경 하나로도 한글 법화경과 한문 법화경을 각각 독송하고 사경하면서 자기 공부를 해 나가는 것도 좋습니다. 평생토록 의지하고 공부해서 깨달아야 할 경전이라는 것을 마음 속에 간직하고 끊임없이 공부하는 자세가 중요한 것입니다.

[3] 부루나는 법명(法明)여래가 되리라

【 경문 】

漸漸具足菩薩之道하고 過無量阿僧祇劫하야 當於此土에 得阿耨多羅三藐三菩提하리니 號曰法明如來應供正徧知明行足善逝世間解無上士調御丈夫天人師佛世尊이라 其佛以恒河沙等三千大千世界로 爲一佛土어든 七寶爲地하고 地平如掌하야 無有山陵谿澗溝壑하며 七寶臺觀이 充滿其中하며 諸天宮殿이 近處虛空하야 人天交接에 兩得相見하며 無諸惡道하고 亦無女人하며 一切衆生이 皆以化生하고 無有婬欲하며 得大

神通하야 身出光明하고 飛行自在하며 志念堅固하고 精進智慧하야 普皆
金色이라 三十二相으로 而自莊嚴하며 其國衆生이 常以二食하나니 一者
法喜食이요 二者禪悅食이라 有無量阿僧祇千萬億那由他諸菩薩衆하대
得大神通과 四無礙智하야 善能敎化衆生之類하며 其聲聞衆도 算數校
計의 所不能知라 皆得具足六通三明과 及八解脫하나니 其佛國土에 有
如是等無量功德으로 莊嚴成就하며 劫名寶明이요 國名善淨이며 其佛壽
命無量阿僧祇劫이라 法住甚久하고 佛滅度後에 起七寶塔하야 徧滿其國
하리라

그러면서 점점 보살의 도를 구족하고 한량없는 아승지겁을 지나서 이
세계에서 최상의 깨달음을 얻으리라. 이름이 법명(法明)여래·응공·
정변지·명행족·선서·세간해·무상사·조어장부·천인사·불·세존
이니라.
그 부처님은 항하 강의 모래같이 많은 삼천대천세계로써 한 불국토(佛
國土)를 삼으리라. 칠보(七寶)로 땅이 되어 그 땅이 평평하기가 손바닥 같
아서 산과 등성이와 골짜기와 시내와 개울과 구렁이 없고, 칠보로 만든
누대와 누각이 그 안에 가득하리라. 하늘의 궁전들이 가까운 허공에 있
어서 인간과 천신들이 가까이에서 서로 볼 수 있으리라. 여러 가지 나
쁜 갈래도 없고, 여인(女人)도 없으며 일체 중생들은 모두 변화하여 태
어나고 음욕(淫慾)이 없느니라. 큰 신통을 얻어 몸에서 광명이 나고 자
유자재하게 날아다니느니라. 의지가 견고하고 정진과 지혜가 있고 몸
이 모두 금빛이며 삼십이상(三十二相)으로 장엄하였느니라. 그 나라 중
생들은 항상 두 가지로 음식을 삼나니, 하나는 법을 기뻐하는 음식이

요, 둘은 선정을 즐겨하는 음식이니라.

한량없는 아승지 천만 억 나유타 보살들이 있어서 큰 신통과 네 가지 걸림이 없는 지혜를 얻어서 중생들을 잘 교화하리라. 그 성문 대중들은 산수로 계산하여도 알 수 없는데, 모두 여섯 가지 신통과 세 가지 밝음과 여덟 가지 해탈을 구족하였느니라. 그 부처님의 국토는 이와 같은 한량없는 공덕 장엄을 성취하였느니라.

겁의 이름은 보명(寶明)이요, 나라의 이름은 선정(善淨)이며, 부처님의 수명은 한량없는 아승지겁이니라. 법이 매우 오래 머물 것이요, 부처님이 열반하신 후에는 칠보로 탑을 만들어 나라 안에 가득하리라."

✿ "여러 가지 나쁜 갈래도 없고, 여인(女人)도 없으며 일체 중생들은 모두 변화하여 태어나고 음욕(淫慾)이 없느니라."고 하였습니다. 손오공이 삼장 법사를 모시고 서역으로 가는 길에 여인들만 사는 이상한 나라를 지나가는 장면이 있습니다. 그런 것처럼 남자들만 사는 국토라는 뜻은 결코 아닙니다. 대개 사바세계의 삶이라는 것은 이성과의 일이 상당한 부분을 차지합니다. 여기서는 바로 그와 같은 이성과의 일이 없는 삶, 그것을 초월한 삶이라는 뜻입니다.

"의지가 견고하고 정진과 지혜가 있고 몸이 모두 금빛이며 삼십이상(三十二相)으로 장엄하였느니라. 그 나라 중생들은 항상 두 가지로 음식을 삼나니, 하나는 법을 기뻐하는 음식이요, 둘은 선정을 즐겨하는 음식이니라."고 하였습니다.

법을 기뻐하는 음식은 법희식(法喜食)이라고 합니다. 이것은 부처님의 깨달음의 법인 경전 한 구절을 듣거나 읽으면 그것만으로도 너무나도 기쁘고 즐거운 것을 말합니다. 그래서 입으로 먹을 것이나 마실 것으로 즐기는 것을 다 잊어버립니다. 무엇을 먹든 상관없습니다. 그야말로 나물 먹고 맹물을 마시고도 기쁜 마음으로 법화경을 읽습니다. 많이 읽는다고 좋은 것이 아니라 한 구절 한 구절을 하루 종일 읊조리며 깊이 생각하고 그 뜻을 음미하는 것을 말합니다.

선정을 즐겨 하는 음식은 선열식(禪悅食)이라고 합니다. 이것은 고요히 앉아 깊이 명상하면서 선정의 즐거움을 누리는 것입니다. 마음이 텅 비어서 성성적적(惺惺寂寂)하게 되는 경지도 있습니다. 그리고 화두와 일념이 되어서 깊이 사유하는 것도 다 선정입니다. 이러한 즐거움으로 음식을 삼습니다.

2. 게송으로 거듭 밝히다

[1] 안은 보살 밖은 성문

【 경문 】

爾時世尊이 欲重宣此義하사 而說偈言하니라

諸比丘諦聽 佛子所行道하라

善學方便故로 不可得思議니

知衆樂小法으로 而畏於大智일새

是故諸菩薩이 作聲聞緣覺하사

以無數方便으로 化諸衆生類하대

自說是聲聞이라 去佛道甚遠이라하고
度脫無量衆하야 皆悉得成就하며
雖小欲懈怠라도 漸當令作佛하며
內秘菩薩行하고 外現是聲聞이라
少欲厭生死하대 實自淨佛土하며
示衆有三毒하고 又現邪見相이라
我弟子如是히 方便度衆生하나니
若我具足說 種種現化事인댄
衆生聞是者는 心則懷疑惑이니라

이때 세존께서 이 뜻을 거듭 펴시려고 게송으로 말씀하셨습니다.

"여러 비구들이여, 잘 들어라. 불자들이 행하는 도는
방편을 잘 배웠기 때문에 불가사의하니라.
중생들은 작은 법을 좋아하고 큰 지혜를 두려워하느니라.
이런 사실을 아는 보살들은 일부러 성문이나 연각이 되어
무수한 방편을 써서 모든 중생들을 교화하는데
스스로 말하기를,
'성문이라서 부처님에게 가기가 매우 멀다.'고 하느니라.
한량없는 중생들을 제도하여 모두 다 성취케 하며
비록 욕망이 적고 게으른 이라도
점점 닦아서 미래에 부처님이 되게 하느니라.
속으로는 보살의 행을 감추고 겉으로 성문인 양 보이어서
욕망은 없고 생사는 싫어하지만

실제로는 스스로 불국토를 깨끗하게 하며

중생들에게는 삼독(三毒)이 있는 듯이 보이기도 하며

또 삿된 소견도 나타내어 보이느니라.

나의 제자들은 모두 이렇게 방편으로 중생들을 제도하나니

그들의 교화하는 갖가지 방편들을 내가 모두 말한다면

중생들이 이 말을 듣고는 마음에 의혹을 품으리라.

🌸 "보살들은 일부러 성문이나 연각이 되어 무수한 방편을 써서 모든 중생들을 교화하는데 스스로 말하기를, '성문이라서 부처님에게 가기가 매우 멀다.'고 하느니라."고 하였습니다. 사실은 보살인데 일부러 성문인 척한다는 말입니다. 성문의 무리에 섞여들기 위해서 '아이구, 나도 성문이라서 부처님 경지가 너무 멀다.'고 하며 친근감을 높입니다. 나와 같은 동료라는 느낌이 있어야 이야기도 잘 통하기 때문입니다. 나보다 너무 차원이 높다고 생각하면 질문하려고도 하지 않고 찾으러 오지도 않습니다. 그러나 자신과 비슷한 처지의 사람들에게는 동료의식 때문에 모르는 것도 잘 묻고 마음 속에 있는 말을 털어놓기도 합니다. 먼저 함께 섞여야 그들을 교화할 수 있기 때문에 보살이면서 성문인 척하는 것입니다.

"속으로는 보살의 행을 감추고 겉으로 성문인 양 보이어서 욕망은 없고 생사는 싫어하지만 실제로는 스스로 불국토를 깨끗하게 하며"라고 하였습니다. 속마음은 보살인데 겉으로는 성문이라고 합니다. 겉으로는 우리들이 공부하는 곳에 와서 함께 공부도 합니다. 그런데 이미 다 아는 것을 듣고, 들었던 것도 듣고, 듣기 싫은 것도 듣습니

다. 그 마음은 보살의 정신을 지녔기 때문입니다. 이런 분들이 불국토를 깨끗하게 한다고 하였습니다. 아침마다 거리 청소를 한다는 말이 아닙니다. 이 세상을 조금이라도 더 살기 좋은 곳으로 만들기 위해 노력하는 것을 말합니다. 선을 행하고 남을 위해 어려운 일에 앞장서서 헌신하고 보살행을 실천하는 모양을 표현하고 있습니다.

"중생들에게는 삼독(三毒)이 있는 듯이 보이기도 하며, 또 삿된 소견도 나타내어 보이느니라."고 하였습니다. 삼독은 탐(貪)·진(瞋)·치(癡)를 말합니다. 다른 사람이 성내면 자기도 성내고, 다른 사람이 좋아하면 자기도 좋아하면서 인간에게 있는 온갖 모순과 오점들을 다 가진 것처럼 보인다는 말입니다. 그러나 이것은 동료의식을 만들기 위한 하나의 방편일 뿐입니다. 다른 말로 동사섭(同事攝)이라고 합니다. 보시(布施), 애어(愛語), 이행(利行), 동사(同事)의 사섭법(四攝法) 중에 동사섭은 비슷한 부류가 되어서 같이 놀아주는 것입니다. 설사 사회적으로 법답지 못한 일이라 하더라도, 일단 그 사람들과 같이 놀아 주면서 친해지고 그 후에 그 사람을 바른 길, 더 나은 삶으로 인도하는 것입니다. 이것은 참 어려운 문제이지만 보살이 해야 할 일입니다.

그뿐만이 아니라, 삿된 소견도 나타내 보인다고 했습니다. 동료를 구제하기 위해서 동료와 생각을 같이 하는 것처럼 보이게 한다는 말입니다. 그러다가 기회가 오면 그 사람을 바른 길로 인도하는 것입니다. 다른 사람을 제대로 제도하려면 처음부터 그 사람보다 더 많이 알고, 생각이 바르고 그래서 더 훌륭하고 뛰어난 사람처럼 보이면 안 됩니다. 그 사람과 똑같은 사람인 양하면서, 나도 같은 생각인데 우리 같이 가서 한번 들어보자든가 아니면 그 사람에게 나를 좀 안내해 달라고 해서 차츰차츰 바른 길로 인도해야 하는 것입니다.

(2) 부루나의 과거

【 경문 】

今此富樓那는 於昔千億佛에

勤修所行道하야 宣護諸佛法하며

爲求無上慧하야 而於諸佛所에

現居弟子上하대 多聞有智慧하며

所說無所畏하야 能令衆歡喜하대

未曾有疲倦하야 而以助佛事하며

已度大神通하고 具四無礙智하며

知諸根利鈍하야 常說淸淨法하며

演暢如是義하야 敎諸千億衆으로

令住大乘法하고 而自淨佛土하며

未來亦供養 無量無數佛하야

護助宣正法하고 亦自淨佛土하며

常以諸方便으로 說法無所畏하며

度不可計衆하야 成就一切智하니라

지금 이 부루나는 옛적에 백천 억 부처님을 섬기며

수행(修行)하는 일을 부지런히 하여 불법을 널리 전하며 수호하였느니라.

가장 높은 지혜를 구하기 위하여 여러 부처님 계신 데서 제자들의 상수로 있으면서 많이 듣고 지혜가 있느니라.

법을 설하는 데 두려움이 없고 여러 사람들을 즐겁게 하며

조금도 고달픈 줄 모르며 부처님의 교화(敎化)를 돕느니라.

큰 신통을 이미 얻었고 걸림 없는 네 가지 지혜를 갖추어

모든 근기들의 영리하고 둔함을 알아 청정한 법을 항상 설하느니라.

이러한 이치를 연설하여 드러내고 천만 억 중생들을 교화하여

대승법(大乘法)에 머물게 하며 스스로는 불국토를 깨끗하게 하느니라.

오는 세상에도 또한 한량 없이 많은 부처님께 공양하고

바른 법을 수호하고 널리 전하면서 스스로 불국토를 청정케 하느니라.

언제나 여러 가지 방편으로 두려움 없이 법을 설하며

헤아릴 수 없는 중생들을 제도하여 일체 지혜를 성취하게 하리라.

❀ "지금 이 부루나는 옛적에 백천 억 부처님을 섬기며 수행(修行)하는 일을 부지런히 하여 불법을 널리 전하며 수호하였느니라."고 하였습니다. 부루나는 아득한 과거부터 불법을 널리 전하고 수호하는 전법(傳法)과 호법(護法)을 열심히 했습니다. 고요한 산속에 앉아서 참선하는 것도 좋습니다. 망상 없이 일념으로 화두 참구가 잘 되면 더 이상 좋은 공부가 없지요. 그러나 지금까지 공부한 것만이라도 여러 사람들에게 전하는 것 또한 참선만큼 의미 있고 중요한 일입니다.

"언제나 여러 가지 방편으로 두려움 없이 법을 설하며 헤아릴 수 없는 중생들을 제도하여 일체 지혜를 성취하게 하리라."고 하였습니다. 어떤 자리에서도 두려움 없이 당당하게 불법에 대한 소신을 펼치는 것은 쉬운 일이 아닙니다. 자신도 당당해야 하지만 그와 동시에 그

말을 듣는 사람에게 감동을 주어야 합니다.

　이렇게 중생을 제도하여 일체 지혜를 성취하게 한다고 했습니다. 일체 지혜는 부처님이 깨달은 지혜를 말합니다. 일체지(一切智)는 다른 말로 무사지(無師智) 혹은 자연지(自然智)라고도 합니다. 자연지는 조작이 없는 지혜라는 뜻이고, 무사지는 가르쳐 주는 스승 없이 얻은 지혜를 말합니다. 스승 없이 얻는 지혜라는 것은 모든 지혜는 궁극적으로 자기 자신 속에서 나온다는 뜻입니다. 자기 자신 속에서 나오는 지혜라야 진짜 지혜라는 것이지요. 그리고 이 구절의 속 뜻은 회삼귀일(會三歸一)에 있습니다. 법화경이 드러내고자 하는 종지는 오직 일불승이라는 말입니다. 무이역무삼(無二亦無三) 즉, 이승도 없고 삼승도 없고 오직 일불승만 있다는 사상을 표현하고 있습니다.

(3) **부루나는 법명여래가 되리라**

【경문】

供養諸如來하야 護持法寶藏하며
其後得成佛하면 號名曰法明이요
其國名善淨이니 七寶所合成이며
劫名爲寶明이라 菩薩衆甚多하며
其數無量億이 皆度大神通하며
威德力具足하야 充滿其國土하고
聲聞亦無數라 三明八解脫과
得四無礙智인 以是等爲僧하며

其國諸衆生은 婬欲皆已斷하고

純一變化生하야 具相莊嚴身하며

法喜禪悅食하고 更無餘食想하며

無有諸女人하고 亦無諸惡道하며

富樓那比丘는 功德悉成滿하야

當得斯淨土하고 賢聖衆甚多리니

如是無量事를 我今但略說하노라

모든 여래에게 공양도 하고 법보(法寶)의 창고를 수호하다가

그 뒤에 성불하리니 이름을 법명이라 하리라.

그 국토의 이름은 선정(善淨)이니 칠보로 이루어졌고

겁의 이름은 보명인데 보살 대중들도 매우 많아서

그 수효가 한량없는 천만 억이며 모두 다 큰 신통을 얻었고

위엄과 공덕이 구족한 이들이 나라 안에 가득하니라.

성문 대중도 또한 무수히 많은데 삼명(三明)과 여덟 가지 해탈과

네 가지 걸림 없는 지혜를 갖추어 이런 이들로 승보(僧寶)가 되느니라.

그 나라의 여러 중생들은 음욕은 이미 없어지고

순전히 변화로 태어나며 상호로써 장엄한 몸을 갖추었느니라.

법의 기쁨과 선정의 희열로써 음식을 삼아

다른 음식에 대한 생각은 없고

여인도 없으며 또한 모든 악도(惡道)가 없느니라.

부루나 비구는 공덕이 모두 원만히 성취되어

이러한 정토를 얻어 현인과 성인들도 수없이 많으리라.

이러한 한량없는 사실들을 내 이제 다만 간략히 말하였을 뿐이니라."

❀　　부루나가 마침내 법명여래가 되었을 때 그 나라에 갖추어지는 것을 말합니다. "그 나라의 여러 중생들은 음욕은 이미 없어지고 순전히 변화로 태어나며"는 화생(化生)한다는 말입니다. 어머니의 태에서 태어나거나 알에서 태어나는 것이 아니라 변화로 태어나는 것이 화생입니다. 극락세계도 '연꽃 속에서 화생한다'고 합니다.

3. 교진여와 오백 아라한은 보명여래가 되리라

【 경문 】
爾時千二百阿羅漢心自在者가 作是念하대 我等歡喜하야 得未曾有호니 若世尊이 各見授記를 如餘大弟子者인댄 不亦快乎아하니라
佛知此等心之所念하시고 告摩訶迦葉하사대 是千二百阿羅漢을 我今當現前에 次第與授阿耨多羅三藐三菩提記하리라 於此衆中의 我大弟子憍陳如比丘는 當供養六萬二千億佛然後에 得成爲佛하리니 號曰普明如來應供正徧知明行足善逝世間解無上士調御丈夫天人師佛世尊이리라 其五百阿羅漢에 優樓頻螺迦葉과 伽耶迦葉과 那提迦葉과 迦留陀夷와 優陀夷와 阿㝹樓馱와 離婆多와 劫賓那와 薄拘羅와 周陀와 莎伽陀等도 皆當得阿耨多羅三藐三菩提하대 盡同一號니 名曰普明이리라

이때에 일천 이백 아라한들로서 마음에 자재함을 얻은 이들이 이렇게

생각하였습니다.

'우리들은 기쁘게 미증유(未曾有)한 일을 얻었으니, 만일 세존께서 저 큰 제자들처럼 수기를 주신다면 얼마나 유쾌하겠는가.'

부처님께서 이 대중들의 생각을 아시고 마하가섭에게 말씀하셨습니다.

"여기 일천 이백 아라한들에게 내가 이제 차례대로 최상의 깨달음을 얻으리라는 수기(授記)를 주리라.

여기 이 대중 가운데 나의 큰 제자인 교진여 비구는 마땅히 육만 이천 억 부처님께 공양하고 난 뒤에 성불하리니 이름은 보명(普明)여래·응공·정변지·명행족·선서·세간해·무상사·조어장부·천인사·불·세존이라 하리라.

그리고 오백 아라한인 우루빈나가섭·가야가섭·나제가섭·가류타이·우타이·아누루타·이바다·겁빈나·박구라·주타·사가타 등도 모두 최상의 깨달음을 얻어서 다 같이 이름을 보명(普明)이라 하리라."

🌸 교진여는 부처님과 함께 출가한 다섯 비구 가운데 한 사람입니다. 제자로 보면 제일 큰 제자라고 할 수 있습니다. 출가도 함께 했고, 6년 고행도 함께 했고, 부처님께서 깨닫고 난 다음 맨 처음 법을 설했고 또 맨 처음으로 깨달은 제자입니다. 이런 정황으로 보면 부처님과 가장 인연이 깊다고 할 수 있습니다. 사리불이나 목건련은 중간에 개종하여 귀의한 분들이지만 역사적으로나 경전상으로나 다섯 비구들보다 훨씬 더 큰 활약을 합니다. 교진여는 다섯 비구의 대표이긴 하지만 다른 10대 제자들에 비해서 활약이 두드러지지 않습니다. 교진여는 10대 제자에 들지도 못합니다. 일반 사회에서도 이런 경우가 많습

니다. 자식이 여럿 있어도 맏이가 제 역할을 못하는 경우가 많습니다. 스님들이 상좌를 두는 것도 역시 마찬가지입니다. 그 제자들의 타고 난 그릇에 달려있는 것입니다. '순번이 문제가 아니라 그릇이 문제' 라는 것은 일반 사회나 출가자의 세계나 같다고 할 수 있습니다.

어쨌거나 교진여와 오백 아라한은 장차 보명여래가 되리라는 수 기를 받았습니다. 앞에서도 말씀드렸듯이 똑같이 보명여래라는 이름 을 갖게 된다는 대목에 주목해야 합니다. 보통 수기를 받을 때 어떤 이름을 받고 어떤 국토에서 정법은 얼마 동안이고 상법은 얼마 동안 이며, 제자는 몇 명이라고 이야기하는데 여기서는 그렇게 하지 않았 습니다. 부처나 국토의 이름, 정법의 기간과 같은 것은 모두 방편이기 때문입니다. 참다운 이치는 구래부동명위불(舊來不動名爲佛) 즉 모든 사 람이 본래부터 변함없이 구족한 부처님임을 드러내기 위해서입니다. 교진여와 오백 아라한을 사리불과 같은 다른 제자들과 차별하기 때문 이 결코 아닙니다. 모든 사람은 정말 털끝만큼도 모자람이 없는 '완 전무결한 부처님'이라는 것에 바탕을 두고 하시는 말씀입니다. 그래 서 똑같이 보명여래라고 한 가지로 이름한 것입니다.

4. 게송으로 거듭 밝히다

【 경문 】

爾時世尊이 欲重宣此義하사 而說偈言하니라
憍陳如比丘는 當見無量佛하고

過阿僧祇劫하야 乃成等正覺하대

常放大光明하고 具足諸神通하며

名聞徧十方하야 一切之所敬이라

常說無上道일새 故號爲普明이라

其國土淸淨하고 菩薩皆勇猛하며

咸昇妙樓閣하야 遊諸十方國하대

以無上供具로 奉獻於諸佛하며

作是供養已에 心懷大歡喜하야

須臾還本國하나니 有如是神力하나니라

佛壽六萬劫이요 正法住倍壽며

像法復倍是라 法滅天人憂일새

其五百比丘가 次第當作佛하대

同號曰普明이라 轉次而授記하대

我滅度之後에 某甲當作佛이라하야

其所化世間이 亦如我今日이니라

國土之嚴淨과 及諸神通力과

菩薩聲聞衆과 正法及像法과

壽命劫多少는 皆如上所說이니라

迦葉汝已知 五百自在者어니와

餘諸聲聞衆도 亦當復如是니라

其不在此會하니는 汝當爲宣說하라

이때 세존께서 이 뜻을 거듭 펴시려고 게송으로 말씀하셨습니다.

"교진여 비구는 앞으로 한량없는 부처님을 친견하고
아승지 겁을 지나서 바른 깨달음을 이루리라.
항상 큰 광명을 놓고 모든 신통을 구족하여
명성(名聲)이 시방에 퍼져서 모든 이의 공경을 받으리라.
최상의 도를 항상 설하여 이름을 보명이라 하리라.
그 국토가 청정하고 보살들도 모두 용맹스러우리라.
모두 아름다운 누각에 올라 시방세계에 다니면서
최상의 공양거리로 여러 부처님을 받들어 섬기리라.
이렇게 공양하고는 큰 환희심으로
잠깐 사이에 본국에 돌아오는 이러한 신통이 있느니라.
부처님의 수명은 육만 겁이며 정법은 수명의 곱절이 되고
상법은 또 정법의 곱절이 되며
법이 사라지면 천신과 인간들이 근심하리라.
그 오백 비구들이 차례차례 성불하여
이름이 다 같이 보명이며 차례대로 수기하기를,
'내가 열반한 뒤에는 누구누구가 성불(成佛)하리라.
그들이 교화하는 세상은 오늘날의 나와 같으며
국토의 깨끗한 장엄과 여러 가지 신통한 힘과
보살·성문 대중과 정법과 상법과
수명의 겁 수가 얼마나 되는지는
모두 위에서 말한 것과 같다.'고 하리라.
가섭이여, 그대는 이미 오백 명의 자재한 이들을 알거니와
그 외의 여러 성문들도 역시 모두 이와 같으리니,

이 회상(會上)에 있지 않은 이에게는

그대가 이렇게 일러주어야 하느니라."

🌸 "이 회상에 있지 않은 이에게는 그대가 이렇게 일러주어야 하느니라."고 하시며 가섭에게 당부하고 있습니다. 이 말은 법화회상에 오지 않은 사람도 부처님의 수기를 받는다는 말입니다. 그러나 법화회상에 왔다고 하여 모두 다 수기를 받은 것도 아닙니다. 이런 것들을 보더라도 우리가 부처라는 것은 틀림없는 사실입니다. 또 여러 가지 정황으로 볼 때 우리들이 부처가 아닐 이유가 조금도 없습니다.

예를 들어서 탐 · 진 · 치 삼독심이 있어서 욕심 내고 시기, 질투하고 남을 해코지한다 해서 부처가 못 된다고 할 수 없습니다. 부처라는 것은 그런 데 있는 것이 아니기 때문입니다. 이렇게 볼 줄 알고, 들을 줄 알고, 말할 줄 알며 희로애락의 감정을 자유자재로 표현하는 이런 뛰어난 능력이 바로 부처입니다. 그래서 지금 법화회상에 있는 사람이나 있지 않은 사람이나 똑같이 '모든 사람은 부처님이다' 라고 수기하는 의미가 역력히 드러납니다.

5. 계주(繫珠)의 비유

[1] 오백 아라한의 기쁨과 자책(自責)

【 경문 】

爾時五百阿羅漢이 於佛前에 得授記已하고 歡喜踊躍하야 卽從座起하야
到於佛前하야 頭面禮足하고 悔過自責하니라

이때에 오백 아라한이 부처님 앞에서 수기를 받고 뛸 듯이 기뻐하면서,
자리에서 일어나 부처님 앞에 나아가 머리를 숙이고, 발에 예배하면서
그 동안의 허물을 뉘우치고 스스로 책망하였습니다.

🌸　앞에서 사리불이나 목건련은 다 자신들만의 부처의 이름과 국
토의 이름, 정법과 상법의 기간 등을 따로 받았는데, 여기서는 한꺼번
에 똑같은 내용의 수기를 받습니다. 이렇게 가벼워 보이는 수기를 받
고도 모두들 '뛸 듯이 기뻐하였다'고 했습니다. 일반 사회의 상식대
로라면 기분 좋을 까닭이 없는 데 말입니다. 이런 대목을 보더라도 수
기 이야기의 이면에 담겨 있는 이치가 훤히 드러납니다. 사실은 수기
라는 형식이 문제가 되는 것이 아닙니다. 그보다는 현실적으로 모든
이들이 조금도 부족함이 없는 부처님이라는 인식에서 정말 그동안의
허물을 뉘우치고 스스로 책망하며 수기를 받고 뛸 듯이 기뻐했다고
보는 것이 맞습니다. 그 속 뜻이 모든 사람은 다 본래부터 부처라는
회삼귀일의 종지로 귀결됩니다.

【 경문 】

世尊하 我等常作是念하대 自謂已得究竟滅度러니 今乃知之호니 如無智
者니다 所以者何오 我等應得如來智慧어늘 而便自以小智爲足이니다

"세존이시여, 저희들이 늘 생각하기를 스스로 구경(究竟)의 열반을 얻
었노라고 여겼는데 지금에 와서야 지혜가 없는 사람들과 같은 줄을 알
았습니다. 그 까닭은 저희들도 여래의 지혜를 얻을 수 있건마는 작은
지혜로써 곧 스스로 만족하게 여기었습니다.

✿   작은 지혜로써 만족하게 여긴 것을 옷 속에 숨긴 보배 구슬의
비유를 들어서 이야기합니다. 오백 명의 아라한 가운데 누가 이야기
했는지는 구체적으로 말하지 않고 있습니다. 누가 말을 했든지 관계
없이 뜻을 취하는 것이 경전을 읽는 방법입니다. 특히 경전이나 조사
스님들의 어록은 역사적인 사실이나 인물을 고증하는 것에 대해 아주
무관심합니다. 요즘 학자들은 무엇이 사실이냐며 고증을 매우 중요하
게 여깁니다. 그러나 고증이 되더라도 아무 감동이 없다면 무엇에 쓰
겠습니까? 누가 했든 언제 했든 감동할 수 있는 가르침이고, 그 가르
침으로 내가 변하고 더불어 세상이 조금씩 변하는 것이 더 중요한 일
입니다.

〔2〕 비유를 들다

【 경문 】

世尊하 譬如有人이 至親友家하야 醉酒而臥러니 是時親友는 官事當行
일새 以無價寶珠로 繫其衣裏하고 與之而去러니 其人醉臥하야 都不覺知
하고 起已遊行하야 到於他國하야 爲衣食故로 勤力求索에 甚大艱難이라
若少有所得이면 便以爲足이러라 於後親友가 會遇見之하고 而作是言하
대 咄哉丈夫여 何爲衣食하야 乃至如是오 我昔欲令汝得安樂하야 五欲
自恣일새 於某年月日에 以無價寶珠로 繫汝衣裏라 今故現在어늘 而汝
不知하고 勤苦憂惱하야 以求自活하니 甚爲癡也로다 汝今可以此寶로 貿
易所須하면 常可如意하야 無所乏短이니다

세존이시여, 비유하자면 마치 어떤 사람이 친구의 집에 갔다가 술에 취
하여 누워 자는데 친구는 관청(官廳)의 일로 길을 떠나게 되었습니다.
그래서 값으로 헤아릴 수 없는 보배〔無價寶〕를 옷 속에 매어주고 갔습니
다. 그 사람은 술에 취해 자고 있었기에 전혀 알지 못하였습니다. 깨어
난 뒤에 길을 떠나 다른 지방으로 두루 다니면서 의식(衣食)을 위하여
부지런히 애써 돈을 버느라고 갖은 고생을 하였습니다. 만약 조금이라
도 소득(所得)이 있으면 곧 만족하게 생각하였습니다.
그 후에 친구가 그를 다시 만났습니다. 그리고 이렇게 말하였습니다.
'안타깝구나. 이 사람아, 어찌하여 의식을 구하기 위하여 이 지경이 되
었는가. 내가 그 전에 그대에게 편안하게 살면서 오욕락(五慾樂)을 마음
대로 누리게 하려고 어느 해 어느 날에 값을 매길 수 없는 보배를 그대

의 옷 속에 매어주지 않았던가. 지금도 그대로 있는데 그대가 알지 못하고 이렇게 고생하고 근심하면서 궁색한 생활을 하고 있으니 매우 어리석구나. 그대는 이제라도 이 보배를 팔아서 필요한 물품을 산다면 언제나 마음껏 할 수 있어서 부족함이 없으리라.' 하였습니다.

❁   이 대목이 바로 그 유명한 의리계주(衣裏繫珠)의 비유입니다. 이 내용과 유사한 비유로 변화(卞和)의 벽옥 이야기가 유명합니다. 옛날 중국 초나라 때 화씨(和氏)가 푸른 옥돌을 발견했습니다. 크고 아름다운 벽옥을 초나라 여왕(厲王)에게 바쳤습니다. 그런데 왕은 그 옥돌을 감정해 보고는 옥이 아니라 돌이라는 장인의 말만 듣고 크게 화를 냈습니다. 그는 왕을 속인 죄로 왼쪽 다리가 잘렸습니다. 오래지 않아 여왕(厲王)이 죽고 무왕(武王)이 즉위하였지요. 화씨는 다시 무왕에게 "이 옥은 한 개인이 가질 것이 아니라 나라에서 써야 할 대단한 옥입니다."라며 옥돌을 바쳤습니다. 그러나 무왕도 옥이 아니라 돌이라며, 그의 오른쪽 다리마저 잘라버렸습니다. 그 사람은 옥돌을 들고 깊은 산으로 들어가서 슬프게 울었습니다. 그래서 변화읍벽(卞和泣璧)이라는 말이 생겼습니다.

무왕이 죽고 문왕(文王)이 즉위하였는데, 문왕이 화씨의 이야기를 듣고 불러서 물었습니다. "나라에 죄를 짓고 다리가 잘린 사람이 한둘이 아닌데, 왜 그렇게 슬퍼하는가?" 그가 대답하기를 "왕이시여, 저는 다리가 잘린 것이 슬퍼서 우는 것이 아닙니다. 천하에 둘도 없는 보배 옥의 가치를 알아주는 이가 없어서 슬픕니다."고 하였습니다. 그 간의 자초지종을 알게 된 문왕이 다시 옥돌을 자세히 감정해 보고 장인을 시켜 벽옥을 가공하게 하였는데 그의 말대로 세상에 둘도 없는 뛰어난 보배 옥이 돌 속에 있는 것을 알게 되었습니다. 이 옥을 일러 화씨지벽(和氏之璧)이라 합니다. 『한비자(韓非子)』에 나오는 이 이야기는 여러 가지 뜻을 내포하고 있습니다. 아무리 큰 가치를 가진 것도 사람이 몰라보면 가치를 상실하고, 오히려 가치를 알아보는 사람이 큰 해를 입기도 합니다. 그런 면에서 옷 속에 숨긴 보배 구슬의 비유도 이와 마찬가지입니다. 옷 속에 숨긴 보배구슬처럼 우리 내면에 본래 부처님의 성품이 깃들어 있다 해도 이를 모르는 사람들은 허황되다며 의심하고, 심지어는 '당신은 부처입니다'라며 공경하는 상불경보살을 욕하고 때리기까지 하는 것입니다.

(3) 비유에서 법을 밝히다

【 경문 】

佛亦如是하야 爲菩薩時에 敎化我等하야 令發一切智心커늘 而尋廢忘하고 不知不覺하며 旣得阿羅漢道라하야 自謂滅度나 資生이 艱難하야 得少爲足하나 一切智願은 猶在不失이니라 今者世尊이 覺悟我等하사 作如是言하사대 諸比丘야 汝等所得은 非究竟滅이라 我久令汝等으로 種佛善根일새 以方便故로 示涅槃相이어늘 而汝는 謂爲實得滅度라이니다 世尊하 我今에 乃知實是菩薩로 得受阿耨多羅三藐三菩提記하고 以是因緣으로 甚大歡喜하야 得未曾有니다

부처님도 그와 같아서 보살이시던 때에 저희들을 교화하여 일체 지혜

를 구하는 마음을 내게 하셨으나 곧 잊어버리고 알지도 깨닫지도 못하였습니다. 이미 아라한의 도를 얻었다 하고 열반이라고 생각하였습니다. 살림이 가난하지만 적은 것을 얻고 만족하다 여기었으나 일체 지혜를 얻으려는 염원은 오히려 남아 있었습니다. 지금 세존께서 저희들을 깨우치시기 위해 이렇게 말씀하셨습니다.

'여러 비구들이여, 그대들이 얻은 것은 구경(究竟)의 열반이 아니니라. 내가 오래 전부터 그대들로 하여금 부처님의 선근(善根)을 심게 하였지마는, 방편으로 열반의 모양을 보이었더니, 그대들이 참으로 열반을 얻었노라고 하는구나.' 하셨습니다. 세존이시여, 저희들이 이제서야 진실한 보살로서 최상의 깨달음에 대한 수기(授記) 받음을 알았습니다. 이러한 인연으로 매우 환희하여 전에 없던 일을 얻었다고 합니다."

🌸 옷 속에 숨긴 보배 구슬의 비유는 참 중요한 비유입니다. 우리는 그런 어마어마한 보물을 가지고 있으면서도 알지 못하고 거지 생활을 몇 생이나 되풀이하고 있습니까? 이제는 더 이상 중생으로 살지 말고, 노비로 살지 말고, 당당하게 부처로 살아야 한다는 의미를 이 비유에서 배울 수 있습니다. 이렇게 해서 오백의 성문 비구들은 자신들이 그동안 참된 불법을 알지 못하고 살아온 것을 자책하고 후회하면서 멋진 비유로 이야기하고 있습니다.

이 비유는 우리 인간의 위대함을 선언하는 비유입니다. 내가 인간이면서 인간의 위대함을 백만 분의 일도 모르고 있지만, 그것을 제대로 알게 되면 그 가치가 계주의 비유와 같다는 것입니다. 우리의 공부가 확연히 되고, 내 살림살이가 되고, 내가 본래 갖추고 있는 모든 것이 정말 나의 것이 되었을 때 그 가치가 드러납니다. 바로 이것이 부처님의 경지이고 인간이 이를 수 있는 최상의 경지를 터득한 것입니다.

　오백 성문 비구들이 마침내 이러한 경지에 이르렀습니다. "저희들이 이제서야 진실한 보살로서 최상의 깨달음에 대한 수기(授記) 받음을 알았습니다."라고 하였습니다. 이제야 스스로 자신을 보살이라고 하게 되었습니다. 부처님께서 법화경에서 말씀하고자 하는 내용을 충분히 이해할 수 있고 소화할 수 있는 보살이 되었습니다.

6. 게송으로 거듭 밝히다

[1] 오백 아라한의 기쁨과 자책

【 경문 】

爾時阿若憍陳如等이 欲重宣此義하사 而說偈言하니라

我等聞無上 安隱授記聲하고

歡喜未曾有하야 禮無量智佛이니다

今於世尊前에 自悔諸過咎니다

於無量佛寶에 得少涅槃分호니

如無智愚人하야 便自以爲足이니다

이때에 아야교진여 등이 이 뜻을 거듭 펴려고 게송으로 말하였습니다.

"저희들이 최상이며 편안한 수기를 주시는 음성을 듣고

기쁘고 전에 없던 일이라서 한량없는 지혜인 부처님께 예배합니다.
지금 세존 앞에서 스스로 모든 허물을 뉘우칩니다.
한량없는 부처님의 보배 중에 적은 열반의 일부분을 얻고는
지혜 없고 어리석은 사람처럼 스스로 만족하다 여기었습니다.

🌸　법화경에서 가장 많이 이야기하고 있는 것이 있습니다. 지혜가
없고 어리석은 사람은 부처님의 많고 많은 보배 가운데 열반이라는
작은 보배를 얻고는 스스로 만족하고 있는 것입니다. 궁자의 비유에
서도 나왔지만, 열반은 자신의 안녕을 취하는 것으로 대승의 가르침
에 비하면 작은 보배입니다. 부처님께서 진정으로 주시고자 하는 것
은 열반과 같이 작은 것이 아니라 부처님의 전 재산입니다.
　　선불교의 가장 높은 봉우리가 임제 스님입니다. 임제 스님의 가르
침이 담겨 있는 『임제록』은 인간 그대로가 무한한 가치를 지닌 존재라
는 진리를 바로 일깨워줍니다. 반면에 경전은 어떻게 해서든 이해시
키려고 많은 시간과 노력을 기울이면서 우회적으로 서서히 풀어나갑
니다. 임제 스님이 부처님의 법을 물었더니 황벽 스님이 다짜고짜 사
정없이 후려쳤다는 이야기가 유명합니다. 법화경에서 말하는 부처님
의 깨달음의 경지가 바로 거기에 있고, 부처로서의 삶이 때리고 맞는
그 속에 있다는 것입니다. 그것을 황벽 스님은 그대로 보여주었습니
다. 이것이 선과 교가 다른 점입니다. 교는 아주 자상하게 이해시키려
고 하지만, 선은 알면 알고 모르면 모르더라도 보여줄 뿐입니다. 깨닫
고 못 깨닫는 것은 그 상대의 몫입니다. 임제 스님의 몫이지 황벽 스
님의 몫이 아니라는 말입니다. 황벽 스님은 임제 스님이 묻는 대로 바

로 보여주었을 뿐입니다.

(2) 비유를 들다

【 경문 】

譬如貧窮人이 往至親友家하니

其家甚大富라 具設諸肴饍하며

以無價寶珠로 繫著內衣裏하고

默與而捨去하대 時臥不覺知라

是人旣已起에 遊行詣他國하야

求衣食自濟하니 資生甚艱難이라

得少便爲足하고 更不願好者하며

不覺內衣裏에 有無價寶珠러니

與珠之親友가 後見此貧人하고

苦切責之已에 示以所繫珠어늘

貧人見此珠하고 其心大歡喜라

富有諸財物하야 五欲而自恣이니다

비유하면 마치 가난한 사람이 친구의 집을 찾아갔는데

그 집이 매우 부유하여 성대하게 차린 음식으로 대접하였습니다.

그리고 값을 매길 수 없는 보배구슬을 옷 속에 매어주고는

아무런 말도 없이 볼 일을 보러 갔는데

그때 그는 술에 취해서 알지 못하였습니다.

빈궁(貧窮)한 그 사람은 깨어나서 여러 곳으로 돌아다니며
의식을 구하여 스스로 살아가느라고
그 살림살이가 매우 가난하였습니다.
조금만 얻어도 곧 만족해하고 더 좋은 것은 원하지 않으며
옷 속에 무가보(無價寶)의 보배 구슬이
매어 있는 줄 알지 못하였습니다.
보배를 준 친구가 그 뒤에 그 가난한 친구를 보고
심하게 책망하고 나서 옷 속의 구슬을 보여주었습니다.
그 가난한 사람은 구슬을 보고 환희한 마음 말할 수 없고
많은 재물들을 마련해 놓고 다섯 가지 욕망을 마음껏 누렸습니다.

🌸   오백의 성문 제자들이 스스로 자책하면서 이렇게 비유를 들었습니다. 법화경에서 우리가 잊어서는 안 될 비유입니다. 우리는 값을 매길 수 없는 어마어마한 보물을 가지고 있습니다. 어디 멀리 숨겨둔 것이 아니라 바로 우리 몸에 지니고 있습니다. 그 보배가 무엇일까요? 온 세상을 다 수용하고 감지할 수 있는 능력입니다. 볼 줄 알고, 들을 줄 알며 온갖 것을 다 분별하는 능력이 바로 무한한 가치를 지닌 보배입니다. 견문각지하는 능력이 있음으로써 천지자연과 삼라만상을, 오월의 푸르름과 높은 하늘과 흰 구름을 모두 느끼며 즐거워하고 있습니다. 이 위대한 능력은 죽음도 떠나 있고 태어남도 떠나 있습니다. 생사를 모두 떠났습니다. 생사와 함께 하는 것처럼 보이지만 사실은 그렇지 않습니다. 실제로 생사를 떠난, 위대한 우리들의 영원한 생명이며 참 생명이며 부처님의 생명입니다.

(3) 비유에서 법을 밝히다

【 경문 】

我等亦如是하야 世尊於長夜에
常愍見敎化하고 令種無上願이어늘
我等無智故로 不覺亦不知하야
得少涅槃分하고 自足不求餘니다
今佛覺悟我하사 言非實滅度라하시니
得佛無上慧하고서 爾乃爲眞滅이니라
我今從佛聞 授記莊嚴事와
及轉次受決하고 身心徧歡喜니다

저희들도 그와 같아서 세존께서 긴긴 어두운 밤에
저희들을 어여삐 여기고 교화하시어
가장 높은 서원을 심게 하셨습니다.
그러나 저희들은 지혜가 없어서 알지도 못하고 깨닫지 못해서
열반의 일부분만 조금 얻고는
스스로 만족하게 여기고 더 구할 줄 몰랐습니다.
이제 부처님께서 저희들을 깨우치시니,
'이것은 참된 열반이 아니요,
가장 높은 부처님의 지혜를 얻어야
그것이 참다운 열반이라'고 하셨습니다.
저희들은 지금 부처님께서 수기를 주시는 장엄한 일과

저희들이 또 나중에 차례대로 수기하리라는 말씀을 듣고
몸과 마음에 기쁨이 두루 가득합니다."

❁   불교를 믿으면서 여러 가지로 얻는 소득이 많습니다. 부처님의
은혜가 이루 말할 수 없습니다. 신도들 가운데 "내가 불교를 안 믿었
으면 아마 그때 죽었을 것이다. 지금 이 세상에 없을 것이다."라는 말
을 하는 분들을 가끔 만납니다. 그만큼 세상살이가 힘들 때 자기 방식
대로 믿었다고 하더라도 불교를 믿어서 힘을 얻는 것을 자주 봅니다.
"정말 부처님 말씀대로 인연 따라 되는구나.", "세상이 허망하지 않
구나." 혹은 "세상이 참 허망한 것이 당연하구나." 하고 정신을 차리
게 되면, 설령 쪽박을 차더라도 참으로 기사회생한 것입니다.
    평소에 부처님 말씀을 무심히 들었는데, 어떤 상황을 겪고 보니
그 말씀이 참 옳은 말씀이구나 하고 알게 되면서 위로를 받게 됩니다.
이것이 인연의 이치입니다. 사람의 인생살이든 천지간에 계절의 변화
든 간에 흥망성쇠하고 성주괴공하며 생주이멸을 따르지 않는 것이 어
디 있겠습니까? 평소에 편안하고 풍파가 없을 때는 그렇고 그런 소리
로 들리지만, 어려움을 겪게 되면 이것이야말로 진리이고 이치임을
뼈저리게 실감하게 됩니다.

9
수학무학인기품
(授學無學人記品)

먼저 제9품의 이름을 살펴봅시다. 수학무학인기에서 수(授) 자는 준다는 뜻입니다. 뒤에 나오는 기(記) 자와 더해져서 수기(授記)한다는 말이 됩니다. 학(學)은 유학(有學)을 뜻하고 무학인(無學人)은 무학(無學)을 뜻합니다. 유학은 소승의 4향4과 가운데 아라한과를 제외한 나머지 4향3과를 가리키는 말로, 아직 끊어야 할 번뇌가 남아있어서 배울 것이 있는 지위를 말합니다. 무학은 모든 번뇌를 끊은 아라한으로 더 배울 것이 없는 지위를 말합니다. 다시 말해서, 무학은 공부를 다 한 사람이고, 유학은 공부를 더 해야 하는 사람입니다.

수학무학인기(授學無學人記)라는 말의 뜻은 공부를 다 한 사람이든 아직 더 해야 하는 사람이든 간에 모두에게 부처가 될 것이라는 수기를 준다는 말입니다. 이 말을 달리 해석하면, 불교에 관심이 있는 사람이든 없는 사람이든, 부처님의 가르침을 열심히 공부한 사람이든 안 한 사람이든 간에 모든 사람이 그대로 부처님이라는 말입니다.

　　단지 불교에 관심 없는 사람만 포함되는 것이 아닙니다. 불교를 비방하는 사람도 똑같이 부처님이라는 사실을 보증한다는 말입니다. 제12품은 제바달다품이라고 합니다. 제바달다가 누구입니까? 부처님의 사촌이면서 몇 번이나 부처님을 해치려고 했던 사람입니다. 우리는 보통 부처 불(佛) 자가 쓰여 있는 종이조차 함부로 버리지 못합니다. 휴지통에 버리지 않고 불에 태우든지 합니다. 또 땅에 부처 불(佛) 자를 썼을 경우에도 발로 지우는 것이 아니라 손으로 곱게 지웁니다. 그 정도로 부처님을 상징하는 불(佛)이라는 글자에조차 권위와 존경, 찬탄과 경의를 표하고 있습니다. 우리들이 볼 때 제바달다는 모두 미워하고 원수로 여겨야 할 사람인데, 법화경에서는 제바달다도 부처가 될 것이라고 합니다. 한 걸음 더 나아가 부처님의 스승이라고까지 표현하고 있습니다.

　　왜 그럴까요? 인간은 누구든지 행복을 추구합니다. 행복으로 가는 바른 길은 좋아하는 이든 미워하는 이든 모든 사람을 부처님으로 받들어 섬기는 데 있습니다. 부처님께서 중생을 제도하는 것은 어떻게 하든 중생들을 행복하게 해 주는 일입니다. 인간의 무한한 가치와 소중함을 제대로 파악하고 이해하면 서로가 존경하지 않을 수 없습니다. 겉으로 드러난 모습이 어떻든 모두가 부처님이기 때문입니다. 사람이 부처님이라는 사실을 분명하게 알고, 서로가 부처님으로 받들어 존경한다면 그보다 더 행복한 일이 어디에 있겠습니까? 섬기라! 행복이란 문제의 답은 바로 사람을 부처님으로 받들어 섬기는 데 있습니다.

1. 아난과 라후라의 소원(所願)

【 경문 】

爾時阿難과 羅睺羅가 而作是念하대 我等每自思惟를 設得授記면 不亦快乎아하고 卽從座起하야 到於佛前하야 頭面禮足하고 俱白佛言하사대 世尊하 我等於此에 亦應有分이니 唯有如來는 我等所歸요 又我等이 爲一切世間天人阿修羅의 所見知識이며 阿難常爲侍者하야 護持法藏하고 羅睺羅是佛之子라 若佛見授阿耨多羅三藐三菩提記者인댄 我願旣滿하고 衆望亦足이니다

이때에 아난과 라후라가 이렇게 생각하였습니다.
우리들이 언제나 스스로 생각하기를 '우리도 가령 수기(授記)를 받는다면 유쾌하지 않겠는가.' 하고, 곧 자리에서 일어나 부처님 앞에 나아가 머리를 숙여 발 밑에 예배하고 함께 부처님께 말씀드렸습니다.
"세존이시여, 저희들도 이 일에 또한 그 몫이 있을까 합니다. 오직 여래만이 저희들이 귀의(歸依)할 곳입니다. 또 저희들은 모든 세간의 천신·사람·아수라들이 선지식으로 보고 있습니다. 아난은 항상 시자(侍者)가 되어 법장(法藏)을 수호하여 지니었고, 라후라는 부처님의 아들입

니다. 만일 부처님께서 최상의 깨달음에 대한 수기를 주신다면 저희들의 소원이 원만하겠습니다. 그리고 여러 사람들의 소망도 또한 만족할 것입니다."

🌸 "아난은 항상 시자(侍者)가 되어 법장(法藏)을 수호하여 지니었고, 라후라는 부처님의 아들입니다."라고 하였습니다. 아난은 10대 제자 가운데 다문제일(多聞第一)로 불립니다. 곁에서 부처님을 모시면서 뛰어난 기억력으로 부처님께서 하신 말씀을 빠짐없이 기억하는 것은 물론이요, 벌어진 상황에서 모인 사람들이 주고받은 대화까지 다 기억하는 분입니다.

라후라는 부처님의 아들입니다. 부처님께서 출가하시기 전에 부친인 정반왕의 대를 이을 수 있도록 낳고 간 아들입니다. 라후라는 '장애'라는 뜻입니다. 라후라는 부처님의 출가를 몇 년 미루게 했기 때문에 장애라고 한 것입니다. 자라서 출가한 라후라는 부처님의 아들이기 때문에 함부로 나서거나 행동할 수 없었습니다. 부처님의 아들이지만 출가한 승려이므로 승려로서의 법도를 당연히 지켜야 했습니다. 그래서 라후라의 특징은 밀행(密行)이었습니다. 밀행은 남 몰래 행동한다는 뜻입니다. 아난과 라후라는 세간의 모든 천신과 사람들이 다 알아주는 부처님의 제자입니다. 그래서 "저희들도 이 일에 또한 그 몫이 있을까 합니다."라며 자신들도 수기를 받을 권리가 있다고 요청하고 있습니다.

【경문】

爾時學無學聲聞弟子二千人이 皆從座起하야 偏袒右肩하고 到於佛前하야
一心合掌하고 瞻仰世尊하대 如阿難羅睺羅所願이라하고 住立一面이러라

그때 배우는 이와 다 배운 이들인 성문제자 이천 명이 자리에서 일어나
오른 어깨를 드러내어 진실을 표하고 부처님 앞에 나아가 일심으로 합
장하였습니다. 세존(世尊)을 우러러보면서 자신들도 아난과 라후라의
소원과 같다고 하고 한 곁에 머물러 있었습니다.

❀　　그러자 아난과 라후라를 따르는 이천 명의 성문 비구들이 자리
에서 일어나 예를 갖추고 함께 청을 올립니다. 지금까지는 모두 아라
한들만 장차 부처가 될 것이라는 수기를 받았습니다. 그러나 이 자리
에는 '배우는 이' 즉 유학(有學)의 지위에 있는 제자들도 수기 주시기
를 청하고 있습니다.

2. 아난도 산해혜(山海慧)여래가 되리라

(1) 장항(長行)

【경문】

爾時佛告阿難하사대 汝於來世에 當得作佛하대 號山海慧自在通王如來
應供正偏知明行足善逝世間解無上士調御丈夫天人師佛世尊이라 當供

養六十二億諸佛하야 護持法藏然後에 得阿耨多羅三藐三菩提하고 敎
化二十千萬億恒河沙諸菩薩等하야 令成阿耨多羅三藐三菩提하리라 國
名常立勝幡이요 其土淸淨하야 瑠璃爲地하며 劫名妙音徧滿이라 其佛壽
命은 無量千萬億阿僧祇劫이라 若人이 於千萬億無量阿僧祇劫中에 算
數校計로 不能得知며 正法住世는 倍於壽命하고 像法住世는 復倍正法
이니라 阿難아 是山海慧自在通王佛이 爲十方無量千萬億恒河沙等諸
佛如來의 所共讚歎이며 稱其功德이니라

이때 부처님께서 아난에게 말씀하셨습니다.

"그대는 오는 세상에 마땅히 성불하여 이름을 산해혜자재통왕(山海慧自
在通王)여래·응공·정변지·명행족·선서·세간해·무상사·조어장부·
천인사·불·세존이라 하리라. 마땅히 육십이 억 부처님께 공양하고 법
장(法藏)을 수호하여 지닌 후에 최상의 깨달음을 얻고는 이십천만 억 항
하사 보살들을 교화하여 최상의 깨달음을 이루게 하리라. 나라의 이름
은 상립승번(常立勝幡)이니 그 국토가 청정하여 유리로 땅이 되어 있으
리라. 겁의 이름은 묘음변만(妙音徧滿)이요, 그 부처님의 수명은 한량없
는 천만 억 아승지겁이리라. 만일 어떤 사람이 천만 억 무량 아승지겁
동안 산수로 계산하여도 다 알지 못할 것이니라. 정법(正法)이 세상에
머무는 기간은 수명의 곱절이요, 상법(像法)은 정법의 곱절이 되느니라.
아난아, 이 산해혜자재통왕불은 시방의 한량없는 천만 억 항하사 부처
님 여래들이 함께 찬탄하며 공덕을 칭찬하느니라."

❀   "부처님께 공양하고 법장을 수호"한다고 하였습니다. 법장(法

藏)은 부처님께서 가르치신 법의 창고인 경전을 일컫는 말입니다. 부처님의 법문을 하나도 놓치지 않고 그야말로 녹음기처럼 기억해서 다른 사람들에게 들려주고 기록으로 남겼기 때문에 이렇게 표현했습니다. 아난의 기억에 의해서 경전이 성립되었다고 보기 때문에 법장(法藏)의 수호자라고 표현했습니다.

"나라의 이름은 상립승번(常立勝幡)이니 그 국토가 청정하여 유리로 땅이 되어 있으리라. 겁의 이름은 묘음변만(妙音徧滿)이요. 그 부처님의 수명은 한량없는 천만 억 아승지겁이리라. 만일 어떤 사람이 천만 억 무량 아승지겁 동안 산수로 계산하여도 다 알지 못할 것이니라."고 하였습니다. 하루만 계산해도 얼마나 많은 세월을 계산할 수 있습니까? 그런데 천만 억 무량 아승지겁 동안 계산해도 알지 못한다는 것은 영원한 생명을 뜻합니다. 이 말은 석가모니 부처님만 영원한 생명이 아니고, 우리들도 영원한 생명을 지닌 불생불멸의 존재라는 것을 언뜻 흘리고 지나갑니다. 사실은 사람만이 아니라 일체 모든 존재가 불생불멸의 존재입니다. 형태가 변해서 그렇지 그 깊은 곳을 들여다 보면 생명은 없어지지 않고 영원히 존재합니다. 제16 여래수량품(如來壽量品)에 가면 여래의 수명이 얼마나 되는 지에 대한 이야기를 본격적으로 하고 있습니다. 그때 놀라지 말라고 미리 슬쩍 암시를 해주는 것이 아닌가 하는 생각이 듭니다.

"아난아, 이 산해혜자재통왕불은 시방의 한량없는 천만 억 항하사 부처님 여래들이 함께 찬탄하며 공덕을 칭찬하느니라."고 하였습니다. 아난이 부처님 곁에서 시봉을 들면서 부처님께서 하시는 말씀을 기억해두었기 때문에 경전을 편찬할 수 있었습니다. 경전이 있었기에 부처님의 법이 오늘날까지 전해졌습니다. 그래서 우리가 부처님의 법을 공부할 수 있고, 사람을 비롯한 모든 존재의 실(實)다운 모습을 그나마 조금이라도 이해할 수 있습니다. 조금이라도 아는 대로 따르고 살려고 노력하기 때문에 우리가 의미 있고 보람 있는 삶을 살 수 있습니다. 이 모든 것에 아난 존자의 공덕이 아주 크다는 말입니다.

[2] 게송

【 경문 】

爾時世尊이 欲重宣此義하사 而說偈言하니라
我今僧中說하노니 阿難持法者라
當供養諸佛하고 然後成正覺하면
號曰山海慧自在通王佛이라
其國土淸淨하대 名常立勝幡이며
敎化諸菩薩하대 其數如恒沙리라
佛有大威德하야 名聞滿十方하며
壽命無有量이니 以愍衆生故라
正法倍壽命하고 像法復倍是며
如恒河沙等 無數諸衆生이
於此佛法中에 種佛道因緣하리라

이때 세존께서 이 뜻을 거듭 펴시려고 게송으로 말씀하셨습니다.
"내가 이제 대중들에게 말하노라.

법장(法藏)을 수호하는 아난이 여러 부처님께 공양하고

그런 뒤에 바른 깨달음을 이루리라.

그 이름은 산해혜자재통왕불이며,

그 국토는 청정하며 이름이 상립승번이리라.

교화한 보살의 수효는 항하강의 모래 수와 같고

부처님의 크신 위덕(威德)과 명성이 시방에 떨치리라.

수명은 한량이 없으며 중생들을 가엾이 여기는 까닭에

정법이 세상에 머무는 것은 수명의 곱절이 되고

상법은 또 정법의 곱절이 되리라.

항하강의 모래와 같이 무수한 중생들이

이 부처님의 법 가운데서 불도의 인연을 심으리라."

✿　"법장(法藏)을 수호하는 아난이 여러 부처님께 공양하고 그런 뒤에 바른 깨달음을 이루리라."고 하였습니다. 아난의 역할을 법장을 수호하는 지법자(持法者)라고 한마디로 정의하고 있습니다. 경전을 결집한 것이 부처님의 법을 보호하고 지키는 일입니다. 법장을 수호하는 것이 바로 부처님께 올리는 공양입니다. 그밖에 다른 공양이 필요하지 않습니다. 그대로 제자 노릇 잘 하고, 부처님 법문을 널리 펴는 것이 그대로 부처님께 공양 올리는 일입니다.

[3] 팔천(八千) 보살들이 의심하다

【 경문 】

爾時會中에 新發意菩薩八千人이 咸作是念하대 我等이 尙不聞諸大菩
薩도 得如是記어늘 有何因緣으로 而諸聲聞이 得如是決가하니라

이때에 법회 중에 있던 새로 발심(發心)한 팔천 보살들이 다같이 이렇게
생각하였습니다.
'우리들은 대보살들도 이러한 수기를 받는다는 것을 오히려 듣지 못하
였는데, 무슨 인연으로 모든 성문들이 이렇게 훌륭한 수기를 받는가.'
라고 하였습니다.

🌸 성문이나 연각, 보살의 구별은 본래 없는 것이며, 방편일 뿐이라
고 계속 말해 왔습니다. 그러나 여기서는 편의상 보살이 성문보다 높
은 위치에 있고 공부를 더 많이 한 사람이라고 차별해서 이야기하고
있습니다.

【 경문 】

爾時世尊이 知諸菩薩의 心之所念하시고 而告之日諸善男子야 我與阿
難等으로 於空王佛所에 同時發阿耨多羅三藐三菩提心이언만은 阿難常
樂多聞하고 我常勤精進일새 是故我已得成阿耨多羅三藐三菩提호니 而
阿難이 護持我法하고 亦護將來諸佛法藏하야 教化成就諸菩薩衆하리니
其本願如是일새 故獲斯記니라

그때 세존께서 여러 보살들의 생각을 아시고 이렇게 말씀하셨습니다.
"여러 선남자들이여, 내가 아난과 함께 공왕불(空王佛)이 계신 데서 동시에 최상의 깨달음에 대한 마음을 내었느니라. 아난은 항상 많이 듣기를 좋아하였고, 나는 항상 부지런히 정진(精進)하였느니라. 그래서 나는 이미 최상의 깨달음을 이루었고, 아난은 나의 법장을 수호해 지니느니라. 장차 오는 세상의 여러 부처님의 법장도 수호하면서 많은 보살들을 교화하여 성취케 하리라. 그의 본래의 서원(誓願)이 그러하므로 이러한 수기를 받게 되었느니라."

🌸 부처님과 아난의 인연을 말하고 있습니다. 그러면서 선과 교의 차이를 은근히 이야기합니다. 이 이야기를 꼭 있었던 일이라기보다 하나의 방편으로 하신 말씀으로 봐도 좋겠습니다. 부처님과 아난이 함께 발심하여 법을 들었던 부처님의 이름이 공왕불(空王佛)입니다. 그런데 그 이름이 심상치 않습니다. 빌 공(空) 자에 왕 왕(王) 자를 사용하는 것이 은근히 선(禪)을 표현하는 것입니다.

"아난은 항상 듣기를 좋아하였고 나는 항상 부지런히 정진하였느니라."고 하였습니다. 가만히 앉아서 많이 들으면서 공부하는 것보다는 부지런히 정진하는 것이 더 뛰어나다는 말입니다. "나는 이미 최상의 깨달음을 이루었고, 아난은 나의 법장을 수호해 지니느니라."는 것은 아난이 부처님의 법문을 하나도 빠뜨리지 않고 기억했다가 나중에 다 편찬해서 우리에게 남겨주었다는 뜻입니다. 법장을 수호하는 것은 막중한 책무입니다. 아난이 없었다면 석가모니 부처님과 같은 위대한 성인이 계셨다는 것을 우리가 어떻게 알 수 있겠습니까? 부처님이 남기신 뛰어난 가르침과 훌륭한 말씀도 후대에 남긴 사람의 공덕이 있었기에 그 가치를 인정받는 것입니다. 이렇게 법장을 수호하는 것이 아난이 무량겁 전부터 해온 삶의 모습입니다.

[4] 아난이 찬탄하다

【 경문 】

阿難이 面於佛前에 自聞授記와 及國土莊嚴하고 所願具足하며 心大歡喜하야 得未曾有라 卽時에 憶念過去無量千萬億諸佛法藏하야 通達無礙하대 如今所聞하며 亦識本願이라 爾時阿難이 而說偈言하니라
世尊甚希有하사 令我念過去
無量諸佛法하대 如今日所聞하야
我今無復疑라 安住於佛道언만은
方便爲侍者하야 護持諸佛法이니다

아난이 부처님 앞에서 자신의 수기와 그 국토의 장엄함을 친히 들었습니다. 소원도 만족하고 마음이 환희하여 미증유함을 얻었습니다. 즉시에 과거 세상의 한량없는 천만 억 부처님의 법장을 기억하여 보니 다 통달하여 막힘이 없는 것이 지금 듣는 듯하였습니다. 또 본래의 서원도 알았습니다.
이때 아난이 게송으로 말하였습니다.
"세존께서는 매우 희유하시어 저로 하여금
지난 세상의 한량없는 부처님의 법을

오늘 들은 것처럼 생각케 하십니다.

저는 이제 의심 없이 부처님의 도에 머물렀습니다만

방편으로 부처님의 시자(侍者)가 되어

여러 부처님의 법을 수호합니다."

🌸　다문제일이라 불리는 아난은 마치 녹음기처럼 그렇게 부처님의 법문을 빠짐없이 다 기억해 냈습니다. 그것은 아난이 그와 같은 서원을 세웠기 때문입니다. 나는 부처가 되기보다는 세세생생 부처님의 법을 잘 기억했다가 오랫동안 세상에 남을 수 있도록 법을 펼치는 역할을 하겠다고 말입니다. 무량겁 전에 세운 서원에 따라서 지금 그와 같이 석가모니 부처님의 법을 수호하고 전하는 역할을 하고 있고, 먼 미래에도 그와 같을 것입니다.

　우리 인생을 한 편의 연극이라고 하는 말이 있습니다. 연극에 아무리 많은 사람이 등장하더라도 다 각자 맡은 역할이 있습니다. 아난의 경우에는 총명한 머리로 잘 기억하는 장점을 한껏 발휘해서 여러 사람들에게 훗날까지 진리의 말씀을 전하는 그런 역할을 맡았는데, 참 멋지게 잘했습니다. 우리들도 각자 자기 역할을 한껏 멋들어지게 소화하고 표현하고 가면 어떻겠습니까.

3. 라후라는 도칠보화(蹈七寶華)여래가 되리라

[1] 장항

【경문】

爾時佛告羅睺羅하사대 汝於來世에 當得作佛하리니 號蹈七寶華如來應
供正徧知明行足善逝世間解無上士調御丈夫天人師佛世尊이라 當供養
十世界微塵等數諸佛如來하며 常爲諸佛의 而作長子하대 猶如今也리라
是蹈七寶華佛의 國土莊嚴과 壽命劫數와 所化弟子와 正法像法은 亦如
山海慧自在通王如來無異며 亦爲此佛에 而作長子라 過是已後에 當得
阿耨多羅三藐三菩提니라

그때 부처님께서 라후라에게 말씀하셨습니다.

"그대는 오는 세상에 부처님이 되어 이름을 도칠보화(蹈七寶華)여래·응
공·정변지·명행족·선서·세간해·무상사·조어장부·천인사·불·세
존이라 하리라. 마땅히 열 세계의 티끌 수와 같은 부처님 여래께 공양
하면서 항상 여러 부처님의 장자(長子)가 되니, 지금과 같으리라. 이
도칠보화 부처님의 국토의 장엄과 수명의 겁 수와 교화하는 제자와 정
법과 상법은 산해혜자재통왕여래와 같아서 다르지 않으리라. 또 그
부처님의 장자(長子)가 될 것이며, 그런 뒤에는 최상의 깨달음을 얻으
리라."

❀ 라후라는 도칠보화(蹈七寶華) 즉 칠보화를 밟는다는 이름을 받는

다고 했습니다. 일곱 가지 보배로 된 꽃을 밟고 서있다는 뜻이겠지요. 도칠보화여래·응공·정변지·명행족·선서·세간해·무상사·조어장부·천인사·불·세존이 됩니다. 여래 십호라고 하여 으레 열 가지 이름으로 여래의 공덕을 나타냅니다. 이것은 일반사회에서도 마찬가지입니다. 예를 들어 한 가정의 주부이면서 어머니, 또는 아내, 할머니, 딸일 수 있고, 직장을 다니면 직책이 있을 것입니다. 이와 같이 한 사람에게 주어지는 명칭이 한 두 가지가 아니기 마련입니다. 그 명칭을 통해서 그 사람이 세상에서 맡은 역할과 하는 일을 나타냅니다. 부처님도 마찬가지입니다. 단지 '도칠보화여래'라고 하면 그것만으로는 부처님의 덕을 나타내는 데 부족함이 많습니다. 그래서 열 가지 이름으로 부처님의 덕과 자비와 지혜를 나타내려고 한 것입니다.

"마땅히 열 세계의 티끌 수와 같은 부처님 여래께 공양하면서 항상 여러 부처님의 장자(長子)가 되리니 지금과 같으리라."고 하였습니다. 라후라는 두고두고 부처님의 장자가 된다는 것입니다. 그러면 부처님은 언제나 장가를 가서 아들까지 두어야 한다는 조건이 따라붙습니다. 참 묘한 이야기입니다. "부처님의 아들로 금생에 태어났고 앞으로도 끊임없이 부처님의 아들로 태어날 것이다." 이게 무슨 말일까요? 지금의 삶이 과거의 모든 삶이고, 지금의 삶이 앞으로의 모든 삶이며 또한 지금 그대로가 부처님의 삶이라는 말입니다.

[2] 게송

【 경문 】
爾時世尊이 欲重宣此義하사 而說偈言하니라
我爲太子時에 羅睺爲長子러니
我今成佛道에 受法爲法子라
於未來世中에 見無量億佛하고
皆爲其長子하야 一心求佛道하리니
羅睺羅密行을 唯我能知之라
現爲我長子하야 以示諸衆生하며
無量億千萬 功德不可數라
安住於佛法하야 以求無上道니라

이때 세존께서 이 뜻을 거듭 펴시려고 게송으로 말씀하셨습니다.
"내가 태자로 있을 적에 라후라가 장자가 되었더니
내가 이제 불도를 이루게 되니 가르침을 받고 법의 아들이 되었네.
오는 세상에도 무량 억 부처님을 뵙고
모두 그들의 장자가 되어 일심으로 불도(佛道)를 구하리라.
라후라의 비밀(秘密)한 행(行)을 오직 내가 알 뿐이니
드러나게 나의 장자가 된 것은 모든 중생들에게 보여주려고 한 것이니라.
한량없는 천만 억 공덕을 이루 다 헤아릴 수 없지만
부처님의 법에 편안히 머물러 최상의 도를 구함이니라."

❀ "내가 태자로 있을 적에 라후라가 장자가 되었더니"라고 했습니다. 이 표현을 곰곰이 생각해 보면 부처님의 아들이 라후라 말고도 몇이 더 있지 않았겠는가 하는 생각이 듭니다. 여러 아들이 있어야 장자(長子)라는 말을 사용하지 않습니까? 그러므로 오직 라후라만 있었다고 할 수는 없을 것입니다. 어떤 경전에는 관례에 따라 세 명의 부인을 두었다고 한 곳도 있습니다. 만약 부인이 셋이었다면 당연히 라후라 외에 다른 아들들이 있을 수 있으니, 라후라가 첫째 아들이 될 수 있습니다. 이런 것들도 얼마든지 생각해 볼 수 있습니다.

라후라는 어린 나이에 출가했기 때문에 바로 계를 받지 않고 어느 정도 자랄 때까지 사미로 있었습니다. 부처님 당시부터 스님들은 오후에 식사를 하지 않았는데, 어린 라후라에게는 참 힘든 일이었습니다. 라후라는 배가 고파서 자주 울었다고 합니다. 그래서 아침에 죽을 먹는 제도라든지 저녁에 간단히 식사하는 약석(藥石)을 만들었습니다. 약석은 건강한 사람은 먹지 않고 노약자나 환자와 같이 필요한 사람에 한해서만 약으로 먹었다는 뜻입니다. 그 외에 다른 스님들이 하는 일을 어린 라후라는 할 수 없는 것이 많았습니다. 그래서 규칙을 완화하는 계기가 되기도 했습니다.

석가모니 부처님은 역사적으로 실존했던 사람입니다. 불교는 사람이 만든 종교이며 사람을 위하는 종교이고 사람에 의한 종교입니다. 일반인들과 똑같은 사람이지만 아주 특별한 깨달음을 얻은 분이 석가모니 부처님입니다. 부처님의 깨달음이 우리의 삶에 큰 지침이 되기 때문에 우리는 부처님을 스승으로 존경합니다. 아주 담백하게 우리와 부처님의 관계를 설명하면 이렇습니다. 이런 이유로 부처님의 인간으로서의 삶의 모습들이 당연히 그대로 노출되어야 하고 노출될 수밖에 없습니다.

대승불교의 어떤 경전들은 부처님을 너무 신격화해서 초인간으로 만들어 권위를 높여 놓고 이해하려는 경향이 적지 않습니다. 이런 것에 습관이 된 사람들은 석가모니 부처님을 인간의 입장에서 설명하는 것에 거부감을 느끼고 신심 없는 이야기라고 일축하는 경향이 있습니다. 그런 것은 오해입니다. 석가모니 부처님은 신도 아니고 신이 되기를 바랐던 분도 아닙니다.

4. 이천 명의 성문은 보상(寶相)여래가 되리라

[1] 장항

【 경문 】

爾時世尊이 見學無學二千人이 其意柔軟하야 寂然淸淨하며 一心觀佛하고 佛告阿難하사대 汝見是學無學二千人不아 唯然已見이니다 阿難아 是諸人等이 當供養五十世界微塵數諸佛如來하야 恭敬尊重하고 護持法藏하며 末後同時於十方國에 各得成佛하면 皆同一號니 名曰寶相如來應供正徧知明行足善逝世間解無上士調御丈夫天人師佛世尊이라 壽命一劫이요 國土莊嚴과 聲聞菩薩과 正法像法이 皆悉同等이니라

이때 세존께서 배우는 이들과 다 배운 이들 이천 명의 사람들이 생각이

유연하고 고요하고 청정하여 일심으로 부처님을 바라보고 있는 것을 보시고 아난에게 말씀하셨습니다.

"그대가 이 배우는 이들과 다 배운 이들 이천 명의 사람들을 보는가?"

"그렇습니다. 봅니다."

"아난아, 이 사람들이 오십(五十) 세계의 티끌 수 부처님 여래에게 공양하며 공경 존중하고 법장(法藏)을 수호(守護)하다가, 끝에 가서 시방세계에서 한꺼번에 성불(成佛)하리라. 이름은 모두 같아서 보상(寶相)여래·응공·정변지·명행족·선서·세간해·무상사·조어장부·천인사·불·세존이라 하리라. 수명은 일 겁이요, 국토의 장엄과 성문과 보살과 정법과 상법도 모두 같으리라."

🌸 "이들 이천 명의 사람들이 생각이 유연하고 고요하고 청정하여 일심으로 부처님을 바라보고 있는 것을" 보았다고 하였습니다. 수행이 제대로 된 사람들은 생각과 마음이 유연합니다. 아주 부드럽다는 말입니다. 수행이 덜 된 사람은 생각이나 마음 속에 무언가 뼈가 있든지 아니면 자기 고집 같은 것이 있습니다. 그래서 부드럽지 못합니다. 그런데 관세음보살이나 지장보살처럼 수행이 된 분들은 마음이 아주 부드럽습니다. 뿐만 아니라 그 마음이 고요하고 한없이 청정합니다. 이와 같은 마음으로 즉 일념으로 태산처럼 움직이지 않으며 부처님을 향하고 있습니다.

이 이천 명의 사람들에게 똑같이 보상(寶相)이라는 이름을 내리시며 전부 성불할 것이라고 수기를 주셨습니다. 이 대목의 참 뜻은 법화경과 인연을 맺은 모든 사람들이 전부 불도를 이룬다는 수기를 한꺼 번에 하신 것입니다. 지금 현재 이 자리에 있는 우리들도 모두 포함됩 니다.

〔2〕 게송

【 경문 】

爾時世尊이 欲重宣此義하사 而說偈言하니라
是二千聲聞이 今於我前住를
悉皆與授記하대 未來當成佛이라
所供養諸佛은 如上說塵數며
護持其法藏하고 後當成正覺하며
各於十方國에 悉同一名號라
俱時坐道場하야 以證無上慧어든
皆名爲寶相이며 國土及弟子와
正法與像法은 悉等無有異라
咸以諸神通으로 度十方衆生하며
名聞普周徧하야 漸入於涅槃하리라

이때 세존께서 이 뜻을 거듭 펴시려고 게송으로 말씀하셨습니다.
"여기 이천 성문(聲聞)들로서 지금 내 앞에 있는 이들에게
오는 세상에 마땅히 성불하리라고 모두 수기를 주노라.
그들이 공양할 여러 부처님은 위에서 말한 티끌 수와 같으며

그 부처님의 법장을 수호하다가 나중에 바른 깨달음을 이루리라.

각각 시방세계에서 모두 다 같은 이름으로

한꺼번에 도량(道場)에 앉아서 최상의 지혜를 얻으리라.

그들의 이름은 다 같이 보상이요, 국토와 제자들과

정법과 상법까지 다 같아서 다르지 않으리라.

모두 다 신통으로 시방의 중생들을 제도하리니

명성이 널리 퍼지고 점점 열반에 들리라.”

【 경문 】

爾時學無學二千人이 聞佛授記하고 歡喜踊躍하야 而說偈言하니라

世尊慧燈明하시니 我聞授記音하옵고

心歡喜充滿하대 如甘露見灌이니다

이때에 배우는 이들과 다 배운 이들 이천 명은 부처님의 수기(授記)하시
는 말씀을 듣고 뛸 듯이 기뻐하여 게송으로 말하였습니다.

“세존은 밝은 지혜의 등불이시고 수기하시는 말씀을 우리가 들으니

환희한 마음 가득히 차서 마치 감로수(甘露水)를 마신 듯합니다.”

🏵 “세존은 밝은 지혜의 등불”이라고 하였습니다. 등불은 무명의 어
둠을 몰아내는 밝은 지혜를 상징합니다. 우리가 절에서 등불 하나를 밝
힐 때마다 내 마음을 밝힌다고 생각해야 합니다. ‘내 마음의 때를 없애서
나도 부처님과 같은 지혜를 얻어지이다’라고 발원하며 등불을 켜십시
오. 이런 마음으로 부처님 앞에 오고 또 그 앞에서 등불을 켜야 합니다.

●

10
법사품

(法師品)

　법사는 법을 가르치는 사람, 법을 설하는 사람, 법을 전하는 사람, 부처님 법을 출판하는 사람, 또 부처님 법을 책으로 만드는 사람, 그것을 쓰는 사람, 읽는 사람, 외우는 사람, 한 구절이라도 외우고 다니는 사람, 다른 사람에게 불교를 이야기해 주는 사람 등 이런 사람들이 전부 법사입니다. 법사의 의미가 상당히 광범위합니다.

　우리가 알고 있던 법사는 꼭 어떤 형식을 갖추어서 부처님의 가르침이나 교리를 강의하거나 설하는 분을 법사라고 알고 있는데, 여기 법화경에서 밝히고 있는 법사는 오종 법사[五種法師 : 경을 신행(信行)하고 홍포(弘布)하는 5종의 인물. 수지(受持) · 독경(讀經) · 송경(誦經) · 해설(解說) · 서사(書寫)의 법사)라고 해서, 수지(受持), 경전을 가지고 다니기만 해도 법사입니다. 그 다음에 독(讀), 읽기만 해도 법사입니다. 또 경전 한 구절, 제목만 외워도 역시 법사입니다. 그래서 수지 독송 위인 해설! 해설하는 거지요. 경전을 풀이합니다. 경전을 읽어 주거나(誦經) 뜻을 각자 소화한 대로 설명해 주는 것(解說), 이것 역시 법사에 해당됩니다. 그 다음에 사경(寫經), 서사(書寫)인데 요즈음으로 치면 뜻이 광범위합니다. 집에서 혼자 기도 삼아 한 글자 한 글자 쓰는 것도 해당됩니다. 요즘은 컴퓨터로 사경하는 분들도 많은데 이것 역시 법사에 해당되고, 또 경 전체든지 아니면 요약한 것이든 중요한 말만 모으든 이 또한 법사에 해당됩니다. 그것이 전부 사경, 서사에 해당되기 때문에 많고 적음을 따지지 말고, 이분들 모두가 법사입니다. 이것이 법사의 바른 뜻입니다.

법사품에서는 세존께서 열반에 드신 후 법화경을 수지하고 읽고 외우고 써서 칠보탑에 모시고, 공경 · 공양 · 찬탄하는 불사를 하는 이에 대한 찬탄과 또 법화경의 한 게송, 한 구절이라도 듣고 기뻐하는 이는 모두 부처의 삶을 살게 된다는 수기를 하고 계십니다. 이것은 현재에도 마찬가지로 적용되고 미래의 불자들에게도 똑같이 해당하는 이야기입니다.

또한 법화경을 수지 · 독송하고 서사하며 다른 사람을 위해 해설하는 사람은 부처님의 장엄으로 자신을 장엄하는 것이라고 했습니다. 우리가 세간에서 구할 수 있는 온갖 화려한 것들로 몸을 치장하여 장엄한다고 하더라도 부처님의 모습으로 자기 자신의 모습을 꾸밀 수는 없을 것입니다. 그러나 법화경의 말씀대로라면 부처님의 장엄으로 우리 자신을 장엄하게 됩니다. 무슨 뜻일까요? 인격적으로 부처님처럼 된다는 말입니다. 높은 인품이 저절로 느껴지는 말과 행동으로 하는 일이 보기만 해도 사람들에게 감동을 주는 것입니다. 그것이 부처님의 장엄으로 자신을 장엄한다는 뜻입니다. 이는 여래를 어깨에 짊어지고 다니는 사람이라고도 할 수 있습니다. 이 말은 달리 표현하면, 부처님이 양 어깨 위에 그 사람을 짊어지고 다닌다는 말이 됩니다. 또는 여래의 사자(使者), 심부름꾼이라고도 합니다.

법사품을 읽으면 자긍심을 느끼게 됩니다. 또한 참된 법사가 되기 위해 어떤 자세를 갖추어야 하는 지도 알 수 있습니다. 법사품의 후반부에 있는 내용인데, 먼저 요지만 소개하면 이렇습니다. 자비의 집에서 인욕의 옷을 입고, 제법이 공함을 자리 삼아서 법화경을 설하라고 했습니다. 자비와 인욕을 갖추고 모든 존재가 공함을 볼 줄 아는 안목을 기본으로 갖추어야 불교에 발심한 사람이고, 이와 같이 발심한 상태에서 법화경을 설해야 한다는 것입니다. 물욕에 빠져서 벗어나지도 못했으면서 입으로만 법화경을 이야기하는 것은 가당치도 않은 일입니다. '자비의 집에서 인욕의 옷을 입고 만법이 공한 법좌에 올라 법화경을 설하는 것'이 올바른 모습입니다.

1. 수행인(修行人)이 경전을 듣는 공덕

【 경문 】

爾時世尊이 因藥王菩薩하사 告八萬大士하사대 藥王아 汝見是大衆中에
無量諸天龍王과 夜叉乾闥婆와 阿修羅迦樓羅와 緊那羅摩睺羅伽와 人
與非人과 及比丘比丘尼와 優婆塞優婆夷의 求聲聞者와 辟支佛者와 求
佛道者아 如是等類가 咸於佛前에 聞妙法華經의 一偈一句하고 乃至一
念隨喜者는 我皆與授記하대 當得阿耨多羅三藐三菩提니라

이때 세존께서 약왕(藥王)보살을 비롯하여 팔만 대사(大士)들에게 말씀하
셨습니다.

"약왕이여, 그대가 이 대중 가운데 있는 한량없는 천신·용왕·야차·건
달바·아수라·가루라·긴나라·마후라가·사람·사람 아닌 이와, 비
구·비구니·우바새·우바이들을 보라. 성문(聲聞)을 구하는 이, 벽지불
(辟支佛)을 구하는 이, 불도(佛道)를 구하는 이들로서 이와 같은 이들이
모두 부처님 앞에서 묘법연화경의 한 게송·한 구절을 들었거나, 내지
한 생각 동안이라도 따라서 기뻐한 이들에게 내가 모두 수기(授記)하노
라. 그들은 마땅히 최상의 깨달음을 얻으리라."

※ "이때 세존께서 약왕(藥王)보살을 비롯하여 팔만 대사(大士)들에
게 말씀하셨습니다."라고 했습니다. 여기서 대사(大士)는 보살을 일컫
는 말입니다. 경전에 따라서는 아예 보살이라고 바꾸어 놓기도 합니다.

"부처님 앞에서 묘법연화경의 한 게송·한 구절을 들었거나, 내

지 한 생각 동안이라도 따라서 기뻐한 이들에게 내가 모두 수기하노라. 그들은 마땅히 최상의 깨달음을 얻으리라."고 하였습니다. 다시 말해서, 법화경과 인연을 맺은 사람은 누구나 부처가 된다는 수기입니다. 불자라면 법화경과 인연 맺지 않은 사람이 어디 있겠습니까? 하다 못해 법화경이라는 이름 한 번은 다 들어보았을 것입니다. 법화경의 한 구절이라도 들어서 아무리 작더라도 인연을 맺은 이는 누구나 부처가 된다고 했습니다. 이 말은 우리는 본래 부처님이라는 뜻입니다.

이 구절을 글자 그대로 해석해서, 말만 좇아가는 종파도 있습니다. 그저 '나무묘법연화경 나무묘법연화경' 하고 경전의 이름만 열심히 염불하듯 외우면 성불한다고 가르치는 종파도 있습니다. 이런 방법은 일종의 염불이지 법화경의 참다운 뜻을 새기는 것과는 거리가 멉니다. 법화경의 이름만 외워도 공덕이 된다니, 법화경의 한 구절을 읽으면 공덕이 더 크고, 한 쪽을 읽으면 공덕이 더더욱 크다고 생각해서 차츰차츰 공부의 범위를 넓혀가다가 마침내 부처님께서 진정으로 전달하고자 하신 것을 깨달아야 합니다. 그랬을 때 법화경의 이름을 듣는 것이 공덕이 됩니다. 부처님의 참 마음에 다가갈 수 있는 방편이 되고 인연이 되어야 공덕이 된다는 말입니다.

즉심시불(卽心是佛) 즉 이 마음이 곧 부처라고 생각하고 법화경의 한 구절을 외우거나 불보살의 명호를 일심으로 염송해서 경지에 도달하는 것과 무턱대고 '나무묘법연화경' 하고 외우는 것은 전혀 다른 차원의 일입니다. 우리 불자들은 이런 것을 혼동하지 않고 바로 보는 안목을 지녀야 하겠습니다.

【 경문 】

佛告藥王하사대 又如來滅度之後에 若有人이 聞妙法華經을 乃至一偈
一句하야 一念隨喜者라도 我亦與授阿耨多羅三藐三菩提記니라

부처님께서 약왕보살에게 말씀하셨습니다.
"또 여래가 열반에 든 뒤에라도 만약 어떤 사람이 이 묘법연화경의 한
게송·한 구절만이라도 듣고 한 생각 동안 따라서 기뻐하는 이에게도
내가 또한 최상의 깨달음에 대한 수기를 주노라.

🪷 제2 방편품에서 망상으로 부글부글 끓는 중생들의 산란한 마음
으로, 부처님 앞에 손 한 번 들거나, 합장 한 번 하는 것만으로도 모두
이미 성불했다고 했습니다. 그에 비하여 법화경의 한 구절, 게송 하나
라도 듣고 기뻐하는 것은 상당한 노력을 기울인 것입니다. 우리에게
이미 갖추어져 있는 것을 그대로 수용하고 깨달아서 내 살림살이로
만드는 것이지 달리 조작하거나 꾸미거나 하는 것이 아닙니다.

2. 보통사람이 경전을 수지(受持)한 공덕

【 경문 】

若復有人이 受持讀誦하며 解說書寫妙法華經하대 乃至一偈하며 於此經
卷에 敬視如佛하고 種種供養華香瓔珞이며 抹香塗香燒香이며 繒蓋幢幡
이며 衣服伎樂하고 乃至合掌恭敬하면 藥王當知하라 是諸人等은 已曾供

養十萬億佛하고 於諸佛所에 成就大願하대 愍衆生故로 生此人間이니라
藥王아 若有人이 問何等衆生이 於未來世에 當得作佛고하면 應示是諸
人等이 於未來世에 必得作佛이니라 何以故오 若善男子善女人이 於法
華經에 乃至一句를 受持讀誦하고 解說書寫하며 種種供養經卷을 華香
瓔珞과 抹香塗香燒香과 繒蓋幢幡과 衣服伎樂하고 合掌恭敬하면 是人
은 一切世間의 所應瞻奉이라 應以如來供養으로 而供養之니 當知此人
은 是大菩薩이라 成就阿耨多羅三藐三菩提언만은 哀愍衆生하야 願生此
間하야 廣演分別妙法華經이온 何況盡能受持하고 種種供養者리요 藥王
當知하라 是人은 自捨淸淨業報하고 於我滅度後에 愍衆生故로 生於惡
世하야 廣演此經이니라

만약 또 어떤 사람이 묘법연화경을 받아 지니고 읽고 외우고 해설하고
쓰되 내지 한 구절이라도 그렇게 하며, 또 이 경전을 공경하기를 부처
님과 같이하여 갖가지 꽃·향·영락·가루향·바르는 향·사르는 향·일
산·당기·번기·의복·풍악으로 공양하거나, 내지 합장하고 공경하면,
약왕이여, 마땅히 알아라. 이 사람들은 이미 십만 억 부처님께 공양한
것이니라. 여러 부처님 계신 데서 큰 서원(誓願)을 성취하고 중생들을
어여삐 여기어서 이 인간에 태어난 줄을 알아야 하느니라.
약왕이여, 만약 어떤 사람이 묻기를, '어떠한 중생이 오는 세상에 부처
님이 되겠느냐?'고 하면, '이러한 사람들이 오는 세상에 반드시 성불
하리라.'고 대답하라. 왜냐하면, 만일 선남자·선여인이 이 묘법연화경
에서 내지 한 구절이라도 받아 지니고 읽고 외우고 해설하고 쓰며 갖가
지로 이 경에 공양하되, 꽃·향·영락·가루향·바르는 향·사르는 향·

일산·당기·번기·의복·풍악으로 하거나 합장하고 공경하면, 이러한 사람은 일체 세간 사람들이 응당히 우러러 받드는 바가 되느니라. 이러한 사람에게는 응당히 여래에게 공양하듯이 공양해야 하느니라.

마땅히 알아라. 이 사람은 대보살로서 최상의 깨달음을 성취하였느니라. 중생들을 가엾게 여기어 이 세상에 태어나기를 원하여 묘법연화경을 널리 펴서 연설하고 분별하는 것이니라. 그런데 하물며 경전을 전부 받아 지니며 갖가지로 공양하는 사람이겠는가.

약왕이여, 마땅히 알아라. 이 사람은 스스로 청정(淸淨)한 업보(業報)를 버리고 내가 열반한 뒤에 중생들을 가엾게 여겨서 나쁜 세상에 태어나서 이 경전을 연설하는 줄을 알아야 하느니라.

🪷 "만약 어떤 사람이 묘법연화경을 받아 지니고, 읽고 외우고 해설하고 쓰되 내지 한 구절이라도 그렇게 하며"라고 하였습니다. 경전을 받아 지니고, 읽고 외우고 해설하고 쓰는 것은 오종(五種) 법사(法師)가 경전을 신행하고 홍포하는 방법을 말하는 것입니다. 간단히 말하면, 수지(受持)·독경(讀經)·송경(誦經)·해설(解說)·서사(書寫)의 다섯 가지 방법으로 경전을 알립니다. 수지(受持)는 경전을 받아 지닌다는 말입니다. 먹과 종이로 된 경전을 가지고 다니는 것이 수지입니다. 간혹 마음 속으로 경전의 이치를 생각하는 것도 수지에 해당한다고 해석하는 이들도 있는데 틀린 말은 아니지만 정확한 의미도 아닙니다. 경전을 수지한다는 것은 몸에 지니고 다니는 것을 말합니다. 가지고 다녀야 보게 되고, 보아야 읽게 되고, 읽다보면 이해하고 기억하게 됩니다. 그래야 다른 사람들에게 설명해 줄 수도 있습니다. 요즘은 세상

이 많이 좋아져서 수첩처럼 조그맣게 만든 경전들이 참 많습니다. 가방에 넣거나 외투 주머니에 넣어 가지고 다니다가 틈날 때마다 틈틈이 읽을 수 있는 휴대용 경전이 많이 나왔습니다. 우리가 보통 경전을 독송(讀誦)한다고 할 때 독송은 독경과 송경을 한꺼번에 이르는 말입니다. 독경은 경전을 보고 소리 내어 읽는 것이고, 송경은 경전을 보지 않고 소리 내어 암송하는 것을 말합니다. 네 번째로 해설하는 것은 다른 사람을 위해서 경전의 뜻을 설명해 주는 것을 말합니다. 마지막으로 서사는 사경을 말합니다. 개인적으로 수행을 위해서 사경을 하는 것도 포함되지만 인터넷에 법문을 올리는 것도 사경이고, 책으로 출판하거나 혹은 책으로 출판되도록 돕는 것도 사경입니다.

지금도 여법한 법당에 가보면, 중앙에 부처님을 정면으로 모시고 그 좌우에는 반드시 경전을 모시고 있습니다. 한 쪽에는 화엄경을 다른 쪽에는 법화경을 모시는 경우를 종종 봅니다. 이렇게 법화경과 화엄경을 모셔야 제대로 갖추어 모셨다고 할 수 있습니다. 뿐만 아니라 나무나 쇠로 부처님의 상을 조성할 때 복장에 경전을 모십니다. 부처님의 가르침이 있어야 참 부처님이기 때문입니다. 복장에 모시는 경전으로는 7권으로 된 법화경이 많습니다. 화엄경은 너무 방대해서 잘 모시지 않고, 법화경이나 금강경과 같은 대승의 가르침을 대표하는 경전을 많이 모십니다. 가르침이 있어야 참된 부처님이고, 생명력 있는 부처님이라는 뜻입니다. 탑에도 사리가 없으면 경전을 넣으라고 합니다. 그래서 많은 탑에 경전이 모셔져 있습니다. 사실 참된 사리는 경전입니다. 부처님의 가르침이 진짜 사리입니다. 경전이 우리에게 부처님의 역할을 하는 것이지, 유골이 부처님 역할을 얼마나 하겠습니까? 이 시대의 부처님은 경전입니다. 그런 이유로 법화경에서 경전을 이렇게 높이 받들어서 표현하고 있습니다.

"이 사람은 스스로 청정(淸淨)한 업보(業報)를 버리고 내가 열반한 뒤에 중생들을 가엾게 여겨서 나쁜 세상에 태어나서 이 경전을 연설하는 줄을 알아야 하느니라." 오랫동안 수행하고 선행을 해서 지혜와 복덕을 쌓으면 그 업이 청정합니다. 청정한 업을 지녔으면 응당 천상계와 같이 즐거움과 아름다움이 가득한 곳에 태어나는 것이 맞습니다. 그런데 악업이 많고 고집 세고, 가르쳐도 듣지 않고 난폭하고 욕심 많은 중생들이 가득한 곳에 일부러 태어납니다. 그런 중생들을 가엾게 여겨서 일불승의 도리로 구제하기 위해서입니다. 이것이 참된 보살의 행입니다.

【 경문 】

若是善男子善女人이 我滅度後에 能竊爲一人하야 說法華經하대 乃至
一句하면 當知是人은 則如來使라 如來所遣으로 行如來事어든 何況於
大衆中에 廣爲人說이리요

만일 이 선남자 · 선여인이 내가 열반한 뒤에 은밀히 한 사람만을 위하여 이 묘법연화경을 설하되 내지 한 구절만이라도 말해 준다면, 마땅히 알아라. 이 사람은 여래의 심부름꾼(如來使)이며, 여래가 보낸 사람이며, 여래의 일을 행하는 사람인 줄을 알아야 하느니라. 그런데 하물며 대중 가운데서 많은 사람들을 위하여 널리 연설하는 사람이겠는가.

✿   지금까지의 이야기대로면 그동안 법화경과 작은 인연이라도 맺은 사람들은 모두 훌륭한 법사입니다. 법화경을 늘 가지고 다니면서 읽고 한 두 구절이라도 외우며 공부하는 사람은 흔치 않습니다. 이런 분들은 법사 중의 법사라고 해도 좋습니다. 이분들은 부처님을 대신해서 아주 중요한 심부름을 하는 부처님의 사절입니다. 참으로 훌륭한 지위, 최고의 지위입니다. 부처님의 사절 노릇을 한다는 것이 쉬운 일이겠습니까? 한 국가의 외교사절은 흔합니다. 그렇다 해도 아무나 다른 나라로 보내지 않습니다. 한 국가를 대표하는 임무이기 때문에 나라의 체면을 세울 수 있는 사람을 뽑아서 보냅니다. 외국에 가서 말 한마디 잘못하거나 행동 한번 잘못하거나 순간적으로 판단을 잘못하면 완전히 일을 망치게 됩니다. 그래서 옛날부터 나라를 대표하는 사신이나 사절은 막중한 임무를 띠고 갔습니다.

우리는 여래의 사절이고 부처님의 사신입니다. 여래께서 직접 보내서 여래의 일을 대신 행하고 있는 것입니다. 법화경을 가르치는 사람도, 배우는 사람도, 경전을 들고 다니는 사람이거나 다른 이에게 이야기해 주는 사람도 모두 여래의 사신입니다. 부처님의 법을 널리 전달하는 사람은 부처님의 일을 하는 사람이고, 부처님을 대신하는 일이며, 부처님께서 가장 바라는 일을 하는 사람이라고 했습니다.

불자들이 절에 가서 부처님께 불공(佛供)을 올립니다. 불공은 부처님께 향, 꽃, 과일, 연등, 쌀 등 공양을 올리는 것입니다. 그런데 부처님께서 무엇을 좋아하시는지 곰곰이 생각해 보고 올린 사람은 아마 드물 것입니다. 으레 그렇게 올리기 때문에 올려왔습니다.

예를 들어서 친구를 초대할 때 그 친구가 무엇을 좋아하는지 물어서 대접합니다. 그가 좋아하는 것으로 대접해야 서로 기쁘고 즐거우며 그만큼 보람도 느낄 수 있습니다. 그런데 우리는 부처님께 공양을 올리면서 부처님께서 무엇을 좋아하시는지 곰곰이 찾아보지 않고, 그저 짐작으로 올립니다.

화엄경 보현행원품에는 공양에 대한 말씀을 하시면서 부처님께서 참으로 기뻐하는 공양이 무엇인지 아느냐고 물으십니다. 향, 초, 꽃 등 공양물을 열거하십니다. 그러면서 어떤 것이든 정성을 들여서 올리는 그 마음만으로 훌륭하다고 하십니다. 예를 들어 등 공양을 올리면서, 기름은 사해의 바닷물처럼 많이 준비하고 심지는 태산처럼 높게 해서 등불을 켜는 것도 좋지만 얼마나 마음을 다했느냐가 더 중요하다고 하신 것입니다. 부처님께서 공양을 올리는 이의 정성보다도 더 좋아하는 공양, 아니 가장 즐거운 공양은 법공양이라고 말씀하십니다. 공양 중에서 최고의 공양은 '법공양'이라고 말입니다. 그래서 불교에서는 법공양을 제일로 여깁니다. 이제는 우리 불자들도 법공양이 귀한 줄 압니다.

법공양의 첫 번째는 부처님의 가르침을 널리 펴는 것이고, 두 번째는 부처님의 가르침대로 실천수행하는 것입니다. 실천수행이 어려운 이는 부처님의 가르침을 전하는 것으로 법공양을 행합니다. 이 법공양이 부처님께서 가장 기뻐하고 즐거워하는 것입니다. 그래서 은밀히 한 사람만을 위하거나 혹은 대중을 위해서 법화경을 널리 알리는 이는 여래가 직접 보내서 여래의 일을 대신하는 여래의 심부름꾼이라고 말씀하시는 것입니다.

3. 죄(罪)를 얻는 사람과 복(福)을 얻는 사람

【 경문 】

藥王아 若有惡人이 以不善心으로 於一劫中에 現於佛前에 常毀罵佛이
라도 其罪尙輕이어니와 若人이 以一惡言으로 毁訾在家出家의 讀誦法華
經者면 其罪甚重이니라

약왕이여, 만약 어떤 악한 사람이 나쁜 마음으로 한 겁 동안을 부처님
앞에 나타나서 항상 부처님을 훼방하고 꾸짖더라도 그 죄는 오히려 가
벼우니라. 만약 어떤 사람이 한마디의 나쁜 말로써 집에 있는 이나 출가
한 이가 묘법연화경을 읽고 외우는 이를 훼방한다면 그 죄는 매우 무거
우니라.

🪷 　법화경을 읽고 외우는 이를 훼방하는 것보다 부처님을 오랫동안
훼방하고 비방하는 것이 오히려 더 가벼운 죄라는 것입니다. 왜 그럴
까요? 법화경은 진리의 가르침이기 때문에 법화경을 읽고 공부하는
사람을 훼방하고 비방하는 것은 '진리를 등진 사람의 삶'이기 때문입
니다. 사람으로 태어나서 당연히 걸어가야 할 길을 등진다는 것은 더
할 나위 없이 고통스러운 길이고 지옥의 삶이라 할 수 있습니다.

　사람으로 살면서 가장 우선하는 것은 깨어있는 눈으로 사람에 대
해서 정확하게 아는 것입니다. 마치 부처님께서 알듯이 그렇게 속속
들이 잘 아는 것입니다. 사람을 속속들이 안다는 것은 남의 속을 안다
는 뜻이 아니고 우리 자신이 가진 무한한 가치와 가능성 그리고 영원

한 생명을 아는 것입니다. 곧 부처님께서 깨달은 이치를 아는 것입니다. 삶과 죽음의 문제 등 인간과 관계되는 모든 문제와 삼라만상의 존재의 실상을 바로 깨달은 사람은 사람에 대한 이해가 정말 뛰어나겠죠. 사람을 얼마나 잘 이해하는가, 모든 존재의 실상을 얼마나 잘 이해하는가를 통해서 불교 공부의 정도를 알 수 있습니다.

공부가 많이 된 사람은 '사람을 비롯해서 모든 존재에 대한 전문가'라고 할 수 있습니다. 다른 분야도 마찬가지입니다. 다른 분야에서도 전문가와 비전문가의 입장은 천양지차입니다. 존재의 실상을 이해하는 데 있어서 전문가인 깨달은 사람, 불교 공부를 많이 한 사람은 사람에 대한 이해도 깊고 넓습니다. 이러한 이해에 바탕해서 삶의 길을 제시했는데도 불구하고 그 길을 등지거나 가르침과 반대되는 길을 가는 것은 응당 사람의 길이 아닙니다.

【 경문 】

藥王아 其有讀誦法華經者는 當知是人은 以佛莊嚴으로 而自莊嚴하고 則爲如來肩所荷擔이며 其所至方에 應隨香禮하야 一心合掌하고 恭敬供養하며 尊重讚歎하대 華香瓔珞과 抹香塗香燒香과 繪蓋幢幡과 衣服肴饌이며 作諸伎樂하야 人中上供으로 而供養之하며 應持天寶하야 而以散之하고 天上寶聚를 應以奉獻이니 所以者何오 是人歡喜說法하면 須臾聞之라도 卽得究竟에 阿耨多羅三藐三菩提故니라

약왕이여, 묘법연화경을 읽거나 외우는 이가 있으면, 마땅히 알아라. 이 사람은 부처님의 장엄(莊嚴)으로써 장엄하는 사람이며, 곧 여래께서

어깨로 업어주는 사람이니라. 그가 있는 곳에는 마땅히 향을 사르고 예배하여야 하며, 일심으로 합장하고 공경 공양하고 존중 찬탄하여야 하느니라. 꽃·향·영락·가루향·바르는 향·사르는 향·비단 일산·당기·번기·의복·음식과 풍악을 연주하여야 하느니라. 인간 가운데 상품(上品)의 공양거리로 공양하고, 천상(天上)의 보배로써 뿌려야 하며, 천상의 보배덩이를 받들어 올려야 하느니라. 그 까닭은 이 사람이 기쁘게 설하는 법문을 잠깐이라도 들으면 곧 최상의 깨달음을 얻게 되기 때문이니라."

❀　우리는 막연히 느낌으로 부처님, 부처님 하고 부르는데, 무엇을 일컬어 부처님이라고 하겠습니까? 어떤 모습, 어떤 마음, 어떤 말을 하는 사람이어야 부처라고 하겠습니까? 법화경의 표현을 빌리면, 법화경을 이야기하는 사람이 부처님입니다. 간단하지요. 설령 내가 부처님이 아니더라도 '법화경을 읽거나 외우거나 좋아하거나 법화경과 삶을 함께 하는 사람이면 그대로 부처님의 장엄으로써 자신을 장엄하는 사람' 이라고 했습니다.

4. 게송으로 거듭 밝히다

[1] 경을 수지하는 공덕

【 경문 】

爾時世尊이 欲重宣此義하사 而說偈言하니라
若欲住佛道하야 成就自然智인댄
常當勤供養 受持法華者니라
其有欲疾得 一切種智慧인댄
當受持是經하고 幷供養持者니라

이때 세존께서 이 뜻을 거듭 펴시려고 게송으로 말씀하셨습니다.
"만약 부처님의 도에 머물러서 자연의 지혜를 이루려면
항상 마땅히 묘법연화경을 받아 지니는 사람을
항상 부지런히 공양할 것이니라.
그 어떤 사람이 일체 지혜(一切智慧)를 빨리 얻으려면
묘법연화경을 받아 지니고 또 받아 지니는 사람을 공양할 지니라.

❀ 여기서 자연의 지혜라는 말이 중요한 말입니다. 자연의 지혜 즉
자연지(自然智)는 본래 가지고 있는 지혜를 말합니다. 부처님께서 깨달
았다고 하는 것도 본래 가지고 있는 것을 발견한 것이지, 어떤 것을
조작해 낸 지혜가 결코 아닙니다. 아무리 갈고 닦아서 큰 깨달음을 얻
었다 하더라도 끝내는 우리들 자신이 가지고 있는 본래의 지혜를 계

발한 것이지 다른 어떤 것을 만들어서 오는 것이 아닙니다. 그래서 자연지(自然智)라고 합니다. 부처님의 지혜, 불교에서 말하는 궁극의 지혜는 자연지입니다.

이것을 다른 말로 무사지(無師智)라고 합니다. 스승이 없는 지혜 즉, 스승이 가르쳐 주는 지혜가 아니라, 내가 본래 가지고 있는 지혜라는 뜻으로 자연지와 같은 의미입니다. 어떤 스승에게서 전해 받았다, 어떤 스승이 전해주었다는 표현을 사용하지만 그것은 편의상 사용하는 말일 뿐입니다. 남이 가르쳐서 알게 되는 지식이나 지혜는 별 볼일 없는 것들입니다. 힘이 없습니다. 철두철미하게 자신이 경험해서 스스로 깨달은 것이라야 힘이 됩니다.

일상사도 마찬가지입니다. 심지어 밥솥에 밥을 하는 요령도 남이 설명해 주어서는 잘 모릅니다. 자신이 직접 밥을 지으면서 경험을 통해서 나름의 방법과 요령을 터득해야 합니다. 그때는 남이 무어라 설명하지 않아도 다 알고 있습니다. 자기 경험이 중요합니다. 무사지(無師智)니 자연지(自然智)니 하는 말은 남이 준 것이 아니라 내 속에 본래 갖추고 있는 것을 확실하게 계발한다는 뜻입니다.

【 경문 】

若有能受持 妙法華經者는
當知佛所使로 愍念諸衆生이니라
諸有能受持 妙法華經者는
捨於淸淨土하고 愍衆故生此니
當知如是人은 自在所欲生하야

能於此惡世에 廣說無上法하며

應以天華香과 及天寶衣服과

天上妙寶聚로 供養說法者니라

吾滅後惡世에 能持是經者를

當合掌禮敬하대 如供養世尊하며

上饌衆甘美와 及種種衣服으로

供養是佛子하야 冀得須臾聞하며

若能於後世에 受持是經者는

我遣在人中하야 行於如來事니라

만약 어떤 사람이 묘법연화경을 받아 지니는 이가 있으면
마땅히 알라. 그는 부처님의 심부름꾼으로서
중생들을 가엾게 생각하는 사람이니라.
이 묘법연화경을 받아 지니는 모든 사람들은
청정한 국토를 버리고 중생들을 가엾이 여겨서 여기에 태어난 것이니라.
마땅히 알아라.
이 사람은 태어나고 싶은 데로 마음대로 태어나서
이 나쁜 세상에서 최상의 법을 널리 연설하리라.
응당히 하늘의 꽃과 하늘의 향과 하늘의 훌륭한 의복과
하늘의 아름다운 보배로써 법을 설하는 사람에게 공양할 것이니라.
내가 열반한 뒤 나쁜 세상에서 이 경전을 받아 지니는 사람에게는
마땅히 합장하고 예경하기를 세존께 공양하듯이 하여야 하느니라.
훌륭한 반찬과 맛좋은 진수와 갖가지 의복으로

이런 불자에게 공양하고 잠깐이라도 그 법문을 들을지니라.
만일 이 다음 세상에 이 경을 받아 지니는 사람은
내가 그를 인간에 보내어 여래의 일을 행하게 하는 것이니라.

🌼   법화경을 받아 지니고 가르침을 실천한 사람들은 얼마든지 더 좋은 곳에 태어나서 잘 살 수 있습니다. 그러나 온갖 희로애락으로 뒤범벅된 전쟁터 같은 현실에서 살아가는 우리들에게 삶의 바른 길을 제시하고 사람의 진정한 가치를 제시하며 모든 존재의 실상을 일깨워 주려고 '여기에 태어난 것'이라고 한 것입니다. 우리는 대부분 태어난 목적을 모르고 살아갑니다. 지금까지 모르고 살았더라도 이와 같은 의무와 책임을 가지고 태어났다고 생각해야 합니다. 아무 목적없이 '어쩌다 보니 세상에 왔다'고 자신을 비하해서는 안 됩니다. 부처님을 믿는 사람은 무엇보다 자기 자신을 마음껏 위해 주어야 합니다. 그리고 사실 전생에 그런 원력을 세우고 왔지만 단지 기억하지 못할지도 모르는 일입니다.

스님들이 열반하면 속환사바(速還娑婆) 즉, 빨리 이 사바세계에 돌아오시라고 축원을 올립니다. 반면 일반 신도들에게는 왕생극락지대원(往生極樂之大願) 즉, 고생스럽게 살았으니 극락세계로 가시라고 축원합니다. 스님들을 축원할 때 빨리 사바세계에 돌아오라고 하는 이유는 온갖 희로애락과 간난신고, 시시비비와 우여곡절이 들끓는 사바로 다시 와서 중생을 제도하라는 말입니다. "어서 사바세계로 돌아오셔서 길이 인천(人天)의 안목이 되어 주십시오." 하고 축원 올립니다.

"내가 열반한 뒤 나쁜 세상에서 이 경전을 받아 지니는 사람에게는 마땅히 합장하고 예경하기를 세존께 공양하듯이 하여야 하느니라."고 하였습니다. '세존께 공양하듯이' 공양하라는 말은 모든 사람을 세존처럼, 부처님처럼 받들고 섬기라는 이야기입니다. 속된 말로 '법화경 백'으로 공양을 받는 것이 아니라고 늘 말씀드리지만, 행복의 열쇠는 법화경의 가르침 안에 있습니다. 법화경은 모든 사람을 부처님처럼 받들고 섬기라고 가르칩니다. 모든 사람을 부처님으로 알고 부처님으로 받들어 섬길 때 나도 행복하고 다른 이들도 행복합니다.

"만일 이 다음 세상에 이 경을 받아 지니는 사람은 내가 그를 인간에 보내어 여래의 일을 행하게 하는 것이니라."고 하였습니다. "내가 어쩌다가 이렇게 기구한 운명으로 태어났느냐."고 한탄하며 자기 자신을 비하하는 사람들을 가끔 만나게 됩니다. 사람들은 일이 자신이 원하는 대로 되지 않으면 으레 타고난 운명을 탓하곤 합니다. 그러나 자신의 값은 자기가 매기는 것입니다. 자신을 비하하고 천시하는 사람은 다른 사람도 그를 천시하고 만만하게 보게 됩니다. 어떤 상황에 처하든 자신의 마음가짐과 행동에 따라 얼마든지 달라질 수 있습니다. 뿐만 아니라 우리는 본래부터 부처의 바탕을 지니고 있습니다. 부처님의 안목으로 보면 우리는 어마어마하게 값어치가 있습니다.

[2] 죄를 얻는 사람과 복을 얻는 사람

【 경문 】

若於一劫中에 常懷不善心하야
作色而罵佛하면 獲無量重罪하대

其有讀誦持 是法華經者를
須臾加惡言하면 其罪復過彼니라
有人求佛道하야 而於一劫中에
合掌在我前하야 以無數偈讚하고
由是讚佛故로 得無量功德하니
歎美持經者는 其福復過彼니라
於八十億劫에 以最妙色聲과
及與香味觸으로 供養持經者하고
如是供養已에 若得須臾聞하면
則應自欣慶 我今獲大利니라
藥王今告汝하노니 我所說諸經인
而於此經中에 法華最第一이니라

만일 한 겁 동안에 항상 나쁜 마음을 품고
성낸 얼굴로 부처님을 비방하면
한량없는 무거운 죄를 얻을 것이니라.
이 묘법연화경을 읽고 외우고 지니는 사람을
잠깐 동안만 욕설하여도 그 죄는 부처님을 비방한 죄보다 더 크리라.
어떤 사람이 불도(佛道)를 구하려고 한 겁 동안을
합장하고 내 앞에 서서 무수한 게송으로 찬탄하면
이렇게 부처님을 찬탄한 인연으로 한량없는 공덕을 얻게 되지만
이 경전을 지니는 사람을 찬탄한다면
그 복은 부처님을 찬탄한 복보다 더 크리라.

팔십 억 겁 동안에 가장 훌륭한 물건과 소리와

향과 맛과 감촉으로써 이 경전을 지니는 사람을 공양하고

이와 같이 공양한 뒤에 잠깐이라도 법문(法門)을 들으면,

'나는 지금 큰 이익을 얻었다.' 라고

스스로 기쁘고 경사스럽게 여기리라.

약왕이여, 내가 이제 그대에게 말하노라.

내가 설한 여러 가지 경전들,

그러한 모든 경전 중에는 이 묘법연화경이 가장 제일이니라."

✿ "만일 한 겁 동안에 항상 나쁜 마음을 품고 성낸 얼굴로 부처님을 비방하면 한량없는 무거운 죄를 얻을 것이니라."고 하였습니다. 보살계에 보면, 삼보를 비방하지 마라, 사중의 허물을 들추지 마라, 남을 비방하지 마라, 성내지 않는 마음으로 참회를 받아라 등등 비방하지 말라는 내용이 상당히 많습니다. 이와 같은 비방과 성냄은 모두 너와 나를 달리 보고 나누어서 차별하는 마음에서 출발한 것입니다. 그래서 대승 경전에서는 이를 매우 강하게 경계하고 있습니다.

성낸 얼굴로 부처님을 비방한다는 것은 다른 사람을 비방하는 것을 말합니다. 부처님께서는 비방하지 말라는 당부를 참으로 많이 하셨습니다. 옛날에 다른 종교를 믿던 사람들 수백 명이 한꺼번에 부처님께 귀의하자 바라문들이 부처님께 와서 숱한 비방을 퍼부었습니다. 그럴 때마다 부처님은 묵묵히 대처하시면서, 남을 비방하는 것을 경계하며 "화를 내서 비방하는 것은 마치 입에 피를 한 가득 물고 상대를 향해 뿜어내는 것과 같다."는 말씀을 남기셨습니다.

입으로 피를 뿜어내서 상대를 더럽히려고 할 때 그 피가 상대에게 묻을 수도 있지만 묻지 않을 수도 있습니다. 그 사람이 멀리 떨어져 있으면 아무리 열심히 뿜어봐야 묻을 리가 없습니다. 그러나 자신의 입에 이미 피가 가득 고여 있다는 것에는 변함이 없습니다. 바로 이 점을 알라는 말씀입니다. 성내며 비방하려는 그 마음이 이미 큰 해독이라는 것입니다. 그 비방이 상대에게 얼마나 해가 될 지는 다음 문제입니다. 상대를 해친들 그것이 나에게 좋은 일이겠습니까? 부처님께서는 성내고 비방하는 내 마음이 이미 병들었고 독이 가득 찼다는 사실을 이렇게 경계하셨습니다.

5. 경전을 찬탄하다

【경문】

爾時佛이 復告藥王菩薩摩訶薩하사대 我所說經典의 無量千萬億을 已說今說當說이어니와 而於其中에 此法華經이 最爲難信難解니라 藥王아 此經是諸佛秘要之藏이라 不可分布하야 妄授與人이니 諸佛世尊之所守護라 從昔已來로 未曾顯說而此經者는 如來現在에도 猶多怨嫉이어든 況滅度後리요

이때에 부처님께서 다시 약왕보살마하살에게 말씀하셨습니다.
"내가 설하는 경전이 한량없는 천만 억이니라. 이미 설하였고 지금 설하고 장차 설할 것이니라. 그 가운데서 이 묘법연화경이 가장 믿기 어

렵고 이해하기 어려우니라.

약왕이여, 이 경전은 여러 부처님의 비밀하고 중요한 법의 창고이니라. 함부로 선포하여 망령되게 사람들에게 전하여 주지 말라. 부처님 세존들이 지키고 보호하는 것이니라. 옛적부터 일찍이 드러내어 말하지 않았느니라. 이 경전은 여래가 세상에 있을 때에도 원망과 질시가 많았는데 하물며 열반한 뒤이겠는가.

❁ 법화경의 서두에서 오천 명이 법석에서 물러간 일이 있었습니다. 부처님의 가르침을 이해하지 못했기 때문입니다. 그래서 '함부로 말하지 말라'고 한 것입니다. '옛적부터 일찍이 드러내지 않았다'는 것은 전에는 이와 같은 경전이 없었다는 말입니다. 사실, 법화경은 부처님께서 반열반에 드시고 나서 500~600년 뒤에 결집된 경전입니다. 부처님께서 법화경에 설해진 이치를 간혹 설했지만, 이렇게 구체적으로 드러내놓고 표현한 적은 없습니다. 법화경에서 처음으로 강력하게 말씀하시고 계십니다.

그래서 저는 이 법화경은 대승불교운동의 선언서와 같다고 봅니다. 법화경이나 유마경과 같은 경전은 이치를 가르치고 제법실상의 도리를 이해시키려는 의도도 있지만 사실은 대승불교운동 또는 대중불교운동의 선언서 역할을 하고 있습니다.

제15 종지용출품에 보면 땅이 진동하고 갈라지면서 땅속에서 수많은 보살들이 올라오는데, 부처님께서 이 보살들에게 당신이 열반한 뒤에 법화경을 널리 전하고 설하라고 부촉하십니다. 이것은 바로 대중불교운동을 암시하는 것입니다. 번잡한 아비달마에 치우친 기존의 교관을 타파하고 민중을 중심으로 하는 새로운 불교운동을 펼쳐야 한다는 것을 의미합니다. 본래 뜻을 살려 부처님의 가르침을 새로이 해석하는 것입니다.

【 경문 】

藥王當知하라 如來滅後에 其能書持讀誦供養하고 爲他人說者는 如來卽爲以衣覆之하며 又爲他方現在諸佛之所護念이라 是人有大信力과 及志願力과 諸善根力하나니 當知是人은 與如來共宿이며 則爲如來手摩其頭니라

약왕이여, 마땅히 알라. 여래가 열반한 뒤에 어떤 사람이 이 경전을 능히 쓰고 지니고 읽고 외우고 공양하며 다른 사람에게 말한다면, 여래가 곧 그에게 옷으로 덮어줄 것이니라. 또 다른 세계에 있는 부처님께서도 보호하고 마음에 간직하는 바이니라. 이 사람은 크게 믿는 힘과 염원하는 힘과 선근(善根)의 힘이 있느니라. 마땅히 알아라. 이 사람은 여래와 함께 숙식(宿食)을 같이하는 사람이며 여래가 손으로 그의 머리를 쓰다듬을 것이니라.

🪷 자신의 옷을 벗어서 덮어주는 일이 더러 있습니다. 그 상대가 제자든 부하든 간에 누군가에게 옷을 덮어주는 것은 그 옷의 물질적 가치를 떠나서 나의 마음을 주는 최고의 대접입니다. 법화경이 어떤 경전입니까? 사람이 바로 부처님임을 설하는 경전입니다. 한 마디로 하면, 사람이 부처님이면 되었지 그 이상 무엇을 더 바라겠습니까?

지금 나의 처지가 억울하고 불행하다고 느낄 수 있습니다. 팔자가 기구하고 몸이 아프며, 여러 가지 상황을 돌아보아도 행복은 눈을 닦고 봐도 보이지 않는 인생이 있습니다. 불행한 삶일수록 더욱더 부처님의 깨달은 눈으로 이 가르침을 듣고 높이 받들며 믿어야 합니다. 위로하자고 하는 말이 절대 아닙니다.

흙이 잔뜩 묻은 사기그릇이 어떤 사람에게는 개밥 주는 개밥그릇이지만 안목 있는 사람에게는 수억짜리 이조백자이고 고려청자입니다. 한때 실제로 그랬습니다. 눈 밝은 사람들이 시골로 다니면서 이조백자와 심지어 고려청자까지 싸구려 스텐그릇과 맞바꾸었습니다. 시골 사람들은 안목이 없으니 아무리 던져도 깨지지 않고 윤이 반짝반짝 나는 스텐그릇이 더 값어치 있다고 생각한 것입니다. 이것이 안목 있는 사람과 안목 없는 사람의 차이입니다.

인생도 마찬가지입니다. 모든 존재의 실상에 대해 안목 있는 사람과 안목 없는 사람의 차이는 엄청난 것입니다. 사람이 조금도 부족함이 없는 만행 만덕을 다 갖추고 영원한 생명체이며 진리 그 자체이고 무한한 가능성을 가진 어마어마한 보배라는 사실을 부처님은 이미 보셨기 때문에 중생들에게 일깨워주기 위해서 법화경을 설하셨습니다.

【 경문 】

藥王아 在在處處에 若說若讀커나 若誦若書하며 若經卷所住之處는 皆應起七寶塔하야 極令高廣嚴飾하고 不須復安舍利니 所以者何오 此中已有如來全身이니라 此塔應以一切華香瓔珞과 繒蓋幢幡과 伎樂歌頌으로 供養恭敬하며 尊重讚歎이니 若有人이 得見此塔하고 禮拜供養하면

當知是等은 皆近阿耨多羅三藐三菩提니라

약왕이여, 어디서든지 이 경을 설하거나 읽거나 외우거나 쓰거나 또 이 경전이 있는 곳에는 다 마땅히 칠보로 탑을 쌓아야 하느니라. 지극히 높고 넓고 장엄하게 꾸밀 것이며 더 이상 사리(舍利)를 봉안(奉安)하지 말 것이니라. 왜냐하면, 이 경전에는 이미 여래의 전신(全身)이 있기 때문이니라. 이 탑에는 마땅히 온갖 꽃과 향과 영락과 비단 일산과 당기와 번기와 풍류와 노래로 공양 공경하고 존중 찬탄해야 하느니라. 만일 어떤 사람이 이 탑을 보고 예배하고 공양한다면 마땅히 알아라. 이 사람은 벌써 최상의 깨달음에 가까운 사람인 줄 알아야 하느니라.

❀ "왜냐하면 이 경전에는 이미 여래의 전신이 있기 때문이니라." 고 하였습니다. 이 구절에 주목해야 합니다. 여래의 전신(全身) 즉 여래의 온전한 몸이 법화경 안에 있다고 말하고 있습니다. 여래의 온전한 몸, 여래의 완전한 몸은 사리나 불상(佛像)을 말하는 것이 아닙니다. 부처님의 정신, 부처님 가르침의 핵심이 법화경 안에 들어있다는 말입니다. 그런 이유로 법화경이 있는 곳에 칠보로 탑을 세우는 것입니다. 처음에는 부처님의 사리를 모시기 위해 탑을 세우고 공양을 올렸습니다. 그러다가 부처님의 가르침을 온전하게 지키는 것이 얼마나 중요한 지를 알게 되자 경전을 모시고 탑을 세우게 되었습니다.

대승경전의 곳곳에 보면 경전을 수지하고 독송하는 것만으로도 법사(法師)라고 강조하는 곳이 많습니다. 먼 과거에는 요즘과 달리 경전이 참 귀하고 소중한 것이었습니다. 요즘은 인쇄술이 발달해서 누구나 돈만 가지면 서점에서 경전을 쉽게 구할 수 있습니다. 그러나 옛날에는 전부 손으로 일일이 써야 했습니다. 종이가 발명되기 전에는 패다라 잎이나 대나무 줄기를 다듬어서 끈으로 엮어서 책을 만들었습니다. 종이가 발명되고 목판인쇄술이 생겨난 후에도 경전은 아무나 쉽게 가질 수 있는 것이 아니었습니다. 그런 까닭으로 법화경과 같은 경전을 가지고 있는 사람은 드물었을 것입니다. 그래서 법화경을 가지고 있기만 해도 법사(法師)라고 하며, 법화경이 있는 곳에 칠보로 탑을 세우고 공양하라고 하는 것입니다.

【 경문 】

藥王아 多有人在家出家에 行菩薩道하대 若不能得見聞讀誦書持供養 是法華經者면 當知是人은 未善行菩薩道요 若有得聞是經典者면 乃能 善行菩薩之道니라

약왕이여, 많은 사람들이 집에 있거나 출가하여 보살의 도를 수행하면서, 만약 이 묘법연화경을 보고 듣고 읽고 외우고 쓰고 지니고 공양하지 못하면, 마땅히 알아라. 이 사람은 보살의 도를 잘 행하지 못하는 것이니라. 만약 이 경전을 듣는 이라야 능히 보살의 도를 잘 행하는 것이니라.

❀ 법화경을 모르는 사람은 진정한 보살도 아닙니다. 출가거나 재가거나 간에 참된 불자(佛子)가 아닙니다. 참된 불자가 되고 진정한 보살이 되며, 보살도를 바르게 잘 행하기 위해서는 반드시 법화경의 가

르침을 익혀야 한다는 말입니다. 법화경 안에 보살도의 요지가 담겨 있습니다. 보살의 길, 보살의 행할 바는 여래의 가르침을 따르는 것이고, 그 가르침이 법화경에 담겨 있습니다.

【 경문 】

其有衆生이 求佛道者로 若見若聞是法華經하고 聞已信解受持者는 當知是人은 得近阿耨多羅三藐三菩提니라

藥王아 譬如有人이 渴乏須水하야 於彼高原에 穿鑿求之하대 猶見乾土하면 知水尚遠이나 施功不已하야 轉見濕土하고 遂漸至泥하면 其心決定知水必近이니 菩薩亦復如是하야 若未聞未解하며 未能修習是法華經하면 當知是人은 去阿耨多羅三藐三菩提尚遠이요 若得聞解하야 思惟修習하면 必知得近阿耨多羅三藐三菩提니 所以者何오 一切菩薩阿耨多羅三藐三菩提는 皆屬此經이니라 此經開方便門하고 示眞實相이니 是法華經藏은 深固幽遠하야 無人能到어늘 今佛敎化成就菩薩호려하야 而爲開示니라 藥王아 若有菩薩이 聞是法華經하고 驚疑怖畏하면 當知是爲新發意菩薩이요 若聲聞人이 聞是經하고 驚疑怖畏하면 當知是爲增上慢者니라

어떤 중생이 불도(佛道)를 구하는 사람으로서 이 묘법연화경을 보거나 들으며 듣고 나서는 믿고 이해하고 받아 지닌다면 마땅히 알아라. 이 사람은 최상의 깨달음에 가까워졌느니라.

약왕이여, 비유하자면 마치 어떤 사람이 목이 말라 물을 구하려고 저 높은 언덕에서 우물을 팔 적에 마른 흙이 나오는 것을 보고는 물이 아

직 먼 줄을 아느니라. 땅을 파기를 쉬지 아니하여 젖은 흙을 보게 되고, 점점 더 파서 진흙이 나오게 되면 마음속으로 물이 결정코 가까이 있는 줄을 아느니라.

보살도 또한 그와 같아서 만약 이 묘법연화경을 듣지도 못하고 이해하지도 못하고 닦아 익히지도 못한다면 마땅히 알아라. 이 사람은 최상의 깨달음에 이르기가 아직 멀었느니라. 만약 듣고 이해하고 생각하고 닦아 익힌다면 반드시 최상의 깨달음에 가까워지는 줄을 알지니라. 무슨 까닭인가. 모든 보살들의 최상의 깨달음은 다 이 경에 속해 있기 때문이니라.

이 경전은 방편의 문을 열어서 진실한 모양을 보이는 것이니 이 법화경의 법의 창고는 깊고 견고하고 그윽하고 멀어서 능히 이르러 갈 사람이 없지마는 이제 부처님이 보살들을 교화하고 성취시키기 위하여 열어 보이는 것이니라.

약왕이여, 만일 보살이 이 법화경을 듣고 놀라서 의심하고 두려워하면 마땅히 알아라. 이 사람은 새로 발심(發心)한 보살이니라. 만일 성문이 이 경전을 듣고 놀라서 의심하고 두려워하면 마땅히 알아라. 이 사람은 잘난 체하는 사람이니라.

❀ "약왕이여, 비유하자면 마치 어떤 사람이 목이 말라 물을 구하려고 저 높은 언덕에서 우물을 팔 적에 마른 흙이 나오는 것을 보고는 물이 아직 먼 줄을 아느니라. 땅을 파기를 쉬지 아니하여 젖은 흙을 보게 되고, 점점 더 파서 진흙이 나오게 되면 마음속으로 물이 결정코 가까이 있는 줄을 아느니라."고 하였습니다. 이 비유는 '착정유(鑿井

喩’라고 합니다. 법화칠유(法華七喩) 즉 법화경의 일곱 비유에는 들지 않습니다. 방출(傍出)이라고 해서 이 일곱 비유 외에 두 가지가 더 있는데, 제10 법사품의 착정유와 제15 종지용출품의 부소유(父少喩)가 그것입니다. 이 두 가지 방출까지 포함해서 법화구유(法華九喩)라고 합니다.

우물을 팔 때 처음에는 마른 흙만 나오지만 깊이 들어갈수록 차츰 젖은 흙이 나옵니다. 마른 흙이 나오더라도 포기하지 않고 자꾸 파고 들어가면 차츰 물기가 많아지다가 머지않아 물을 만나게 됩니다. 보살의 길도 이와 마찬가지입니다. 법화경을 듣지도 못하고 이해하지도 못한다면 최상의 깨달음은 고사하고 불자도 아닙니다. 사실 그 내용을 알고 보면 참으로 옳고 지당한 말씀입니다. 왜냐하면 불교와 인연을 맺고 부처님과 인연을 맺을 때 얻는 가장 큰 소득이 우리 자신이 부처님이라는 사실을 알게 되는 것입니다. 그러나 이러한 가르침은 아무 경전에나 있지 않습니다. 오직 법화경에만 있습니다. 그래서 법화경을 듣고 이해하고 닦아 익히면 보리심(菩提心)에 가까이 온 줄을 알 수 있다는 비유입니다.

6. 경전을 설(説)하는 규칙(規則)

【 경문 】

藥王아 若有善男子善女人이 如來滅後에 欲爲四衆하야 說是法華經者는 云何應說고 是善男子善女人은 入如來室하고 着如來衣하며 坐如來座라사 爾乃應爲四衆하야 廣說斯經이니 如來室者는 一切衆生中에 大慈

悲心是요 如來衣者는 柔和忍辱心是요 如來座者는 一切法空是니 安住
是中然後에 以不懈怠心으로 爲諸菩薩及四衆하야 廣說是法華經이니라

약왕이여, 만일 선남자·선여인이 여래가 열반한 뒤에 사부대중을 위
하여 이 법화경을 설하려면 어떻게 설해야 하겠는가. 이 선남자·선여
인은 여래의 방에 들어가서 여래의 옷을 입고 여래의 자리에 앉아야 사
부대중을 위하여 이 경을 널리 설할 수 있느니라. 여래의 방이라는 것
은 온갖 중생 가운데 대자비(大慈悲)한 마음이요, 여래의 옷이라는 것은
부드럽고 온화하고 인욕(忍辱)하는 마음이요, 여래의 자리라는 것은 모
든 법(法)이 공(空)한 것이니라. 이런 가운데 편안히 머물러 있으면서 게
으르지 않는 마음으로 여러 보살과 사부대중들을 위하여 이 법화경을
널리 설할 것이니라.

🪷   앞에도 나온 말씀입니다. 여래의 방 즉 여래의 거처는 모든 사
람들에게 일으키는 대자비(大慈悲)한 마음입니다. 사실 부처님은 그렇
게 좋은 자리에 앉지 않으셨습니다. 부처님의 방이래야 그저 나무 밑
이고 기껏해야 기원정사 같은 곳이었습니다. 제대로 지어진 곳이라
해도 일반 사람들의 방과 하나도 다를 바 없었습니다. 여기서 말하는
여래의 방은 여래의 육신이 앉았던 곳이 아닙니다. 여래의 마음이 머
문 곳, 바로 대자비를 가리키는 말임을 깨달아야 합니다. 그리고 여래
의 옷은 인욕하는 마음이라고 했습니다. 성품이 부드럽고 온화하여서
어느 누가 가까이 오더라도 해를 입히거나 다치게 하거나 야단을 치
지도 않고 따뜻하게 감싸주는 마음을 말합니다.

여래의 자리라는 것은 모든 법(法)이 공(空)한 것입니다. 모든 존재가 공한 것을 볼 줄 알아야 합니다. 모든 것이 공하기 때문에 여래는 그 자리에 앉아서 사람의 근기에 따라 이 사람에게 이런 이야기를 하고 저 사람에게 저런 이야기를 했습니다. 우리는 여래의 자리에 앉아서 법회를 해야 하고 여래의 자리에 앉아서 예불해야 하며 여래의 자리에 앉아서 어떤 의식이든지 해야 합니다. 이러한 뜻을 기억하기 위해, 공 사상을 가장 잘 표현하고 있는 반야심경을 먼저 외우고 나서 어떤 것이든 합니다. 반야심경을 외우는 이유가 바로 여래의 자리에 앉기 위해서입니다.

반야심경을 네 글자로 옮기면 '나는 없다'가 됩니다. 제가 예전에 반야심경 기도를 한참 할 때의 일입니다. 한참 동안 반야심경을 외우다 보니, 한문으로 된 것을 이렇게 길게 할 필요가 없겠다는 생각이 문득 들었습니다. 곰곰이 생각해 보았더니 '나는 없다'로 축약이 되는 것이었습니다. 그래서 나는 없다, 나는 없다 하고 계속 해 보니 마음 속이 후련해지는 경험을 한 적이 있습니다.

내가 공한 것, 내가 없는 것을 알았을 때 참으로 툭 트인 넓고 시원한 자리가 됩니다. 그 자리는 무엇에도 걸림이 없고 어떤 상황에도 걸림이 없습니다. 모든 것이 공한데 무엇이 걸리겠습니까? 있기 때문에 걸리는 것입니다. 유(有)의 입장이라서 걸림이 있는 것입니다. 그래서 이 자리가 참 무서운 자리이면서 당연히 우리가 앉아야 할 자리라고 생각합니다. 이 가운데 편안히 머물러 있으면서 게으르지 않는 마음으로 여러 보살과 사부대중들을 위하여 이 법화경을 널리 설하라고 했습니다.

【 경문 】

藥王아 我於餘國遣化人하야 爲其集聽法衆하며 亦遣化比丘比丘尼와
優婆塞優婆夷하야 聽其說法하니 是諸化人이 聞法信受하고 隨順不逆하
며 若說法者가 在空閑處어든 我時廣遣天龍鬼神과 乾闥婆阿修羅等하야
聽其說法하며 我雖在異國이나 時時令說法者로 得見我身케하며 若於此
經에 忘失句逗어든 我還爲說하야 令得具足이니라

약왕이여, 내가 다른 국토에 변화하여 된 사람(化人)을 보내어 그를 위
하여 법문을 들을 사람들을 모으게 하고 또 변화하여 만든 비구·비구
니·우바새·우바이들을 보내어 그의 법문을 듣게 하리라. 이 모든 변
화하여 된 사람들은 법문을 듣고 믿고 받아 순종하고 거스르지 않으리
라. 만약 법을 설하는 이가 한적하고 쓸쓸한 곳에 있으면 내가 천신·용
왕·귀신·건달바·아수라들을 보내어 그의 법문을 듣게 하리라.
내가 비록 다른 나라에 있더라도 법을 설하는 이로 하여금 때때로 나의
몸을 보게 할 것이니라. 만일 이 경의 구절과 토를 잊어버렸으면 내가
다시 말하여 주어 분명하고 정확하게 설하게 하리라."

❀ 만약에 법문을 들을 사람들의 숫자가 영 적다면 참 신심 안 납
니다. 한마디로 말해서 법문을 할 힘이 안 나고, 맥이 빠질 겁니다. 오
죽하면 부처님께서 변화한 사람들을 보내 가지고 법문을 듣게 한다
하셨겠습니까. 법을 설 하는데 들어주는 사람이 많으면 많을수록 더
욱더 신심이 나는 것은 인지상정입니다. 좋은 법을 여러 사람이 함께
한다고 하는 의미에서 여러 종류의 사람들을 보내어 법문을 듣게 한

다 했습니다.

경전을 설하는 규칙에 아주 중요한 내용이 있습니다. 이건 꼭 기억해 둬야 될 내용입니다. 첫째 여래의 방에 들어가야 합니다. 그러려면 여래의 옷을 입어야겠고 여래의 자리에 앉아야 되겠죠. 바로 그것이 경을 설하는 가장 중요한 규칙입니다. 여래의 방은 대자비한 마음, 여래의 옷은 부드럽고 온화하고 인욕하는 마음, 여래의 자리는 모든 법(法)이 공(空)한 것을 말합니다. 내 자신이 공한 줄 알, 그리고 주관이 공하면 객관이 공하고 객관이 공하면 주관도 공하고 주와 객이 공한 줄을 아는, 이런 사람이 교리적으로 보면 중간 정도에 해당되는 것입니다. 그렇지만 이 정도만 제대로 되더라도 정말 마음 놓고 살게 되는 거죠. 또 어디에도 걸릴 게 없습니다. 내가 공하고 상대가 공하고 그러면 온갖 희·노·애·락·애·오욕 이 모든 것이 다 공한 것이고 명예니 부니 하는 것이 다 공한 것임을 깨닫습니다. 또한 그렇게 공한 줄 알고 열심히 사는 겁니다. 어떤 허무감에 떨어져 사는 것이 아니라 진짜 공한 줄 알았을 때 제대로 자기 자신을 다 던져서 자기 인생을 백 퍼센트 연소시키고 갈 수 있다는 겁니다. 그게 중요한 겁니다.

공하다고 하는 것은 결코 허무감에 사로잡혀서 아무 일도 못하고 아무런 의미도 보람도 없이 사는 것이 아니라 더욱 더 적극적으로 온몸을 다 던져서 백 퍼센트 자기 자신을 연소시키면서 회향할 수 있는 것, 이것이 정말 반야심경의 의미이고 우리가 불교를 공부하는 자세이고 또 이것이 여래의 방이며 여래의 자리입니다.

7. 게송으로 거듭 밝히다

[1] 경전을 찬탄하다

【 경문 】

爾時世尊이 欲重宣此義하사 而說偈言하니라

欲捨諸懈怠인댄 應當聽此經이니

是經難得聞이며 信受者亦難이라

如人渴須水에 穿鑿於高原하대

猶見乾燥土면 知去水尙遠이나

漸見濕土泥하면 決定知近水니라

藥王汝當知하라 如是諸人等이

不聞法華經하면 去佛智甚遠이나

若聞是深經하면 決了聲聞法하나니

是諸經之王이라 聞已諦思惟하면

當知此人等은 近於佛智慧니라

이때 세존께서 이 뜻을 거듭 펴시려고 게송으로 말씀하셨습니다.

"게으른 생각을 버리려거든 응당 이 경전을 들어야 하나니

이 경전은 듣기도 어렵고 믿고 받아들이기도 또한 어려우니라.

비유하면, 어떤 사람이 목이 말라서

물을 찾으려고 높은 언덕에서 우물을 팔 적에

마른 흙이 나오는 것을 보면 물이 아직 멀리 있는 줄을 아느니라.

점점 파서 진흙이 나오면 물이 결정코 가까이 있는 줄을 아느니라.
약왕이여, 마땅히 알아라. 이와 같이 여러 사람들이
법화경을 듣지 못한 사람은 부처님의 지혜가 매우 멀지만
만약 이 깊은 경전을 들으면 법문을 듣는 일은 완전히 마치리라.
이 경은 모든 경전의 왕(王)이니 듣고 자세하게 생각한다면
마땅히 알아라. 이 사람들은 부처님의 지혜에 가까워졌느니라.

✿ "만약 이 깊은 경전을 들으면 법문을 듣는 일은 완전히 마치리라. 이 경은 모든 경전의 왕이니 듣고 자세하게 생각한다면 마땅히 알아라."고 했습니다. 법화경을 제대로 이해한다면 더 이상 나아갈 곳이 없다는 말입니다. 수없이 많은 선사들 중에 선사 중의 선사라고 일컬을 만한 분을 꼽으라면 덕산(德山) 스님과 임제(臨濟) 스님을 꼽습니다. 덕산방(德山棒), 임제할(臨濟喝)이라는 말로 대신하기도 합니다. 덕산 스님은 방을 잘 썼습니다. 쉽게 말하자면 주장자나 몽둥이를 가지고 있다가 사람을 후려쳐서 깨우치게 하는 것을 잘 했다는 말입니다. 임제 스님은 크게 고함을 쳐서 사람들을 깨우쳤습니다.

이 두 분을 선사 중의 영웅으로 꼽는 것은 가르치는 방법을 잘 사용하였기 때문입니다. 몽둥이로 후려치거나 고함을 질러서 단박에 보여주고자 한 것이 바로 인불(人佛) 사상입니다. 매우 짧고 간단명료한 동작 하나에 깊은 뜻을 담았던 것입니다. 사람의 생생한 삶은 바로 이 순간이라는 것입니다. 할을 하는 순간과 할을 듣는 순간에 모든 것이 있습니다. 이것을 떠나서 달리 어떤 세계와 삶이 있겠습니까? 이 순간을 떠나서는 아무것도 없습니다. 그 동안 법화경 공부를 하면서 보아

온 것만으로도 충분히 이해하리라고 생각합니다.

덕산 스님의 방과 임제 스님의 할이 바로 이 사실을 드러냅니다. 사람이 곧 부처라는 것을 극명하게 보여주는 것입니다. 방을 쓰거나 할을 하거나 간에, 사람이 곧 부처이고 조사이며, 조사인 부처이고, 부처인 조사라는 사실을 그대로 드러냅니다. 이렇게 보고 듣고 소리 지르고 소리 듣는 이 사람이 그대로 부처라는 것을 이보다 더 분명하게 보여줄 방법이 없습니다.

(2) 경전을 설하는 규칙

【 경문 】

若人說此經인댄 應入如來室하야
著於如來衣하며 而坐如來座라사
處衆無所畏하야 廣爲分別說이니라
大慈悲爲室하고 柔和忍辱衣와
諸法空爲座하야 處此爲說法하며
若說此經時에 有人惡口罵하야
加刀杖瓦石이라도 念佛故應忍이니라

만약 어떤 사람이 이 경을 설하려면 응당히 여래의 방에 들어가서
여래의 옷을 입고 여래의 자리에 앉아서
대중 가운데서 두려움이 없이 널리 분별하여 설하라.
큰 자비심은 방이 되고 부드럽고 온화하고 인욕하는 것은 옷이 되고

모든 법이 공한 것은 자리가 되니 여기에 앉아서 법을 설하라.
만약 이 경전을 설할 때에 어떤 이가 욕설을 하거나
칼로 베고 몽둥이로 치고 기와조각이나 돌을 던질지라도
부처님을 생각하여 응당히 참아야 하느니라.

🌸 "만약 이 경전을 설할 때에 어떤 이가 욕설을 하거나 칼로 베고 몽둥이로 치고 기와조각이나 돌을 던질지라도 부처님을 생각하여 응당히 참아야 하느니라."고 하였습니다. 사실 대개의 사람들은 참으려고 마음을 먹으면 잘 참습니다. 그런데 못 참게 되는 것은 자신도 어쩔 수 없을 때입니다. 순식간에 걷잡을 수 없이 화가 일어나는 경우에는 누구도 어떻게 할 길이 없습니다. 평소에 훈련을 잘해야 되겠지만, 참으려는 마음이 조금이라도 있는 경우에는 안간힘을 쓰면 참을 수 있지만, 자기도 모르게 걷잡을 수 없이 순식간에 일어나는 화는 참으로 다루기 어렵습니다. 그래서 본의 아니게 돌이킬 수 없는 일들을 저지르는 수가 많습니다. 그런 것은 절대 의도적인 것이 아닙니다. 그렇다 하더라도 마음을 돌이켜서 참아야 한다는 말씀입니다.

[3] 공덕을 밝히다

【 경문 】
我千萬億土에 現淨堅固身하야
於無量億劫에 爲衆生說法하며
若我滅度後에 能說此經者면

我遣化四衆인 比丘比丘尼와
及淸信士女하야 供養於法師하고
引導諸衆生하야 集之令聽法하며
若人欲加惡하야 刀杖及瓦石하면
則遣變化人하야 爲之作衛護하며
若說法之人이 獨在空閑處하야
寂寞無人聲하고 讀誦此經典하면
我爾時爲現 淸淨光明身하며
若忘失章句면 爲說令通利하며
若人具是德하야 或爲四衆說고
空處讀誦經하면 皆得見我身하며
若人在空閑하면 我遣天龍王과
夜叉鬼神等하야 爲作聽法衆하며
是人樂說法하야 分別無罣礙하면
諸佛護念故로 能令大衆喜니라

나는 천만 억 국토에서 깨끗하고 견고한 몸을 나타내어
한량없는 억 겁 동안 중생들을 위하여 법을 설하느니라.
내가 열반한 뒤에 이 경을 설하는 사람에게는
내가 조화로 만든 비구·비구니들과
청신사·청신녀들을 보내어 법사에게 공양하게 하느니라.
여러 중생들을 인도하여 모아 놓고 법을 듣게 하리라.
만일 어떤 사람이 나쁜 생각으로

칼 · 몽둥이 · 기와조각 · 돌 따위로 해치려 하면

조화로 만든 사람을 보내어 법사를 호위(護衛)할 것이니라.

만약 법을 설하는 사람이 쓸쓸한 곳에 홀로 있어

적막하고 아무도 없는 데서 이 법화경을 읽고 외우면

그때에 내가 청정하고도 광명이 있는 몸을 나타내리라.

만약 문장이나 구절을 잊어버리면 그를 위해 설해주어 통달케 하리라.

만일 어떤 사람이 이런 공덕을 갖추어서 사부대중들에게 법을 설하거나

아무도 없는 곳에서 이 경을 외우면 모두 나의 몸을 보게 하리라.

만일 어떤 사람이 외딴 곳에 있으면

내가 천신과 용왕과 야차와 귀신들을 보내어

법을 듣는 대중이 되게 하리라.

어떤 사람이 설법(說法)을 좋아하여 잘 분별하고 걸림이 없으면

모든 부처님들이 보호하고 생각하시어 능히 대중들을 환희케 하리라.

【 경문 】

若親近法師하야 速得菩薩道인댄

隨順是師學이니 得見恒沙佛이니라

만약 이 법사를 친근(親近)하는 사람은 보살의 도를 빨리 얻을 것이며,

이런 법사를 따라 배우면 항하강의 모래처럼 많은 부처님을 친견하리라.

🏵 항하강의 모래처럼 많은 부처님을 친견하는 길이 무엇입니까?

사람이 부처님이라는 인불사상입니다. 그야말로 널리고 널린 것이 부

처님 아닙니까? 이리 가도 부처님, 저리 가도 부처님, 나가도 부처님께 부대끼고 집에 들어와도 부처님께 부대끼는 것이 우리들의 삶입니다.

이렇게 거듭해서 밝히고 또 밝히는 것이 지루하게 느껴질 수도 있습니다. 그러나 아무리 반복하더라도 실천하기는 참 어렵습니다. 게다가 공부한 것을 잊어버리기까지 합니다. 그래서 자꾸 반복해서 마음 속에 입력시키고 이것이 우리의 아뢰야식에 깊이 남도록 하려는 것입니다. 우리가 하는 일을 훈습해서 종자가 되고 그 종자가 다시 밖으로 표현이 되는 과정을 거치게 하려는 것입니다. 그래서 익히고 또 익히는 것입니다. 듣고 돌아서면 잊어버리지만, 그것이 인간의 마음 가장 깊은 곳에 있는 저장 창고인 아뢰야식에 차곡차곡 쌓이고 있습니다. 한 번 읽고 지나간 것도 없어지지 않고 담겨 있습니다.

그런데 왜 기억이 잘 나지 않을까요? 그것은 숱하게 많은 정보들이 머리 속을 메우고 있기 때문입니다. 그래서 뚜렷하게 각인하지 않으면 금방 떠오르지 않습니다. 조금 읽고 잠시 감동받은 것이 뚜렷하게 남을 리가 없습니다. 그래서 좀더 뚜렷하게 남기기 위해서 반복해서 읽고, 반복해서 감동받고 반복해서 외우면서 자꾸 훈습하는 것입니다.

우리가 어릴 때 유치원 다니면서 혹은 초등학교 다니면서 배운 것은 지금도 다 기억하고 있습니다. 그런데 어른이 되어서 보고 들은 것은 얼마 전에 공부한 것까지도 잘 잊어버립니다. 그 이유는 그동안 정보가 많이 쌓여서 새로운 지식이 들어오더라도 흔적을 크고 뚜렷하게 남기지 못하기 때문입니다.

기사가 가득 찬 신문지의 한 구석에 연필로 급한 대로 전화번호를 적어 놓고 나중에 찾으려고 하면 한참 걸립니다. '분명히 신문에 적어 놓았는데…' 하면서 한참 뒤져야지요. 얼른 찾으려면 어떻게 해야 합니까? 큼직하고 뚜렷하게 굵은 필기구로 쓰든가, 아주 여러 번 새카맣게 반복해서 거듭 거듭 써 놓아야 합니다. 어릴 때는 백지 상태니까 작은 글씨를 써 놓아도 눈에 쏙 들어오지만 성인이 되면 신문지같이 됩니다. 그것이 우리의 정신세계입니다.

나이가 들면 이해의 폭은 넓지만 기억해야 하는 것은 얼른얼른 떠오르지 않습니다. 그렇다고 없어지는 것은 아닙니다. 아뢰야식이라는 아주 커다란 창고에 차곡차곡 다 저장이 됩니다. 잘 떠오르는 사람은 그것을 저장할 때, 그 정도로 또렷하고 확실하게 저장한 것입니다. 분명하게 저장하지 않으면 얼른 떠오르지가 않습니다. 전혀 기억이 나지 않을 수도 있지요. 전혀 기억이 안 난다고 해서 그 씨앗이 없어진 것은 물론 아닙니다. 그런 원리를 불교에서는 우리의 의식이 안(眼)·이(耳)·비(鼻)·설(舌)·신(身)의 전오식(前五識)을 통해서 육식(六識)이 종합을 하고 그 다음에 칠식(七識)을 팔식(八識)으로 저장한다고 합니다. 그러면 언제든지 필요할 때 칠식(七識)을 통해서 다시 기억이 되살아납니다. 분명하고 확실하게 저장되도록 반복해서 공부해야 합니다.

무비 스님
법화경 강의 _【상권】

2008년 11월 17일 초판 1쇄 발행
2023년 11월 3일 초판 10쇄 발행

지은이 무비 스님
발행인 박상근(至弘) • 편집인 류지호 • 편집이사 양동민
편집 김재호, 양민호, 김소영, 최호승, 하다해 • 디자인 김소현
제작 김명환 • 마케팅 김대현, 이선호 • 관리 윤정안
콘텐츠국 유권준, 정승채, 김희준
펴낸 곳 불광출판사 03169 서울시 종로구 사직로10길 17 인왕빌딩 301호
대표전화 02) 420-3200 편집부 02) 420-3300 팩시밀리 02) 420-3400
출판등록 제300-2009-130호(1979. 10. 10)

ISBN 978-89-7479-634-1 (04220)

값 35,000원

독자의 의견을 기다립니다. www.bulkwang.co.kr
잘못된 책은 바꾸어드립니다.
불광출판사는 (주)불광미디어의 단행본 브랜드 입니다.